# 海峽兩岸法學研究

## 兩岸法治發展與社會進步

海峽兩岸關係法學研究會 編

崧燁文化

# 目 錄

## 編輯說明 ......................................................................................................... 5

## 序 .................................................................................................................... 7

## 大陸部分 ......................................................................................................... 9

大陸法制建設進程中權利觀的發展與演變 ............................................. 9
人格權法中的人格尊嚴價值及其實現 ..................................................... 24
憲法基礎上的審判獨立 ............................................................................. 43
司法民主化社會化最新動態評析——臺灣地區與日本、韓國陪審模式比較研究 ............................................................................................................. 54
「六法體系」何以未能在大陸傳承？——司法文化視角的回眸 ......... 72
臺灣地區區際刑事法制的反思與借鑑 ..................................................... 95
臺灣地區少年司法制度及其啟示意義 ..................................................... 107
公正優先，兼顧效率：兩岸刑事訴訟制度完善的共同趨向——以公訴案件起訴與一審程序為視角 ............................................................................. 119
臺灣檢察官之定位——司法官抑或行政官 ............................................. 133
主任檢察官辦案制度：鑒鏡與推進 ......................................................... 140
兩岸主任檢察官制度比較研究 ................................................................. 153
臺灣地區訊問被告人制度及其借鑑 ......................................................... 165
兩岸夫妻財產制度的傳統繼承與現代變革——從夫權專制到男女平權 . 175
臺灣地區鄉鎮市調解制度的發展及其借鑑意義 ..................................... 191
簡論臺灣當事人適格及其擴張 ................................................................. 203
兩岸行政解紛機制比較研究——以民事糾紛的解決為中心 ................. 212
中國大陸勞動與社會保障法制之建構 ..................................................... 231
海滄法院臺胞陪審員參審的制度設計及成效分析 ................................. 249
臺灣地區地方自治監督及其爭議解決路徑 ............................................. 265
馬王之爭：法律與政治制度根源探析 ..................................................... 276

馬王「九月政爭」相關法律問題探析 ……………………… 287
## 臺灣部分 …………………………………………………… **343**
　　臺灣刑法的改革動向 ………………………………………… 343
　　臺灣醫療刑事責任認定與相關醫療法修正之探討 …………… 365
　　論臺灣家事事件法之變革 …………………………………… 386
　　公私社三分論與社會安全 …………………………………… 434

# 編輯說明

　　第二屆兩岸和平發展法學論壇在北京舉行，來自海峽兩岸的眾多專家學者參與了此次論壇。經過慎重甄別，編委會遴選此次論壇兩岸與會學者提交的優秀論文結集出版。其中包括「大陸學者論文」和「臺灣學者論文」兩部分，分別用簡體與繁體編排。大陸部分依照有關規定對文字內容進行編輯加工；臺灣部分仍保留繁體原貌，文章僅代表作者個人觀點，望讀者明鑒。

　　編委會

# 序

　　大陸法治建設取得了歷史性成就。經過三十多年的努力，一個立足國情和實際、適應改革開放和現代化建設需要、體現人民意志和人民利益，以憲法為統帥，以民法、刑法、訴訟法、行政法、社會法等多個部門法為主幹，由法律、行政法規、地方性法規等多個層次的法律規範構成的中國特色社會主義法律體系已經形成。在這個過程中，大陸的人權法制保障不斷加強，促進經濟增長和社會和諧的法治環境不斷改善，依法行政和公正司法水平不斷提高，對權力的制約和監督進一步加強。

　　中國特色社會主義法律體系的形成基本解決了無法可依的問題，在這一新的歷史起點上還需進一步完善中國特色社會主義法律體系，全面落實依法治國方略。大陸的法治發展在堅持從國情和實際出發的同時，也注意借鑑境內外法治建設有益經驗，包括臺灣法治建設的經驗。兩岸法制同根同源，同為中華法系的組成部分。儘管當前兩岸社會制度不同，但推進法治、維護人民權益、服務社會發展的目標是一致的。加強兩岸法制的比較研究，既有利於加深兩岸互信，也有利於兩岸相互學習，取長補短，共同促進法治文明和社會進步，造福兩岸人民。

　　兩岸人民之間各領域的交往需要法治的保障。為適應1987年後臺灣民眾往來大陸逐漸增多、兩岸貿易投資規模不斷擴大的情勢，大陸適時採取和完善了一系列司法、立法、執法措施，基本形成了對兩岸交往的法治保障體系，造成了維護臺灣同胞權益，規範兩岸交往秩序，促進交流合作的重要作用。兩岸關係穩健發展，需要用制度化、法律化的手段，不斷解決人民交往中出現的各種問題，妥善處理各種交往矛盾。從理論上探索解決現實具體問題的方案，是兩岸關係法學研究的目的。為此，兩岸法學界、法律界有必要加強相關學術研究，深入交流研討，為兩岸法治文明、社會進步和兩岸交往的法治保障提供智力支持。

　　2008年5月以來，兩岸雙方在反對「臺獨」、堅持「九二共識」的共同政治基礎上推進兩岸關係，開闢了兩岸關係和平發展新局面。在兩岸同胞的共同努力下，兩岸人民交往日益密切，經濟合作日益深化，文化交流日益加

強。為適應新形勢的需要，海峽兩岸關係法學研究會於 2011 年 12 月重新組建成立。在兩岸法學法律界朋友的支持和參與下，海峽兩岸關係法學研究會透過兩岸和平發展法學論壇、學術座談會、學術年會等形式推動兩岸法學交流，促進對兩岸關係中法律問題的研究，取得了一些成績。《海峽兩岸法學研究》就是展示這些交流和研究成果的載體之一。

《海峽兩岸法學研究》收集的論文既關注於兩岸法制的比較研究，也著重從不同角度探討兩岸交流合作中需要解決的各種法律問題，展示了兩岸專家學者對於這些問題的深入思考。當然，論文集所選編的論文僅代表作者個人觀點，不代表研究會的立場。出版論文集的目的更主要是為拋磚引玉，促進兩岸法學法律界更多地關注兩岸關係各領域法律問題。

希望兩岸法學界、法律界密切往來，關注現實，圍繞兩岸關係和平發展的需要，進一步破解影響兩岸關係和平發展的各種問題、難題，為鞏固和深化兩岸關係和平發展、為兩岸同胞的福祉做出積極貢獻！

是為序。

海峽兩岸關係法學研究會會長<br>張福森

# 大陸部分

## 大陸法制建設進程中權利觀的發展與演變

李林[1]

### 一、導言

#### （一）關於權利與人權的概念

從學術上講，權利與人權是兩個既相互聯繫與不盡相同的概念。權利（Right）是指為道德、法律或習俗等社會規範所認定為正當的利益、主張、資格、力量或自由；人權（Human Rights）則是人作為人，基於人的自然屬性和社會本質所應當享有的權利。人的自然屬性決定了人權的普遍性和共同性，人的社會屬性和社會存在決定了人權的差異性。人權首先是一種「應當享有」的應然權利，它從屬於權利概念。權利與人權在本原、主體、客體和存在形式等方面既有許多共同點，也存在諸多不同。但是，在大陸學者的一般研究和表述習慣上，常常把法律意義上的人權與權利這兩個概念大致等同起來使用，有時也把法律權利、憲法權利、基本權利等概念與人權等同起來使用。為了闡述的方便，本文也把權利概念與人權概念、權利觀與人權觀兩者混合起來使用，但重點沿著人權、人權概念和人權觀的主線，向大家介紹大陸法制建設進程中權利觀的發展變化情況，敬請兩岸法學界法律界的各位先進、同仁和朋友批評指正。

#### （二）改革開放以來大陸法治建設實踐發展的幾個階段

改革開放以來，大陸法治建設進程大致可分為以下幾個階段：

一是從人治走向法制，時間是從1978年改革開放到1982年憲法頒布實施。這個階段大陸法治建設的主要任務是撥亂反正，實現民主法制的恢復與重建，例如確立了鄧小平民主法治思想和新時期民主法制建設的基本方針——「有法可依、有法必依、執法必嚴、違法必究」的十六字方針；1979

年全國人大常委會一次透過了 7 部重要法律；1979 年中共中央九號文件的發佈；等等。

二是從法制走向法治，時間是從 1982 憲法頒布實施到 1997 年中共十五大召開。這個階段大陸法治建設的主要任務是深入推進經濟體制改革，努力建立社會主義市場經濟法律體系；1997 年中共十五大第一次確立了依法治國基本方略，明確提出尊重和保障人權，正式提出了建設社會主義法治國家的目標，尤其是實現了把法制由「刀制」改為「水治」的法治。大陸法學界說，「法制」的這一字之改，用了 20 年的時間。

三是從法治走向全面落實依法治國基本方略，時間是從 1997 年中共十五大確立依法治國基本方略到 2012 年中共十八大召開。這個階段大陸法治建設的主要任務是全面落實依法治國基本方略，例如：1999 年依法治國入憲，2004 年人權入憲；明確提出堅持黨的領導、人民當家做主和依法治國的有機統一；2010 年中國特色社會主義法律體系如期形成；提出並加強依法執政建設和法治政府建設；進行了 15 年的司法體制和機制改革；各種先行先試的地方或者區域法治建設快速發展；等等。

四是從依法治國走向建設法治中國，時間是從 2012 年中共十八大召開到 2020 年全面建成小康社會、再到 2049 年（中華人民共和國成立 100 週年）進入中等發達國家行列。根據中華民族偉大復興的「中國夢」和「兩個一百年」的國家整體發展戰略安排，這個階段大陸法治建設的主要任務是全面推進依法治國，不斷深化法制改革，著力解決立法不當、執法不嚴、司法不公、守法無序、法治疲軟等問題，努力從法律體系走向法治體系，從法律大國走向法治強國，實現建設法治中國「兩步走」的戰略目標。全面落實十八大提出的法治建設新的十六字方針，即「科學立法、嚴格執法、公正司法、全民守法」，做到依法治國、依法執政、依法行政全面推進，法治國家、法治政府、法治社會一體建設，實現第一步法治發展戰略目標到 2020 年基本建成法治中國，第二步法治發展戰略目標到 2049 年整體建成法治中國，實現中華民族的偉大復興。

（三）改革開放以來大陸權利觀發展演變的三個觀察角度

一是法學理論研究中的權利觀，主要從人權法學、法理學、憲法學角度進行觀察，主線是人權理論的發展變化情況；

二是法治實踐中的權利觀，主要從立法與執法、司法的實踐角度進行觀察；

三是公民權利觀的變化情況，主要從公民權利意識和民眾維權角度進行觀察。

## 二、從法學理論角度看大陸權利觀的發展演變

1978年以前特別是「文化大革命」期間，大陸一度堅持以階級鬥爭為綱和革命的法學理論，批判資產階級法權，在權利觀方面認為「人權是資產階級的口號」，不談人權，用階級分析方法看待並對待憲法和法律中的「權利」，實質上是一種革命的權利觀、階級鬥爭的權利觀、國家主義的權利觀。

1978年以來，隨著大陸解放思想、突破禁區，實施改革開放，隨著民主法制的恢復重建和不斷發展，大陸理論界大體上開展了五次有關人權理論和權利問題的討論，極大地推動了人權觀和權利觀的形成、完善和發展。

第一次，1980年前後關於人權是無產階級口號還是資產階級口號的討論。

這次討論涉及人權的產生與歷史發展、人權與公民權的區別與聯繫、馬克思主義對人權的態度等重大理論問題。討論的焦點是，在社會主義條件下是否承認和適用人權的口號。有的學者認為，人權是資產階級的口號和意識形態，在社會主義條件下再提出「尊重人權」、「爭人權」的口號，實際上是向黨和政府「示威」，是意味著要倒退到資本主義社會去。許多學者不同意這種觀點，認為人權是一個歷史的範疇，不應將它武斷地歸結為資產階級的口號；對人權要做歷史的具體的分析，不能一概否定。討論中發表的主要文章有：吳大英、劉瀚《對人權要做歷史的具體的分析》，肖蔚雲、羅豪才、吳擷英《馬克思主義怎樣看待「人權」問題》，藍瑛《「人權」從來就是資產階級的口號嗎？——同肖蔚雲等同志商榷》，張光博《資產階級人權的理論和實踐》，徐炳《論「人權」與「公民權」》等。[2]

後來由於西單牆粘貼了一份題為「呼籲美國卡特總統關注中國的人權問題」的大字報，有關方面組織發表了《人權是資產階級的口號》等文章，討論被中斷。

第二次，1988 年前後紀念《世界人權宣言》40 週年、法國大革命勝利及法國《人權與公民權宣言》200 週年而展開的人權問題的宣傳與討論。

這次討論分主次兩個方面：主要方面是討論《世界人權宣言》的意義、內容、作用、性質、中國對宣言的態度等問題，學者們側重於從國際法的角度論述國際人權的產生與發展、理論與實踐以及中國在國際上對人權問題的原則和立場，基本上沒有進行學術觀點的交鋒；次要方面是針對有的學者在 1988 年提出的「人權是資產階級的口號」和「我們社會主義不能用『人權』」的觀點，進行商榷，提出相反的意見。由於眾所周知的原因，關於社會主義能否使用人權口號的討論並無突破，基本上仍停留在第一次人權討論的水準上。這次討論中較具影響的文章主要有：劉楠來《〈世界人權宣言〉的誕生及其意義》，馬駿、趙理海《〈世界人權宣言〉四十週年》，邵津《高舉人權旗幟》，朱奇武《紀念〈世界人權宣言〉四十週年》，鄭勇《國際人權問題的起源和發展：兼論人權國際保護與不干涉內政的關係》，沈寶祥《社會主義與人權》，徐炳《人權理論的產生和歷史發展》等。[3]

期間，從 1988 年到 1991 年前後，法學界展開了關於「權利本位」的討論。討論緣起於 1988 年 6 月召開的全國法學基本範疇研討會，會上學者們認為，應當以權利和義務範疇重構法學理論體系，以克服過去以階級鬥爭為綱和以規則為核心範疇的法學理論弊端。在接下來的討論中，是在權利與義務這對範疇中，應當以誰為主導，以何者為本位。一些學者認為，法學是權利之學，應當以權利為本位來建構中國的法律體系，建構整個法學理論。因為在權利和義務的關係中，權利是第一位的，是義務存在的前提和依據，法律限制的目的是為了保障權利的實現。代表人物如張文顯。另有學者提出了「義務重心」或「義務先定論」，即認為法的側重點不是權利而是義務的約束，人類的社會秩序要靠社會成員承擔義務來實現；認為義務先於權利，義務先定，權利後生。每個人因遵守初始的義務規則、承擔最基本義務而產生基本權利、享有基本權利。這種觀點雖屬少數派，但論證卻相當充分和嚴密，具

有比較完整的邏輯證明,已初步形成體系,代表人物是張恆山。[4]1990年初,大陸法學界反資產階級自由化時,有學者批判了「權利本位說」,把它歸結為自由化思潮在法學界的一種表現形式。在同年5月的全國法理學研討會上,權利本位說、義務中心說和權利義務本位或無本位說,進行了激烈論戰。[5]

權利本位的討論,為創立中國的人權理論創造了重要條件,而隨之展開的第三次人權理論大討論,又支持了權利本位說,使之逐步占據了上風。

第三次,1990年代全面承認人權理論的討論。

這場討論異常熱烈,對後來大陸人權觀和權利觀的發展產生了重要影響。討論中涉及的主要問題包括:

(一)關於人權的概念

1.人權的主體。涉及的觀點有:人權主體主要限於個人;人權的主體是一切人;人權的主體是作為人類一分子的個人,特殊群體,如婦女,兒童、老人、殘疾人等在當代社會裡地位低於一般人的人群或群體,民族、國家和國家的聯合體。這些主體所享有的權利都是相對的而非絕對的,它們中誰也不是人權的唯一主體;人權的主體是人民;人權的主體是公民。人權的主體究竟包括哪些,學者們並未達成共識。分歧主要集中在兩個方面:一是人權的主體指個人還是集體,抑或兩者兼有;二是人權的主體指人,還是公民抑或人民。2.人權的客體。人權的客體是指人權的內容,對此學者們眾說不一。基本認同的權利清單是王家福、劉海年教授在《中國人權百科全書》開列的七大類權利。[6] 3.人權的範疇。即人權的權利形態,主要指人權在層次劃分和範疇歸屬中所具有的不同意義和表現形式。一種觀點認為,人權是一個由應有權利、法定權利和實有權利組成的三個層次的權利體系。[7]另一種觀點認為,人權的存在有四種形態,即應有權利、法規權利、習慣權利和現實權利。4.人權的屬性。包括人權的階級性與普遍性,人權的民族性和人類性,人權的共性與個性等等。5.人權的界定。大陸理論界對人權的界定曾經達到20多種,例如「人權實質上就是公民權」,[8]人權是「對公民基本權利的一般稱謂」,[9]「人權是指公民的自由、平等的權利」,[10]「人權就是人民的

基本權利」[11]等。討論中達成基本共識的人權定義是：人權是人作為人，基於人的自然屬性和社會本質所應當享有的權利。

（二）關於馬克思主義人權觀和西方人權觀

涉及的主要問題包括：1.什麼是馬克思主義人權觀？有的學者認為，馬克思主義人權觀主要指馬克思主義經典作家有關人權的論述和思想。也有的學者認為，馬克思主義人權觀不僅包括馬克思主義經典作家有關人權的論述和思想，而且包括後人運用馬克思主義的立場、觀點和方法對人權問題進行闡釋的理論與學說。還有學者認為，馬克思、恩格斯等革命導師關於人權問題的論述，主要是對資產階級人權觀的否定和批判，並沒有形成馬克思主義自己的比較完整的人權觀。所以，根據馬克思主義的基本立場、觀點和方法建構的人權觀，才是馬克思主義的人權觀。在當代，建立馬克思主義的人權觀是中國共產黨人的重要任務和義不容辭的責任。2.馬克思主義人權觀的基本內容。認為馬克思主義人權觀的內容主要包括：人權的經濟觀；人權的歷史觀；人權的階級觀；人權的國家觀；人權的發展觀；權利與義務統一觀；人的解放觀。[12]3.現代西方的人權觀。「西方人權觀」[13]的提法是否妥當，學者們的看法尚不一致。西方人權觀主要包括：（1）自然人權觀。認為所有人都生而具有某些不可轉讓的權利，包括生命權、自由權、平等權和財產權，這些人權是與人同在的，不可剝奪，不可廢除，非經本人同意，不得限制。（2）實證人權觀。實證人權觀是在否定17、18世紀自然人權觀的基礎上發展起來的。實證人權觀認為，只有受法律保護的才是真正的人權，人權必須是可以透過法律實現的。實證人權觀的提出，在道德和法律之間做出了明確區分，使人們對人權的注意力集中在保障方法和執行程序等問題上。（3）社會人權觀。它關注的是法定權利與現實權利的關係，強調人權在現實社會生活中實現的重要性，認為只有實現了的權利才是真正的人權。而為了實現人權，就應重視社會和經濟條件，重視集體的權利，並對個人的某些權利加以限制。[14]

（三）關於社會主義與人權

社會主義與人權存在著內在的、本質的和必然的聯繫。沒有人權就沒有社會主義。在中國改革開放以前，長期忽視人權，認為人權是資產階級專利，對大陸的法治建設和人權保障產生了嚴重危害。

1991年第一部《中國的人權狀況》白皮書的發表，標誌著中國對人權概念人權理論的認識和人權的實踐保障進入了一個新階段，顯示社會主義中國不僅講人權而且十分重視人權，中國政府和人民為維護人權和不斷改善人權狀況不遺餘力，取得了顯著成績。

（四）關於國家主權與人權國際保護

主要涉及以下問題：人權國際保護的概念、形式和方法，人權與國家主權，人權國際保護與國家主權，人權國際保護與不干涉內政，人權的共同標準等問題。其中，關於《國際人權憲章》等國際人權文件所體現的人權共同標準是否就是西方人權觀，回答是否定的。[15]

這次「井噴」式的人權理論討論，承認了人權的「普遍性」和國際人權，區分人權與人民權利、公民權利。不過，用階級分析方法看待人權轉化成對人權的普遍性的爭議，諸如發展中國家的人權、亞洲人權觀、生存權、發展權、人權與主權等問題，在承認普遍性的前提下，試圖溝通人權與中國傳統以及溝通人權與馬克思主義。人權成為法律與法律權利發展的價值引領，以至於「權利本位」成為中國法學的基本價值定向，人權可對抗國家權力的思想逐漸形成。

第四次，從1997年和1998年中國政府先後簽署了聯合國《經濟、社會和文化權利國際公約》和《公民權利和政治權利國際公約》開始的人權國際化研究和討論。

「國際人權兩公約」的簽署，2001年全國人大常委會批準了聯合國《經濟、社會和文化權利國際公約》，標誌著大陸對聯合國（國際）人權規則、人權標準和人權價值的初步認同；意味著中國的人權建設與國際人權發展成為一個有機整體，中國將在國際人權領域發揮更多、更大的作用；表明了中國的人權理論研究和人權保障制度建構進入到一個新階段。

國際人權兩公約的簽署，促使大陸學者依據公約的普遍人權來改造現存法律。第四次人權問題討論是主要集中在中國批準和實施「國際人權兩公約」方面。[16] 討論中主要涉及以下問題：

1. 在批準方面，涉及中國是否對「國際人權兩公約」做出保留和提出聲明，對哪些國際人權條款做出保留、提出聲明，以及為什麼和怎樣保留和聲明。

2. 在內容方面，涉及對「國際人權兩公約」各個條款及各項權利的理解、解釋，以及中國國內法中的不同情況：有的表述與「國際人權兩公約」是一致的；有的表述不一致但可以透過解釋來達成一致；有的不一致則甚至衝突需要要麼透過對國內法的立、改、廢來達成一致；要麼透過對人權公約的保留或者聲明來達成。對於「國際人權兩公約」規定的而中國國內法沒有並且中國政府也沒有對此提出保留或者聲明的那些權利，還要透過完善立法規定來加以落實。

3. 在實施方面，涉及「國際人權兩公約」作為國際法與中國國內法的相互關係，國際人權公約在中國是直接適用、轉化適用還是以其他方式適用，以及中國實施國際人權公約的義務、責任、體制、機制和程序等。

由於批準和實施「國際人權兩公約」不僅涉及國際法、國內法，涉及中國的立法工作、法律體系、行政執法、司法體制等法律問題，也涉及對外的國家主權、國家利益、對外關係、外交政策，對內的國家政體、政黨制度、民主制度、社會穩定等政治問題；不僅涉及人權的本原、形態、價值、內涵、標準、程序等理論和文化問題，也涉及人權的立法、執法和司法保障等實踐和體制問題，因此，應當既從中國初級階段的基本國情出發，又儘可能多地承認「國際人權兩公約」的規定，認真負責地展開對「國際人權兩公約」的研究，積極穩妥地引導和推進中國的人權現代化建設。

這次以簽署和實施「國際人權兩公約」為背景的討論，方興未艾，有進一步擴大、深入和發展的勢頭。

第五次，從 2004 年人權入憲[17] 至今，大陸進入權利時代。

進入權利時代主要表現為：人權觀的細化、拓展和深化研究，中國特色人權觀初步形成；人權觀的憲法化、法律化、法治化和國際化，《國家人權行動計劃》主導下的人權法治保障全面展開；人權觀的宣傳和教育普遍開展，人權教材、人權教育基地、人權出版物、「3‧15」消費者權益保障日、公民維權行動等；國內人權與國際人權互動發展，兩個人權公約的內容越來越多地為國內立法所接受。

「人權」入憲後，「人權」成為實在權利，其背後的價值也得以承認。「人權」轉化成憲法「基本權利」後，人權觀點開始向各部門法滲透。憲法學出現的規範憲法學與憲法解釋學都選擇了「基本權利」作為憲法文本的價值起點；「人權」成為確定新權利的通道，相應出現了其他權利的呼聲，諸如公民環境權、生育權、生命權、罷工權、遷移自由等等訴求；刑訴法中的人權保護及反思死刑的存廢；由人權支撐的基本權利要求建立憲法審查等權利救濟制度；對特殊群體人權的關注，如農民的權利等。

進入權利時代，對人權的理論研究仍有待深入。例如，如果人權僅僅是個人利益的表達，那依據什麼原則來判斷這種個人利益是否正當？人權的道德基礎是什麼？人權與德性的關係是什麼？……[18]

## 三、從法治實踐角度看大陸權利觀的發展演變

### （一）從立法角度看大陸權利觀的發展變化

改革開放35年來，大陸的立法工作取得了舉世矚目的成就。截至2012年底，大陸已制定現行憲法和有效法律243部、行政法規721部、地方性法規9200部，民族自治地方共製定現行有效的自治條例和單行條例780多部，涵蓋社會關係各個方面的法律部門已經齊全，各個法律部門中基本的、主要的法律已經制定，相應的行政法規和地方性法規比較完備。

中國特色社會主義法律體系的形成，是大陸人權事業發展的一個重要標誌，實現了大陸人權保障的法治化。近年來，國家十分注重從保障人權的要求出發修改有關法律法規。例如，2012年新修改的刑事訴訟法寫入「尊重和保障人權」內容，並在證據制度、辯護制度、強制措施、偵查措施、審查起訴、審判程序、執行程序的修改完善和增加規定特別程序中，貫徹了尊重和

保障人權的精神。這是大陸人權事業的重大進步,對於懲罰犯罪,保護人民,保障公民的訴訟權利和其他合法權利,具有重大意義。[19]又如,2012年修改的民事訴訟法,進一步保障了當事人的訴訟權利,完善了起訴和受理程序、開庭前準備程序、簡易程序、審判監督程序和執行程序,完善了保全制度、證據制度和裁判文書公開制度,增加了公益訴訟制度、對案外被侵害人的救濟程序。

(二)從執法司法角度看大陸權利觀的發展變化

經過30多年依法行政和公正司法的教育培訓與體制改革,大陸在執法領域和司法過程中,越來越重視依照程序法和實體法行使職權,越來越重視依法對公民權利的保障,總體上體現了較為強烈地法治意識和人權理念。但與立法領域表現出來的日益強烈的權利意識和不斷增強的尊重保障人權的趨勢相比較,執法和司法在保障人權方面的表現,卻受到社會和公眾不斷增多的批評和詬病。這種滯後,一定程度上反映了大陸執法和司法過程中權利觀念和人權保障意識的不足。

行政執法中違背依法行政原則的表現為各種形式的權大於法,如多頭執法、多層執法、不執法、亂執法以及釣魚式執法、粗暴野蠻執法、尋租性執法、限制性執法、選擇性執法、運動式執法、疲軟式執法、滯後性執法等,是廣大群眾意見最大、批評最多、影響最壞的領域。

司法中存在刑訊逼供、屈打成招、有罪推定、出入人罪、濫用自由裁量權、吃了原告吃被告、以案謀私、案件積壓、久拖不決、執行難以及司法專橫、司法不公、司法腐敗等多種形式。

行政訴訟是司法方面最能反映公民權利意識的領域。2009年,行政訴訟法頒布20週年時,山東法院有個調研報告認為,行政訴訟法頒布實施以來,官民的觀念發生了三大變化:一是民之變,老百姓從不敢「告」到敢與「官」對簿公堂,行政訴訟中的「民本位」在不斷提高;二是官之變,官員從怕當被告、怕「丟臉」到敢於出庭,行政訴訟中的「官本位」發生巨大變化;三是法官之變,法官從顧慮重重到敢於和解,行政案件呈現出上訴率逐年下降、

結案率逐年上升的良好態勢，和解比例由最初的 30% 上升到當前的 60%，這說明不論是政府還是老百姓，對行政訴訟和解的需求越來越大。[20]

但是，也應當承認並看到大陸行政訴訟法制度中對於公民權利保障的不足：一是權利救濟不足。在行政訴訟法實施 20 多年裡，人民法院審理了將近 180 萬件一審行政案件，多年來被告的平均敗訴率大約在 20% 左右，極大地保障公民、法人和其他組織的合法權益。但是，中國行政訴訟制度實際存在的權利救濟不足的問題。從目前的行政案件申訴情況來看，行政申訴率仍處在高位狀態。在人民法院每年審理的所有的案件（1200 多萬件）中，行政案件數量的比例占總數的 1.5% 左右，但是行政訴訟案件的申訴、上訴率通常是 20% 以上，甚至達到 30%。行政案件上訴率、申訴率遠遠高於其他類案件的上訴率、申訴率。此外，在所有上訴、申訴案件中，被告一方提出上訴或者申訴的僅僅占 1% 強，就是說 98% 以上的案件是由原告一方提出上訴或者申請再審。這也從側面說明行政訴訟對原告一方的權利救濟存在著嚴重問題，特別是對被告一方存在「官官相護」的問題。二是權利保護範圍有限，行政訴訟法僅規定對人身權和財產權進行司法保護，對於行政行為涉及其他權利，如勞動權、受教育權、知情權、瞭解權、表達權、監督權、公民住宅權、通信自由和通信秘密權、救濟權等，還沒有納入行政訴訟受案範圍。最高人民法院司法解釋雖然採取了只要行政行為對「公民權利義務產生不利影響的」均屬於行政訴訟受案範圍的觀點，但還需要上升為法律條文。[21] 雖然這種不足由於行政訴訟法正在修改中而面臨一定程度的克服，但它畢竟折射出大陸立法者在制定行政訴訟法時權利觀的某種侷限性。

如果以公民認同度、社會滿意度和媒體曝光度作為評價標準，把立法、執法和司法這三個方面在實踐中體現出來的權利狀況和權利觀唸作一個簡要的比較，我們可以看到，大陸立法過程中表現出來的尊重和保障人權、維護權利的狀況最好，司法過程中表現出來的狀況其次，與大陸法治建設崇尚的權利理念和人權觀的要求反差最大的，是城管執法、工商執法、稅務執法、食品安全執法、環保執法、交通執法等行政執法領域。

## 四、從公民角度看大陸權利觀或權利意識的發展變化

改革開放以來，隨著法治宣傳教育的深入普及和法治建設的全面展開，大陸公民權利意識整體上呈現出逐步增強的發展變化趨勢。

在八十年代初期，大陸公民權利意識的整體情況是法律知識貧乏，法治觀念欠缺，權利意識薄弱。隨著1986年全國人大常委會作出把法律交給億萬人民的決定，隨著全國法制宣傳教育運動轟轟烈烈地持續開展，法治化進程把越來越多的利益和資源轉化為權利加以確認和保護，越來越多的司法案例從正反兩方面向人們證明權利對個人利益的相關性和重要性，使得大陸公民的權利意識從八十年代後半期開始整體上呈現出不斷重視、逐漸加強的趨勢。

在九十年代，《走向權利的時代——中國公民權利發展研究》的實證研究顯示，大陸公民權利意識的變化特點包括：（1）不均衡性，如城鄉之間，城市強而農村弱；（2）財產權利意識強於政治權利意識與人身權利意識；（3）被動性，如認知、訴求與要求新權利等方面；（4）群體權利意識較弱。[22]

2000年以來，大陸公民權利意識出現了一些新變化：

一是農民維權越來越多，但訴諸法律救濟不多。[23] 目前，在大陸13億人口中，農民有8億多，其中農民工約為2.5億。在大陸城鎮化改革進程中，農民維權成為權利覺醒的一道亮麗風景線。例如，因徵地引發的農村群體性事件已占全國農村群體性事件的65%以上。2011年，廣東佛山市總工會針對外來務工人員的調查顯示，新生代農民工維護自身權利的意識明顯增強，但很多人沒有選擇依照法律途徑來維權，卻有45.43%的人企圖透過群體性事件來維權，因為他們認為「事情鬧大了就會解決」。[24] 他們信訪不信法，信鬧不信法，認為透過群體性事件來實現權利訴求，一是經濟成本低，甚至無成本；二是過程簡單，見效快；三是不會終結權利訴求，以後有機會還可以繼續再鬧。

二是公民權利意識發展不平衡。儘管以經濟利益的權利訴求為主，但權利意識的內容逐漸轉移擴大，如有關於人身權利、平等權（比如最近的李天一案討論中「陪酒女的人權」）、隱私權等，不過政治權利意識還是偏

弱。據2008年北京大學中國國情研究中心的「中國公民意識調查」顯示，以9項權利測試公民對權利重要性的認識，受訪人對第一重要權利的選擇，由高到低的排序是：生存權（56.2%）、勞動權（15.3%）、選舉權（7.6%）、參政議政權（7.3%）、言論自由（5.6%）、個人隱私權（4.7%）、表達自由（1.9%）、宗教自由（1.5%）、結社權（0.1%）。[25]

　　三是開始改變為權利而鬥爭的被動性。這可從互聯網的權利話語發展可得到證實。網絡維權、微博維權、網絡反腐、網絡監督越來越普遍。截至2012年年底，大陸網絡微博用戶規模為3.09億，網民每天發表的論壇帖文和新聞評論達300多萬條，微部落格每天發佈和轉發的訊息超過2億條。[26] 互聯網的推廣，為傳播權利觀念、普及人權意識、爭取和維護權利，提供了新途徑。

　　隨著現代公民權利意識的覺醒，人們對自身權利是否受到侵害日益敏感，並越來越傾向於尋求網絡渠道表達訴求，由此呈現出一派網絡法治輿情的「繁榮」景象。在網站、論壇、部落格等空間，透過簡訊、QQ、MSN等新興媒介，網絡公民對立法、司法、政府管理、反腐敗等熱點問題踴躍發表意見，形成一種強大的輿論壓力，其影響儼然超過了報刊、電視等傳統媒體。在這種背景下，幾乎所有的法治事件、權利訴求、人權抗爭，都深刻烙印上網絡的影響痕跡。從憲法、國家賠償法、物權法、勞動合約法等立法事項的激情參與，到收容遣送、房屋拆遷等行政法制的深刻變革，從佘祥林、趙作海等冤假錯案的沉冤昭雪，到周久耕式的網絡反腐，莫不滲透著無數網民推動法治進步的點滴努力。

　　食品安全是較能反映公民權利意識的領域。2011年度大陸各種涉及食品安全數以百計（500多件）的事件遭到曝光，其顯著特點是以依靠公民的舉報、主動爆料行動為主，占比40%；政府在執法過程中主動披露的案例占34%，由媒體披露的占24%，其他占2%。[27] 公民舉報的途徑主要有三種：其一，公民向當地政府機構工商局等部門進行舉報，借助政府的力量來處理社會上存在的不合格食品以及相關生產銷售者。如「水銀刀魚」事件、廣東生產「墨汁粉條」事件、沃爾瑪因出售虛假的「綠色豬肉」受到工商部門重罰、河北石家莊查獲省內最大的臭豆腐黑作坊等。其二，公民直接向媒體曝

21

光，再借助媒體平臺擴大該食品安全事件的地區和全國影響力。比較有代表性是「北京香精包子」事件即是由「知情群眾」向《新京報》舉報的。其三，不少群眾選擇直接與公司交涉，維護自己的利益，但是這種效果極為有限，最終效果往往依靠政府部門的監管。

四是群體權利意識在公益訴求上的表現逐漸增多。近年來公益上書、公益訴訟等也從有到無，逐漸興盛，不過多以律師與法學者為主。具有重要社會影響的是 2003 年「孫志剛事件」。在該事件發生後不久，「三公民」上書全國人大常委會，建議對 1982 年 5 月國務院發佈的《城市流浪乞討人員收容遣送辦法》進行違憲和違法審查，促成了該辦法的廢止。在公益上書方面的例子還有 2003 年 1 月，河北省香河縣五百戶鎮香城屯村的村委會主任王淑榮上書案（上書全國人大常委會，聲稱《河北省土地管理條例修正案》第 25 條的規定違反《土地管理法》，要求對前者的合法性進行審查。2005 年 6 月，河北省十屆人大常委會第十五次會議刪除了該《條例》的第 25 條）等 10 多件；在公益訴訟方面的主要有：有關平等權與反歧視案件、有關教育權案件、有關環境保護案件、有關消費者權利案件等方面的案件從幾件到 10 多件不等，其中勝訴極少。[28]

目前的公益訴求既是一場法律運動，也是一場權利運動。公民在採取公益上書和公益訴訟等法律行動時往往既試圖揭露違法行為、改變不合理規章制度，也試圖維護人們的法律權利，特別是人權。例如，人們上書要求全國人大常委會對《城市流浪乞討人員收容遣送辦法》進行違憲審查可以說是為了維護公民的人身自由權；上書要求對《公務員暫行條例》、《國家公務員錄用暫行規定》等規範性法律文件進行違憲審查是為了維護公民的平等權；人們發動「平等受教育權案」、「民工子女學校案」和「義務教育收費案」等公益訴訟的目的主要是為了維護公民的受教育權。

## 五、大陸法治建設進程中權利觀發展變化的主要特點

（一）從人權觀、權利觀理論研究和學術發展的角度看，大陸的對於人權和權利問題的研究和討論，經歷了中國式地曲折、磨難和鬥爭，但最終突

破禁區和障礙，取得今天全面發展的成就，權利本位、尊重保障人權等成為法學研究的主流話語。

（二）從法治建設進程與人權觀發展兩者關係的角度看，大陸在實踐中更加重視法治建設，而對人權或許還心存疑慮。如依法治國1999年入憲，而保障人權2004年入憲；前者放在總綱部分，後者放在公民基本權利與義務部分。中南海法治講座有20多場，但關於人權的專門講座至今空白。全民普法教育，人權教育只在學校和某些教育基地進行……

（三）從立法、執法、司法的不同層面相比較來看，大陸立法是其中最為重視人權保障的，體現了較為強烈甚至超前的人權保障意識，如《義務教育法》、《勞動合約法》，2012年新修改的刑事訴訟法寫入「尊重和保障人權」內容等等。儘管對司法存在種種批評，但是總體上司法領域對於權利救濟和人權保障是比較重視的，體現了法律職業人應有的人權意識。受到社會公眾批評和詬病最多的，是行政執法領域。

（四）從公民權利觀和人權觀的角度看，改革開放以來，隨著普法宣傳教育和法治實踐的全面展開，大陸公民權利意識整體上呈現出逐步增強的發展變化趨勢，但依法辦事、自覺守法、依法維權等卻沒有明顯改觀，相反的例子則比比皆是。

總之，改革開放35年來，大陸的權利觀、人權理論和公民權利意識的發展是與法制改革和依法治國的實踐進程同步推進的，權利觀和人權觀的理論研究成果，引領並推動了大陸人權保障的法治化和法治發展的人權化趨勢，為尊重和保障人權、充分實現全體公民的公民與政治權利和經濟社會文化權利，提供了有利條件。我們相信，在全面推進依法治國、加快建設法治中國的新的歷史進程中，在海峽兩岸學者和兩岸同胞的共同努力下，中華法學研究和法治建設必將取得更大成就，中華民族的偉大復興和中華法制文明的全面崛起必將實現！

# 人格權法中的人格尊嚴價值及其實現

王利明[29]

　　人格尊嚴，是指人作為法律主體應得到承認和尊重。人在社會生活中生存，不僅要維持其生命，而且要有尊嚴地生活。在這個意義上，人格尊嚴是人之為人的基本條件，是人作為社會關係主體的基本前提，是人基於自己所處的社會環境、工作環境、地位、聲望、家庭關係等各種客觀要素而對自己和他人的人格價值和社會價值的認識和尊重，是社會地位的組成部分。人格尊嚴是受到哲學、法學、社會學等普遍關注的概念。[30]在民法中，人格尊嚴是人格權的基石，人格權法的構建要以人格尊嚴保護為中心展開。

## 一、人格尊嚴是基本人權

　　「尊嚴」一詞來源於拉丁文（dignitas），意指尊貴、威嚴。[31]在古代社會，「各類非法學學科的思想者就已經開始探索人格尊嚴這一概念，以及其對市民社會的效力和影響」。[32]在古羅馬，人格尊嚴（dignitas）一詞是與個人的地位和身份聯繫在一起的，並不適用於所有的自然人，而只是為少數人（如執政官等）所享有。但西塞羅（Cicero）在《論義務》（De officiis）一文中曾經將人格尊嚴擴張適用到所有人，認為所有人在本質上都享有一定的地位。西塞羅全面肯定人的尊嚴，宣稱「我們稱之為人的那種動物，被賦予了遠見和敏銳的智力，它複雜、敏銳、具有記憶力、充滿理性和謹慎，創造他的至高無上的神給了他某種突出的地位；因為如此多的生物中，他是唯一分享理性和思想的」。[33]但西塞羅所說的人格尊嚴與現代意義上的人格尊嚴概念存在較大差異。公元前五世紀，希臘哲學家普拉格拉德斯（Protagoras）更提出他的著名命題「人是萬物的尺度」，古希臘時期關於人的價值、地位和尊嚴的觀念幾乎包含了現代人格尊嚴的一切思想，但是，學界普遍認為，古希臘思想中一直缺乏「人格尊嚴」這一概念。[34]有學者將古希臘與古羅馬對比時認為，在古希臘的語言文化中，並沒有一個詞語可以精確地與古羅馬「dignitas」一詞的完整意義相匹配。[35]

　　在黑暗的中世紀，人沒有獨立的主體性，身份的從屬性壓抑了人的個性和尊嚴。在這一時期，人的尊嚴來自於上帝，只有借助上帝的啟示才能實現

人的尊嚴。「中世紀的人們雖然獲得了靈魂上的安頓和精神上的慰藉，但是他們卻套上了專制和基督教神學的獨斷的雙重枷鎖，代價卻是由上帝的主人變成了上帝的奴僕，不僅失去了自己的尊嚴和人格，也失去了思想和行為的自由。」[36]例如，以奧古斯丁為代表的基督教自然法，弘揚的是上帝的神法，其在《上帝之城》一書中宣揚的是神恩論、原罪論，尊崇的是上帝的尊嚴，對於世俗法和人的尊嚴，實際上是貶低的。[37]

一般認為，最早正式提出「人格尊嚴」（或稱人的尊嚴或人性尊嚴）概念的是義大利文藝復興時期的皮科‧米朗多拉（Pico Mirandola）（1463—1494），其在15世紀曾發表著名演講《論人的尊嚴》（De dignitate hominis），該文第一次明確提出「人的尊嚴」這個概念，被譽為文藝復興的「人文主義宣言」。[38]在這篇演講詞中，米朗多拉宣告：人是世間的奇蹟與宇宙的精華；人的命運完全掌握在自己手中，不受任何外在之物的制約；人擁有理性、自由意志與高貴品質，透過自身的努力不僅可以超越萬物，而且可以進入神的境界，與上帝融為一體。[39]人格尊嚴作為一種法益，是在17至18世紀，從傳統到現代社會的轉變過程中，由啟蒙哲學家從自然法理論中發展出來的。[40]勃發於西歐的人文主義思潮積極主張人的解放，強調人的權利是自然權利，高揚人的個性旗幟，梳理人的自主意識和尊嚴理性，使人開始關注人本身。啟蒙思想認為，「每個人在他或她自己的身上都是有價值的——我們仍用文藝復興時期的話，叫做人的尊嚴——其他一切價值的根源和人權的根源就是對此的尊重」。[41]17世紀自然法代表人普芬道夫（Samuel A. Pufendorf）提出法的體系的中心乃是人，該種主體的人能夠自治，並且可以理性地選擇自己的行為達到最大的利益化，透過理性的方式進行功利選擇。[42]這實際上弘揚了人的尊嚴和自由的思想。這些思想都深刻影響了後世的立法。例如，普芬道夫的觀點直接對1794年的《普魯士國家一般邦法》產生了重要影響。[43]

人格尊嚴的概念基於基督教倫理和教會法，透過格勞修斯（Grotius）、托馬斯（Thomasius）、普芬道夫（Pufendorf）和其他學者的著作，作為persona的一項典型特徵，被廣泛的認可和接受，並被19世紀以後的法律所普遍採納。[44]在啟蒙思想家中，康德是人格尊嚴思想的集大成者，他承繼

了霍布斯、洛克、盧梭等人的倫理思想，將人格尊嚴被提升到前所未有的地位。他認為，「人格」就意味著必須遵從這樣的法則，即「不論是誰在任何時候都不應把自己和他人僅僅當作工具，而應該永遠看作自身就是目的」。[45] 即「我們始終那樣的活動著，以至把構成我們的人性的力量，決不單純地看作是一個手段，而且同時看作是一個目的，即作為自在的善的實現和檢驗的力量，並且在善良意志的道德力量那裡，在所有世界裡自在地絕對善的東西」。[46] 康德提出的「人是目的」的思想，也成為尊重人格尊嚴的哲學基礎。理性哲學的另一個代表人物黑格爾也認為，現代法的精髓在於：「做一個人，並尊敬他人為人。」[47] 這一思想已經比較明確地包含了人格尊嚴的尊重。這已成為黑格爾法律思想的核心理念。

19世紀法典化運動過程中，人格尊嚴的價值並沒有被當時的立法者充分認識，在法典中缺乏體現。但在20世紀後半葉，人格尊嚴越來越受到立法者的關注，而成為人權的核心概念。[48] 這在很大程度上是基於對歷史教訓的反思。兩次世界大戰給人類帶來的深重災難和納粹對人格尊嚴的嚴重踐踏，促使世界各國重新思考人格尊嚴的價值，最終將人格尊嚴作為法律體系的核心價值而加以確認。就法律文件而言，1945年的《聯合國憲章》最早提到人格尊嚴（Human dignity），[49] 1948年《世界人權宣言》第一次確認了人格尊嚴作為一項基本人權的地位，進一步促進了人格尊嚴的法律理論的發展。該宣言的序言中寫道，對個人固有尊嚴的承認是世界自由、正義與和平的基礎。宣言第1條明確宣告，「人人生而自由，在尊嚴和權利上一律平等」。這一規定直接推動了人格尊嚴條款進入各國憲法之中。

在這一方面，德國戰後的法律實踐具有重大的突破性意義。德國納粹時代的種族主義和其他的駭人聽聞的暴政，促使德國人反思法律體系的人性基礎，並為整個法秩序尋找一個倫理和價值上的基礎，而他們找到的這個客觀價值基礎就是「人格尊嚴」，這其中也受到了《聯合國憲章》和《世界人權宣言》的影響。[50] 基於對實定法應該建基於人格尊嚴這一客觀價值基礎的認識，1949年德國基本法開宗明義在第一條就規定「人格尊嚴不可侵犯，尊重和保障人格尊嚴是一切國家公權力的義務」。這一條文為戰後德國民法人格權理論的發展提供了新的憲法基礎，也開啟了在法律中規定人格尊嚴，將

人格尊嚴這一倫理價值實證化的先河,並對西方的法律發展產生了深刻影響。此後,有關的國際公約多次確認了人格尊嚴在人權體系中的核心地位。[51] 2000年歐洲聯盟《基本權利憲章》第1條(人性尊嚴)規定:「人性尊嚴不可侵犯,其必須受尊重與保護。」[52]

人格尊嚴最早是在大陸法系國家被納入權利體系中,並形成了以人格尊嚴為基礎的基本權利理論體系。[53]但兩大法系對人格尊嚴的理解和制度建構仍然存在著較大的差異。從價值層面來看,體現的是美國法和德國法在人格權保護價值取向方面的區別,耶魯大學惠特曼教授曾經提出美國和歐洲在對個人私生活保護方面存在著不同的價值觀,美國法主要保障的是個人的人身自由,而歐洲法主要保護個人的人格尊嚴。[54]人格尊嚴在德國被確立為憲法的最高建構原則,進而也成為戰後整個德國法秩序的價值基礎,[55]德國法院採納了德國學者Nipperdey、Nawiasky等人的主張,認為憲法所確認的權利可以適用於私法關係,從而根據德國戰後基本法第2條關於「人類尊嚴不得侵犯。尊重並保護人類尊嚴,系所有國家權力(機關)的義務」,「在不侵害他人權利及違反憲法秩序或公序良俗規定範圍內,任何人均有自由發展其人格的權利」的規定,確定了「一般人格權(das allgemeine Persönlichkeitsrecht)」的概念。而美國的法律體系更多強調的是對個人自由的保障,與更多要求國家積極作為的戰後大陸法系的思維存在差異,但是近年來,美國法律理論也越來越重視人格尊嚴的價值,開始介紹和移植相關的理論和制度。許多美國學者認為人格尊嚴被涵蓋在憲法之中,並認為憲政所保護的根本性價值就是人格尊嚴,[56]也有學者吸收了英國普通法上的各種權利概念,承認諸如毀損名譽(defamation)以及故意損害情感(intentional infliction of emotional distress)的侵權行為,可以保護表現為個人名譽或精神健康的人格尊嚴。人格尊嚴在國內法中的適用必須包含所有的法律,而不僅僅是憲法。[57]

與人格尊嚴在西方的發展歷程不同,中國古代社會並不存在人格尊嚴這一概念,[58]而新中國建立之後,「五四憲法」就確立了人格自由概念,但並未規定人格尊嚴。[59]「文革」期間出現了嚴重侵害個人人格權、踐踏人格尊嚴的現象,諸如「戴高帽」、「架飛機」、「剃陰陽頭」、擅自抄家、揪鬥

等各種侮辱人格、蔑視人權的行徑普遍存在，使億萬人民承受了巨大的災難。基於對「文革」暴行的反思，中國1982年的憲法確認了對人格尊嚴的保護，該法第38條規定：「中華人民共和國公民的人格尊嚴不受侵犯。禁止用任何方法對公民進行侮辱、誹謗和誣告陷害。」改革開放以來，中國開始逐步加強對人權的保護。1982年修訂憲法時由於人權尚未入憲，所以不能將人格尊嚴解釋為基本人權。而在2004年憲法修改之後，憲法明確規定國家尊重和保障人權，在此背景下，人格尊嚴可以解釋為憲法確認的基本人權。為落實憲法關於保護人格尊嚴的規定，1986年《民法通則》第101條規定：「公民、法人享有名譽權，公民的人格尊嚴受法律保護，禁止用侮辱、誹謗等方式損害公民、法人的名譽。」此外，一些特別法也依據憲法先後規定了對人格尊嚴的保護。[60] 可以說中國已經形成了一個人格尊嚴保護的法規範體系。

進入21世紀之後，尊重與保護人權已經成為整個國際社會的共識，也成為當代法律關注的重心。「從『人格尊嚴』這一最高憲法原則的意義上來說，並不能夠直接得出傳統意義上對自由的保護，但是從當代社會的發展和對人格保護的需要來說，（一般人格權）存在其出現的必然性。」[61] 從發展趨勢來看，人格尊嚴現在越來越多地被認可為一種可訴之權利，日益突出並占據優勢地位。[62]

## 二、人格尊嚴要轉化為民法上的人格權制度

憲法作為國家的根本大法，對於具體法律的制定具有指導和價值奠定的作用，尤其對於人格權法更具有指導性的作用。憲法確認了公民的人格尊嚴作為基本人權，對於民法具有重要的指導意義。人格尊嚴在民法中的價值體現之一就是人格權的確立和保護。人格尊嚴作為一種憲法價值的重要性，這也容易導致一種誤解，人格尊嚴只能由憲法予以規定和保護，如果透過民法中的人格權法來規定和保護，似乎降低了人格尊嚴的價值和意義[63]。筆者認為，作為憲法中的基本權利的人格尊嚴要轉化為民法上的人格權制度，具體可從如下兩方面說明：

（一）憲法權利具體化是當代法律發展的重要趨勢

當代憲法理論認為，憲法的精神，特別是基本權利保障的精神，應該覆蓋和貫穿於所有法領域。在著名的呂特判決中，德國聯邦憲法法院就特別指出：「德國基本法中的基本權利規定同時也是一種客觀價值秩序，其作為憲法上的基本決定而對所有法領域發生效力。」[64]民法傳統上屬於私法，在公私法劃分的背景下與憲法相對分離。但在當代憲法強調人權保障的趨勢下，民法的各項民事權利都開始受到憲法基本權利內涵的影響，對於民事權利的解釋也越來越多地將憲法基本權利的精神貫徹其中。

憲法權利具體化的第一種表現就是對基本權利對第三人效力學說的認可。傳統理論認為，憲法基本權利的規範效力僅僅在國家和公民之間產生，而當代憲法領域產生了基本權利對第三人效力理論，該理論認為，如果公民與公民之間的私人關係對其中一方的基本權利產生的影響，則基本權利的效力可以超越個人與國家關係的範圍，而進入到私人之間的私法關係中去。[65]因此，憲法上的基本權利在特定情況下也會對私法領域發生效力，也就是說可以在公民之間產生效力。[66]而當代德國的基本權利理論，將人格尊嚴作為整個基本權利體系的價值基礎。德國憲法學者在對德國基本法的基本權利篇章進行體系解釋時，認為，基本法第1條第1款規定的人格尊嚴應該被作為整個法秩序的「最高建構性原則」（oberstes Konstitutionsprinzip），[67]其他基本權利都以人格尊嚴為價值基礎和核心內容。根據憲法學者的觀點，人的尊嚴「為基本權利之基準點、為基本權利之出發點、為基本權利之概括條款、屬憲法基本權利之價值體系」，甚至是整個基本權利體系的基礎，在憲法上解釋為人性尊嚴或人的尊嚴（Human dignity）更具有統攝性。[68]而按照德國基本法第3條的規定，基本權利對於立法、行政和司法都有著直接的約束力，這意味著民事立法和民法解釋都應該貫徹基本權利的精神，而其核心是人格尊嚴。以人格尊嚴為基礎的基本權利對於民事司法產生的主要影響就在於，傳統是只適用民法規範的民事案件裁判，也要納入對當事人的基本權利的考慮，例如，在名譽侵權中，可能要考慮侵權人是否是在正當行使自己的言論自由，這就涉及憲法上的言論自由在民法上的效力，也就是第三人效力的問題。

憲法權利具體化的第二種表現就是「憲法的私法化」現象，其主要表現形式就是民事審判中法官大量援引憲法的規定作為裁判依據或者論證理由，從而強化對當事人權利的保護。[69]因為這一原因，公法和私法的分類也變得更為困難。[70]例如德國法院援引《聯邦基本法》第 1 條「人格尊嚴不受侵害」，並由此衍生出一般人格權的理論。在美國，隱私權既是一種普通法上的權利，也是一種憲法權利。美國法院透過一系列判例將隱私解釋為憲法權利，[71]而且，美國有十個州在其州憲法中確認隱私權為憲法權利。由於隱私權成為一種憲法權利，從而可以保障隱私免於受到政府的侵害。[72]從各國的經驗來看，凡是承認人格權為一種憲法權利的國家，通常法院都有違憲審查的權力，公民也可以提起憲法訴訟，從而為憲法救濟提供了一種可能性。「憲法的私法化」還體現在其對民事立法和民法典編纂的影響。民事立法開始更多地進行憲法基本權利的考量，將憲法基本權利在民事立法中予以具體化。

（二）憲法確定的人格尊嚴應在民法的人格權法領域中予以落實

憲法在中國法律體系中居於根本法和最高人民法的地位，憲法所確認的人格尊嚴成為各個法律部門都必須要予以保護的價值，在各部門法制度的建構中，都應該充分貫徹對人個人尊嚴的保障。也就是說，憲法雖然確定了人格尊嚴，並成為憲法中的基本權利，但仍然有必要在民法的人格權法領域予以落實，使之成為人格權法的核心價值。主要原因在於：

第一，雖然人格尊嚴是一種憲法權利，但憲法作為根本大法，其立法都是粗線條的、高度抽象的，缺乏具體的規定，多數基本權利都被認為是有待立法形成的。[73]憲法中的人格尊嚴實際上仍然是一種價值表述和原則表述，無法使得裁判具有相對的確定性，無法實現「同等情況同等對待」的基本正義要求，因此需要人格權制度對此予以細化，規定人格權的確認和保護，將之體現為能被裁判所依據的具有一定確定性的規則。憲法對人格尊嚴的保護不可能涵蓋生活中各種侵害人格尊嚴的類型。人格尊嚴可以具體體現為各種人格利益，例如名譽、肖像、隱私、訊息等。但是，對各種權利的侵害，其法益內容各不相同，相關侵權行為的構成要件也不相同，因此不能以一個簡單的人格尊嚴條款來包含各種侵害人格權的類型。

第二，法官在進行裁判時，需要引用成文的法律作為裁判的大前提，但在中國的司法實踐中，法官裁判民事案件還不能直接適用憲法。憲法中的人格尊嚴必須透過民法中的概括條款、概念和規則進入到民法秩序中。因此，這決定了，憲法中的人格尊嚴不能直接作為民事裁判的依據，民事裁判必須以民法規定作為基礎，從而民法必須透過人格權法來體現憲法權利，實現民法秩序的相對自洽。2009年最高人民法院發佈的《關於裁判文書引用法律、法規等規範性法律文件的規定》第4條也明確規定：「民事裁判文書應當引用法律、法律解釋或者司法解釋。對於應當適用的行政法規、地方性法規或者自治條例和單行條例，可以直接引用。」該條規定並沒有將憲法列入民事裁判文書可以引用的範圍之列。由於法官無法直接援引憲法來裁判民事案件，這就決定了在中國直接依據憲法在個案中保護人格尊嚴是不可能的。如前所述，在許多國家法官可以直接援引憲法裁判民事案件，尤其是在德國等國家，法官可以直接援引憲法中人格尊嚴的規定裁判民事人格權案件，即使其民法體系中確實有關人格權的規定，也可以透過援引憲法來予以補充，甚至可以直接以憲法對人格尊嚴的規定替代民法中的一般人格權規範。但在中國，由於憲法不能在民事裁判中適用，我們就必須制定和完善人格權法，特別是對一般人格權作出規定，這樣才能使憲法上的人格尊嚴轉化為民法上的人格權制度，從而使憲法人格尊嚴的規範得到落實。

第三，透過法律解釋手段貫徹憲法規定存在困難。有學者主張，我們可以透過對民事法律中的一般條款的解釋來落實憲法的基本權利或其價值，但是，這種解釋必然涉及對憲法的解釋。但在中國，依據《憲法》第67條的規定，憲法的解釋權被排他地授予了全國人大常委會，法官如果在對民法一般條款的解釋時附帶解釋憲法規範，或許會存在權限上的問題。因此這種解釋性適用具有一定的侷限性，無法實現對民事主體的充分保護。

第四，將人格尊嚴轉化為民法上的價值和民事權利，這同時明確了一項國家的積極保護義務，即國家要透過立法、司法等途徑來保障人格尊嚴，而積極保護義務最主要強調的是立法者的積極作為義務，也就是制定相關法律規範的義務。國家應積極透過立法保障人格尊嚴。而在民法上確認人格尊嚴及相關的制度，是國家履行其積極保護義務的重要表現，同時也符合了維護

民法秩序的自治的要求。[74] 現代民法要求必須貫徹憲法的人權保障精神，其實質就是要體現規範公權、保障私權的法治精神，使人格尊嚴等人權透過民法的私權保障機制而得以實現。這就要求民事立法要更加積極地對憲法基本權利進行具體化。如果民法立法無法完成這一任務，而更多地依賴民事司法直接適用憲法，就可能對民法固有的秩序造成衝擊。

筆者認為，人格尊嚴雖然是一種憲法基本權，但必須要透過人格權制度將其具體化，並且轉化為一項民事權利，才能獲得民法的保護。任何人侵害他人的人格尊嚴，受害人將透過民法獲得救濟。《民法通則》第 101 條規定：「公民、法人享有名譽權，公民的人格尊嚴受法律保護，禁止用侮辱、誹謗等方式損害公民、法人的名譽。」這是中國民法上第一次明確地將憲法上的人格尊嚴轉化為民事權益。有關特別法也對自然人的人格尊嚴作出了規定。例如，《消費者權益保護法》第 43 條規定：「經營者違反本法第 25 條規定，侵害消費者的人格尊嚴或者侵犯消費者人身自由的，應當停止侵害、恢復名譽、消除影響、賠禮道歉，並賠償損失。」該規定不僅僅宣示了對人格尊嚴的保護，而且明確了侵害後的救濟。這些規定表明，中國的民事立法和司法解釋實際上已經在進行將憲法中的人格尊嚴條款具體化的工作，並取得了巨大的成效。

## 三、人格尊嚴應當轉化為一般人格權

在人格權制度的發展歷史上，首先出現具體人格權，然後才形成一般人格權的概念，而將人格尊嚴轉化為一般人格權的實踐最早出現在德國。按照拉倫茨的看法，《德國民法典》之所以沒有採納一般人格權的概念，是因為難以給這種權利劃界，而劃界則明顯地取決於在具體財產或利益的相互衝突中，究竟哪一方有更大的利益。[75] 梅迪庫斯認為：「民法典有意識地既未將一般人格權，也未將名譽納入第 823 條第 1 款保護的法益範圍。」[76] 在第二次世界大戰以後，德國民法開始強化對人格權的保護。戰後基本法對人類尊嚴的重視，促使了民法人格權理論的發展。在 1954 年的 Schacht-Leserbrief 的案例（「讀者來信」案）中，法院判決認為，被告的行為將原告置於一種錯誤的事實狀態中，讓讀者誤以為其同情納粹，這侵害了原告的人格。法院根據德國基本法第 1 條關於人格尊嚴的規定，認為一般人格權就必須被視為

由憲法所保障的基本權利。因此，法院從其中推導出一般人格權的存在。[77]「從『人格尊嚴』這一最高憲法原則的意義上來說，並不能夠直接得出傳統意義上對自由的保護，但是從當代社會的發展和對人格保護的需要來說，（一般人格權）存在其出現的必要性。」[78]不過，根據聯邦最高法院以後的相關判例，一般人格權最直接的法律淵源為民法典第823第1款所規定的「其他權利」，德國民法學上稱其為「框架性權利」。德國法院採用一般人格權的概念，為一系列具體人格權益的保護提供了依據，包括對肖像的權利、對談話的權利、秘密權、尊重私人領域的權利等，從而完備了對人格利益的司法保護。[79]在早期，德國聯邦法院認為，侵害一般人格權並非直接導致精神損害賠償，而只是產生恢復原狀的效力，剝奪行為人因侵害一般人格權而獲得的全部利益。自「騎士案」[80]之後，法院則承認了侵害一般人格權也會產生精神損害賠償。[81]

　　在中國，已經有對人格尊嚴的概括性規定。1986年《民法通則》第101條規定：「公民、法人享有名譽權，公民的人格尊嚴受法律保護。」從該規定來看，立法者區別了名譽和人格尊嚴，實際上是認為，人格尊嚴是名譽權之外的特殊利益。但該規定並沒有確立「一般人格權」的概念。能否將「公民的人格尊嚴受法律保護」視為關於一般人格權的規定？對這一問題，學界存在較大爭議。筆者認為，一方面，從體系解釋來看，該規定將人格尊嚴和名譽權並列，意味著其主要是要保護名譽法益，而並非對人格利益的一般性保護。另一方面，從目的解釋來看，民法通則的立法目的在於建構具體的權利體系，而並沒有做概括性規定的立法目的。

　　在中國未來民法典編纂中，應該規定一般人格權，就人格尊嚴的保護而言，其表述應該採用憲法「公民的人格尊嚴不受侵犯」。採用這一表述意味著用一個概括性條款來宣示人格尊嚴是民法保護的重要法益，同時也作為一個兜底性條款而對具體列舉的條款所未能涵蓋的部分進行概括的保護，為社會變遷中出現的新型人格利益提供請求權基礎。正如星野英一先生所指出的，一般人格權對需得到保護而實證法條文未具體規定的人格利益，或伴隨社會發展而出現的新型人格利益的保護成為可能。[82]具體而言，透過概括性條款來規定人格尊嚴具有如下意義：

第一，採用概括性條款來規定人格尊嚴，是對人格權保護的根本目的和基本價值的宣示。法律之所以保障各種人格權，很大程度上就是為了維護個人的人格尊嚴。公民的各項人格權都在不同程度上體現了人格尊嚴的要求。事實上，許多侵害人格權的行為，如污辱和誹謗他人、宣揚他人隱私、毀損他人肖像、虐待他人等，均有損他人的人格尊嚴。但是，一般人格權中的人格尊嚴更為直接地體現了人格權保護的基本目的。

第二，採用概括性條款來規定人格尊嚴，轉述了憲法的表述，也體現了憲法具體化的要求。人格尊嚴也是一個表明了人權保障之哲學立場、價值基礎和邏輯起點的概念，因此，在憲法中，也常常被規定在人權保障的原則性概括條款之中。在基本權利體系中，人格尊嚴也具有基礎性和統帥性的作用。既然憲法已將人格尊嚴設定為法秩序的基礎，那麼民法也應受此憲法基本決定的輻射，將人格尊嚴作為民法的價值基礎。在人格權法轉述憲法的表述，並非簡單的重複，而具有將憲法規定具體化的價值，從而使得其具體化為一種民事權益。

第三，採用概括性條款來規定人格尊嚴，可形成權利保護的兜底條款。將人格尊嚴作為一般權的內容，對於保護司法實踐中的新型人格利益具有十分重要的意義，因為很多新型的人格利益難以透過已有的人格權類型加以保護。[83] 當現行立法對具體人格權的規定不足或者存有漏洞的時候，可以依據侵害人格尊嚴的規定進行彌補。例如，在著名的「超市搜身案」中，超市保安懷疑消費者偷拿財物，對其進行搜身，雖然沒有侵犯原告的名譽權，但實際上侵犯了原告的人格尊嚴。[84] 再如，馬某訴崔某一般人格權糾紛案中，被告在原告舉行結婚儀式前，故意將垃圾撒在其家門口，法院判決被告應當賠償原告精神損失。[85] 此案也是侵害原告的人格尊嚴。因為人格尊嚴是公民基於自己所處的社會環境、地位、聲望、工作環境、家庭關係等各種客觀條件而對自己的社會價值的客觀認識和評價。如前所述，有時行為人的行為因並未造成對原告的社會評價的降低無法認定為侵害名譽權，而只能認定為侵害人格尊嚴。在實踐中，許多損害公民人格尊嚴的行為（如就業歧視、代孕等），都很難透過已有的人格權類型加以保護，而只能透過一般人格權來獲得救濟。

第四，採用概括性條款來規定人格尊嚴，有助於進一步規範法院的裁判。中國學界普遍認可應當設立一般人格權，但是，對於一般人格權的具體內容存在不同的看法。透過將人格尊嚴作為一般人格權的內容之一，可以使得一般人格權的內容具體化，也為法官的司法裁判提供明確的指引。例如，實踐中曾經出現過法官在判決中創設新型權利，如親吻權、[86]悼念權（祭奠權），[87]引發了不少爭議。如果採用概括性條款來規定人格尊嚴，則法官可以依據人格尊嚴規定對這些案件進行裁判，而不必勉強適用其他具體權利條款，甚至生造一些含義模糊缺乏規範性的「××權」來進行裁判，從而規範裁判行為，提升司法的公信力。

從比較法的角度看，採用概括性的一般人格權條款也逐漸成為趨勢，例如，歐洲民法典草案的起草者認為在民法中有必要為隱私和人格尊嚴設置專門的條款，並轉換成一條私法規則作為歐洲人權憲章的第一條莊嚴地公佈於世。[88]

但是，民法在將憲法中的人格尊嚴具體化過程中，並不一定要將其規定為一種「人格尊嚴權」。人格尊嚴原則作為一般人格權的重要內容，具有彌補具體人格權因具體列舉而難以滿足對人格利益的全面保護的功能，即人格尊嚴原則具有補充性。許多學者認為，對人格尊嚴權的保護就是對一般人格權的保護。[89]中國《精神損害賠償司法解釋》第1條也確認了「人格尊嚴權」的概念，這是其成為一般人格權內容的法律依據，也可以說在法律上正式確認了人格尊嚴是一般人格權的內容。該規定實際上是將人格尊嚴作為一種補充性的條款來規定的。也就是說，對於公民的名譽權的侵害，一般適用名譽權的規定，但對公民名譽感的侵害，雖不能適用名譽權的規定，但可以透過侵害人格尊嚴的條款而加以保護。這體現了人格尊嚴的補充適用性。[90]儘管在最高人民法院的司法解釋中已經提出了人格尊嚴權的概念，但筆者認為這並非意味著人格尊嚴就一定要表述為一種權利。一方面，很多新型的人格利益需要借助人格尊嚴條款來保護，但這些人格利益性質還不穩定，與權利外的利益的區分還不明晰，與相關權利的關係也不清晰，能否在發展中逐步固化為一種權利也不明確，應該過早賦予其權利的地位是不妥當的。另一方面，如果將人格尊嚴規定為一種權利，反而會限制其適用範圍，減損其保

護人格權益的作用。這是因為,如果作為權利,其無法為權利外的利益提供保護。還要看到,2009年《侵權責任法》第二條第二款:「本法所稱民事權益,包括生命權、健康權、姓名權、名譽權、榮譽權、肖像權、隱私權、婚姻自主權、監護權、所有權、用益物權、擔保物權、著作權、專利權、商標專用權、發現權、股權、繼承權等人身、財產權益。」該條款並沒有明確規定人格尊嚴權,這在一定意義上說明立法者並沒有認可《精神損害賠償司法解釋》中使用的人格尊嚴權概念。

## 四、人格尊嚴構成具體人格權體系的內在價值

人格權法的體系包括內在價值體系和外在規則體系。內在體系和外在體系是獨立的不同體系,內在體系是外在體系得以形成的基礎,[91]人格權法的內在體系發生的變化,必然向其外在體系延伸和擴張。這兩個體系是相輔相成的。中國民法通則第五章第四節規定了具體人格權的體系,保護生命健康權、姓名權、名稱權、肖像權、名譽權、榮譽權、婚姻自主權等,侵權責任法第二條確認了隱私權,具體人格權的體系已經初步形成。筆者認為,將這些具體列舉的人格權聯繫而成為一個體系的就是人格尊嚴。主要理由在於:

第一,人格尊嚴正是人格權法的基本價值,人格尊嚴是指作為一個「人」所應有的最起碼社會地位,以及應受到的他人和社會的最基本尊重。[92]「人的尊嚴正是人類應實現的目的,人權只不過是為了實現、保護人的尊嚴而想出來的一個手段而已。」[93]以人格尊嚴為基本價值理念,根本上是為了使人民生活更加幸福、更有尊嚴。尊重和維護人格獨立與人格尊嚴,才能使人成其為人,能夠自由並富有尊嚴地生活。所以,它可以說是人格權法諸種價值中的最高價值,指導著各項人格權制度。無論是物質性人格權還是精神性人格權,法律提供保護的目的都是為了維護個人的人格尊嚴。因此,只有充分地理解和把握了人格尊嚴,才能真正理解人格權法的立法目的和價值取向。

第二,人格尊嚴是每項具體人格權,尤其是精神性人格權的基本價值。在具體人格權構建中,要本著人格尊嚴的價值理念,以豐富其類型和內容。人格權法立法的基本理念就是維護人的尊嚴。基於此種維護人的尊嚴的理念,人格權的具體制度得以展開。物質性人格權是為了維護自然人生理上的存在,

精神性人格權則彰顯自然人的精神生活需要，而標表性人格權則為人們提供了對外活動的重要表徵，這些都彰顯了人的主體性價值。人格權制度的發展越來越要求保障個人的生活安寧、私密空間、個人訊息的自主決定等，這些人格利益的背後實際上都體現著人格尊嚴的理念。例如，在姓名權的保護方面，是否可以擴展到筆名、別名等，從維護人格尊嚴考慮，應當作出肯定的解釋。又如，死者人格利益是否應當受到保護，從維護人格尊嚴考慮，答案也應當是肯定的。

以隱私權為例，大陸法系一般認為保護隱私權就是為了保護人格尊嚴。[94]正如美國學者惠特曼（Whitman）所指出的，整個歐洲的隱私概念都是奠基於人格尊嚴之上的，隱私既是人格尊嚴的具體展開，也是以維護人格尊嚴為目的的。[95]隱私權是抵擋「貶損個人認定的行為」或「對人格尊嚴的侮辱」的權利。[96]隱私權存在的基礎是個人人格的尊嚴，隱私權實際上表彰了個人人格尊嚴。[97]換言之，隱私體現了個人的人格尊嚴，個人隱私不受侵犯是人格尊嚴的重要體現。尊重個人隱私，實際上也是尊重個人的尊嚴；尊重人格尊嚴，就要尊重個人的私生活安寧，使個人對自身及其私人空間享有充分的支配，並排斥他人的干涉和妨礙。在此基礎上，人們相互之間才能尊重彼此的私生活領域。特別是像與身體有關的私生活隱私，都與個人尊嚴相聯繫，如果暴露這些隱私，將嚴重損害個人人格尊嚴。

第三，人格尊嚴價值為認定人格權利和人格利益提供法律標準。隨著社會發展，出現了許多新型的關於人格利益的主張，這些主張能否得到人格權法的保護，缺乏必要的法律標準。人格尊嚴作為人格權法的基本價值理念，它檢驗著哪些人格利益應當受到人格權法的保護、哪些不應當受到人格權法的保護，為是否損害人格利益劃清了界限。在筆者看來，認定的標準應該是，其中是否涉及受害人的人格尊嚴，某種侵害到了人格尊嚴，則應認定被侵害的利益是人格權法保護的人格利益，如果符合權利要件，就可以上升為人格權利。例如，個人訊息權究竟是一項人格權還是財產權，中國理論界一直存在爭議。筆者認為，如果從維護人格尊嚴的角度看，個人訊息是直接關涉人格尊嚴的，個人訊息權是每個人都應當享有的、不受他人非法剝奪的權利，其所彰顯的正是個人的尊嚴。個人訊息常常被稱為「訊息自決權（informational selfdetermination right）」，同樣體現了對個人自決等人格利益的保護。[98]透過保護個人訊息不受訊息數據處理等技術的侵害，就可以發揮保護個人人格尊嚴和人格自由的效果。[99]對於每個人來說，無論是窮人還是富人、是名人還是普通百姓，都享有對自己訊息的權利，任何人不得非法收集、利用和傳送該訊息。正是因為個人訊息彰顯了人格尊嚴，所以有必要將其作為一項人格權來對待。

正是因為人格尊嚴是人格權法的重要內在價值，因此，在構建人格權的權利體系時應當以人格尊嚴作為重要的考量因素。民法的體系分為內在價值體系（innere Systematik）和外在規則體系（aussere Systematik），外在體系是指民法的編纂結構等形式體系，內在體系即價值體系，[100]包括民法的價值、原則等內容。就人格權法而言，應當以人格權的權利體係為基礎進行構建。而整個人格權的權利體系應當以人格尊嚴作為首要價值予以展開。我們已經探討了一般人格權之中應當包含人格尊嚴的內涵，而就具體人格權而言，也應當以人格尊嚴作為確定權利類型以及權利內涵的重要考量因素。在中國，根據《民法通則》的規定，具體人格權包括生命權、健康權、姓名權、名稱權、肖像權、名譽權、婚姻自主權等。中國《侵權責任法》等法律承認了隱私權。中國《刑法》、《律師法》、《居民身份證法》等一系列法律也都對個人訊息的保護做出了相應的規定。相關司法解釋也承認了身體權、人身自由權等人格權。這些都涉及人格尊嚴，所以，都應當納入到具體人格權的範疇之中。儘管自然人的人身自由權、個人訊息權、婚姻自主權和貞操權等，是否應當作為人格權存在爭議，但是，筆者認為，它們與自然人的人格尊嚴存在密切聯繫，因此，應當認可為具體人格權類型。概括而言，正是因為人格尊嚴已經上升為人格權法的核心價值，所以，其必然影響到人格權法的外在體系的構建。無論是一般人格權還是具體人格權，其都應當圍繞這一核心價值展開。同時，也正是因為人格尊嚴保護的強化，也促使了人格權法的迅速發展，並使得人格權法成為民法中新的增長點。人格權法的獨立成編只有以人格尊嚴為中心，才能構建一個內在完整和諧的邏輯體系。

## 五、強化人格尊嚴的保護應當使人格權法獨立成編

關於人格權法是否應當在未來民法典中獨立成編，在理論上一直存在爭議。筆者認為，從維護人格尊嚴出發，中國未來民法典也有必要採納人格權法獨立成編的做法，在現有立法的基礎上，透過總結司法實踐經驗，對人格權法作出系統的規定。

人格權法獨立成編是基於中國的立法體制和司法體制而作出的必然選擇。如前所述，在許多國家，憲法上的人格尊嚴可以作為民事裁判的直接依據，從比較法上的發展趨勢來看，憲法上的人格尊嚴現在越來越多地被認可為一種可訴之權利，日益突出並占據優勢地位。[101] 但這一點在中國是不存在的，法官也不能透過解釋憲法來將人格尊嚴作為民事裁判規範適用。憲法的不可訴性決定了有必要將人格尊嚴在民法中作出更為清晰的規定，不僅需要透過一般人格權的設定，而且需要透過多項具體人格權的規定，來落實憲法對人格尊嚴的保護。而在現代社會，作為人格尊嚴具體化的人格權，其類型不斷豐富和發展，從司法實踐來看，大量的新類型侵權案件，如網絡侵權、人肉搜索、性騷擾、對死者人格利益的侵害、對姓名及肖像的非法利用、對公眾人物名譽權的侵害、新聞侵權、部落格侵權等，都為人格權法律制度的發展提供了大量的素材。這些新型侵權對人格權的保護提出了新的挑戰，也是人格尊嚴的法律維護面臨的新問題。鑒於法官不能直接依據憲法規定解決這些問題，就必須透過大量的民法規範將各種人格權益予以確定。

人格權法獨立成編是實現人格尊嚴的價值，適應人格權發展的需要作出的選擇。人格尊嚴作為人格權法的基本價值理念促進了各種新型人格權的發展，主要表現為：第一，隱私權的發展。在現代社會，隱私權不僅僅是一項重要的民事權利，而且可以說是一項憲法性的權利。大陸法系一般認為保護隱私權就是為了保護人格尊嚴。[102] 正如美國學者惠特曼（Whitman）所指出的，整個歐洲的隱私概念都是奠基於人格尊嚴之上的，隱私既是人格尊嚴的具體展開，也是以維護人格尊嚴為目的的。[103] 透過對隱私保護，使得自然人不受他人打擾，生活秘密不受他人非法披露，免受因隱私受侵害而帶來的精神痛苦，這對於人格尊嚴的保護非常重要。第二，個人訊息權的發展。個人訊息（personal information）是指與特定個人相關聯的、反映個體特徵的具

有可識別性的符號系統,包括個人身份、工作、家庭、財產、健康等各方面的訊息。現代社會是訊息社會,個人訊息的收集、儲存越來越方便,訊息的交流、傳播越來越迅速,訊息越來越成為一種社會資源,它深刻影響了人們社會生活的方方面面。所以,法律需要適應訊息社會對個人訊息保護提出的迫切要求。由於個人訊息直接體現的是每個人的人格尊嚴,[104]所以將個人訊息納入人格權的保護範疇才有助於實現人格尊嚴的保護。第三,網絡環境下人格權的發展。互聯網的發展,使我們進入了一個全新的訊息時代,尤其是部落格、微博的發展,也使訊息傳播進入了全新的時代。在現代網絡技術背景下,各種新類型的網絡侵權,如人肉搜索、木馬程序、網上的人身攻擊等,都直接針對人格尊嚴。總之,在現代社會,各種新型的人格權已經成為一個需要研究的新課題,人格權法的體系也在急劇擴張,因此在民法典編纂上有必要回應這一變化,而最好的方式就是將人格權法獨立成編,詳細規定各種新型的人格權,這也是民法因應社會變遷的表現。

人格權法獨立成編是保護弱勢群體人格利益,強化特殊主體人格尊嚴保護的要求。從中國現有的立法來看,對殘疾人、婦女、兒童、未成年人等特殊主體人格權的保護,主要散見於《婦女權益保護法》、《未成年人保護法》、《殘疾人權益保障法》等特別法之中。筆者認為,在中國未來人格權法也應對此集中地、統一地加以規定。一方面,對特殊主體人格權的規定實際上是民法保障人權、注重實質正義的體現。民法不僅關注一般的人、抽象的人,而且關注具體的人、特殊的人,尤其是對弱者的關注,這更體現了民法的人文關懷。另一方面,中國民法有保護特殊主體的傳統,而並沒有過分強調規則的普遍適用性,例如,《侵權責任法》中就患者隱私權作出了特別規定。這些傳統規定對於強化弱勢群體的保護髮揮了重要作用,也表明民法對人格權的關注更為具體,為了延續這一良好傳統,人格權法也有必要對特殊主體的人格權作出規定。在人格權法中規定特殊主體人格權時,除了應注意延續既有的法律經驗,還應吸納新的規範,例如,中國於 2007 年簽署了《殘疾人權利公約》,該公約具體列舉了殘疾人享有的各項人格權,其中一些表述與中國現行法的規定並不完全一致,如其中的「身心完整性」權利比身體權更合理,人格權法應予採納。當然,人格權法對特殊主體人格權的規定屬於

一般規範，這些人格權更為具體的內容應在特別法中詳加規定，以體現民法典與特別法的合理分工與協調。各項具體人格權都在很大程度上彰顯了人格尊嚴，而對人格尊嚴的維護又促進了人格權的發展，這些都應當反映在人格權立法之中。

人格權法獨立成編是實現民法的基本目的，貫徹民法的基本原則的要求。人格權法的獨立成編，不僅沒有破壞民法的內在價值之間的和諧，相反，其還有助於實現現代民法的基本目標。一方面，以人格尊嚴為基本價值理念，是為了使人民生活更加幸福和更有尊嚴，也是國家的重要目的。[105]「人民的福祉是最高的法律（Salus populi suprema lex）」，社會和國家都要以保護和實現人的發展為目的。[106] 全面建設小康社會不僅僅涉及人民物質上的富足，還特別關心人們精神生活上的豐富。而人格權制度的內容體系以及價值能夠順應此種需要。從人格權法立法目的來看，應該以維護個人人格尊嚴為核心，對人身安全的維護應當是刑法的功能，如果只是維護個人的人身安全，則人格權法的意義就不大了，而且會降低人格權法對個人的保護層次，會使人格權法在功能上淪為刑法的輔助性的法律。另一方面，維護人格尊嚴是民法平等原則的體現，平等意味著對每個人的無差別的對待。無論是什麼人，都有其獨立和不容抹殺的人格，尊重每個人的個人，是現代社會得以成立和維系的基礎，如果因為某些情形而否定某些人的人格，就會破壞現代社會的價值基礎。例如，即使是犯罪嫌疑人，其仍然享有不受剝奪的人格尊嚴，任何人也不得對其實施非法的侮辱和誹謗等行為。當前，中國還存在一些隨意搜索和公開犯罪嫌疑人身份、照片等訊息的行為，還發生過將失足婦女遊街示眾，將盜竊嫌疑人掛牌遊街行為，這都表明公眾對於人格尊嚴的價值的認識尚有不足，而法律的保護也不周嚴。有鑒於此，將人格權法獨立成編，也有助於提升社會對人格尊嚴價值的認識，強化對人格尊嚴保護的完善。

人格權法獨立成編是民法人文關懷理念的具體體現。現代民法以人文關懷為基本理念，並在此基礎上構建了其價值體系。中國未來民法典的制定必須秉持此種精神，並在此基礎上建構民法人格權的具體制度，才能使民法典充分回應社會需求。在民法典中，強化人文關懷理念，充分維護人格尊嚴，這就表現在應當將人格權單獨作為民法典中的一編。傳統民法過分注重財產

權制度,未將人格權作為一項獨立的制度,甚至對人格權規定得極為「簡略」。這本身反映了傳統民法存在著一種「重物輕人」的不合理現象。由於人格權沒有單獨成編,故不能突出其作為民事基本權利的屬性。在當代民法中,人格權的地位已經越來越凸顯,形成了與財產權相對立的權利體系和制度。甚至在現代民法中,人格權與財產權相比較,可以說更重視人格權的保護。[107] 在民法中,人格尊嚴、人身自由和人格完整應該置於比財產權更重要的位置,它們是最高的法益。[108] 財產權只是人提升其人格的手段,但人格權實現的客體是人格利益。人格價值和尊嚴具有無價性,所以與財產權相比,原則上說,人格權應當具有優先性。因此,要彰顯人格尊嚴的價值,客觀上也就要求人格權法獨立成編。如果我們將人格權法在未來的民法典中獨立成編,就需要構建其完整的內容和體系,同時在協調與民法典其他部分的基礎上,充實和完善其內容。例如,以人格尊嚴為基礎,構建妥當、完整的人格權權利體系;再如,針對現實中違反人格尊嚴的現象,法律可以有針對性地進行規定,如禁止對他人的不人道待遇、禁止從事侮辱他人人格的行為和職業、禁止出租身體、禁止有償代孕、禁止人體器官有償轉讓、禁止生殖性克隆、禁止非法的人體試驗、[109] 禁止當事人透過免責條款免除損害他人人格尊嚴的侵權責任等。

## 結語

從全世界的範圍來看,人格權都屬於民法中的新生權利。而且人格權制度在民法中也是一項具有廣闊前景的制度。加強和完善人格權制度,代表了現代民法的發展趨勢。中國未來民法典現代性的體現之一應當是,在維護人格尊嚴的基礎上對人格權進行系統全面的保護,並在民法典中將人格權法獨立成編地加以規定。每一個平凡的中國人都有美好生活的嚮往,這種嚮往不僅僅要求豐衣足食,住有所居,而且也要求有尊嚴地生活。中國夢是個人尊嚴夢,是對人民有尊嚴生活的期許,而人格權法就能使人們活得更有尊嚴。

# 憲法基礎上的審判獨立

王晨光 [110]

## 一、獨立審判權對建立法治的無可替代作用

　　法院的獨立審判權在中國司法改革進程中成為一個無法迴避的一個熱門話題。儘管現代法治中的司法獨立已經成為一種被幾乎各國國家普遍接受的主導性觀念，但是人們對是否以及如何確立司法在中國現行的以全國人民代表大會為最高權力機關的國家體制中的獨立地位，在何種程度上保障司法獨立等問題仍有不同看法。

　　中國前二十多年的法制建設主要是為瞭解決無法可依的問題，其重心則不可避免地放在立法領域，這是靜態的法制；因而司法則是動態法治的標誌之一，司法獨立是保障動態法治的基本條件。中國歷史上（包括中國古代、近代，直至「文革」時期）一直未有一個獨立的司法機構存在的客觀事實和中國以全國人大為最高權力機構的國家體制更使得司法獨立成為一種異己的制度，甚至是一種禁忌。建立社會主義法治國家的目標的設立，也使我們必須更加注重動態的法治秩序的建設，因為法治國家不僅需要一套法律體系和制度，更需要確立緣法而治的秩序、確立法律的權威和法治原則和精神。在這種情況下，作為確保法律秩序最主要屏障的法院的獨立審判權的重要性也愈發凸現出來，成為中國法治發展的一個具有理論和實踐雙重意義的熱點問題。這種轉換不僅是法治建設重心的轉變，而且也標誌著法治建設進入了一個新的高度，進入了一個實質性的階段。

　　在以三權分立原則為基礎的國家中，審判權成為三足鼎立、相互制衡的一極。在並未採用（或完全採用）三權分立原則的國家，審判權對於遏制政府的違法行為和權力膨脹、保護公民和社會組織的合法權利以及維護國家法治權威的重要作用也是無可替代的。可以說，司法權是一個社會克服其內在矛盾和衝突以至危機的重要國家權力，司法程序是解決社會內在矛盾和危機的重要渠道，在一定意義上而言，它是釋放社會內在壓力的主要減壓閥，是和諧社會的自我調節機制。任何一個社會都必然產生矛盾以至危機，發展中國家如此，發達國家也是如此。但是一個國家是否能夠處理好這些社會矛盾，

形成一個可供社會良性可持續發展的秩序，維持社會和諧，在很大程度上依賴於這個國家是否有健全的法制，是否有一個能夠獨立行使司法審判權的法院體系和制度。

在新中國建立後，歷次政治運動直至「文化大革命」也都被當成勢不兩立你死我活的鬥爭。如果我們所處的社會中的一切矛盾都需要透過激烈的不可調和的方式解決，我們所追求的和諧社會顯然也就無法實現。從這個意義上講，中國迫切需要建立一個全新的面向所有公民和團體能夠把社會上的各種矛盾都納入其中並透過公正程序解決社會爭議的獨立的衝突解決機制。這一機制的建立對於擺脫百多年來的社會動盪將具有深遠的影響，形成中國社會中一個能夠維護社會良性持續性發展的內在調節器。一個獨立的司法程序和制度恰恰為這種社會發展的需求提供了一個客觀和理性的樣板。

## 二、審判權的獨立取決於審判權的性質和特徵

審判權的獨立是其獨特的性質和特徵所決定的。因此要探討司法權的獨立性，就需要首先搞清審判權的性質和特徵。法院的職責是行使憲法賦予的國家審判權。審判權是一種依法審理和裁判屬於國家司法管轄範圍內所有發生於具體當事人（公民、法人、其他社會組織和政府機關）之間的糾紛的專門國家權力。這一權力由一個超越於社會各種利益和具體政府部門之上的代表國家並依據國家法律公正地處理社會糾紛的高度職業化和專門化的司法機構來行使。

可以把審判權的特徵歸納為以下幾點：

1. 審判權的唯一性和合法性

一個社會的糾紛解決機制是多元、多形式和多渠道的複雜體系。但是以國家名義行使國家審判權的機構則只有一個，即司法機關。其他如談判、洽談、調解、乃至仲裁都不是以國家機關的名義進行糾紛解決途徑，（行政復議作為一種解決當事人與政府機關或官員之間的糾紛的特殊程序雖然是由國家行政機關內的特定機構來主導實施，但並非由獨立於行政機關的司法機構進行）這些機構和人員做出的糾紛解決方案或結果，除法律規定為終局裁定外，都需要法院作為最後的裁判或執行機構。這種唯一性的國家審判權也必

須具有合法性,即它機構和人員設置、管轄範圍、活動程序和制度以及審理案件的依據都必須是法律所規定的。

2. 審判權的超然性和公正性

審判權是以國家名義依照法律處理社會糾紛的權力,因此它必須以公正的超然的形式出現,而它本身不能涉及任何的利益和關係糾葛,不能具有任何先天的偏袒或嫌惡傾向性。因此,法院的中立性成為法院行使審判權的前提條件。

3. 審判權的個案針對性

審判權不同於立法權,在很大程度上也不同於行政機關,即它不處理一般性的社會問題或制定抽象的規範,而是要針對具體當事人之間的具體矛盾和糾紛做出具體的裁判。立法可以等待條件成熟或適當時機,而司法則幾乎無可推託找上門來的糾紛。它處於建立和維護法治秩序的第一線。如果這些糾紛的不到公正及時的解決,即社會矛盾的不到有效的處理,社會內在的壓力也就會不斷增加,社會正常的良性運轉也就會出現問題。

4. 審判權的運行的公開性

審判權的行使主要是以查證事實、適用法律和做出判決為內容。審判機關的裁決和判決只能以法律為根據(雖然適用法律並不意味著它只能機械的毫無創造性進行),而法律作為人民意志的體現超越一切社會集團、黨派和個人利益之上,具有公正性。為了維護公正形象,其工作方式必然是公開、明示和統一的。因此司法權運行的公開性也就成為其內在的必然要求。

5. 審判權處理問題的事後性

法院一般不像立法機關和行政機關那樣具有透過制定法律和政策的方式防患於未然或設計未來的功能,它只能處理已經發生的社會糾紛。因此其工作性質是後顧型而非前瞻型,如如何構築已經出現過的式時,如何運用法律規範恢復、補救或修正不符合法律規範的社會關係。這一特點要求法院工作必須具備以證據定案的科學性和客觀性。

6. 審判權行使的被動性

審判機關適用不告不理原則,沒有公訴機關的公訴和當事人的自訴,審判機關不能自行提起訴訟,不能主動干預社會。這也表明它不是一個民意機構,而是一個社會糾紛解決機構。

7. 審判權的高度專門化和職業性

審判權必須由經過專業訓練和具有專門經驗和素質的法律職業人員來行使。現代社會生活的複雜性和多樣性、查證和確認事實的科學性、適用法律的專業性、審判結果的社會性都需要現代審判權由高度職業化和專門化的人員來行使。

8. 審判權的終局性

經過法定的審判程序的判決具有終局性,即不應再有其他改變判決的渠道和方法,即一事不再理制度。如果判決的終局性得不到保障,不僅審判機關的權威得不到確立,而且國家的法治秩序也將被動搖。中國當前對於再審程序的隨意性的討論也反映了審判權的終局性的重要性。

審判權的上述種種特徵是現代司法機關和司法機關行使審批權必須具備的條件和要求。審判權的唯一性、合法性、超然性、公開性、終局性、職業性和個案針對性等特徵則要求它具備一項更為本質性的特徵,即審判權的獨立性。審判權的獨立性是上述所有特徵和審判權性質的必然要求。

審判權的上述種種特徵必然要求司法獨立。反之,沒有司法獨立上述審判權的特徵就無法得到保障,從而現代法治要求的審判權也就最終無法得以確立。

## 三、中國獨立審判權的特點

由於中國並沒有實行三權分立的政治體制,中國審判權的獨立具有雙重性,即獨立的相對性和絕對性。

1. 中國獨立審判權的相對性

根據中國憲法和法律規定,中國法院的獨立審判權並非一種絕對的獨立。憲法第一百二十六條就沒有將國家權力機關排除在外,而只是排除了行政機

關、社會團體和個人對法院獨立審判權的干涉。當然，這一規定並非在暗示國家權力機關就可以對法院的具體審判工作進行干涉。因為干涉意味著不合程序或不合理的介入，帶有貶義。但是它確實意味著國家權力機關可以對法院進行具有法律根據的制約。這種法律制約包括規範和監督兩個方面。

如此而言，根據何在？根據就在於作為中國根本政治制度的人民代表大會制度。憲法規定：人民代表大會是中國的權力機關。它處於所有國家機構的中心地位，行使統一的國家權力。國家行政機關、審判機關、檢察機關都由它產生，對它負責並受它監督。因此審判機關不具有與國家權力機關相等的地位，而是處於低於它的派生地位，是國家權力機關按照憲法設立的行使國家審判權的特殊機構，從而必然要受國家權力機關的規範和監督。

這裡所採用的用語是「對法院獨立審判權的法律制約」，而非「干預」或「干涉」。因為它僅指其他國家機關依法對法院獨立審判權進行制約的程序和方法，不包括違反憲法第一百二十六條規定，對法院獨立審判權的各種非法干預。法律制約的根據是現行的法律制度。而「干預」的含義則較廣，不僅包括正當的法律制約，而且帶有不受法定程序和方法的約束，依主觀判斷進行介入的意思。雖然我主張使用「法律制約」一詞，但是並不認為現有的法律制約就一定合理，更不意味著對現有的法律制約只能接受，而不能評論和修改。

這種制約與西方國家的立法權和行政權對司法權的制衡並不完全一樣。就字面意義而言，制衡是指：透過處於平等地位的實體之間的相互制約，達到一種均衡狀態。而制約則不具有平等地位和均衡的意味。也就是說，使用不同的詞彙可以揭示出中國的獨立審判權與西方國家的司法獨立的差異。

中國審判機關產生於人大制度的框架中，處於低於權力機關的派生地位，其獨立審判權也是在人大這一統一的國家權力之下的相對獨立權限。而西方國家基本政治制度建立在三權分立基礎上。立法、行政和司法機構地位相互平行、權力相互分立並相互制約。

2. 中國獨立審判權的絕對性

獨立審判權的相對性並不能否定其絕對性和真實性。中國憲法理論認為：國家權力來自人民；同時它又是統一不可分的。這種統一的國家權力的理論與法院的獨立審判權並不矛盾，因為統一的國家權力是就權力的本質而言，即它來自同一個源泉，基於同一個基礎，服務於同一個目的，具有同一個性質。但是就其內容和操作而言，這一統一權力的實施還需要國家機關之間的權限分工。大體上說，國家權力可以分解為兩個部分：一部分由人大直接行使，它表現為憲法和法律規定的各級人大的職權；另一部分則授予其他國家機關行使，表現為憲法和法律授權給其他國家機關的職權。憲法所規定的法院依法獨立審判權即是對這種分工的法律化和制度化的結果。

審判權獨立的真實性和絕對性進一步在其運作過程中更為明確地表現出來。相對性是指它的來源和地位而言；而絕對性則是指其運行原則和方式而言。因為憲法明確指出：法院是國家的審判機關。也就是說，國家的審判權統一由法院獨立行使，其他國家機關（包括最高權力機關）都不得擅自行使國家的審判權。一旦人大把國家審判權賦予法院，人大也就不能違反憲法和它自己作出的國家機關權限劃分的決定，或出於各種權益考慮而收回已授予法院行使的審判權，或自行行使對某一案件的審判權，或對法院依法行使的審判權進行具體的干預。它所能做的僅僅是根據憲法的規定，行使其對法院的法律制約，即透過制定國家法律和政策，透過監督法院的工作來保證法院獨立審判權的正確行使。雖然憲法和有關的人大組織法確實規定，在人大認為必要的時候，可以組織關於特定問題的調查委員會，並可根據其報告作出相應的決定，但本文認為：這種專門調查委員會的工作不應包括或針對法院正在審理的案件的調查。因為如果人大具有這種權力的話，法院的獨立審判權就會形同虛設，出現另外一個由權力機關行使的國家審判權，國家法制和司法權的統一將遭到破壞。

此外，現代法治的發展也要求國家審判權由經過特殊專業訓練的人員組成的國家機關來行使。西方各國在法制現代化的進程中都經歷了法官職業化的階段。而中國在長達幾千年的歷史長河中，基本上沒有建立一個獨立的、高度職業化的法官群體；審判權長期與行政權混為一體。這也是中國法制遲遲無法邁入現代的一個因素。如果立法機關可以隨時把審判權收回或自行行

使,也與現代法治所要求的審判活動職業化和保證國家法制統一的要求背道而馳。

由於中國審判權的獨立存在雙重性,如何處理人大和法院的關係也就顯得更為敏感和複雜。

## 四、人大對法院獨立審判權的法律制約

首先應當明確的是:人大對法院獨立審判權的法律制約的主體是各級人民代表大會及其常委會;作為個體的人民代表則不能在法律規定的程序外任意行使這種權力。

人大對法院獨立審判權的法律制約包括對法院的規範和監督兩個方面。這一劃分是根據傳統的解釋進行的。雖然它們是相區別的,但在許多情況下又密切相連,很難截然分開。

對法院工作規範制約包括:1.決定法院的機構設置、人員任免等事項,對法院實行組織方面的規範和領導;2.為法院審判活動制定和提供法律規範、程序模式、方針政策,對法院活動的內容何方式進行宏觀規範和設計。人大對法院的規範雖然是法院從事審判工作的前提,但它並不介入法院工作的具體操作。

對法院工作的監督包括:1.聽取並審議法院的工作報告,並可經過討論作出相應的決議;2.對法院工作進行檢查、質詢和監督,指出並批評審判工作中的問題。在實踐中,除例行聽取法院匯報和對法院工作進行例行或專門的工作檢查外,人大的監督往往是由於人們對於法院在處理具體案件中的作法或判決不滿而產生的。也就是說,人大的監督不可避免地要涉及對於個案的審查,並提出相應的對策。這就引起人大的監督是否可以針對個案進行直接干預和審查,並作出相應決定的問題。

根據現行法律的規定,對法院工作的監督包括以下幾種方式:

1.人大及其常委會有權聽取法院的工作報告。全國人民代表大會議事規則規定:全國人民代表大會每年舉行會議時,最高人民法院向會議提出工作報告,經各代表團審議後,會議可以作出相應的決議。近年來,人大充分行

使這一權力，對最高人民法院的年度工作報告提出的指責批評頗多。根據這種情況，人大加強了對各級法院工作的監督。從 1998 年上半年開始，全國各級法院都開展了集中教育整頓工作，收到較好的效果。「近年來，為加強人大對司法的監督，在實踐中形成了最高人民法院和最高人民檢察院向全國人大常委會報告重大事項的制度，向內務司法委員會匯報有關情況的制度。」地方人大及其常委會的做法也大同小異。這種制度在其形成和完善的過程中也還需要進一步的研究，例如是否應當把社會治安不好的原因算到法院的頭上，是否應當把個案當作匯報的內容，是否應當對法院的工作報告進行表決，這種表決的效力是什麼等問題。

2. 人大有權對法院的工作進行詢問或質詢。憲法和有關人大組織法、議事規則都對此作出了較為明確的實體和程序上的規定。但是這種詢問或質詢應當侷限在對於法院工作的主要問題和制度改革上，而不應當擴展到對於審判權的實質性干預。

3. 人大有權對法院制定的司法解釋或其他規範性的文件進行審查。如發現有與法律不符者，人大及其常委會有權要求其變更或透過法律或決議的形式將其加以修改或撤銷。雖然憲法中沒有明確將司法解釋列入人大常委會審查的項目內，但從人大的地位和權限看，它顯然擁有這一權力。在實踐中，這種審查常常是由人大的工作機構（人大法工委）進行的。雖然憲法和法律規定，只有最高人民法院和最高人民檢察院有權作出司法解釋，在實踐中，各地方法院（主要是省高級法院和檢察院）也經常作出規範性文件。這些文件的審查應當由最高人民法院還是由相應的地方人大來審查呢？這個問題似乎還沒有法律依據，但也是一個不容忽視的實際問題。

4. 人大代表有權對法院的工作進行視察。人大代表法規定：縣級以上各級人大代表根據本級人大常委會的統一安排，對本級或下級國家機關和有關單位的工作進行視察。根據代表的要求，縣級以上的地方人大常委會聯繫安排本級或上級的代表持代表證就地進行視察。在實踐中，人大代表的視察制度主要為人大常委會組織代表集中視察。現在則發展為組織代表集中視察與代表持證分散視察相結合。在視察時，代表可以約見有關國家機關負責人和由他委託的負責人員；如果發現問題，代表可以向其或單位提出建議、批評

和意見。但是代表不得直接處理問題。他們可以將有關情況向有關地方或全國人大提出，由其轉交有關部門研究處理，或在其後的人大會議中向有關法院提出詢問或質詢，甚至提出議案。

5. 人大及其代表有權接待人民群眾的來信來訪。經過研究後，人大可以對法院的工作提出建議和批評。在實踐中，人大或其工作機構一般將收到和聽取的問題交有關法院處理，並要求其提出報告結果。如果對其報告不滿意，人大可以要求它重新調查、接受質詢或提出有關議案。

## 五、劃清人大對法院的法律制約和不適當及違法干預的界限

如前所述，人大和人大代表在行使對法院的監督權時，特別是在聽取匯報、視察、約見負責人、提出批評、進行質詢和提出議案時，常常要涉及對法院審理的個案的審查。這種對個案的審查往往會帶來人大的監督與法院獨立審判權的衝突，因此有必要在監督法或相應的法律中劃分兩者界限的標準。

根據憲法和法律已有的規定和以往的實踐，本文認為以下幾個標準應加以認真考慮：

1. 尊重國家審判權的獨立和統一，人大不能直接介入和從事案件的審理工作。儘管人大及其代表可以對個案情況進行瞭解，向有關部門進行反映，甚至有權要求法院提出報告或說明，對其工作中的問題提出批評，但不能對具體案件的處理提出建議或作出決議。也就是說，人大可以對辦案中違紀違法審判、徇私枉法的現象提出批評建議或作出決議。但是不能直接指令法院如何處理案件或直接接手案件的審判。

2. 防止人大或代表權力的濫用，即人大的監督權應當由作為國家權力機構的人大統一行使，人大的代表不能單獨行使這種權力；另外，與案件有利害關係的人不得利用其人大代表的身份對該案進行監督。根據中國法律規定，在案件審理中，所有與案件有利害關係的法官等司法人員都應當迴避。這一原則也應適用於人大對法院的監督程序中，即如果人大代表本人與一些案件有利害關係，而這些利害關係將由要視察的法院決定，該代表就應當迴避，不得行使其視察權。否則，一方當事人就可能利用其特殊身份對案件施加不適當的影響，或將「打關係」的戲上演到人大來。在本文開頭引用的拒絕執

行最高人民法院判決的案例中，一方當事人就借助了人大監督程序中不完善的弊端，利用其特殊的代表身份，對抗法院的獨立審判權。從現有的情況看，這種情況並非絕無僅有。因此要將這一原則明確制定到法律之中。

3.防止地方保護主義，保障審判工作的權威性、統一性和公正性。當前困擾法院工作的一個主要因素就是地方保護主義的猖獗。地方各級人大很難完全擺脫這一幽靈的影響。在涉及跨地區或區域性的案件中，地方保護主義一定會頑強地表現自己。如果地方保護主義影響到部分人大代表，這部分代表出於保障地方利益的考慮，在人大會議中提出針對具體案件，特別是其他地方法院審理的案件的議案，往往會形成情緒色彩頗為濃厚的輿論，對法院的獨立審判權和公正性帶來負面影響。因此在這類案件中，特別是案件的審理結果對地方財政具有較大影響的案件，應當限止案件涉及其地方利益的地方人大利用其監督權對案件施加不適當的影響或對抗判決的執行。在行使人大對法院工作的監督權時，人大應當注意來自兩個方面的危險，即司法腐敗和地方保護主義。

根據上述原則，本文認為：人大在其監督工作中應當注意避免採取下述做法。

1.避免人大直接對案件進行調查。人大對群眾反映突出的案件可以透過法律規定的渠道瞭解情況，如聽匯報、詢問、質詢、視察等方式進行，但不宜組織調查委員會，像司法機關那樣直接對案件進行調查。

2.避免人大對案件的處理提出建議或決定。人大一旦對具體案件的實體問題提出建議，就會實際上對法院的審判工作產生具有法律效果的影響。在現實工作中，由人大的工作機構轉交信件、材料、詢問、要求給予答覆等辦法還是可行的。當然，在嚴重徇私枉法的案件中，人大可以就司法人員違法審判的行為進行批評和質詢，甚至對這些違法行為作出決定。但這不同於對案件實體問題的處理。

3.人大的視察應當是人大機構行使國家權力機關權力的行為，不是代表的個人行為，因此代表個人不得擅自以人大組織的名義進行視察。

4. 嚴防人大代表偏聽偏信，只聽一面之詞，片面支持一方當事人對抗已生效的判決。如果判決確有失誤，人大可以透過正常的監督渠道反映意見，而不可對已生效的判決進行抵制，從而破壞法制的嚴肅性和尊嚴。

5. 嚴防因個人或團體利益受到案件影響的代表對該案件的審理進行監督。如前所述，迴避原則應當適用於此。

6. 避免透過決議等形式，或把上述做法合法化，或直接撤銷、變更法院的判決。有資料表明，有的省市人大正考慮在制定監督法規時規定人大可以直接對案件進行調查、並作出相應決定。如果確有這種考慮，其理論根據和可能產生的實際效果是值得認真推敲的。

7. 嚴防出於保護地方利益的考慮，對案件的審理進行不同尋常或反覆的監督，從而使法院的獨立審判權實際上被干擾或剝奪。這種作法雖然有人大監督的外表，實際上則代表地方保護主義，意在對法院的審判工作造成干擾和壓力。其表現形式是：在法院作出有事實根據和法律依據的答覆或報告後，仍然不依不饒，反覆糾纏同一個問題或要求。

8. 防止行政機關或個人透過人大或代表對案件進行干預。由於不少人大領導是行政機構的前任領導，在行政機關不能直接干預的情況下，透過人大實施這種干預是應當引起注意的現象。

總之，人大對法院的規範和監督的必要性和合法性是顯而易見的，但應當加以法制化、規範化，並制定出相應的程序和標準。在這一工作中，既要考慮有效地遏制司法腐敗和種種徇私枉法的現象，又要考慮保護賦予法院的獨立審判權、維護法治的權威，現實中湧現的事例充分顯示了這一工作的重要性和緊迫性。

## 六、確保國家審判權獨立的憲法意義

在實踐中表現出來的人大監督權和法院獨立審判權的衝突表明了中國法治發展的深入。這種衝突並非沒有積極意義，因為它在更高的層次上為中國憲政的發展提供了機遇。憲法作為國家的根本大法，其重要作用之一在於設置國家機構並授予不同的國家機構以相應的國家權力。

人大對法院的法律制約和法院的獨立審判權之間的衝突是在中國憲法框架中出現的正常現象。不論我們是否承認政府權力衝突的存在，這種衝突都是一種現實。毋庸諱言，各政府部門爭奪立法權、管轄權，以及法院與人大、行政部門之間的權力衝突已不是什麼新聞。即便是在一種理想的良性運轉的政府架構中，衝突也是一種正常的制度運行中的損耗。我們的目的不應當是想當然地徹底消除這類損耗，而應當是如何設計合理的制度和程序，降低損耗，減少它帶來的損失。

抓住時機，在衝突產生時自覺地適用憲法和有關法律，建立解決衝突的法律機制，促進中國憲法制度的發展，把靜態的、無生氣的、缺乏操作性的憲法變成動態的、有生命力的、可操作的憲法，從而在憲法框架內正確處理法院的獨立審判權和人大對法院的監督權的關係及衝突。

# 司法民主化社會化最新動態評析——臺灣地區與日本、韓國陪審模式比較研究

汪習根 [111]

對司法的定性，當代最著名的新自然法學家德沃金形象地描述道：如果「法院是法律帝國的首都，法官則是帝國的王侯」。[112] 可見，獨立性、權威性和獲得社會普遍尊重是法官和司法的普遍本性。但是，僅有這種分析還是遠遠不夠的。對此，人們不禁要追問：這種至上權威的合法性來源究竟在哪裡？是憲法和法律的賦權還是社會的廣泛認同？於是，司法精英主義和司法大眾主義之爭便應運而生。為瞭解決司法權威的合法性危機，對司法審判如何回應民意、人民如何參與案件審判？當今西方世界，存在兩種經典模式：英美法系的陪審制和大陸法系的參審制。所謂陪審制，是由一定數量沒有法律職業背景的普通公民（例如 12 位）組成陪審團，在審判程序中負責認定犯罪事實的有無，職業法官負責指揮程序的進行，並且在陪審團認定被告有罪之後，負責量定刑罰。所謂參審制，是由一定數量的人民（例如 2 名）與職業法官共同組成合議庭，一起決定犯罪事實的有無、如何適用法律、量定刑罰，這是大陸法系司法區別於英美法系的關鍵點之一。但是，近年來，大陸法系的各主要國家卻掀起了一股司法改革的風潮，紛紛以改革傳統的參審

制度為突破口，在借鑑英美法系的陪審團制度的基礎上進行大膽嘗試與超越，正在轉向司法的民主化、社會化。其中，日本的裁判員制度、韓國的國民參與審判制度和臺灣地區的公民參審制度最具有代表性。本文從比較法的視角，重點剖析日本、韓國和臺灣地區這三個典型樣本，並進行學理分析與反思，以期對中國大陸司法改革有所幫助。

## 一、三種模式的比較

日本：日本司法民主化社會化的制度形式稱之為裁判員制度（日語：裁判員制度／さいばんいんせいど），是指在對重大刑事案件，由從選民中隨機選出的一般公民與職業法官共同進行審理的一種司法制度。普通公民作為裁判員在案件審理過程中享有與法官相同的權利，可以詢問被告與證人、發表意見並進行表決以決定有罪與否以及如何量刑。該制度是日本在借鑑美國的陪審團制度並進行了一系列改革後所形成的特有制度，因此，日本法務省直接使用了「saiban-in system」這一英文名稱以示其獨特性，但英語文獻卻都翻譯為「citizen judge system」，有時也意譯為「lay judge system」。早在1999年7月27日至2001年7月26日之間架設其框架內閣中的司法制度改革審議會提出司法民主改革設想並形成意見書。[113] 據此，在2004年5月21日日本國會正式透過《關於裁判員參與刑事審判的法律》（通稱：裁判員法），該法於2009年5月21日正式生效施行，並在當年的8月3日在東京地方法院運用裁判員制度進行了第一次公審。

韓國：韓國國民參與審判制度之構建肇始於2003年8月的司法改革。為了克服國民對司法與法曹的不信任、建立符合國際標準及面向未來的司法制度，大統領與大法院院長決定在大法院下設立司法改革委員會，共同推行司法改革。[114] 2003年10月大法院頒布《司法改革委員會規則》，大法院院長向委員會提出司法改革建議，其中，「國民的參與司法」成為主要議題，旨在研究是否全面或部分導入英美法系的陪審制或參審制。[115] 為了具體而全面地促進改革，在大統領下專設司法制度改革推進委員會，起草改革法案。[116] 其中，就有關普通國民參與司法問題，提出了國民參與司法法律案，以及與之配套的刑事訴訟法部分修正法律案。2007年6月國會頒布《國民刑事裁判參與法》與修正後的《刑事訴訟法》，並於2008年1月起施行，至此，

重大刑事案件的審理吸收一般國民參與的制度得以正式確立,並定於 2013 年全面推行。

臺灣地區:在借鑑美國陪審團以及日本、韓國製度的基礎上,臺灣地區獨創的「人民觀審員制度」在漫長的爭議與論戰中緩緩登場。事實上,早在 1987 年,基於對司法專制的批判,臺灣就開始研究擬訂人民參與審判的文件草案,1994 年 3 月完成「刑事參審試行條例草案」、2006 年 7 月完成「專家參審試行條例草案」、2006 年 7 月 24 日完成「國民參審試行條例草案」,因各機關意見不一而擱置未用。[117] 為了付諸實施,透過檢討參審制度之不適,於 2012 年 1 月 5 日又完成「人民觀審試行條例」,將參審制改為觀審制,於 2012 年 6 月 4 日送交立法機關審議。

從制度層面分析,上述三種改革思路各有千秋,其中,日本的「裁判員制度」是由一定數量的人民(例如 6 名)與職業法官共同組成合議庭,一起決定犯罪事實的有無、如何適用法律、量定刑罰,雖然並非純粹的參審制,與參審制並無本質不同,是一種在參審國民人數及其權限均擴大化了的參審制。韓國的「國民參與審判制度」是由一定數量的人民(5 人、7 人或 9 人)組成陪審團與 3 名職業法官共同審理重大刑事案件,在組織上較為類似於美國的陪審團制度,但是,韓國陪審團的意見不像美國可以拘束法官,只能作為法官判決的參考。臺灣地區的「人民觀審制度」則由 5 名普通民眾即觀審員和 3 名職業法官共同組成合議庭審理重大刑事案件,觀審員的意見僅能作為法官判案的參考而無拘束力。在適用案件、選任方法、人員組成、法律地位、意見效力、權利義務、程序事項諸方面均存在較大差異。具體見下表 1:

表 1 韓國、日本、臺灣地區公民參與審判制度比較

| | 區別 | 國民參與審判(韓國) | 裁判員裁判(日本) | 人民觀審(台灣) |
|---|---|---|---|---|
| 法律 | 法律文件的名稱 | 國民刑事裁判參與法 | 關於裁判員參與刑事審判的法律 | 人民觀審試行條例草案 |
| | 參與人民的名稱 | 陪審員 | 裁判員 | 觀審員 |
| | 制定時間 | 2007 年 6 月 1 日 | 2004 年 5 月 28 日 | 2012 年 6 月 14 日 |
| | 施行時間 | 2008 年 1 月 1 日 | 2009 年 5 月 21 日 | 待定 |

續表

| 區別 | | | 國民參與審判（韓國） | 裁判員裁判（日本） | 人民觀審（台灣） |
|---|---|---|---|---|---|
| 適用案件 | 適用案件 | | 造成死亡結果的案件、盜竊與強姦的結合犯、賄賂、性暴力犯罪等 | 1. 犯死刑或無期徒刑之罪；2. 法定合議案件中故意犯罪致人死亡的案件 | 法定本刑為死刑、無期徒刑、最輕本刑7年以上有期徒刑之案（除少年及毒品犯罪案外） |
| | 審級 | | 僅適用第一審，上訴不適用 | 僅適於第一審案，上訴不適用 | 地方法院第一審 |
| 實施前提 | 制度類型 | | 申請主義（選擇制）+排除決定 | 法定+排除 | 法定+排除 |
| | 被告可否選擇 | | 被告人有權選擇是否適用 | 被告不得拒絕 | 被告不得拒絕 |
| 施行 | 有無試行 | | 5年試行期 | 直接正式施行 | 3年試行期 |
| | 最終定型 | | 5年後決定最終模式 | 3年後再檢討修訂 | 3年後確定 |
| 裁判組織 | 合議庭 | | 職業法官與公民共同組成 | 職業法官與公民共同組成 | 職業法官與公民共同組成 |
| | 職業法官 | | 3人 | 3人或1人 | 3人 |
| | 普通公民 | 人數 | 9人或7人或5人 | 6人或4人 | 5人 |
| | | 選擇 | 法定刑為死刑、無期的案件由9位陪審員參與，其他由7位陪審員參與。若在準備程序中認罪，可由5位陪審員參與裁判。特別情形下，若檢、辯同意，也可選定7至9陪審員參與裁判。 | 審判一般由6名裁判員及3名法官組成合議庭進行。若對事實和法律程序與解釋均無爭議，也可由4名裁判員與1名法官進行。 | 無選擇性只能是3名法官和5名觀審員組成。 |
| | | 資格 | 年滿20歲公民 | 具有眾議院選民資格的所有人 | 年滿23歲連續居住滿4個月的公民 |
| | | 資格排除 | 法律專業人士、公職人員、與案件有利益關聯以及客觀上不能履職者如殘疾人等不能擔任 | 法律專業人士、公職人員、與案件有利益關聯以及客觀上不能履職者如殘疾人等不能擔任 | 法律專業人員排除而其他公職人員可以擔任 |
| | 預備參與審判人員 | | 5人以內（評議前必須保密） | 不超過6人 | 1~4人 |
| | 選定程序 | | 2步：<br>1. 地方法院院長負責準備名冊<br>2. 法院從中隨機抽取 | 3步：<br>1. 法院確定候選人數<br>2. 市町村選舉委員會隨機抽選提交法院<br>3. 法院從中抽選最終人員 | 3步：<br>1. 地方政府隨機抽選出名冊<br>2. 法院從中再選<br>3. 合議庭從法院名冊中最後抽選 |
| | | | 非公開（附理由迴避及不附理由迴避申請） | 同左 | 同左 |
| | 座位設置 | | 法官座位右下方（似美國） | 法官左右 | 法官左右 |

### 續表

| 區別 | | 國民參與審判（韓國） | 裁判員裁判（日本） | 人民觀審（台灣） |
|---|---|---|---|---|
| 審判程序 | 事前準備程序 | 有、公開<br>不參加 | 有、非公開<br>不參加 | 有、公開<br>不參加 |
| | 起訴狀一本主義 | 有<br>法官、陪審員均不得事先閱卷 | 有<br>法官、裁判員均不得事先閱卷 | 無<br>但限制法官、觀審員之審前閱卷 |
| | 訊問權 | 無<br>提請審判長訊問 | 有<br>經裁判長許可直接質問 | 兼採韓日兩者方式：提請審判長訊問或經審判長許可後直接訊問 |
| | 參與公民有無與法官交換意見、討論的權利 | 無 | 有<br>參與審前說明、中間評議、終局評議 | 有<br>參與審前說明、中間討論、終局評議的第一階段 |
| | 證據能力判斷 | 陪審員不得參與 | 裁判員可表示意見並參與評決 | 觀審員不參加（證據能力的判斷是在準備程序中完成的，而觀審員不參加準備程序） |
| 評議表決 | 基本原則 | 陪審員與法官分別單獨評決 | 裁判員與法官共同評決 | 參審員與法官分別單獨評決 |
| | 評議與表決方式 | 全體一致<br>（不一致時採用多數決） | 多數決<br>（有罪判決至少要有1名法官贊成） | 多數決 |
| | 法律拘束力 | 無<br>（僅有勸告效力。若法官的判決與陪審人員表決結果不一致，則必須在判決書中說明理由） | 有<br>（拘束力） | 無<br>（僅有勸告效力。若法官的判決與陪審人員表決結果不一致，則必須在判決書中說明理由） |
| | 量刑的決定 | 陪審員可參與量刑討論並陳述意見，無權決定 | 法官與裁判員一同決定 | 可以討論、無權決定 |
| 判決 | 宣告日期 | 辯論終結當日宣告 | 無需當日宣判 | 辯論終結當日宣告 |
| | 判決書製作日期 | 判決書可於宣告後5日內做成 | 採普通程序 | 判決書可於宣告後30日內做成 |
| 定性評價 | 組織結構 | 陪審團因素≧參審因素 | 陪審團因素≦參審因素 | 陪審團因素≦參審因素 |
| | 法律效力 | 陪審團因素≦參審因素 | 陪審團因素≧參審因素 | 陪審團因素≦參審因素 |

## 二、公民參與審判的法理爭議

在現代社會，任何法律制度的構建都是由不同意見進行碰撞、論爭與協調後達成的。由不具有法官資格的普通公民參與案件的審判，在法理上一直存在合法性與正當性的爭議。

（一）合法性爭議

公民參審面臨的合法性拷問首當其衝的是合憲性爭議，此種憲法層次的討論，是東亞（臺灣地區、韓國、日本）所特有的，具體體現在是否影響司法獨立、正當程序與被告訴權保障三個方面的爭議。司法獨立是西方法治的基本要素，獨立的司法如果強行添加進一般社會大眾的力量，是否違背司法規律，損害司法獨立的品性，使司法受到外界干擾而無法進行獨立思考與獨立判斷，從而影響司法程序的正當性以及損害被告的基本人權。對此，有三派不同觀點：

1. 違憲論

在日本，對採用裁判員制度，不少人持違反現行憲法的批判主張。最高法院事務總局表示，以賦予評議權的方式使國民參與司法可能產生憲法層次之疑義，倘參與之國民無評議權，而僅陳述意見，則應不成問題。在日本，舊憲法（1890年）的影響根深蒂固，該法規定保障國民受「法官裁判」的權利。基於這一成見，多數學說認為，裁判員的陪審評議結果對法官具有拘束力的見解系屬違憲。即使是後來制定了新的憲法（1946年）取代了舊憲法，也沒有賦予裁判員制度以合憲性。相反，新憲法第七章「司法」僅就法官加以規定，而沒有規定所謂人民參與審判的裁判員制度；再者，該制度違反了新憲法第76條第3項規定的「法官應依良心獨立行使職權，僅受憲法及法律之拘束」；以及違反了與日本國新憲法同期制定的《法院組織法》（1947年）第3條規定的「刑事程序，不得以其他法律妨害陪審制度之設置」。由是以觀，裁判員制度不僅在司法權配置上有違憲政體制，而且也不符合憲法設定的正當法律程序以及有關對刑事被告權利保障的規範。

韓國司法改革委員會從蒐集、分析有關國民司法參與之多國立法例，同時透過民意調查、模擬裁判、學界座談交流等程序去研擬適合韓國社會的國

民參與形態。[118] 但在改革過程中，也產生了類似於日本的普通公民作為陪審員參與法院裁判是否違憲的問題。其關鍵在於如何理解韓國憲法第 27 條第 1 款的規定。該條對審判權進行了明確規定：「所有人民應有依法律受符合憲法和法律規定的法官審判的權利。」這裡的「法官」一詞，究竟是指兼具審判獨立及身份保障的職業法官，還是或指僅由法律指定之法官，難以形成定論。若僅指兼具憲法審判獨立及身份保障之職業法官，則國民參與刑事裁判制度將因違憲而無法適用。若僅指由法律指定之法官，則不違反憲法。對此，也可以從法官從事的判斷對象加以區分：「憲法學者主張若人民僅參與事實之判斷，是合憲的；若人民參與法律之判斷，則可能違憲」。[119]

在臺灣地區，有人認為，人民參與審判並沒有「憲法」上的根據，相反，「憲法」確立了法官對案件進行獨立審判的基本原則，集中體現在「憲法」第 80 條規定「法官獨立審判」、第 81 條規定「法官身份保障」。[120] 而讓不具法官身份保障的一般人民參與審判，將侵害「憲法」保障的法官獨立而有「違憲」之虞。[121]

2. 合憲論

在日本，認為裁判員制度具有合法性的觀點非常有力地援引日本新憲法第 32 條作為直接法律根據。該條規定：「不得剝奪任何人在法院受裁判的權利。」這裡使用的是「法院」而非「法官」。憲法第 37 條 1 項進一步規定：「在一切刑事案中，被告人享有接受法院公正迅速的公開審判的權利。」此處亦使用了「法院」而非「法官」一詞。這就為公民參與法院審判留下了餘地。究其原因，是因這些法律是在聯合國占領下制定的，且預定要導入英美法系的陪審制度。如今，「年輕世代之學說，傾向認為合憲之見解亦日漸增加」。[122] 再者，如果讓裁判員的意見沒有法律拘束力，勢必使民意淪為一種裝飾品。

在韓國，「合憲論」者認為，韓國憲法第 27 條中的「法官」之法源，可以追溯到立憲時有意禁止非職業法官對案件的審判、並賦予人民受職業法官審判的權利。但是，該規定絕不是為了禁止人民參與司法程序。但當採用「人民參與以職業法官為主的司法程序」的模式時，則沒有違憲；何況憲法

上述規定的受職業法官審判權可以理解為「不受非職業法官所組成的法院審判的權利」。[123]

在臺灣地區,「合憲論」者認為,所謂「法官獨立審判」,是為了保障司法判決的專業性、嚴謹性與公正性不至受到外界的不當影響與干涉,而非法官擁有「唯一且終局的決定權限」之意,更非讓法官全然不理會他人意見、聽憑個人獨斷專行。事實上,法官於審判過程中,仍須廣泛聽取證言、鑒定意見及檢察官、被告、辯護人、告訴人、被害人之意見,例如合議庭中少數意見法官仍需遵守合議庭的多數意見(「法院組織法」第 105 條)(此時即令負責撰寫判決書的法官是持少數意見的法官,亦需依多數意見撰寫判決書),又如受管轄錯誤移送的法院,需受管轄錯誤確定判決的拘束,再如下級審法院需受上級審撤銷發回判決意旨之拘束,均系於具體個案中使個別法官對於法律之見解受到拘束,但亦無違反法官獨立之虞。簡言之,法官之職權上獨立所以受到一定程度的制約,正是因為這些制約被認為有助於達成更公正而妥適的審判,從而縱使讓一般公民參與審判,並決定判決結論(如陪審制、參審制),理論上亦無違反法官獨立之虞。[124]而且,法條中的「法官獨立審判」並非意指「只有職業法官始得行使」審判權。[125]憲法精神是獨立審判,一般人民參與審判,依法獨立審判,不受任何干涉,即無違審判獨立原則。[126]人民參審員除一般人民外,尚有職業法官加入共同審判,不影響司法權正當運作。[127]人民參與審判,制度設計上,注意人員比例,審級及獨立保障,即無「違憲」疑慮。[128]

3. 中間派

在日本,對裁判員制度合法性之爭議,由於深受美國主導下的修憲活動以及陪審團制度影響,儘管二戰前日本厲行大陸法系參審制而拒絕了英美法系的陪審制度,但還是為裁判員制度預設了新的法律和法理基礎。於是,透過調和新舊兩種制度的不同體制,在組織結構形式上,借鑑英美法系陪審人數較多的做法、在座席上則繼續採用大陸法系與法官位居一列的方法;在法律拘束力上,部分沿用大陸法系參審員與法官意見均有法律效力的做法,但賦予法官對裁判員的部分否決權。透過這種嫁接,使得合憲性之爭隨著 2011 年 11 月最高法院確認該制度合憲的判決[129]發佈而落下帷幕。

韓國在合憲論與違憲論對立的情況下產生折中論，即陪審員之評決與職業法官之判斷不一致時，如法官可推翻陪審員之評決，則法官從陪審員所受拘束將大為緩和，而在該限度內違憲之疑慮亦將減少。[130] 所以，韓國《國民參與刑事審判法》采此立場，用一下兩個方案解決了合憲性爭議：一是規定陪審團的判決不能拘束法官的判決；[131] 二是對國民參與審判的案件，可以上訴，而上訴程序不適用國民參與制度，僅由職業法官審判。

臺灣地區折中派主張，無論是「違憲論」還是「合憲論」，都有失偏頗。一方面，「違憲論」似乎言之鑿鑿、理據清晰，但是難免會讓人產生不過是「法官極力維護既有權能」的印象；另一方面，若簡單認同該制度「合憲」，勢必會削弱司法獨立。所以，應當全面審慎地對待「合憲性」問題。正如臺灣學者所雲，所謂人民參與審判的「憲法」爭議，應該從訴訟程序的使用者——一般人民的角度出發，亦即何種訴訟程序的設計，才能確實符合「憲法」第 16 條訴訟權保障，及「憲法」第 8 條正當法律程序的要求。而「憲法」第 80 條、第 81 條所以明定要讓具備適用法律專業及身份保障、獨立性保障的職業法官獨立進行審判，即是為了符合「憲法」第 8 條、第 16 條的要求，故即使讓人民參與審判不至於當然「違憲」，亦不能讓「憲法」透過「憲法」第 80 條、第 81 條建構的「法官審判原則」之精神蕩然無存，否則就可能會違反「憲法」對於正當法律程序及訴訟權保障的原本期待，故如何在讓人民參與審判的同時，又能維系既有的法官審判原則，讓法官保持適用法律的正確性與恆定性，即為引進人民參與審判制度時必須慎重面對的問題。[132] 為瞭解決上述爭議，臺灣採用了有限參與的調和制度，即觀審員得對案件如何判決必鬚髮表意見，但對於法官並無法律上的拘束力。

（二）合理性困境

在法理上普通公民參與審判面臨著一系列價值論上的困惑，可歸結為以下三個矛盾：

一是司法民主與司法中立的矛盾。司法民主的限度何在？司法民主如何與司法的專業性與精英化相互結合？這是進行制度設計時面臨的無可迴避的問題。對此，有臺灣學者從強調司法民主化的重要性出發，批評普通民眾參與審判制度的不徹底性與非民主性，認為「該制度要求人民聽聞審判程序、

但拒絕人民就判決結果有參與決定之權力,不僅獨步全球、舉世罕見,更是根本違反國民參與審判的制度精神」。[133]中立、被動、獨立、客觀、公正地進行判斷是現代民主法治國家中司法的使命,應當避免來自民間的多數意見的壓力,而使司法官員免受外界紛擾與破壞,確保依法獨立思考與理性判斷。因此,司法本不應為普通民眾一時性的意見或輿論所左右,而僅受恆定、理性的法律所拘束。人民對司法的價值預期應當是期望司法官吏能依循外在的法律與內在的良心,以超凡脫俗的氣質和公平正義的準則進行審判。可見,司法在本質上具有「反民主」的特質。所以,不能為了所謂的民主而透過實行人民參與審判制度加以根本改變。即使引進英美陪審團制度讓人民參與審判,也不過是為了提升人民對於司法的信賴、實現司法公平,為司法奠定更為廣泛、穩定的社會基礎,而不是以「人民公審」替代「職業法官獨立審判」。所以,司法民主的實質在於為司法裁判結果獲得社會普遍的認同與信任提供充分的價值基礎,而不是「個案審判的過程或結論」要符合民主的程序並交由民意表決。「人民加入與職業法官共同參與審判程序,不生影響司法權正常運作之結果」。[134]司法的正當性源於人民的支持與信賴,而人民參與司法並不等同於人民主導甚至壟斷司法。

二是司法公信力與司法權威性的矛盾。司法的權威性建立在對司法判決的絕對服從與尊重還是社會大眾對司法的心悅誠服與內心認同,這涉及到對大眾感情與法律理性的矛盾關係應該如何理解與解決的問題。最近幾年,各國和地區採納人民參與審判制度的最重要原因在於司法信任危機頻發,人民普遍對司法不滿。據2003年韓國的民意調查表明,在1000名受訪對象對司法不信賴的高達83.7%,而2010年臺灣針對5262名群眾進行的隨機調查表明有高達72.1%的臺灣民眾不信任法官。[135]即使是在司法獲得民眾較高支持率的日本,也對司法不公以及試圖透過引進裁判員制度提升司法形象的做法頗有微詞。日本前檢察官鄉原信郎對裁判員制度批判道:裁判員制度及其運行實踐使得「引進制度的手段目的化」。因為,「讓國民參與司法,終究只是使社會更加完善的手段。然而,裁判員制度卻使得引進制度這一手段自身成為了目的。應暫時停止實施,由全體國民共同討論司法所應有的姿態」。因為「打造親近國民的司法」這一目的的前提,乃是「與其他發達國家相比,

日本的司法並不親民」。然而，司法制度本身必須契合於一個國家或地區的歷史和社會狀況，如果因重視「司法不親民」這種形式上的理由而決定引進裁判員制度，可能會適得其反。而且一般人民對於貼近民生、情理難容的案件往往會滲透進更多的感情因素而會導致不公平。再者，由於事前不能接觸案件而要在限定的開庭審判期間內做出判決，這會導致「輕率的審判」。[136] 司法如果沒有權威，最終就會無法守住正義的最後防線，引發更大的司法信任危機。所以，應當妥善處理好司法的強制性、權威性與民眾的認同與信任度之間的關係。

三是民眾負擔與司法正義的矛盾。參與審判的公民負有出庭義務和保密義務。若無正當理由而不出庭，將被處以罰款。在日本，對此將處以 10 萬日元以下的（日本裁判員法第 112 條）、若裁判員泄漏了決議的秘密或因職務之故而知曉的秘密，將被處以 6 個月以下的 或 50 萬日元以下的（日本裁判員法第 108 條）。儘管有的企業新設置了帶薪休假制度，但如果個體經營業者和企業經營者被選為裁判員，則有可能對經營活動造成影響；自學生、函授學校的學生不受裁判員法第 16 條第 3 款的保護，被選為裁判員時，會對考試複習及相應學歷、學位的取得造成影響；也不利於長期在外工作人士以及家庭主婦的工作；此外，對裁判員的人身安全、心理健康等也會帶來不利。[137] 還有人認為，強制國民擔任裁判員可能涉及違反：「擺脫奴隸性拘束及苦役的自由任何人都不受任何奴隸性的拘束。又，除因犯罪而受處罰外，對任何人都不得違反本人意志而使其服苦役」。此外，參與裁判員制度的義務並不屬於憲法規定的教育義務、納稅義務及勞動義務，因此，「強制國民承擔憲法中所不存在的義務的法律乃是違憲的法律」。[138] 對此，日本法務省的解釋是「裁判員制度不屬於違背意願的苦役」。[139] 韓國[140]與臺灣地區[141]也規定，參與審判是公民的法定強制義務，若有違反，這會受到罰款等處罰。儘管設定了義務免除的特定情形，但總體而言，這是一種不可抗拒的法律義務。當然，從另一意義上分析，也是一種行使司法權力的參與權。所以，為了調和各種矛盾、平衡權利與義務，在制度中設定了參與審判的公民可以享有的身份、安全等人身保障和津貼、補助等經濟保障。可見，司法

正義需要人民的共同維護，正義的成本和收益只有分配得科學合理才有望實現實質的正義。

## 三、司法民主化社會化的反思與啟示

世界上沒有定於一尊的民主模式，也沒有亙古不變、普適恆定的司法制度。當代中國的民主與司法制度同西方以及東亞各國相比存在本質的根本區別。上述司法制度改革以引進西方司法制度為前提，並不當然適應於中國的司法改革與發展。不過，在一定意義上，其制度變革的形式與某些做法仍值得我們反思與批判地借鑑。

（一）方法論的反思與啟示

如何克服法律移植的排異反應，一直是自海外導入制度所面臨的最大困惑。儘管學界在法律移植議題上著述難計其數，但依然不能有效供給理論以適應現實急需。本文認為，一個成功的移植，應當包括六個環環相扣的步驟：待移植對象的選擇、不同對象得差異比較、相似或相同點比較、對象難以存在環境之不同之處分析、環境的相似或相同點比較、相同或相似背景下制度轉換與移植。在所有的環節中，最為重要的不是被植入的制度是否先進、在母國是否適用及其性狀如何，而是其存在的兩種背景究竟是否相同，即便不完全相同，也應該具有最大相似度。其中，植入對象存在的環境包括經濟制度與發展水平、政治制度與文明程度、文化傳統及其開放度、法律制度本身的特性與水準這些基礎條件。[142] 為此，要麼改變受體環境、要麼改變移植對象本身，或者對這兩個方面進行雙向改變，使其契合能夠被植入的環境。如果不顧植入國能否真正接受而隨意引進，必然會因不服水土而功虧一簣。日、韓、臺灣地區對陪審制的引入嘗試無不歷經一波三折，甚至帶來漫長痛苦的失敗教訓，值得深思。

日本對陪審制度的移植耗費了約 150 年的艱辛歲月。日本最初使用「陪審制」這一概念，是在幕府末期到明治初年期間，而對「jury」的翻譯五花八門。[143] 後來，為協助研究起草刑法和治罪法，日本聘請的法國法學家波伊索納德正式將這一外來語譯為「陪審（ばいしん）」並得以固定。但是明治憲法並未採用陪審制，因為，當 1871 年維新派大久保利通、木戶孝允和

伊藤博文等人從歐洲考察後發現日本很難實行陪審制，而且也沒有必要實行。1909年第26屆帝國議會上，立憲政友會的議員提出了《有關設立陪審制度的議案》，但最終仍未獲得批成為法律。在大民主運動的衝擊下，1923年議會正式透過了陪審法，決定於1928年10月1日起施行該法。但是，好景不長，到1943年4月1日即宣告廢止。該制度為何如此短命？究其原因，關鍵在於日本移植在西方法制後，雖然經過重大修改，[144]仍然無法最終適應日本本土國情，具體可歸結為五點：

第一，成本增加。高額的陪審費用需要由被告人負擔，[145]引發當事人不滿。第二，被告拒絕。因為在上訴審選擇陪審的情況下不能再次進行事實認定，明顯不利於被告，許多被告人在法定陪審案件中也拒絕進行陪審，或者在請求陪審之後又撤回請求。第三，沒有效力。陪審團的表決對法官沒有法律拘束力，使得陪審制形同虛設。第四，沒有實效。從1928年到1942年的15年間，在25097件法定陪審案件中，實際使用陪審的僅有448件，僅占1.79%；在43件依請求而使用陪審的案件中，只有12件實際採用，[146]占27.91%。1941年和1942年陪審的案件每年只有1件。第五，時事所迫。日本發動第二次世界大戰後，各地面臨巨大徵兵壓力，陪審員名單的製作日益困難，各地紛紛提出暫停陪審制的要求。於是，1943年（昭和18年）4月1日公佈的《關於停止陪審法的法律》[147]暫時停止了陪審制的實施。該法在附則第3項規定，一旦太平洋戰爭終結後，會再次實施陪審制，但事實上直至20世紀結束都未能重新實行陪審制。

在沉寂了半個多世紀後，日本最近再度研議陪審制度，並於2009年正式實施經過再次改良了的陪審制度。其成功的關鍵在於：第一，吸取歷史的慘痛教訓，避免全盤照抄、盲目西化，也防止徹底去西方化的形式主義做法。透過冷靜反思其水土不服問題，進而尋求內化的對策。第二，制度與背景的雙重轉變與革新。日本雖然脫亞入歐已久，但東亞文化傳統影響尚存，而且其大陸法系的內部系統與植根與英美法系的陪審團制度水火不容。因此，新一輪的制度引進如果意欲避免重蹈覆轍，就必須進行創造性的轉換與變革。所以，在裁判員效力上，一方面賦予其與法官同等的法律地位與裁判效力，另一方面又設置了效力範圍的限制，即在英美法系做法基礎上擴大了法官權

力，賦予法官對裁判員的否決權，即如果沒有一個法官支持裁判員的意見，那麼，即使全體裁判員一致同意達成的意見，也沒有法律效力，不能作為判決的依據。這樣一種折中調和的制度安排，改變了百年前全盤照抄英美法系陪審團的極左做法，也改變了半個世紀前不給予裁判員意見以法律拘束力的極右做法，轉為當今在賦予裁判員意見一定法律效力的同時又賦予法官一定的否決權，兼具陪審團與參審而偏參審制[148]，這似乎更能體現本土特色。

對陪審制度是否應該以及如何加以引進與應用，中國一直存有尖銳爭議且延續達100年之久。清末民初採取相當激進的做法，以仿效英美的陪審制度為主，並強調直接將陪審制度入憲。[149] 1949年以後，臺灣當局採取保守做法，以仿效德、法的參審制度為主，[150]但由於大陸法系傳統根深蒂固以及法官審判原則的確立，即使是對這一保守的參審制也引發了「違憲」爭議。1987年至今，為了研究人民參與審判制度，臺灣當局先後草擬了「刑事參審試行條例草案」（1987—1994）、「專家參審試行條例草案」（1999—2006）、「國民參審試行條例草案」（2006—2007）。由於存在參審制度「違憲」的爭議，「刑事參審試行條例草案」、「專家參審試行條例草案」未進入後續立法程序即夭折。進入21世紀的第二個十年後，開啟了以人民觀審制度作為新一波司法改革的重要內容，最終確定以人民觀審制取代專家參審和「國民參審制」。這三者雖然都是保障職業法官以外的人民參加到審判之中，但存在明顯差異，詳見下表2：

總而言之，當代中國司法改革在民主化、社會化的層面不應也不能簡單模仿西方尤其是東亞大陸法系下公民參與審判的具體做法。因為在社會價值與制度基礎以及發展程度諸方面兩者都存在本質不同。不過，對外來司法發展大趨勢亦不可視而不見。相反，一方面要及時研究、回應這一態勢可能產生的輻射力與作用力，吸取其合理成分。另一方面，對制度的文化背景與現實物質條件的比對與優化，是成功引進外來法制改革經驗的核心議題。沒有證據表明陪審制度、參審或觀審制度適合於目前中國的司法環境，但是，毋庸置疑，改革現有的陪審制度在為國人呼籲多年而未有良策的今天，探討適合國情的人民參與審判方式不失為是一條可行的出路。

表2 專家參審、國民參審、人民觀審比較 [151]

| 制度名稱 | 專家參審 | 國民參審 | 人民觀審 |
| --- | --- | --- | --- |
| 適用案件類型 | 特定需法律外專業知識、技能之民事、刑事、行政訴訟案件 | 重大刑事案件 | 以重大刑事案件為主 |
| 參與審判者資格 | 具備相關領域之專門知識或技能者，經遴選產生 | 一般成年國民，經隨機抽選產生，但有例外免除、除斥規定 | 一般成年公民，經隨機抽選產生，但有例外免除、除斥規定 |
| 參與審判者權限 | 與法官共同評議、用有與法官相同之表決權 | 與法官共同評議、擁有與法官相同之表決權 | 有拘束力的表意制：與法官共同評議、但無表決權，僅能陳述意見供法官參考 |

## （二）本體論的反思與啟示

司法民主化社會化的法理基礎在於理性地定位大眾司法與精英司法、司法權力與參與義務、司法制約與司法獨立的關係。而情理法的分化與融合又是其中的關鍵，在司法中的反映即是民意與司法之間的關係究竟應當如何定位？

總體而言，「東亞民主國家雖然在戰後展現了高度的經濟發展，但政府對於人民的控制力則日漸薄弱，過去『牧民』、『領導人民』的思維，開始面臨著人民愈來愈深刻、嚴峻的挑戰與質疑，在司法體系也是如此，如果仍然由職業法官本於法律專業、全權擔負起刑事審判的正誤成敗，已難應付日益複雜、多變的社會環境，因此，如何適度地引進人民參與審判制度，讓原本封閉、消極的司法，能夠轉為開放、積極，以響應人民的疑慮與訴求，提升司法的權威性，則是這一波東亞民主國家引進人民參與審判制度浪潮的重要原因」。[152]韓國國民參與裁判的立法意義在於：「為了提高司法的民主正當性與信賴而施行國民之參與刑事審判制度之際，規定審判程序之特則及其他必要事項，以明確國民參與所伴隨之權限與責任。」（《國民刑事審判參與法》第1條）「該法律所設定之目的在於司法之民主正當性與司法信賴。將程序透明化使一般人民可具批判性的眼光觀察職業法官所為之審判以提高司法信賴，進而透過市民的參與確保裁判正當性，即提高司法民主正當性」。[153]臺灣觀審條例的制定目的也是「希望人民觀審制度能夠成為人民參與審判順利的第一步，重新贏回人民對於司法的信任，……也讓法官體察到社會的期望與法律感情」。[154]在法律文本上的具體規定如下：「為提升司法之透明度，反映人民正當的法律感情，增進人民對於司法的瞭解及信

賴。」(《人民觀審試行條例草案》第 1 條)當然,參與審判的普通公民所代表的民意與情感對司法判決的作用在不同國家大小不一。其中,美國的重視程度最高、韓國最低、日本居中,而臺灣則尚在觀望、搖擺之中,採取分兩步走的思路:在初次引進時讓觀審員表示意見,但不給予表決權,法官可以斟酌觀審員的意見是否可採,若決定不予採納,則需於判決書中說明不採納的理由,從而觀審員的意見仍有事實上的拘束力,若這一步奏效,則再決定試行徹底的參審制甚至陪審制。可見,民主化社會化的司法改革運動並不必然會帶來成功,即使是改革的主導者也存在信心不足的憂慮。所以,制度變革的效果在實踐尚未有證成之前應該留有足夠的觀察與試錯的餘地,而不可盲目模仿。

但是,無論如何,對民意與司法問題的本體論考慮必須外在化為實踐論上的行為模式選擇與現實運行,這也是當代中國司法改革的核心議題之一。反觀十多年來的經典案例,如許霆案、鄧玉嬌案、孫偉銘案以及大量群體性事件,其所折射的問題在本質上就是民意與司法如何互動。是民意改變司法、司法遷就民意,還是司法主導民意、民意尊重司法?我們的結論是:第一,司法與民意之間應當構建起互動與互信的和諧關係。在傳統中國法律文化中,儘管歷來都存在合情合理不合法與合法卻不合乎情理的兩極分歧,但國人也一直試圖將天理、人情、國法融為一體。既要防止民意強姦司法、媒體審判之類的極端事件發生,但也不可全然不顧民眾的感情,以實現書本上的法律與生活中的法律在價值觀與實踐論上的一致。第二,司法為民的價值理念應當制度化、規範化。「人民司法」是自新中國成立之初即得以確立的司法基本原則,在經過近六十年漫長歲月後發展為「司法為民」。其實現途徑是多元復合的,既包括在價值上確立了以人為本的法律觀,也包括司法方式與風格上的人性化、親民化。但也面臨深層的困惑:法律程序與實體界限的不可踰越性與人本主義的彈性化、情感化之間的矛盾究竟應如何處理?司法如何親民以及親民的限度何在?本人曾經提出一個解決方案:程序內的事項必須剛性化、法定化,而程序外的事項可以柔性化、人性化。[155] 然而,僅此仍顯不足,因為,人民意志與公共參與被排斥於司法程序之外,固然符合司法獨立的原理,但是,如果走向極端,則勢必會使森嚴壁壘般的司法難以為人

民所接受。當然，司法判斷應該依據法律和裁判者的良心與理性而非讓外界所左右。如此一來，與其讓置身於司法外部的普通民眾影響、干預甚或左右司法判斷，還不如在一定條件下和限度內讓民眾參與到程序之中，實現司法為民的制度化、程序化。第三，民意作用於司法的方式必須法定化、規範化。反觀經典案例可知，許霆案正是在民意的一片異議聲中最終選擇適用自現行刑法實施以來從未適用的第 63 條、將無期徒刑改判為有期徒刑 5 年而落下帷幕的；孫偉銘案也因為民眾的喊打而首次打破以往一律以交通肇事罪論處的神話、改為以危險方法危害公共安全罪從而達到重判的目的。本人認為，這種相差甚殊（從許霆的無期徒刑到 5 年有期徒刑、從孫偉銘的法定最高刑 7 年到無期徒刑）的判決所反映的並不是技術精英的形式主義司法理念，而是民意高於司法且最終回歸司法的理想。當然，這一做法似有牽強附會、「王顧左右而言他」之嫌。因為，拋棄了最能體現罪刑法定、主客觀統一的司法判斷法則，轉而以結果和目的尋求前提與條件，以定罪為導向選擇罪名，這可能是司法的一個無奈之舉，但至少反映出司法順應民意時的種種艱辛。所以，與其讓簡單法條主義的消極司法因為民意的不滿與批判而最終被迫屈服，還不如賦予民眾以法律上的理性表達權及其法定行使方式，使民意在程序理性和有序參與的導引下得以合理地釋放，實現從民意在司法系統外部發起對司法的「攻擊」到司法吸收民眾參與到體制內部進行良性互動的根本轉變。可見，與其讓民意與司法在法律外部進行「對抗」，還不如將民意引入司法內部系統以確保民意與司法有效溝通，只要不違反專任法官主宰審判這一基本原則即可。因為如此一來，既可以有效控制民意的惡意表達，又能在制度設置上強化對民意的尊重。第四，法律監督權與法律參與權應當並行不悖、相互觀照。從廣義上講，權力制約是權力理性運行的基本保障，而權力分工是制約的必要條件。司法權作為公權力，首先應當恪守權力分工與制約的運行原則。所以，在公民參審中，行使司法權以外的其他國家權力的公務人員雖具公民資格，亦應被排除在外，以防止行政權、立法權與司法權的混同。而法律上監督制約作為公民的一項權利在司法上的表現應當有兩種模式：一是干預式。以批評、建議、申訴、控告之類的法定方式對司法的公正性、合法性進行評價、干預。二是參與式。公民直接參加到案件裁判之中行使「準法官」的調查、事實認定或定罪量刑與法律判斷權力。前者是一種由表及裡

的外部路徑，後者是一種由裡即表的內部路徑。兩者各有千秋、相互補充、不可偏廢。為了改變中國現有陪審員制度存在的「陪而不審」這一尷尬局面，學者們進行了不少有益探索，代表性的觀點如何家弘教授提出的「三元一體」的陪審制度，「所謂『三元』，就是說，我們的陪審制度包括三個元素，即人民陪審團、人民陪審員和專家陪審員」。[156] 本文認為，制度的劇烈變動也許不如循序漸進的改革更有適應性和適宜性，歸結起來可以選擇兩種方法改革陪審制：一是在數量上，適度調整陪審組織結構與人員構成。要麼改變人員選擇方式——借鑑參審制、採用隨機抽選而非單位委派制，擴大民意基礎與代表性，要麼改變人員基本素質——繼續採行委任制，委派具有一定道德、人文或社會知識素養的人員參加。如果不採用隨機抽選制，則必須注重參與人員自身的基本條件，防止流於形式。二是在質性上，現有陪審員享有與法官相同的參與權、調查權和表決權。這顯然是不合理的，可能導致兩種不利結果：專業法官敷衍陪審員，或者陪審員取代專業法官。有必要在確保法官獨立思考與審判的同時發揮陪審員的應有功用，是今後在司法體制改革實踐中值得進一步深思的問題。

## ▎「六法體系」何以未能在大陸傳承？——司法文化視角的回眸

張仁善[157]

　　司法改革既是法律問題，也是文化問題。法律制度的衝突容易化解，文化的衝突黏稠難溶。近代中國司法文化的發展存在多層面的衝突，諸如：主權獨立文化與司法權獨立文化層面的衝突；司法制度文化與司法效應文化層面的衝突；精英文化與政治、社會文化層面的衝突，等等。由於這些衝突，以「六法體系」為代表的近代化法律制度，在社會生活中未能發揮應有的效用，也不能得到民眾足夠的尊重，先進司法體制的異化變質，使民眾的法律權益得不到全面保護，也把社會推入無序狀態，從而引發暴動或革命，導致法律發展的新斷層。

## 一、主權獨立與司法獨立文化的衝突

晚清以來，列強在華領事裁判權一直是壓在近代國人心上的一塊巨石，留之壓抑，除之困難，衍化成一種掙脫不易、揮之不去的恨。司法文化中，廢除領事裁判權、收回治外法權的情結便長期　繞在國人心頭。自清末開始，一應法制變革和司法改革幾乎都打上了收回治外法權的烙印，司法改革的宗旨也自然而然地聚焦於收回治外法權上。

法律作為一種理性遊戲規則，在政治生態中處於末端。弱肉強食的社會，「叢林法則」大行其道，成為霸主靠的是生猛的威風，犀利的速度，強悍的身軀，鋒利的爪牙，喋血的本性。在你死我活、朝不保夕的自然環境中，生存是一切生物的首要選擇，也是終極目標。

近代中國，列強環伺，虎視鷹瞵，瓜分豆剖，存亡危旦。叢林法則面前，要麼落荒逃竄，任人追殺；要麼拚死抗爭，希圖一命。自然，「救亡圖存」成為近代國人奔走呼號、浴血奮鬥的中心目標。在叢林法則面前，面對列強的堅船利炮的威懾、慘絕人寰的屠殺，革命黨人的秘密暴動、工農武裝革命、全民抗戰的展開、鬩牆戰略大決戰、保家衛國戰爭等，自然構成了主旋律。與列強講國際法律規則，爭取國家的合法權益，無異與虎謀皮；在國、共為代表的政黨之間談民主協商，試行「法治」，圍繞「合法性」、「正統性」等問題，各自價碼又過高，無法討價還價。於是，法律規則只能讓位於叢林法則。

次殖民地下的近代中國法律，是堅船利炮威逼下的法律，屠刀壓迫下的法律，槍桿裡面的法律，換言之，都是以暴力革命為手段，這就直接導致中國法律發展的畸形，「毫無疑問，以暴力為代價，它可以改變其名稱，但是其本質依然如故，名稱不過是些無用的符號。……決定各民族命運的是他們的性格，而不是他們的政府」。[158] 以暴易暴，可以掙得民族主權的獨立，卻很難換來民主、法治秩序，它與法律發展的內在規律相背離。法律發展應該與國家民族的特性相符合，與其需要相一致，而不應對其進行粗暴的變革，如果一個由不同種族構成的國家的國民用數以千年的時間維護集權體制，可是一場目的在於摧毀過去一切制度的大革命也不得不尊重這種集權，甚至使

它進一步強化，「在這種情況下，我們就應該承認它是因各種迫切的需要而產生的，承認它是這個民族的生存條件。對於那些奢談毀掉這種制度的政客，我們應當對他們可憐的智力水平報以憐憫。如果他們碰巧做成了這件事，他們的成功立刻會預示著一場殘酷的內戰，這又會立刻帶來一種比舊政權更具壓迫性的新的集權制度」。[159]

20世紀初，清末張之洞、劉坤一等封疆大吏們最早提出透過改良司法，以換取列強放棄在華領事裁判權，修律熱潮隨之掀起。修律的提議者是官僚，而修律的承辦者是沈家本、伍廷芳等一批法律精英。提議者的初衷不過是透過改良司法、改善獄況，平息列強的指責，換取他們的「開恩」，放棄在華領事裁判權。而法律精英們則走得更遠，他們以廢除中國傳統法系、塑造近代法係為職志，大刀闊斧地進行修律。在如何修律才能收回治外法權問題上便出現了激烈爭論，史稱「禮法之爭」。對於修律與收回治外法權到底有何關係，雙方均沒有給出富有較強說服力的答案。法理派只是強調法律要適應世界潮流，跟隨文明腳步；禮教派則強調固守中國傳統，堅持禮教民情法律合一的「中國特色」，甚至提出，保留本國特色並不影響收回治外法權，修律與收回治外法權沒有必然的聯繫。對此，法理派無法提出充分的反駁理由。

在法律變革及司法體制改革上，一開始就產生了國家主權獨立層面與國家制度中司法獨立層面上的衝突。在清末修律及司法改革等方面，最終法理派占據上風，以充滿近代意味的《大清新刑律》的頒布及新型司法體制的構建為標誌。然而，國家制度意義上的司法權獨立與主權意義上的司法獨立問題仍未解決。列強並沒有因為中國在司法上卓有成效的改革而天良發現，自動放棄在華領事裁判權，反而變本加厲地在國際舞臺上排擠打壓中國，甚至不惜以犧牲中國的利益，牟取本國利益的最大化。這一點，似乎應驗了「禮教派」的觀點。強權政治仍在進行，中國司法改革步伐依然崎嶇曲折。

辛亥以降，中國圍繞收回治外法權目標繼續著司法改革，但主權層面司法獨立的呼聲遠遠高於國家制度層面的司法權獨立。第一次世界大戰後，先是在1919年巴黎和會上，中國代表提出相關要求，遭到列強無理拒絕；再就是在1921—1922年華盛頓會議上，中國代表再度呼籲列強放棄在華領事裁判權。除了十月革命期間，蘇俄宣布放棄在華領事裁判權外，其他諸列強

對此均無興趣。但也不能完全罔顧中國代表的請求，於是找了一條藉口予以搪塞，會上經議決：由參加會議的 12 國代表組織中國司法調查團，赴中國考察司法狀況，根據調查情況，提出建議，決定是否放棄這一特權。這種把國家制度中的司法權與國家主權硬攪在一起的做法，近似強盜邏輯，是對中國內政的公然干預。但國家的懦弱，政府的無能，使得這種強盜邏輯竟然「合理化」。1926 年，該調查委員會姍姍成行，在中國幾個大城市轉悠了一番，拿出了一份「調查報告」，抖出了中國司法狀況不佳的老底：軍人干預審判、法律適用不統一、司法經費不足及法官之薪俸過少、警察廳及陸軍審判機關皆操普通審判權。外國人組團深入中國內地，調查中國司法情況，本身就是干涉中國內政的無恥行徑，也是中國政府軟弱無能的反映，難怪調查團到達上海時，遭到東吳大學法學院師生的強烈抗議。但國際調查團指出的中國司法狀況不盡如人意的諸多方面，國內法界人士則多認為符合實際。[160]

儘管列強一味強詞奪理，混淆主權與司法權的關係，給中國法律界造成的壓力則是巨大的：要顧及國際輿論，就不能不進行司法改革。北京政府期間，中國法律的適用及司法體制基本沿著清末設計的路徑，沒有大的變化。1928 年南京國民政府統一後，法制創製的進程逐漸加快，司法改革的步伐開始加大，主要宗旨之一在於告示外人：中國的司法狀況已經發生根本好轉，列強應當主動放棄在華領事裁判權！該邏輯推理本身存在嚴重悖論，但對當時中國的司法改革無疑是一種催化劑。

1928 年以後，中國在司法改革方面的作為驟然增多，諸如頒布一系列法律法規、新定審檢體系、增設地方法院、加強司法監督等，至 1936 年「五五憲草」的頒布而趨於高潮，近代化的司法體系基本建立起來。鑒於如此事實，列強並未網開一面，慨然應允放棄領事裁判權。在具體個案上，有的竟然以是否廢除領事裁判權來要挾一些正直的中國法官曲意裁定，庇護他們的國民。如 1929 年，上海法院首席法官吳經熊在審理著名的「盧雷特（Roulette）案」時，就遇到被告方代理人費須爾博士（Dr.Fischer）刁難，他恐嚇吳說，假如吳對外國人太苛刻，便會延遲或阻礙治外法權的取消。熟諳中西法律的吳經熊理直氣壯地反駁道：「無論如何，你在你的申請裡描述的事實可作為審判第二項指控時減緩罪行的情節來考慮，但在我看來，你的論點——我們可以

說是政治論點——既不適當,也與本案無關。法律是本法庭的唯一偶像,而不是治外法權的歸還或取消。我寧願行正義——雖然這樣做也許會構成廢除治外法權的障礙,也不願歪曲正義,如果這樣可以加速或促進治外法權的廢除。」吳經熊的話不卑不亢,擲地有聲,反映了一名法官對法律的忠誠,而非對強權的屈服。有媒體對吳經熊的裁決予以高度評價,認為「假如吳法官是在表達中國法庭中對法的執行的準確地位,那他所做的就更有利於他的國家,這比許多就廢除治外法權而發表的聲明和訪談更重要」,[161] 可惜近代中國在洋人面前像吳經熊這樣的錚錚法官並不多見,吳經熊在法律實務界的作為也不過曇花一現。

真正促使列強 1943 年大規模放棄在華持續了百年領事裁判權的,並非他們為中國一系列司法改革的舉措所感動,而是因為他們在國際紛亂局勢中急於擺脫困境,不得不尋求中國的支持;又覺得日本侵占了中國東部大多土地,在大片日偽地盤上,保留此項特權已無實質意義,從而答應中國政府的要求,簽署新約,放棄領事裁判權,與中國的司法改革成果沒有直接的關聯。只有蔣介石政府為了往自己臉上貼金,把這一結果當成政府的無量功德而大吹特吹,其背後的動機則昭然可見。[162] 中國在協約上的治外法權 1943 年基本收回,實際上的治外法權依然支離破碎,列強在華仍享有實際司法特權,如 1946 年的「沈崇案件」和 1949 年的武漢「景明樓案件」等。[163] 直到 1949 年,列強在華勢力被徹底驅除,這一特權方告終結。

中國近代的司法改革迫於「救亡圖存」壓力而起,與近代中國民族獨立運動的步調一致。但法制變革和司法改革具有自身的規律性,與民族運動有著本質區別,並非透過全民動員、群體抗爭、暴力革命瞬息之間就能告就,必須經過對本民族的社會生活、社會結構、社會心理、民情風俗等作全面考察、深入研究和審慎分析,根據國際國內形勢,找出最適合中國的司法模式。近代司法改革運動始終是在外力壓迫下進行的,沒有時間對上述諸多問題做綜合分析和消化吸收,對於收回治外法權與司法改革、司法獨立與主權獨立、廢除傳統法系與創設新型法系、司法權在國家權力機關中與其他權力之間的關係等問題,並沒有給出明確的令人信服的答案。這一難題從沈家本等「法理派」面對「禮教派」的質問時,就沒有做出有很強說服力的解釋。[164] 辛

亥革命推翻帝制後，政治、法律先賢們在司法權問題上基本在「摸著石頭過河」，先後有沈家本等設計的日本（或德、法）模式，孫中山構想的「三權」到「五權」的模式，北京政府時期的成文法佐以判例法模式，南京國民政府時期實踐的「五權」模式。但司法權獨立模式一遇到軍政獨裁或一黨專政時，就倍感窒礙，寸步難行。

近代中國因收回治外法權而走上司法近代化之路，是巨石當頭下的產物，蹣跚的征途及部分成就的獲得尤顯悲壯。司法近代化過程中曾經親歷親為的張知本1961年談到這一過程時，仍感慨萬千：

抗戰勝利以後，司法界以取消不平等條約之日，訂為司法節，其用意至為深遠，按節字含有「氣節」、「名節」、「志節」諸義，如端午節之憑弔愛國詩人屈子，中秋節之紀念劉伯溫驅逐韃虜，皆足以鼓舞人心，加強民族意識，司法節則系絞法官之腦汁，流軍人鮮血，費外交人員之唇舌，綜全體國民之民族志節而鑄成，得之非易。[165]

司法近代化的表層動機是為了使中國司法模式與西方近代司法模式「接軌」，求得列強的「滿意」，自動放棄領事裁判權，該「工程」是被逼上馬的，因而缺乏原發性，被動有餘，主動不足。改革先驅們只知道中國的司法體系必須改，卻來不及也無法探討何種司法體制最適合中國國情。這就給後來中國司法的發展留下若干後遺症。諸如：在缺乏民主氛圍的國家，如何實現司法權與其他權力的制衡，保持司法獨立；中央司法與地方司法的關係如何處理；審檢關係如何協調；司法經費如何籌措；司法主體待遇如何保障；如何防止黨權、政權及軍權干涉司法權⋯⋯對此類問題都沒有宏觀把握和微觀探究，往往就司法論司法，只見司法一隅，不及社會全部。一旦政局發生動盪，社會發生裂變，法律的穩定性、連續性會在一夜時間消弭殆盡，出現嚴重斷層。

列強放棄在華領事裁判權並非在中國司法改革令其滿意後才決定的，司法改革進程最終沒能形成良性循環，引起的司法弊端也就無法在短時間內避免和消除。這既是中國司法近代化的難題，也是整個中國社會近代化的難題。

## 二、文本制度與司法效應文化的衝突

建立法治社會，以下兩大要素不可或缺：就制度文化而言，法典必須統一，文本必須簡潔，結構必須合理，解釋必須清晰，司法體制必須健全；就效應文化而言，司法必須獨立、公正、公平、合理、便民、高效，把文本性法律變成應用性法律，死的法律變成活的法律。實現這一切，要有穩定的司法隊伍、安定的司法環境、足夠的物質保障和民主的政治氛圍。近代中國，司法制度文化與司法效應文化的衝突因諸多原因而與時俱增。

（一）憲法與憲政的脫節

近代中國歷屆政府幾乎都熱衷於頒行憲法，依法施政者則寥寥無幾。清廷自 1901 年宣布「新政」後，即著手籌劃立憲。1906 年，正式下詔「仿行預備立憲」，其成果包括設立資政院和諮議局，並有《欽定憲法大綱》和《重大十九信條》等憲法性文件問世，邁出了中國憲法、憲政史上里程碑式的一步。由於立憲動機和宗旨仍以保護皇權為主，無法實現近代意義上的憲法、憲政宏旨。中華民國南京臨時政府時期，曾顯露「走向共和」的一縷曙光，可惜時日苦短，未能成為中天曜日。北京政府時期，城頭「大王旗」頻換，出現了如 1923 年《中華民國憲法》那樣光鮮的憲法文本，可是並無軍事實力派真正願意按照憲法、憲政要求行事！

南京國民政府時期，不斷推出憲法性文件，1946 年底，又一部正式的《中國民國憲法》公佈，國民黨當局宣稱 1947 年即結束「訓政」，開始「憲政」。該憲法的形式內容尚具一定民主特徵，不過該憲法的誕生，缺少民主透明的程序，純為國民黨一黨操控下的產物；實施不久，又以所謂「動員戡亂臨時條款」等，改變憲法規定的權力制衡的核心條款原旨，可謂：有憲法之名，無憲政之實；掛憲政之幌，施獨裁之政。當時著名法律人王寵惠就提醒說：「憲法的順利運行，不盡在其條文之完善，而更有賴於政府與人民遵行憲法的民主精神；故吾人不僅應檢討憲法之條文，而更應修養守憲之風度。」可惜，未能引起當局警醒。與此同時，革命根據地政權也熱衷制定頒布憲法或一系列憲法性文件，實現憲政，但憲政精神始終沒有真正被弘揚，相反，意識形態的一元化及威權政治的崇高性卻不斷被樹立起來。憲法似乎變成一種符號，

「六法體系」何以未能在大陸傳承？——司法文化視角的回眸

一種象徵，一種權力合法的性外衣，對憲政賴以生存的環境則多半不願花大力去營造，對憲政真諦的詮釋和理解更不願勞時費力，因此，真如心理學家揭露的那樣，「把時間浪費在炮製各種煞有介事的憲法上，就像小孩子的把戲，是無知的修辭學家毫無用處的勞動」。[166]

由於不具備與近代民主憲政精神相符合的政治、經濟和文化環境，政客不遵法、護法，人民自然不信法、守法，憲法失去威信，憲政難免落空。

（二）法律文本與司法實效的脫節

自清末開始，中國不斷進行法律創製。肇事於清末的修律運動，宣告與延續數千年的中華法系決裂，從此走上模仿西方法制的道路。歷經清末、民初，及至南京國民政府時期，中國完成了以「六法全書」為代表的新型法律體系，這些成果已被今人彙集整理成多卷本《民國法規集成》，其體系、體例及立法技術不可謂不詳備、完善和先進。從制度層面上看，中國法律近代化進程已基本完成；從實施情況看，其效果則差強人意。根本原因在於司法運行機制受到窒礙。

傳統中國法系中，程序法的發達程度遠遠低於實體法，歷代法律典籍中記載的訴訟、斷獄等篇極為簡略，且多以刑事訴訟為主，民事訴訟也多採用刑事訴訟程序。清末改革法制，才有人提出頒行訴訟法之必要。以沈家本等為代表的修律大臣所編的《刑事民事訴訟法草案》，是中國有史以來第一次編定專門程序法的嘗試，卻因恪守傳統禮法官僚們的反對而胎死腹中。只是其後《各級審判試辦章程》的頒行，才有了近代意義上的準程序法。隨著《大理院編製法》及相關法律的制定頒布，各級審判機制也逐步建立健全起來。審判機關中，中央設大理院，地方設高等審判廳、地方審判廳和初級審判廳，除了在縣一級仍實行縣知事兼理司法以外，基本改變了行政長官兼理司法的舊制，初步實現了「司法獨立」。檢察方面，在中央大理院和地方各級審判廳內，設各級檢察廳，以往審、檢合一的糾問式控審機製為審、檢對峙的彈劾式控審機制所替代。民、刑案件逐步分開，新型審級制度開始確立，司法程序正規化趨勢日益明顯。

民初至北京政府時期，司法制度變革節奏緩慢，司法實踐特別是民事案件審理中，仍主要沿用清末以來的法典，成文法與判例法並行，以判例法為主。

南京國民政府時期，司法體制變化較大。審、檢方面，1927年11月1日起，正式撤銷各級檢察廳機關，只設首席檢察官，配置在各級法院；[167] 審級實行三級三審制；1928年，南京國民政府先後頒布了統一的《刑事訴訟法》，出現了正式的程序法典。1929年，國民政府的司法行政部和司法院曾制定過6年工作計劃，這是南京國民政府整理司法的第一次較為系統的規劃。[168] 諸項目標因禍亂頻仍，財政困難，未能實現，惟在民法典編纂方面有了長足的發展。1929至1931年，《中華民國民法》、《民事訴訟法》的制定，標誌著法制建設進入了一個新階段。此後，南京國民政府一面注意本國特點，一面學習和吸取外來經驗，在中外結合基礎上，逐漸形成了一套具體的司法改革方案。[169] 1935年7月1日，《刑法》、《刑事訴訟法》、《民事訴訟法》以及1932年公佈、1935年實施的《法院組織法》等數部法律得到修正和頒布。1935年9月16日至9月20日，司法院召開全國司法會議，比較完整的司法改革方案基本擬就。[170] 會後落實得較好的主要有：在全國諸多縣成立司法處，設主任審判官，專司審判；縣長兼掌檢察和司法行政，改變以往縣級行政與司法合一的局面；一些新式法院在各地也相繼建立起來。抗戰結束後，國民政府心儀歐美，採取走出去、請進來的辦法，推進司法改革。1946年制定頒布了《中華民國憲法》，宣布從1947年開始，進入「憲政」時期。與此呼應，司法改革呼聲日漸增高，1947年11月5日，在南京召開了民國以來第一次專門討論司法行政的「全國司法行政檢討會議」，提出了一系列方案。[171]

晚清以來，司法制度層面上的改革藍圖被一次次勾畫，且在一定程度上付諸實踐，實際兌現比預期目標則相差甚遠。清末修律及司法改革，聲勢浩大，輻射廣闊，司法體制有了全新變化。不過最後頒布的法律僅有《大理院編製法》及《大清新刑律》等少數法典，直接關係到司法程序的刑事、民事訴訟法，因傳統勢力的阻撓而中途夭折，致使清末民初，司法界沒有統一的程序法典規範司法實踐。幸好民初大理院及各級審判廳大多推事們，憑藉自

己深厚的國學功底及留洋的知識背景，參照國情，兼采大陸法系精神，妥善地把判例法與成文法的審判模式相結合，創造出比較精當的審判先例，大理院製作的民事判例、解釋例及其彙編逐漸成為民事法律體系，「承法之人，無不人手一編，每遇訟爭，則律師審判官不約而同，而『以查大理院某年某字號判決如何如何』為訟爭定讞之根據……縱謂中國自民元迄今，系采判例法制度，亦無不可」。[172] 加上「大理院推事們身靜心也靜，為近代中國司法留下了一頁清白」。[173] 由於政局不安，城頭「大王旗」頻換，普適性的法典遲遲沒有出現，後繼者的任務自然艱巨。

　　1928 年至抗戰前夕，南京國民政府的司法改革力度大，起色快，按此趨勢，循序漸進，成果會更加豐碩。殊料抗戰烽火燃起，政府疲於應付內憂外患，不少司法改革計劃因此遲緩或停頓，打亂了司法改革步伐。雖有 1941 年司法經費由中央財政統一撥付的舉措，使司法經費受地方當局牽制的現象暫告一段落，卻因戰爭開支過大及通貨膨脹的加劇而績效甚微。1947 年的司法行政會議提案雖多，無奈內戰重開，社會再陷混亂，落實者寥寥無幾，司法整頓再度受阻。至 1949 前後，國民政府軍政局勢江河日下，司法機制近乎癱瘓，司法狀況不如往昔。

　　中國近代國家權力機關中，司法權的定位問題也是「斬不斷、理還亂」。清末帝制尚存，司法權的隸屬姑且不論。南京臨時政府時期，一度模仿美國，採取三權分立模式，理論上講，司法權應完全獨立。時過不久，南京臨時政府宣告終結，取而代之的是北京政府，責任內閣制、總統制、復辟的帝制、軍閥專制等諸多政治模式「亂哄哄你方唱罷我登場」，司法機關的功能僅憑一批大理院及各級推事們的苦苦支撐而得以維系，權力定位並不明確。南京國民政府時期，政治上基本統一，照理說司法獨立和司法改革的黃金季節已經來臨，實情並非如此：「軍政」、「訓政」、「憲政」三段革命論，為黨權、政權及軍權干涉司法權提供了冠冕堂皇的理論依據和實際屏障：一是司法權體系被嚴重分割，按照「五權分立」理論，作為國民政府「五院」之一的司法院執掌司法權，五分「天下」有其一，理所當然具有相當的完整性和獨立性，不受其他權力干預，可司法院的權能一開始就受到其他權力的瓜分，

尤以司法行政權為甚；二是「司法黨化」現象嚴重；三是行政權干預司法權的現象普遍。司法權在人、財、物等方面處處掣肘。

以上系客觀方面的原因，來自司法主體方面的原因也不少。以法官總人數為例，大陸法系國家普遍多於英美法系國家幾倍，法官與人口總數之比前者也大於後者。[174] 中國法官從人口比來說，與大陸法系及英美法系主要國家比起來是最低的。1937 年初，據司法行政部統計，全國法官計有 2765 人左右，其中經考試出身的法官 1955 人，占全部法官的 70% 以上。按中國 4 億人口計算，平均 14.5 萬人中有 1 個法官。而 1926 年以前，考試出身的只有 764 人，占全部法官人數（1211 人，平均 33 萬人中才有 1 個法官）的 63%。[175] 法官數量距新式法院建制所需的法官數缺口相當大。人均法官過少，直接後果便是案多人少，積案嚴重，從基層審判機關到最高審判機關，這種現象普遍存在，南京國民政府時期尤其如此。[176]

這些為數不多的法官，其晉升、晉級、薪金等不如普通文官優厚；與外國司法官橫向比較，中國法官待遇也偏低。法官資格的限制較一般文官嚴格，所費精力卻較一般文官為多，待遇卻遠不如一般文官，人為地降低了司法官在國家政治生活中的地位。有司法才能的人在司法官與文官之間，寧願選擇事輕薪高的文官職務。社會民眾也因司法官的地位不如文官而產生輕視法官的心理。[177] 有路子的法律人才多不願從事司法工作，北京政府時期，「歐美習法科畢業回國者，多投他部」或「多向政界求生活，而對於司法界裹足不前」的現象屢見不鮮。[178] 南京國民政府時期，這一問題遲遲未能有效處理。上海的一家外文雜誌曾經說，中國法官一人的工作，可以抵得上美國法官 4 人的工作，待遇卻遠不及美國法官。倪征先生在《美英兩國司法參察記》一文中也提到，美國推行法治，成效篤著，原因固然很多，但法官的待遇比起其他公務員為優，也是重要原因之一。[179]

諸多困難制約了司法主體承擔化導民眾的責任，形成「司法者和人民的距離相差太遠，形成絕大的隔膜。司法本身固然感到執行的困難，就是老百姓也花費了很多冤枉的時間、精力和金錢，所謂『一人興訟、一家哭』的現象，本來在今日是不應該發現的，然而它依然存在」！[180] 法律的執行者既然遠離民眾，就難怪民眾厭倦法律，拋棄法律。南京國民政府後期，經濟

幾近崩潰，司法官待遇每況愈下，正直廉潔者忍受貧窮，枵腹從公，操守有虧者，舞弊枉法，形成制度性腐敗，加劇了政治動盪。

良好的法律制度得不到有效實施，只是一堆中看不中用的文本。近代中國司法領域，制度設計與實際效應的衝突始終沒能有效解決。

## 三、精英文化與政治文化的衝突

列強在華「領事裁判權」猶如套在中華民族頭上的「緊箍咒」，中國要建立法治社會，首要任務是去除這道魔咒，實現司法權獨立。於是，近代中國的一切法制變革，幾乎都是圍繞早日收回治外法權展開的。這就決定了近代法律精英的共同特點是破除傳統法律體系熱切，學習西方法律制度積極，希望透過早日完成新型法系的創製，建立健全近代司法體制，換取列強主動撤銷在華領事裁判權。所以，在法律文本和司法體制構建方面，中國在30多年內做出了西方200多年內才能完成的事，法律精英們堅韌毅力和愛國熱情堪為國人敬重，但法律的創製及實施極為講究理性，過於看重列強的臉色進行法制變革，使得法律精英不能以平常的心態，從容不迫地進行法治工程設計，產品只能算是「急就章」式的半成品或毛坯，粗糙不堪；既要迎合列強胃口，又要對內政有所「交代」，於是，法治理想荒腔走板的痕跡無所不在。

近代中國在司法制度移植方面，經歷過學習日本—德、法—美國等模本的熱潮，諸波熱潮背後，往往不是以調和法律與政治、社會、文化的關係為原動力，多數情況下被國際態勢、黨派之爭、政治訴求等所左右，司法改革的內在規律沒有得到法律精英的嚴格尊重與恪守。司法藍本時而為大陸法系，時而為判例法，時而英美法混合大陸法，孰優孰劣，法律精英缺乏細緻而深入的討論。作為法律人，最需具備的是對法律的忠誠和司法獨立精神的養成，近代社會變化劇烈，時勢造就了他們「法律人」的角色，他們卻未必都能適應時勢，真正實現自身角色的轉換。他們經常徘徊於法治精神與政治俗見之間，時而徬徨無望，時而遷就世俗，把司法精神與政治意圖混於一潭，法律精英文化與世俗政治文化拉扯不清。

近代中國法律精英在推行司法理念及移植先進司法體制過程中，經常受到現實政治生活及社會生活的困擾。沈家本先生堪稱中國近代法律精英文化

的開風氣者，自沈家本開始，法律精英文化薪火相傳，法律精英們鍥而不捨，隼路藍縷，致力於近代法律的創製、改造、革新及實踐，對中國司法近代化進程的推進之功值得後世景仰。

近代意義上的司法獨立是在社會近代化中形成的，所需的基本條件有：權力制衡、權利意識、自由理念、天賦人權、平等觀念、市場經濟、契約社會，等等。近代中國法律精英在移植外來法律方面，居功至偉，憑藉自己的智慧和勤勉，他們在中國司法近代化的壯麗圖捲上寫下了濃濃的一筆。然而，法律並不像一件家具，任憑人力，隨便搬移，倒更像一棵大樹，移植時必須附帶相應的土壤和養分，要麼在被移植地準備好所需的土壤和養分，以供栽培。否則，樹可能還是那棵樹，但在異國他鄉未必能開花；即使開花，也未必結果；即使結果，也未必就是原汁原味。古人早就有過類似的比喻：「橘生淮南則為橘，生於淮北則為枳，葉徒相似，其實味不同。所以然者何？水土異也。」[181] 沒有適宜的氣候土壤條件，橘子就變味，法律移植豈能例外！

近代法律精英的共同特點是破除傳統司法體系之心熱切，學習西方司法制度態度積極。到底以何種司法模式為仿效的版本，眾說紛壇，定論遲疑。法律精英中，早期以留日者為主，其後留學歐陸、英美者居多。董康、江庸、王寵惠、居正、魏道明、戴修駿、謝冠生、羅文干、王用賓、吳經熊、王世杰、楊兆龍、張知本、夏勤以及張君勱等憲政人物，馳騁於近代中國法界，尋尋覓覓，紹介東西，均以塑造中國近代司法體系為己任。

然而，在近代中國在司法制度移植中，司法之樹被一批法律精英們嫁接上了若干不該屬於它的「附件」，如「司法黨化」。前清沒有司法官入黨之說，北洋時期，司法官也盛行「不黨」，把「司法黨化」作為司法改革的目標之一為南京國民政府獨創。最早提倡「司法黨化」、宣傳最賣力、闡述最詳細的，均是法界「大腕」級人物，如王寵惠、居正、張知本等，他們的宗旨既要讓司法官「靈魂深處」黨化，又要使法律「黨義化」；他們依靠自己在政壇和司法界的身份地位，不斷使其成為司法改革的綱領而加以貫徹落實。[182]很難想像，這些學貫中西、對西方司法模式爛熟於胸、享譽世界法壇的法學巨擘，在引進西方法律制度的同時，卻沒有引進其司法獨立的理念！只有羅文干（英國牛津大學畢業，在倫敦燕拿法律專門學校當過講師，北洋時期曾

任司法總長、總檢察長,南京國民政府早期任司法行政部部長、法官訓練所所長等職。)等極少數人,反對過司法黨化,主張「以英為師」,以英國法院為榜樣,法官不應參加任何黨派。[183] 而這些人在南京國民政府時期的政界已成不合時宜的老派人物,無法得勢,其「法官不黨」的呼聲自然微弱。

1948年海牙國際法院遴選出世界最傑出的50位法學家,中國的王寵惠、楊兆龍先生坐穩兩席,深為當時及後進學子引為自豪;法學奇才吳經熊先生,才氣及名氣何等斐然,年紀輕輕,美國霍姆斯大法官竟引為忘年之交,其《法律哲學研究》為中國最早的法理學參考書之一;謝冠生、王世杰諸君,則為法國巴黎大學畢業的中國法學才俊;具有前清功名繼而遊學於日、德、法等國的張君勱等,雖不是純粹的法律人,卻對憲法、憲政情有獨鍾,見解超群……他們在近代根本法及司法體制設計上都曾用功不少,在構建或運行司法權模式時,對於司法獨立精神似乎沒有透徹的領會。

除前述的「司法黨化」外,在制定根本法時,他們就沒有為司法權獨立設計出健全的保障體系。王寵惠、吳經熊、張君勱等,都曾主持或參與《中華民國憲法草案》、《中華民國憲法》的制定,可在面對「五權」中的司法權如何定位、如何保障憲法至上、如何防止黨權行政權干預司法權時,他們無法超脫權勢或黨爭,提出的司法建議與其學識經歷不相符合。王寵惠是孫中山先生「五權」思想的忠實信奉者和實踐者,卻又不遺餘力地頌揚司法黨化;在政治漩渦中,他官至司法院院長、外交部部長、國防最高委員會秘書長,是蔣介石最倚重的股肱之一,已不再是一個純粹的法律人,「在官」只能「言官」,從而不願也不敢對那些違背「五權」精神的行為做公開的鬥爭,連對自己1946年12月25日負責審查的《中華民國憲法》草案能否付諸實踐都缺乏自信。他對該憲法的文本是滿意的,但對憲法的順利運行卻無絕對把握。[184]

1933年,吳經熊曾以一己之力,起草了《中華民國憲法草案初稿》,卻也難免附和逢迎之嫌:「初稿」分總則、民族、民權、民生、憲法之保障五篇,完全按照「三民主義」黨義構建憲法體系;[185] 既與孫科「太子黨」過於近乎,又以翻譯《聖經》、出使羅馬教廷等事與蔣介石夫婦「親密接觸」,對其感激不盡;1945年當選為國民黨中央候補委員……幾番「轉型」,其言其行,

已經不是完整的法律人,當年在上海法院秉公斷案的風采消退殆盡,服膺憲法至上及司法獨立原則更是難上加難。

有中國近代「憲法之父」之稱的張君勱,因為站在自由主義三權分立的立場,主張中國採用三權分立制度的全部精神,而以五院政製為其外表,依據孟德斯鳩學說,確保司法獨立;不但主張人民有罪無罪,一切均應斷之以法,反對一二人或一派人違法侵害人權,而且極端讚美美國聯邦最高法院判決法律違反憲法的效果。[186]當國民黨踢開其他黨派,召開「國大」時,他唯恐別人搶了他「憲法之父」的頭銜,在明知一黨「國大」類似於袁世凱式的國會,即將召開的「國大」炮製的也只能是一部「曹錕憲法」時,自己還是忍不住湊近身去,作了一個不敢掛名的「豬仔議員」。[187]

謝冠生在司法行政界有「不倒翁」之稱,因諸事能忍,得以據司法行政部部長一職11年之久(1937—1948年),該職位是司法改革的中樞,在他任上,除了把司法經費改歸中央財政撥付及增設了一些地方法院外,司法院與司法行政部的關係一直沒有理順,甚至不倫不類;對於各級司法機關或司法機關與其他機關的糾紛多采「和稀泥」之策,拿不出釜底抽薪的方案。[188]

1943年後,為了對美國放棄在華領事裁判權有所反應,司法改革中一度盛行「學美」之風。楊兆龍、查良鑒等是留美出身,力主「以美為師」。謝冠生把重慶地方法院改為「實驗法院」,查良鑒為該院院長,大量引用東吳留美同學,還把「實驗法院」的成績寫成宣傳材料,翻譯成英文,聯絡美國新聞處在美國散發,以向美國表態。楊兆龍亦系東吳法學院畢業,曾任司法行政部編審,經教育部選送美國留學,抗戰初期任教育部參事,抗戰勝利後,任司法行政部刑事司司長。楊是留美出身,對美國司法模式情有獨鍾,向謝冠生建議聘請實用派法學家、前哈佛法學院院長龐德為司法行政部顧問。謝採納楊的建議,透過宋子文向蔣介石提出,蔣介石同意。謝即給楊以出國考察的名義,赴美迎請龐德前來「顧問」中國的司法改革,楊全程陪同,並擔任翻譯,龐德在華一年期間及離華之際享受的禮遇及酬金規格都超出常規。[189]這段時期中國司法改革與美國走得很近,一方面為了加速戰後司法改革,更重要的是南京國民政府政治上有刻意巴結、投靠美國之嫌,司法實踐上並

無多大建樹。楊兆龍等法律精英，人在官場，身不由己，其司法理念只零星反映在一些法律著述中，能否貫徹於中國社會實際，則不是他們所能顧及的。

　　民主政治是近代法治國家的前提，而司法獨立是民主、自由的保障。在近代西方世界，民族主義與民主、法治化進程基本同步，民族主權與人民主權大致趨同，民族主義轉入中國後，兩種主權發生平行而非重合。民族主權壓倒一切，人民主權變成國家主權，民主主義變成國家主義。對國人而言，首要任務是爭取民族國家獨立，在國際舞臺上，就是「主權」，它是近代中國國家最主要的象徵。民族國家獨立後，如何建設治理民族國家，是政治精英及法律精英面臨的問題。近代中國司法近代化，基本是法律精英司法意識近代化的體現，法律精英又為國家政權所吸收，被國家倚為收回司法主權之股肱，實現主權獨立之棟樑，事實上，也發揮了巨大效用。但是，中國的司法化進程與民族主義運動最終未能結合在一起，司法近代化進程中，始終缺少和平的國際國內環境，司法近代化與民族運動無法平衡發展，法治原則最終未能成為建立政權的最重要原則。同時期的西方國家間的衝突和戰爭，促進和強化了民主法治原則，因為「統治者必須透過民主的原則動員民間資源」。中國則不一樣，近代中國所處的國家環境十分惡劣，「政治精英所面臨的最重要問題是民族的生存問題，國家的力量就變得重要起來。沒有國家的力量，民族生存就會受到威脅，國家的力量就變得重要起來。沒有國家的力量，民族生存就會受到威脅。不僅如此，因為中國社會盛行的是文化主義，人民認同的是文化，這個因素更強化了政治精英的權利角色，他們不僅要為民族主權而鬥爭，而且要創造一個民族國家，創造人民的國家認同感。在這個過程中，國家的力量超過了人民的力量。人民主權的位置被國家主權所取代，集體的權力超越了人民個體政治權利」。[190] 在使用民族主義的策略和方法上，國民黨使用自上而下的精英策略，共產黨走的是自下而上的草根革命道路，其結果，都是以黨治為核心的高度集權，在爭取民族獨立後，無法解決居於民主法治之上建國的政治問題。「從傳統文化主義到現代民族主義的轉變，是一個政治過程，這個政治過程產生了中國近代以來的國家主義」，[191] 法律精英在爭取民族國家獨立過程中居功至偉，而在利用法律塑造民主

法治秩序、著力保障公民權利等方面,既缺乏足夠的精力和時間,也沒有合適的外部環境,難以用近代司法精神營造法治氛圍。

中國近代史上,知識分子政治上常常面臨「合法」與「非法」兩難抉擇,但對於大多數知識分子而言,「合法性」問題畢竟是一個現實的觀念界限:越過這個界限,就可能最終傾向革命;越不了這個「坎」,就可能最終站在「合法的」暴政一邊。[192] 與大多數文化精英相對中立的態度不同的是,法律精英更主張國民黨政府在「合法」的前提下改進社會,推動民主,實現法治。但他們的「合法」希望一次次被日趨獨裁的政治權力擊碎。南京國民政府時期,並沒有因為憲法的頒布及「行憲國大」的召開而將中國推上憲政軌道,相反在「行憲」的幌子下開始了新一輪獨裁,社會政治環境沒有根本變革,憲典並不能促成憲政,「在世界憲典史或憲政史上,雖不乏憲典促成憲政之例,然而,也有多少國家,憲典儘管制定,而上軌道的政治始終是不能變成事實的幻影,我們的三十餘年的制憲史更是最現成又最近的實例……中國的問題絕不能單靠白紙上的黑字就能解決……」。[193] 清末以來,在中國逐漸形成的法治趨勢被所謂「憲政」無情破壞,與近代法律精英的初衷背道而馳。

如果說傳統中國的法律精英具有法治理想的話,充其量不過是「以法治國」的理想。法的創製、法的使用都離不開專制君主之手,在這一點上,並不存在暴君與聖君之分:君主既可以把「法、術、勢」集於一身,實行獨裁,也可以明德慎罰,施行仁政。立法權和司法權在君主權力上沒有本質區分。法律精英正是這種治國模式的總設計師,他們的代價則是失去繼續追求法治理想的權利。

晚清以降,即政治經濟多元和思想自由等社會和文化氛圍,曾為包括法律精英在內的文化精英的獨立人格的養成準備了較充分條件,但近代精英面臨的困境卻使他們無法真正施展自己抱負,實現獨立自由的理想:他們一方面取得一定職業自由和經濟自主,另一方面卻享受不到獨立於政治的實際保障;一方面是精神和心靈的自由解放,另一方面卻遭到外界環境的殘酷壓抑。[194] 民國時代政治生態的主要特徵就是中央權威不足,各地政治軍事集團易於擁兵自重,相互傾軋。與傳統知識分子只能各擇其主、充當策士的歷史定位不同,經過新文化運動的思想洗禮,知識精英基於對民主、自由、人權、

憲政等西方思想觀念的理解,具有更多的獨立意識,形成了不同的「公共知識分子」群落,存活於各個分治板塊的裂縫空隙間,顯得卓爾不群。但在勝敗定於武力的大格局下,他們注定不是決定性的政治力量,而只是被拉攏的、被利用的力量,最終要擇邊站隊。一旦勝負既定,天下一統,他們的獨立性也蕩然無存。[195]這種不和諧的命運際遇,在許多法律精英分子身上表現出不同的心理態勢:傾注心血,創製良法,為依法而治創造必要條件;批判違背法治精神的「政統」,捍衛法統;在合法性名義下,依附「政統」,進而成為政治的附庸。法律精英在政治文化和社會文化的大氣候之下,無法獨立按照自身規律發展,只能在政治與社會的夾縫之間,尋覓可能的生存空間,其對法治進程的影響也就微乎其微。在武裝奪權運動蓬勃興起的熱潮中,社會基本沒有突破「亂世用兵」、「治世用刑」的模式,「槍桿子裡面出政權」等政治目標,仍是實現新舊交替的主要手段,法律精英的法治理想主要停留在理論層面。

## 四、精英文化與社會文化的衝突

司法制度如何適應社會文化,法律精英同樣缺乏足夠的心理準備。儘管法律精英殫精竭慮地勾畫了司法改革藍圖,並努力付諸實踐,但由精英主導的司法變革與社會發展步調並不合拍。近代中國社會二元結構特色明顯,民國以來,「海歸」精英分子和掌握軍政大權者結合,形成上層建築的主要支撐,而下層社會仍處於農業階段,民間的疾苦、封閉與上層的浮華、開放形成強烈對比。因此,有人說:「民國的開放,是部分人的開放;民國的進步,也是部分人的進步。這種似是而非的開放社會,並沒有戰勝它的敵人——封閉與落後的民間基石。」[196]同理,民國的司法獨立意識也主要侷限於上層人士之中,司法信仰是少數人的信仰,而非公眾的、普遍的信仰。

中外法律哲人構建法治化社會模式時,都十分強調法律與社會文化的關係,認為「法律發展的重心不在於立法,不在於法律科學,也不在於司法判決,而在於社會本身」。[197]法律是否有用,取決於法律是否與社會相適應;移植外來法律文化,也要有能使其植根的社會土壤,包括社會結構、社會生活和社會心態。法律之事極具思想性和邏輯性,優良法律的創意及司法體制的設計,須由專門的法律人才來完成。法律本身又是一個合於時代性、社會

性、事實性的許多常識的結晶，[198]也就是說，法律來源於社會生活，又服務於社會生活，它們的關係血肉相連，法律、風俗和禮儀等在性質上應該分開，「然而它們之間卻有著巨大的聯繫」。[199]社會生活本身，就是生活規則的源頭；社會生活的規則，就是法律規則的母體。離開社會生活的法律，不過是無根之木，無源之水，是一堆中看不重用的文本而已。

　　社會的變遷是漸進的、長時段的；法律變革過程根本上是一種改良過程，必須與社會的發展相適應。一般而言，後代法律是建立在前代法律傳統基礎上，是對傳統法律的揚棄。革命行動、政治或軍事事件，是突發的、短時段的，是透過對舊社會制度的徹底破壞而實現其目標；在突發的、短時段的革命行動及政治、軍事事件之後構建的法律，最大的特徵就是對以往法律傳統的破壞大於發揚，擯棄多，繼承少，變革歷程呈「跳躍式」。制度變革過程中，如果條件沒有成熟，「暴力革命也沒多少用處，因為由此造成的結果，或者是打碎的鎖鏈被重新拼接在一起，讓整個過去原封不動地再現，或者是對被打碎的事物撒手不管，衰敗很快被無政府狀態所取代。所以，對於一個民族來說，理想的狀態是保留過去的制度，只用不易察覺的方式一點一滴地改進它們」。[200]社會學家早已預見這個理想不易實現，世界上能使傳統和近代妥善銜接的民族並不多見，制度變革無法擯棄本土傳統的問題，在中國近代法律變革中也得到應驗。

　　裂變的法律不但違背社會發展的規律，也違背法律自身發展的規律，難以與社會生活協調發展。縱觀近代中國，從清末到辛亥，從北洋到北伐，從南京國民政府到新中國政權，革命浪潮一浪高過一浪，革命的理想和目標不斷實現，法律制度模式不斷被刷新。可是，社會結構的演變比較緩慢，自然經濟結構相當穩固；市場經濟不夠發達，契約觀念養成困難；民眾心理上傳統因素的烙印短時間內並未消除；情、理、法合一的司法理念依然存在；廣大鄉間社會還是重調解、輕訴訟，重禮俗習慣、輕成文法典，重權力、輕權利；[201]仍在民間流行的「衙門八字朝南開，有理沒錢莫進來」、「狗屎難吃、官司難打」、「冤死不告狀，餓死不為盜」、「侯官三鬥米，吃完才講理」、「贏了官司輸了錢」、「有理無錢休告狀，有錢無理進不來」、「官長好見，差役難見」等鄉諺，都生動地刻畫了民眾的法律心態；清廉秉公的法官還會

被親友罵成「傻瓜」，[202] 欲從事律師實務的晚輩還會被尊長教訓為「有損陰德」……這些都是民眾法律心態的縮影，折射民眾司法信仰的嚴重缺失。只在制度層面大做文章，不對社會實際考察分析，尋找法律與社會之間的最佳切合點，引進的司法制度只能飄浮於社會生活之上，甚至會激起社會生活與法律的對抗。

制度固然可以矯正社會弊端，國家的進步也可透過改進制度和統治實現，社會變革也可用各種命令來實現，但制度、命令或法律本身，離不開民族國家歷史傳統、生活習慣及倫理道德的發展，「法律是我們道德生活的見證和外部沉澱，法律發展的歷史也就是我們民族道德發展的歷史」，[203] 法律體現著民族精神。[204] 哲學家和史學家也認為：「各種制度史是觀念、感情和習俗的產物，而觀念、感情好惡習俗並不會隨著改寫法典而一併被改寫」，一些心理學家對此表示認同，認為：「一個民族並不能隨意選擇自己的制度，就像它不能隨意選擇自己的頭髮和眼睛的顏色一樣。制度和政治都是種族的產物，它們並不是某個時代的創造者，而是由這個時代所創造。一種政治制度的形成需要上百年的時間，改造它也同樣如此。各種制度並沒有固有的優點，就它們本身而言，它們無所謂好壞。在特定的時刻，對一個民族有益的制度，對另一個民族也許極為有害。進一步說，一個民族並沒有真正改變其各種制度的能力」，「各民族都受著他們自己性格的支配，凡是與這種性格不合的模式，都不過是一件借來的外套，一種暫時的偽裝」。[205] 1902 年，中英在簽訂的《續議通商行船條約》第 12 款中商定，「中國深欲整頓本國律例，以期與各西國律例改同一律，英國允願盡力協助，以成此舉。一俟查悉中國律例情形及其審斷辦法，及一切相關事宜皆臻妥善，英國即允棄其治外法權」。其他國家依樣畫葫蘆，紛紛簽訂了類似條款。這就給中國修律定了基調，即所修法律須「與西國律例改同一律」，才可收回司法主權。於是中國法律變革一開始就走上西方化道路。以充滿近代法律意味的《大清新刑律》的頒布為標誌，中國法律開始從傳統向近代轉型。以「六法體系」為代表的近代化法律體系的創製卓有成效，司法體制的構建也初具規模。

不過，中國法律到底要與哪個西國律例一律，法律精英並無清醒認識。他們先是仿效日本法律，而後移植歐陸法律，其中以瑞士、德國、法國等國

法律居多。法律創製群體以開明法曹官僚、新式法政學堂學生及法律留學生為主，尤其是新式法律學生，大多接受了西方法律知識的教育，懷揣著各種法律新知，積極投身立法運動，且頗有建樹。只是他們學到的更多的是西方法律語詞，其內涵與他們的理解相差甚遠；本國法典草案在經過他們之手，往往變成了對其他幾國現成法典的文本摘抄，不僅與中國的實際情況不相符，彼此之間也差異頗大。現行法律既失去本國傳統文化的支撐，又缺乏西方法律文化背景的烘托。西方的法律有其特有的緩慢歷史進程、判決的運行模式以及由眾多法學家提出的教條學說為依據，國人移植時卻無法在短時間內對其詳細闡釋和深刻領會，儘管直接移植的西方法律在社會生活中發揮了一定積極規範作用，但從根本上看，與本土風俗、習慣及民情還是有相當距離，只能靠一些司法官盡力調和新舊，詮釋東西，隔閡依然多多。當中國的法典開始應用之後，遇到的問題就是編纂者們所接受的教育太多樣性了。他們失去了本國傳統文化的幫助，而往往是根據自己的意願，同時他們非常需要所借鑑法律的國家文化的幫助。例如，當我們閱讀法國民法中的某個部分時，我們要記住其緩慢的歷史進程、判決的運行以及由眾多法理學家提出的教條學說，到這樣一個程度，這段文本所包含的內在意義已經遠不同於字面上所表達出的意思了，「無論中國人是怎樣的聰明，他們也僅僅是關注於文本的形式上的內容，而無法認識到其長期演化形成過程的意義」。[206] 法律人以「海歸派」勢力為大，「漢學家」味道十足，尤其是南京國民政府時期的法律人，法律移植與本土化無法有機結合。

　　近代少數法律精英在經歷了法界大張旗鼓地引進西方法律制度的過程後，頭腦冷靜下來，開始留意單純依賴移植外來法律、拋棄本土法律傳統帶來的弊端，董康就是其中的典型代表。清末修律時，董康對沈家本主持的修律工程鼎力相助，沈家本去世後，董康繼續主持或參與修律，並擔任司法界要職，是清末以來為數不多的親歷了晚清、北京政府和南京國民政府時期司法變革的元老，對於修律的得失成敗他的感觸頗深，也最有發言權。董康在檢討近代中國法制變革中過於蔑視法律傳統、罔顧社會實際時教訓時說：「論吾國法系，基於東方之種族，暨歷代之因革，除涉及國際諸端，應采大同外，余未可強我從人」，當年修律時，「關於改革諸點，陽為徵引載籍，其實隱

寓破壞宗旨,當時引起新舊兩黨之爭……至今思之,當年激烈爭議,為無謂也」,「法律為發展司法之器械,已成各法,是否可以促司法之進步,余以為未也……泰西法系,向分英美大陸兩派,英美本自然,大陸則驅事實以就理想,以雙方權利之主張,為學者試驗之標本,程敘迂遠,深感不便……從前改良司法,採用大陸,久蒙削趾就履之誚,改弦易轍,已逮其時」。[207]
董康又說:他以前也是排斥禮教「最烈之一人」,經歷 30 餘年後,覺得「曩昔之主張,無非自抉藩籬,自決堤防,頗懺悔之無地也」,這種感覺是在他經過數十年的修律實踐、遊歷東西、考察比較各國司法狀況後得出的。他發現,西方的一些司法制度如英國的「治安裁判」與中國傳統的行政兼理司法模式無甚區別,而中國在修律時,對傳統的東西棄之如敝屣,「不意光復之初,司法當局,執除舊布新之策,遂令亨平事業,失其師承……」,經過反省,董康又回歸到「調劑情法、必使無訟」、毋失「吾人希望提倡司法獨立之本旨」的司法理念上。[208]

　　董康堪稱理性檢討分析近代司法改革得失的「第一人」,他的這些結論出現於司法近代化起步了二三十年之後,觀察得清晰,總結得中肯。這是早先仙逝的沈家本(1913 年)無法做到也不願看到的。這不是董康司法理念的倒退,而是基於對司法制度與社會實際的對照比較,目睹司法制度與社會實際產生隔閡後,對蔑視法律傳統者的「當頭棒喝」。可惜未能及時震醒位居司法要津的法律精英們。王寵惠等也只在談到具體部門法律問題時,才說「外國製度,無不各有所因,苟能折衷於中外之間,則庶乎制度本乎人情,法律非同虛設,此則區區之微意也」,[209]涉及宏觀意義上的司法獨立、法律與政治的關係或法律與社會的關係時,則避重就輕,「王顧左右」。絕大多數人還在為機械地移植西方法律制度而樂此不疲,主要興趣仍集中在法律制度的搬移上。法律制度一旦制定完成,就感到萬事大吉,能否融入中國政治文化和社會文化,他們缺乏足夠的關心;對如何改造社會,使其與法律保持較好的適應度,提不出具體方案。社會一旦出現與文本司法流程相悖的情形,司法主體據理力爭者固然有之,更多的是熟視無睹,隨聲應和,義憤填膺、拂袖而去者誠屬稀有。法律精英一面高歌「法治社會」、「法治政府」,真正面臨法律與政治、社會的衝突時,卻均成袖手看客,緘默其口,無所舉措。

司法改革既是法律問題，更是文化問題。法律制度的衝突容易化解，文化的衝突黏稠難溶，文化內化於民族傳統之中，「民族是在歷史中形成的一個有機體，因此就像其他有機體一樣，它只能透過緩緩的遺傳積累過程發生變化。支配著人們的是傳統，當他們形成群體時，就是更是如此。他們能夠輕易給傳統造成的變化，如我一再指出的那樣，緊緊是一些名稱和外在形式而已。脫離了傳統，不管民族氣質還是文明，都不可能存在。因此自有人類以來，它便一直有兩大關切，一是建立某種傳統結構，二是當它有益的成果變得破敗不堪時，努力摧毀這種傳統。沒有傳統，文明是不可能的；沒有對這些傳統的破壞，進步也是不可能的。困難——這是個極嚴重的困難——在於如何給在穩定與求變之間取得平衡。」[210]傳統中國文化固然保守僵化，改革動力微弱，即便如此，指望倉促之間，揮灑自如地徹底與傳統決裂，另起爐灶，創造新的傳統，亦非易事。近代法律精英，大多注重眼光向外，專注於傳統中國法律與西方法律的差距，而忽視文化自身特色以及文化演變的規律，「一般外交家、政治家、法學家只知道『法律衝突』的嚴重性，殊不知，『文化衝突』的嚴重性遠過之」。[211]由於近代中國司法文化存在多層面的衝突，司法之樹在移栽途中遭到人為變異，由舊社會制度的殘餘、新政治觀念與社會觀念，如「黨化司法」和「三民主義」、資本主義國家的先例等三部分組成的近代法律，存在效用不能普及、不能達到預期成果以及不能為一般人民所尊重的弊端也就難以避免，[212]任何制度都受文化習慣和社會組織的限制，近代中國的新法與社會的不適合在於新法大體屬於「將個人主義作基礎的團體主義、把個人本位作基礎的社會本位、以自由主義作基礎的干涉主義、以產業資本主義作基礎的金融資本主義的法制類型。所以變法之後的中國法律秩序的內容是外國工商業，而不是中國的農業；其根據是高度發達的外國工商業社會，而不是自給自足的農業社會」。[213]所以，當「新法」文本付諸司法實踐時，難免與實際社會「撞牆」，其與「西律」在「西國」社會所發揮的作用有雲泥之別。

由於中國民主、自由、平等、法治等意識啟蒙的程度還很低，權力制衡機制尚未健全；專制、獨裁的政治理念仍在政治生活中占據主導地位，廣大民眾的法治心理還沒有養成，西方國家法治近代化的議會制度、契約自由、

平等原則、天賦人權、三權分立的發展規律，顯然難以一時在中國生根、開花和結果，革命傳統、鬥爭哲學以及專政意識，在新中國成立後的相當長時間內，還貫徹於司法實踐之中。不良的政治體制及與實際脫節的司法制度無法有效保護民眾的法律權益。司法之樹的變質、變味乃至枯死的結局，在陷民眾於絕境的同時，也把社會推入無序狀態，從而引發暴動或革命，導致法律發展的新斷層。

　　法治講究規則之治，革命講究暴力之施。次殖民地背景下，國人法律心態的焦慮，促使法律演進違背自身規律，法律近代化軌跡的畸形就在所難免。法律的近代化充其量是法律文本的「西化」，而非文本與本土社會有機結合的近代化。20世紀30年代，有人曾下斷語：「比任何道德更為偉大者便是公正的司法，這才是中國所需要者。」[214]當今社會，要使法律發揮應有的效用，確保司法制度與社會文化的和諧適度，讓司法獨立之樹常青，營造合適的法律文化環境依然任重道遠，「公正的司法」仍是今日「中國所需要者」。作為法律創製、傳播的重要承載——法律精英，在實現司法文化、政治文化與社會文化的相互獨立、牽制和協調過程中，仍需有足夠的擔當。

# ▍臺灣地區區際刑事法制的反思與借鑑[215]

趙秉志[216] 黃曉亮[217]

## 一、前言

　　晚近20餘年來，為適應臺灣地區與祖國大陸和港澳地區的交往需要，臺灣地區立法當局比較完備地制定並頒布了涉及大陸和港澳特區的法律制度，主要體現為「臺灣地區與大陸地區人民關係條例」（以下簡稱「兩岸條例」）和「香港澳門關係條例」（以下簡稱「港澳條例」）。這兩個條例都有刑事法方面的規定，形成了基礎性的區際刑事法律制度，但尚未達到完備和成熟的狀態，不少內容如同上述兩個條例對其他有關法律制度所作的規定那樣，[218]既不符合臺灣地區刑事法治的現狀，又落後於大陸和港澳特區刑事法治發展的實況，因而需要給予全面的檢視和深入的反思。相比之下，全國人大常委會最近20餘年來儘管也制定頒布了《反國家分裂法》、《香港

特別行政區基本法》、《澳門特別行政區基本法》等法律，但其中對刑事法卻涉及不多，遠沒有形成完備的區際刑事法制，這種狀況不能很好地適應兩岸四地共同打擊各種互涉犯罪的現實需要，因而大陸有必要以臺灣地區立法當局在區際刑事法方面的規定為鏡鑒，在中國區際刑事立法方面進行更加積極的探索。

## 二、臺灣地區區際刑事法制的形成過程與內容

### （一）臺灣地區涉大陸刑事法制的形成過程與內容

臺灣地區立法當局於 1992 年 7 月 31 日製定公佈了「兩岸條例」，並由其「行政院」決定自同年 9 月 18 日起實施。該條例在其第四章以「刑事」為題對大陸刑事處罰的承認與執行、對大陸居民犯罪是否缺席審判、重婚犯罪、大陸居民涉犯罪在入境時申報、對大陸居民著作權及其他權利受刑事侵害根據同等原則給予告訴或者自訴權等問題作了規定。對此，有論者認為，該條例為臺灣地區處理兩岸人民交往中衍生的刑事問題提供了依據，表明臺灣方面採取了一種務實的態度。[219] 臺灣當局從實施的第二年起就開始修訂該條例，截至 2011 年 12 月 21 日共修訂 14 次。不過，對該條例第四章的刑事部分，僅在 2003 年 10 月 29 日作了一次修訂，其中，修正了第 75 條、第 76 條至 78 條，增補了第 75 條之一。而最近一次（2011 年 12 月 21 日）的修訂並未涉及「刑事」一章。至於近來新聞媒體所報導的臺灣當局還要修訂「兩岸條例」的傳聞，並未對修訂是否涉及第四章「刑事」有特別的說明。[220]

「兩岸條例」第四章「刑事」部分具體規定了如下內容：（1）對大陸刑事判決和刑罰執行予以消極承認。其第 75 條規定：「在大陸地區或者在大陸船艦、航空器內犯罪，雖在大陸地區曾受處罰，仍得依法處斷。但得免其刑之全部或者一部之執行。」（2）對在臺犯罪後出境的大陸居民，不作定罪判刑的缺席審判，但可做無罪或者免刑的缺席判決。其第 75 條之 1 規定：「大陸地區人民於犯罪後出境，致不能到庭者，法院得於其能到庭以前停止審判。但顯有應諭知無罪或免刑判決之情形者，得不待其到庭，逕行判決。」（3）對特定時期重婚行為不予刑事追究。其第 76 條規定：「配偶之一方在

臺灣地區，一方在大陸地區，而於 1987 年 11 月 1 日以前重為婚姻或與非配偶以共同生活為目的而同居者，免於追訴、處罰；其相婚或與同居者，亦同。」該規定其實是針對原來在大陸已經有配偶但後來赴臺生活的臺灣居民在 1987 年 11 月 1 日之前再次締結法律婚或者有事實婚之情形的處理。（4）對在臺灣地區之外犯內亂罪、外患罪之大陸居民免訴、免罰。其第 77 條規定：「大陸地區居民在臺灣地區以外之地區，犯內亂罪、外患罪，經許可進入臺灣地區，而於申請時據實申報者，免予追訴、處罰；其進入臺灣地區參加主管機關核準舉辦之會議或者活動，經專案許可免予申報者，亦同。」（5）採取對等互惠原則給予在臺受刑事侵害之大陸居民刑事告訴或者自訴的權利。第 78 條規定：「大陸地區人民之著作權或者其他權利在臺灣地區受侵害者，其告訴或者自訴之權利，以臺灣地區人民得在大陸地區享有同等訴訟權利者為限。」

（二）臺灣地區涉港澳特區刑事法制的形成過程與內容

臺灣地區立法當局於 1997 年 4 月 2 日製定公佈了「香港澳門關係條例」（簡稱「港澳條例」），共有 62 個條文。該條例第四章為「刑事」部分，有 4 個條文，對臺灣居民在香港、澳門特區犯罪的追究、港澳特區刑事判決或者刑罰執行的承認、港澳居民之內亂罪和外患罪不予追究、港澳法人在臺受刑事侵權後所享有的告訴或者自訴權等問題作了規定。該條例在公佈前後，受到了多方的關注和評論，其中便有大陸學者的批評。有論者認為，《港澳條例》意在破壞安定繁榮。[221] 該條例的生效也頗有意思：涉及香港部分是於 1997 年 7 月 1 日施行；涉及澳門特區特區部分是 1999 年 12 月 20 日施行。這兩個施行時間分別是香港和澳門回歸祖國，即港澳建立特別行政區的日期。在施行後，臺灣地區立法當局又對該條例作了三次修訂，但均未涉及第四章「刑事」部分。

「港澳條例」第四章「刑事」部分具體規定了如下內容：（1）將港澳特區視同為「其他國家或者地區」，採用保護原則、世界原則、屬人原則。其第 43 條第 1 款規定：「在香港或澳門或在其船艦、航空器內，犯下列之罪者，適用刑法之規定：一、刑法第五條各款所列之罪。二、臺灣地區公務員犯刑法第六條各款所列之罪者。三、臺灣地區人民或對於臺灣地區人民，犯前二

款以外之罪,而其最輕本刑為三年以上有期徒刑者。但依香港或澳門之法律不罰者,不在此限。」臺灣地區「刑法典」第5條、第6條、第7條分別規定了屬人原則、保護原則和世界原則。(2)對港澳居民在外國觸犯臺灣地區「刑法」的情形也規定了刑事管轄權。其第43條第2款規定:「香港或澳門居民在外國地區犯刑法第五條各款所列之罪者;或對於臺灣地區人民犯前項第一款、第二款以外之罪,而其最輕本刑為三年以上有期徒刑,且非該外國地區法律所不罰者,亦同。」(3)對港澳特區所做的刑事裁決也持消極的承認態度。其第44條規定:「同一行為在香港或澳門已經裁判確定者,仍得依法處斷。但在香港或澳門已受刑之全部或一部執行者,得免其刑之全部或一部之執行。」(4)對犯內亂罪、外患罪之港澳居民免訴、免罰。其第45條規定:「香港或澳門居民在臺灣地區以外之地區,犯內亂罪、外患罪,經許可進入臺灣地區,而於申請時據實申報者,免予追訴、處罰;其進入臺灣地區參加中央機關核準舉辦之會議或活動,經主管機關專案許可免予申報者,亦同。」(5)對是否經過許可或認許的港澳特區法人在臺刑事受侵後給予不同的告訴或者自訴權利。其第46條規定:「香港或澳門居民及經許可或認許之法人,其權利在臺灣地區受侵害者,享有告訴或自訴之權利。未經許可或認許之香港或澳門法人,就前項權利之享有,以臺灣地區法人在香港或澳門享有同等權利者為限。依臺灣地區法律關於未經認許之外國法人、團體或其他機構得為告訴或自訴之規定,於香港或澳門之法人、團體或其他機構準用之。」

## 三、對臺灣地區區際刑事法制的審視與反思

臺灣地區在20世紀90年代就對涉及大陸和港澳地區之關係的法律制度作了規定,相比較於大陸和港澳特區,確實占了一步先機,其中,區際刑事法制是其重要的部分和內容。但是,制度的先行並不意味著制度的先進。透過全方位的審視和深入的反思,可以判定臺灣地區區際刑事法制是否具有先進的品性。而對臺灣地區區際刑事法制進行審視和反思,立場非「一國兩制」莫屬,[222] 同時還要兼顧這些法律規定在懲治和預防跨境犯罪方面的實際作用。

(一)臺灣地區區際刑事法制的積極性

全面地審視臺灣地區區際刑事法制的具體規定，並且將之與同時期大陸、港澳地區關於區際刑事法制之規定進行對比，筆者認為，臺灣地區的區際刑事法制具有如下幾個方面的積極意義：

第一，「兩岸條例」和「港澳條例」對涉及政權政體的某些罪行不予追訴，體現出「一個國家」的原則。中國共產黨在大陸於1949年10月1日建立了社會主義人民民主專政的全國性政權——中華人民共和國，並且為世界各國所承認，是代表中國的唯一合法政權，而中國國民黨則退居臺灣地區，在兩岸當前的特殊情況下，每一方都有可能將對方中反對或者「危害」己方在的人員認定為犯罪。例如，臺灣地區國民黨當局曾在1950年6月13日製定頒行了「戡亂時期檢肅匪諜條例」，而大陸也在1951年2月20日製定了《中華人民共和國懲治反革命條例》。隨著近20多年來海峽兩岸關係的和平化發展，海峽兩岸其實都不再對過去交戰和對峙時期所認為構成犯罪的對方人員依照己方的刑事法追究刑事責任。既然在客觀實際上沒有追訴的必要，那麼，刑事法治也應該以不予追究作為必然的發展方向，並具體地落實於法律規定中。最高人民法院、最高人民檢察院於1988年3月14日發佈了《關於不再追訴去臺人員在中華人民共和國成立前的犯罪行為的公告》，於1989年9月7日又發佈了《關於不再追訴去臺人員在中華人民共和國成立後當地人民政權建立前的犯罪行為的公告》。[223] 正是在這樣的背景之下，臺灣地區立法當局在上述兩個公告發佈施行後的數年後製定頒布「兩岸條例」，很明智地對依照其「刑法」構成內亂罪、外患罪的大陸居民也放棄了追訴的權力（「兩岸條例」第77條），數年之後在「港澳條例」中也作同樣的規定（「港澳條例」第45條）。在筆者看來，海峽兩岸對過去這種針對政權的犯罪放棄追訴，充分地體現了雙方所各自堅持的「海峽兩岸同屬一國」的政治理念。

第二，承認法治現實，放棄對某些罪行的刑事追訴。海峽兩岸長期敵對或者分離的實際狀況，也造成了無數家庭的分離。很多在大陸已有配偶的人隨著國民黨遷移臺灣而去往臺灣，與大陸的配偶無法保持聯繫，更談不上共同的家庭生活，因而在臺灣地區再次婚配或者與他人同居生活。對此實際情況，民政部、司法部於1988年4月16日發佈了《關於去臺人員與其留在大陸的配偶之間婚姻關係問題處理意見的通知》，其第5條的規定實際是表明

不再追究去臺人員重婚罪的刑事責任。[224] 臺灣地區立法當局對此實況自然也不能忽視，因而在「兩岸條例」中也做了相關規定（第76條），以臺灣當局開放居民回大陸探親的時間（1987年11月1日）為界點，對此前的重婚者、相婚者都不追究刑事責任。以刑法基本理論視之，去臺人員在臺灣地區因生活而再婚或者與他人同居生活，不具有刑事追究的期待可能性。

第三，明確規定「對出境之對方居民不作有罪的缺席審判」的原則。對於在臺灣地區犯罪後離開的大陸居民，臺灣地區司法當局是不可能對之予以追訴的，如此一來，該如何處理就不無問題。對此，臺灣地區立法當局採取了比較靈活的做法。根據「兩岸條例」第75條之一的規定，若依據證據，已經離境之大陸犯罪嫌疑人或者被告人構成犯罪，則司法機構須停止審判，不能做定罪判刑的缺席審判，俟實際控制該犯罪嫌疑人或者被告人後再續審理；若依據證據，已經離境之大陸犯罪嫌疑人或者被告人並不構成犯罪或者犯罪非常輕微而應予以免刑，則司法機關可直接作出無罪或者免刑的判決。根據該原則，臺灣地區立法當局其實也確立了「本地居民不移交」的原則，即對於在大陸犯罪但回到臺灣地區的本地區居民，不移交給大陸司法機關來處理。但是，要否對該居民依照臺灣地區「刑法」追究刑事責任，其相關立法則付之闕如。當然，即便在大陸，對該問題在理論上也長期存在爭議。如有論者基於國家主權的原則，在認為海峽兩岸同屬一國的情況下，認同海峽兩岸並不適用「本地居民不移交」的原則；而另有否定者則認為，讓一方將本地區居民移交對方進行刑事追究，不具有現實可能性。[225]

（二）對臺灣地區區際刑事法制的反思

儘管臺灣地區區際刑事法制具有上述積極意義，但是，綜觀其全部內容，立足於「一國兩制」的政治原則與有效懲治和防範跨境犯罪的法律目的來看，其中仍存在著不少缺陷和問題。對此，筆者曾在「兩岸條例」頒布施行甫始就做過較為全面的分析和探討。[226] 不過，當時的分析並未過多地著眼於海峽兩岸區際刑事法制的構建問題。而且，海峽兩岸區際刑事法律實踐活動在「兩岸條例」問世後20年來有了長足的發展和進步，對海峽兩岸刑事法治產生了不同以往的影響。以現在的眼光來反思臺灣地區的現行區際刑事法律規定，將會讓我們看到海峽兩岸區際刑事法治發展所遇到的更多現實問題。

第一，觀念保守，刑事管轄權的規定落後於海峽兩岸刑事司法互助實踐的實況。如前所述，「兩岸條例」第 75 條規定，臺灣地區居民在大陸（包括大陸船舶、航空器內的空間）犯罪，臺灣地區司法當局有權審判，不受大陸已經審判或者刑罰執行之事實的任何影響。對此，筆者曾認為，該規定既有悖於法理情理，也不切合實際，與其「刑法」第 9 條以及將大陸視為「中華民國」之一部分的「憲法」第 4 條這兩個規定也相矛盾。[227] 然而，臺灣地區立法當局在後來制定頒布的「港澳條例」第 44 條中也作了類似的規定。但是，海峽兩岸真能夠完全和絕對地不承認對方司法機關所做的刑罰裁決或者已經進行的刑罰執行活動嗎？海峽兩岸刑事司法互助的實踐活動其實已經給出了否定的答案。大海峽兩岸關係協會與海峽交流基金會於 2009 年 4 月 26 日簽訂的《海峽兩岸共同打擊犯罪及司法互助協議》（以下簡稱《南京協議》），在第 1 條列出了雙方在刑事領域相互提供協助的事項範圍，其中便包括「接返（移管）受刑事裁判確定人（被判刑人）」，第 11 條「罪犯接返（移管）」對此作了較為詳細的規定。[228] 這兩個條文在一定程度上確立了海峽兩岸司法機關互相承認和執行對方所做的生效刑事裁決的原則，符合「一事不二罰」的刑事法基本原則，也符合人權保障的海峽兩岸共同法治原則。[229] 從被判刑人移管（接返）的實際情況看，截至 2013 年 6 月，在上述協議生效迄今的近四年時間裡，大陸方面向臺方陸續移交了 12 名病重的臺灣服刑人員。[230] 顯而易見，海峽兩岸移管被判刑人的刑事司法互助活動對「兩岸條例」第 75 條的規定其實提出了相反和否定性的原則，充分地表明「兩岸條例」上述第 75 條和「港澳條例」第 44 條之規定明顯滯後於當前的刑事司法互助實踐活動。

第二，對大陸居民的刑法保護不當地採用對等互惠原則，而對港澳特區所謂沒有得到許可或者認許的法人採用對等互惠原則。如前所述，對大陸居民在臺著作權或者其他權利受到刑事侵害後是否享有自訴或者告訴權利的問題，「兩岸條例」第 78 條認為要根據臺灣地區人民在大陸所享有之訴訟權利來確定。從該條例的立法當時來看，大陸關於知識產權保護的立法較為落後，尚未規定對著作權等知識產權的刑法保護，難以對在大陸著作權等權利受到刑事侵害的臺灣居民給予刑事自訴或者告訴的權利。從表面看，臺灣地

區立法當局是為了保護臺灣地區居民在大陸的著作權等合法權益而作出上述合理的規定。但是，這種立法規定並不符合刑事立法的基本規律。作為公法的一種，刑法是保障法、強製法，除卻刑事自訴的情況，凡有刑事侵害發生，必有刑事手段出現和發揮作用，豈能因為被害人的身份情況而有所區別？在當代社會，答案自然是否定的，鮮有現代國家或者地區在法律中做這種明顯具有歧視性的規定。更何況，大陸知識產權法律保護從無到有、從有到優，發展良好。因而在全國人大常委會於 1994 年 7 月 5 日透過《關於懲治侵犯著作權的犯罪的決定》、全國人民代表大會於 1997 年 3 月 14 日透過對刑法的修訂而在新刑法典中規定「侵犯知識產權罪」的情況下，上述規定顯然是一種對大陸居民的歧視性待遇，不合時宜，更不合現代法治精神。在司法實踐中，甚至還有臺灣地區的司法機關援引該規定，對大陸企業知識產權在臺受到刑事侵害的情形不予立案處理，[231] 受到了海峽兩岸刑事法學者的批評。而「港澳條例」第 46 條似乎略有進步，對港澳特區居民賦予與臺灣地區居民相同的刑事自訴或者告訴權利，但對法人則根據是否被許可或認許而作出區別，在實質上對居於港澳特區的大陸法人又予以不平等的歧視性對待。在同為 WTO 成員，[232] 且大陸對世界上任何國家、地區居民賦予同等的著作權刑法保護的情況下，「兩岸條例」第 78 條和「港澳條例」第 46 條的規定違反了刑法上人人平等的現代刑事法治原則。

第三，對港澳特區刑事管轄的規定違反「一國兩制」原則。大陸改革開放的總設計師鄧小平先生於 20 世紀 80 年代提出了「一國兩制」的偉大構想來解決香港、澳門問題，並很快成為中華人民共和國的國策和法律，並在 90 年代落實為具體的法律制度和政治實踐。但是，臺灣當局和理論界很多學者在沒有提出行之有效、得到認可的解決之道的情況下，卻並不接受以「一國兩制」來解決海峽兩岸統一問題的政治途徑，反而在解決與香港、澳門特區之間刑事管轄權衝突的問題上違背法理地作出了違反「一國兩制」原則的規定，具體表現為以下兩個方面：（1）將港澳特區視為其他國家而採用國際性的刑事管轄原則，不符合「一個國家」的原則。臺灣立法當局在「港澳條例」第 43 條第 1 款中將臺灣地區「刑法」第 5 條、第 6 條、第 7 條、第 8 條照搬而來，而這三個「刑法」條文在用語上都有「中華民國領域外」的表

述。但是，不管是根據《中華人民共和國憲法》，還是依據臺灣地區的「憲法」，香港、澳門都是中國不可分割的一部分；大陸從來都沒有將香港、澳門從法律上視為中華人民共和國之外的地方，也從來沒有在刑事法中作與「港澳條例」第 43 條第 1 款任何相同或者相似的規定。況且，即便是臺灣地區立法當局制定頒布的「兩岸條例」，也沒有將臺灣地區「刑法」上述四個條文的內容或者精神適用於大陸。（2）忽視港澳特區法治現實，對港澳居民在國外的犯罪規定刑事管轄權。「港澳條例」第 43 條第 2 款規定了對香港、澳門特區居民在其他國家或者地區實施犯罪的刑事管轄權，即其實將臺灣地區「刑法」第 7 條「屬人原則（二）——國民國外犯罪之適用」照搬而來適用於港澳特區居民，完全不顧香港、澳門成立特別行政區後依照基本法所享有的獨立立法權和司法權，也根本不考慮這種規定可能虛置的後果，具有明顯的「一廂情願性」。[233] 相反，大陸從來都認為，作為一種全國性的法律，《中華人民共和國刑法》並不在香港特別行政區、澳門特別行政區施行，因而也談不上由大陸的司法機關按照刑法典第 7 條第 2 款的規定對在其他國家或者地區實施犯罪的港澳特區居民行使刑事管轄權。所以，總的來看，臺灣地區立法當局關於「港澳條例」第 43 條的規定鮮明地體現出其純粹為了體現臺灣當局對港澳的所謂治權，透過單方面的立法來否定「一國兩制」在港澳特區的實際施行，與全國人民代表大會所制定頒行的香港特別行政區基本法、澳門特別行政區基本法相抗衡。[234]

## 四、臺灣地區區際刑事法制對大陸的啟示

臺灣地區立法當局制定頒布「兩岸條例」、「港澳條例」，乃是為了理順臺灣地區與大陸、與港澳特區的政治、經濟和法律關係，維護臺灣當局和臺灣地區居民的權益，體現出其務實的精神，但是，也揭示出一個客觀存在的現實問題，即大陸、港澳特區對各自與臺灣地區的關係缺乏綜合性的立法。[235] 如果我們說黨和國家在 20 世紀 90 年代將政策中心置於收回香港、澳門行使國家主權這一重大歷史使命上，不太可能考慮和設計將「一國兩制」適用於臺灣地區的種種法律制度，那麼，在香港、澳門問題已得到解決後的十多年裡，大陸在對臺關係以及港澳特區對臺關係上卻始終沒有啟動類似於港澳特區基本法這樣的立法工作，也沒有投入足夠多的智力資源來研究兩岸四

地間的區際法律問題，儘管海峽兩岸半官方性的機構簽訂了《海峽兩岸共同打擊犯罪及司法互助協議》，但海峽兩岸間的很多法律問題長期以來存在爭議和難題，這不能不說是中國大陸法制建設的一個短板，其中，涉及兩岸四地有效懲治預防犯罪、維護社會安定繁榮的區際刑事法制也同樣處於空白狀態。以筆者之見，儘管臺灣地區立法當局制定頒布的「兩岸條例」、「港澳條例」在區際刑事法制方面存在上述種種缺陷和問題，但其試圖透過法律制度來理順與大陸、與港澳特區之關係的立法思路還是值得借鑑的，其中某些合理的規定也會給我們以啟發。我們認為，中國大陸有必要在「取其精華、去其糟粕」以及「取長補短、舍其謬誤」原則的指導下，逐步考慮制定統一的區際刑事法。具體而言，筆者認為，務必將「一國兩制」的政治原則貫徹於解決兩岸四地區際刑事法律衝突的過程中。在香港、澳門特區以及臺灣地區實行資本主義制度，並賦予其獨立的立法和司法權，乃是「一國兩制」政治原則的應有之義。就在區際刑事法制的構建中貫徹該政治原則的問題來說，要特別注意以下幾點：

（1）據此原則以及大陸刑法理論的通說，《刑法》關於空間效力的規定並不適用於港澳臺三地，即《刑法》（包括刑法典、刑法修正案、單行刑法、附屬刑法條款、立法解釋）不適用於這三地，港澳臺地區各自具有其獨立的刑法立法權和司法權，這三地司法機關所做的刑事裁決和執行的刑罰具有法律效力。

（2）在刑事管轄權衝突的解決上，對於未決犯，可以考慮以犯罪地管轄為主，其他管轄原則為輔，積極進行溝通和協商，實現對犯罪嫌疑人或者被告人的刑事追究，落實「有罪必罰」的原則；對於已決犯，兩岸四地均奉行「一事不二審」的原則，互相之間積極地承認其他某一方所做的刑事裁決或已執行的刑罰，在條件具備的情況下透過協商對被判刑人進行移管。

（3）對於某一方居民所實施的敵對某一方或者多方的政治性犯罪，不宜單方擅自啟用刑事追究程序，可透過政治協商的方式來解決，儘可能多地創造政治和解的機會，切實地貫徹「一國兩制」，為海峽兩岸的和平統一不斷地夯實基礎。由此來看，全國人大常委會透過頒行的《反分裂國家法》沒有涉及分裂行為的刑事責任問題，也是可以理解的。同時，我們據此也可以

考慮刪去最高人民法院、最高人民檢察院在1989年9月7日聯合發佈的《關於不再追訴去臺人員在中華人民共和國成立後當地人民政權建立前的犯罪行為的公告》第2條後段關於繼續追訴去臺人員有關犯罪的規定，[236] 而且，這樣也能適應該公告所指的去臺人員已屆耄耋之年、失去刑罰適應能力，刑事追究難以發揮刑罰功能，不能實現刑罰效果的實際情況。

（4）明確規定「本地居民不移交但予以起訴」原則，但對犯罪的範圍應該給予限定。海峽兩岸對刑事犯、犯罪嫌疑人進行遣返，是較長期以來多次進行的一種重要的刑事司法互助形式。海峽兩岸首次簽署的協議就是《海峽兩岸紅十字組織在金門商談達成有關海上遣返的協議》（1990年9月20日，簡稱《金門協議》）。該刑事司法互助的形式在《南京協議》第6條也作出了規定。[237] 這兩個協議在遣返對象的規定上稍有不同，《金門協議》將「違反有關規定進入對方地區的居民」也列為遣返的對象，而《南京協議》關於遣返的規定則不再包括此類人員。很明確的是，這兩個協議都排除了將本地區居民移交給對方的可能性。但是，對於在對方地區實施犯罪後回到本地區的居民，若按照本地區規定，也構成犯罪，那麼，本地區的司法機關要否對該本地區居民予以追訴呢？上述兩個協議都沒有作出規定。如前所述，《兩岸條例》第75條之一規定對離境之犯罪的大陸居民不作有罪缺席審判，但對在對方地區犯罪後回到本地區的居民是否予以追訴的問題，同樣沒有提及。筆者認為，海峽兩岸不將在對方地區犯罪的本地區居民移交給對方，類似於國際刑事司法協助中的「本地居民不引渡」的原則，在當前情形下符合情理，也有利於保障該居民的訴訟權利，但是，要注意不能對共同打擊跨境犯罪、維護海峽兩岸社會安定和人民福祉的法治目標造成影響乃至損害，因而對於在對方地區犯罪後回到本地區的居民，若其符合本地區的規定而構成犯罪的，則該方司法機關即有必要予以刑事立案，追究該居民的刑事責任。儘管「港澳條例」沒有做類似於「兩岸條例」第75條之一的規定，但對於在港澳特區犯罪後回到本地區的本地區居民，若符合本地區刑法的罪刑規定，臺灣地區司法當局也應予以刑事追究。這一點自然也應該適用於大陸。大陸可立法規定，對於在港澳臺一地或多地實施構成犯罪之行為的大陸居民，若按照《中

華人民共和國刑法》應該受到刑事追究，那麼，大陸司法機關可不將該居民移交犯罪地司法機關，而直接予以立案追究。

（5）對兩岸四地居民明確規定受刑事侵害後的同等自訴或者告訴權利。維護國家利益是國家間展開刑事司法協助的一個重要基礎。[238] 因而很多國家在開展國際刑事司法協助時奉行刑事互惠原則。例如，《刑事訴訟法》第 17 條就規定：「根據中華人民共和國締結或者參加的國際條約，或者按照互惠原則，中國司法機關和外國司法機關可以相互請求刑事司法協助。」但是，對等互惠原則通常出現在國際刑事司法協助中受請求方考慮是否接受請求方之請求的過程中；在國際刑事司法協助活動中，相關兩國的國民相互在對方境內參與訴訟活動，並享受該國的國民待遇。[25] 在現代社會，在不涉及國際刑事司法協助的情況下，一個國家或者地區並不對其他國家或者地區在本地受刑事侵害後所享有的訴訟權利予以限制或者給予歧視。例如，《刑法》第 4 條明確規定：「對任何人犯罪，在適用法律上一律平等。不允許任何人有超越法律的特權。」據此規定，對任何人的犯罪都要平等地進行刑事追究，那麼，對受到侵害的被害人來說，也因為犯罪人被平等地刑事追究而得到平等的刑法保護，並不因為其自身國家或者居住地不是中國大陸而受到限制或者被歧視。因而如前分析，「兩岸條例」第 75 條之一、「港澳條例」第 46 條的規定顯屬不當，應予糾正。而就大陸而言，可透過立法來明確主張對在本地區受到刑事侵害之港澳臺居民給予同等刑法保護，並享有同等自訴或者告訴權利的原則。

## 五、結語

目前來看，除了臺灣地區之外，大陸和港澳特區都沒有進行區際刑事法方面的立法工作。儘管目前兩岸四地根據懲治犯罪的實際需要分別簽訂了相關的協議，如港澳特區於 2005 年 5 月 20 日簽訂的《關於移管被判刑人的安排》，海峽兩岸於 2009 年 4 月 26 日簽訂的前述《南京協議》，但是，這並不能適應兩岸四地加強刑事司法互助、共同打擊犯罪的現實需要。對此，有論者認為，應該盡快制定中國區際統一刑事法。[239] 但是，也有論者認為，中國目前缺乏制定中國區際統一刑事法的條件。[240] 我們贊同後者的觀點，並且，根據上述分析，也認為，基於當前兩岸四地刑事法治發展的實況和促

進各地居民經濟文化交往的現實需要，大陸宜在憲法性的法律之外，制定更為詳盡和具有操作性的區際刑事法制，為大陸與港澳臺地區之間開展刑事司法互助活動提供法律根據，也為港澳臺三地間進行刑事司法互助活動從一國兩制的角度提供指導或者參考。

# 臺灣地區少年司法制度及其啟示意義

甄貞 申文寬[241]

2013年1月1日正式實施的新《刑事訴訟法》設專章規定「未成年人案件刑事訴訟程序」，明文確立教育為主、懲罰為輔的少年司法原則與教育、感化、挽救的少年司法工作方針，吸收合適成年人參與、社會調查、犯罪記錄封存、附條件不起訴等先進制度設計，標誌著中國大陸的少年司法制度翻開了新的一頁，具有里程碑式的意義。[242] 新法實施一年以來，大陸的少年司法工作取得了顯著成績，卻也面臨著「教育為主、懲罰為輔」原則貫徹落實的舉步維艱與新確立制度內在缺陷掣肘的困境，教育、感化、挽救少年的效果不佳，少年司法的整體狀況依然有待改善。反觀海峽對岸的臺灣地區，其少年司法制度自1954年萌芽時起，歷經六十餘年的曲折式發展後，形成了以「少年事件處理法」為核心的較為完備的少年法律體系，[243] 值得大陸認真加以學習借鑑。

## 一、統一的「少年事件處理法」

臺灣地區於1997年實施新的「少年事件處理法」，摒棄了1971年「少年事件處理法」側重刑罰與管訓處分的嚴罰主義理念，以保護處分取代管訓處分，充分體現出以教養代替處罰的少年司法的保護主義精神。在大陸，新《刑事訴訟法》教育為主、懲罰為輔的司法原則與教育、感化、挽救的工作方針，形式上與臺灣地區少年司法的價值追求趨向於一致。但是，由於大陸少年司法制度在立法體例上的保守以及總體制度規劃上的疏漏，導致大陸與臺灣地區的少年司法制度還存在較大差距，對犯罪少年的保護力度有待加強。

（一）「少年事件處理法」的性質與意義

臺灣地區學理上認為：「少年事件處理法是刑法及刑事訴訟法的特別法，適用於一般少年之犯罪案件及虞犯事件之處理，是實體法，也是程序法，整部法典，充分顯示著保護少年之政策。」[244]集實體與程序為一體的綜合性「少年事件處理法」的實施，標誌著臺灣地區的少年司法初步擺脫了對成人司法的依附地位，在形式上呈現出自成體系的特點，成人司法罪罰相當理念的影響力逐漸減弱，保護主義得以在少年事件中占據主導地位，少年司法真正開始獨立。大陸儘管在新《刑事訴訟法》中設專章規定「未成年人案件刑事訴訟程序」，試圖單獨勾畫少年司法的原則、工作方針與制度設計，力求使少年司法在理念、制度層面皆有別於成人司法，然不容否認的事實在於，「未成年人案件刑事訴訟程序」的地位仍為新《刑事訴訟法》分則之一章，依然必須與成人司法共享新《刑事訴訟法》的總則篇章，以此來看，少年司法至少在立法體繫上還留有濃厚的成人司法痕跡。或許恰恰是因為少年司法的依附者身份，司法人員在實踐中對待少年犯罪案件往往比照成人犯罪從輕或者減輕處理，而非在排除成人司法理念干擾的前提下，從少年司法「教育為主、懲罰為輔」原則與「教育、感化、挽救」的工作方針出發，獨立、專屬性地處理少年犯罪案件。國內曾有學者認為，缺少統一的司法型少年法，「阻礙少年司法制度近 20 年發展的最重要因素，也是當前少年司法制度的發展走出困境最為迫切需要突破的難題」。[245]

（二）「少年事件處理法」建立的同心圓結構

臺灣地區「少年事件處理法所追求的，是少年在回歸一個健全的成長環境後，可以認知自己行為的過錯、對他人造成的傷害，將來可以成熟的為自己作決定」。[246]為達成上述目的，「少年事件處理法以同心圓結構為基本架構，以少年為核心，在外圍第一圈設置了親權人與教育權人，因為親權人與教育權人由於最貼近少年，和少年的互動最為密切，也最瞭解少年的狀況；第二圈是司法與行政機關，當第一圈的親權人與教育權人的功能喪失時，就需要借助司法與行政機關的力量，最外圍則是社會整體，畢竟少年不能自外於社會，因此社會對其仍有一定影響力」。[247]同心圓結構的建立，明確了少年在少年司法體系中的核心地位，細化了家庭、司法單位與社會對少年健康成長分別應當肩負的責任，形成了對少年的多層次、全方位保護體系，並

且設計了回流機制,確保少年在進入司法系統之後,仍有機會回到同心圓第一圈,有利於少年的健康成長。在大陸,2013年最高人民法院《關於適用〈刑事訴訟法〉的解釋》第491條至第495條規定了未成年人在服刑場所的幫教改造、父母或者監護人的探視、社區矯正機構的幫教、家庭管教責任、就學就業等問題,對於探索家庭、司法單位、社會密切配合的犯罪少年保護體系具有十分重要的價值。《預防未成年人犯罪法》具體規定了少年的家庭保護、學校保護、社會保護和司法保護等相關主體的保護責任,例如父母或監護人不得讓未滿16週歲的少年脫離監護單獨居住等,然而,實踐中,少年脫離監護的情形比比皆是。就大陸的現狀來看,少年不僅從來未曾被視為少年司法體系的核心,而且司法程序中針對涉嫌犯罪少年的保護性機制建設(如走過場的合適成年人)也面臨被虛置的風險,同心圓結構始終難以形成。因此,為了改善少年成長環境,矯治不良少年性格,保障少年健康成長,大陸在未來的少年司法機制建設中,應當明確家庭、學校、司法單位與社會的責任,並以少年為核心,建構家庭、學校、司法單位與社會相互銜接、密切配合的司法體系。

　　當然,臺灣地區實踐統一的「少年事件處理法」也不意味著其少年司法制度的完美無瑕,至少其同心圓結構崩潰的隱憂就應當引起大陸的足夠重視。臺灣地區李茂生教授指出:「假如教育系統借勢將劣質少年踢出系統,將之置於一般社會中。這些少年因難以逃離社會中的監視系統,進而將被移送到司法與矯治系統中。被人潮擠爆的司法系統又因沒有得接受其轉介裁定的平臺,於是司法處遇失敗,少年被送到矯治系統。矯治系統收容人一多,勢必採用單純的管理模式,於毫無機會進行真正處遇的情形下,收容期結束,少年再度被拋到一般社會中。不斷的循環與保護的機制,在這個階段會變成不斷循環的淘汰機制。」[248]因此,大陸的少年司法在吸收臺灣地區同心圓結構的先進理念,並致力於將這種美好的期盼變為現實的過程中,也應時刻提防三圈責任主體互相推諉所引發的同心圓結構的崩潰。目前,大陸家庭、學校、司法單位、社會在少年司法程序中的責任位次劃分不清,少年被家庭放任不管、被司法單位放棄挽救、被社會無視存在的個案可謂屢見不鮮,如此惡性循環一旦持續,少年司法將徒具外表而已。

## 二、保護處分優先原則

「保護處分乃針對具有非行表徵危險性之兒童及少年，為了促進其健全成長，而提供具有福利教育內容的處分。」[249]臺灣地區 1997 年「少年事件處理法」不僅以保護處分替代管訓處分，而且確立了保護處分優先原則。「處分優先原則的基本含義是指保護處分具有優先於刑罰的效力，非在不得已的情況下，不得運用刑罰。」[250]綜合來看，臺灣地區「少年事件處理法」的保護處分優先原則，主要體現在少年觸犯「刑法」事件適用保護處分的廣泛性與種類的多樣性，以及保護庭程序的前置性等方面。大陸目前尚無保護處分制度，在現有的法律制度框架內，缺少可以替代刑罰的對等制度設計，例如《刑法》規定的收容教養僅適用於未滿十六週歲不予刑事處罰的少年，根本不具有替代刑罰的功能，導致「少年違法犯罪的主要法律後果同成人一樣也是刑罰或者以懲罰為主要特點的行政性措施」。[251]

（一）保護處分適用的廣泛性

依據「少年事件處理法」第 27 條、第 65 條之規定，少年年滿 14 週歲，犯最輕本刑為五年以上有期徒刑之罪者，或者事件系屬後已滿 20 歲者，或者少年法院依調查之結果，認為犯罪情節重大，參酌其品行、性格、經歷等情狀，以受刑事處分為適當者，得裁定移送案件至檢察機關提起公訴，追究其刑事責任，亦即少年事件受刑事處分之範圍。因此，結合「少年事件處理法」第 3 條、第 67 條、第 85 條之 1 的規定，保護處分的適用對象為：（1）十二歲以上未滿十八歲之虞犯少年；（2）十二歲以上未滿十四歲有觸犯刑罰法律之行為者；（3）十四歲以上未滿十八週歲，所犯最重本刑五年以下有期徒刑之罪，參酌「刑法」第 57 條有關規定，認為以不起訴處分而受保護處分為適當者；（4）七歲以上未滿十二歲（兒童），有觸犯刑罰法律之行為者。從「少年事件處理法」的規定來看，保護處分的適用範圍之廣遠非刑事處分可比，而臺灣地區近年來的實務狀況則進一步說明受刑事處分的少年比例是非常低的。

臺灣地區 95% 以上少年犯罪事件的非刑罰化（保護處分）處理，決定了絕大多數犯罪少年都不會遭遇刑事處分，普遍能夠以一種輕緩化的處遇結束

訴訟程序，保護處分的多樣化矯治措施更是為犯罪少年提供了改正自身缺點、順利復歸、融入社會的渠道。在大陸現有的法律制度下，儘管對少年犯罪可以從輕或者減輕處罰，但即使是在新《刑事訴訟法》施行之後，庭審的結果依然只存在有罪判決和無罪判決兩種，由於經過法庭審判的少年基本上不可能被判決無罪，因此，少年犯罪的司法處遇也就只能是有罪判決（實刑、緩刑、定罪免刑）。檢察環節的不起訴（相對不起訴、附條件不起訴等）作為一種主要的庭審分流機制，具有避免少年被判處刑罰的功能，卻因為諸多因素的制約導致檢察機關的每一項不起訴決定都類似為一次艱難的抉擇，實踐中的適用頻率較低，而難以發揮對刑事處罰的替代功能，這決定了大陸進入司法程序的少年絕大多數都將面臨刑事處罰的結局。

臺灣地區犯罪少年人數統計表 [252]

| 年別 | 合計 人數 | 合計 百分比 | 刑事案件 人數 | 刑事案件 百分比 | 保護事件 人數 | 保護事件 百分比 |
| --- | --- | --- | --- | --- | --- | --- |
| 2002 年 | 13591 | 100 | 510 | 3.75 | 13081 | 96.25 |
| 2003 年 | 11451 | 100 | 476 | 4.16 | 10975 | 95.84 |
| 2004 年 | 9367 | 100 | 365 | 3.90 | 9002 | 96.10 |
| 2005 年 | 8823 | 100 | 372 | 4.22 | 8451 | 95.78 |
| 2006 年 | 8825 | 100 | 336 | 3.81 | 8489 | 96.19 |
| 2007 年 | 8854 | 100 | 417 | 4.71 | 8437 | 95.29 |
| 2008 年 | 9240 | 100 | 313 | 3.39 | 8927 | 96.61 |
| 2009 年 | 9097 | 100 | 319 | 3.51 | 8778 | 96.49 |
| 2010 年 | 9718 | 100 | 302 | 3.11 | 9416 | 96.89 |
| 2011 年 | 11154 | 100 | 363 | 3.25 | 10791 | 96.75 |

註：1. 表格中統計的少年指 12 歲以上未滿 18 歲之年齡層。

2. 表格中不包含虞犯少年兒童及未經個案調查人數。

（二）保護處分種類的多樣性

依據「少年事件處理法」第 42 條之規定，保護處分有訓誡，並得予以假日生活輔導、交付保護管束並得命為勞動服務、交付安置於適當之福利或教養機構輔導（安置輔導）、令入感化教育處所施以感化教育，訓誡、假日

生活輔導、保護管束等為非收容性處分，安置輔導、感化教育等為收容性處分。「訓誡由少年法院之法官，當庭以言詞指明少年之不良行為，曉諭以將來應遵守之事項，使少年能悟其行為之錯誤，決心改過向善，重新做人。……假日生活輔導，乃少年法院對於保護事件之少年，諭知訓誡處分，並於執行訓誡處分完畢後，將少年交付少年保護官或其他適當之團體、機關或個人，於假日期間，對少年施以個別或群體之品德教育，輔導其學業或其他作業，並得命為勞動服務，使其養成勤勉習慣及守法精神之附隨處分。」[253]大陸少年法庭在宣告判決之後一般也對少年罪犯進行法庭教育，告知少年應認識行為偏差，往後遵紀守法，然則此法庭教育普遍建立在有罪判決基礎之上，與臺灣地區訓誡具有的保護處分的性質存在本質上的差別，而且由於單純的訓誡難以達到矯正少年的效果以及缺少假日生活輔導的協助，導致判後法庭教育的成效會大打折扣。

「保護管束及勞動服務之處分，僅由少年法院將受處分之少年，交付專人或特定之機關、團體或個人，消極的監視其遵守應諭事項，積極的輔導其重新適應社會正常生活，且將之置諸自由社會，並防止其再觸犯刑罰法律之處遇措施。」[254]目前，大陸專門針對犯罪少年建立的附條件不起訴制度在執行方式和內容上具有類似於保護管束的非收容性、側重幫教的特徵。一方面，被附條件不起訴的少年無須接受封閉式的考察，人身基本自由；另一方面，《刑事訴訟法》第272條規定了被附條件不起訴的少年應當遵守法律法規，接受矯治和教育，檢察機關負責監督，而且《人民檢察院刑事訴訟規則》較為詳細地列舉了戒癮治療、心理輔導、公益勞動、遵守禁止性規定等矯治和教育措施。

根據「少年事件處理法」第52條的規定，安置輔導，是指由審理保護事件之少年法院法官，於瞭解少年之行為性質、身心狀況、家庭情形、學業程度及其他必要事項後，分類交付至適當福利、教養機構執行的處遇措施。依「少年及兒童保護事件執行辦法」第22條的規定，執行安置輔導，應提供適當之居住場所，並予妥善之生活照顧，對少年施以個別或群體之品德教育，輔導其學業或其他作業，使其養成勤勉習慣及守法精神。「感化教育是保護處分中處分性質最重之類型，經法院裁定後，交由法務部所屬的輔育院

或矯正學校為三年以下的隔離矯治。臺灣目前感化教育執行處所有三個：（1）桃園少年輔育院；（2）彰化少年輔育院；（3）新竹誠正中學。感化教育之主要目的有四個方面：矯正收容少年不良習性，使其悔過自新；實施技能訓練，授予生活智慧；辦理補習教育，以完成其國民義務教育；使其出院後，能適應社會正常生活。」[255]具有收容性特徵的安置輔導和感化教育，為少年提供良好的生活環境，隔離社會不良現象的侵擾，易於取得更好的矯治效果。《刑法》第17條第4款規定，因不滿十六週歲不予刑事處罰的，責令其家長或者監護人加以管教，在必要的時候，也可以由政府部門收容教養。收容教養的非刑事處罰性具有與保護處分類似的特徵，而收容教養執行場所封閉性、教育挽救優先性的特徵也與安置輔導和感化教育接近。有學者認為，「對違法犯罪少年的收容教養既不是刑事處罰，也不是行政處罰，而是一種強制性教育措施」。[256]但是，調查發現，「未成年人收容教養在機構構建、程序運作及權利救濟等方面比較缺乏兒童福利概念、政策及機制的滲透和交流。而缺乏兒童福利理念及架構，會使保護為主、懲罰為輔的未成年人收容教養制度成為無源之水，易流於形式」。[257]

### （三）保護庭的前置性

臺灣地區針對少年觸犯刑罰法律的行為，「在法官開庭審理時，大都以保護事件為主要審理方式開庭，也就是先開保護庭，檢視少年觸法之行為，若在開庭審理後發現行為時年滿14週歲的少年有符合刑事處分之情形，則移至刑事庭審理」。[258]保護庭前置是保護處分優先原則在程序上的直觀體現，也貫穿著少年事件的先議權理念，即少年得優先接受少年法院的處理。依據「少年事件處理法」第17條、第18條的規定，不論何人知有第三條第一款之事件者（少年有觸犯刑罰法律之行為者），得向該管少年法院報告。檢察官、司法警察管或法院於執行職務時，知有第三條之事件者，應移送該管少年法院。對於少年有監督權人、少年之肄業學校或從事少年保護事業之機構，發現少年有第三條第二款之事件者（少年有觸犯刑罰法律之虞者），亦得請求少年法院處理之。反觀大陸，儘管依據寬嚴相濟刑事政策，對待觸犯刑罰法律之少年，應當堅持「可捕可不捕的不捕」以及「可訴可不訴的不訴」，然而，少年案件除與成人案件分案處理，並安排特殊檢察工作之外，

較少會考慮優先適用非羈押性強制措施以及不起訴等非刑罰化處遇，實質上幾乎與成人司法的流程無異，在程序上也難以體現出對少年保護的優先性。因此，筆者認為，大陸貫徹「教育為主、懲罰為輔」的少年司法原則，可以借鑑臺灣地區保護庭前置的經驗，透過具體的程序設計考慮對少年優先適用非羈押強制措施和不起訴處遇。

## 三、前科塗銷

保護處分優先原則確保臺灣地區的絕大多數犯罪少年得以免受刑事處分，自始即遠離刑罰的侵擾，而前科塗銷制度則為臺灣地區的每一位受刑事處分或保護處分之少年提供了摘除前科標籤的機會，進一步凸顯臺灣地區少年司法制度的保護主義精神。新《刑事訴訟法》也在吸收試點經驗的基礎之上，規定了「有條件的犯罪記錄封存制度」，對於降低前科身份對犯罪少年的影響顯然是有積極意義的。但是，橫向比較來看，「有條件的犯罪記錄封存」距離「全面的前科塗銷」還較為遙遠，實踐效果也十分有限。

（一）前科塗銷的範圍與效力

根據臺灣地區「少年事件處理法」第83條之一第1款規定，少年受轉介處分執行完畢二年後，或受保護處分或刑之執行完畢或赦免三年後，或受不付審理或不付保護處分之裁定確定後，視為未曾受各該宣告。少年法院應通知保存少年前科記錄及有關資料之機關，將少年之前科記錄及有關資料予以塗銷。前項記錄及資料非為少年本人之利益或經少年本人同意，少年法院及其他任何機關不得提供。換言之，在臺灣地區，任何受保護處分或刑事處分之觸法少年均享有前科塗銷的機會。「少年之前科記錄及有關資料，既然經有關機關一律予以塗銷，則表明少年未曾觸犯刑罰法律或者未曾有觸犯刑罰法律之虞之行為，沒有前科記錄，未曾受少年法院之調查及審理，如同一性行良好、循規蹈矩、知法守法之好少年一般，其對少年之激勵、體恤、寬恕，不可謂不周全。」[259]因此，臺灣地區前科塗銷之少年也就與正常人無異，順利融入社會將無現實障礙。反觀大陸，犯罪記錄封存是指少年被判處五年有期徒刑以下刑罰的，犯罪記錄予以封存，不得向任何單位和個人提供，但司法機關為辦案需要或者有關單位根據國家規定進行查詢的除外。上述規定

意味著：一方面，少年被判處五年以上有期徒刑的，不在犯罪記錄封存的範圍之內；另一方面，司法機關或有關單位可以根據規定進行查詢。因此，大陸地區的犯罪記錄封存是「有條件」的封存，而且根據相關法律規定，有犯罪記錄的少年即使被封存，也將失去參軍、報考公務員的資格，終身與犯罪記錄相伴，始終與正常人有異，犯罪記錄難以徹底消除將「對少年的再社會化和一生的成長都將產生不良的影響」。[260] 關於大陸地區犯罪記錄封存的性質以及是否可以出具無犯罪記錄證明，有專家提出，「犯罪記錄封存後，應當視未成年人為無犯罪記錄，否則，封存就失去了意義。同時也可以為犯罪記錄被封存的未成年人開具沒有犯罪記錄的證明，否則就不能稱之為封存。」[261] 然而，有關單位是否會為犯罪記錄被封存的未成年人開具無犯罪記錄證明，目前由於缺少相關機制保障，還只能主要依靠有關單位對待該問題的主觀意願。另外，犯罪記錄可能會透過官方或者民間渠道被傳播開來，那麼，因學校、用人單位知悉犯罪記錄而在求學、就業等方面歧視未成年人的，應當如何處理依然會是個難題。

（二）前科塗銷失職行為的處罰

「少年事件處理法」第83條之一規定：「違反前條規定未將少年之前科記錄及有關資料塗銷或無故提供者，處六月以下有期徒刑、拘役或新臺幣三萬元以下罰金。」因而，「倘若受少年法院通知之有關機關或登錄少年前科記錄及有關資料之相關人，竟陽奉陰違或因業務上之過失，未曾塗銷該少年之前科記錄或有關資料者，一經察覺得依法究辦。」[262] 臺灣地區建立違反前科塗銷義務處罰機制，得以確保塗銷義務人積極履行職責，防範因義務人的消極懈怠而損害前科塗銷執行效果，實為前科塗銷制度的中流砥柱。《刑事訴訟法》、《人民檢察院刑事訴訟規則》、《公安機關辦理刑事案件程序規定》中均以「應當」的形式，明確規定了人民法院、人民檢察院、公安機關的犯罪記錄封存義務，然而倘若上述各專門機關及其工作人員違反犯罪記錄封存義務，私自向有關單位和個人提供或者泄露少年犯罪記錄訊息，應當如何處理，承擔何種責任，卻是一片空白。試想，缺少了懲戒機制保障的犯罪記錄封存制度，難道僅僅依靠「應當」式的指令性引導，就足以達到封存的效果嗎？[263] 答案顯然是否定的。此外，少年所在學校及社區一般較為容

易獲取少年涉嫌犯罪的訊息,特別是社會調查制度引入之後,因調查方式不夠規範,保密義務還未確立,導致社會調查執行之後,少年涉嫌犯罪的訊息就已傳遍其關係網,甚至會越傳越廣,那麼,隨著有罪判決的形成,少年在未來的求學、就業、生活過程中,如何避免因犯罪記錄訊息泄露所帶來的消極影響,以一個正常的社會人存在,或許也是犯罪記錄封存制度必須要考慮的問題。因此,筆者認為,完備的犯罪記錄封存制度不僅應統轄公安司法機關,確立專門機關及其工作人員違反封存義務的懲戒機制,而且應當將保密理念貫徹始終,明確合適成年人、社會調查員及接受調查人員、法律援助律師等訴訟參與人員的保密責任。令人感到欣慰的是,最高人民法院《關於適用〈刑事訴訟法〉的解釋》第469條第2款規定,查閱、摘抄、複製的未成年人刑事案件的案卷材料,不得公開和傳播,可以算作是在審判不公開的基礎之上,邁出了全面保護未成年人犯罪記錄訊息不被泄露的第一步。

## 四、虞犯制度

「有觸犯刑罰法律之虞之行為者,乃指行為已具有觸法之傾向,有觸法之堪虞,有觸法之可能,惟尚未實際觸犯刑罰法律所明文規定之禁止行為,故又稱為虞犯。」[264]「少年事件處理法」源自日本少年法,自草創之初即吸納了虞犯制度。「少年虞犯概念的創設是從立法的價值目標著眼,本著期望少年健康成長的精神,認為其有必要進行性格矯正、以及調整生活環境,將其作為保護處分的對象加以對待,這是從司法程序上進行的特殊保護規制。」[265] 大陸的法律體系中目前尚無虞犯的概念,但在《預防未成年人犯罪法》第3章第14條和第4章第34條規定了少年的9類一般不良行為和9類嚴重不良行為,意在建立國家力量的提前介入干預機制,防範少年借由不良行為轉化為犯罪行為,形式上具有類似於臺灣地區虞犯的特徵,然而,在對待不良行為的矯治處遇方面與臺灣地區相差甚遠。

(一)虞犯的類型與處遇

依據「少年事件處理法」第3條的規定,少年有下列情形之一,依其性格及環境,而有觸犯刑罰法律之虞者,由少年法院依「本法」處理之:(1)經常與有犯罪習性之人交往者;(2)經常出入少年不當進入之場所者;(3)

經常逃學或逃家者；（4）參加不良組織者；（5）無正當理由經常攜帶刀械者；（6）吸食或施打煙毒或麻醉藥品以外之迷幻物品者；（7）有預備犯罪或犯罪未遂而為法所不罰之行為者。因此，少年法院可裁定給予虞犯少年訓誡並得予以假日生活輔導、交付保護管束並得命為勞動服務、交付安置於適當之福利或教養機構輔導、令入感化教育處所施以感化教育等保護處分措施。
《預防未成年人犯罪法》第3章「對未成年人不良行為的預防」第14條規定，未成年人的父母或者其他監護人和學校應當教育未成年人不得有下列不良行為：（1）曠課、夜不歸宿；（2）攜帶管制刀具；（3）打架鬥毆、辱罵他人；（4）強行向他人索要財物；（5）偷竊、故意毀壞財物；（6）參與賭博或者變相賭博；（7）觀看、收聽色情、淫穢的音像製品、讀物等；（8）進入法律、法規規定未成年人不適宜進入的營業性歌舞廳等場所；（9）其他嚴重違背社會公德的不良行為。透過對以上法律規定的分析，我們發現，一般不良行為的規定意在指明監護人和學校對少年的引導性教育責任，而非少年出現一般不良行為應當如何矯治，《預防未成年人犯罪法》其他條款也未對一般不良行為的矯治作出回應。實際上，嚴重不良行為往往是一般不良行為量變或者質變的結果，有必要對其採取相應的矯治措施。根據《預防未成年人犯罪法》第4章「對未成年人嚴重不良行為的矯治」第34條的規定，嚴重不良行為，是指下列嚴重危害社會，尚不夠刑事處罰的違法行為。[266]《預防未成年人犯罪法》第35條、第36條則規定了少年出現嚴重不良行為時，監護人和學校應採取措施嚴加管教，也可以送工讀學校進行矯治和接受教育。「工讀學校的宗旨和辦學理念是真正保護未成年人，矯正他們的不良惡習和偏差的人生觀、價值觀和是非觀念，調整他們的心理；與此同時，儘量提高他們的文化素質和職業技能，為他們的人生發展奠定基礎；最後，尊重學生的主體性，促進他們的參與意識，透過調動主觀能動性讓他們自己改變。」[267]然而，由於缺少司法機關對嚴重不良行為的判定以及送交工讀學校的強制性要求，導致工讀學校生源嚴重不足，大陸「目前所剩的工讀學校一半以上集中在北京、上海、瀋陽三個地區，其中能有較好發展的學校只有三分之一」。[268]不僅造成了資源的嚴重浪費，而且影響了對具有嚴重不良行為的少年的挽救，實踐中養著不良少年，待達到刑事責任年齡再處理的現象較為普遍。

### (二)關於虞犯處遇的爭論

臺灣地區 2008 年前後的統計資料顯示，虞犯少年兒童人數由 2006 年的 866 人、2007 年的 857 人，陡然增長到 2008 年 1182 人，增長額超過 300 人。[269] 臺灣地區學者認為，正是因為「被家庭與學校放棄的逃學逃家少年（虞犯），由家長、校方或透過少年警察隊大量地被移送到少年法院及少年法庭，致使司法系統不勝負荷，導致對家長、學校不負責任態度感到憤慨的少年法官，終於向大法官會議提出釋憲申請。大法官會議在受理釋憲申請後，以異常快速的腳步，於 2009 年 7 月末公佈了釋字 664 號解釋」。[270]

「大法官解釋第 664 號」指出：「少年事件處理法第二十六條第二款及第四十二條第一項第四款規定，就限制經常逃學或逃家虞犯少年人身自由部分，不符憲法第二十三條之比例原則，亦與憲法第二十二條保障少年人格權之意旨有違，應自本解釋公佈之日起，至遲於屆滿一個月時，失其效力。」[271] 上述解釋的內容及其產生緣由表明：（1）經常逃學或者逃家的虞犯少年不得被適用收容於少年觀護所或者對其處以感化教育處分的保護處分措施，但仍可採取交付安置於適當之福利或教養機構等保護處分；（2）經常逃學或者逃家以外的其他類型虞犯不受該解釋約束；（3）虞犯少年可以被採取何種保護處分措施應當遵循比例原則，以必要性為限；（4）家庭、學校對虞犯少年的責任推卸，招致了司法系統的反擊。表面上看來，「大法官解釋第 664 號」以人身自由為口號，宣示了人權保障在司法程序中的重要價值，正當性似乎毋庸置疑，然而，此舉引發的連鎖反應對虞犯少年來說卻可能是個悲劇。「因為逃學或者逃家被送到司法領域的少年，正是被家庭、學校放棄（惡意遺棄）的少年，如今大法官要求把這些少年歸還給家庭與學校，試問放棄教養責任的家庭與學校會欣然接受這些少年嗎？在第一圈的保護義務者放棄自己的責務時，大法官的解釋僅是宣示這些少年唯一的歸處就是充滿了犯罪吸引力的社會大染缸……少年觀護所與輔育院或矯正學校內的處遇，確實是個嚴酷的對待，但是同時這也是這些少年的最後希望，一個可以相對地隔絕過去的惡劣生存環境，重新獲取翻身機會的契機」。[272] 如此一來，極有可能會加速同心圓結構崩潰的進程。

臺灣地區關於經常逃學或者逃家虞犯處遇的爭論，提醒我們在矯治少年不良行為時，應當遵循比例原則，採取的矯治措施須以必要性為限，在有其他可選擇的輕緩化方式足以達到矯治效果之時，不得適用更為嚴厲的矯治措施。另外，還應當明確家庭、學校對少年不良行為預防所擔負的義務以及怠於履行義務的不利後果，防範其隨意推卸責任，放棄對少年不良行為的管教，此舉一方面可以確保對少年不良行為的及早介入干預，更好地防患於未然，另一方面也可避免司法系統的負擔過重。

# 公正優先，兼顧效率：兩岸刑事訴訟制度完善的共同趨向——以公訴案件起訴與一審程序為視角

顧永忠 [273]

刑事訴訟向來存在兩對基本矛盾：其一是司法資源的有限性與案件數量的增長性之間的矛盾；其二是司法公正與司法效率之間的矛盾。前者屬客觀性的矛盾，是不以人的意志為轉移的；後者是主觀性的矛盾，是人們為瞭解決前一矛盾而產生的新的矛盾，也需要不斷地探索解決途徑。於是，不同的國家、不同的法域都不斷透過修改立法解決這些矛盾。兩岸刑事訴訟制度也是如此，幾十年來，經過多次修改。其中臺灣方面自 1956 年至 2012 年進行了多達 25 次的修改。大陸方面雖然只修改了兩次，但修改範圍甚廣，修改內容甚多。縱覽兩岸幾十年對各自刑事訴訟制度的修改，雖各具特點，存在不少差異，但殊途同歸，呈現出諸多共同性，其中公正優先，兼顧效率是兩岸刑事訴訟制度完善的共同價值趨向。本文僅以兩岸對公訴案件的起訴和一審程序的修改為限對此展開分析比較，與兩岸同仁交流，請益。

## 一、檢察機關的起訴裁量權

從國際視野看，在傳統上檢察機關奉行起訴法定主義，有罪必訴，有罪必罰，檢察機關不具起訴裁量權，公正成為唯一的追求。但是，刑罰目的觀的轉變和案件數量的劇增，起訴裁量主義又曰起訴便宜主義應運而生。在追求公正的同時，也要兼顧效率，成為各國的不二選擇。當今世界，雖然有的國家在立法上還高懸起訴法定主義的大旗，在司法實務中則並不排斥起訴裁

量主義。兩岸刑事訴訟制度從一開始就有起訴裁量的印記，近幾十年來，又均有大發展。

全國人大常委會在 1979 年頒布了第一部《刑事訴訟法》。檢察機關的起訴裁量權主要表現在對於「依照刑法規定不需要判處刑罰或者免除刑罰的，人民檢察院可以免予起訴」（1979《刑事訴訟法》第 107 條）。這實際上是仍然確定被不起訴人有罪，只是免予起訴而已。顯然這與只有審判機關依照法定程序才可定罪的現代法治原則是相悖的。同時，在實踐中又有運用不當甚至濫用的現象。鑒於此，1996 年 3 月立法機關對《刑事訴訟法》進行修改時，經過激烈爭論，最終廢除了免予起訴，[274] 而代之以新的相對不起訴（亦稱酌定不起訴），即「對於犯罪情節輕微，依照刑法規定不需要判處刑罰或者免除刑罰的，人民檢察院可以作出不起訴決定」（1996《刑訴法》第 142 條）。雖然在文字表述上幾乎與免予起訴完全一樣，只是用「不起訴」取代了「免予起訴」，但在性質上則完全不同，實為一種「非犯罪化」的處理措施。

不僅如此，1996 年《刑訴法》還規定：「對於補充偵查的案件，人民檢察院仍然認為證據不足，不符合起訴條件的，可以作出不起訴的決定。」（第 140 條）理論界稱其為存疑不起訴或證據不足不起訴。該規定因法律術語為「可以作出不起訴的決定」，看似起訴裁量行為，實則因不符合起訴條件而不能起訴謂也，故不屬於起訴裁量行為。

1996 年《刑訴法》確定的相對不起訴，實質在於對那些不必要起訴的犯罪嫌疑人作非罪化的處理，目的是為了提高訴訟效率，節約司法資源，把更多的司法資源投入到那些必須起訴的案件特別是重大、複雜、疑難的案件中，提高這些案件在程序上的公正性，並促進這些案件實體上的公正。但實踐的情況並不理想，多年來檢察機關向法院的起訴率一直高達 98% 左右，不起訴則只有 2% 左右，其中又有相當一部分是絕對不起訴（1996《刑訴法》第 15 條）和證據不起訴，相對不起訴只是少部分。[275]

面對這種情況，理論界和實務界開始進行反思、總結。特別是 2006 年中央提出構建和諧社會，實行寬嚴相濟刑事政策後，刑事和解成為理論界和實務界積極探索的熱點。特別是檢察機關從中央到地方，開始嘗試在審查起

訴環節，促成當事人之間的刑事和解，對於符合條件的則作出相對不起訴的處理。與此同時，實踐中還積極探索附條件不起訴制度（亦稱暫緩起訴）。

2012年3月，立法機關完成了對《刑事訴訟法》的第二次修改。其中正式建立了「當事人和解的公訴案件訴訟程序」（即刑事和解制度）和附條件不起訴制度。在刑事和解制度中規定，當事人達成和解協議的案件，檢察機關對於其中「犯罪情節輕微，不需要判處刑罰的，可以作出不起訴決定」（2012《刑訴法》第279條）。附條件不起訴制度則只適用於未成年人涉嫌刑法分則第四章、第五章、第六章規定的犯罪，且可能判處一年有期徒刑以下刑罰，符合起訴條件又有悔罪表現的未成年犯罪嫌疑人（2012《刑訴法》第271條）。至於相對不起訴制度，此次修改法律沒有對此進行任何變動。

可以看出，2012年3月對《刑事訴訟法》的修改，在檢察機關的起訴裁量權上有所擴大，主要是建立了附條件不起訴制度，還確立了與此相關的刑事和解制度。但邁出的步伐不大，範圍有限。之所以如此，一方面是由於缺乏立法經驗，另一方面是因為在前幾年實務部門開展的刑事和解和附條件不起訴的探索實踐中，出現了一些問題，特別是有人提出強烈的質疑，認為會導致「以錢買刑」，嚴重損害司法公正，破壞法律面前人人平等的法治原則。面對這些質疑，立法機關必須採取謹慎的態度。同時，這也表現出公正與效率自身的矛盾之處。

臺灣地區「刑事訴訟法」一方面規定「檢察官依偵查所得之證據，足認被告有犯罪嫌疑者，應提起公訴」（臺「刑訴法」第251條），似乎實行起訴法定主義，但另一方面又賦予檢察官一定的起訴裁量權，作出「相對不起訴處分——微罪」之規定，即「第376條所規定之案件，檢察官參酌「刑法」第57條所列事項，認為以不起訴為適當者，得為不起訴之處分」（臺「刑訴法」第253條），但這一規定實際上經歷了多次修改，不僅在適用範圍上比早期逐漸擴大，而且在適用條件上也較以前寬鬆。在1967年和1995年「刑事訴訟法」上，該規定都要求檢察官在作出相對不起訴處分之前「並得斟酌情形，經告訴人同意，命被告為左列各款事項：一、向被害人道歉；二、立悔過書；三、向被害人支付相當數額之慰撫金。」但在2002年修改該條時刪除了以上要求，以「釐清『微罪不舉』及『緩起訴』之區分」。

至於「緩起訴」則是 2002 年修法時新增的規定,即「Ⅰ.被告所犯為死刑、無期徒刑或最輕本刑三年以上有期徒刑以外之罪,檢察官參酌刑法第 57 條所列事項及公共利益之維護,認以緩起訴為適當者,得定一年以上三年一下之緩起訴期間為緩起訴處分,其期間自緩起訴處分確定之日起算。Ⅱ.追訴權之時效,於緩起訴之期間內,停止執行。Ⅲ.刑法第 83 條第三項之規定,於前項之停止原因,不適用之。Ⅳ.第 323 條第一項但書之規定,於緩起訴期間,不適用之」(臺「刑訴法」第 253 條之一)。增加這一規定的目的在於「使司法資源有效運用,填補被害人之損害,有利被告或犯罪嫌疑人之再社會化及犯罪之特別預防等」。為此,還規定「檢察官為緩起訴處分者,得命被告於一定期間內遵守或履行下列各款事項」,以下共包括八款事項,其中有向被害人道歉、立悔過書、向被害人支付相當數額之財產或非財產上之損害賠償以及參加公益勞動等(臺「刑訴法」第 253 條之二)。

經查臺灣「刑事訴訟法」第 376 條之規定,可適用相對不起訴處分的案件範圍是比較寬泛的,可分為兩類:一類是泛指任何「最重本刑為三年以下有期徒刑、拘役或專科罰金之罪」的案件;另一類是特指「刑法」第 320 條、第 321 條、第 335 條等九個「刑法」條文規定之罪,其法定刑均為五年有期徒刑以下刑罰的案件。而緩起訴處分的案件範圍則要小一些,為「被告所犯為死刑、無期徒刑或最輕本刑三年以上有期徒刑以外之罪」,並「得定一年以上三年以下之緩起訴期間」,在此期間內可要求被緩起訴者遵守或履行八款事項。以上這些規定不僅使符合條件的對象可獲得相對不起訴或緩起訴處分,而且可以針對不同對象斟酌採用何種不起訴。而在緩起訴處分條件下,被不起訴人將受到時間較長、約束較多的管束或履行相當的義務。這些規定,一方面可促使不起訴處分的更多適用,節約司法資源,提高訴訟效率,而且由於兩種不起訴互為補充,對被不起訴人的約束和對被害人的撫慰不同,也體現了公正的不同要求。

## 二、起訴審查制度

檢察機關提起公訴的案件,審判機關是否應當無條件地一律受理並審判,這涉及是否需要建立起訴審查制度。從世界範圍來看,有些國家要求審判機關無條件地一律受理起訴的案件,有些國家則採取不同方式的起訴審查制度,

即透過對檢察機關起訴案件進行審查，對於某些認為尚未達到啟動正式審判條件的案件，審判機關可不予受理。中國大陸和臺灣地區在這個問題上則在不同時期採取了不同的做法。

1979年《刑訴法》第108條規定：「人民法院對提起公訴的案件進行審查後，對於犯罪事實清楚、證據充分的，應當決定開庭審判；對於主要事實不清、證據不足的，可以退回人民檢察院補充偵查；對於不需要判刑的，可以要求人民檢察院撤回起訴。」從中足見，人民法院不僅要對檢察機關起訴的案件進行審查，而且還是實質性的審查，即對被告人是否有罪進行審查，之後視情況不同作出三種處理。顯然，這是用庭前審查代替了開庭審判，即尚未開庭就已經對被告人是否有罪形成了定論，開庭審判只是「走走過場」而已。理論界將此情形稱為「先定後審」，並指出這是違背法治原則和訴訟原理的，應當加以廢除。[276]

基於以上，1996年3月修改《刑事訴訟法》時廢除了第108條的規定，代之以第150條的規定：「人民法院對提起公訴的案件進行審查後，對於起訴書有明確的指控犯罪事實並且附有證據目錄、證人名單和主要證據複印件或者照片的，應當決定開庭審判」。可以看出，按照該規定，人民法院對於檢察機關提起公訴的案件雖然還要進行審查，但審查的內容不是被告人是否有罪及是否需要判刑，也不是案件主要事實是否不清、證據是否不足等實體問題，而是審查程序上的問題並且非常簡單——起訴書是否有明確的指控犯罪事實並且是否附有證據目錄、證人名單，而這些材料每一個起訴的案件都是具備的，法院的審查只是名義上的，並無任何實質意義。凡是檢察機關起訴的案件，法院通常都會受理並開庭審判。為了保證做到這一點，當時還把原來規定檢察院起訴案件應向法院移送全部案卷材料包括證據材料改為只移送證據目錄和證人名單，以杜絕以往存在的「先定後審」現象。

但是，經過多年的司法實踐，各方面意識到1996年3月修改《刑事訴訟法》廢除「先定後審」的做法雖然是正確的，但是為了杜絕「先定後審」而規定檢察機關不向法院移送全部案卷材料在客觀上給被告人及其辯護律師造成極為不利並無法克服的困難。因為即使在法庭審理的時候，被告人及其辯護律師也並不瞭解控方有哪些證據材料特別是其中對被告人不利和有利的

證據材料，致使他們難以有針對性地展開辯護，對維護和實現司法公正極為不利。於是，在 2012 年 3 月對《刑事訴訟法》再度修改時又恢復了檢察機關向法院起訴案件時「將案卷材料、證據移送人民法院」的做法（2012《刑訴法》第 172 條）。儘管如此，並沒有恢復 1979 年《刑事訴訟法》第 108 條「先定後審」的規定，並且對案件的程序審查更加簡單：「對於起訴書中有明確的指控犯罪事實的，應當決定開庭審判。」（2012《刑事訴訟法》第 181 條）即法院對檢察院起訴的案件是「有訴必審」，並不透過起訴審查排除某些案件進入審判領域。

臺灣地區「刑事訴訟法」以前並無起訴審查制度，但在 2002 年修改「刑事訴訟法」時對第 261 條進行了修改，新增了起訴審查制度，即「法院於第一次審判期日前，認為檢察官指出之證明方法顯不足認定被告有成立犯罪之可能時，應以裁定定期通知檢察官補正；逾期未補正者，得以裁定駁回起訴」（臺 2002「刑訴法」第 161 條）。這實為一種中間審查制度，其目的是「確實促使檢察官負舉證責任及防止其濫行起訴，基於保障人權之立場，允宜慎重起訴，以免被告遭受不必要之訟累，並節約司法資源」。[5] 當然，對於法院作出的駁回起訴裁定，檢察官若不服可提起抗告，請求上級法院予以糾正。但是，如果「駁回起訴之裁定已確定者，非有第 260 條各款情形之一，不得對於同一案件再行起訴」；如果「違反前項規定，再行起訴者，應諭知不受理之判決」（臺 2002「刑訴法」第 161 條）。透過此中間審查制度之機制，臺灣地區法院可將部分定罪證據不足的案件攔截在法院審判大門外。這樣做顯然有利於提高司法效率。

## 三、普通審判程序

審判程序是刑事訴訟程序的重心，西方法治發達國家無論何種法系都奉行審判中心主義。而在審判程序中，又以普通審判程序為代表，體現出完整、典型的審判中心主義。所謂普通審判程序不是特指某種審判程序，而是泛指在一個法治國家或法治社會針對一般刑事案件而實行的常規或常態審判程序，它的名稱可能有不同稱謂，而且也可能表現為不止一種具體的程序，但是它一般具有以下特點：其一，適用的案件一般為比較嚴重的犯罪；其二，審判組織通常為合議庭，有的還採用陪審團或類似的審判組織；其三，一般

採用直接、言詞原則進行審理，凡有必要，證人、鑑定人等都應出庭作證，接受交叉詢問；其四，對被告人的訴訟權利保障比較充分，通常享有獲得強制辯護、非法證據排除、與控方證人對質等訴訟權利。基於以上，普通審判程序是所有審判程序中訴訟構造最完整，訴訟程序最公正，訴訟權利最充分的審判程序，因而也是最典型、最嚴格意義上的審判程序。大陸和臺灣地區都有普通審判程序。但是，從歷史的眼光看，兩岸普通審判程序都經歷了一個從低級階段向高級階段發展的過程，並且今後還將不斷發展、完善。

在1979年《刑事訴訟法》上，一審案件的審判程序只區分為公訴案件審判程序和自訴案件審判程序。就公訴案件而言只有一種審判程序。不論何種刑事案件，只要屬於公訴案件都將進入該審判程序。在審判組織上，除了「輕微的刑事案件可以由審判員一人獨任審判以外」，其他案件都應組成合議庭進行審判，只是基層法院和中級法院的合議庭由審判員一人、人民陪審員二人組成，而高級法院和最高法院的合議庭則由審判員一至三人，人民陪審員二至四人組成。此外，對於「罪行較輕經人民法院同意」的案件，檢察院可以不派員出席法庭支持公訴。除以上外，在具體的庭審程序上不論何種案件並無區別。從法律規定上看似乎有證人出庭作證的要求，但並沒有區分任何情況。好像所有案件證人都應當出庭。然而司法實踐中幾乎沒有證人出庭。更重要的是，當時的審判程序實際上奉行的是「強職權主義」或「超職權主義」，審判長主導和控制著一切庭審活動，不僅辯方沒有什麼真正的訴訟權利，而且控方也是徒有其名，審判長乃至合議庭不僅肩負著審判權而且還行使控訴權。[277] 在法庭上公訴人宣讀起訴書後，「審判人員開始審問被告人」。庭審的目的不是為了客觀地查明案件事實，依法確認被告人是否有罪，而是為了「走過場」，把法官在開庭前根據前述第108條的規定對被告人所做的有罪認定，透過庭審從程序上確認一下，並沒有多少實質意義。在這種審判程序下，既談不上公正也談不上效率。

針對以上弊端，《刑事訴訟法》在1996年進行修改時，對審判程序進行了重點改革。首先，一審案件審判程序從以往的只有公訴案件和自訴案件兩種審判程序，又增加了一種兼具有公訴案件和自訴案件的簡易程序。其次，在公訴案件一審程序中，廢除了以往「先定後審」的訴訟模式，而強調庭審

活動的實質化,一方面要求法官處於中立地位,不再「審問被告人」,全面控制庭審活動,另一方面強化檢察機關的控訴職能,要求公訴人在法庭上真正履行支持公訴的活動,同時又對辯方的權利予以一定保障,不僅保障其自己聘請律師辯護的權利,而且還對沒有聘請律師的未成年、盲聾啞被告人以及可能判處死刑的被告人由法院為其指定辯護律師。此外,還確立了「疑罪從無」的裁判原則。如此這般,控辯雙方在一定程度上可以進行「平等對抗」,法官也可以進行中立審判了。正因為如此,在1996年《刑事訴訟法》修改後,有人認為大陸刑事庭審方式吸收了英美當事人主義審判模式的因素,或者具有當事人主義審判方式的色彩。

儘管有以上多方面明顯的進步,但1996年《刑事訴訟法》對於審判程序的改革仍然存在不少問題。主要是:第一,公訴案件一審程序在保障辯方對控方證據特別是對控方證人的對質權方面沒有建樹,證人不出庭成為審判實踐中突出的問題;第二,對於偵查機關及偵查人員程序違法行為特別是所取得的非法證據難以排除;第三,由於新增加的簡易程序適用案件範圍有限,造成普通程序中相當一部分案件本可以簡化審理但因沒有法律依據還須按普通程序審理,使法院的審判負擔過重,影響了司法效率。

面對上述問題,有關方面積極設法解決。2003年,最高人民法院、最高人民檢察院、司法部共同發佈了《關於適用普通程序審理「被告人認罪案件」的若干意見(試行)》。按此《意見》,對於本來屬於應當適用普通程序審理的案件,如果被告人認罪則可以簡化審理,不必恪守普通程序的規定,理論界將此簡稱為「普通程序簡化審程序」。但是這個《意見》在實踐中執行得並不好。主要是因為理論界不少人對此提出批評,認為如此「簡化審」程序是對程序公正性的「犧牲」;同時還認為該程序本身缺乏正當性,違背了法律規定。而在實踐中,由於該程序確實不是法定程序,正當性和權威性不足,加上內容本身也存在不少問題,法院執行並不太積極。2010年6月,最高人民法院、最高人民檢察院、公安部、國家安全部、司法部聯合發佈了《關於辦理刑事案件排除非法證據若干問題的規定》,這是大陸關於在刑事訴訟中排除非法證據的第一個系統、正式的法律文件,受到社會各界的歡迎和好評。但由於缺乏經驗該《規定》本身還存在一些問題,同時它不是國家法律,

權威性不夠，再加上這個問題本身的特殊性，在執行中實際面臨許多困難甚至障礙。於是，大家都寄希望於《刑事訴訟法》的再度修改能夠解決好上述一系列問題。

在上述背景下，2012年3月《刑事訴訟法》修改中也確實對普通審判程序進行了重點修改。其一，縮小了普通程序審判的案件範圍，這主要是透過擴大簡易程序的適用範圍而實現。按照擴大適用範圍後的簡易程序，一般認為基層法院審判的案件有80%左右可適用簡易程序，那就只剩下20%左右的案件需要進入普通程序進行審判，從而使普通程序實現了「瘦身」。其二，強化了普通程序中審判的實質化。這主要體現在法律明確規定了證人、鑒定人包括偵查人員在法定條件下出庭作證接受質證的要求，同時還對應當出庭而不出庭或出庭後拒絕作證的行為規定了相應的法律制裁措施。當然，也對證人保護、證人補償問題作出了相應規定（以上見2012《刑訴法》第187條、第188條、第62條、第63條）。此外，還針對鑒定意見的特殊性，規定控辯雙方都可申請有關專家出庭協助本方質證（2012《刑訴法》第192條）。其三，確立了非法證據排除規則，對於採用刑訊逼供等非法方法收集的犯罪嫌疑人、被告人的供述和採用暴力、威脅等非法方法收集的證人證言、被害人陳述以及符合法定條件的物證、書證，如果在審前程序沒有被排除，則在法庭上被告人及其辯護人等有權要求予以排除。法庭經過調查確認確係非法證據或不排除是非法證據的，就應當予以排除，不得作為對被告人判決有罪的依據。顯然，上述規定大大強化了審判的實質化，從而也大大提高了程序的公正程度，有利於實現審判結果的公正。當然，這樣規定並切實貫徹實施後，勢必在這部分案件中需要投入更多的司法資源，訴訟效率也會有所降低，但這是「公正優先」產生的必然代價，是應當的和值得的。在此前提下，也要盡力提高訴訟效率，為此，專門新增加了庭前會議制度，在開庭前由審判人員召集公訴人、當事人和辯護人、訴訟代理人，對迴避、出庭證人名單、非法證據排除等與審判有關的問題，瞭解情況，聽取意見（《刑訴法》第182條），以便事先做好準備和安排，避免開庭後出現新情況、新問題而不得不中斷庭審，延誤審判。

在臺灣方面，一審案件原來就有普通程序與簡易程序之別，但隨著案件數量的不斷增加和對案件審理程序公正性的要求提高，促使立法不僅不斷地修改普通程序和簡易程序，而且從普通程序中又分離出一個分支程序——簡式審判程序。從其相關法律規定來看，如此設計的基本精神是對於比較複雜、重大的案件，程序更加嚴格，投入的司法資源也越多，對被告人及其辯護人的程序保障也越充分；反之，則程序相對靈活，資源相對減少，權利保障相對減少。

為了適應多重程序，做好案件分流，及早做好庭審準備，臺灣地區「刑事訴訟法」在原來已有較好基礎的情形下，又進一步加強了對庭前準備程序的完善，特別是在 2002 年對 1967 年原有條文關於「準備程序及訴訟行為程式之補正」，只有簡單三項內容的規定下修正增加至六項規定，其中光是第一項就多達八款（臺「刑訴法」第 273 條）。在此基礎上，又於 2003 年的修改中從普通程序中分離出了簡式審判程序，即「除被告所犯為死刑、無期徒刑、最輕本刑為三年以上有期徒刑之罪或高等法院管轄第一審案件者外，於前者第一項程序中，被告先就被訴事實為有罪之陳述時，審判長得告知被告簡式審判程序之旨，並聽取當事人、代理人、辯護人及輔佐人之意見後，裁定進行簡化審判程序」；同時規定，「法院為前項裁定後，認有不得或不宜者，應撤銷原裁定，依通常程序審判之」；「前項情形，應更新審判程序。但當事人無異議者，不在此限」（臺「刑訴法」第 273 條之一）。據此可知，普通程序實際上又區分為兩種分支程序即「通常程序」和「簡式審判程序」。如此區分，體現出「視案件之輕微或重大，或視被告對於起訴事實有無爭執，而異其審理之訴訟程序或簡化證據之調查，一方面可合理分配司法資源的利用，且可減輕法院審理案件之負擔，以達訴訟經濟之要求，另一方面亦可使訴訟盡速終結，讓被告免於訟累，是以明案應予速判」；但是，「基於刑事訴訟重在實現正義及發現真實之必要」，[278] 對於即使已裁定適用簡式審判程序之案件，「認有不得或不宜者，應撤銷原裁定，依通常程序審判之」，「但當事人無異議者不在此限」。以上規定充分體現了「公正優先，兼顧效率」並充分尊重當事人意願的精神。

從普通程序中分流出「簡式審判程序」，不僅是為了簡化對某些案件的審判程序，同時也是為了強化對另一部分案件的審判程序，使其正當性和公正性程度更高。這一精神從臺灣地區「刑事訴訟法」的多次修改中得到了充分體現。主要是：首先，在審判中擴大了強制辯護的範圍，從1967年「刑訴法」第31條規定的「最輕本刑為三年以上有期徒刑或高等法院管轄第一審案件，未經選任辯護人者，審判長應指定公訴辯護人為其辯護；其他案件以有必要者亦同」，經1982年、1997年修改，再到2003年修改擴大為「最輕本刑為三年以上有期徒刑或高等法院管轄第一審案件或被告因智慧障礙無法為完全之陳述，於審判中未經選任辯護人者，審判長應指定公訴辯護人或律師為其辯護；其他審判案件，低收入戶被告未選任辯護人而聲請指定，或審判長認有必要者，亦同」。其次，引入改良式當事人進行主義，建立程序嚴格的交互詰問制度。[279] 早在1967年的「刑事訴訟法」上似乎已經有了交互詰問制度，但只是一種「說法」並無實質意義。在2003年對「刑事訴訟法」的修改中，則全面、系統地規定了交互詰問制度，不僅從宏觀上和具體步驟上規定了「對證人、鑑定人之詰問」（臺「刑訴法」第166條），而且還新增了第166條之一至166條之七共七個新條文，分別就主詰問（一）反詰問、主詰問（二）覆主詰問、覆反詰問、對法院依職權傳喚之證人和鑑定人之詰問、詰問及回答方式等問題做了細緻、具體的規定。此外，還就不當詰問之限制或禁止、聲明異議權、聲明異議之程序、聲明異議之處分、異議無理由、異議有理由、不服處分之禁止、詰問及異議之準用等問題或對原規定進行修改或增加新的規定，對於強化審判的公正性，保障辯方的詰問權意義非常重要。

再次，新增並確立非法證據排除規則。2003年臺灣地區「刑事訴訟法」新增了若干條文，就非法證據排除問題作出了相關規定，譬如：「違背第83條之一第二項、第100條之三第一項之規定，所取得被告或犯罪嫌疑人之自白及其他不利之陳述，不得作為證據。但經證明其違背非出於惡意，且該自白或陳述系出於自由意志者，不在此限。檢察事務官、司法警察官或司法警察詢問受拘提、逮捕之被告或犯罪嫌疑人時，違反第95條第二款、第三款之規定者，準用前項規定。」（臺「刑訴法」第158條之二）。又如，「證人、

鑑定人依法應具結而未具結者，其證言或鑑定意見，不得作為證據」（臺「刑訴法」第 158 條之三）。但是，對非法證據如果不加以區別一律排除也會對「發見實體真實，使刑法得以正確適用，形成公正之裁判」造成不利影響。因此還規定「除法律另有規定外，實施刑事訴訟程序之公務員因違背法定程序取得之證據，其有無證據能力之認定，應審酌人權保障及公共利益之均衡維護」（臺「刑訴法」第 158 條之四）。

顯然，按照上述規定及相關程序審理案件將會大大提高公正性，但勢必也要付出更多的司法資源，花費更多的訴訟時間，加重法官的審判負擔。因此，在 2003 年修法時新增規定：「簡式審判程序之證據調查，不受第 159 條第一項、第 161 條之二、第 161 條之三、第 163 條之一及第 164 條至第 170 條規定之限制」（臺「刑訴法」第 273 條之二），即從多方面簡化審判程序。此外，簡式審判可實行法官獨任審判，審判長可就被告被訴事實在調查證據之前訊問被告（臺「刑訴法」第 284 條之一、第 288 條）。甚至「適用簡式審判程序之有罪判決書之製作，準用第 454 條之規定」（臺「刑訴法」第 310 條之二），即可採用簡易判決的方式，不必像通常審判程序之有罪判決書那樣複雜（臺「刑訴法」第 310 條）。

## 四、簡易審判程序

從廣義上講，簡易審判程序並不限於一種審判程序，它是泛指在普通程序之外所採用的在多方面有所簡化的審判程序。有的國家和地區有一種簡易程序，有的國家和地區有多種簡易程序。中國大陸和臺灣地區都有簡易程序，但各自經歷了不同歷史變化過程。

如前所述，在大陸法區，1979 年《刑事訴訟法》上沒有簡易程序，1996 年修改《刑事訴訟法》增設了專門的簡易程序，適用於可能判處三年以下有期徒刑、拘役、管制、單處罰金並且事實清楚、證據充分的公訴案件和部分自訴案件。簡易程序可由審判員一人獨任審判，公訴人可以不出庭，在庭審程序上不必恪守普通程序的有關規定。但是，從實踐來看，還有不少案件被告人能自願認罪，案件事實清楚，證據充分，但因在量刑上超過了三年有期徒刑就不可適用簡易程序。近年來，刑事案件又大量增加，法院的審

判負擔日益加重。於是，在2012年3月修改刑事訴訟法時，對原來的簡易程序動了「大手術」，將其案件適用範圍擴大到除法律另有規定外的由基層法院管轄，案件事實清楚、證據充分，被告人承認所犯罪行，對指控的犯罪事實沒有異議並且對適用簡易程序沒有異議的所有案件（《刑訴法》第208條）。由於按此規定，適用簡易程序審判的案件在量刑限度上從以前最高可判三年有期徒刑變為最高可判處15年有期徒刑，在數罪並罰的情況下甚至可以判處20年的有期徒刑，量刑權限過大，再交由一位獨任法官決定確有正當，所以在審判組織上修改為對可能判處三年有期徒刑以下刑罰的，可以組成合議庭進行審判，也可由審判員一人獨任審判；但對可能判處的有期徒刑超過三年的，則應當組成合議庭進行審判（《刑訴法》第210條）。此外，在審判程序上不受普通程序有關規定的限制，在審判期限上一般要求20日以內審結，量刑超過三年有期徒刑的，可以延長至一個半月審結。這些都明顯不同並簡化於普通程序。據瞭解，一般認為司法實踐中，基層法院審理的案件80%左右可適用簡易程序。採用簡易程序審判後，可大大提高訴訟效率，節省司法資源，然後將更多的司法資源投入到另外20%左右的適用普通程序審判的案件中，勢必又會提高這些案件的公正性，從而實現案件繁簡分流，資源優化配置。

　　與大陸不同，臺灣地區「刑事訴訟法」上早就有簡易程序，但其為「疊床架屋之程序」，與簡易程序之名其實不符。所以從1967年後，歷經1995、1997年、2003年、2009年等多次修改。目前其規定是：「Ⅰ.第一審法院依被告在偵查中之自白或其他現存之證據，已足認定其犯罪者，得因檢察官之聲請，不經通常審判程序，逕以簡易判決處刑。但有必要時，應於處刑前訊問被告；Ⅱ.前項案件檢察官依通常程序起訴，經被告自白犯罪，法院認為宜以簡易判決處刑者，得不經通常審判程序，逕以簡易判決處刑；Ⅲ.依前二項規定所科之刑以宣告緩刑、得易科罰金或得易服社會勞動之有期徒刑及拘役或罰金為限。」（臺「刑訴法」第449條）可見，該簡易程序適用的案件都是科刑比較輕並且屬可宣告緩刑或可易科罰金或易服社會勞動的犯罪案件，程序也非常簡單，諸如由「簡易庭辦理之」，可不經開庭程序，「以簡易判決處刑案件，法院應立即處分」等。當然，對於簡易判決不服的，

有的還可以上訴，有的則不可上訴，因為處刑太輕，沒有必要投入過多司法資源。

儘管已有上述簡易程序以及普通程序中的簡式審判程序，但仍然不適應社會發展和變化的需要。於是，2004 年臺灣地區修改「刑事訴訟法」時，新增了一項新的審判程序——協商程序，其含義是：「Ⅰ.除所犯為死刑、無期徒刑、最輕本刑三年以上有期徒刑之罪或高等法院管轄第一審案件外，案件經檢察官提起公訴或聲請簡易判決處刑，於第一審言詞辯護終結前或簡易判決處刑前，檢察官得於徵詢被害人之意見後，逕行或依被告或其代理人、辯護人之請求，經法院同意，就下列事項於審判外進行協商，經當事人雙方合意且被告認罪者，由檢察官聲請法院改依協商程序而為判決：一、被告願受科刑之範圍或願意接受緩刑之宣告；二、被告向被害人道歉；三、被告支付相當數額之賠償金；四、被告向公庫或指定之公益團體、地方自治團體支付一定之金額。Ⅱ.檢察官就前項第二款、第三款事項與被告協商、應得被害人之同意。Ⅲ.第一項之協商期間不得逾三十日。」（臺「刑訴法」第 455 條之二）可見該協商程序係引進之新制度，可適用於包含通常程序與簡易程序法定條件之案件，其目的是「對於進入審判程序之被告不爭執之非重罪案件，允宜運用協商制度，使其快速終結，俾使法官有足夠之時間和精神致力於重大複雜案件之審理」。[280] 但即便如此，仍然採取了必要的措施保證最低限度的公正，諸如對一定條件的協商程序案件實行強制辯護（臺「刑訴法」第 455 條之五）、被告人及檢察官在一定條件下可以撤銷協商程序（臺「刑訴法」第 455 條之三）、法官在法律明文列舉的情形下，不得為協商判決情形或者裁定駁回協商之聲請（臺「刑訴法」第 455 條之四、第 455 條之六）、法院未為協商判決者，被告及其代理人、辯護人在協商過程中之陳述不得於本案或他案采為對被告或共犯不利之證據（臺「刑訴法」第 455 條之七），如此等等。

綜上所述，從四個方面討論了兩岸刑事訴訟制度在修改變革過程中，僅在公訴案件起訴與一審程序中所體現出的公正優先，兼顧效率的共同價值趨向。說明像在許多其他領域一樣，兩岸在刑事訴訟領域，無論是立法還是司

法，都有不少相通相近之處，從而也有不少可以相互交流、借鑑之處。限於篇幅和能力，本文只是初步探討，望兩岸同仁予以指正。

## 臺灣檢察官之定位——司法官抑或行政官

董坤[281]

眾所周知，現代刑事司法程序中，基於不告不理的原則，「檢察官系開啟審判之門的鑰匙……檢察權能否公正行使，關係著審判獨立的目標是否能夠達成及國民與社會對正義的追求能否得以實現」。[282] 為了保障檢察權的公正行使，一方面，必須建立檢察官能夠不受干擾，獨立行使檢察權的職務和身份保障制度；另一方面，為了防止檢察權的過度膨脹以致濫權枉法，[283] 還必須從多個向度加強對檢察權的監督制衡。這些具體的內容無不牽涉到檢察官在法律上之定位，即檢察官究竟是「司法官」還是「行政官」。若將檢察官定位是「行政官」，則檢察官必將「聽從長官意志，上命下從，一體行事」，其能有效的接受上級的領導與監督，貫徹國家刑事政策中的行政任務，且對於及時打擊犯罪不無稗益。但隨之而來的問題是，檢察權將欠缺剛性，檢察獨立的精神也蕩然無存，長此以往，檢察官可能成為服務於政治的鷹犬，政治鬥爭中黨同伐異、排除異己的「工具」。若將檢察官定位為「司法官」，由於司法官身份與職務的保障，其可以不受外界不當勢力的干預，敢於抗爭強權淫威，彰顯客觀公正之風範，但是「僵硬的拘泥於司法官的定位，則關於偵查及追訴，檢察一體的防治濫權及統一方針的效益，難免有無法有效發揮之憾」。[284]

將檢察官定位於「司法官」還是「行政官」關乎檢察權的獨立行使、有效行使以及濫權制衡等諸多問題，這些問題的探討最終都歸結為檢察官之定位這一「源點」性問題。然而，在臺灣地區的很長一段時間內檢察官之定位一直妾身未明，難有定論，理論界和實務部門都參與到了廣泛的討論和激烈的爭論中，隨著立法的推動檢察官之定位漸趨明朗，但這其中對檢察官定位的理論探討和學術爭鳴，對於大陸檢察理論的研究頗有啟發和借鑑意義，在此多費筆墨予以介紹。

## 一、理論論爭

有關臺灣地區檢察官的屬性定位，爭論的各方都給出了有力的證據和頗為嚴謹的論證邏輯。大致圍繞著「司法官說」、「行政官說」以及「雙重屬性說」三種主要學說展開。

（一）「司法官說」的幾點論證

1.「司法官說」之「歷史解釋、國別比較、權力分立與制衡論」

該理論從檢察官制度發展的歷史及各國檢察制度的運作實況，參酌民主國家權力分立及相互制衡的原理，指出檢察官本質上屬於廣義上的司法官。具體論證路徑是：「檢察官制度系濫觴於十四世紀的法國，當時是為了改革法官集追訴、審判於一身的糾問專擅，才發展出檢察制度，並確立『追訴與審判分離』及『審檢分立』原則，所以檢察官被稱為『革命之子』（Kindder Revolution），檢察權是向法官分權而來的，因此，檢察官具有司法的本質，乃是歷史上的事實。至於十七世紀以後，孟德斯鳩主張之三權分立論中所謂『司法權』固僅指『處罰犯人或審判個人間爭執』之權力（qui punit les crimes ou juge les differends entre les particuliers），但司法權之概念及意涵，隨時代之變遷，已超脫孟氏三權分立說之原意，司法權有愈益擴張之趨勢，審判權雖為司法權的核心，但非司法權之全部。在法國，至今仍稱呼檢察官為『站著的法官』（Magistrate de bont）；在德國，則以『隸屬於第三權之司法機關』（Organ der Rechtspflege）[285]稱之，其檢察官並不『行政』，而系奮力於判決之途，屬於審判之功能範圍（Funktionsbereich），在刑事法之領域內，與法官共同完成司法保障的任務。此均在強調檢察官之司法的本質，並以其客觀性及中立性作為司法屬性的指標。就此，學者即指出：創設檢察官制度的最重要目的之一，在於透過訴訟分權模式，以法官與檢察官彼此監督節制的方法，保障刑事司法權限行使的客觀性與正確性。」[286]

2.「司法官說」之「檢察官職權論」

該學說對於檢察官是「司法官」或是「隸屬於第三權之司法機關」的說法，並不反對，但是其論證邏輯與前述理論卻不盡相同。該理論認為檢察官是「司法官」還是「行政官」應當從其職權範圍出發來判斷其司法抑或行政

屬性。根據臺灣地區「刑事訴訟法」及相關法律的規定,特別是「大法官會議」第 392 號解釋所示:「偵查、追訴、審判、刑之執行均屬刑事司法之過程,其間代表國家從事『偵查』、『追訴』、『執行』之檢察機關,其所行使之職權,目的既亦在達成刑事司法之任務,則在此一範圍內之國家作用當屬於廣義司法之一。」[287] 檢察官職權的行使集中在刑事訴訟程序,此為需要檢察官的根本理由,所在皆然。而刑事訴訟是刑事司法的重要環節,檢察官作為訴訟主體,在司法活動中行使職權自然應歸屬司法官序列。這種從職權內涵推導出檢察官之實然屬性的論證邏輯確有一定道理。

當然除了從宏觀上的檢察職權推導出其司法官屬性的論斷外,一些學者還將檢察官的職能落實到具體的訴訟中,指出其與法官的類同。如檢察官堅持客觀義務在查案和追訴中既收集對被告不利的材料,也必須關注對被告有利的證據和事實,對於被告不利益之裁判應當積極上訴。同時,臺灣地區的檢察官與法官一樣適用迴避制度,等等。檢察官的這些具體的訴訟活動都與行政官的屬性有巨大差異,也證實了其更趨近於司法官屬性的論斷。

(二)「行政官說」的幾點論證

1.「行政官說」之「檢察官任務論」

該理論從法官和檢察官的任務比較出發,指出檢察官之任務與法院之任務明顯不同。在刑事訴訟中,公訴案件的起訴發動者為檢察官,是公訴案件的「原告」,但其與自訴案件的「原告」——自訴人不同。檢察官起訴,並出庭支持公訴的目的並非如自訴案件的自訴人一樣出於對犯罪之補償或對犯罪人的報復,而在於維持社會秩序,社會治安。法院之任務則在於為維持法秩序。「是故,法院之任務乃以法之安定性為指導原理,而檢察官之任務則以合目的性為指導原理。使檢察權歸屬於行政權,並使檢察官受『檢察一體』原則支配,而不容有『檢察獨立』之概念存在,則屬因其任務與法院不同,指導原理不同所致。」[288]

該理論的提出者黃東熊教授還指出,誠如有些學者所認為的,若「法院之任務與檢察官相同,均在維持社會秩序、社會治安,但此想法甚為不妥。蓋①如法院之任務亦在維持社會秩序,則法秩序究竟由誰主持?②如法院兼

負有維持社會秩序與法秩序之任務,則法院之審判,顯而易知,必偏向於檢察官,因此,必不能為公平、客觀之審判。③維持社會秩序只要求與維持法秩序之要求,不僅不常一致,而且,常起衝突,因此,如使法院兼負維持社會秩序與法秩序之任務,則於前者之要求與後者之要求起衝突時,豈非使法院陷於左右為難之困境?④在三權或五權分立之下,維持社會秩序顯屬行政權之任務,因此,如亦使法院負有維持社會秩序之任務,則必形成司法權須對行政權負責之局面。果真如此,則焉有司法獨立,審判獨立可言?」[289] 透過對檢察官任務的剖析,以及與法官任務的比照,該理論最終將檢察官歸位為「行政官」。

2.「行政官說」之「公益代表人論」

該論點與「檢察官任務論」存在暗合,即都認為檢察官追訴與私人起訴明顯不同,不能將檢察官純化為一造之當事人。但不同的是,該理論並不認同檢察官之任務或追訴的目的是維護國家社會的秩序和治安,是國家的代言人。因為如果按照前述觀點,一個無法自洽的問題將會出現,若任由檢察官為國家之普通行政官,其必將適用包括上命下從義務在內的一般行政公務員的所有標準,那麼,檢察獨立自然無處安身,檢察官辦案也無法擺脫行政勢力或長官意志的干擾影響。對此,學者提出了檢察官是不同於一般行政官的「公益代表人」學說。其指出「檢察官系代理人民行使追訴權之機關,所謂之『公益代表人』是指檢察官系一般人民之代理機關,而非政府之代理機關。既然是代理民眾行使追訴權,故與通常之行政機關不同,為確保其行使職權之公正及獨立,應賦予其一定之身份保障,並採獨任制之組織原理。」[290] 該理論解決了檢察官身份和職務保障的問題,一定程度上保證了檢察權的獨立行使,但同時仍然肯定了檢察官「特殊的行政官」地位。

(三)雙重屬性說

應當說,將檢察官二分法式的是定位為行政官抑或司法官的理論論證雖都有理論支撐,但誠如前文所言,將檢察官定位為司法官,其獨立辦案時如何保證檢察權被肆意擴大,不被濫用?對於法官裁判權的制約一般透過審級制度進行監督,但是對於檢察官而言,由於沒有審級的規定,只能透過內部指令權,即職務收取權和職務移轉權來制約辦案檢察官,但如此一來此種「檢

察一體」的規範繫帶有明顯的「上命下從」的行政色彩,對於檢察官為司法官的理論定位有很大的殺傷力;而將檢察官定位為行政官時,又如何保證檢察權過於孱弱,無法對抗政治強權,不能發奸摘伏,實現公平正義。故,將檢察官定位為任何一方都無法全面解決檢察權公正行使的問題。為此,有學者提出了檢察官兼具「司法官」與「行政官」的「雙重屬性說」,在此基礎上,再行討論兩種屬性在檢察官身上孰重孰輕的優位問題。「雙重屬性說」的理論首先指出:「檢察官既非一般行政官,亦不等同於法官。……大陸法系創設檢察官制,當初既未採行政府代言人的一般行政官模式,亦未採納完全獨立自主的雙法官模式,因而,創設之目的以觀,檢察官向來亦居於法官與警察、行政權與司法權兩者之間的中介樞紐。……學說上以居間角色、媒介地位、中介功能或雙重特性等用語來形容檢察官居於行政與司法之間的雙重地位。」[291] 該學說最終以「司法官署」定位檢察官,既是廣義司法,又是官署。概言之,檢察官非上命下從之行政官,亦非獨立自主之法官。乃處於二者之間、實現客觀法意並追求真實與正義的司法官署。

## 二、立法的推動

無論臺灣地區將檢察官定位為「司法官」還是「行政官」,在具體的立法操作中,如「刑訴法」的修改,「法院組織法」的增訂都有可能觸及檢察官權力定位下的職權配置、身份保障等問題。這些內容立法不得不面對,也不得不解決。故此,在臺灣地區的數次「立法博奕」中我們看到了立法對檢察官身份定位的推動。

### (一)「法官法」對臺灣檢察官的定位

由於檢察官是行政官抑或司法官的定位直接決定了檢察官之職務和身份的保障、辦案的獨立性以及「檢察一體」所呈現的「上命下從」之問題糾結。除了在學界的論辯如火如荼,在立法活動中一旦涉及該問題,也每每引起相當激烈的爭論。而立法中引發爭論的導火索即為「法官法」的制定。

臺灣「司法院」原本自1988年5月間即開始研擬推動「法官法」在「立法院」透過,但由於各方的意見分歧較大,該法延宕二十餘年,終於在各方博奕妥協下於2011年7月6日正式公佈生效。之所以耗費如此長的時間,

除了該「法」本身內容體系架構的複雜，一個重要的原因就是立法中對檢察官的定位存在爭議。

早在 1991 年臺灣「司法院」初次完成「法官法草案」初稿時，臺灣檢察系統所隸屬的「法務部」即要求將草案修正為「司法官法草案」，將法官與檢察官並列規定，以求透過立法來確立檢察官的「司法官」定位，但最終未被「司法院」所接受。而就「司法院」研訂的「法官法草案」，擬以檢察官準用法官相關規定之方式，將檢察官與法官共通適用之部分納入草案規定。此種規定方式，也算默許了檢察官「等同法官說」的司法官屬性，但仍因爭議頗多，草案被擱置。

時至 1998 年，由律師等主要力量所組成的「民間司法改革基金會」提出了民間版的「法官法草案」。該草案沒有將檢察官的定位、身份與職務保障等事項納入其中，這種有意將檢察官排除在「法官法草案」之外的做法，間接地使檢察官游離於司法官外。對部分臺灣檢察官而言，身份的改變違背了其職業信仰與理念，也與其所受法律訓練不符，更為重要的，司法官身份的喪失，使檢察官擔心今後的辦案獨立性及身份保障將受到極大的影響。故，該草案一經公佈即引發臺灣地區檢察官的群起反彈。為使檢察官定位屬性及職權行使有明確規範，「法務部」於同年 5 月參照「司法院」擬定的「法官法草案」，再次擬定了「司法官法草案」，明確規定檢察官的身份、職務保障及司法官定位等重要問題。

到了 2008 年 5 月 15 日，「立法院司法及法制委員會」併案審查國民黨籍「立委」謝國梁等人所提「法官法草案」、國民黨籍「立委」孫大千等人所提「司法官法草案」及民進黨籍「立委」黃淑英等人所提「法官法草案」。審議中，對於法案名稱應定為「司法官法」或「法官法」、檢察官是否定位為司法官，以及是否應另定「檢察官法」，「法務部」及「司法院」意見有重大分歧。孫大千版本中將司法官定義為法官和檢察官，草案以法官和檢察官兩者同為主體規範，承認了檢察官司法官的地位。對此，「法務部常務次長」朱楠解釋道，之所以命名為「司法官法」草案，緣於司法官這一名稱早已使用，民眾也可接受檢察官、法官均為司法官，且檢察官與法官的俸給、保障、評鑒等都相同，僅在職務行使時有區別，應融為一起立法，故立法時

稱為「司法官法」。而謝國梁及黃淑英版本均以法官作為主體，於草案中另定檢察官專章，不同的是，黃淑英版本中設有「落日條款」，即未來仍需制定「檢察官法」，且待其立法生效後，所訂檢察官專章內容將失效，這一規定仍有意將檢察官排除在司法官序列之外。最終由於「法務部」及「司法院」意見不一，「立法院」委員的看法也存在相當分歧，會議主席只得裁示，擇期召開公聽會後再行審查。就這樣有關「法官法」的立法一直在擱置——審查——再擱置的怪圈中匍匐前進。但是，這一爭執終於在 2011 年各方協商讓步的前提下有了結果，即以「法官法」命名的提案被透過，最終的版本沒有採用「司法官法」的名頭，而是以「法官法」冠名，但在法案的第十章規定了「檢察官」專章，昭示了檢察官準用「法官法」的官方態度，並刪除「法務部」最在意的檢察官準用規定的「落日條款」，最終也算間接承認了檢察官的司法官屬性。

（二）立法及司法解釋對檢察官的定位

除了「法官法」對檢察官「司法官」屬性的確認，在臺灣「大法官」的解釋[292]中，檢察官的司法官屬性也被逐漸認同。

1953 年 1 月 31 日「司法院」公佈釋字第 13 號解釋指出：「檢察官不是法官，但其身份保障與法官同。」1993 年 7 月 23 日釋字第 325 號解釋亦提到：「檢察官之偵查與法官之刑事審判，同為國家刑罰權行使之重要程序，兩者具有密切關係，除受檢察一體之拘束外，其對外行使職權，亦應同等保障。」雖然上述兩個解釋僅僅是在身份保障上做出了檢察官與法官同等對待的規定，其具體地位是否就是司法官不無異議，但身份的保障至少保證了檢察官行使檢察權的獨立性，其司法屬性已有彰顯。之後，1995 年 12 月 22 日釋字第 392 號解釋即明白確認：「檢察機關行使之職權當屬廣義司法之一，檢察機關為憲法第 8 條第 1 款所規定之司法機關。」如此檢察機關的司法屬性，檢察官之司法官地位已明確彰顯。

## 三、結語

無論是從理論論證還是立法制定，臺灣地區的檢察官定位都經歷了長期爭論的過程，但是在爭論的過程中，檢察官「司法官優位主義」的觀點逐漸

占據多數，成為通說。這緣於民眾對檢察官獨立辦案、不畏強權，實現公平正義的期許，也緣於長期以來檢察官與法官唇齒相依的密切關係，簡單的一句「檢察官就是行政官」的唯名論不可能斷絕檢察官的司法官屬性。但是我們也應當看到，臺灣檢察官長期以來其本身的行政官色彩濃厚，如其隸屬於「法務部」，歸口「行政院」，同時貫行檢察一體的原則也常常會暴露出其行政化辦案的濫權弊端，也正是這些導致了民眾要求檢察官從自身「性格」到外在「法治環境」都向「司法官」品行的「轉向」。雖然立法上對於檢察官的司法屬性也算給予了間接的或一定的「確認」，但是有關檢察官「司法官」、「行政官」的爭論，筆者認為仍將伴隨著個案的發生有持續討論下去的可能。[293] 正如德國學者羅科信教授所言：「檢察官是一個尚未完成的機關。」

## 主任檢察官辦案制度：鑒鏡與推進

梁景明 [294]

在大陸法系的不少國家和地區，主任檢察官制度是比較普遍的辦案組織制度。這種制度是以「檢察長——主任檢察官——檢察官」為權力配置結構，講求檢察官在辦案中的主體性。2013 年年底，高檢院統一部署在十七個工作基礎較好的基層院、地市級檢察院開展了檢察官辦案責任制試點，主任檢察官辦案制度是其核心內容，北京三個基層院被確定為首批試點單位。而主任檢察官制度推行參照藍本主要是來源於臺灣地區，因而有必要研究臺灣的主任檢察官制度，鑒鏡臺灣地區制度的運作模式和經驗，找尋解決大陸主任檢察官制度試點中遭遇的障礙的路徑，以期在探索中不斷推進。

### 一、臺灣地區的主任檢察官制度

#### （一）臺灣檢察機關實行分組辦案 [295]

為了能有效提升檢察官人力的運用和檢察官專業辦案的能力，強化重點犯罪案件的打擊，臺灣地區的「最高法院檢察署」督導所屬各級法院檢察署建立了「檢察官專組辦案制度」，檢察官辦案以分組合作方式進行。依照檢察官的業務職權，主要是分為偵查、公訴及執行三大類分組辦事，即偵查組、

公訴組和執行組。[296]在偵查組方面，目前除了連江、金門、澎湖等檢察官人數較少的檢察署外，臺灣大部分檢察署檢察官約略分為檢肅黑金小組、經濟犯罪小組、查緝毒品小組、重大刑案小組、打擊民生犯罪小組、智慧財產權保護小組、婦幼保護小組等。在「最高法院檢察署」還設有抗制貪汙的特別組織——特別偵查組。[297]在公訴組方面，由於「刑事訴訟法」確立了檢察官的舉證責任與落實及強化交互詰問的要求，為落實檢察官全程到庭執行公訴並符合社會各界殷切的期盼而設立的。目前，各檢察署擔任公訴的檢察官人數在「法務部」規劃之下，已逐漸步入正軌，並採取與法院刑事法庭對應方式，以一位公訴檢察官對應二至三位刑事庭法官。在執行組方面，目前每個檢察署均設置有執行科，由擔任執行工作的檢察官督導書記官辦理執行死刑、無期徒刑、有期徒刑、拘役、罰金、保安處分等，及督導觀護人執行受刑人的假釋、保護管束工作。[298]

（二）辦案專組的組成

臺灣地區各級檢察機關事務繁簡不一，員額編制也有不同，有的檢察官員額多至四十人以上，每一檢察官每月辦理的案件達百餘件，以檢察首長一人之力，實際很難收到監督指揮的效應。為了彌補缺失，各級檢察機關檢察官員額在六人以上的，可分組辦事，每組以一人為主任檢察官，監督各該組事務。[299]如高雄地檢署總人數600人，有150名檢察官，其中1名檢察長、1名襄閱主任檢察官、15名主任檢察官。[300]澎湖地檢署總人數54人，檢察長1人，主任檢察官1人，檢察官3人（無法分偵查、出庭和執行檢察官）。[301]

在臺灣，專組檢察官的人力以定期輪調為原則，使每位檢察官都能在各種不同領域內磨煉，增加其個人的經驗、能力，以應對日後繁重的工作。但專組的檢察官除職務調動或其他必要情形外，需連續在同一組辦案至少二年以上，辦理同一專組滿二年以上的，檢察長可依其專長及意願，改調至其他專組辦案。主任檢察官擔任專組組長的，也一樣。每一專組，由資深及資淺檢察官共同組成，以此達成經驗傳承和專業培訓的目標。但辦理肅貪及經濟犯罪專組的檢察官，須曾任其他專組檢察官至少二年以上的，才能擔任。

地方法院檢察署受理的案件，性質如涉及兩個以上專組的業務的，由檢察長指定適合的專組檢察官偵辦，必要時可由以上專組檢察官共同偵辦。對於應由專組辦理的案件，檢察長在依地方法院檢察署檢察官協同辦案實施要點指定檢察官協同辦案時，原則上應指定同一組的檢察官協辦，但案件涉及兩個以上專組的業務的，可指定其他專組檢察官協辦。專組檢察官除辦理專組案件外，檢察長視各組業務的轉狂，分配輪辦其他案件。即除專組案件外，一般案件責由全體檢察官以輪分方式辦理，以便讓每位檢察官都能在各種案件中累積辦案經驗與學習如何成長。

（三）主任檢察官是辦案組的業務領導

1. 主任檢察官的職權[302]

主任檢察官綜理該組事務的監督、該組檢察官承辦案件、行政文稿的審核或決行，並就該組檢察官及其他職員的工作、操行、學識、才能的考核與獎懲進行擬議，另外還負責人民陳情案件的調查、擬議及法律問題的研究等相關事項，以及檢察總長交辦事項及其他有關事務的處理。此外，主任檢察官還享有分案建議權、經檢察長授權命令報告及調閱卷宗權、異議權、法律文書核定權、羈押必要處分權以及考核擬議權。在事務較繁的檢察署，檢察長可指定一名主任檢察官襄助其處理全署有關事務。該主任檢察官稱為襄閱主任檢察官，其在處理有關事務發生爭議時，應報告檢察長處理。[303]

2. 主任檢察官的遴選

在遴選資格方面，有具體的要求。一是司法官訓練所司法官班結業。地方法院檢察署主任檢察官，要擔任地方法院檢察署檢察官八年以上（含候補、調辦事及曾任法官、在「法務部」擔任司法行政官之年資）的一審檢察官或曾任一審檢察官現派任「法務部」司法行政官，並經合格實授的。高等法院及其分院檢察署主任檢察官，要擔任高等法院及其分院檢察署檢察官四年以上的二審檢察官或派任「法務部」簡任司法行政官四年以上（以上年資可並計）或曾任地方法院檢察署檢察長。二是最近五年考績。要求三年列甲等，二年列乙等以上。三是最近三年辦案成績。地方法院檢察署主任檢察官要求，一審平均八十分以上，調二審檢察署辦事平均七十五分以上，辦理刑事執行

平均六十五分以上。[304]高等法院及其分院檢察署主任檢察官要求,二審平均七十五分以上,調三審檢察署辦事平均七十五分以上,辦理刑事執行平均六十五分以上。[305]四是最近三年未曾受記過以上或懲戒處分的。但記過以上處分,如在同時期內受有獎勵可以相抵的,不受該處分的限制。五是具有領導及協調能力、操守風評均佳,且身心健康。

主任檢察官的遴選,原本包括檢察長推薦和檢察官填寫志願表自薦兩種方式。1998年7月之後又增加了一、二審檢察官互相推薦制,使所有一、二審檢察官都有機會推薦優秀的同仁擔任主任檢察官,協助檢察官人事審議委員會發現優秀適任的主任檢察官。[306]為了適切遴任高等法院及其分院檢察署暨地方法院檢察署主任檢察官,在每年年度調動前一至三個月,由「法務部」造具符合遴任資格的人員名冊,送交冊列人員所屬法院及其分院檢察署辦理推薦。[307]推薦表由推薦人依定式填妥密封后,直接交各該檢察署人事室彙總送「法務部」。檢察長、主任檢察官或檢察官推薦時,應就其隸屬或同事期間的具體事實予以推薦,如推薦內容經查證不實的,停止其推薦權一年至三年。

完成推薦後,「法務部」依各項推薦,造具名單,並將名單合併造冊。依一、二審檢察長的推薦表,造具「檢察長推薦人員名單」。依一、二、三審檢察官的推薦表,擇取獲三人以上推薦的受推薦人,造具「檢察官推薦人員名單」。在不符合前述情況的推薦人員中,擇取品德、學識、才能、工作表現優良的,造具「法務部主動遴選人員名單」。依檢察官的志願遷調表,造具「檢察官志願遷調名單」。「法務部」就上述名冊所列人員,附註各受推薦、遴選及志願遷調人員的年資、期別、考績、辦案成績、工作表現、學識、品德及個人遷調意願等事項,提請「法務部檢察官人事審議委員會」審議(以下簡稱檢審會)。檢審會就名單進行審議後,擬具擬派職缺一點五倍為原則的建議名單(含調二、三審辦事),送請「法務部部長」圈選遴任。「法務部部長」再從各類推薦名單中,遴選升遷人員,經檢察官人事審議委員會同意後任命,如果未獲得同意,則由「法務部部長」另提人選,直至獲得同意為止。各級法院檢察署檢察官或主任檢察官也可以由「法務部部長」對符合遴任資格的直接派任:一是現任一、二審檢察署檢察長、曾任一、二審檢察

署檢察長或檢察官現派任「法務部」司、處長或相當司、處長職級以上的司法行政官，回任高等法院及其分院檢察署主任檢察官或「最高法院檢察署」主任檢察官或檢察官。二是曾任一、二審檢察署主任檢察官或檢察官現派任「法務部」司法行政官，回任與派任前職級相當的主任檢察官或檢察官的。

3.關於主任檢察官的任期

臺灣的基層檢察官主張主任檢察官應有任期制，以保持人事升遷渠道的暢通，但在臺灣地區的法制上如「法院組織法」、「檢察署處務規程」、「主任檢察官遴選要點」等均未明定任期。「法務部」曾經認為，檢察官強調主動偵辦及協同辦案，主任檢察官扮演著領導統御的角色，如厲行任期制回任同級檢察署的檢察官，會影響內部領導統御功能，造成偵查業務推動的困難，因而不主張實行任期制。但是「法務部」也認為，應當設法縮短主任檢察官與檢察官工作負擔的差距，使主任檢察官成為偵查的主力，並發揮督導協助的積極功能，紓解基層檢察官因升遷渠道阻塞所引起的反彈情緒。

不過2012年臺灣「法官法」透過後，第89條第二項原則規定了：高等法院以下各級法院及其分院檢察署檢察長、主任檢察官的職期調任辦法，由「法務部」定之。職期制度得到法制上的確認。2012年4月，臺灣地區「法務部」發佈了《高等法院以下各級法院及其分院檢察署主任檢察官職期調任辦法》。這個辦法規定：高等法院以下各級法院及其分院檢察署主任檢察官的職期為四年，可以連任一次，也就是說主任檢察官的任期是八年。這個是和檢察總長的任期是一致的。而檢察長的任期也是四年，但是即便因業務特殊需要可以酌予延長，延長期間也不得超過二年，也就是說檢察長的任期是六年。主任檢察官的職期屆滿前，因業務需要可以調任其他職務。如果是經調任其他職務滿二年後，再調任高等法院以下各級法院或其分院檢察署主任檢察官時，職期另行計算。如果職期是在同一審級的，合併計算。留職停薪期間，計入職期計算。[308]

高等法院以下各級法院及其分院檢察署主任檢察官職期屆滿四年，如果有連任意願，由「法務部」組成高等法院以下各級法院及其分院檢察署主任檢察官職期審查會，審查是否予以連任。[309]「法務部」在審查會開會前，可以先徵詢各該主任檢察官所屬檢察長、同署檢察官的意見，提供審查會參

考。審查會要有過半數委員的出席，才能開始進行審查程序。審查會採取無記名表決，表決可否同數時，取決於主席。審查會的審查結果，認為不予連任的，由「法務部」提出在「法務部檢察官人事審議委員會」審議調任檢察官。在主任檢察官職期中，如果發現有具體事證[310]可認為其確有不適任情況的，經審查會審查透過後，由「法務部」提出在檢審會審議調任檢察官。[311]在不予續任的主任檢察官名單提出後，檢審會審議前，應當給受審查的主任檢察官書面陳述意見的機會。被決定調任的檢察官必須在限期內赴調，除了因特殊情形報經核準的外，逾期赴調的，視情節輕重，依相關規定予以議處。

（四）臺灣地區主任檢察官制度的運作環境

1. 主任檢察官制度運行的外部環境

臺灣地區「刑事訴訟法」雖歷經數次修改，在犯罪偵查方面，法制仍不脫以檢察官為中心。由檢察總長、檢察長、主任檢察官及檢察官全體所組成的檢察機關，是刑事訴訟原告地位的機關，是行使刑事追訴的偵查機關。在整個政治體制中，檢察機關隸屬於「行政院」的「法務部」。[312]「法務部」對臺灣地區檢察機關居於行政監督權的地位，對檢察行政事務有指令權，「法務部部長」對於政策擔負成敗責任。檢察行政事務，包括經費（預算的編列與分配等）、人事（含任命、考績、升遷及懲戒等）及其他行政監督事項，如關於職務上事項發佈的注意命令及對廢弛職務、侵越權限或行為不檢者發佈的警告處分等，其與檢察事務的執行、檢察一體無關。各級檢察署的預算、人事獎懲，均由「法務部」統籌編列、辦理，檢察行政的督導權也在「法務部」，檢察人事任命權也由「法務部部長」行使。對檢察行政事務的監督，僅能間接、消極地由「外部」加以警告、命令其注意或發動公務員懲戒程序，而不會直接、積極地從「內部」干預承辦檢察官的職務執行。因為，「法務部部長」僅是檢察機關的行政長官，而不是檢察首長，不是檢察一體的頂頭上司，不得干涉檢察官就個案所作出的司法判斷。「法務部」在對檢察機關進行行政監督時，遵守兩個原則：一是依據需要就檢察機關的業務作出通案性的提示，或者就檢察機關的行政措施作出通盤性提示，避免直接干涉個案偵查。[313]二是對檢察官辦案有無違誤采事後監督原則，避免在偵查過程中介入。[314]

值得注意的是,臺灣地區檢察體系實行「垂直領導」,檢察機關的人、財、物配備統一由「中央」財政預算編列和分配,不依賴於地方縣、市政府或者議會,同時,地方各級檢察機關的檢察首長及檢察官人事任免、調遷等統一由內設於「法務部」的「檢察官人事審議委員會」負責,與地方縣、市政府和議會無關。

2. 主任檢察官制度運行的內部環境

臺灣檢察官配受案件,是按收案的順序輪分或抽籤來定的。如果案件性質須有特別知識或經驗的檢察官辦理,則由專股檢察官以輪分或抽籤來決定。但是檢察長在必要時,可以親自辦理或指定檢察官辦理。指分案件及相關的分案標準,是由各檢察署自己來定的。檢察官對已配受的案件,因故不能或不宜辦理時,由檢察長核定分配給次一符號的檢察官或改分其他檢察官辦理。如果主任檢察官認為檢察官配受的案件因故不能或不宜辦理的,可以報請檢察長指定檢察官辦理。檢察長的指定應以書面附理由作出,並附在卷內或另卷保存。

臺灣地區的檢察制度遵循檢察一體原則,檢察官以本人的名義對外行使檢察權,個人承擔責任。但與檢察官獨立行使檢察權相對應的是檢察一體原則,即以上命下從的行政關係以及職務轉移、職務繼承等行政性制度要素為其支撐條件。檢察總長、檢察長可以親自處理他所指揮監督的檢察官的事務,並且可以將該事務移轉給其所指揮監督的其他檢察官。高等法院及地方法院檢察署檢察長,可以派本署檢察官兼行其分院檢察署檢察官的職務。這也是檢察工作本身的特性所決定的。檢察一體使檢察官結合成一個堅強的檢察團隊,共同協力達成追訴犯罪、實現刑罰權的目標。一般而言,檢察一體較側重「上命下從」的指揮監督關係,不過在有效能地集中、發揮團隊力量之外,最主要的還是在於發揮內控及監督的功能,使檢察權的行使具有一致性且不致濫用。

對於檢察官具體個案的內部制衡,是透過檢察一體中送閱制度的拘束。按照檢察署處務規程的規定,檢察官或主任檢察官執行職務,應就重要事項隨時以言詞或書面向主任檢察官或檢察長提出報告,並聽取指示。檢察長或其授權的主任檢察官可要求檢察官報告處理事務的經過或調閱卷宗,檢察官

不得拒絕。檢察官執行職務撰擬的文件,應送請主任檢察官核轉檢察長核定。主任檢察官撰擬的文件,直接送檢察長核定。檢察官撰擬的文件,主任檢察官可以進行修正或填具意見,檢察長可以直接修正也可以指示原則命重新撰擬後送核。[315] 不過,「送閱」的目的,是透過經驗豐富的主任檢察官與檢察長對於個別檢察官個別案件進行指導,重指導更多於監督。主任檢察官地位介於檢察官和檢察長之間,對組內檢察官辦理的案件要把關,對案件的指導性更強一些。如果主任檢察官不同意檢察官的意見,就將書寫意見夾在卷宗中給檢察官參考,如果分歧重大,則與檢察官溝通。檢察官對主任檢察官的意見有意見可以陳述,但由於主任檢察官歷練豐富,業務更強,檢察官一般會接受主任檢察官的意見。如果意見不能統一,就報告到檢察長處,檢察長會透過閱卷等方式熟悉案情,然後與主任檢察官、檢察官溝通,仍不能達成一致意見的,可召集多名主任檢察官研討,基於檢察一體的原則,討論的結果檢察官應當執行。當然「送閱」屬於內部辦案程序,沒有明確的法律規定,所以也沒有一定的審查標準與審查流程。[316]

## 二、大陸推行主任檢察官制度需要解決的問題

主任檢察官制度改革是檢察機關執法辦案組織結構、辦案責任體制、檢察權運行機制和檢察官管理制度的完善,實質上也是檢察管理方式的革命。[317] 這項改革的實施,必然會受到傳統觀念、現有工作運行模式以及現有體制等各個方面的牴觸或者衝突。參考臺灣地區的經驗,主任檢察官制度的推行要重點解決以下問題:

（一）關於主任檢察官的身份問題

檢察官辦案責任制改革是的核心是要突出檢察官的辦案主體地位,要增設的主任檢察官如何認識和確定其身份？人民檢察院組織法第3條規定,各級人民檢察院設檢察長一人,副檢察長和檢察員若干人。可見,在現行法制上,主任檢察官不能歸屬於任何一個職務序列。並且,憲法和人民檢察院組織法確定人民檢察院是行使檢察權的主體,強調檢察院整體對外獨立,而非檢察官獨立。儘管檢察官法關於「檢察官是依法行使國家檢察權的檢察人員」的規定,可以認為明確了檢察官作為檢察權行使主體的地位,但主任檢察官

是否有獨立對外的職權尚缺乏明確的法律基礎。同時，執法辦案組織是以主任檢察官為基數，配備其他檢察官和輔助人員而組成。主任檢察官沒有行政職務，也不是部門的負責人，只是在改革中會考慮給予一些類似部門負責人的待遇，其身份難免尷尬。

筆者認為，憲法定位決定了檢察權的法律監督屬性和司法屬性的高度統一，至於採取何種辦案組織形式來行使這些法律監督權能，是由檢察機關根據司法工作實際來具體組織實施。檢察機關包括檢察院和檢察官，檢察機關依法獨立行使檢察權本身就包含著檢察官依法獨立行使檢察權。檢察官在行使檢察權時是有主體地位的，有依檢察長授權代表所屬檢察院履行具體的檢察職能之權。檢察權的運行方式不但表現為檢察工作一體化、上命下從等類似行政化的運行方式，也具有獨立性、親歷性和裁斷性等司法權特性，執法辦案必須符合親歷、兼聽、公開、獨立和「誰辦案、誰決定、誰負責」等要求。現行體制既肯定檢察權的整體性，又確認了檢察權的獨立性，內部實行的請示報告、指令糾正、案件調取交辦、檢察指導、組織協調、備案制度和報批制度等都體現了檢察一體。在理論上完成授權，讓主任檢察官承擔較多的職權沒有問題，但是這不能解決主任檢察官身份尷尬的問題。因為主任檢察官不是法定法律職稱，也無行政職務，無法適用現有檢察官法、公務員法落實待遇。主任檢察官的定位，在法制化之前實際上只是一個崗位名稱，類似於辦案組組長，唯有由現任業務部門的負責人兼任方能與待遇有所對應。

（二）主任檢察官制度的外部保障問題

憲法明確檢察機關獨立行使檢察權，不受行政機關、個人、團體的干涉。事實上，確保檢察機關依法獨立公正行使檢察權，是維護國家法制統一的客觀需要，也是黨和國家的一貫主張。但地方各級檢察機關的人、財、物尤其是幹部管理、經費保障主要依賴地方。雖然在法理上，這並不構成在主任檢察官的制度下檢察官獨立行使檢察權的障礙，但在實踐中，仍然會出現選擇性執法和司法權地方化的問題。

中央183決定在確保依法獨立公正行使審判權檢察權一項中，明確了「改革司法管理體制，推動省以下地方法院、檢察院人財物統一管理」，這算是檢察幹部管理體制和檢務保障的一個福音。不過，這項關於職業保障的改革

項目屬於中央事權，一切還都要看相關改革措施的落地政策。根據試點方案，涉及主任檢察官的權力範圍、責任界定、監督管理等問題和事項，檢察機關可以研究去確定，但涉及主任檢察官的職數、職級及津貼待遇等利益保障等方面的問題，需要試點時自行解決。主任檢察官辦案責任制改革具有一定的風險性，工作理念將發生重大變化，對檢察人員切身利益影響較大。因此，試點中必須選擇穩重求進，避免極端做法，受到現有職數的限制，試點時只能採用套改的方式，在確保幹部職級不降低的前提下，實現檢察權按照主任檢察官辦案責任制的內在要求運行。

（三）主任檢察官制度的內部權責關係

1. 關於條線指導和管理

檢察機關的上下級之間究竟如何行使領導關係，一直以來都沒有受到理論界和實務界的關注。實踐中，條線管理中的案件指導，實際就類似於上級機關檢察官繞開下級機關的檢察長而直接對下級機關的檢察官進行指令。這種領導方式勢必架空檢察官——主任檢察官——檢察長的檢察權運行軌跡。當然，主任檢察官制度的改革不能動搖上級檢察機關對下級檢察機關的領導，但為了使主任檢察官制度能夠有效運作，必須使上級檢察機關對下級檢察機關的領導透過檢察首長之間的指令進行，且這種指令應當限定在檢察一體的原則之下，從而使主任檢察官制度下的檢察官能真正獨立行使檢察職權。另外，案件指導的意義在於集中力量和智囊以提高案件質量，在主任檢察官制度下，提高案件質量的觀念並未改變，只是在方法和理念上有所不同。主任檢察官制度下，條線管理失去了著力點，更注重檢察官辦案主動性和辦案水平的提高，是透過權責重新分配倒逼辦案能力和案件質量。單純案件指導的存在不利於主任檢察官和檢察官主動發揮主體能動性，容易產生依賴。對此，宜透過檢察首長之間的指令或上級院對下級院的指令，再轉化為對主任檢察官的指令，來實現條線管理。總體上，弱化條線指導和管理是大勢所趨，案件管理機制改革和案管部門的獨立化，強調了案件的流程管理和技術手段的應用，也為此提供了支持。

2. 不同層級檢察官的權力邊際

主任檢察官辦案責任制改革，必鬚根據檢察權運行的規律，明確檢察官之間的相互關係，在遵循檢察一體要求合理安排不同層級檢察官領導與服從關係的同時，承認所有檢察官作為檢察權行使主體的獨立地位。在尊重檢察官主體性的前提下，科學確定不同層次檢察官的職責權限，界定好主任檢察官的辦案權利，透過把握好主任檢察官和檢察權其他主體之間的關係，配置檢察辦案責權歸屬。

主任檢察官的權利來源於憲法和法律的規定，由檢察長授權。應當結合偵查、逮捕、起訴、訴訟監督各業務性質特點，結合檢察工作實際，明確主任檢察官辦案組的職責，依法劃分檢委會、檢察長、主任檢察官辦案組的職責權限，確保檢委會、檢察長依法行使法定職責，堅持放權和檢察工作一體化要求結合起來。要堅持檢察長的領導，檢察長對檢察機關有權管轄的一切案件有控制權，不過，檢察長對具體案件發佈指令，應當適當約減，並且在指揮方式上，應當儘可能減少行政性的指令，而運用審查、勸告、承認的方式行使指揮監督的權力。要加強檢察長、檢委會對執法辦案的領導，確保檢察長依法享有捕與不捕、訴與不訴等各項法定職權，確保檢委會依法享有決定重大疑難案件、宏觀業務指導、內部監督等職權，充分發揮檢委會專職委員、檢委會辦事機構、專家決策諮詢組織等作用，不斷增強檢委會的親歷性、專業性，提升決策議事水平。主任檢察官有提交檢委會討論的權利，對檢委會的決定必須無條件執行。主任檢察官有權自主決定的事項，檢察長或檢察委員會提出異議的，主任檢察官應當認真匯報，說明情況，檢察長或檢察委員會重新作出決定的，主任檢察官必須執行。檢察長和檢察委員會討論案件時，應當充分聽取主任檢察官的意見，以保證這種決定建立在客觀事實的基礎之上。在主任檢察官還難以承擔重大案件處理的社會壓力且缺乏抗干擾和承擔錯案責任的能力情況下，繼續堅持檢察長和檢察委員會相結合，客觀上形成了檢察官保護和責任轉移的機制，使主任檢察官在檢察一體的羽翼保護下能夠相對獨立地履行職責。

檢察辦案工作具有團隊性，組建的檢察官辦案組織應當以主任檢察官為核心。在辦案組織內部，主任檢察官應當發揮領銜、定斷等司法屬性，享有對案件的調度權、決定權、指導權，並對其職責範圍內的處理決定承擔全部

責任。主任檢察官在職責範圍內享有自主決定權,對此部門負責人沒有指令權。部門負責人一般只負責本部門的綜合管理工作,制定部門發展計劃,在思想建設、業務建設、隊伍建設、行政事務、後勤保障等方面履行職責,並對主任檢察官辦案組織的業務進行協調,在具體的辦案活動中不形成指令關係。只有部門負責人在擔任主任檢察官承辦具體案件時,才擁有案件辦理權和決定權。部門負責人可以統籌分配本部門主任檢察官的案件辦理,指定辦理上級交辦、督辦的案件;調閱主任檢察官辦案材料或透過辦案系統瞭解辦案進度和有關事項的處理情況,聽取本院有關業務部門、律師(辯護人)等其他訴訟參與人以及組內檢察官對主任檢察官工作的意見,對主任檢察官執行檢察長、檢察委員會的決定情況進行檢查。在日常監督管理中,部門負責人發現主任檢察官作出的決定有問題,可以要求主任檢察官再復議一次,或者及時提交檢察長審議。如果主任檢察官辦案組織內部發生重大分歧,部門負責人可以根據監督管理情況召集主任檢察官聯席會,雙方有充分討論交流並聽取他人意見的機會,若還有分歧由檢察長或檢委會決定。

在檢察官辦案組織中,檢察官在主任檢察官的領導下開展工作,檢察官在工作中發現或遇到問題,應當及時報主任檢察官決定。應當避免檢察官陷入純粹的唯命是從,主任檢察官在辦理案件過程中應當發揚民主,在對案件作出決定或者提出處理意見前,應當充分聽取檢察官的意見和建議,保證檢察官可以發表獨立的意見,保證檢察官可以合法地對抗主任檢察官的錯誤決定。主任檢察官應與檢察官妥善分工,合理分配工作量,以確保證案件質量,提高辦案效率,完成各自承擔的工作任務。主任檢察官對本辦公室承辦的全部案件承擔責任,主任檢察官辦公室的其他檢察官對自己承辦的案件承擔責任。只有保證檢察官在辦案中的主體地位,才能真正調動檢察官的工作積極性,才不會消極對待業務工作。而主任檢察官憑藉專業的意見,而不是行政指令,也才能令檢察官真正服從主任檢察官的調遣。

(四)如何放權給主任檢察官

檢察官辦案責任制是對檢察職權的重新配置,實施的關鍵內容是「合理放權」,即合理下放職責權限,授予檢察官在職權範圍內的充分權利。放權給主任檢察官應「因權制宜」,合理為先,出於職權配置和檢力資源配置自

我完善、自我發展的要求而實施。試點可以從辦理具體案件的基層院、分院開始，條件成熟後再推至市院，試點範圍宜按從司法性到行政性的強弱次序依次推進。如偵監、公訴部門因為司法性相對較強，應著力解決「定者不審、審者不定」的問題，檢察長和部門行政領導除對重大、疑難、複雜的問題和案件進行具體的指導和決策以外，應將主要精力集中於考核、監督及事務性的指導上。如取消偵查監督部門負責人審核案件環節，由主任檢察官直接向檢察長報批案件，重大、疑難複雜案件或事項除外；同時下放部分由檢察長批準的事項，由主任檢察官決定。而公訴部門主任檢察官，對除重大疑難複雜案件外的其他案件有決定起訴的權力，原檢察長的職權如改變公安機關起訴意見認定的犯罪事實和罪名、決定兩次退回補充偵查、追加變更起訴書指控、建議偵查機關追捕漏犯的決定權下放給主任檢察官。自偵部門由於行政性、政策性較強，應謹慎推進，一般可先將不需要報部門負責人審核的事項下放給主任檢察官。而介乎二者之間的控申、監所、民行等部門應加強涉及群體性處理決定或重大監督決定的控制。辦事檢察官並非直接處理具體個案，在業務職責方面談不上職權的收放，對檢察官辦案主體性的要求不強，因而也無實行主任檢察官的必要性和緊迫性。

（五）關於任期制

主任檢察官是一個崗位，實踐中也有進行輪崗的需求，出於檢察官的發展，既保持相對穩定性，保證相對專業性，又防止利益固化，避免喪失在不同崗位歷練的機會，也有必要建立退出機制。在試點方案中，有的單位明確，主任檢察官實行任期制，每屆任期三年，可連選連任。也有單位明確，當個人提出申請不再擔任主任檢察官，或者所辦案件出現上級對口職能部門規定的低質量案件（工作）且應負主要責任的，或者在任職期間出現違法違紀現象，或者因健康原因在一個考核年度內請假累積超過六個月且經兩次提醒仍無法正常履行職責的，或者年度考核評定為不稱職或者連續兩個年度被評為基本稱職等，應當免除主任檢察官職務。筆者認為，如在同一主任檢察官崗位上任滿二屆，應強制輪崗，既可以在不同專業的主任檢察官中進行輪崗，也可以在不同部門之間的主任檢察官中進行輪崗，甚至可以在不同院際進行輪崗。這樣，可以改變以往檢察人才資源主要集中在行政序列、執法辦案一

線幹警隊伍始終處於不穩定狀態的局面,將法學功底紮實、實踐經驗豐富、工作實績突出、協調能力較強的檢察官配備到主任檢察官崗位上,為一線檢察官搭建展示才華、發揮作用的良好平臺,吸引更多優秀人才向執法一線集中,打造專家型主任檢察官,傳導專業經驗,又儘量疏解檢察官發展的通道,為檢察官隊伍的職業化、專業化發展奠定基礎。

# 兩岸主任檢察官制度比較研究[318]

王一超[319]

加強檢察官辦案的獨立性,弱化檢察權運行中的類行政化色彩,是近年來檢察改革的重點。繼主訴(辦)檢察官制度改革之後,[320] 北京、上海檢察機關開始學習臺灣地區,試點主任檢察官辦案制度。然而,筆者透過閱讀相關報導、文章發現:大陸檢察系統內缺乏對於臺灣地區主任檢察官制度的完整瞭解,對該制度的理解存在若干誤區,以致制度在多個方面都與臺灣地區「原型」相去甚遠。有鑒於此,本文擬回歸其本源,對臺灣地區的主任檢察官制度進行簡要介紹。透過兩岸主任檢察官制度在歷史背景、職權配置、辦案組織形式及檢察官薪資待遇等方面的對比,澄清大陸對主任檢察官制度的若干誤解,並嘗試性提出大陸檢察系統改革的適行之道。

## 一、兩岸改革背景比較分析

### (一)臺灣地區主任檢察官改革是「審檢分隸」的產物

臺灣地區的主任檢察官制度需溯源到1980年6月29日「法院組織法」修改。此次修法改採審檢分隸制度,同時增設了主任檢察官一職。修改後的「法院組織法」第59條第2項規定:「各級法院及分院檢察署檢察官員額在六人以上者,得分組辦事,每組以一人為主任檢察官,監督該組事務。」

一方面,主任檢察官是審檢分隸背景下的產物,[321] 是檢察系統對應法院系統的職務配置,其在職位上與法院庭長一職對應。檢察系統的人員配置應與法院相匹配,以方便業務開展。在法院系統內,根據「法院組織法」第15、16、36、51條的規定,一般法官和法院院長之間設置庭長[322]一職,

負責監督各庭事務。庭長作為一個常設的司法行政機關，可以對本庭內的司法行政工作進行有效監督，在一般法官與法院院長之間實現有效過渡。反觀檢察系統內，卻無與法院庭長對應的職務。因此，「法務部」認為應當在檢察官與首席檢察官[323]之間增加一個階層，這樣一來可以協助首席檢察官對檢察官的監督，二來可以使人事管道更為暢通。[324]

另一方面，主任檢察官作為一般檢察官與檢察長之間的一級職務設計，目的在於協助檢察長實行對檢察官的有效監督。在臺灣地區各級法院及分院檢察署內，檢察官的人員額度根據年受理案件數量的不同加以確定，但無論本署檢察官人數多少，檢察長只有一人。檢察長鬚對本署內所有的檢察行政事務負責，任務繁重。因此，「法務部」在1980年的修法理由中認為：「各級檢察機關事務繁簡不一，員額編制亦異，有檢察官員額多至四十人以上，每一檢察官每月配受之案件，達一百餘件者，似此情形，以檢察首長一人之力，實難收監督指揮之效。職是之故，為謀補救缺失，乃增訂第二項，規定檢察官在六人以上者，得分組辦事，每組置主任檢察官一人，監督各該組事務。」

（二）大陸的主任檢察官改革旨在解決檢察行政化問題

相較而言，大陸完全不具備類似於臺灣地區的改革背景：一方面，在「一府兩院」的政治制度下，「政府」、法院和檢察院在機構設置上互相獨立，法院和檢察院系統內的職務配置大致對應。另一方面，大陸檢察系統內依職權不同劃分為若干部門，每一部門均設置一名正職的部門負責人及若干副職，且每一檢察院除一名檢察長外，還設有若干分管副檢察長。換言之，在一般的檢察官與檢察長之間已存在部門副職負責人、部門正職負責人及分管副檢察長作為過渡，不會出現類似於臺灣地區的檢察官與檢察首長之間比例緊張的問題。筆者透過文獻梳理髮現，大陸之所以試行主任檢察官制度，似乎是為解決以下三方面的問題。

第一，當前檢察權運行過程中類行政化問題突出，檢察官辦案獨立性不足。根據《人民檢察院刑事訴訟規則（試行）》第4條的規定，[325]中國大陸檢察機關辦案實行「審批制」，一個案件需要經過「承辦人——部門負責人——分管檢察長/檢委會」三級審批。這種辦案模式的弊端在於：首先，

案件的具體承辦檢察官沒有決定權，不具體承辦的人卻審批案件。承辦檢察官不能做到獨立辦案，工作積極性自然會受到影響。其次，部門負責人本為檢察系統內的行政負責人，但卻對檢察事務的處理行使審批決定權，行政與檢察不分，與檢察權的司法權屬性相背離。再次，案件審批過程不透明，案件處理結果說理性不足，影響檢察機關公信力的確立。[326]因此，應當將目前這種層層審批的辦案方式改革為適度司法化的辦案方式，賦予辦案檢察官一定的獨立權。

第二，檢察官的專業化隊伍建設有待加強，辦案質量和辦案效率仍需提高。檢察官的專業化是與檢察系統行政化相關聯的一個問題。在繁瑣的三級審批制下，不僅工作效率會隨著審批層級的增多而降低，而且案件承辦人的辦案意見也會根據行政領導的意見而左右。特別是在薪資待遇與行政級別掛鉤的前提下，檢察官往往急於追求高一級的職級待遇，而不是全身心投入學習，提高自身的專業辦案素質。

第三，主訴（辦）檢察官辦案責任制改革遇到了瓶頸，需要透過新的制度突破現有困境。主訴（辦）檢察官制度的改革雖然在一定程度上改變了檢察權的配置，提高了辦案的質量和效率，但是仍面臨放權不足的問題。特別是在地市級檢察院，由於受理的案件相對較為疑難，主訴檢察官並沒有對案件處理的決定權，而只有延長、退補案件的決定權，事實上實行的仍然是審批制。[327]此外，由於缺乏基本的人事保障，主訴（辦）檢察官更多地關注於行政職務的晉升，造成專業人才向管理崗位流失。究其原因，在於主訴（辦）檢察官「高責任、高風險、低利益」，[328]因此，亟須進行改革，實現檢察官「權、責、利」的協調統一。

（三）小結

由上可見，大陸與臺灣地區的改革背景迥異。臺灣地區設置主任檢察官旨在協助檢察首長實現有效監督。然而，大陸卻希望透過該制度的推行解決目前檢察系統中存在的類行政化問題，提高檢察官辦案的獨立性。這無疑是對主任檢察官制度功能定位的錯誤。其中矛盾若無法調和，主任檢察官制度改革的預期目標自然難以實現。不僅如此，大陸對於主任檢察官制度功能定位的錯誤還將導致具體制度設計各方面的偏離。

## 二、兩岸主任檢察官的職責對比

無論在臺灣還是大陸，主任檢察官的職責都可分為「檢察官」和「主任」兩方面來進行解讀：一方面，作為一名檢察官，主任檢察官也要履行一般檢察官的職責，亦須辦案，只是在辦理受案的件數方面會少於一般檢察官；另一方面，主任檢察官需要承擔某些不同於一般檢察官的特殊職責。後者是本文討論的重點。

（一）臺灣地區主任檢察官以監督為主要職責

臺灣地區的主任檢察官需負責檢察事務監督、行政管理及法學研究等多層面的工作。在主任檢察官的各項法定職責中，[329] 尤以對檢察事務的監督職責最為重要。對於該項職責，主要應從如下五個方面進行理解。

第一，檢察官辦案所有的檢察文書，在由檢察首長核定之前，必須先經主任檢察官審閱。主任檢察官對檢察官檢察文書的審閱，旨在對檢察官的工作進行督導，實行經驗傳授，並非實質上改變承辦檢察官的意見。主任檢察官僅可以就檢察官的撰擬文書「修正或填具意見」。[330] 第二，主任檢察官審閱檢察官的法律文書，不止於形式，而須進行實質審查。主任檢察官需要透過閱讀文書審查是否存在應調查之事實尚未調查、事實之認定是否適當、法律見解有無違誤等事項。[331] 第三，主任檢察官對檢察官並無指令權。[332] 以職務移轉權為例，如果主任檢察官認為檢察官配受的案件因故不能或者不宜辦理，不得直接指定本組內其他檢察官辦理，或者收取案件由自己辦理，而應報請檢察長，由檢察長指定檢察官辦理該案。[333] 第四，主任檢察官無權改變承辦檢察官的辦案意見。主任檢察官審閱檢察官辦案書類，如與檢察官意見存在分歧，可先交由原承辦檢察官再行斟酌，若斟酌後意見仍有不同，應報請檢察首長決定。[334] 第五，主任檢察官可能因為檢察官的工作遲誤而「連帶」受責，但無需因為檢察官的辦案意見承擔責任。[335]

由上可見，臺灣地區的主任檢察官制度乃監督機制，而非責任機制。對於非由本人直接承辦的案件，即使主任檢察官並不同意承辦人的意見，他也只有「修改建議權」，而沒有「修改權」，而且建議權的對像是承辦檢察官。

主任檢察官的職責要求其為檢察事務處理的專業化程度把關，監督檢察官逐步提升辦案水平，絕非僭越承辦檢察官之位，直接決定案件的處理。

(二) 大陸主任檢察官承擔辦案責任

與臺灣地區的經驗完全相反，大陸試行的主任檢察官制度是一種辦案責任制度。[336] 與此種責任制度的定位相適應，賦予主任檢察官更多的案件決定權是中國大陸「主任檢察官」制度改革的重要特色。

從目前的試行經驗來看，檢察院將案件區分為簡單案件 (低風險) 和複雜案件 (高風險)，主任檢察官根據案件類型的不同分別行使案件決定權或者建議權：一方面，對於風險較小的簡單案件採取主任檢察官決定製。主任檢察官可獨立決定案件的處理，直接審批決定本組其他檢察官的案件處理意見，並對案件的決定意見負責。另一方面，對於風險較高的案件仍采層級審批制。由主任檢察官承辦，提出審查意見後提交分管檢察長審批決定。對需要提請檢察委員會討論的案件，經檢察長同意提交院檢察委員會討論決定。在第二種情況下，主任檢察官並沒有案件處理的決定權，只有建議權，並以分管檢察長為建議的對象。與此對應，主任檢察官也不必對案件的處理決定負責，僅需就案件的事實、證據認定負責。

主任檢察官對其經手的絕大多數案件行使決定權，需要提交檢察長審批的案件只限定在一定比例之內。實踐中，特別是在基層檢察院，絕大多數的案件為低風險的簡單案件，[337] 主任檢察官可直接對此類案件行使審批決定權。在地市級檢察院，儘管一審案件普遍風險較高，但是由於二審案件占每年受案數量的大多數，因此需要提交檢察長審批的案件比例也很低。以北京市一分檢的試行經驗來看，主任檢察官提請報批的案件不得超過本年度收案的 10%。[338] 可見，改革將大量案件的決定權下放至主任檢察官，由他們決定案件處理，承擔辦案責任，將檢察長從具體案件中解放了出來，辦案效率也得到了提高。此外，由於簡單案件中主任檢察官要承擔的責任重於複雜案件，為了避免主任檢察官為逃避責任而將原本可以獨立決定的案件提請分管檢察長審批，造成簡單案件的大量縮減和「複雜案件」數量的急劇膨脹，試行單位透過制定「限制指標」，限定可以提交層級審批的案件比例，督促主任檢察官獨立決定案件處理，落實辦案責任制。

然而，大陸主任檢察官的職權設計，其最大的缺陷在於沒有充分考慮到承辦檢察官表達不同意見的機會。該制度至多只能提高主任檢察官的辦案獨立性，對檢察官獨立司法人格之養成並無益處。針對簡單案件的處理，如果承辦檢察官與主任檢察官的意見一致，則承辦人辦案意見直接審批透過；但如果二者意見不一致，承辦人無權堅持其觀點，主任檢察官可以直接更改，更改後的意見會成為最終的決定意見。這與檢察系統的司法化改革要求，即壓縮指令權，是矛盾的。[339] 此種制度設計還體現了大陸主任檢察官制度的一個假設，即承辦檢察官既然無需承擔辦案責任，其辦案意見便無需尊重。然而，這樣的假設一方面無視了承辦檢察官的獨立性需求，挫傷了辦案積極性；另一方面，這也會催生權力行使的惰性。既然無需承擔辦案責任，案件處理都可由主任檢察官善後，那麼承辦檢察官可能不會認真對待案件處理，專業化水平難以提高，承辦意見依舊在低水平徘徊，而主任檢察官的壓力卻不斷增大，以致難堪重負。

（三）小結

透過兩岸主任檢察官的職權對比可以發現，中國大陸的主任檢察官擁有比臺灣地區主任檢察官更大的權力。臺灣地區的主任檢察官只有監督建議權，並無權改變具體承辦人的辦案意見；而大陸的主任檢察官卻握有案件決定權，對於大量的簡單案件可以直接決定案件處理。職權範圍的區別也決定了辦案責任承擔的區別：在臺灣地區，如果檢察長沒有透過案件移轉和收取變更承辦人，辦案責任就由承辦案件的檢察官個人承擔，主任檢察官不為其組內檢察官的辦案意見負責。大陸的主任檢察官決定案件處理，承擔辦案責任。最終意見之形成依舊遵循行政化思維模式，承辦檢察官並沒有獨立的地位，主任檢察官可以代替他決定案件處理。

筆者認為，符合訴訟規律的做法應是將主任檢察官設計為監督者，而非責任承擔者。對於實際承辦案件的檢察官來說，他們的辦案意見必須受到尊重，辦案責任也應由其承擔。若為避免低質量的檢察文書，應兼顧檢察一體化和檢察官的獨立地位，即如臺灣地區的經驗：一方面可以透過主任檢察官建議承辦檢察官修改辦案意見的方式實現；另一方面，如果承辦檢察官堅持，主任檢察官將案件交由檢察長決定。檢察長可以行使指令權，透過案件的收

取和移轉,將此案收歸自己或交由其他檢察官承辦,相應地,辦案責任由新的承辦人承擔。然而,若按照大陸目前的制度設計,由承辦檢察官具體辦案,而主任檢察官承擔辦案責任,行政化的辦案思路依舊沒有改變,這勢必會造成主任檢察官權力的膨脹,以及承辦檢察官獨立地位的進一步萎縮。

## 三、兩岸主任檢察官辦案組織形式比較

### (一)臺灣地區以檢察官個人為基本辦案單位

臺灣檢察官以股為單位進行劃分,一股代表一名檢察官,從《千字文》中取字確定其專屬股名。每股檢察官配備一定數量的書記官、檢察事務官等人員輔助其辦案。檢察官作出的所有檢察文書都要經主任檢察官核轉,交由檢察長批準才可生效。

臺灣檢察系統並無所謂的「三級審批制」,一線的辦案檢察官是有職有權的責任主體。案件的偵查、起訴都以檢察官個人為基本單位。主任檢察官只可就案件辦理向承辦檢察官提出建議,是否採納由承辦人決定。簡言之,臺灣的主任檢察官制度並沒有改變辦案責任的歸屬,檢察官才是基本的辦案組織,並對承辦案件負責,他才是獨立的責任主體。

### (二)大陸採辦案組的辦案形式

大陸採取的是主任檢察官辦案組的辦案形式。以北京市一分檢為例,主任檢察官辦案組由「主任檢察官—主訴(辦)檢察官—助理檢察員—書記員」組成,呈現出四級塔狀結構,主任檢察官是組內的總指揮官。[340] 上海閔行區檢察院區分案件的不同類型,主任檢察官辦案組還有大小之分:每組主任檢察官同為一人,但檢察官、助理檢察員和書記員的具體員額有所不同。[341]

簡單案件在主任檢察官辦案組內消化;而針對複雜、疑難案件,主任檢察官領導辦案組出具辦案建議,交由分管檢察長審批決定。對一般的簡單案件而言,主任檢察官並不實際承辦,由主訴(辦)檢察官作為案件的實際承辦人,助理檢察員擔任前者的助手;書記員負責組內的所有的卷宗案件的記錄、卷宗整理、複印、歸檔、接待律師閱卷等事務性工作。主訴(辦)檢察官提出辦案意見後,由主任檢察官審批決定。而面對複雜案件,主任檢察

成為實際承辦人,主訴(辦)檢察官、助理檢察員和書記員均輔助其工作,沒有獨立處理複雜案件的資格。

質言之,大陸的主任檢察官制度改革是將原本涵蓋檢察院各級的行政化處理案件方式壓縮到主任檢察官辦案組之內。進步之處在於從原來的「檢察官—部門負責人—檢察長」的三級審批制,簡化為「檢察官—主任檢察官」及「主任檢察官—檢察長」的二級審批制。然而,「辦案者無決定權,決定者不辦案」的實踐弊病依舊沒有糾正,承辦檢察官的獨立地位依舊難以形成。

(三)大陸主任檢察官與部門負責人的關係

在大陸討論主任檢察官制度,還必須考慮主任檢察官與部門負責人的關係問題。[342] 如果在增設「主任檢察官」的同時保留科、處長的行政職務,就必須考慮主任檢察官與部門負責人之間的關係如何處理。如果主任檢察官在對應的行政級別上低於部門負責人,科、處長掌控著主任檢察官的人事權,則檢察系統的行政化問題不會得到根本改善,主任檢察官獨立處理檢察事務也無從談起。

在此問題上,大陸的試行經驗呈現出兩個特點:其一,部門負責人與主任檢察官之間高度重合;其二,部門正副職負責人分理行政與檢察事務,擔任主任檢察官的均為部門副職,正職負責人依舊保留行政官性質。實踐中,上海與北京的主任檢察官制度要求部門負責人「一崗雙職」,即部門負責人是當然的主任檢察官;反過來,主任檢察官也多由部門負責人擔任。例如,北京市一分檢的公訴部門現有9名主任檢察官,其中有8人是部門副職負責人;在上海市閔行區檢察院,試行主任檢察官制度的四個部門(偵查監督、公訴、金融檢察、未成年人)中,副科長全部為主任檢察官或者代理主任檢察官,帶組辦案。[343] 如此一來,檢察機關在已設有專理人事、行政等事務部門的前提下,每個辦案部門又另設一位純粹的行政官,且官職高於主任檢察官。儘管在辦案層面,主任檢察官是僅次於檢察長的職務,但由於人事權掌握在正職科處長手中,報告、請示仍難避免,縱使制度賦予主任檢察官獨立決定權,其獨立性前景仍不容樂觀。

## 四、兩岸主任檢察官待遇情況對比

主任檢察官的待遇是該制度正常發展必須依靠的重要配套措施。在主任檢察官的待遇設計方面，一方面必須能夠充分調動檢察官及主任檢察官的積極性；另一方面，也必須採取措施預防主任檢察官的官僚化問題。

### （一）臺灣地區的規定旨在預防主任檢察官的官僚化

在臺灣地區，考慮到主任檢察官自從誕生之日起便隱含著「行政官」色彩，有關主任檢察官待遇的諸多規定都在朝著遏制官僚化的方向努力，主要體現在以下三個方面：首先，主任檢察官不一定享受更優越的薪資待遇。臺灣檢察官的薪資待遇不與行政職務掛鉤，與是否擔任檢察首長或者主任檢察官並無必然聯繫。實踐中，一些資深檢察官已達年資要求，卻無意願擔任主任檢察官，而是繼續擔任檢察官；也有一些主任檢察官的任期已滿，但並未升任上一審級，而是回任本級檢察官。對於這些檢察官而言，他們的職等可能與主任檢察官相同，甚至比後者更高，薪資待遇也可能更優。其次，臺灣主任檢察官並無身份保障的優待。臺灣的主任檢察官並不因其「主任」身份而有特殊保障，只是因為其有檢察官資格而受到身份保障。主任檢察官在職級上參照庭長，其身份保障亦與庭長[344]相同。因此，並不存在「終身主任檢察官」，當主任檢察官不再適任時，便討論其退場問題。再次，臺灣主任檢察官有任期限制，任期四年，以連任一次為限。2012年4月27日，「法務部」公佈了「高等法院以下各級法院及其分院檢察署主任檢察官職期調任辦法」，[345]結束了「萬年主任檢察官」的歷史。「辦法」對地檢署和高檢署的主任檢察官任期和連任次數進行了規定，同時規定了主任檢察官的考評制度：在連任之前，需由「法務部」組成的「高等法院以下各級法院及其分院檢察署主任檢察官職期審查會」對其是否適合連任進行審查，對於不適於連任者，由「法務部檢察官人事審議委員會」審議回任檢察官。八年任期屆滿之後，主任檢察官需再經考評，決定其是否適合升任至上一級法院檢察署擔任檢察官。主任檢察官任期和考評制度的確立在調動主任檢察官工作積極性方面發揮了重要作用，敦促主任檢察官在其任期之內繼續保持勤懇工作。

### （二）大陸的規定旨在調動主任檢察官的積極性

大陸的主任檢察官制度尚處於試行階段，在主任檢察官的任期及考評制度經驗方面仍為空白。關於主任檢察官待遇的制度設計重點在於調動主任檢察官的積極性：以待遇保障鼓勵主任檢察官大膽行使權力，同時承擔辦案的責任，使主任檢察官的「權、責、利」協調統一。

改革者們認為，大陸主任檢察官制度相較於主訴（辦）檢察官制度的一大優勢在於，它克服了後者缺乏待遇保障的問題。主任檢察官制度改革吸取了主訴（辦）檢察官制度中因缺乏職級待遇的配套措施而導致人員流失的教訓，提高了主任檢察官的待遇，以改變檢察官的責任與待遇不符的現狀。例如，北京市一分檢的主任檢察官與一定的行政級別掛鉤，克服了主訴檢察官沒有明確行政級別的難題。再如，上海市閔行區檢察院的主任檢察官在任職期間，雖然其職務不與行政職級掛鉤，但是享受上一職級的部分待遇。

（三）小結

檢察體制改革的目標之一應是提升整個檢察隊伍的業務素質。主任檢察官待遇制度設計的著眼點也不應僅限於提升主任檢察官的地位，還必須考慮廣大檢察官工作積極性的調動問題。誠然，主任檢察官須承擔超出一般檢察官的工作任務，在通常情況下，賦予其更優越的薪資待遇無可厚非。然而，從整個檢察隊伍的角度出發，筆者認為至少還需進行兩方面的思考：其一，改革的目標不在於讓廣大檢察官競相爭當主任檢察官，而應在於實現各方之間的良好協作。因此，在提升主任檢察官待遇的同時，也應當從給予經濟激勵，尊重辦案意見等方面調動其他檢察官的工作積極性。其二，主任檢察官的員額應當相對確定，人員流動問題必須提上議事日程。因此，應當主任檢察官的完善任期和考評制度，優勝劣汰，吸納優秀的專業人才更新隊伍。否則如果對主任檢察官仍如原來的部門負責人一樣實行「終身制」，則勢必導致隊伍的僵化與腐化。

## 五、大陸應采主訴（辦）檢察官與主任檢察官制度相結合的改革路徑

透過上文分析已經發現，大陸推行的所謂「主任檢察官」改革與臺灣地區的主任檢察官制度頗有差距。改革在很多方面卻與主訴（辦）檢察官制度

不謀而合：二者都是為瞭解決檢察行政化問題；改革的核心也均在於權力下放與辦案責任的承擔。因此，大陸的改革雖冠以「主任檢察官」之名，但仍應吸納主訴（辦）檢察官制度的合理之處，避免制度改革出現斷層，從而實現主任檢察官制度與主訴（辦）檢察官制度的合理銜接。

筆者認為，大陸檢察行政化問題的癥結在於檢察官沒有養成獨立的司法人格，改革的落腳點應當在於如何切實賦予檢察官獨立辦案的權力。為實現這一目標，大陸檢察改革應從以下三方面入手：其一，回歸主訴（辦）檢察官及主任檢察官制度改革的初衷，恢復主訴（辦）檢察官獨立辦案的地位；其二，將主任檢察官的職能回歸到對承辦人員檢察事務的監督；其三，實現主任檢察官與部門負責人的職能分化，二者分理檢察及行政事務。需要注意的是，將主訴（辦）檢察官與主任檢察官制度結合起來推行改革，必須以回歸兩制度的原貌為前提：主訴（辦）檢察官制度應嚴格遵循 2000 年最高人民檢察院頒布的《關於在審查起訴部門全面推行主訴檢察官辦案責任制的工作方案》的規定，將主訴（辦）檢察官作為獨立的辦案主體；主任檢察官制度改革應根據臺灣地區的原型，賦予主任檢察官對檢察事務的監督權，而非決定權。具體來講，應從以下幾方面落實工作。

第一，大膽放權，摒棄「三級審批」制，保障主訴（辦）檢察官在檢察長的領導下獨立承辦案件。[346] 具體檢察業務在主訴（辦）檢察官與分管檢察長之間，無須再經其他中間層審批。[347] 主訴（辦）檢察官辦理案件過程中，可配備一定數量的檢察官助理和書記員擔任其助手，在承辦人領導之下協助辦案。區分承辦案件的不同類型，主訴（辦）檢察官在辦理簡單案件時行使決定權，在處理複雜案件時行使建議權，辦案意見呈交分管檢察長審核決定。主訴（辦）檢察官須承擔辦案責任：在行使決定權時，對案件的事實、證據認定及法律適用均負責；在提出建議時，僅對案件的事實、證據認定負責。分管檢察長不核準主訴（辦）檢察官的辦案意見必須十分謹慎，並且若不透過行使指令權變更承辦人，分管檢察長原則上仍應以主訴（辦）檢察官認定的案件事實為前提，僅可在法律問題上做出決定，並對其負責。

第二，檢察業務序列中應在檢察官與分管檢察長之間增設一級主任檢察官。主任檢察官對於非由自己承辦的案件不承擔辦案責任，但須對所轄範圍

內由主訴（辦）檢察官辦理的檢察業務進行監督：主訴（辦）檢察官的辦案意見須先交由主任檢察官，主任檢察官閱後不得自行修改，而應呈交分管檢察長審核決定。主任檢察官如果不同意主訴（辦）檢察官的意見，應與之充分溝通，或提出自己的意見一併呈報檢察長，但無權改變承辦檢察官的意見。[348] 如此一來，大陸的主訴（辦）檢察官、主任檢察官及分管檢察長可以與臺灣地區的各級檢察官實現如下圖的大致對應，各自的職權歸屬也更為明確。

| 台灣 | 中國 | 備註 |
|---|---|---|
| 檢察官 | 主訴（辦）檢察官 | 獨立辦案主體、責任主體 |
| 主任檢察官 | 主任檢察官 | 監督主體 |
| 檢察長 | 分管檢察長 | 指令權行使主體 |

之所以以主任檢察官制度對主訴（辦）檢察官制度進行如此改造，理由在於：一方面，中國大陸檢察官數量龐大，素質參差不齊，一味放權可能難以保證辦案的質量。然而，檢察權的司法屬性不允許採取縱向的行政監管方式來保證案件質量，需要以符合檢察工作規律的方式為辦案質量把關。在承辦檢察官與分管檢察長之間增設一級監督主體，經由主任檢察官的監督建議，大部分低質量的初始辦案意見可由主訴（辦）檢察官自行修改，分管檢察長可以集中精力處理疑難案件。另一方面，從實踐經驗來看，大陸檢察機關的科、處長已經在事實上發揮了類似臺灣地區主任檢察官的監督者的作用。[349] 然而，科、處長畢竟是行政序列的稱呼，行政官監督檢察事務「名不正言不順」，因此，有必要在檢察業務序列中增設一職專司監督，實踐中負責檢察事務監督的科、處長應向主任檢察官方向轉化。

第三，實現檢察業務部門內行政與檢察事務的相互獨立：在檢察業務序列設立主任檢察官，專理檢察事務；在行政序列保留部門負責人處理行政事務。考慮到大陸長期以來的司法實踐，不宜仿照臺灣經驗，由主任檢察官兼理檢察與行政事務；適宜之舉是進行檢察事務與行政事務，檢察專業人員與行政人員的分離。上述改革思路已經取得了部分實踐經驗，例如，北京市檢一分院的公訴部門副處長兼任主任檢察官，專司檢察事務，在權限內對決定案件處理或者提出建議；處長在本處室內行使行政管理權，形成一種處長與主任檢察官（副處長）分管行政事務與檢察事務的模式。[350]

然而筆者認為，在進行此項改革時還必須注意三方面的問題：首先，主任檢察官應與部門負責人級別等同，相互獨立。應當賦予主任檢察官和部門負責人同等職級，行政負責人不掌握主任檢察官的升遷，才不會因職級高低而對具體案件產生壓力。其次，增設主任檢察官必須以精簡部門負責人數為前提，且主任檢察官與檢察官員額之間應當保持一定的比例。原本的部門負責人被精簡後，不宜全部轉任主任檢察官，而應擇優定額選任，保證主任檢察官與檢察官的員額維持適當的比例。否則只會導致主任檢察官資格的泛濫，制度改革難以實現預期效果。再次，主任檢察官設立以處理檢察事務為必要。在案管等行政業務部門，由於不處理檢察業務，故無需配備主任檢察官，保留原有部門負責人即可。

# ▌臺灣地區訊問被告人制度及其借鑑

蘭躍軍[351]

臺灣地區2003年2月6日對其「刑事訴訟法」進行了修正，修正之處達到110多個條文，是1967年以來最大的一次。[352]但是，臺灣地區「刑事訴訟法」（以下簡稱臺灣地區「刑訴法」）第一篇「總則」中第九章「被告之訊問」共10條（第94條至第103條）未作改動。該章與「總則」第2條、第41條及其他篇、章、節中相關條文共同規定了一個完整的訊問被告人制度。[353]其主要內容包括訊問之機關、訊問之程序、訊問過程錄音錄影和訊問筆錄之製作等，充分體現了現代刑事訴訟民主化、科學化要求。本文介紹臺灣地區訊問被告人制度的主要內容，分析其主要特點，探討它對大陸修改完善刑事訊問制度的借鑑價值。

## 一、臺灣地區訊問被告人制度的主要內容

根據臺灣地區學者的理解，刑事訴訟法是關於刑事訴訟程序的規範，是用來確定國家刑罰權應否具體實施及實施範圍的程序法規。「刑事訴訟就是指國家為實行刑罰權所必須為一切訴訟程序之總稱。」[354]而犯罪嫌疑人、被告人作為刑事訴訟的追訴對象，是一切訴訟程序設計的出發點和歸宿。「對於被告發問促其陳述者，謂之訊問，亦即使其陳述之事實也。所謂事實，乃

指被告犯罪之事實,該事實可為證據方法之資料,故被告一面為訴訟之當事人,一面為證據方法。可見訊問之目的,不但予以行使防禦權之機會,為促其辯明犯罪嫌疑陳述有利於己之事實,並提出相當之證據,且可為調查證據而設,以期獲得證據也。至於被告陳述與否,任其自由。」[355] 訊問被告人制度作為臺灣地區「刑訴法」之基本制度,是在總則篇以專章規定的,對於刑事訴訟偵查、起訴、審判等各個階段進行訊問普遍適用。根據臺灣地區「刑訴法」規定,訊問被告人制度主要內容包括訊問主體、訊問程序、訊問規則、訊問過程和訊問結果固定四個方面。

(一)訊問主體

臺灣地區「刑訴法」秉承大陸法系傳統,實行偵檢一體化模式,整個刑事審判前程序由檢察官主導,司法警察官和司法警察受檢察官指揮偵查犯罪。因此,在偵查程序中,由檢察官訊問被告人。司法警察官或司法警官為了調查瞭解案件事實,可以詢問犯罪嫌疑人。這種詢問準用訊問被告人之規定。並且法律規定,司法警察官或司法警官詢問犯罪嫌疑人大多只能在白天進行,原則上禁止夜間訊問,也不得在法定障礙期間內訊問受拘捕者。只有下列四種情形下才可於夜間行之:(1)經受詢問人明示同意者;(2)於夜間經拘提或逮捕到場而查驗其人有無錯誤者;(3)經檢察官或法官許可者;(4)有急迫之情形者。另外,犯罪嫌疑人請求立即詢問的,應即時為之。而在起訴階段中不存在訊問被告人。審判階段是由審判長或受命推事訊問被告人。這種訊問包括人別訊問、本案訊問、證據訊問及辯論訊問四種情形。且「審判訊問被告,以審判長訊問為原則,受命推事及參與合議之陪審推事,亦得對被告人加以訊問,惟訊問前須先告之審判長」。[356] 可見,在臺灣地區,只有檢察官和法官有權訊問被告人,而司法警察官和司法警察只能詢問犯罪嫌疑人,詢問準用訊問之規定。

(二)訊問程序

臺灣地區「刑訴法」規定不同階段訊問被告人有不同種類,且有不同的目的。而總則第九章所規定的訊問程序適用於所有訊問。根據第 94 條至第 97 條規定,訊問程序可分為人別訊問、告知權利和事物訊問三個階段。

1. 人別訊問，即識別訊問，其目的是查驗其人有無錯誤。如訊明其人無誤後，始可進行本案之訊問。根據臺灣地區「刑訴法」第94條規定，訊問被告，應先詢問其姓名、年齡、籍貫、職業、住所或居所，以查驗其人有無錯誤。如果錯誤，應當立即釋放。對於未羈押的被告，應命其返回。在進行人別訊問時，對於被告一般生活狀況，如出身、嗜好、家庭狀況及有無前科等情況，也應該詳細地加以訊明，供結案時參考。如果被告在押，其在押期間亦應詢問清楚，分別記明於筆錄。

2. 進行人別訊問查驗無誤後，訊問主體必須踐行告知義務，對被告進行權利告知。根據臺灣地區「刑訴法」第95條規定，訊問被告應先告知下列事項：「①犯罪嫌疑人所犯的罪名。罪名經告知後，如果認為應當變更的，應再告知被告；②得保持沉默，無須違背自己之意思而為陳述；③得選任辯護人；④得請求調查有利之證據。」按照臺灣學者解釋，訊問被告人時之所以要設置告知程序，無非是為了促使被告注意答辯或防禦。[357] 這項程序，在偵查及準備審判程序中，於人別訊問後立即得為之；而在審判期日，必須在檢察官陳述起訴要旨後，才能開始進行。

3. 事物訊問，即就本案相關事實進行訊問。臺灣地區「刑訴法」第96條規定，訊問被告，應當給予被告以辯明犯罪嫌疑的機會。如果有辯明，應當命令他就其始末連續陳述；被告陳述有利的事實，還應命令他指出證明的方法。當被告有數人時，應當分別訊問他們。那些未經訊問的被告，不得在場。但是，如果出於發現案件真實之必要，可以命令被告互相對質。在必要時，被告亦可以請求對質。並且法律規定，對於被告這種對質請求，除了明顯無必要外，訊問主體不得拒絕。當然，對質請求權在被告，而有無對質必要的決定權在訊問主體。被告不能因為訊問主體不同意其對質而指控程序違法。

（三）訊問規則

世界各國（地區）刑事訊問制度都有訊問規則，主要內容涉及禁止使用的訊問方法、訊問方式、訊問語言等。臺灣地區「刑訴法」第98條至99條也規定了這些內容。

1. 禁止使用的訊問方法。臺灣地區「刑訴法」第 98 條規定，訊問被告應出以懇求之態度，不得用強暴、脅迫、利誘、詐欺、疲勞訊問或其他不正之方法。對於這項規定，臺灣學者的解釋是，訊問被告應出以懇切和藹的態度，不但不得有強暴、威脅、利誘、詐欺及其他不正當的方法，如笑謔怒罵之惡習亦應摒除。故訊問時應心平氣和，切戒拍案叫罵，或喜怒無常情節。被告有時不免狡猾推賴不肯吐露真情，只要訊問得法，亦可以求得真相。即使被告堅持不供述真情，亦不得用強暴、脅迫、利誘或其他不正當的方法取供。臺灣地區有學者認為，立法明確規定禁止使用的訊問方法，目的在於維護被告人陳述與否的意思決定及意思活動的自由，保障自白的任意性。這也再度宣示：「不計代價之真實發現，並非刑事訴訟之原則。」[358]

2. 被告為聾、啞或語言不通者，得用通譯，並且得以文字訊問，或命其以文字陳述。（臺灣地區「刑訴法」第 99 條）。這是訊問的特別規定。刑事訴訟原則上採用言詞審理主義，但被告為聾啞或語言不通者，無法以言詞表達，所以必須用通譯，對於那些能夠識別文字的人，可以令其以文字陳述，以保護被告人的利益。

（四）訊問過程和訊問結果固定

訊問為調查證據之方法，以問答式為原則，這與詢問證人采會話式不同。透過訊問所獲得的被告人陳述，對於查清案件事實具有重要價值。所以，如何將訊問過程和被告人陳述記錄下來，是訊問被告人制度的重要內容。各國（地區）做法也不盡相同。根據臺灣地區「刑訴法」第 100 條至 101 條規定，訊問過程和訊問結果固定包括製作訊問筆錄和全程連續錄音錄影兩種方式。

1. 製作訊問筆錄。臺灣地區「刑訴法」第 41 條規定，訊問被告應當場製作筆錄，記載下列事項：（1）對於受訊問人之訊問及其陳述；（2）證人、鑒定人或通譯如未具結者，其事由；（3）訊問之年、月、日及處所；前項筆錄應向受訊問人朗讀或令其閱覽，詢問記載有無錯誤。受訊問人請求將記載增、刪、變更者，應將其陳述附記於筆錄。筆錄應命受訊問人緊接其記載之末行簽名、蓋章或按指印。第 100 條又補充規定，被告對於犯罪之自白及其他不利之陳述，並其陳述有利之事實與指出證明之方法，應於筆錄內記載明確。訊問被告，固然應當重視辨別犯罪事實之有無，但與犯罪構成要件、

加重要件、量刑標準或減刑原因有關之事實，均應於訊問時深切注悉，研訊明確。倘被告提出有利之事實，更應就其證明方法及調查途徑，逐一追求，未可漠然置之。遇有被告自白犯罪，仍應調查其他必要之證據，詳細推鞫是否與事實相符，以防作偽也。[359] 所有這些內容也是訊問筆錄的組成部分。

2. 錄音錄影。訊問筆錄只能靜態地記錄訊問過程及被告人陳述，容易受其他因素影響而失實。臺灣地區「刑訴法」第 101 條規定，訊問被告，應當全程連續錄音；必要時，並應全程連續錄影。但有急迫情況且經記明筆錄者，不在此限。這樣，透過全程連續錄音或錄影，動態地記錄訊問過程，與訊問筆錄互相呼應，相互印證，以擔保被告人陳述的證明力。並且，為了防止兩者發生衝突，第 101 條第 2 項還補充規定，筆錄內所載之被告陳述與錄音錄影之內容不符者，除有前項但書情形外，其不符之部分，不得作為證據。這裡的「內容不符」，在實務中可能包括未全程且連續錄音（影）、根本未錄音（影）、事後補正、修改或其他造假之錄音（影），及錄音（影）效果不清晰。[360]

另外，關於錄音錄影資料的保管方法，該條第 3 項規定，分別由「司法部」、「行政院」確定。

## 二、臺灣地區訊問被告人制度的主要特點

透過前面介紹，可以發現，臺灣地區「刑訴法」規定的訊問被告人制度具有以下特點：

（一）強化被告人人權保障

臺灣地區「刑訴法」第 2 條就規定，實施刑事訴訟程序之公務員，就該管案件，應於被告有利及不利之情形，一律注意。被告得請求前項公務員，為有利於己之必要處分。為了將這一規定具體化，法律規定訊問被告人時應先告知被告得請求調查有利之證據，例如，請求訊問有利於己之人證，或蒐集有利於己之證據等。第 100 條要求訊問筆錄應當明確記載被告對於犯罪之自白及其他不利之陳述，以及被告所陳述有利之事實和所指出證明的方法。為發現案件真實之必要，法律還賦予被告人請求對質權。並且對於被告這種請求，除了明顯無必要的情況外，訊問主體不得拒絕。這樣，從被告人權利

到訊問主體義務,從訊問告知到訊問筆錄,全方位保護被告人的權利,強化了訊問過程中被告人人權保障。

(二)增強訴訟民主性

訴訟民主性的基本內容是充分保障公民個人權利,制約國家權力的行使。它是現代國家設計和構建刑事司法程序的重要依據。從臺灣地區訊問被告人的程序和規則中,我們可以清楚地發現其民主性成分。首先,人別訊問程序有利於保障無辜的人免受刑事追究;其次,訊問告知程序要求訊問主體充分履行告知義務,制約了國家權力濫用,又有利於保障被告的合法權益。臺灣地區「刑訴法」雖然沒有規定被告人享有沉默權,但其第156條第3項規定:「被告未經自白,又無證據,不得僅因其拒絕陳述或保持緘默而推斷其罪行。」這是臺灣地區1967年修正公佈「刑訴法」新加的內容。其理由在於,按傳統觀念,每遇被告之拒絕陳述或保持緘默者,不會注意調查其他證據,即認為理屈詞窮,這是對被告至為不利的。所以,酌采英美法證據法則,增列一項,不得僅因被告拒絕陳述或保持緘默而推斷其罪行,藉以維護被告利益。臺灣地區學者認為,在臺灣刑事訴訟中,被告人雖無沉默權,但也無陳述不利於己事實的義務。不過,根據該法第101條和第76條第三款的規定,被告人經訊問後,有事實足認為有湮滅、偽造、變造證據或勾串共犯、證人之虞,必要時可予羈押,可見,被告人也沒有供述虛偽事實的權利。[361]這樣規定使訊問程序在控制犯罪與保障人權之間保持了平衡,充分體現了訴訟的民主性要求。此外,臺灣地區「刑訴法」第101條第3項規定,對於訊問過程錄音、錄影資料的保管方法,由「司法院」、「行政院」共同確定,這也增強了訴訟過程的民主性。

(三)體現訴訟的科學性

訴訟的科學性是指能否準確地回覆案件事實。這不僅要求被告人認真回憶和真實陳述案件事實,還要求訊問主體準確記錄訊問過程,以懇切和藹的態度對待被告人,保障被告人陳述的自願性。臺灣地區「刑訴法」在這方面有科學的設計。首先,它要求訊問被告應給予他辯明犯罪嫌疑的機會,如果被告有辯明,應當命就其始末連續陳述,對於他陳述有利的事實,還應當命其指出證明方法。這有利於保證被告陳述的連續性。其次,法律要求訊問主

體在訊問被告時出以懇切的態度，不得使用強硬、脅迫、利誘、詐欺、疲勞訊問或其他不正當的方法，以保障被告陳述的自願性和被告人人權。而且，這種列舉式的陳述相對於《刑訴法》所規定的「嚴禁刑訊逼供」等，更具操作性，易於為人理解。另外，當被告為聾、啞或語言不通者，必須使用通譯，並且採用文字訊問的方式或者命令其以文字陳述，這對於保障特殊被告人陳述的真實性、完整性，具有重要作用。最後，在進行訊問記錄時，採用訊問筆錄和錄音錄影雙重方式，既互相補充，相互印證、補強，又可以連續地記載訊問過程中每一個細節，完整地再現訊問始末，為舉證證明訊問過程中是否存在刑訊逼供等違法行為、遏制被告人擅自翻供以拖延訴訟提供了保障。並且法律明確規定，訊問筆錄內所記載的被告人陳述與錄音錄影內容有不符的，除了有急迫情形且經訊問筆錄記載外，其不符的部分，不得作為證據採用，明確要求訊問筆錄與錄音錄影記載內容的一致性。

### 三、臺灣地區訊問被告人制度對大陸的借鑑

臺灣與大陸同屬一個中國，雙方刑事訴訟有共同的起源、相同的訴訟文化。臺灣地區「刑訴法」所規定的訊問被告人制度吸收了現代刑事訴訟民主化、科學化內容，值得大陸修改刑事訊問制度時加以借鑑。筆者認為，這主要包括以下四個方面：

（一）限制訊問主體的範圍

中國立法將訊問權賦予所有偵查人員，這顯然沒有考慮訊問活動的特殊性。訊問所具有的強制性、衝突性、直接性等特點，要求訊問人具備較高的法律素養，和良好的政治素質、業務素質、心理素質。只有這樣，才能應對千變萬化的犯罪活動和反偵查能力不斷增強的被訊問人，從而在訊問中掌握主動權，保證訊問質量，提高訊問效率。據悉，美國總共有 75 萬名警察，而真正有資格進行訊問的只有 15%、約 12 萬名教育程度比較高、技術能力比較強的警察，其他三分之二以上的警察進行巡邏工作，他們在街上會隨機抓到嫌疑人，但無權進行訊問。[362] 臺灣地區規定只有檢察官才有訊問權。大陸立法也應該明確界定訊問人的資格，適當限制訊問人的範圍，從而提高從事和主持訊問人員的級別。筆者認為，可以將訊問人資格定位於以下三個

方面：一是必須透過國家司法資格考試，具備紮實的法學理論功底；二是從事偵查、檢察、審判或律師工作 3 年以上，具有一定的法學實踐經驗；三是政治觀念強，過去沒有實施或參與刑訊逼供的記錄。據瞭解，目前大陸公安機關對刑事警察資格的取得也要經過專門審查，要求具備一定素質，包括各級公安機關內部舉行的偵查員資格考試。但這種考試略顯簡單，幾乎所有的參加人員都能透過。司法實踐中頻繁發生的違法偵查事件也足以說明這種資格取得制度不太科學，刑事警察的法律素質有待進一步提高。在目前還不可能（也沒有必要）要求所有的警察透過國家統一司法考試、具備司法資格的情況下，要求刑事警察必須達到法律本科文憑，透過國家統一司法考試、取得司法資格是必要的。

### （二）取消犯罪嫌疑人「如實回答」義務

2012 年《刑事訴訟法》第 50 條將「不得強迫任何人證實自己有罪」增加規定為取證禁止性內容，[363] 同時在第 118 條仍然保留了犯罪嫌疑人「如實回答」義務，只是在該條第二款增加規定告知內容，鼓勵犯罪嫌疑人自願供述，即「偵查人員在訊問犯罪嫌疑人的時候，應當告知犯罪嫌疑人如實供述自己罪行可以從寬處理的法律規定」。筆者認為，《刑事訴訟法》第 50 條僅僅賦予了犯罪嫌疑人「不得強迫自證其罪」權利，並非沉默權，也沒有確立不得強迫自證其罪原則，這與第 118 條保留的「如實回答」義務之間是存在一定衝突的。而對於刑訴法是否應當確立不得強迫自證其罪原則，理論界以及立法和司法實務部門目前還存在一定的爭論，主流觀點認為立法應當確立該項原則。陳光中教授主持的《刑事訴訟法再修改專家建議稿》第 12 條和徐靜村教授主持的《刑事訴訟法（第二修正案）學者擬制稿》第 5 條都在總則中將其增加規定為刑事訴訟法的基本原則之一，同時在訊問程序中取消了犯罪嫌疑人「如實回答」的義務。2012 年修改《刑事訴訟法》時考慮到中國刑事司法實際狀況，尤其是偵查機關偵查破案對口供的依賴性還較大，包括物證在內的各種科技證據的收集還未在刑事偵查中得到普遍應用，因此沒有完全吸納學者的觀點。但我們應當看到，立法確認「不得強迫自證其罪」權利，承認和尊重犯罪嫌疑人的訴訟主體地位，並公開否定強迫認罪的非正當性，已經是一項重大進步。它必將推動中國長期奉行的與「如實供述義務」

一脈相承的「坦白從寬、抗拒從嚴」刑事政策做出重大調整，促使中國現有的職權主義刑事訴訟結構轉向以平等對抗為基礎的當事人主義訴訟，並為從「口供本位」轉向「物證本位」、「由供到證」轉向「由證到供」的偵查模式改革提供契機，進一步完善和發展中國刑事訊問制度，從而在不久的將來取消犯罪嫌疑人「如實回答」義務，乃至賦予沉默權，完全實現從「應當如實回答」到「不得強迫自證其罪」的轉變，將「不得強迫自證其罪」原則確立為刑事訴訟法乃至憲法的一項基本原則。

（三）細化禁止使用的訊問方法

2012年《刑事訴訟法》第50條將刑訊逼供和威脅、引誘、欺騙以及其他非法方法界定為禁止使用的訊問方法，同時，第54條規定，凡是採用刑訊逼供等非法方法收集的犯罪嫌疑人、被告人供述都是非法證據，應當予以排除。但立法並沒有明確解釋「刑訊逼供」的概念，也沒有明確「其他非法方法」的範圍，可操作性不強。域外立法對禁止使用的訊問方法的界定，主要採用兩種方式：一是概括式，即凡是違反刑事訴訟法規定而使用的訊問方法都是禁止使用的，由此獲得的材料都不允許用作證據。這樣，所有違反刑事訴訟法規定進行的訊問都被界定為違法訊問，如《俄羅斯刑事訴訟法》第75條、《義大利刑事訴訟法》第191條等。二是列舉與概括式相結合，首先用列舉方式明確規定禁止使用的訊問方法，然後用概括式規定，凡以損害嫌疑人、被告人自由意志的方式進行的訊問都是違法訊問，由此所獲得的證據不得使用，如《德國刑事訴訟法》第136條a、《日本刑事訴訟法》第319條、英國《1984年警察與刑事證據法》第76條、《澳門刑事訴訟法》第113條，以及臺灣地區「刑事訴訟法」第156條規定等。這兩種方法各有優劣，各自適合不同國家的訴訟傳統。相比較而言，筆者認為第二種做法更符合中國國情。中國《刑事訴訟法》首先應採用列舉式明確規定禁止使用的訊問方法，除了對「刑訊逼供」的界定和確定威脅、引誘、欺騙的訊問方法的法律界限外，[364]還應補充規定：（1）禁止實施物理強制，包括毆打、長時間下跪或站立等體罰措施、疲勞訊問等變相體罰，以及其他致人肉體劇烈痛苦的方法。（2）禁止實施精神強制，包括威脅、催眠術、服用藥物等；（3）禁止以誘供、騙供等引誘的方式獲取口供。（4）禁止以欺騙的方式獲取口供。然後，

再採用概括式將其他殘忍、不人道、有辱人格或者損害嫌疑人、被告人自由意志的方法界定為禁止使用的訊問方法，由此所獲取的口供一律不得作為移送起訴、提起公訴和裁判的依據，無論犯罪嫌疑人、被告人是否同意。

（四）明確同步錄音錄像的證據效力

2012年《刑事訴訟法》第121條將同步錄音錄像增加為一種的固定訊問過程和訊問結果的方法，但立法並沒有明確同步錄音錄像的證據效力，也沒有明確其與訊問筆錄內容之間的關係。對此，學者們存在不同看法。歸納起來，主要有六種觀點。[365] 筆者認為，訊問同步錄音錄像作為固定和保全證據的一種方法，其證據效力需要根據其固定的內容來確定。從固定證據的功能來看，它仍然屬於犯罪嫌疑人供述和辯解。從固定訊問過程來看，它屬於視聽資料。理由包括：首先，訊問同步錄音錄像作為現代科學技術在刑事偵查程序和刑事證據領域的運用，是偵查機關在實施訊問犯罪嫌疑人這一偵查行為過程中借助於高科技設備來固定和保全訊問過程與訊問結果的一種「技術輔助性活動」。世界上沒有哪個國家（地區）將它規定為一種法定偵查手段，它本身不應當具有強制性，也不可能完全取代訊問筆錄成為固定和保全口供的唯一方式甚至主要方式。其次，依法製作的同步錄音錄像資料透過印證和補強訊問筆錄所記載口供的真實性、合法性，可以發揮對案件事實的證明作用，具有客觀性、關聯性和合法性。因此，如果它本身沒有任何瑕疵，並且經法庭查證屬實，應當具有證據資格，可以作為證據使用。只是這種證據的證據效力不具有獨立性，需要結合訊問筆錄和其他證據綜合認定。最後，同步錄音錄像作為固定和保全證據的一種方法，其證據效力不能一概而論，需要根據其固定的內容來確定。具體來說，從固定證據的功能來看，全程同步錄音錄像實際上是「犯罪嫌疑人、被告人供述和辯解」的錄音錄像，它與訊問筆錄一樣，本質上都是固定和保全犯罪嫌疑人供述和辯解的一種方式，所反映證據的原始形態就是犯罪嫌疑人的供述和辯解，並不是一種獨立的證據種類，因此，它仍然屬於犯罪嫌疑人供述和辯解這種證據形式。從固定訊問過程來看，全程同步錄音錄像可以全面、直觀、不間斷地錄製訊問過程和口供內容，在庭審質證過程中，如果被告人對證據來源、訊問程序等方面的合法性提出異議而試圖翻供時，同步錄音錄像資料可以作為證明偵查人

員沒有對犯罪嫌疑人實施刑訊逼供、誘供等違法取證行為的證據材料，在這種情況下，它屬於視聽資料這種證據形式。至於訊問筆錄記載內容與同步錄音錄像的關係，臺灣地區「刑訴法」第101條要求訊問筆錄內所記載的被告陳述應當與錄音錄影的內容一致，否則，除非特定情形，其不符之部分，不得作為證據。這對於解決該問題具有借鑑價值。

# 兩岸夫妻財產制度的傳統繼承與現代變革——從夫權專制到男女平權

夏吟蘭 劉征峰 [366]

伴隨傳統家庭結構的變化，夫妻關係成為現代家庭關係的核心，夫妻間財產關係在親屬法中的地位日益凸顯。夫妻財產制度既與夫妻身份關係緊密相連，又與財產制度密切相關，是典型的身份財產法。

海峽兩岸同宗同源，風土人情、文化習俗同出一脈，均淵源於傳統的封建宗法家族制度，但1949年以來，兩岸經歷六十餘年之法制隔離，各自的夫妻財產制度經歷多次變革，在應對傳統繼承和現代性變革的問題上分別採用了不同的路徑策略。儘管目前兩岸夫妻財產法律制度有所不同，但殊途同歸，兩岸夫妻財產制度追求的目標及達成的效果極為相似，以實現男女實質平等為首要目標，兼顧維護夫妻共同生活，保護交易安全，尊重個人意思自治。探討研究兩岸夫妻財產制度的傳統性和現代性問題對於透析各自夫妻財產制度之異同，確立夫妻財產制度未來改革方向，更好地完善夫妻財產制度具有重要意義。

## 一、宗法家族制度對中國傳統夫妻財產關係的影響

（一）宗法家族體制下沒有獨立的夫妻財產制

在中國傳統社會理念中，社會生活秩序之基礎不在於個體，而在於個體所對應之身份。對個人的定位首先是其在家族中的身份，然後才是公共領域中的身份。身份體繫上的「尊卑有序」為中國傳統宗法社會之基本特徵。正如瞿同祖先生所言：「家族主義及階級概念始終是中國古代法律的基本精神

和主要特徵，他們代表法律和道德倫理所共同維護的社會制度和價值觀念。」[367]中國傳統親屬觀念根植於宗法家族觀念之中。宗法家族觀念集中反映在中國傳統社會「三綱五常」的倫理道德觀念中。所謂三綱，即「君為臣綱，父為子綱，夫為妻綱」。君臣、父子、夫妻之間均存在主從關係。就夫妻關係而言，宗法家族觀念強調「夫妻有別」之理念。「夫妻有別」不僅指代夫妻社會分工體繫上的差別，更是指夫妻雙方身份上的差別，即夫尊而妻卑。中國封建社會各朝各代之律例無不反映了這種宗法家族觀念，男尊女卑之思想可謂根深蒂固。在身份上，夫妻一體，實則是夫之人格吸收妻之人格。妻子在婚後從夫姓、從夫居、從夫財，喪失了獨立的人格，成為無行為能力或限制行為能力人。這與傳統社會婚姻觀念不謀而合。《禮記‧昏義》將婚姻界定為「合二姓之好，上以事宗廟，而下以繼後世」。女性一旦結婚，主從關係由「從父」變為「從夫」。傳統社會，無論中西，資源之配置均基於身份，中國亦不例外。宗法家族理念不僅追求夫妻一體，而且追求父子一體，兄弟一體。家族財產同樣視為一體。未經祖父母、父母同意而別籍異財的行為不僅違背家族倫理觀念，而且要受到法律的制裁。《唐律‧戶婚》記載：「諸祖父母、父母在而子孫別籍異財者，徒三年。」處於卑從地位的妻子自無享有夫家財產的可能，所謂「子婦無私貨，無私蓄，無私器，不敢私假，不敢私予」。即使是作為嫁資帶入夫家之財產，除個人用品外，亦為夫之財產所吸收。[368]妻子在通常情況下對嫁資不享有所有權，不能獨立支配嫁資。傳統宗法家族觀念下，妻子既無獨立人格，亦無獨立財產。陶希聖先生將中國宗法制度之特徵概括為三點：一為父系；二為父權；三為父治。[369]在此種宗法體制下，妻子之人格被丈夫之人格所吸收，而丈夫之人格亦被其父系家長所吸收。「同居共財」的概念並不包含「妻子為夫家財產共有人」這層含義。「同居共財」體系下，妻子並不是夫家財產的共有人。即使在丈夫分家以後，妻子的嫁資與丈夫所分之財產合一，妻子也不是合體後財產的共有人。是故，雖然在宗法家族主義影響下之法統舊制中存在夫妻財產關係的零散規定，但並不存在獨立完整的夫妻財產制。

（二）1930年《中華民國民法》親屬編確立的夫妻財產制

近代伊始，源遠流長的中華法系遭到西方國家近代法律的挑戰與衝擊，從 20 世紀初清末政府的法律變革開始，中國傳統封建法律向近代資本主義法律轉變。[370] 而傳統宗法觀念既根植於中國社會，自會對歷次修律中夫妻財產制的架構產生影響，夫妻財產制的身份及財產雙重屬性使其成為新舊思想交匯博奕之焦點。清朝末年《大清民律草案》雖已成型，但尚未施行之時，封建沒落的清王朝即被推翻。民國建立後，北洋政府相繼制定了兩個版本民律草案，亦均未能頒布施行。

第一部頒布施行的民法典是臺灣地區至今仍在沿用的《中華民國民法》。該法典中的親屬編制定於 1930 年 12 月，施行於 1931 年 5 月。該法典引入了西方獨立人格與男女平等理論。在體繫上延續了《大清民律草案》所確定的《德國民法典》體系，但在內容上並非照搬德國民法典。夫妻財產制的相關內容主要參考了瑞士的立法例，以聯合財產製為通常的法定財產制，以分別財產製為非常的法定財產制，並採用法定夫妻財產制與約定夫妻財產制並存的立法模式。這是中國歷史上第一個內容全面、體系完整、邏輯嚴密、保留夫權色彩的夫妻財產制度。當然，其夫妻財產制之規定，皆為繼受外國規定而來，並非中國固有之制度。[371] 儘管該部民法典在內容上「采德國立法例者，十之六七，瑞士立法例者，十之三四，而法日蘇聯之成規，亦嘗擷取一二」，[372] 對中國法統舊例之繼承較為罕見，但這並不表明該法典完全忽視傳統。相反，該法典在移植西方立法例時，考慮到與所移植國家社會背景的相似度。特別是之所以采瑞士之夫妻財產制度，主要原因還是在於該財產制度在當時較為適宜中國之社會，人民在感情上也較易接受。參與該民法典制定工作的王寵惠先生認為：「瑞士之聯合財產制，既便於維持共同生活，復足以保護雙方權利，於我之情形亦稱適合。」[373] 夫妻財產制的架構一方面需引領社會之變革，「繼受歐陸近代法之法律思想，而力求男女平等與人格之獨立。」[374] 另外一方面，宗法家族理念根深蒂固，夫妻財產制的設計不能忽視人民之感情、社會之舊習，故仍保留了丈夫對夫妻財產的掌控權。

聯合財產制是指所有結婚時屬於夫妻的財產，以及婚姻關係存續期間雙方所得之財產，除屬於妻子之特有財產及原有財產外[375] 其餘均屬於丈夫所有。妻子雖然對「特有財產」和「原有財產」保有所有權，但丈夫對妻子的「原

有財產」有管理、使用、收益權；收益所得，歸屬於夫，妻無權干涉。丈夫因管理上的需要，還可以無須經妻子同意而處分妻子的財產。宗法家族觀念對 1930 年《中華民國民法》夫妻財產制之影響主要體現在以下兩個方面：

其一，聯合財產制的實質仍然是夫妻財產權利的不平等。聯合財產制亦稱管理共通制，源於日耳曼法族之舊制。其特徵主要有三：首先，除特有財產之外，夫妻財產合一；其次，夫妻雖各自保留所有權，但聯合之財產歸於夫管理並且所獲收益亦歸夫所有，但夫需要負擔家庭生活費用；最後，夫享有對妻原有財產的日常處分權。此制度以夫妻別體主義為基礎，看似平等，實則反映了家長制之舊習。如前文所述，較之夫妻一體主義，家長制更能反映中國傳統宗法家族觀念之本質。而聯合財產制雖較統一財產制有所進步，但仍然根植於「男尊女卑」之觀念。從財產歸屬來看，此制之下，如果妻無法證明財產為原有財產即推定為夫所有。夫妻亦不能約定特有財產的範圍，實則對妻不利。從財產的管理處分來看，聯合財產之管理、適用與收益之權利皆歸於夫。妻僅在家事代理權範圍內享有有限處分權限。從財產的清算上來看，聯合財產制終結時，妻只能從中取回原有財產，且不包括原有財產所生孳息，其餘均歸夫所有。如果妻之原有財產有所短少，夫除非有管理之過錯，否則不必承擔補償責任。丈夫在該制中明顯處於優勢地位。雖然該法典在采法定財產制之同時亦采約定財產制，但囿於中國之傳統及大眾之心理，采約定財產制者屈指可數。聯合財產制亦與中國傳統社會分工模式相吻合。中國向來有「男女有別」之傳統，「男耕女織」為中國傳統社會生產之典型。聯合財產制下，丈夫管理、使用聯合財產並獲取收益，負擔家庭生活費用，妻子負責家事勞動，享有家事代理權範圍內對聯合財產的處分權，「男主內而女主外」之特徵突出。

其二，該法典所定夫妻約定財產制亦處處體現夫權之觀念。根據該法典的規定，夫妻雙方僅能於法律所規定的四種財產制種類中擇取一種作為約定財產制，而不能在此之外另行創設。亦即，夫妻雙方即使采約定財產制仍然無法擺脫「男尊女卑」立法之影響。以一般共同財產製為例，依據 1930 年民法親屬編第 1032 條之規定，共同財產由夫管理。由於存在不能變更約定財產制內容之限制，夫妻不能約定由妻管理財產。又依第 1033 條之規定，

為管理之必要而處分者，無需經過他方同意。由於只有夫享有管理之權利，基於日常管理之處分亦為夫所單方享有。此等規定，於妻明顯不公。又以分別財產製為例，依據 1045 條之規定，僅夫有依妻管理權之付與而為管理並收益之權，而妻並無對等之權利，明顯不公。共同財產制和分別財產制尚且如此，遑論統一財產制之不公。是故，無論作為法定財產制的聯合財產制，還是作為約定財產制的統一財產制、共同財產制、分別財產制均建立在夫妻有別之基礎上。夫妻雙方權利之享有和義務之承擔均因夫妻身份之差別而不同。

總之，1930 年《中華民國民法》親屬編所定之夫妻財產製為新舊思想觀念交融與妥協之產物，標誌著中國近代夫妻財產制度的確立，彰顯出漸進式修法的特點。聯合財產制較之夫妻一體主義下的妝奩制、統一財產制已有較大進步，但它仍然保留了相當多的宗法家族觀念的殘餘，帶有較強的夫權色彩，體現了國民黨政府對封建宗法家族觀念的妥協與讓步。

## 二、兩岸夫妻財產制現代變革之路徑

（一）漸進變革之路——臺灣地區夫妻財產制之現代化路徑

隨著國民黨在大陸統治的結束，《中華民國民法》親屬編在臺灣地區繼續沿用至今。從 1930 年到 1985，五十餘年保持相對穩定，未曾修改。學界對「民法‧親屬」的評價雖有爭議，但有一點則是不爭的事實，即該法自頒布實施後經過五十多年，於 1985 年才進行了第一次修改，這至少說明「民法‧親屬」基本上是符合當時的社會需求的。[376]

1985 年起，臺灣地區對「民法」親屬編多次進行修改，採取了漸進式的改革路徑，謹慎修法，步步為營，紮實推進，逐漸消除封建父權、夫權對夫妻財產制度的影響。臺灣地區分別在 1985 年和 2002 年及 2007 年對夫妻財產制進行了三次大範圍的修正。

1.1985 年對聯合財產制的內容進行修訂——限縮夫權

1985 年修法主要是在原有財產制框架內盡力實現夫妻雙方形式上的平等。該次修法所涉內容主要有四方面。其一，改變財產歸屬的推定規則。在

財產的歸屬上，原有財產、特有財產之範圍不再因夫妻之身份而區別對待，聯合財產中無法證明歸屬的不再推定為夫單方所有。如由夫管理妻之原有財產，所生孳息用於負擔管理費和生活費之後的剩餘歸妻所有。其二，雙方可約定財產管理人。在財產的管理、使用和收益上，夫不再是法定唯一管理人，夫妻可約定聯合財產的管理方，並由財產管理方享有相應的權利和承擔相應的義務。其三，擴大妻子對財產的處分權。在財產的處分上，妻對夫之原有財產在家事代理權範圍內享有處分權。如果約定由妻管理財產，則妻對夫之原有財產享有日常管理之處分權限。其四，增設剩餘財產分配請求權。聯合財產制終止時，除因繼承或無償取得之外，扣除所負擔的債務，如果有剩餘，則夫或妻享有剩餘財產分配請求權。該次修法雖力求男女之形式平等，但囿於聯合財產制框架之限制以及當時多數議員所持之保守態度，男女形式平等之目標不可能一蹴而就。修正後的夫妻財產制仍然存在多處形式上的不平等。例如，除非夫妻雙方有相反約定，夫仍然被推定為當然管理人。修法之不徹底使得夫妻雙方在補償請求權和債務負擔上亦呈現模糊和不公之處，因剩餘財產分配請求權的規定過於簡略，實踐中亦難以執行。

2.2002年廢除聯合財產制，采所得分配製

1985年之修正實際上已經撼動聯合財產制之根基，2002年之修正則徹底廢除了聯合財產制，而采所得分配製（財產增益共同制，Zugewinngemeinschaft）作為夫妻法定財產制。所得分配製以分別財產製為基礎，同時吸收共同財產制之精神對分別財產制進行修正。該制與原聯合財產制有法律傳承之因素，均以夫妻財產權在婚姻期間的分別所有為基礎。此次修法，內容主要涉及六方面。其一，夫妻雙方在形式上平等，不存在權利義務不對等之規定，舊法之形式不平等規定全部予以廢除。形式平等原則貫徹法定財產制和約定財產制始終。其二，夫妻財產分為婚前財產與婚後財產，歸夫妻雙方各自所有，各自保有使用、收益、處分之權，並以各自財產承擔各自債務，以保護交易安全，維護個人自由。無法證明為婚前或者婚後財產的，推定為婚後財產，無法證明財產為夫妻一方財產的，推定為共同財產。此二推定以實現夫妻實質平等為目標。其三，夫妻雙方享有法定財產制終結時的剩餘補償請求權。即夫或妻婚後財產剩餘的差額應當平均分割，從而反

映家庭勞動之價值，以期實現夫妻雙方之實質平權。將無夫妻協力之無償取得或者繼承所取得的財產以及慰撫金排除在外，由此貫徹婚姻共同生活之本質。此請求權為債權請求權，不發生物權效力，以期保護第三人之交易安全。其四，增設自由處分金，保障夫妻經濟自主，維護夫妻個人自由。其五，增設財產報告、剩餘財產分配對象追加計算和保全制度，確保剩餘財產分配請求權之實現，維護夫妻實質公平，貫徹夫妻共同生活之本質。其六，夫妻按經濟能力負擔家庭內生活費用，以貫徹夫妻平等之原則。此次修法，除極個別細微之處，均為法律移植之結果。

3.2007 年修訂非常財產制

非常財產制是相對於通常財產制而言，在特殊的情況下適用的財產制度。臺灣地區「民法」親屬編規定了法定分別財產制與宣告分別財產製作為非常法定財產制所適用的具體財產制形式。為了與所得分配製的規定相銜接，體現夫妻雙方各自人格獨立，男女平等的精神，2007 年臺灣地區修訂了非常法定財產制，主要有以下兩項內容：其一，刪除了法定分別財產制的規定：夫妻之一方受破產宣告時，其夫妻財產制，當然成為分別財產制（第1009條）。因為在所得分配製下，夫妻在婚姻關係存續期間各自對其財產保有所有權權能，亦各自承擔債務，顯然，法定分別財產制已無存在之必要。至於夫妻約定共同財產制者，因共同財產本為夫妻公同共有，債務人進入破產或清算程序後，共同財產本應依比例列入破產或清算財團，故無再改用分別財產制之必要，縱刪除本條，亦不影響共同財產制夫妻債務人破產或清算程序之進行。其二，刪除了債權人對於夫妻一方之財產已為扣押，而未得受清償時，法院因債權人之聲請，得宣告改用分別財產制的規定（第1011條）。本條規定是對夫妻聯合財產制下債務清償的補充規定，所得分配製下已無存在之必要，且易為第三人利用，破壞夫妻關係，故刪除之。顯然，修訂非常財產制的目的，在於體現男女平等原則，並保護婚姻生活的相對穩定性。

2007 年的修正，還廢除了剩餘財產分配請求權之人身專屬性，以保障交易安全。

回顧臺灣地區夫妻財產制之修法歷程，不難發現，臺灣夫妻財產制之現代化路徑是從男女不平等到法律上的平等到實質上的平等。這一現代化改造

深受人民思想觀念、教育水平和社會經濟發展狀況的影響。修法之直接動因乃是「違憲解釋」之壓力，深層原因則是社會觀念之變遷。從經濟上來看，臺灣經濟迅速崛起，越來越多的女性擺脫了家庭勞動，參與社會勞動，經濟上日益獨立。傳統社會之家庭結構亦發生重構，核心家庭漸成主導家庭模式。夫妻財產制必須對這些變化作出回應，當然這種回應不是一蹴而就的，而是採用漸進的方式，逐漸完成從法律上的形式平等至實質上的平等。顯然，臺灣地區夫妻財產制的現代化路徑以清除宗法家族的父權、夫權的影響、消除夫妻在財產關係上的不平等為首要目標，兼顧夫妻共同生活之需要和市場經濟的交易安全，這與中國大陸夫妻財產制現代化的目標在本質上是相同。

（二）徹底廢除舊法統——大陸夫妻財產制之現代化路徑

1. 廢除舊法統，建立全新的夫妻共同財產制度

1949 年新中國成立後，廢除了國民黨「六法全書」。為了徹底廢除半封建、半殖民地社會的根基，廢除宗法家族制度的父權、夫權，把婦女從封建家庭中解放出來，煥發人們建設新中國的熱情和能量，解放生產力，新中國成立後頒布的第一部基本法就是《中華人民共和國婚姻法》。1950 年婚姻法對 1930 年民法典親屬編之夫妻財產制並無任何繼受。1950 年婚姻法是革命式的，以徹底廢除封建主義婚姻家庭制度為使命。該法第一條即明確提出廢除男尊女卑的封建主義婚姻制度，確立婚姻自由、一夫一妻、男女平等、保護婦女、兒童的基本原則。該法所涉夫妻財產制主要是繼受革命根據地婚姻家庭立法實踐和移植蘇俄立法例之成果。在男女平等、保護婦女的基本原則下，夫妻財產制採用了有利於保護婦女的一般共同制，即婚前婚後財產均為共同財產，但女方的婚前財產除外。

就立法技術而言，1950 年婚姻法相對比較粗陋。首先，夫妻財產制度的內容非常簡略，僅有 3 條規定涉及夫妻財產制度，既未規定約定財產制，也未規定非常法定財產制。儘管該法之立法背景文件認可夫妻雙方可對夫妻財產關係進行約定，[377] 但在法律條文中並沒有任何體現。其次，法定財產制的規定過於概括，僅規定「夫妻雙方對於家庭財產有平等的所有權與處理權」。根據陳紹禹所做的《關於中華人民共和國婚姻法起草經過和起草理由的報告》，所謂家庭財產包括男女婚前各自所有的財產，夫妻婚後共同生活

所得的財產，以及未成年子女的財產。本條規定就是要使夫妻間無論在形式上或實際上都能真正平等地共同所有與共同處理第一和第二種家庭財產以及共同管理第三種家庭財產。[378] 再次，該法並沒有採用細化財產制進而透過法律技術之設計來實現男女平權之目標，而是直接在形式層面維護婦女之權益。例如，該法第21條規定：「離婚時，除女方婚前財產歸女方所有外，其他家庭財產如何處理，由雙方協議；協議不成時，由人民法院根據家庭財產具體情況、照顧女方及子女利益和有利發展生產的原則判決。」該法第22條亦作出類似的規定，確立了「在夫妻雙方無共同財產的情況下，由男方負擔為共同生活所生債務」的債務承擔原則。其立法目標在於透過對當時幾乎沒有財產權利也沒有財產收入的婦女給予特殊保護，實現男女平等享有財產權利之結果，即透過特殊保護實現平等之目的。

1950年婚姻法所存在的這些問題與當時急於革新社會理念，實現男女平等目標有直接的關係。儘管該法在立法準備上顯得並不充分，但從實施的效果看，它廢除了封建主義的宗法家族制度，動搖了傳統的男尊女卑的夫妻財產觀念，構建起男女平等的現代夫妻財產制度雛形。

2. 漸次修法，逐漸完善夫妻財產制度

在經歷了「文革」的十年浩劫之後，恢復婚姻家庭秩序成為1980年婚姻法所面臨的重要任務。較之於1950年婚姻法，1980年婚姻法規定的夫妻財產制度包括法定財產制與約定財產制，夫妻財產制度更為完整，內容更為明確。1980年婚姻法將婚後所得共同制明定為法定財產制，同時規定夫妻雙方可以對財產歸屬進行約定。鑒於當時婦女的經濟地位與解放初期相比已有很大提高，在離婚財產的清算上，1980年婚姻法廢除了1950年婚姻法女方婚前財產歸女方，而男方婚前財產劃入家庭財產的規定。同時規定，夫妻雙方可對財產分配和債務承擔進行協商，充分保護當事人的意思自治。只有在夫妻雙方對共同財產分配協商不成時，才由法院在適當照顧女方的基礎上進行判決。在債務承擔上，1980年婚姻法廢除了在無共同財產償還共同債務時由男方單獨償還的規定。原則上夫妻雙方對共同債務負連帶責任，以示公平並保護交易安全。此次立法在1950年婚姻法的基礎之上構建起一個相對體

系完整、內容明確具體，以男女平權、尊重當事人意思自治、保護交易安全為目標的現代夫妻財產制度。

21世紀初，鑒於改革開放以來社會進步之迅疾，1980年婚姻法已經難以適應國人觀念之變化，社會之發展之需要，亟須修訂更新。2001年婚姻法對夫妻財產製做了較大幅度的修訂。首先，該法透過列舉加概況的方式明晰了夫妻個人財產和共同財產的範圍，適度擴大了個人財產的範圍，以適應當今社會個人財產普遍增加，個體意識不斷增強之社會現象。其次，該法明確了夫妻財產關係約定的內容、方式和效力。明確夫妻之財產約定不得對抗善意第三人。此次修法，進一步完善了夫妻共同財產制，加強了對個人財產的保護，維護個人自治之趨勢明顯。但相對於其他采所得共同制的國家而言，共同財產的範圍仍然較大。例如，沒有在遺囑或者贈與合約中明確只贈與夫妻一方就推定為對夫妻雙方的贈與的規定與多數國家立法例相異。

在婚姻法頒行後，針對司法實踐中夫妻財產關係出現的新問題、新情況，最高人民法院又陸續頒布了相應的司法解釋。《最高人民法院關於適用〈中華人民共和國婚姻法〉若干問題的解釋（一）》首先對婚姻法中共同財產的處分權進行了界定，確立了優先保護善意第三人的原則。其次，該司法解釋對夫妻分別財產制的舉證責任進行了分配，由夫妻一方舉證證明第三人並非善意。最後，重申對夫妻個人財產的保護，明確個人財產不因婚姻存續轉化為共同財產。[379]《最高人民法院關於適用〈中華人民共和國婚姻法〉若干問題的解釋（二）》主要涉及夫妻財產制的內容。該司法解釋首先對司法實踐中爭議較多的幾類財產的性質進行了界定：將個人財產的投資收益、一方實際或應當取得的住房補貼、住房公積金、養老保險金和破產安置補償費明確為夫妻共同財產；明確了屬於共同財產範圍的知識產權收益的內涵，只包含婚姻關係存續期間已經取得或實際取得的收益；將軍人的傷亡保險金、傷殘補助金、醫藥生活補助費明確界定為個人財產；按照婚姻關係存續年限界定軍人名下的復員費、自主擇業費等一次性費用的性質；將一方婚前承租、婚後用共同財產購買，房屋權屬證書登記在一方名下的房屋界定為共同財產；將夫妻一方父母婚前為雙方出資所購置的房屋界定夫妻一方的個人財產，而將婚後無相反表示所出資購買的房屋認定為共同財產。其次，該司法解釋亦

對離婚財產的分配和清算規則進行了細化，以便與其他法律法規相協調。最後，該司法解釋亦對夫妻雙方的債務承擔規則進行了細化：明確婚前債務除非用於婚後共同生活，否則認定為個人債務；除非存在個人債務的明確約定或者第三人知道夫妻雙方分別財產制的約定，否則一方在婚姻關係存續期間所負債務應當認定為共同債務；夫妻財產分割協議或者人民法院的生傚法律文書中對夫妻財產分割的安排或者夫妻一方死亡均不影響夫妻一方對共同債務連帶責任的承擔；一方承擔連帶責任後可以依據協議或者生傚法律文書向另一方追償。[380] 夫妻財產關係亦為《最高人民法院關於適用〈中華人民共和國婚姻法〉若干問題的解釋（三）》之重要內容。首先，該司法解釋借鑑非常法定財產制之精神，對婚姻關係存續期間共同財產之分割作出了規定，允許在存在一方嚴重損害另一方共同財產利益或者一方拒絕支付另一方負有法定撫養義務人醫療費的情況下對夫妻共同財產進行分割，以保護夫妻一方的合法權益。其次，明確夫妻一方婚前財產所產生的孳息和自然增值為個人財產。再次，該司法解釋對部分財產的性質進行了界定：明確婚後一方父母出資並登記在該方名下之房產屬於該方個人財產，對婚姻法司法解釋二的規定進行了修正；將雙方父母出資購買且登記在一方名下的房產認定為按份共有；將婚前一方以個人名義簽訂購買協議並支付首付的房產認定為支付首付方的個人財產，而婚後共同還貸部分及其增值則認定為夫妻共同財產；將一方作為共同財產的養老保險金的範圍界定為婚後個人實際繳納部分。最後，該司法解釋亦對離婚財產的分割和清算規則進行了細化。[381]

在 2001 年婚姻法頒行後，歷次司法解釋均涉及夫妻財產關係的內容，足以證明夫妻財產關係在中國婚姻法中的重要地位。從歷次司法解釋的內容上來看，婚後所得共同制中共同財產的範圍呈現縮小趨勢，例如司法解釋明確將個人財產所生孳息和自然增值、養老保險金中非婚後個人繳納部分、夫妻一方父母婚後出資購買且登記在該方名下的房產排除在共同財產的範圍之外。司法解釋亦將婚後父母雙方共同出資購買且登記在一方名下的房產認定為按份共有，從而排除所得共同制共同共有規定的適用。保護個人自由發展之趨勢日益明顯。此外，保護交易安全亦成為歷次司法解釋的重要目標，夫妻財產關係約定和財產分割均不得損害善意第三人的利益。

從婚姻法現代化變革的總體路徑來看，新中國成立之初以廢除舊法統，推翻封建的父權、夫權之宗法家族制度，解放婦女為目標，進行了疾風驟雨式的變革，但因法理準備不充分，法技術不夠成熟，婚姻法的規定相當簡陋，夫妻財產制度只具備雛形。之後在逐步完善夫妻財產制的過程中，兼顧了當事人的個人意思自治及交易安全，但對夫妻共同生活需要的考量不夠充分。從夫妻財產制的後期變革來看，中國大陸之個人主義思潮興起，婚後所得共同制有向婚後勞動所得共同制進化之趨勢。

## 三、兩岸夫妻財產制度之發展趨勢

在消除男尊女卑的宗法家族制度對夫妻財產制度立法的影響，適用男女平權的夫妻財產制度方面，兩岸採取了完全不同的路徑：大陸是透過革命、突變的手段，廢舊立新，逐漸完善，採用了先行立法而後依靠運動進行推進的模式，是一場自上而下的變革。而臺灣地區夫妻財產制之修正則是男女平權運動之結果，是建立在男女平等漸成社會共識的基礎上，透過妥協、漸進的手段，逐條修正，逐漸實現男女實質平等，是一場自下而上的變革。但殊途同歸，兩岸最終均消除了宗法家族制度的影響，實現了男女平權的夫妻財產制度。但兩岸夫妻財產制度均有需要完善之處，就兩岸夫妻財產制度的發展趨勢而言，應在保持各自特點的基礎上，進一步實現男女實質平等，維護夫妻共同生活，保護交易安全，尊重個人意思自治。

（一）實現男女實質平等

近代民法以人之抽象為前提，權利能力上一律平等，夫妻雙方均有財產能力。夫妻雙方之形式平等意指立法平等對待夫妻雙方，不以夫或妻之身份而區別對待，賦予不同的權利或者附加不同之義務。為滿足形式平等之要求，夫妻財產制之變革以廢除夫妻財產地位之形式差異為目標。無論採用何種財產製作為法定財產制，夫妻雙方應當在形式上平等。而夫妻雙方之實質平等實乃基於保護弱勢之社會法原理。民法傳統向以抽象之形式平等為特徵，對實質平等之關注則為現代民法之重要課題。梁慧星先生將近代民法向現代民法轉變之特徵歸結為從形式正義到實質正義之轉變。[382] 所謂實質平等是指「真正的」、「實際上的」平等，同時允許「特殊措施」或差別對待旨在將

處於劣勢的個人 / 群體提升到一定的水平。這種廣義的平等理念關涉從歷史角度出發的賠償性對待或分配公正的思想，超越了形式上的平等。[383]

雖然在現代社會，越來越多的女性從家務勞動中解放，步入生產領域。但無可否認的現實是，多數國家男女雙方經濟地位仍然存在較大的差別。梅迪庫斯認為，親屬法和繼承法規定了相互之間具有聯繫的、類似的生活事實。[384] 親屬法回應生活的一項重要表現就是承認「多數夫妻雙方在現實經濟地位上不平等」之事實。並透過法律上的特別措施予以矯正，此為現代親屬法之一項重要變革。於夫妻財產制而言，夫妻形式平等之目標可以細化為夫妻一方對財產的使用、管理、收益、處分以及清算分配不因夫或妻之身份差異而區別對待。夫妻財產制度內部，夫妻雙方在形式上是平等的，夫妻雙方權利義務可以對換。此處之權利為應然之權利，而非實然之權利。在夫妻財產制中，夫妻雙方之實質平等實則是指在確保夫妻形式平等的前提下，透過合理之制度設計照顧處於弱勢地位的配偶。現代親屬法無不重視家務勞動之價值即為追求實質平等之體現。

兩岸的夫妻財產制度雖然不同，但均以實現男女平等為最重要的價值理念。臺灣地區在所得分配製中將婚姻關係存續期間所生之孳息視為婚後財產，並透過家庭生活費用的分擔方式、自由處分金條款以及剩餘財產分配請求權的等多項保障條款確認家務勞動的價值，以實現男女實質平等。但在實際夫妻共同生活中，在財產實際分別所有的情況下，收入較低或僅從事家務勞動的妻子一方仍難以達到與丈夫真正的實質平等。大陸的婚後所得共同制規定夫妻雙方對婚後所得財產均享有平等的所有權和處理權，但因法律規定過於簡略，在財產處分及財產清算時，收入較少的一方往往難以真正實現其共同所有權。如離婚財產分割時，夫妻一方（多數為妻子）對共同財產範圍難以舉證，家務勞動的價值又不能計算，其財產分割的結果難以實現實質平等。因此，大陸應進一步完善夫妻財產制度，承認家務勞動的價值，建立夫妻財產登記與報告制度。

（二）維護夫妻共同生活

夫妻財產制立法應當考慮婚姻共同生活之目的。婚姻共同生活是夫妻關係的本質性特徵，乃婚姻之自然屬性，夫妻財產制是身份財產法，維護夫妻

共同生活之穩定與和諧是構建夫妻財產制的重要價值理念。「家和萬事興」，維護婚姻家庭的和睦是中國優良的傳統倫理道德，無論採用何種財產制度均應以維護夫妻共同生活為目標，否則就是本末倒置。有臺灣學者認為最能反映夫妻共同生活之本質的財產制度實為共同財產制。蓋「配偶一方之經濟活動，直接或間接地影響與他方，關係甚為密切」，[385]如強作區分，有違婚姻之倫理本質。

兩岸的夫妻財產制度的修訂都注重維護夫妻共同生活，強調夫妻協力的重要性。無論是大陸立法堅持的婚後所得共同制，還是臺灣地區肯認的剩餘財產分配請求權，都是建立在這樣一個理念之上，即夫妻一方婚後財產的取得，與另一方的協力密不可分，應當在法律上予以肯定與保護，這樣不僅可以維繫婚姻生活之和諧，也符合公平原則的要求。[386]臺灣地區的所得分配製在婚姻關係存續期間財產分別所有，各自管理，透過家庭生活費用的分擔實現維護婚姻共同生活的應然目的，但如何實現維護婚姻共同生活的實然目的仍需做進一步的規範。大陸設立婚後所得共同制的目的是為了維持夫妻和家庭的共同生活、鼓勵夫妻間相互扶助、同甘共苦，增強家庭的凝聚力，實現養老育幼的經濟職能。顯然，大陸共同財產制所反映的主要是家庭成員共同生活和家庭職能的要求，更強調夫妻之間、家庭成員之間是利益共同體，提倡分享、利他和奉獻精神。但在維護夫妻共同生活與保護交易安全之間卻有利益平衡問題，一方未經他方同意所作出的對重大財產的處分應當如何確定其效力，婚姻法未作明確規定，司法解釋三的相關規定過於注重保護交易安全，不利於維護夫妻共同生活，[387]而臺灣設立的對一方婚後財產處分行為的撤銷制度，對剩餘財產分配對象追加計算和保全制度值得大陸借鑑。根據臺灣地區「民法」親屬編的規定，一方對其婚後財產的處分行為將有可能減少他方剩餘財產的分配時，他方可以申請法院撤銷該處分行為；任何一方在婚姻關係解除前5年內均不能處分其婚後財產，以免減少他方可以分割的剩餘財產，一旦處分可以要求追加計算，以確保剩餘財產分配請求權的實現。[388]這一規定明確具體，易於操作，有利於維護夫妻共同生活，維護夫妻一方應得利益的實現。

（三）保護交易安全

所謂「保護交易安全」乃是指因夫妻身份所生財產權利變化不應當妨礙市場交易之安全。夫妻財產制之本質實乃因夫妻身份之變化所致財產關係之變化。這些財產關係的變化反應在夫妻雙方財產的歸屬、使用、收益、處分和分配之中。市場交易以產權清晰為前提，而夫妻身份關係所致財產關係的變化會影響產權的清晰。此外，由於夫妻間婚姻關係涉及個人隱私，而市場經濟本質上是反熟人社會的，訊息之獲取亦會增加交易之成本，亦即夫妻財產制可能增加締約之成本，妨礙交易之效率。夫妻財產制度是身份財產法，夫妻雙方之間的財產歸屬、使用、管理、收益、處分應當適用夫妻財產制度的規定，考慮夫妻之間的身份屬性，考慮有利於維護婚姻生活的和諧穩定。而夫妻之一方或雙方對外發生的財產交易，則應適用一般財產法之規定，注意保護交易安全。

　　兩岸夫妻財產制的修訂均關注到此問題，臺灣的所得分配製明確規定夫妻在婚姻關係存續期間各自管理、使用、收益、處分其個人財產。夫妻各自對其債務負清償之責。[389]此種財產制度夫妻雙方的財產歸屬界限比較清晰，易於保護交易安全。但對於選擇適用夫妻共同財產制者，如何保護善意第三人的利益，保護交易安全，臺灣地區的規定不詳。大陸在2001年婚姻法修訂時特別增加了保護交易安全的規定，以適應市場經濟的發展。婚姻法第19條明確規定夫妻之間的財產約定不得對抗善意第三人。之後頒布的婚姻法司法解釋（一）及解釋（三）對此也都有更為明確具體的規定：「夫或妻非因日常生活需要對夫妻共同財產做重要處理決定，夫妻雙方應當平等協商，取得一致意見。他人有理由相信其為夫妻雙方共同意思表示的，另一方不得以不同意或不知道為由對抗善意第三人。」一方未經另一方同意出售夫妻共同共有的房屋，第三人善意購買，支付合理對價並辦理產權登記手續，另一方主張追回該房屋的，人民法院不予支持。[390]但這些規定只注意到了保護交易安全，沒有充分考慮到夫妻共同生活的需要，沒有保護享有共同處分權的夫妻另一方。如一方未經對方同意擅自出售了家庭共同生活居住的唯一住房，儘管購買人是善意第三人，但這一交易顯然不利於維護夫妻共同生活之需要，不利於婚姻家庭的和諧穩定，不應受到保護。筆者認為，保護婚姻家庭成員的共同生活權應優先於保護交易安全，因為生存權是基本人權。大陸婚姻法

及相關法律應當完善夫妻不動產的登記制度，夫妻共同財產中的不動產應當登記在雙方名下，未經對方授權不得處分財產。

（四）尊重個人意思自治

夫妻財產制的設計應當充分尊重個人之發展，尊重個人之意思自治，保護公民的個人財產所有權。現代各國大多明確規定了夫妻個人財產的範圍，並制定了比較完善的夫妻約定財產制，尊重當事人對財產約定的協議，保障個人意志自治的實現。

兩岸夫妻財產制度的修訂均遵從民法意思自治原則，設立了夫妻約定財產制，其效力優先於法定財產制。但目前兩岸對約定財產制的規定均比較簡明，臺灣地區在 2002 年修訂「民法」親屬編時對約定財產制度作出了較大的修改，規定了選擇式的夫妻財產契約的種類、訂立、變更及廢止夫妻財產契約的形式，確立了夫妻財產契約登記制度，非經登記不得對抗第三人。大陸有關夫妻財產約定的規定始於 1980 年婚姻法，在確立法定的婚後所得共同制的同時，規定「雙方另有約定除外」，形成了以法定財產製為主，約定財產製為輔的夫妻財產制模式。2001 修訂婚姻法時婚姻法對約定財產制的內容、形式及其效力均作出了規定，約定財產製成為大陸夫妻財產制的重要內容。但因規定過於簡約，在司法實踐中爭議較多，大陸婚姻法應當進一步完善約定財產制，明確規定以登記作為對抗第三人的法定要件。同時，個人財產的範圍應當進一步擴大，以勞動所得共同財產制取代婚後所得共同財產制，以保護公民個人財產所有權。

實現男女實質平等，維護夫妻共同生活，保護交易安全，尊重個人意思自治是現代夫妻財產制度所追求的價值理念與發展方向，其中以實現男女實質平等為首要目標，兼顧維護夫妻共同生活，保護交易安全，尊重個人意思自治。1949 年以來，兩岸夫妻財產制度的發展路徑迥異，但各自在不斷發展變革的過程中，其所追求的價值目標逐漸接近並最終趨同。在未來兩岸夫妻財產制度的發展完善過程中，我們應當關注民法現代化進程中私法公法化趨勢，力求兼顧親屬法的私法屬性與公法功能；並在對他國法律移植的過程中，注意傳承中國優秀的傳統文化，尊重中國傳統的婚姻習俗與生活習慣，使親屬法的改革，夫妻財產制度的完善真正達到情理法的統一。

# 臺灣地區鄉鎮市調解制度的發展及其借鑑意義

齊樹潔[391]

2013年6月16日，在廈門舉行的第五屆海峽論壇大會上，中央臺辦、國臺辦主任張志軍宣布，最高人民法院將就認可和執行臺灣地區鄉鎮市調解委員會出具的民事調解書作出司法解釋，以更好地維護兩岸當事人的合法權益。[392]

臺灣地區的鄉鎮市調解制度歷史悠久，設計精良，運作流暢。為揭示該制度產生演變的過程和管理運作的全貌，進而探討其借鑑意義，本文試從立法、業務兩方面對該制度進行考察。[393]

## 一、「鄉鎮市調解條例」的立法變遷

臺灣地區「鄉鎮市調解條例」是規範臺灣地區鄉、鎮、市、區公所調解事務的一部法規。1949年之後，臺灣地區實施地方自治，但鄉鎮市調解委員會辦理的民刑商事調解事項涉及司法制度與民刑商事法律，因此需要統一立法。為提升鄉鎮市調解委員會的調解功能，就其組織原則、調解事項及調解成立後的效力與司法機關的關係等事項，亦需要透過立法予以規範。為此，1951年4月，「鄉鎮調解條例」草案送交審議。1955年1月15日，「鄉鎮調解條例」獲得透過。自此，鄉鎮市調解制度得以法制化。1988年，為配合現行地方行政體制，將「鄉鎮條例」修正為「鄉鎮市調解條例」，將縣轄之「市」納入其中。近60年來，「鄉鎮調解條例」修改了十次。最近一次是在2009年12月。

表1「鄉鎮市調解條例」的十次修改

|   | 修訂公布日期 | 修訂條文 |
|---|---|---|
| 1 | 1956年1月9日 | 增訂第20條，原第20條改為第21條 |
| 2 | 1964年6月6日 | 修正第4、14、19條 |
| 3 | 1988年12月29日 | 修正名稱為「鄉鎮市調解條例」，並修正全文33條 |
| 4 | 1994年11月9日 | 修正第31條 |
| 5 | 1995年6月29日 | 增訂第4條之一 |
| 6 | 1996年1月17日 | 修正第2、3、6、8、11、14、16、18、22、25、30、32條條文；增訂第3條之一 |
| 7 | 2002年4月24日 | 修正第2、3、30、31、32條 |
| 8 | 2005年5月18日 | 修正全文37條 |
| 9 | 2007年7月4日 | 修正第4條 |
| 10 | 2009年12月30日 | 修正第4、37條 |

從該條例歷次修訂的過程中，可以總結出這部法規發展的大致方向和立法目標：（1）加強鄉鎮市調解的解紛能力，不斷擴大解紛範圍，從而達到疏減司法機關案源，減輕司法機關壓力的目的。（2）融合官方與民間兩方面力量，政府提供經費、管理人員和場地，遴選民間公正人士作為無給職的調解委員，為基層群眾提供免費、便利且高效的糾紛解決機制。（3）加強鄉鎮市調解與司法機關的業務銜接。其中與法院的業務銜接包括：法院移付調解；鄉鎮市調解不成立且取得證明後可免於訴訟前的強制調解；鄉鎮市調解協議經法院核定後獲得法律強制力；當事人認為核定後的調解協議有錯誤的，可提起撤銷和無效之訴，在法院移付調解的情形下可以申請續行訴訟程序；法院有權對調解業務進行指導監督；鄉鎮市調解委員的任免及調解業務需報送當地法院備查；等等。與檢察機關的業務銜接包括：申請調解不成立的，刑事告訴時效追溯至申請調解時；調解成立後則視為撤回起訴告訴；鄉鎮市調解委員的任免及調解業務需函送檢察署備查；等等。

現行「鄉鎮市調解條例」共37條，是一部綜合性的法規，包括實體與程序的內容，體現公法與私法的精神。其內容大致包括如下六部分：（1）機構設置與人員組成；（2）調解程序的啟動；（3）調解程序的運行；（4）調解程序的終結；（5）調解的法律效力；（6）行政管理。

## 二、鄉鎮市調解的業務

　　鄉鎮市調解的業務，是指與調解程序的啟動、運行及結束相關的事項和活動。鄉鎮市調解的業務流程大致包括三個階段：一是調解程序啟動階段，啟動方式有當事人申請、地方法院移付調解和檢察署轉介調解三種；二是調解程序運行階段；三是調解程序結束階段。關於三個階段的具體業務流程詳見下頁圖。

　　（一）因當事人申請而啟動的調解業務流程

　　根據「鄉鎮市調解條例」及臺灣地區各鄉、鎮、市、區公所的實踐，當事人申請調解的業務流程及內容大致包括以下幾個方面：

　　1.申請調解的案件範圍。民事部分主要包括債務、租賃、物權、親屬、繼承、商事等糾紛。但以下民事事件不能要求調解：（1）婚姻的無效或撤銷、請求認領、協議離婚等；（2）違背強制或禁止性規定、公共秩序或善良風俗的事項；（3）假扣押、假處分、公示催告、宣告死亡以及禁治產宣告等事項；（4）民、刑事事件已在第一審法院辯論終結的；（5）申請給付超過法定利率的利息者；（6）關於租佃爭議事件；（7）關於畸零地糾紛；（8）其他法令規定有特別限制者。刑事部分以告訴乃論的刑事事件為限，[394]主要包括妨害風化、婚姻家庭、妨害自由名譽、信用及秘密、傷害毀棄、親屬間財產犯罪、交通事故等刑事事件。

　　2.調解管轄。雙方當事人在同一鄉、鎮、市、區居住（非以戶籍所在地為依據）的，應向本鄉、鎮、市、區調解委員會申請調解。雙方當事人不在同一鄉、鎮、市、區居住的，根據下列規定確定管轄：（1）民事事件應向被申請人住所、居所、營業所、事務所所在地的鄉、鎮、市、區調解委員會申請調解；（2）刑事事件應向被申請人住所、居所所在地或犯罪地的鄉、鎮、市、區調解委員會申請調解；（3）經雙方同意，並經接受申請的鄉、鎮、市、區調解委員會同意的，可以由該鄉、鎮、市、區調解委員會調解。

　　表2 鄉鎮市調解業務流程圖

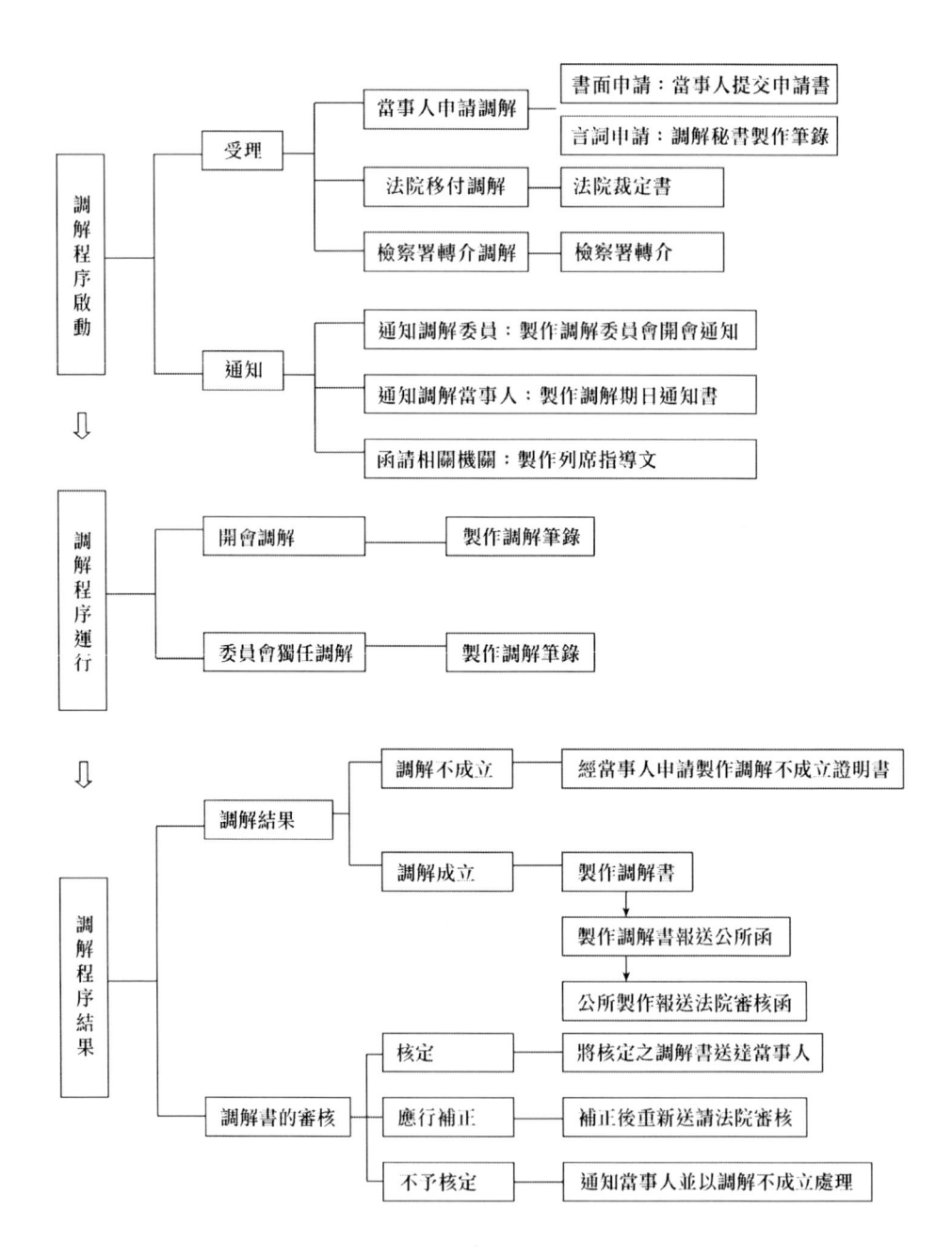

```
調解程序啟動
├─ 受理
│   ├─ 當事人申請調解 ─┬─ 書面申請：當事人提交申請書
│   │                  └─ 言詞申請：調解秘書製作筆錄
│   ├─ 法院移付調解 ─── 法院裁定書
│   └─ 檢察署轉介調解 ─ 檢察署轉介
└─ 通知
    ├─ 通知調解委員：製作調解委員會開會通知
    ├─ 通知調解當事人：製作調解期日通知書
    └─ 函請相關機關：製作列席指導文

調解程序運行
├─ 開會調解 ─── 製作調解筆錄
└─ 委員會獨任調解 ─── 製作調解筆錄

調解程序結果
├─ 調解結果
│   ├─ 調解不成立 ── 經當事人申請製作調解不成立證明書
│   └─ 調解成立 ── 製作調解書 → 製作調解書報送公所函 → 公所製作報送法院審核函
└─ 調解書的審核
    ├─ 核定 ──── 將核定之調解書送達當事人
    ├─ 應行補正 ─ 補正後重新送請法院審核
    └─ 不予核定 ─ 通知當事人並以調解不成立處理
```

3.申請調解作業流程。（1）當事人提出調解申請。當事人提出書面申請時，應填寫各鄉、鎮、市、區公所製作的調解申請書，載明當事人姓名、性別、年齡、職業、住（居）所及請求調解事件的內容等。當事人向調解委

員會提出口頭申請的，由業務人員製作筆錄。此外當事人也可以在網絡上填寫申請書，向調解委員會提出申請。（2）受理申請並通知當事人。調解委員會經審查，對符合條件的調解申請予以受理，同時指定調解期日，民事案件於 15 日內、刑事案件於 10 日內書面通知雙方當事人於調解日到場，同時將申請書狀或言詞申請筆錄的副本一併送達被申請人。（3）辦理調解（調解日）。調解程序由調解委員在區公所或其他適當的處所主持並不公開進行。（4）調解結果。調解結果分調解成立與調解不成立兩種。當事人於調解期日無正當理由不到場的，原則上視為調解不成立；雙方當事人經過調解程序而無法達成協議的，調解不成立；如果雙方當事人有正當理由或調解委員會認為有成立調解之望者，通常會另定調解期日繼續調解；調解不成立的，當事人可以申請調解委員會給予調解不成立的證明書。調解成立的，調解委員會應作成調解筆錄即調解書，當事人在核實各項記載與事實相符後應當在調解書上簽名蓋章。（5）送法院審核。鄉、鎮、市、區公所對於所有調解成立的事件，無需當事人請求，均應於調解成立之日起 7 日內依職責將調解書送請管轄法院審核。法院應於收案後 7 日內審核完畢，調解案件經法院核定後視同確定判決。

4.調解申請的法律效力。根據臺灣地區「民法」第 129 條第 2 項第 2 款、第 113 條及第 137 條的規定，調解申請具有中斷請求權消滅時效的效力。該請求權消滅時效自中斷之事由終止時重新起算。但是，若該調解申請經撤回、被駁回或調解不成立時，其原有的請求權消滅時效視為不中斷。

（二）因法院移付而啟動的調解業務流程

根據臺灣地區「司法院」2009 年 5 月頒布的《法院移付鄉鎮市調解委員會調解辦法》，法院移付鄉鎮市調解的業務流程大致分為以下幾個階段：

1.作出移付調解的裁定。根據「鄉鎮市調解條例」第 12 條的規定，法院移付調解的案件包括三類：一是臺灣「民訴法」第 403 條第一項規定的事件，[395] 二是適宜調解的刑事附帶民事訴訟案件，三是其他適宜調解的民事事件。移付調解的時間應在第一審的法庭辯論終結前。法院在作出裁定之前應斟酌本案法律關係的性質、當事人的狀況以及其他情事，認為有成立調解

之希望的，才能作出移付調解的裁定。對於法院作出的移付調解裁定，當事人不得抗告。

2. 將案件移付至有管轄權的調解委員會。有管轄權的調解委員會是指被告住、居所、營業所、事務所所在地的調解委員會，或者是雙方當事人同意的其他調解委員會，但應經該調解委員會同意。

3. 移送相關訴訟資料。法院作出移付調解的裁定後，應當立即將裁定正本連同當事人書狀影印本移送調解委員會，必要時可以移送法庭筆錄及其他相關訴訟資料影印本。

4. 法院向調解委員會核付經費。法院裁定移付調解的案件，每件由法院發給鄉、鎮、市、區公所新臺幣500元，調解成立並經法院核定者，另發給鄉、鎮、市、區公所新臺幣500元。上述費用應專用於與調解相關的業務，由鄉、鎮、市、區公所按每半年（每年6月及12月）向法院結報，當年度的費用應於次年1月5日家辦理結報完畢。經法院核定成立的案件，未能於12月底前結報的，準計入次年度支給。

5. 調解之後的處理。調解成立的，鄉、鎮、市、區公所應於調解成立之日起10日內，將調解書及卷證送交移付之法院審核。調解書經核定的，抽存一份附卷後，應將調解卷證發還鄉、鎮、市、區公所，由鄉、鎮、市、區公所將核定的調解書送達當事人。原告已繳納裁判費的，可於收到法院核定調解書之日起3個月內，向法院申請退還已繳裁判費的三分之二。調解書未經法院核定的，法院應將其理由通知鄉、鎮、市、區公所，並續行訴訟程序。

調解不成立或者調解委員會受理移付後兩個月內不成立調解的，調解委員會應立即簡述雙方當事人意見及調解未能成立的原因，陳報移付法院，並退還該案件的全部卷證。對於該案件法院應繼續訴訟程序。

（三）因檢察署轉介而啟動的調解業務流程

根據臺灣「法務部」1998年頒布的「檢察官偵查中加強運用鄉、鎮、市、區調解功能方案」以及實務做法，檢察署轉介的調解案件的業務流程大致分為以下幾個階段：

1. 轉介調解須徵得當事人同意,並由當事人提出申請。檢察官就偵查中的案件,可以徵得當事人同意,由當事人提出申請後,函請鄉、鎮、市、區調解委員會進行調解。但檢察官對於可轉介調解的案件,除性侵害案件及家庭暴力案件外,宜勸諭當事人進行調解。

2. 轉介調解適用的案件,一是告訴乃論的刑事案件,二是非告訴乃論的刑事案件涉及民事賠償或給付的。

3. 轉介程序。檢察官經徵得被告及告訴人、被害人或其法定代理人、委託代理人的同意,上述當事人以書面或言詞方式申請調解後,填寫轉介單函請有管轄權的鄉、鎮、市、區調解委員會調解。所謂有管轄權的調解委員會,是指地檢署轄區內的鄉、鎮、市、區調解委員會,具體而言,雙方居住於同一鄉、鎮、市、區的,送該鄉、鎮、市、區調解委員會;雙方居住於不同鄉、鎮、市、區的,送對方當事人住、居所所在地或犯罪地的鄉、鎮、市、區調解委員會;也可以送雙方同意並經調解委員會同意的其他轄區內的鄉、鎮、市、區調解委員會。

4. 調解期間不停止刑事偵查。如果刑事偵查完畢而調解程序尚未結束,可報請檢察長核準後將案件暫行報結。但下列案件除外:(1)被告在押案件;(2)重大刑事案件;(3)同案尚有其他犯罪事實或被告未送調解者;(4)收案後逾三個月才送調解的;(5)其他不宜報結的情形。

5. 調解之後的處理。調解成立的,調解委員會應於調解書報知鄉、鎮、市、區公所的同時,將調解成立的結果回覆地檢署。如果是告訴乃論的刑事案件,還要請告訴人填寫撤回告訴狀,連同撤回告訴狀一併送回地檢署。非告訴乃論的案件經調解成立的,檢察官可以做以下處置:(1)罪嫌不足的,依「刑事訴訟法」第252條第10款做不起訴處理;(2)如系「刑事訴訟法」第376條規定的案件,可以依第253條職權不起訴;(3)對於符合刑事訴訟簡易程序的案件,宜儘量利用簡易程序,申請法院以簡易判決處刑;(4)認為有犯罪嫌疑,提起公訴,如被告已向被害人給付或賠償的,可以向法院請求從輕量刑或宣告緩刑。

調解不成立的，調解委員會亦應將調解不成立的結果回覆地檢署。調解委員會對於檢察官送請調解的案件，如未能在收案後兩個月內完成調解程序的，應將該情形回覆地檢署。對於告訴乃論的案件經調解不成立但當事人撤回告訴的，檢察官應當依法作不起訴處理。

（四）調解程序之續行——調解書的審核

根據臺灣地區「司法院」2008年8月15日修正的《法院適用鄉鎮市調解條例應行注意事項》，法院對鄉鎮市調解委員會成立的調解書的審核程序大致包括以下幾個方面：

1.進行形式方面的審核。包括以下事項：（1）函送審核的機關是否為轄區內的鄉、鎮、市、區公所。（2）是否屬於依法應由鄉、鎮、市、區調解委員會以外其他調解機關調解的事件。（3）是否屬於依法應由法院裁判的事件。（4）調解事項為刑事案件時，是否屬於告訴乃論案件。（5）調解是否本於當事人的申請，該當事人能力或訴訟能力有無欠缺；如果屬於民事案件，是否經過當事人同意；如果屬於刑事案件，是否經過被害人同意。（6）由代理人進行調解的，其代理權有無欠缺。（7）出席調解會議的調解委員是否達到法定人數，調解委員是否經函知有案且未經解聘者。（8）調解事項若已訴訟系屬於法院，就民事事件所成立的調解是否在判決確定之前。（9）調解書的製作是否符合「鄉鎮市調解條例」第7條但書、第25條規定的程序。（10）其他法律規定的事項。

2.進行實質方面的審核。實質方面的審核事項包括：（1）調解內容有無違反公序良俗或法律上的強制性、禁止性規定。（2）調解內容是否涉及公法上的權利爭議。（3）調解內容的法律關係是否不許當事人任意處分。（4）調解內容是否合法、具體、可能、確定。（5）調解內容對於當事人是否加以處罰。

3.調解書內容及程序的補正。法院發現調解書內容或程序有欠缺可以補正的，應限期通知鄉、鎮、市、區公所補正，不得當即予以退回。如果認為調解書不應核定或逾期沒有補正的，應敘明理由連同調解書通知鄉、鎮、市、區公所，不得命其撤回審核之申請，或者逕行予以駁回。

4.準予核定。法院經審核調解書,認為與法令沒有牴觸準予核定的,由法官簽名並加蓋法院印章。法院除抽存並送轄區檢察署各一份外,其餘發還鄉、鎮、市、區公所。法院將經核定的調解書發還鄉、鎮、市、區公所前,應注意有無遺漏法官簽名及蓋用法院印章;鄉、鎮、市、區公所將調解卷宗送交法院的,還應注意將該卷宗發還。

5.調解成立並經法院核定後的民刑事案件的不同處理。已系屬於法院的民事案件,在判決確定前,如調解成立並經法院核定的,訴訟終結,書記官應即報結並通知當事人及訴訟代理人。告訴乃論的刑事案件,如於偵查中或第一審法院辯論終結前,調解成立並於調解書上記載當事人同意撤回的意旨,經法院核定後,視為於調解成立時撤回告訴或自訴。屬於公訴案件的,應告知不受理之判決;自訴案件部分,書記官應即報結,並速將視為撤回自訴的事由通知自訴人及代理人與被告。

6.當事人提起宣告調解無效或撤銷調解之訴。已經法院核定的調解,當事人認為有無效或可撤銷理由的,應當於法院核定的調解書送達後30日內,向原核定民事調解的法院提起宣告調解無效或撤銷調解之訴。

## 三、啟示與借鑑

綜上所述,臺灣地區的民間調解制度經過近年多次修正,不斷更新糾紛解決的理念,總結審判及調解的實務經驗,借鑑國外最新立法例,已日臻完善,在許多方面獨具特色。從總體上看,其調解制度觀念(例如,尊重當事人意思自治、鼓勵訴訟外解決爭議、倡導盡力和解等)比較先進,符合世界潮流;其體系(例如,調解的業務範圍、調解與司法的關係、調解與和解的關係)比較嚴密,有利於保證調解與審判公正及高效;其規定(例如,強制調解的範圍、經雙方合意後可將訴訟事件移付調解、調解書的審核等)比較具體,便於實際操作。

在當今世界,訴訟爆炸(litigation explosion)是一種普遍的社會現象。傳統的審判機製麵對日益增長的訴訟負荷,開始顯得力不從心,訴訟的高成本和遲延成為世界性的問題,由此引發了全球範圍的司法改革運動:一方面,改革完善原有的訴訟程序制度;另一方面,創設各種替代性糾紛解決方式

（Alternative Dispute Resolution，簡稱ADR）。調解作為一種最重要的ADR方式，再度受到立法者的重視。在中國大陸，自20世紀90年代初以來，隨著社會主義市場經濟體制的逐步形成以及民事審判方式改革的不斷深入，原有的調解制度已難以適應社會經濟和法制發展的需要。許多學者從法理及實務的不同角度，對重新建構中國大陸的調解制度作了廣泛深入的探討。為此，有必要研究借鑑臺灣地區的調解制度，取其之長，補我之短，以進一步完善大陸的調解制度。[396] 2010年8月29日，十一屆全國人大常委會第十六次會議審議透過了《中華人民共和國人民調解法》。該法堅持人民調解的民間性、群眾性、自治性定位，同時也明確了國家及地方政府對人民調解的財政保障和組織、工作的支持責任，確立了人民調解的基本原則和組織、人員、行為規範以及調解協議的司法確認程序。同時，該法採取開放性政策，承認鄉鎮、街道以及社會團體或者其他組織根據需要可以參照本法有關規定設立人民調解委員會，調解民間糾紛。該法頒行之後，人民調解的多元化格局在法律上終於得以確立。臺灣的鄉鎮市調解制度旨在實現民間調解與行政及司法程序之間的銜接，分流或減少訴訟。其公益性、社會性、地方性特色，獨具匠心的制度設計以及司法審核等程序，為大陸人民調解制度的改革和立法提供了重要的經驗和參考。[397]

鄉鎮市調解制度伴隨著社會的發展而發展，與相關制度不斷磨合銜接，成為具有傳統和時代特色、歷久彌新的一項糾紛解決制度。作為一種紮根臺灣地區基層的制度，該制度有利於民眾便利、快速地解決糾紛，實現其合法權益，也有利於維護地方秩序，創造一種和諧穩定的社會氛圍。[398] 根據臺灣司法行政部門統計處2013年4月的數據，2012年全臺灣鄉鎮市區調解委員會辦理調解業務結案14萬件。2012年結案件數中，調解成立比例為78%，與2011年相當，其中刑事調解成立比例達8成多，高於民事調解之7成。在調解結案件數中，民事調解結案50205件，占36%；刑事調解結案89417件，占64%。其中，民事調解以債權、債務糾紛居多，約57%；刑事調解以傷害案居多，占87.11%。2012年平均每位調解委員調解件數為34.47件。調解結案的案件中，刑事案件所占比例自2003年起高於民事案件，這是因為近年司法部門為疏減訟源，鼓勵第一審法院將簡易案件裁定移付鄉鎮

市區調解委員會辦理調解，導致刑事調解呈現快速增加的狀況。[399]值得注意的是，鄉鎮市調解制度在實際運作中出現了城鄉差距的現象。一是經費方面。由於各地區經濟發展不平衡，財政狀況有所差異，許多鄉鎮面臨財政拮据的困難，或因受政治因素的影響，導致經費不穩定，致使調解委員的出席費、福利等存在差異。二是調解委員素質方面。都會區的調解委員不乏相關法學教授、律師等專業人士兼任，而鄉鎮市仍多是地方有聲望之公正人士兼任。三是調解類型及數量方面。都會區的交通案件偏多，因人口數及生活形態不同，調解事件也隨地區都會化而逐漸增多。四是 E 化（指網上在線調解）建置方面。目前僅少數調解委員會建置 E 化訊息服務，有待於全面統一整建完備數據，以提供優質服務。[400]

具體而言，臺灣地區調解制度的發展有以下幾點啟示：

首先，儒家文化是調解制度賴以存在的基礎。臺灣社會作為中華文化圈組成部分，受到儒家文化的長期影響。在 20 世紀 60 年代，臺灣提出復興中華文化，儒學受到重視，出現了官方儒學和民間儒學並駕齊驅、共同發展的局面。儒家文化強調和為貴，重人情。調解制度由於滿足了這種需要，順應儒家文化的發展，而被官方所倡導並得以迅速發展。臺灣「民事訴訟法」之調解制度和鄉鎮市調解制度歷經數次修改，目的都在於適應上述文化和社會發展的需要。

其次，糾紛解決方式從單一化轉變為多元化。訴訟是解決糾紛的一種有效方式。由於它以公權力為其後盾，因而與其他解決糾紛的方式相比，具有更大的權威性，然而，當訴訟被過渡使用於糾紛解決時，法院將不堪重負，從而產生訴訟遲延、成本過高、結果不確定等一系列弊端。實踐證明，以兩造的對抗為基調的訴訟解決糾紛的方式，可能並不利於對當事人行為進行預防性引導，避免衝突的發生。近年來，在各國和地區廣泛使用的仲裁、調解、談判、案件評估、微型審判、由法官主持的和解會議等替代性糾紛解決方式，帶來了糾紛解決理念和機制的變化，即從對抗到合作，從解決爭議的方式由單一化到多元化。這種轉變也反映了民事司法理念的調整，以占主導地位的對抗型的糾紛解決方式讓位於合意型糾紛解決方式，法官不再是單純的中立

裁判者，而是積極介入糾紛的解決，促成當事人達成合意的結果。臺灣地區「民事訴訟法」之調解制度和鄉鎮市調解制度大體上反映了這樣一種趨勢。

第三，強調對於特殊社會關係的讓步息訟。一般而言，關係距離越遠的當事人，越願意訴訟，判決結案的心理期待越高；關係距離越近的當事人，越願意避開訴訟，調解結案的心理期待越高。在現代社會，糾紛的發生不可避免，但對於一些特殊的社會關係，例如夫妻關係、親屬關係、鄰里關係、僱傭關係、合夥關係等，法律應給予特別保護和珍視。對於因這些關係引發的糾紛，固然可以透過訴訟來解決，然而訴訟過於著眼於對當下是非的判斷，可能不利於修復破裂的關係，如果處理不當，還可能導致紛爭不斷乃至矛盾激化，影響日後彼此相處。如果能夠透過調解方式解決糾紛，則有利於兩造的長遠利益，維持社會的和諧。

第四，賦予當事人程序選擇權。在糾紛發生後，當事人有選擇糾紛解決方式的權利，當事人可以訴諸訴訟，也可以透過非訴訟的方式解決。在糾紛解決過程中，當事人是程序的主體，在涉及當事人的權利、義務的程序運行時，應當在一定範圍內賦予當事人選擇程序的權利。在臺灣地區，當事人遇到糾紛時，既可以透過民間調解方式解決，也可以透過訴訟解決。如選擇訴訟，可選擇調解程序、簡易程序、小額程序等具體的方式。訴訟開始前，可選擇訴前調解，訴訟開始後，可選擇和解、裁判等方式解決。在調解中，可以選擇法官調解，也可選擇調解委員調解；對於調解條款，當事人也有選擇權。

最後，鄉鎮市調解與訴訟制度的銜接。一是調解書送法院審核。鄉、鎮、市、區公所對於所有調解成立的事件，無須當事人請求，均應於調解成立之日起 7 日內依職責將調解書送請管轄法院審核。法院應於收案後 7 日內審核完畢，調解案件經法院核定後視同確定判決。二是訴訟中移付調解。在第一審的法庭辯論終結前，法院可以作出裁定，將法定範圍的案件移付給有管轄權的鄉鎮市調解委員會調解。調解成立的、鄉、鎮、市、區公所應於調解成立之日起 10 日內，將調解書及卷證送交移付之法院審核。調解不成立的，調解委員會應立即簡述雙方當事人意見及調解未能成立的原因，報告移付法院，並檢還該案件的全部卷證。法院對於該案件應繼續訴訟程序。三是調解

核定後的司法救濟。已經法院核定的調解，當事人認為有無效或可撤銷理由的，應當於法院核定的調解書送達後 30 日內，向原核定民事調解的法院提起宣告調解無效或撤銷調解之訴。

# ▎簡論臺灣當事人適格及其擴張

林毅堅[401]

在大陸法系各國和地區，當事人、訴權和舉證責任共同構成了民事訴訟制度的三大理論基石。[402] 臺灣地區民事訴訟法律制度在數十年的發展演變中，既「兼收」了英美法系的合理成分，又「並蓄」了大陸法系的嚴謹精神，其當事人適格的理論、立法和實踐內容豐富，值得研究和借鑑。

## 一、當事人適格之概述

臺灣地區的訴訟法學者對於當事人適格（正當事人）的概念有不同的表述。有的學者認為，所謂當事人適格，又稱正當事人，係指就為訴訟標的之權利或法律關係有實施訴訟之權能者，亦即能以自己之名義起訴或被訴之資格，此種資格，亦稱訴訟實施權。[403] 有的學者則認為當事人適格，係指當事人就具體特定訴訟，得以自己之名為原告或被告之資格，因而得受為訴訟標的之法律關係之本案終局判決者而言。[404] 有的學者認為，當事人適格，係指對於具體的訴訟，得以自己之名義為原告或被告之資格，因而得受本案判決者而言。就具體的訴訟，得以自己名義為當事人資格，而得受本案判決之權能，謂之訴訟實施權或訴訟行為權。[405]

從以上當事人適格概念的表述中可以看出，臺灣地區學者關於當事人適格概念的表述深受德國、日本學說影響。概括他們的觀點，凡與訴訟標的之權利或法律關係有實施訴訟之權能者，並受法院終局判決拘束之人，即為當事人適格（正當事人）。這種權能對原告而言，是指能為起訴之權能，對被告而言，是能為應訴之權能，其並非真正意義上的權能，而是一種能以自己名義進行訴訟的資格，稱為訴訟實施權或訴訟遂行權，判斷當事人是否適格，是否具有訴訟實施權是一重要前提，通常應就具體的訴訟要件，依其與訴訟標的的特定關係來確定當事人是否適格。[406] 當事人適格制度的存在，

有利於排除不適格的當事人,防止訴權濫用,避免無意義的訴訟程序,減少訴訟拖延,減輕訴訟資源的浪費。在更深層次的意義上,該制度可透過擬制適格的方式優化當事人組成,例如「基於一定之政策考慮,法律上強制多數人必須以同起訴或應訴,否則將欠缺當事人適格之要件」,[407]比如臺灣地區的固有必要共同訴訟就是基於這種運作機理的訴訟類型。

## 二、臺灣當事人適格理論之基本運作

### (一)適格當事人之前提:當事人能力、訴訟能力及衡量標準

#### 1.當事人能力

臺灣「民訴法」第40條規定了當事人能力:「有權利能力者,有當事人能力。胎兒,關於其可享受之利益,有當事人能力。非法人之團體,設有代表人或管理人者,有當事人能力。中央或地方機關,有當事人能力。」

依據臺灣「民訴法」第40條第2項的規定,胎兒並不具備同自然人一樣的當事人能力,僅關於其可享受之利益,有當事人能力。因為從嚴格意義上說,其尚未出生,自然就無民事權利能力。那麼,胎兒「可享受之利益」指代的是什麼呢?依據臺灣「民法」的規定,為保護胎兒利益,對於法律上的某些權利(如損害賠償權、繼承權),承認胎兒具有民事權利能力,規定「胎兒以將來非死產者為限,關於其個人利益之保護,視為既已出生」(臺灣「民法」第7條),「胎兒為繼承人時,非保留其應繼份,他繼承人不得分割遺產。胎兒關於遺產之分割,以其母為代理人」(臺灣「民法」第1166條)。胎兒尚未出生的,訴訟時應寫明「××(母)的胎兒」字樣,並以其母為法定代理人。[408]

除了自然人與胎兒以外,非法人團體若設有代表人或管理人,有一定的名稱、目的、事務所或營業所,並有獨立的財產,則具有當事人能力。非法人團體不是民事主體,在民法上並無權利能力。但考慮訴訟方便的社會實際需要,程序法承認其有形式當事人能力。即臺灣「民訴法」第40條第3項所規定的,「非法人之團體,設有代表人或管理人者,有當事人能力」。

2003 年臺灣「民訴法」修改時，增加了關於「中央或地方機關」亦具有當事人能力的規定。這些機關本屬權力機關，原無獨立的人格，沒有權利能力，不能成為訴訟的主體。「惟實務上中央或地方機關基於法律之授權執行其職務，皆系以其機關名義在私法上行使權利或負擔義務」，[409]因此，若不賦予他們訴訟主體地位，就無法有效地維護交易安全，且有違訴訟經濟原則。因此，臺灣地區歷來的司法解釋及判例均認可「中央或地方機關」代表公法人起訴或應訴。[410]

2.訴訟能力

在訴訟能力方面，主要見於臺灣「民法」以及臺灣「民訴法」等相關規定中，主要考究的是自然人（包括外國人）、法人、非法人團體的訴訟能力。依據臺灣「民訴法」第 45 條的規定，「能獨立以法律行為負義務者，有訴訟能力」。能否獨立以法律行為負義務取決於實體法對民事行為能力的規定，依民法有行為能力者，即有訴訟能力。根據臺灣「民法」和臺灣「民訴法」的規定，自然人中的成年人、已婚之未成年人、經允許獨立營業之限制行為能力人[411]具有訴訟能力。無訴訟能力之人[412]的訴訟行為應由其法定代理人為之。對無法定代理人或其法定代理人不能行使代理權之無訴訟能力人，法院得依申請選任特別代理人（「民訴法」第 51 條）。依判例，申請選任特別代理人屬訴訟行為，無訴訟能力人本人不得為之。對於外國人，臺灣「民訴法」第 46 條規定，外國人依其本國法律無訴訟能力、而依臺灣地區法律有訴訟能力者，視為有訴訟能力。

3.訴訟形式與衡量標準

為了回應因民事法律關係的複雜性、特殊性以及對訴訟經濟考慮所衍生之需求，臺灣地區也靈活運用了當事人適格並加以適度擴張，設計出特殊的訴訟形式，這就是共同訴訟、訴訟參加和群體訴訟。

這樣的制度設計，與臺灣地區所持的當事人適格的衡量標準不無關係。不恰當的當事人適格之衡量標準將會對訴權保障產生障礙，[413]反之，則能更有效地保護當事人的訴權。適格當事人是滿足一定實體要件的民事訴訟概念，是溝通實體實施權與訴訟程序權的一個橋樑。對於如何判斷程序當事人

是否屬於適格當事人（包括適格原告或適格被告），訴訟法的適格理論發展過程中存在兩種衡量標準：以管理權為基礎的訴訟實施權標準和訴的利益標準。訴的利益標準的提出，是對「程序當事人同實體適格當事人相區別」理論作出的回應，而訴的利益範圍的日漸擴大，便是對這一理論的後續保障，[414] 而這也使當事人適格之擴張具備了現實合法性和正當性。從臺灣「民訴法」的規定與修改變遷過程中，可看到其也是持訴的利益之標準。

（二）決定當事人適格之一般原則

如前所述，臺灣地區有關當事人適格的問題，深受德、日學說的影響。通說認為，當事人適格指訴訟之當事人就訴訟標的之法律關係有為訴訟之權能而言，或稱為正當當事人。至於具體訴訟中當事人是否適格，應按實體法和訴訟法的規定來決定。具備該具體訴訟的原告資格者，稱為適格的原告；具備該具體訴訟的被告資格者，稱為適格的被告。需要注意的是，當事人適格問題的確需要根據爭議的實體法律關係來判斷，但當事人適格又與實體法律關係主體不同，[415] 這主要是因為在一些特定情形下，第三人雖非訴訟標的之主體，但就該訴訟標的的權利或法律關係有管理權或處分，該第三人也能成為適格的當事人。因此，應根據不同類型的訴的法律屬性及相應特徵來確定當事人適格問題。

（三）當事人適格之性質及其欠缺之效果

在性質上，當事人適格究竟是訴訟合法要件還是權利保護要件，存有爭議。臺灣地區通說和實務上一般認為，當事人適格是權利保護要件，基於這種「權利保護要件」理論，對當事人不適格的訴訟，應以訴訟無理由而駁回。當事人適格之存否，涉及當事人有無訴訟實施權之審查，而當事人之具備訴訟實施權為法院就訴訟為本案判決（請求有無理由判斷）之前提要件，從而法院於訴訟中（不論何審級）應隨時依職權調查。[416] 詳言之，當事人是否適格，屬於法院應依職權調查之事項，無論訴訟進行到何種程度，均應調查當事人有無訴訟實施權。調查結果認為當事人適格有欠缺的，同樣應以訴訟無理由，用判決駁回原告的訴訟請求。

需指出的是,當事人是否適格,依據原告起訴主張之事實決定,不依法院判定之結果來決定,因此,就原告起訴主張之事實,如果當事人均屬適格的,即使訴訟結果認定原告沒有其所主張之權利,也不得以當事人不適格為理由駁回原告之訴。此外,因社會情勢多變,故具體訴訟之當事人適格問題亦無定式,因此,應透過立法、司法及學理的多重努力,共同為不斷變化的當事人適格問題作詮釋。

## 三、當事人適格之擴張的立法例

「在程序當事人即為民事訴訟當事人的觀念下,當事人適格具有擴張的功能。群體訴訟可以說是當事人適格擴張的一個典型。」[417]現代社會的群體糾紛增多,就產生瞭解決多數人糾紛的群體性訴訟制度。群體性訴訟制度的設計是透過當事人適格的擴張實現的。立法賦予群體糾紛中的多數人選定的當事人或代表人有當事人適格。被選定的代表人承擔訴訟實施權,其他人則退出訴訟。因此,被選定的代表人適格與否,關涉全體當事人的利益,也關涉最終判決效力擴張的正當性。因此,不僅當事人適格制度可對非正噹噹事人予以識別和排除,使司法資源得到充分利用,同時當事人適格之擴張可以擴大司法解決糾紛之功能。這一點對矛盾日益複雜的現代社會情勢來說至關重要。

依臺灣法律,多數人進行民事訴訟主要有三種形式:選定當事人制度;20名以上消費者可透過消費者保護團體提起消費訴訟;多數人構成「設有代表人或管理人之非法人團體」的,以該團體名義訴訟。

### (一)選定當事人訴訟

選定當事人制度旨在解決人數眾多的群體訴訟,是日本受英國信託法的影響之後,[418]在其國內民事訴訟法中獨創的一項訴訟制度,後來才被臺灣地區的「民事訴訟法」所借鑑。臺灣「民訴法」第41條至第44條設定選定當事人進行訴訟的制度,即多數有共同利益之人,得由其中選定一人或數人為全體起訴或被訴,被選定之人即以自己的名義為當事人而為訴訟行為。[419]至於其他個人於選定當事人後,即不得自己直接為訴訟行為,遇有死亡或有訴訟當然停止事由發生時,亦不影響訴訟續行,惟其確定判決對於其他各人

亦生效力。同時，由於選定當事人是依多數共同利益人的意思而選定，並非因法律規定而當然發生，故學者乃稱之為任意之訴訟擔當人。臺灣「民訴法」第 41 條第 1 項明確規定，多數有共同利益之人，不合於前條第三項（即臺灣「民訴法」第 40 條第 3 項之規定，「非法人之團體，設有代表人或管理人者，有當事人能力」）所定者，得由其選定一人或數人為選定人即被選定人全體起訴或被訴。

為保護消費者利益，1994 年透過施行的臺灣地區「消費者保護法」（以下簡稱臺灣「消保法」）對選定當事人的方式作了更新。據該法第 54 條規定，同一消費關係而被害之多數人選定當事人後，法院得徵求原被選定人同意後公告曉示。其他被害人得於一定期間內，以書狀表明被害之事實、證據及應受判決事項之聲明，併案請求賠償。其請求之人視為已依「民訴法」第 41 條為選定。顯然，該規定有助於擴大選定當事人制度的適用範圍。例如，消保團體即可以依據臺灣「消保法」第 49 條第 1 項的規定，提起該法第 50 條之損害賠償訴訟或第 53 條之不作為訴訟。

（二）損害賠償訴訟

關於損害賠償訴訟，臺灣「消保法」第 43 條以下規定了消費者與企業經營者間因商品或服務所生爭議之申訴與調解程序。第 47 條以下則是有關消費訴訟之相關規定。其中包含「消保法」第 50 條消費者損害賠償訴訟，第 53 條不作為訴訟及第 54 條選定當事人訴訟等規定。此類關於多數人因同一原因事實而受害之情形，「民訴法」原本就設有選定當事人制度，即「民訴法」第 41 條至第 44 條之規定，2003 年 2 月又增設「民訴法」第 44 條之一、第 44 條之二、第 44 條之三，規定得以公益社團為被選定人，如因公害、交通事故、商品瑕疵或其他本於同一事實而有共同利益之多數人，得利用他人已起訴之事件，併案請求以達紛爭一併審理與解決之目的。尤值注意者乃「民訴法」第 44 條之三亦就公益團體之不作為訴訟為統一性之規定。

（三）不作為之訴

依據臺灣「民訴法」第 44 條之三的規定，以公益為目的之社團法人或財團法人，經其目的事業主管機關許可，於章程所定目的範圍內，得對侵害

多數人利益之行為人,提起不作為之訴。前項許可及監督辦法,由「司法院」會同「行政院」定之。[421]

## 四、評析與啟示

　　社會控制機制弱化、利益群體、社會階層之間的衝突加劇,使得群體性突發事件接續爆發。[422]層出不窮的糾紛考驗著糾紛解決機制的張力,作為民事訴訟制度之重要組成部分的當事人理論及當事人適格理論,如何有效回應這種不斷劇變著的社會情勢?適度改革是唯一的出路。[423]

　　臺灣地區的當事人適格理論經歷了不同階段的發展,每一次發展都能因應社會變更之需求,既盡力與世界局勢接軌,又注重結合本土特色,穩健地進行改革。例如,臺灣地區的當事人適格之擴張,主要表徵於群體訴訟過程中,回應群體訴訟之需求,這當中尤以消費者訴訟等公益團體訴訟最為突出。在消費領域,由於商品之大量製造而產生之瑕疵商品,亦往往衍生多數人受害之情形,如水汙染、土壤汙染等公害事件,又如食品、藥品、交通事故、預售屋交易衍生之紛爭等,大量受害人出現。另外,亦有許多受害人受有小額、微量之損害,個別提出訴訟不符合「費用相當性」之原則。[424]因此,針對同一事實上原因而受害之多數消費者或受害人,可利用何種訴訟程序合併起訴以求一次解決紛爭,避免個別消費者求助無門之情形發生,是非常重要的命題。為此,立法上的回應是,臺灣地區「消費者保護法」和「民事訴訟法」對公益團體提起不作為之訴的程序作了規定,以維護不特定多數人的集合性利益和社會公益。[425]

　　臺灣選定當事人制度是從具有共同利益的多數人中選出為全體共同利益人作為進行訴訟的原告或被告。被選定的當事人由有共同利益的全體當事人選定,一經選定的當事人就具有起訴或被訴以及進行其他訴訟行為的資格,其他當事人則自然退出訴訟,只接受判決結果的拘束。它是共同訴訟的延伸。選定當事人訴訟是多數人訴訟的一種形式,以有共同利益的多數人存在為前提,只是在一方人數眾多時和為防止訴訟拖延之目的,才可採用選定當事人制度。美國集團訴訟與臺灣選定當事人制度在功能上有所區別,尤其在損害賠償方面,集團訴訟制度已成為驅動個人利益來實現一定公共目的和公共政

策的手段,這恰恰體現了美國集團訴訟的政策功能,折射出象徵「美國精神」的實用主義色彩。[426] 而選定當事人請求損害賠償要以特定的受害者和具體權利內容為要件,故而難以實現從保護個人利益邁向公共利益的靈活跨越。因此,臺灣地區的群體性糾紛解決機制尚待進一步完善。

綜上評介,當事人適格的基礎是從「實體權利義務」到「管理處分權」再到「訴的利益」,是一個不斷擴張的過程。而當事人適格擴張的意義則在於使沒有實體權利義務的當事人也能成為適格當事人,在不斷變遷的社會中,沒有當事人適格理論的發展,我們將捲入風險社會的更大風險之中。在這個意義上,臺灣地區民事訴訟當事人適格制度可以給予我們深層次的啟迪。

首先,借鑑臺灣地區以及美國追求過程與結果的雙重合理與公平的成功實踐,用嚴謹務實的態度對待周邊的事物。為此,我們亦應該從理念和行動上真正貫行實體正義與程序正義的平衡。在如何應對轉型時期紛繁蕪雜的糾紛的場合,英美法系的規定給了臺灣地區更多的借鑑。「美國人雖然沒有下過工夫界說他們的準則,但他們卻有一個大家共通的確定的哲學方法。」[427] 這個共通方法就是體現美國精神的實用主義哲學。在美國,任何人,只要他認為其合法利益遭受侵害,就可以對侵害方提起民事訴訟。[428]

其次,對於當事人的界定,我們也應該持一種開放的態度,加大當事人制度本身的張力,以此應對日新月異的糾紛以及伴隨而生的「潛在的」適格當事人。目前,大陸正需要構建環境汙染和食品安全事故的公益訴訟制度以解決日益惡化的環境問題和頻頻發生的食品安全事故問題,雖然2012年修改的《民事訴訟法》已經對公益訴訟略有規定,但極為簡陋,[429] 並未明確規定哪些機關和組織可以作為公益訴訟的主體,這有可能增大公益訴訟實際運作的難度。因此,明確公益訴訟啟動主體就成為構建並運行該制度亟待解決的問題。亦即構建該公益訴訟制度的最大障礙,就是原告資格的擴張。而如果依據美國關於最大限度保護當事人利益的理念,[430] 那麼「直接利害關係人」標準不過是用以確保原告為其案件進行熱心辯護的一種手段,其理論基礎在於經濟學上的「經濟人」假設,即只有那些其自身利益遭受損害的人,[431] 才可能在利己心的驅使下為其案件進行熱心辯護。因此,只要有證據表明原告不是刻意進行濫訴,能夠為其案件進行熱心辯護,就不應將其拒於法

210

院大門之外。至此，中國構建環境和食品安全公益訴訟原告適格規則的障礙也就不攻自破了。另外，在構建環境公益訴訟制度時，我們可以借鑑美國環境公益訴訟的做法，放寬環境公益訴訟主體確定的標準，即認為只要存在損害（包括經濟上的損害，也包括美學、環境舒適度等非經濟上的損害），該權利主體就可以提起訴訟。[432] 同時，還要延展環境公益訴訟主體的範圍，賦予任何人（包括個人、團體、政府、尤其是環境保護團體及其他社會團體）的起訴權，並在司法實踐中授予當代人代表後代人行使環境公益訴訟起訴權。

最後，中國大陸的當事人制度的主體制度與配套機制必須同步完善，在當事人適格、團體訴訟、代表人訴訟與集團訴訟的互相承接與借鑑等方面均應努力，賦予當事人更豐富的程序選擇權。[433] 法律的生命不在邏輯，而在經驗。如何更有效地保護普通民眾的現實利益和潛在利益，使其訴權得到真正飽滿的保護，這是民事訴訟法的應履之責。具體而言，我們可以考慮如下各項制度的完善：其一，可以學習英美以及臺灣地區的做法，在當事人適格問題上透過立法明確留給法官一定的自由裁量權的餘地。這種做法的目的在於，讓法官綜合運用法律方法致力於程序正義，為法官適用法律原則處理案件拓寬適當的權限，同時也能順帶擴展法官的視野，為不斷增生的新型訴訟的當事人適格問題培育良性、靈活的司法處理方案。司法過程中的法官自由裁量權體現了司法能動性，司法能動主義的基本宗旨是法官應該為各種社會不公提供司法救濟，並運用其手中的權力，尤其是運用將抽象概括的法律保障加以具體化的權力去實現社會正義。[434] 其二，盡速建立消費者集團訴訟制度。消費者權益保護領域的現有法律法規力量單薄，規制能力十分有限，根本應對不了當前「井噴式」的食品、藥品及其他等大規模消費者權益受損事件。[435] 因此，我們可以借鑑臺灣地區的消費者爭議及消費訴訟機制，設立消費者團體訴訟制度，賦予特定資質的消費者保護團體以當事人資格，明確消費者保護團體以及公益團體法人為消費者利益提起損害賠償之訴和不作為之訴的條件和程序。消費者權益保護的緊迫性是非常明顯的，尤其是集團性的消費，不僅涉及個體消費者的私益，還包含同類群體消費者所表徵的社會公益，因此，建立兼及私益救濟與公益救濟二元性質[436]的消費者集團訴訟制度，功用及意義均甚巨。

# 兩岸行政解紛機制比較研究——以民事糾紛的解決為中心

安麗娜 胡洪玉[437]

長期以來，法院擁有查明事實和適用法律規則或原則，即裁決法律問題的專屬權力，這是法治的必然要求。然而，「在現代社會，由於法治自身的侷限性以及行政機關管理職權的不斷深化，導致人們對行政的依賴與日俱增，各國普遍進入行政國家時代，行政機關廣泛而全面地介入國民生活領域，面對各種專業性、技術性、即時性事件及其引發的糾紛，行政機關憑藉其掌握的公共資源、在行政管理過程中形成的專業優勢、對社情民事的深入瞭解以及積極主動形塑社會生活的特性，使其能夠及時有效地解決糾紛，避免社會秩序失範，具有其他糾紛解決方式所不具備的制度優勢」。[438]行政解紛機制便在各國應運而生，即「國家的行政機關（包括地方政府）或準行政機關所設或附設的非訴訟糾紛解決程序，包括行政申訴、行政調解、行政裁決等基本形式，這種機制既可作為行政司法的組成部分，設定為由當事人選擇的替代性程序，也可以作為準司法系統，設定為法定前置程序或獨立的行政法院（庭）系統」。[439]就行政解紛的對象而言，既包括行政爭議，又包括民事糾紛。本文僅立足於民事糾紛解決的視角，即行政機關對行政管理過程中民事糾紛的解決。具體而言，中國的行政過程中的民事糾紛解決機制包括行政調解、行政仲裁、行政裁決等不同機制。故本文擇取行政調解、行政仲裁以及行政裁決三種主要解紛機制進行論述。

## 一、兩岸行政調解制度的比較研究

行政調解是 ADR 框架中所包含的一種方式，在中國大陸，與人民調解、司法調解一併構成所謂「東方經驗」的大調解體系。[440]行政調解與其他調解制度最大的區別在於由行政機關作為第三者居間解決糾紛。觀察兩岸現有的行政調解制度，臺灣地區目前已經形成以鄉鎮市調解為主，輔之以各專業調解的行政調解制度體系，大陸則主要以司法助理員調解糾紛為行政調解的主要形式，尚未形成清晰的行政調解制度體系。

（一）臺灣地區行政調解制度體系概覽

在臺灣地區,現行的調解主要有三類,即鄉鎮市調解、法院調解及專業調解。本文所討論的行政調解機制體係為鄉鎮市調解與專業調解。所謂鄉鎮市調解,是指由鄉、鎮、市公所設立的調解委員會對民事糾紛及告訴才處理的刑事糾紛進行調解解決的制度,[441] 專業調解則為行政調解的一種,此一定義為筆者在查閱臺灣部分資料後歸納總結而得,認為專業調解即是指涉及某專業領域內的糾紛,由相關主管機關或其設立的調解委員會對該糾紛進行協調解決的制度。例如消費爭議調解、耕地三七五減租(耕地租佃)爭議調解、公害(環保)糾紛調解、勞資爭議調解、醫療爭議調解、採購履約爭議調解等。

1.鄉鎮市調解:

臺灣地區鄉鎮市調解制度可追溯至 1931 年,當時國民黨政府的內政部與司法行政部共同頒布制定的《區鄉坊調解委員會權限規程》規定「各縣市以下之鄉鎮,選任地方上具有法律知識及信望素孚之公正人士擔任調解委員,組織調解委員會,辦理民、刑事件調解業務」,[442] 此為鄉鎮市調解制度的雛形,後直至 1955 年制定並施行「鄉鎮調解條例」(以下簡稱「條例」),賦予鄉鎮市調解制度以法制化的地位,該「條例」歷經 10 次修改,最終形成現行的「鄉鎮市調解條例」。目前,鄉鎮市調解制度在定紛止爭、化解糾紛方面發揮著重要作用。

(1)解紛主體的構建

鄉鎮市調解機構為鄉鎮市調解委員會,[443] 其設置於鄉鎮等基層行政機關內部,主要考慮到鄉鎮作為基層行政機關,為與民眾接觸最多的機關,也是糾紛多發的地方,將調解機構設置於此大大利於糾紛及時解決,此與大陸努力實現的「把糾紛化解在基層」的基本理念不謀而合。[444] 論其專業性,「條例」已明確規定調解委員的積極資格與消極資格,或具有法律或其他專業知識,或為鄉、鎮、市信望素孚的公正人士,此為鄉鎮市調解委員的必要條件。[445] 論其獨立性,為防止地方派系介入而影響調解結果,「條例」特別規定鄉、鎮、市長及民意代表均不得兼任調解委員;另一方面即為經費上獨立,調解委員會所需的經費,均由鄉、鎮、市公所根據實際需要,編入鄉、鎮、市自治預算,其中法院移交至調解委員會調解的案件,由法院負擔其所需經費。

另一方面，為提高調解委員對調解工作的熱情、發揮調解功能，臺灣地區構建了調解委員的獎勵機制，並制定了「鄉鎮市調解績優人員獎勵要點」。其獎勵可以分為兩類，一類為對調解委員獨任調解的獎勵，包括「行政院長獎」、「法務部長獎」以及由縣政府制定的其他獎項。[446]另外，還特別根據調解委員的在職年限設定了「行政院長獎」、「內政部長獎」與縣政府制定的其他獎項。[447]為了更好地造成激勵作用，前述諸多獎項的頒布均須在集會或慶典等公開活動中進行，以期達到其社會效應，對調解委員予以獎勵的同時也在社會層面上彰顯了調解的功能。除此之外，臺灣地區「內政部」、「法務部」以及縣政府亦針對各鄉、鎮、市調解委員會的績效予以獎勵，並編入預算，在一定程度上鼓勵、促進了鄉鎮市調解制度的發展。

（2）部分調解前置模式

為了發揮行政解紛機制的優勢，臺灣地區現將某些糾紛的調解程序作為提起訴訟的前置程序，其他則由當事人選擇，既可直接訴訟又可以選擇調解。將調解前置的糾紛一般為因不動產所引起的糾紛、僱用人與受僱人因契約關係所產生的糾紛、具有一定血親關係的親屬間的糾紛或因小額財產所引起的糾紛等，[448]即便當事人已經提起訴訟，一審法院亦須將案件移付調解委員會進行調解。此處的調解，既可由法院調解也可由法院移付鄉鎮市調解。此類糾紛多為鄰里之間、親屬之間等關係較為特殊的一類人之間的糾紛，將調解作為起訴之必經程序，無論對糾紛的解決還是社會關係的和睦，均大有裨益。

（3）調解的效力與執行

鄉鎮市調解書的效力實行「法院審核」制度，調解書必須交由法院審核後由法官簽名並加蓋法院印信，即具有與確定民事判決相同的效力，當事人亦不得就該爭議再行起訴。若當事人認為經核定的調解書為無效或可撤銷，可向原核定法院提起宣告該調解無效或撤銷調解之訴的途徑予以救濟。導致調解無效或可撤銷的原因可以歸納如下：首先，即為調解具有實體法上無效或訴訟法上無效的情形；其次，則為調解委員以強暴、脅迫或欺詐等非法形式進行調解，或阻止當事人起訴以及其他涉嫌犯罪的行為；最後，非因當事人過失而成立調解，如事後發現調解所依據的文件為偽造或變造而使得調解

成立等情形。[449]調解成立後更為重要的則為調解書的執行。因具有確定民事判決的效力，一方當事人對調解內容不履行時對方可以申請強制執行。賦予調解書具有強制執行的效力，既提高了調解書的公信力以及在民眾心中的威信，又確保調解內容的實現，保障了當事人權利利益的實現，與此同時為法院減輕案件負擔、疏減訴源，可謂「一箭三雕」。

2. 專業調解制度

現行的專業調解主要有消費爭議調解、耕地三七五減租（耕地租佃）爭議調解、公害（環保）糾紛調解、勞資爭議調解、採購履約爭議調解、著作權爭議調解、醫療爭議調解等。從各個調解機制的名稱便可看出其調解對象為何。其與鄉鎮市調解，可稱為一般與個別的關係，但凡非屬專業調解對象範圍之內的糾紛，均可申請鄉鎮市調解來解決，相輔相成。因此在制度設計上與鄉鎮市調解必有諸多相似之處，例如凡經法院核定後的調解書均具有確定民事判決的效力等。下文僅著眼於專業調解之於鄉鎮市調解的區別所在，且由於專業調解種類繁多，此處不能一一列舉比較，僅以消費爭議調解、耕地租佃調解、著作權爭議調解以及勞資爭議調解為例予以歸納概括其一般性規律。

（1）調解主體的設置層級更高

嚴格地說，在調解主體設置方面不應當稱為與鄉鎮市調解的區別，二者均具有專業性與獨立性，其細微差別僅體現在專業調解更高的層級設置以及更為嚴格的專業性要求上。專業調解的調解委員會一般設在「直轄市」、縣（市）級政府內，例如，消費爭議調解委員會設置於「直轄市」、縣（市）政府，其組織成員由「直轄市」、縣（市）政府代表、消費者保護官、消費者保護團體代表、企業經營者所屬或相關職業團體代表組成；耕地租佃委員會則分別設置於「直轄市」或縣（市）政府及鄉（鎮、市、區）公所，可根據鄉（鎮、市、區）地主、佃戶數量的多少選擇不予設立委員會或數鄉（鎮、市、區）合併設立之；對於勞資爭議調解，當事人須向「中央行政院勞工委員會」或直轄市、縣（市）政府申請調解；對於著作權爭議，則由「經濟部智慧財產局著作權審議及調解委員會」根據具體爭議而指定個別委員予以調解。[450]相較鄉鎮市調解委員會均設置於基層而言，專業調解的調解主體則設置於「直

轄市」、縣（市）政府或更高層級的行政機關內部，且資格條件也比鄉鎮市調解委員更為嚴格。既充分發揮了鄉鎮市基層行政機關與民眾生活最為貼近，解決普通民事糾紛時便民、迅速、高效的優勢，又體現了對於涉及某專業領域內知識的糾紛，級別較高的行政機關在人員素質、專業知識等方面更適宜專業糾紛的解決。

（2）與其他解紛機制的銜接模式更為多樣性

專業調解與調處、仲裁、裁決等其他非訴訟糾紛解決機制之間的銜接模式各異，尚缺乏一般性的原則性規定，主要有兩種，其一即為申訴不服後方可提起調解，例如消費者與經營者之間的消費爭議，消費者必須先行向企業經營者、消費者保護團體或消費者服務中心或其分中心進行申訴，當申訴未獲得妥當處理時，消費者可向「直轄市」、縣（市）政府消費者保護官申訴，只有當經過前述兩次調解而糾紛仍未獲得妥當處理時，消費者才得向「直轄市」或縣（市）消費爭議調解委員會申請調解。[451] 另一則為調解前置模式，例如出租人與承租人因耕地租佃發生爭議時，當事人必須先行向鄉（鎮、市、區）公所耕地租佃委員會申請調解，調解不成時才能逕行向「直轄市」或縣（市）政府耕地租佃委員會申請調處，經過調處仍不能解決糾紛時，「直轄市」或縣（市）政府耕地租佃委員會應將案件移送司法機關處理，並且免收裁判費用。[452]

3.小結

綜上所述，臺灣地區已經形成較為成熟的行政調解機制體系。總體而言，在制度設計上，既發揮了基層行政機關對民眾熟悉與瞭解的優勢，又不乏專業性要求，將糾紛儘可能化解於基層，真正造成為法院疏減訴源的「過濾器」作用。與此同時，構建有效的獎懲機制有利於激發調解熱情進而推動行政調解解紛功能的發揮。最為重要的一點則為行政調解與其他解紛機制的銜接與運行，將行政調解與其他糾紛解決機制有機地銜接、環環相扣，使整個糾紛解決過程像一條「糾紛解決鏈」能動地連接起來，從而達到迅速、及時、有效地解決糾紛的目標。

（二）大陸行政調解制度的現狀分析

### 1. 立法呈現零散化特徵

與臺灣地區以「鄉鎮市調解條例」為基本立法，輔之以「勞資爭議處理法」、「公害糾紛處理法」、「消費者爭議保護法」、「耕地三七五減租條例」、「著作權爭議調解辦法」等專門立法的行政調解法律體系而言，大陸關於行政調解的立法仍呈現零散化特徵。雖有大量法律法規雖涉及行政調解，但並沒有形成一個清晰、系統的立法體系。不同效力層級的規範性文件均有關於行政調解的規定，其制定缺乏統一的規劃與整體上的設計，使得在內容上或出現重複或出現衝突。「不僅造成制度上的內耗，而且從民眾的角度來說，不利於民眾的認識與掌握，從而很難發揮其定紛止爭的積極作用。」[453]

此外，就立法內容而言，用語不夠規範的現象在大量規範性文件中均有存在，例如《礦產資源法》第47條規定：「礦產企業之間的礦區範圍的爭議，由當事人協商，協商不成，由有關縣級以上人民政府根據依法核定的礦區範圍處理。」此處「處理」一詞究竟為何種處理，是否為調解，尚不得而知。諸如此類規定極易成為行政機關相互推諉的理由。另一方面，大量規範的內容過於簡單與粗糙，僅拿司法部頒布的《民間糾紛處理辦法》為例，僅規定司法助理員負責處理民間糾紛，未規定其任職資格及其權力責任等。同時缺乏相應的監督條款，若司法處理員在調解過程中存在不當調解、違法調解等情形，無法對其予以監督及懲戒。與此相比，臺灣地區「鄉鎮市調解條例」從「行政調解範圍、調解委員選任、獎懲、監督到調解成立效力與執行」具體、明確的規定，可以真正做到有法可依。

### 2. 調解主體缺乏專業性與獨立性

不論為鄉鎮市調解抑或專業調解，臺灣地區均對調解主體的專業性作出明確規定。大陸則很少存在專門的行政調解主體，僅有專利覆審委員會、商標評審委員會等極少數幾個。其他的大多數調解主體則均由非專門性的各級政府及其職能部門進行。[454] 使得調解主體難以擺脫與行政機關的關係，難於獨立行使調解權，調解案件的公正性也大打折扣。

### 3. 調解效力缺乏保障

調解為自願行為，其啟動與調解協議的達成均以當事人自願為前提。對於行政調解協議內容的履行，大陸的調解協議僅為當事人之間一項協議，無任何強制履行之規定。若當事人在達成調解協議後反悔而不履行調解協議，當事人則須再向法院提起訴訟。此一方面打消了調解員對於調解的積極性，若經調解的案件最終無法得以履行，當再有調解案件時，調解員勢必會敷衍塞責、無心調解。另一方面，對於當事人而言，若其在糾紛發生之時逕行提起訴訟，雖訴訟耗時較長，但一經判決則具有法律上效力，亦有強制執行作為後盾對判決效力予以保障，先行申請行政調解則成為耗時、耗力、耗財的選擇，雖可能迅速達成調解協議，但缺乏效力保障，不如直接提起訴訟獲得具有效力保障的判決書更能解決糾紛。

4. 與其他解紛機制的銜接仍待完善

與臺灣地區實行部分調解前置模式不同，大陸尚無此種規定，當事人或調解或訴訟。而與其他糾紛解決機制的關係，也僅為非此即彼的關係，[455]沒有類似於臺灣地區在解決消費爭議、耕地租佃爭議、勞資爭議時嚴格的申訴—申訴—調解、調解—調處—訴訟、調解—仲裁／裁決等各機制銜接的規定。

筆者認為將行政調解前置於其他糾紛解決機制更有利於糾紛的解決。首先，行政調解是為了更好地解決糾紛，同時也為法院疏減訴源，若只將行政調解作為任意性選擇的糾紛解決途徑，加之目前的行政調解缺乏效力保障，已達成的調解協議經常因當事人的反悔而不得不再訴諸法院，大大削減了行政調解的功能與作用。在沒有強制性前置規定的情況下，當事人與其先行調解再訴訟，不如直接提起訴訟，這樣則易導致行政調解制度被架空，毫無價值可言。其次，對於某些糾紛，例如具有近親屬關係、鄰里關係或僱員與僱主關係的當事人之間的糾紛，則較適宜採取非正式、手段較柔和的方式予以解決，增加調解前置，透過調解解決糾紛後，當事人之間仍能保持較和諧的關係，有利於社會生活的穩定與和諧。

## 二、兩岸行政仲裁製度的比較研究——以勞動爭議仲裁為例

（一）臺灣勞資爭議仲裁製度概覽

社會經濟政治迅速變遷，導致企業面臨的環境更加複雜，單向化、命令式的溝通形態及管理方式，已不足以因應勞資關係的變化，反而會成為勞資衝突的導火索，[456]加上勞方文化水平的提高與維權意識的增強，臺灣地區勞資爭議的數量皇逐年上升的趨勢，若循傳統司法途徑，糾紛的解決則可能曠日持久，不利於勞方權益的及時保護。

仲裁作為一項有效的糾紛解決途徑，在臺灣地區卻處於被忽略的尷尬境地。據臺灣地區勞資爭議處理相關統計資料顯示，現行處理勞資爭議的實務上，多以調解與協調為主導機制，自 1989 年到 2008 年統計資料數據顯示，其發生勞資爭議案件總共 158912 件，以協調處理的案件總數計有 132617 件，占 83.45%，以調解為處理的案件數總計有 24604 件，占 15.48%，而以仲裁為處理的案件總數僅有 6 件，其所占比例最少，僅有 1.07%。[457]可見，調解與協調在勞資爭議解決中扮演重要角色，而行政仲裁則無人問津。為更好地發揮行政仲裁在糾紛解決中的作用，臺灣地區「勞資爭議處理法」於 2009 年作出相應修改，筆者認為此次修改後將大大發揮行政仲裁的糾紛解決功能。

1. 區分權利事項與調整事項的勞資爭議仲裁製度

臺灣地區將勞資爭議區分為「權利事項之勞資爭議」與「調整事項之勞資爭議」（以下分別簡稱為「權利事項爭議」與「調整事項爭議」），前者「指勞資雙方當事人基於法令、團體協約、勞動契約之規定所為權利義務之爭議」，後者則「為勞資雙方當事人對於勞動條件主張繼續維持或變更之爭議」。[458]針對不同類型的勞資爭議，其解決途徑不同，仲裁製度設計也不盡相同。

（1）權利事項爭議的仲裁

權利事項爭議的解決，必須遵循先調解，繼而仲裁或裁決的程序，若仍不能解決糾紛，最終可提起訴訟。對於仲裁的提起，一為權利事項爭議於調解不成立時，雙方當事人共同向「直轄市」或（縣）主管機關申請交付仲裁。[459]此處以爭議調解不成立為前提，調解為法定前置程序。另一提起仲裁的途徑則不以調解為其前置程序，僅需雙方當事人書面同意即可逕行向主管機

關申請仲裁。一旦達成仲裁協議,則具有與法院確定判決相同的效力並具有強制執行的效力。

對於權利事項爭議仲裁與訴訟、調解等其他解紛機制之間的銜接關係,筆者以下圖概括:

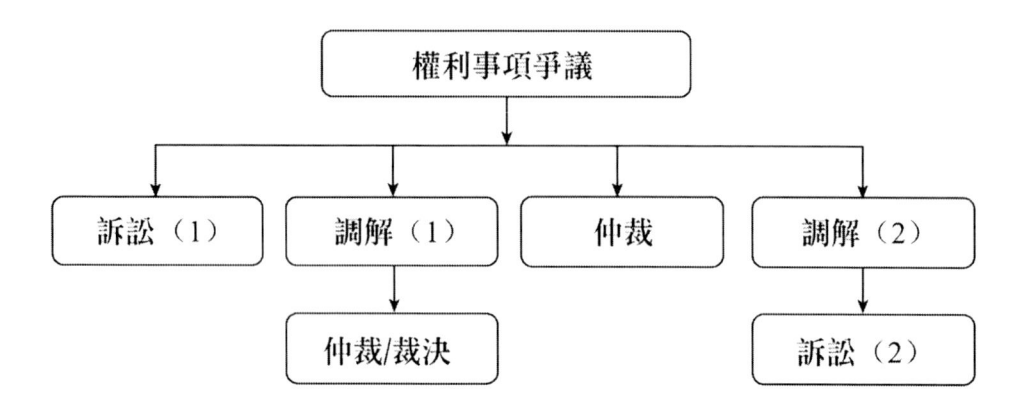

```
                    權利事項爭議
        ┌──────┬──────┬──────┐
      訴訟(1)  調解(1)   仲裁   調解(2)
                  │                │
              仲裁/裁決          訴訟(2)
```

從上圖可以看出權利事項爭議的解決有四種途徑,首先,直接提起訴訟,即圖中的「訴訟(1)」,此處需要注意一點,因僱傭契約發生爭執者,起訴前必須經法院調解,即圖中「調解(2)——訴訟(2)」所示。對於除僱傭契約爭議之外的權利事項爭議,當事人均可以直接提起訴訟。圖中第二、三種糾紛解決途徑即是上文中兩種提起仲裁的途徑,或調解——仲裁,或直接仲裁。

(2) 調整事項爭議的仲裁

對於調整事項爭議的解決,與權利事項爭議最大的區別在於不能透過司法途徑解決,在仲裁判斷效力方面,其僅視為爭議當事人之間的契約。因調整事項爭議提起仲裁,可當調解不成立時由雙方當事人共同提起仲裁,或經雙方當事人書面同意直接提起仲裁。[460] 除此之外,可由任一方當事人提起仲裁或由「直轄市」或縣(市)主管機關依職權交付仲裁。依職權交付仲裁僅有兩種情形,一為一方勞工為教師、「國防部」及其所屬機關(構)、學校的勞工時,任一方當事人可向「直轄市」或縣(市)申請仲裁;另一為調整事項爭議涉及自來水事業、電力及燃氣供應業、醫院、經營銀行間資金轉

移帳務清算的金融諮詢服務與證券期貨交易、結算、保管事業及其他辦理支付系統業務事業時，任一方當事人須向「中央主管機關」申請仲裁。依職權交付仲裁的或具有對公眾生活及利益影響重大的情節且雙方未約定必要服務條款，或應目的事業主管機關請求而提起仲裁。不管是任一方提起仲裁還是依職權交付仲裁，其前提條件為必須經過「勞資爭議處理法」中規定的調解，調解不成立時才能提起仲裁，調解成立與否以調解記錄為依據。[461]

2.2009 年「勞資爭議處理法」修法之研判

臺灣地區勞資爭議仲裁製度可追溯至 1928 年，國民政府於此時修訂第一部「勞資爭議處理法」，歷經四次修改，臺灣當局於 1988 年完成全文修改並一直實施到 2009 年再次修改為止，已逐步完善但仍存在不足與缺陷。勞資爭議仲裁製度本應為解決勞資爭議既有效又迅速的制度，但正如上文數據顯示，勞資爭議仲裁製度並未發揮其應有的定紛止爭的作用。2009 年對全文進行修改，筆者認為可以稱為臺灣勞資爭議仲裁製度命運的轉折。

（1）權利事項爭議納入仲裁範圍

權利事項爭議占勞資爭議案件的比例較多，但 2009 年修法之前權利事項爭議被明確排除在仲裁範圍外，舊「勞資爭議仲裁法」明確規定「權利事項爭議，依本法所定之調解程序處理之」。將數量較多的權利事項爭議排除在仲裁範圍外，無疑成為仲裁無法發揮應有功能的首要原因。2009 年修法後，權利事項爭議明確被納入到仲裁範圍內，仲裁製度功能的發揮也將指日可待。

（2）仲裁決定的強制執行得到落實

依臺灣地區臺北地方法院 1996 年勞聲字第一號與臺北地方法院 1992 年仲執字第四號裁定中可以得出對於仲裁委員會所作成的仲裁決定無法裁定準予強制執行的理由如下：[462]

①勞資爭議仲裁委員會作成的仲裁決定僅被視為勞資雙方當事人間的勞動契約或團體協約，仲裁內容在於調整或變更勞動條件，因此在當事人之間形成一種新的法律關係，故該仲裁決定在性質上不適合強制執行。

②勞資爭議仲裁委員會作成的仲裁決定視為勞資雙方當事人間勞動契約或團體協約，當任何一方當事人違反仲裁決定時，雙方當事人間的爭議則非為調整事項，而是權利事項爭議，如此一來，權利事項爭議應依調解或訴訟為處理方式。

③勞資爭議仲裁委員會作成的仲裁內容多屬於調整或變更勞動條件，若勞方因資方未遵照仲裁決定調整勞動條件而向該管法院聲請強制執行，但資方卻抗辯已遵照仲裁內容調整勞動條件，此則產生有無調整勞動條件的實體問題，但因非訴訟法院並無實體審查權限，當事人須另請民事法院判決確定取得執行名義方得聲請強制執行。

基上，勞資爭議仲裁判斷的強制執行得不到切實落實，其主要原因仍為2009年修法前權利事項爭議被排除在行政仲裁範圍之外，修法後上述困境已不復存在，仲裁判斷的強制執行將能得到確實的落實。

（3）仲裁員以公正、專業、獨立為準則

勞資爭議仲裁委員組成成員以資方、勞方以及官方三方代表組成。修法之前，資方代表以工業會或商會理事長或常務理事長為主；勞方以工會理事長或常務理事為主；官方則由民意代表擔任，忽略了仲裁委員專業性與公正性的要求。2009年修法後規定了嚴格的仲裁員的積極資格與消極資格，[463]既保障了仲裁員的專業性與公正性，也提高了仲裁判斷在公眾心中的公信力與威信，保證了勞資爭議的解決。

3. 小結

臺灣地區勞資爭議仲裁製度的特色，首先為採取概括式方式劃分勞資爭議進而按照不同的路徑解決糾紛，此種劃分方式可以儘可能地將所有勞資爭議納入仲裁範圍，為列舉式所不能及。其次為與訴訟的銜接，選擇「或裁或審」的模式，當事人可以選擇提起訴訟或申請仲裁，一旦選擇仲裁則仲裁裁決即具有終局性效力，有利於糾紛迅速解決。勞資爭議涉及勞動者的生存，其迅速解決無疑是對勞工最大的保障。2009年修法後更將權利事項爭議納入仲裁範圍，是否能充分發揮其糾紛解決的功能進而開啟勞資爭議仲裁製度的新紀元，仍需接受實踐的考察。

## （二）大陸勞動爭議仲裁製度研究

大陸勞動爭議制度可追溯至 1950 年，1955 年 7 月因三大改造的推進而取消，1986 年開始恢復，1993 年《企業勞動爭議處理條例》、1995 年《勞動法》相繼頒布實施，勞動仲裁製度得到迅猛發展。[464]2007年更頒布了《勞動爭議調解仲裁法》。於實踐層面而言，以 2004 年為例，全國透過仲裁解決的勞動爭議有 110708 件，比 2003 年增長 15%，透過其他途徑解決的糾紛僅 64550 件。[465] 勞動仲裁製度歷經數年的發展已成為民事糾紛解決的重要機制之一，但隨著社會糾紛的日益尖銳與複雜化，其仍有待完善。

### 1. 勞動爭議仲裁範圍

與臺灣地區概括式分類不同，大陸 2007 年頒布的《勞動爭議調解仲裁法》將納入仲裁範圍的勞動爭議以列舉的形式予以界定。該法第 2 條規定：「中華人民共和國境內的用人單位與勞動者發生的下列勞動爭議，適用本法：（一）因確認勞動關係發生的爭議；（二）因訂立、履行、變更、解除和終止勞動合約發生的爭議；（三）因除名、辭退和辭職、離職發生的爭議；（四）因工作時間、休息休假、社會保險、福利、培訓以及勞動保護髮生的爭議；（五）因勞動報酬、工傷醫療費、經濟補償或者賠償金等發生的爭議；（六）法律、法規規定的其他勞動爭議。」[466] 此一規定與舊《企業勞動爭議處理條例》相比，將納入仲裁的爭議範圍進行了擴展，[467] 在一定程度上彌補了原有規定的不足。但采列舉式規定的缺陷在於，即便法律列舉得再全面，也不可能完全窮盡實際存在的勞動爭議情況。就大陸的現狀而言，是否納入仲裁直接關係是否可以提起訴訟。[468] 因此，應採取概括性規定，儘可能最大限度地擴大仲裁的範圍。「就像憲法規定中規定一般的概括的人權保護，比列舉各種具體人權進行保護更有助於保護人權一樣。」[469]

### 2. 仲裁機構缺乏專業性與公正性

大陸的仲裁委員會同樣遵循「三方參與」原則，分別由勞動行政部門代表、工會代表和企業方面代表組成。[470]《勞動爭議調解仲裁法》進一步對仲裁委員會委員的資格條件作出了詳細的規定。[471] 與原《企業勞動爭議處理條例》將仲裁委員的資格泛泛規定為工會工作者、專家學者和律師相比，

新規定中仲裁委員的門檻更高且更具專業性與公正性。但與臺灣地區關於仲裁委員的規定相比，其準入條件明顯低於臺灣地區的規定。例如，同樣規定了教師可以成為仲裁委員，大陸則僅規定具有中級以上職稱，臺灣地區則規定必須曾任或現任教育部認可的大專院校助理教授以上的教師三年以上。以此例可看出，臺灣地區在仲裁委員的選聘上更具嚴格性與專業性，提高了勞動爭議仲裁裁決的公正性與權威性。

3. 仲裁裁決缺乏效力保障機制

勞動糾紛解決必須以保護勞動者權利為出發點，與其他對等主體間的民事糾紛不同，勞動爭議涉及勞動者是否能繼續生活下去的問題。因此處理程序要「簡便、快捷、經濟、高效」。[472] 就目前勞動爭議解決途徑而言，可以分為兩種途徑，一為協商─調解─仲裁─訴訟，另一為協商─調解─仲裁（終局），協商與調解為非前置程序。觀察此兩種爭議解決途徑，貌似第二種途徑中仲裁裁決具有終局效力保障，且仲裁裁決具有申請法院強制執行的效力。然仔細分析 2007 年《調解仲裁法》可知，用人單位可以在收到仲裁裁決書 30 日內向法院提起申請撤銷仲裁裁決。[473] 這一規定意味著用人單位在收到仲裁裁決的 30 日內，仲裁裁決的效力都是待定的，一旦用人單位申請撤銷仲裁裁決，據仲裁法及相關規定，撤銷仲裁裁決的案件應在 2 個月內審結，且實行一審終審。仲裁裁決被法院撤銷的，當事人要在 15 日內就該勞動爭議另行向法院提起訴訟，[474] 無疑成為仲裁裁決效力保障的阻礙。而此本是為保護勞動者的利益，將追索勞動報酬、工傷醫療費、經濟補償或者賠償金等案件的仲裁裁決規定為終局裁決。但如按上述程序進行，使得本就冗長的勞動爭議解決程序變得更加繁雜，[475] 極易因用人單位申請撤銷裁決而喪失效力，對於處於弱勢地位的勞動者而言，不利於其權益的保障。此外，這一制度設計大大增加了勞動爭議解決的時限，其合理性值得思考。

## 三、兩岸行政裁決（調處）制度的比較研究

行政調處作為臺灣地區行政解紛的另一重要形式，其解決民事糾紛程序通常包括調解與處理（裁決）。其機能主要分成兩個階段，「第一階段的機能在於協助當事人以協議的方式和平解決私權爭議，該功能與調解並無大異；

第二階段的機能則為就該爭議裁決其應有的實體關係」，此為調解所不具有的機能。[476] 調處第二階段的機能無異於大陸的行政裁決，故筆者將行政調處作為與大陸行政裁決相對應的制度予以介紹與分析。

（一）臺灣地區行政調處制度體系概述

1.調處機構的設置

與鄉鎮市調解機構由「鄉鎮市調解條例」統一規定不同，調處機構的設置分散於單行法律法規中，主要分為以下幾類：第一，在政府內部設立獨立的調處委員會，此為大部分調處委員會的設置規則。例如，「直轄市」、縣（市）政府設立的公害糾紛調處委員會；[477]「直轄市」或縣（市）政府及鄉（鎮、市、區）公所設立耕地租佃委員會，處理耕地租佃糾紛；[478] 醫療糾紛則交由「直轄市」、縣（市）主管機關設置的醫事審議委員會進行調處；[479] 不動產糾紛則交由不動產糾紛調處委員會處理等。第二，由各級政府承擔調處職能，此規則適用於少數糾紛。例如，關於基地面積糾紛，由「直轄市」、縣（市）（局）政府予以調處。[480] 第三，由航空站經營人擔任調處主體。此主要針對民用航空乘客與航空器運送人間的運送糾紛，航空局委託航空站經營人對該類糾紛予以調處。此調處機關的設置為特殊且少見，不具有普遍性與規律性。[481]

另一值得我們關注的則為調處機構的專業性與獨立性。就其專業性而言，在公害糾紛調處委員會中，除主任委員由「直轄市」（縣、市）長或其指定人兼任外，「其他委員則均須為有關機關代表、環境保護、法律、醫學等相關學者以及社會公正人士組成，且專家學者與社會公正人士的比例不得少於全體委員的三分之二」；[482] 醫事審議委員會中，「其委員同樣應包含不具民意代表、醫療法人代表身份的醫事、法學專家、學者以及社會人士，其中法學專家及社會人士的比例不得少於三分之一」，[483] 其他調處委員會的成員組成亦是如此。此種兼任與聘任相結合、專家學者占一定比例的組成形式，對糾紛解決起著至關重要的作用。就其獨立性而言，調處委員的獨立性並非一般性規定。僅「公害糾紛處理法」中規定「調處委員依法獨立行使職權，非因法定情形不得對其予以解聘」。[484] 其他法律法規中對調處委員會的獨

立性尚無相關規定。獨立性作為調處公平、公正進行的保障，在立法與實踐中逐步予以完善應為調處制度發展的趨勢。

2.與其他解紛機制的銜接模式

（1）行政調解、調處、訴訟，逐一進行

糾紛發生後，當事人必須按照行政調解、調處、訴訟的程序逐一進行。最為典型的為耕地租佃糾紛的處理，在上文「專業調解制度」中已作介紹，此處便不再贅言。將行政調處作為訴訟的前置程序，體現了窮盡行政救濟與司法最終原則，發揮行政解紛機制的專業性與高效性優勢，將部分糾紛儘可能在行政系統中予以解決，將案件分流，緩解法院案件壓力，最重要的則為使糾紛迅速得到解決，當事人的權益得到切實保障。

（2）調處不成，由主管機關決定

對於某些糾紛的解決，由調處機關先行調處，待調處不成後交由其主管機關決定。如「森林法」中規定，「當森林所有人因搬運森林設備、產物等有使用他人土地的必要，或在無妨礙給水及他人生活安全的範圍內，使用、變更或除去他人設置於水流的工作時，應先與其所有人或土地他項權利人協商，當協商不諧或無從協商時，應報請主管機關會同地方有關機關調處；調處不成，則由主管機關決定」；「漁業法」法中亦規定，「對各特定漁業之漁船總船數予以限制，須減少已核準之漁船數量時，先由該項漁業之漁業團體協調業者辦理，並由繼續經營之漁業人給予被限制者補償。當無從協商時，由主管機關調處之，調處不成時，由主管機關決定之」。[485]

歸納之，本類型雖皆規定調處不成時由主管機關決定，但其介入強度並不一致。與證照有關者，主管機關於調處不成時利用註銷證照的方式達到其調處成立時擬達到的目的。與產業營運條件有關時，利用徵用提供該產業的營運條件。[486]然此種規定的不足之處在於主管機關的決定是否為終局決定，是否存在後續的救濟途徑，相關立法中均未做規定，尚需進一步完善。

（3）調處不成，由上級主管機關作出終局裁決

此類糾紛調處不成後，由主管機關作出具有終局裁決的效力。「農地重劃條例」規定，「農地重劃計劃書經上級主管機關核定後，直轄市或縣（市）主管機關應即於重劃區所在地鄉（鎮、市、區）公所或重劃區之適當處所公告三十日，公告期滿實施。當公告期內，重劃區土地所有權人半數以上且其所有土地面積超過重劃土地總面積半數以上者表示反對時，主管機關應予以調處並根據反對理由，修訂農地重劃計劃書，並再次報請核定並將核定結果公告實施。「新市鎮開發條例」中亦有相似規定」。[487] 歸納此類糾紛，其多涉及土地利用的爭議，行政機關作為行政管理者，對此具有相當的裁量權，且排除司法機關審查。推其緣由，系配合行政計劃與行政管理的需要。

3. 調處決定的效力與執行

查閱臺灣地區現有規定，僅「公害糾紛處理法」對行政調處的效力作出了明確規定，調處成立並作成調處書後，應於七日內將該調處書送管轄法院審核，待法院認為調處書於法令無牴觸並予以核定時，該調處書即與確定民事判決具有同一效力並可作為強制執行的依據，且針對此一糾紛，當事人不得再行起訴。這與行政調解的效力相當。對於其他調處決定則無關於效力的規定。然與行政調解相較而言，行政調處在糾紛解決主體上更具有專業性、公正性與獨立性，其對糾紛的解決應更加具公信力，而實際規定卻僅為行政調解一經法院核準便具有與確定民事判決相同的效力。

4. 小結

綜上，臺灣地區行政調處的優勢在於其解紛主體的專業性，凡是設立於政府內部的調處委員會，其委員必須以其專業性資格為前提。此外，明確規定社會人士所占的比例，是對調處主體公正性的保障。而對於調處決定效力的保障尚不如行政調解，此不利於糾紛解決亦不利於調處機制的良性發展。

（二）大陸行政裁決制度體系研判

1. 立法現狀：零散化與非規範化

與臺灣地區類似，大陸對行政裁決制度並無統一立法，相關規定均散見於各單行法，且各單行法中對行政裁決的規定也不盡相同。首先，表徵「行政裁決」的法律稱謂多樣化。「裁決」「處理」「決定」在某些法律中均具

有行政裁決的內涵,而在某些法律中,雖指稱為「裁決」,但其內涵卻與行政裁決相差甚遠,如《立法法》中規定,行政法規之間對同一事項的新的一般規定與舊的特別規定不一致,不能確定如何適用時,由國務院裁決,此「裁決」於性質上並非行政裁決。正如孟德斯鳩所言:「對於制定法律的方式『應當』予以一定的注意。……重要的一點,就是法律已經把各種觀念很明確地加以規定之後,就不應該使用含糊籠統的措辭。」[488] 其次,行政裁決權的授予權混亂,法律、法規、規章甚至規範性文件中都有關於行政裁決的授權規定,沒有統一的授權層級要求,[489] 易造成行政裁決權泛濫與無序。

2. 裁決主體的設置模式

專業獨立的裁決主體是行政裁決實現糾紛解決的重要保障,臺灣地區透過選聘具有專業知識的社會人士參與調處以及採取聘任與兼任相結合的方式來保證調處主體的專業性與獨立性,大陸裁決主體的設置,主要為以下三種:

(1) 各級政府充當行政裁決主體

此種情形由各級政府直接充當行政裁決主體行使行政裁決權。如對於土地所有權和使用權爭議的解決,直接由人民政府予以處理;[490] 關於林木、林地以及草原的所有權和使用權的爭議,亦由人民政府予以裁決。[491] 可見,此類糾紛的裁決主體主要為各級人民政府。此處還需注意一點,即相關法律條文中均使用「處理」一詞指代「裁決」之意,再一次證明目前行政裁決在法律用語方面的混亂與不規範性。

(2) 部門行政機關負責行政裁決

此類裁決主體主要為負責行政管理工作的各部門行政機關。如關於專利權強制許可使用費的爭議,由國務院專利行政部門解決。[492] 有些因環境汙染引起的糾紛則交由環境保護主管部門或具有環境監督管理權的部門予以處理。[493] 與各級政府的裁決相比,此類主體的專業性更強,有助於此類涉專業知識的糾紛的解決。

(3) 行政機關附設的行政裁決機構[494]

由行政機關附設的行政裁決機構作為行政裁決主體的情況如《商標法》規定的商標評審委員會等。[495]此種裁決主體尚屬少數。

上述無論各級政府、部門行政機關，抑或附設的行政裁決機構，其專業性、獨立性以及權威性均需進一步完善。論其專業性，上述裁決機構在人員配置上，在立法層面尚無與任職資格相關的規定，在實際解紛方面，均由一般行政工作人員承擔行政裁決職能。論其獨立性，要麼為各級政府要麼為政府內部的部門行政機關，稍微獨立一些則為類似商標評審委員會的裁決機構，卻仍依附於行政機關，故行政裁決機構欠缺獨立性。「且從人員編制上看，專門設立的相關機構的人員也絕大多數來自所屬的行政機關，對於這些參與處理糾紛的人員，法律、法規並沒有專門為其設定身份保障方面的相關規定。」[496]論其權威性，既缺失專業性又欠缺獨立性，加之行政裁決過程無任何法律專業人士參與，使得其裁決結果欠缺權威性。

3.行政裁決訴訟路徑有待完善

臺灣地區採取公私法分立，於訴訟制度上採取司法二元制，按照爭議事件為私法爭議或公法爭議，民事案件由民事法院管轄，行政爭議則由行政法院管轄，兩法院系統各司其職。根據臺灣地區公私法分立理論，縱使糾紛已經過調處處理，若對該民事糾紛解決不服，仍應向民事法院提起訴訟，調處僅僅是作為一種糾紛解決方式，至於選擇何種訴訟途徑仍以糾紛的公私法性質來區分。

大陸關於行政裁決訴訟路徑的選擇仍有爭議。回顧行政裁決訴訟路徑的發展，以1990年《行政訴訟法》的實施為分水嶺，1990年以前一律提起民事訴訟，1990年以後，對於行政裁決訴訟路徑的選擇，不管是理論上還是實踐中則一直存在爭論，且呈現混亂的現象。最早對此予以規範的是1991年施行的《最高人民法院印發關於貫徹執行〈中華人民共和國行政訴訟若干問題的意見（試行）〉的通知》（已失效），明確將行政機關就平等主體之間的賠償問題的裁決納入行政訴訟的受案範圍。但隨後最高院在各種答覆、通知等中對行政裁決訴訟路徑模式的規定卻不盡相同，甚至出現自相矛盾的現象。[497]後直至2000年施行的《最高人民法院關於執行〈中華人民共和國行政訴訟法〉若干問題的解釋》61條規定「被告對平等主體之間民事爭議

所作的裁決違法,民事爭議當事人要求人民法院一併解決相關民事爭議的,人民法院可以一併審理」,明確將行政裁決涉及的行政爭議與民事爭議合併審理,但囿於目前行政訴訟中僅對裁決不當作出撤銷和裁決重做的判決,因此仍會造成行政裁決訴訟所引起的「官了民不了」的現象。

綜上,行政裁決訴訟路徑亟待完善,且應以保護當事人權利為制度構建原則,不應因審判職能的分工而導致當事人循環於「裁決─訴訟」的怪圈中,應切實根據中國的司法審判制度尋找利於糾紛解決的訴訟路徑。

## 結語

臺灣地區行政解紛的多項立法均是於上世紀二三十年代制定,歷經近百年、經過數次修改才形成現有的制度與機制,現仍然在探索完善路徑,其發展歷程與制度、機制的構建對於大陸現有制度而言,具有啟示性作用。於立法模式選擇上,我們可以採取分別立法模式;於解紛主體構建上,專業性與獨立性乃其是否能夠發揮糾紛解決功能的關鍵,社會專業人士的參與必會促進糾紛解決目的的實現;於行政解紛效力保障方面,無效力保障無異於將糾紛解決機制架空,成為空擺設,循序漸進地引入「司法確認」制度對行政解紛的確定力與執行力予以保障;於各糾紛解決機制的銜接方面,多元化糾紛解決機制的構建已成為世界發展的潮流與趨勢,然各糾紛解決機制並非彼此孤立存在,其間必須存在能動的銜接機制,使糾紛能在一條動態的、有機銜接的「糾紛解決鏈」中得到迅速、高效的解決。可見,中國大陸行政解紛機制仍需進一步構建與完善,最終形成以行政解決、司法解決、社會解決等多種糾紛解決形式組成的多元化糾紛解決機制,透過不同途徑有效化解社會糾紛,促進社會秩序和諧穩定。

# 中國大陸勞動與社會保障法制之建構

鄭尚元 [498]

## 壹、中國大陸社會保障體系概況

　　中國大陸自上世紀八十年代中期城市經濟體制改革以來，社會經濟生活諸領域都經歷了劇烈的變遷與改造，其中，企業市場化改革使大量國有企業、集體企業轉制或轉軌，企業逐步走上了充滿競爭的競業場，有的步向繁榮，有的跌入低谷。企業的興衰與勞動者的命運緊緊相連，作為市場配置要素的勞工，率先經歷了80年代後期企業改革的滌盪，相當多數量的原「國有企業員工」因此失業或徹底轉行。他們的生活在由計劃到市場的「轉軌」間歇期間曾遭受過難以想像的困境。為此，從上世紀八十年代中後期，中國大陸一直致力於社會保障制度改革，筆者認為，這種社會保障制度改革毋寧說是新制度的重建。嚴格意義上講，中國大陸社會保障體系建構正是從上世紀90年代中後期大規模展開的，這種論斷從以下制度建構的時點可以作出判斷。

　　一、中國大陸社會保障制度建構之概況

　　中國大陸自1956年起至1978年之二十多年間未曾頒布過法律，社會生活循於官方之政策和社會生活之習慣，類似今日社會保障法制所涵蓋領域如退休養老制度、健康保險制度（當時謂之公費醫療，現留存於公務員隊伍和少量事業單位中）、工傷醫療康復、津貼制度、社會救助制度等都曾有相關對應之政策[499]所輔行，並非是「無政府主義」下的制度全無，甚至按照現今懷舊思潮之說法，當年之保障遠甚於現在，相當多年長者處處感覺今不如昔。但是，計劃體制下二十年運行多年之社會政策在企業市場化衝擊下，既非改革曾經那麼徑直，亦非制度之重建，而是在舊有制度之上之新建構，亦新亦舊盡在其中。因此，展現在世人面前的中國大陸社會保障制度很難判定是否是法律制度之新建，還是舊有政策之新改。從制度的形式上看，有些體現為法律法規的法律規範形式，有的則停留於舊政策、命令之環節。正如本文所立之「中國大陸近十年社會保障體系之進展」之主題，從時間上觀察，大部分制度出臺的時段剛好為十年之內或十幾年間。官方認為已經完成了中

國社會保障體系建構和中國特色社會主義法律體系，中國大陸社會保障制度是否形成體系尚須斟酌，目前制度建構包括以下方面：

（一）社會保險制度建構（包括法律、法規和相關政策）

綜合類：

1.《中華人民共和國社會保險法》（2010年頒布）

2.實施《中華人民共和國社會保險法》若干規定（2011年頒布）

3.《社會保險費徵繳條例》（1999年頒布）

4.《社會保險登記管理暫行辦法》（1999年頒布）

5.《社會保險稽核辦法》（2003年頒布）

6.《社會保險行政爭議處理辦法》（2001年頒布）

7.《人力資源和社會保障行政復議辦法》（2010年頒布）

養老保險類：

1.《國務院管理建立統一的企業職工基本養老保險制度的決定》（1997年發佈）

2.《國務院管理完善企業職工基本養老保險制度的決定》（2005年發佈）

3.《國務院關於開展城鎮居民社會養老保險試點的指導意見》（2011年發佈）

4.《國務院關於工人退休、退職的暫行辦法》（1978年頒布）

5.《企業年金試行辦法》（2003年頒布）

6.《國務院關於開展新型農村養老保險試點的指導意見》（2009年發佈）

醫療（包括生育）保險類：

1.《國務院關於建立城鎮職工基本醫療保險制度的決定》（1998年發佈）

2.《國務院關於開展城鎮居民基本醫療保險試點的指導意見》（2007年發佈）

3.《城鎮職工基本醫療保險定點醫療機構管理暫行辦法》（1999 年頒布）

4.《城鎮職工基本醫療保險用藥範圍管理暫行辦法》（1999 年頒布）

5.《勞動和社會保障部、國家計委、財政部、衛生部、國家中醫藥管理局關於確定城鎮職工基本醫療保險服務設施範圍和支付標準的意見》（1999 年發佈）

6.《企業職工生育保險試行辦法》（1994 年發佈）

工傷保險類：

1.《工傷保險條例》（2003 年頒布，2010 年修訂）

2.《勞動和社會保障部關於實施〈工傷保險條例〉若干問題的意見》（2004 年發佈）

3.《勞動和社會保障部、財政部、衛生部、國家安全生產監督管理局關於工傷保險費率問題的通知》（2003 年發佈）

4.《勞動和社會保障部關於農民工參加工傷保險有關問題的通知》（2004 年發佈）

5.《工傷認定辦法》（2010 年頒布）

6.《職業病診斷與鑒定管理辦法》（2013 年頒布）

7.《非法用工單位上網人員一次性賠償辦法》（2010 年頒布）

失業保險類：

1.《失業保險條例》（1999 年頒布）

2.《失業保險金申領發放辦法》（2000 年頒布）

軍人保險優待撫卹類：

1.《中華人民共和國軍人保險法》（2012 年發佈）

2.《軍人撫卹優待條例》（2004 年頒布，2011 年修訂）

3.《烈士褒揚條例》（2011 年頒布）

### （二）社會救助制度及其他相關制度建構

最低社會保障類：

1.《城市居民最低生活保障條例》（1999 年頒布）

2.《國務院關於在全國建立農村最低生活保障制度的通知》（2007 年發佈）

3.《農村五保供養工作條例》（2006 年頒布）

其他救助類：

1.《城市生活無著的流浪乞討人員救助管理辦法》（2003 年頒布）

2.《〈城市生活無著的流浪乞討人員救助管理辦法〉實施細則》（2003 年頒布）

3.《自然災害救助條例》（2010 年頒布）

住房保障類：

1.《住房公積金管理條例》（1999 年頒布）

2.《經濟適用住房管理辦法》（2007 年頒布）

3.《廉租住房保障辦法》（2007 年頒布）

4.《城鎮最低收入家庭廉租住房申請、審核及退出管理辦法》（2005 年頒布）

## 二、官方數據

相關統計數據向來為表徵社會保障事業發展狀況的重要論據。根據官方公佈的相關數據，大陸社會保障事業發展的基本狀況可描述如下：

### （一）社會保險事業發展的基本情況[500]

綜合情況：

2012 年度，社會保險各項基金總收入 28465.3 億元，同比增長 18.4%；各項基金總支出 22063.1 億元，同比增長 22.2%。

養老保險基本情況：

截至 2012 年底，新型農村和城鎮居民社會養老保險實現制度全覆蓋，各項養老保險參保人數達到 7.9 億人。其中，城鎮職工基本養老保險參保人數為 30379 萬人，基金總收入 19693 億元，總支出 15502 億元，累計結餘 23667 億元，職工退休人員基本養老金為 1721 元，同比上漲 210 元；城鄉居民參保人數達到 48370 萬人，13075 萬城鄉老年居民按月領取養老金。

醫療（包括生育）保險基本情況：

截至 2012 年底，全民基本醫保體系初步形成，各項醫療保險參保人數超過 13 億人，其中，城鎮職工和城鎮居民基本醫保參保人數達到 53589 萬人，農民工參保人數達到 4996 萬人；全國新農合參合率達到 98%，人均籌資水平從試點初期的 30 元逐步提高到 2012 年的 300 元左右，政策範圍內住院費用報銷比例達到 75% 左右。生育保險參保人數為 15445 萬人。

工傷保險基本情況：

截至 2012 年底，工傷保險參保人數達到 18993 萬人，其中農民工參保人數達到 7173 萬人。

失業保險基本情況：

截至 2012 年底，失業保險參保人數達到 15225 萬人，其中農民工參保人數達到 2702 萬人。

（二）社會救助制度及其他相關制度

最低社會保障基本情況：[501]

截至 2012 年底，城市居民最低生活保障 2142.5 萬人、1113.6 萬戶，最低生活保障平均標準為每人每月 330.1 元，城鎮最低生活保障支出 635.9 億元；農村最低生活保障 5340.9 萬人、2809.6 萬戶，最低生活保障平均標準每人每月 172.3 元，農村最低生活保障支出 690.4 億元；農村五保集中供養 184.5 萬人、180.9 萬戶，集中供養平均標準每人每月 338.41 元，集中供養支出 61.8 億元；農村五保分散供養 361.4 萬人、348.9 萬戶，分散供養平均標準每人每月 250.07 元，分散供養支出 82.9 億元。

其他救助基本情況：

2012 年度，救災支出 132.6 億元；對生活無著人員救助 216.8 萬人次，流浪兒童救助 14.6 萬人次。

住房保障基本情況：[502]

截至 2012 年底，城鎮保障性住房覆蓋率達到 12.5%；截至 2012 年 10 月份，全國城鎮保障性安居工程新開工 722 萬套，基本建成 505 萬套，完成投資 10800 億元。

三、評述

社會保障制度（韓國、日本、中國大陸漢字表述皆為「社會保障」）系市場經濟社會中存在的一種經濟制度、社會制度，也可以稱之為政治制度，法治國家和地區逐漸將其拓展至法律制度領域。臺灣地區表述為「社會安全制度」。從制度建構的實質分析，內容相同，無非是因應各國各地區情勢而略有制度建構之差異。作為社會法歷史塑造的德國人將保險機制引入社會治理領域，從 1883 年起頒布了不同社會保險類別的法律制度，並逐漸使之法理化，並被各國所因襲，以此為基點逐漸形成一法律門類。「從社會保險之主要目的系對『工業社會中從屬勞動者之社會風險提供必要之保障』得知，唯有在自由勞動市場的市場經濟中，方有社會保險之必要，否則在社會主義的計劃經濟力，其既未有『自由勞動市場』，亦未有市場經濟中的『從屬勞動者』，更未有市場經濟中因勞動終端導致薪資中斷的『社會風險』，社會安全制度或社會保險也因此成了蛇足。」[503] 肇始於德國的社會保險制度其深刻的社會背景就是德國 19 世紀下半葉高速工業化帶來經濟繁榮的同時所釀製的社會危機和社會風險，沒有該時期德國勞工的生存風險裸露，或許社會保險立法的展開，沒有德國人對於該類法律的精細打磨，亦不會產生社會法門，作為體系化的社會保障制度便不會被世人所認可。因此，勞工問題的解決與社會保險制度的創始有著天然的因緣關係。中國大陸從上世紀八十年代之改革開放始，展開了大規模的社會變革運動，反映在市政生活方面便是高樓的不斷崛起、舊城不斷改造、新城的大量湧現，經濟學界謂之「工業化、城市化」。的確，上世紀八十年代前，正如郭明政教授所言，中國大陸壓根

兒不存在「社會保障」的漢語語境，廣大國營企業職工以「主人翁」姿態與低效率的國營企業及政府連帶的抗「風險」機制，中國的工人不曾失業、發生職業災害（工傷）在本企業吃勞保，罹患疾病有公費醫療兜底，退休自然有退休金，一派「和諧安定」景象。事實絕非理想，上世紀五十年代，中國大陸的經濟發展水平與後來的亞洲四小龍基本上處於一個檔次，整個六十年代、七十年代的國營企業「大鍋飯」付出了落後的代價。改革開放後，企業市場化、工業化、城市化等社會經濟變遷，使得大量的國營企業走向市場，勞動力市場化最後成為選擇和結論。但是，這一選擇和結論並非與經濟改革完全同步，就連官方所承認的社會事業發展滯後於經濟發展一樣，八十年代，經濟之市場化改革不僅產生了諸多市場化思潮，也確確實實地產生了中國大陸的市場化勞工，甚至產生了「中國特色」的工業化族群——農民工，產生了新時期的勞工問題。上世紀八十年代末九十年代初，原勞動部的相關機構著手針對就業、工資、社會保險的所謂三項制度進行改革，著眼點在於解決勞工市場化的問題。但是，隨著改革的逐步深入，勞工風險的逐漸裸露，「社會保障」作為新時代的漢語語境成為時髦詞，1998年，勞動和社會保障部成立，於是，「社會保障」便成為各界關注的熱點。

　　從上述制度建構的時間脈絡可以窺見一斑，即大部分社會保障制度的形成基本上是近十幾年間的事件，不論是大陸社會保險制度建構中的養老、醫療、失業、工傷、生育等保險制度的建構，還是城市低保制度、農村低保、城市住房保障制度的建構，皆處於該時期。換言之，中國大陸社會保障制度之形成同樣有著深刻的社會根源和制度形成的經濟基礎。就上述大陸社會保障制度建構，其特徵可以作如下分析和判斷：

　　其一，制度初創，短時間草就如此多制度難免「粗製濫造」。上述分析表明，近十幾年間的中國大陸社會保障制度形成，涵蓋了社會保險各領域、社會救助各領域，由保障勞工逐漸展開至其他人群，如此短促的時間出臺如此多法律、法規及相關政策制度，自然會出現「粗製濫造」現象，甚至可能出現社會制度之「形象工程」和「豆腐渣工程」。在短短十幾年時間，中國大陸的「社保」、「低保」概念已為社會所接受，成為大眾語境，一定程度上說明，近十幾年間中國大陸各級政府在此項民生工程領域所做的努力，同

時，亦可以從中得出這樣的反向推論：精於邏輯推理和做事認真的德國人鋪就德國社會法耗費的時間遠不止十年、二十年，那麼，中國人怎麼在這麼短時間能夠完成如此浩大工程？事實上，法律條文本身的科學與否最能說明問題，且不說其是否與現實相符，客觀上「應急」的要素比較明顯。

其二，法律制度與政策制度混雜疊加。制度剛性至今未及形成，以社會保障制度中最為典型的社會保險制度為例，其法制化的出路就是體現其強制性，大陸社會保險參保率雖然存在官方數據，但是，水分是客觀存在的，從現實生活中數以億計的農民工未及參保就可推斷其中水分。同時，政策制定者甚至存在這樣的誤區：他們不清楚法律制度與政策之間到底存在著什麼樣的界限，或者說從事社會保險實務的官員甚至認為法律本身對於他們的工作存在不利影響。上述社會保障制度建構中，只有工傷保險一項步入法律救濟程序，當事人可以透過自身努力救濟其權利，換言之，勞動者在該領域不僅是權利意識的覺醒，而且現行制度中安排了相應的救濟通道。其他社會保障制度皆未在程序制度中展開，法官幾乎未審理過其他社會保險項目的爭議案件。

其三，制度效力層次普遍較低，約束力及執行力較差。眾多的部門行政規章系勞動保障部門及相關部門頒發，在中國大陸法律制度中，法律、行政法規（國務院頒發）相對而言具有相應的影響力，大陸覆蓋31個省、自治區、直轄市，人口接近14億，雖然是單一制中央集權體制，但地方分權現象普遍存在。不能說完全是「上有政策、下有對策」，至少效力層次較低的部門規章、不具備法律元素的規範性文件在制度執行時往往被大打折扣。

最後，制度建構中的粗線條直接引發實踐中的「操作性」爭論。以《社會保險法》為例，這部2010年出臺的新法，內容所涉養老、醫療、工傷、失業等各項社會保險事務，適用範圍涵蓋眾多類型、不同性質之單位，以致形成這樣的印象：該法的實施無法落地。

## 貳、中國大陸勞動立法與社會保障立法及問題點

一、勞動立法與社會保障立法之同步展開

（一）中國大陸勞動立法與社會保障立法同步展開之體制因素：官方因素

上世紀八十年代，中國大陸伴隨著企業改革的腳步，勞動立法工作開始啟動，儘管以零星的行政法規、部門規章出臺了一些並非勞動力市場化背景下的法律規範，但是，反映在社會生活中就是真真切切的勞動法制，例如1987年勞動爭議處理制度的恢復意味著承認了勞資衝突和矛盾。1994年，《勞動法》的頒布可以認定為具有里程碑意義，之後的勞動立法、社會保障立法是在該法基礎上逐步展開的。之所以如此，皆因體制因素之引導。中國大陸在改革開放後，將原國家勞動總局改為勞動部，該國務院行政部門按照傳統勞動部管工人、人事部管幹部的原則，對於計劃體制下的「工人」轉換為市場體制背景的勞動者（勞工），同樣負責勞工的所有事務，也就是說，從制度建構開始，大陸的勞動和社會保障（部分）就沒有分家，勞動部門既負責勞工的就業（失業）、工資、職業安全等事務，也負責勞工的生活保障問題，上世紀九十年代初的就業、工資與社會保險三項制度改革幾乎成為該部門工作的重心所在。從另一側面可以得出這樣的結論，《勞動法》第十章「社會保險」的規定儘管顯得不倫不類，但呈現出的是勞動與社會保險一體化狀態，這種官方的因素直接成為事後勞動立法和社會保險立法一體化之圭臬。由於大陸立法體制和模式的制約，勞動立法案、社會保險類立法案皆有勞動部門最先形成法律草案，之後逐級提請審議，不論是1998年前的勞動部，還是1998年至2008年的勞動和社會保障部，乃至2008年之後的人力資源與社會保障部，都將勞動立法與社會保障立法（實際上僅僅限於社會保險）的工作，法律草案的起草工作和行政法規草案的起草工作及部門行政規章的制定與頒布合併進行，並沒有完全分開。這種行政體制甚至影響到學界，教育部列定的16門法學核心課程之一就是「勞動和社會保障法」，許多教學科學研究人員既講授勞動法，也講授社會保障法，儘管顯得不那麼精細，但也能夠使兩者之間的聯繫與區界得到很好的詮釋。

（二）大陸勞動立法與社會保障立法同步展開之社會背景

世界上大部分國家和地區的勞動立法與社會保障立法是不同的法律門類，亦有不同的歷史脈絡點。由於勞工問題產生於產業革命之後，因此，18

世紀末 19 世紀初，工廠立法為代表的勞工立法已經呈現在世人面前，之後拓展至勞動契約、團體協約、工會立法、勞資爭議處理各領域，我們在講授勞動法的歷史時，一般將歷史時點界定於 19 世紀初，而社會保障法的肇始則為 19 世紀末。從職業僱傭勞動一般的自然期許而言，僱員最先關心的是自己付出勞動之後能夠獲得相應的報酬，職業場所是否安全，工作時間是否過長等基礎性問題，僱員在職業僱傭勞動過程中最早產生衝突和糾紛的只能是其僱主，當然早起工人對機器的憤怒發洩是其本能的反應，但矛盾最早表現為勞資矛盾。勞資矛盾的發生發展到一個歷史時點，發展到勞資之間無法擺平，無論如何亦為糾結之時，社會法才成為登臺之角。這是大部分市場經濟國家勞動法與社會保障法發展的脈絡，黃越欽教授認為：「由於勞動法與社會法在歷史的發展是有『衍生』到『共生』，而近世以來頗有取而代之的態勢。」[504] 由此可見，勞動立法與社會保障立法在對待勞工問題的法律梳理環節，類似交通問題的解決存在錯峰現象一樣，兩者之間存在著密切的聯繫，但兩者亦有明顯的功能互補。

　　大陸勞動立法與社會保障立法的態勢並非上述市場經濟國家和地區發展之樣態，在改革開放之前，中國勞動政策和社會福利政策為一體混同，沒有明顯的界限，基於公有經濟與計劃體制，工人階級成為領導階級之後，未曾出現勞工問題，自無須解決勞工問題的法律和政策。國營企業市場化改制以來（1984 之後），中國大陸的企業類型包括國資、私營、外資等，私營企業和外資企業之經營完全基於市場化原則而立足，國資亦逐步具備市場化要素，企業市場化所帶動的勞動力市場化可謂迅疾，從計劃脫軌至市場體制以來，中國大陸勞動力市場化特徵最為鮮明，勞工問題的迸發並非如漸進模式改革之溫和，而如疾風暴雨，勞工問題至上世紀八十年代末開始，不僅存在失業下崗、工資拖欠、職業工作環境惡化等勞動法調整面臨的難題，甚至曾經發生過年金性養老金停發、工傷津貼停發、醫療費無法報銷等社會法調整所面臨的難題。呈現在行政當局和立法者面前的完全不是市場化國家勞動力市場不斷髮育所面臨的問題，因此，勞動立法與社會保障立法需要同時上馬，按照官方語境，成熟一件制定一件。1994 頒布的《勞動法》不僅存在專章的「社會保險」，之後，相關法律法規幾乎呈現出齊頭並進的格局，例如，《勞動

合約法》與《社會保險法》是同時列進全國人大九五立法規劃項目（1998年換屆之後）的，2007年《勞動合約法》出臺，2010年《社會保險法》出臺，2007年《就業促進法》、《勞動爭議調解仲裁法》是全國人大法工委修正立法規劃的產物。

二、中國大陸勞動立法與社會保障立法及社會保障法制之問題點

（一）中國大陸勞動立法與社會保障立法的缺陷

中國大陸在1978年之前，存在的形式上的法律只有《憲法》、《土地改革法》、《婚姻法》與《工會法》，類似民事、刑事、訴訟等基本法律制度都由相關的民事政策、刑事政策等實施，換言之，中國大陸在1949年之後的相當長時間（約30年）不習慣法律治理，因此，該期間立法工作基本上無事可做，全國保留下來的法律院校就是北大法律系、吉林大學法律系、武漢大學法律系，這些院系的學生也並非規範意義上法科科班出身，學習課程多以馬列和經典原著。因此，改革開放之前，中國大陸立法是「萬丈高樓平地起」，之後的三十多年時間裡，中國大陸頒布了200多部法律和幾百個行政法規，涉及社會生活的方方面面。勞動法和社會保障法以法律形式頒布的法律制度包括：《礦山安全法》、《勞動法》、職業病防治法》、《安全生產法》、《職業教育法》、《工會法》（修訂）、《勞動合約法》、《勞動爭議調解仲裁法》、《就業促進法》、《社會保險法》、《軍人保險法》等。這些法律的頒布一定程度上彌補了中國勞動法與社會保障法的空白，對於一個沒有法律制度基礎的國度而言，已經取得了很大進步，但是，與社會實踐的期許，與國際社會在該領域的交流與溝通，差距非常明顯。

1.立法倉促。大陸勞動和社會保障立法大部分是倉促間上馬並頒布的，勞動法和社會保障法屬於社會立法的範疇，大陸立法公認的短板就是社會立法。其中緣由在於，改革開放之後，對於經濟發展和對外開放的法律制度建構相對急迫，國家立法早期除「六法」等基本法律制度外，更多的立法關注於經濟立法，大量的民商事法律、經濟類法律制度的出臺占據了國家立法大部分工作量，此外，社會立法所投注的社會問題早期還未爆發出來，所以，上述以法律形式所頒布的勞動法和社會保障法全部是上世紀九十年代之後的成果，除《礦山安全法》是1992年頒布之外，從1994年頒布《勞動法》算

起，全部為市場體制確立之後的立法成果，短短十幾年間，頒布了九部法律，可謂倉促。

  2.立法之有機性科學性差。大陸的市場經濟體制並非自然孕育而成之作，而是由舊有計劃體制改制而來，任何國家和地區的法律制度如生搬而來，可能水土不服。但是，適合與自身胃口的法律制度並非字斟句酌而成，多是特色有餘而理性不足。或者說欠缺廣泛的討論和論證，以《勞動合約法》為例，在大陸經歷了廣泛的批評和非議，但是，不得不說，目前為止，大陸最好的勞動法還是這部《勞動合約法》，因為人們的愛恨本身就是關注。其他法律鮮有類似是非評判，多被社會實踐及理論界所遺忘或忽視。根本原因在於，法律邏輯性、實踐性不足，沒有引起相應的反饋。

  3.立法中法律修改次數極少，上述法律中只有《工會法》和《勞動合約法》修訂過各一次，而真正意義上的修訂，也就是市場體制後頒布的法律再行修訂的只有《勞動合約法》一部。法律修訂的頻次不足的結果是，要麼法律難以適應社會的要求，要麼，法律被人們遺忘。

  （二）中國大陸社會保障法制建構之問題點

  1.社會保險立法模式和體例模糊不清。需要指出的是，多數國家和地區社會保險立法的路徑為，起步於勞工保險立法，逐步拓展至全民或國民社會保險，而大陸社會保險立法一開始並沒有明顯的完全針對勞工，至今也沒有一件針對於全民的社會保險立法，社會保險立法模式非常模糊不清。

  2.社會保險立法參差不齊，有些領域，例如工傷保險立法已取得長足進展，法律法規條文基本完備，有待完善的是其相應的執行力。而養老、醫療兩個最為引人關注的社會保險領域恰恰沒有啟動立法。如果說《社會保險法》對於養老保險、醫療保險僅僅各有十個條文作出規定，也被視為「有法可依」，那麼這樣的法制建構幾乎等同於沒有，沒有相應的行政法規和地方法規，基本上只能按照「國務院決定」行事，關鍵是「國務院決定」並非能夠操作。因此，中國社會保險立法的未來仍有長路要走。

  3.社會救助立法進展緩慢，法制建構仍未踏上法律制度步點。《社會救助法》本列入九五立法規劃，但該法至今未能出臺，目前，具有廣泛影響力

的就是《城市居民最低生活保障條例》這部國務院行政法規,近些年來,已有不少有關行政復議和行政訴訟案件證實該領域法制化之期待。以遠景規劃,《社會救助法》仍有出臺之必要。

4.社會補償法幾乎為零。大陸對於社會補償法律制度的認識非常有限,社會實踐不知其為何物,法律界同樣認知有限,或者說,這類法律的名稱也少有人提及。只是少量學術論文論述犯罪受害人補償的問題,筆者認為類似犯罪受害人補償、接種與藥害補償、見義勇為補償皆應納入社會補償法制之列,而不是類似將見義勇為者的受害、補償作為工傷認定與補償之序列。

5.社會福利立法呈現出特定人群的專門立法,如老年人權益保障法、未成年人權益保障法、殘疾人權益保障法、婦女權益保障法,但是,這些法律內容過於龐雜,相當多內容不屬於社會福利範疇。再者,這些法律存在著先天缺陷,那就是這些法律既無訴訟先例,也無行政執法機制,這些法律基本上處於休眠狀態。

6.社會促進立法幾乎沒有進展。

大陸社會保障立法所存之問題點遠非上述社會保障諸領域法制建構不健全問題,更為關鍵的是權利未及形成,社會法上的根本在於社會給付,而社會給付的權利與義務的創製與形成才是法制形成的核心點。至今,大陸學界沒有論證社會給付請求權問題,恩給式的社會保障、行政操作式的社會保障自然無視人民權利之存在。例如老年年金,也就是養老金並沒有法律程序上的請求權。憲法所規定社會保障的內容非常粗糙,未涉及任何社會給付請求權利的創製。「憲法層次所討論者主要集中在規範效力於立法形成自由等問題,法律層次上的社會權,則涉及係爭給付規定依照保護規範說是否構成受益人之公法上請求權、國家是否享有自由決定是否實現法律規定的空間。本文所欲討論者,既非社會權之規範效力問題,亦費保護規範說對社會給付立法之詮釋,而是一旦社會立法或相關命令賦予人民社會給付權利,該項權利『是否』以及『如何』受憲法所保障。」[505]大陸社會保障立法已經存在了一些法律法規,例如《社會保險法》、《失業保險條例》、《工傷保險條例》、《住房公積金條例》、《城市居民最低生活保障條例》,這些法律法規並非解決有關社會給付權利之「是否」與「如何」保障問題,尤其是「如何」保障,

不僅問題成堆，更為突出的是，除工傷保險制度之外，更為令人擔憂的問題是未將其設定為問題。

## 參 中國大陸勞動法制建構與社會保障體系發展之關聯性

一、中國大陸勞動關係演變、現實難題與勞動法之因應

中國大陸勞動立法雖起步於上世紀八十年代中期，及至 1994 年頒布《勞動法》，已經取得了里程碑意義的勞動立法與社會實踐並沒有形成相應的銜接。嚴格意義上講，大陸改革開放政策的實行並非三十幾年一貫制，其中，1992 年作為社會變革的一個分水嶺不止於中國社會由計劃體制轉向市場體制，法制領域的變遷更是有目共睹，可以這樣認為，1992 年之後，中國立法呈現出「大躍進」的態勢，《勞動法》於 1994 年頒布後，形成了一定氛圍的學習宣傳《勞動法》的熱潮，但是，《勞動法》的規定客觀上存在著制度與實踐的錯位，也就是法律頒布之時，大陸的勞動力市場亦是初步市場化，換言之，《勞動法》頒布後並沒有迎來一番適用該法的熱潮，中國大陸勞動法制建構步入快車道是在世紀翻轉之後。

1.大陸本世紀來勞動關係的變遷。1998 年，大陸實行「下崗分流、減員增效」的國有企業深化改革舉措使得煤炭、石油、紡織、建材、化工等一系列傳統製造業行業的幾百萬國有企業員工處於想「下崗」狀態，並創造出了一個新的漢語語境——「下崗」，這些員工的離崗亦催生了中國大陸社會保障立法，或者說加快了中國大陸社會保障立法的進程。這些下崗工人與原單位並沒有解除勞動關係，或者說身份關係還存在，原單位發放非常有限的生活費，勞動者暫時在原單位創建的下崗再就業中心處於「待崗」狀態。這種不倫不類的勞動關係之行政處置本身說明了操作改革的決策者罔顧法律，更無視社會現實。歷史和實踐已經證明，國有企業並沒有因此而增效，相反更加壟斷，只是留下一大堆無法梳理的社會關係，下崗員工與原單位並沒有解除勞動合約關係，經濟條件好的單位還在為勞動者辦理社會保險繳費，經濟條件差的單位就只發三年生活費。之後，大部分下崗員工徹底失業，或在新單位重新就業的亦分兩種情況，一種情況是，少量下崗員工（單位效益好，例如中石油下崗員工）直至今天仍保留著勞動（身份）關係，原單位負責發

放生活費和辦理社會保險，新就業單位只負責工資；另一種則是與原單位徹底沒有關係。不少失業後的員工成為所謂的 40—50 人員，步入非正規就業序列。九十年代末本世紀初逐漸形成並逐步「繁榮」的勞動派遣業、非全日製用工企業吸納了相當多數量的下崗人員。勞動關係的契約化、彈性化日趨明顯，上述原因直接引發了本世紀新一輪勞動立法與社會保障立法的高潮，從上述法律法規出臺時間看，多數都是 1998 年之後發生的。

2. 現實難題與新一輪勞動法制建構之因應。正是 1998 年之國有動作導致的勞動關係變遷以及形成的相關社會問題，對於已經存在的勞動法制形成了巨大的挑戰。勞動關係的彈性化是社會經濟基礎的社會存在，但是，當時勞動法制並未因應這種變化，比如，勞動合約短期化現象，就是一名員工不論藍領白領，抽屜裡堆放了幾個甚至十幾個內容相同，只是時間落款不同的勞動合約文本，全社會出現了勞動關係不穩定傾向。員工離職沒有限制，競業無法則，跳槽沒依據，另外就是已經問題凸顯的勞動派遣問題，這些問題客觀上促成了《勞動合約法》的出臺。1998 年之後的「下崗分流、減員增效」是繼 1980 年知青回城之後的改革開放後第二次大的「失業」潮，正是這一波下崗員工所產生的相關問題，促就了 1999 年《失業保險條例》的出臺，也促成了《就業促進法》「非正規地」被增列進全國人大立法規劃並於 2007 年與《勞動合約法》同時出臺。之後，又頒布了《勞動爭議調解仲裁法》。

近些年來，大陸勞動力市場變遷存在的難題不僅舊題未解，而新題接踵而至，主要包括以下幾個方面：

其一，勞動派遣業務之非正常繁榮，勞動派遣之濫用現象非常普遍。[506]勞動派遣本是非典型僱傭之一，原本應為勞動力市場深度發育之補差，如果其合理存在可能會滿足派遣方、要派方及被派遣者各方的訴求，實際上是三方利害平衡的結果。但是，大陸勞動派遣之發展遠非如此簡單，大陸大型國有企業因工資總額控制、人員編制控制以及其他因素，制約其市場化直接僱傭動力，大部分國有大型企業，甚至代表該類企業的政府機構——國資委鮮明地支持勞動派遣業的發展，反對勞動派遣之管制。而勞動派遣業務之經營者——派遣方如同逐草而居之牧民，哪裡有草哪裡就是他們的家，為了賺取新型利潤——人力利潤可謂煞費苦心，甚至動用幕後黑金操縱大型國企，這

正是勞動派遣難以遏制的根本所在。不僅經濟力量在阻撓，背後亦有相當政治力量。

其二，科教人員勞工化傾向嚴重。目前，限於編制原因，相當多教育機構、科學研究機構對於教輔人員（職員），也就是高校行政人員幾乎不再單列事業[507]編制，有的實行派遣用工，有的完全類似勞工僱傭，即工資協議商定，當事人按照勞工保險序列投保社會保險。這些人員中有的學歷為碩士、學士，本不該成為「勞工」，但因其身份沒有入編（事業編），保險列入勞工系列，尤其是參加失業保險、工傷保險，自然而成為新型勞工。筆者認為，不區分體力勞動與腦力勞動本身就是歧視，所應追求的體力勞動與腦力勞動付酬時的平衡考量與體面勞動，而不是將歷經教育考試磨難，幾經周折而考證、獲文憑的莘莘學子踢入勞工序列。文人職業的不穩定歷來都是社會的危險因子。勞動法是該「管」還是不該「管」？

勞動法制建構不僅僅為立法展開問題，更為深刻的是法律的執行，大陸勞動行政執法近年來逐漸強化，勞動監察力量得到了充實，例如以下各級勞動監察機構之名稱能夠有所印證，省級：勞動監察總隊；市級：勞動監察支隊；縣級：勞動監察大隊。頗類似武裝序列，但是，這些行政執法人員可謂手無寸鐵，且多為文人，正如相關人士所言，目前勞動行政執法既無手段，也無能力。長久以來的農民工工資拖欠久治未癒，可謂年復一年。甚至引發社會對勞動行政執法本身的不滿，事實上問題遠非那麼簡單。筆者參與的官方調研中，那些勞動監察人員同樣一肚子苦水。因此，勞動法的實施是一個綜合性的社會問題，如同農民工問題的治理一樣。大陸的勞動爭議仲裁自始與臺灣地區以及其他市場經濟體的勞動爭議仲裁有別，基本上形成了第二勞工法庭，發揮了相當作用，但亦存在著諸多制約和短板。

二、社會保障法制建構之再展開：與勞動法制建構之關聯性及制度精細化

大陸的勞動法制建構與社會保障體系建構正如上文所言，它的同步性決定於其社會存在的特殊性，並非如同自由資本主義時期形成後而逐漸生成之勞動法與具有社會主義要素的社會法有一定的時間落差。今日大陸的勞工問題絕非只是工資、職業安全衛生、勞動契約等勞動法調整的問題，同樣面臨

的問題是年老、失業、職業災害、疾病等生存安全問題。如此，勞動法與社會法之關聯度則更加鮮明。其中關聯性因素包括以下幾個方面：

其一，兩法之依存社會背景之影響。上文在分析大陸勞動立法與社會保障立法同步性問題時，已經談到由於大陸勞工問題的產生乃發端於計劃體制之轉軌，缺乏自由市場體制勞資關係孕育的豐厚土壤，缺乏勞工法制、社會保障法制漸進立法的空間轉換，也就是說由計劃體制轉軌至市場體制的勞工問題，既需勞動法之及時調整，亦需社會保障法之跟進，不可能有像產業先進國家和地區那樣勞動法創製在先，社會保障法創製在後的騰挪空間。與此同時，大陸所有門類法律制度基本上形成於改革開放之後，經濟立法和社會立法更是集中於上世紀九十年代之後，因此法律規定自然你中有我，我中有你。因此，社會背景，也就是大陸改革開放以後之經濟基礎、社會基礎、法律基礎決定了勞動法制建構和社會保障體系發展之關聯。

其二，官方寬口徑社會法之導引。自九屆全國人大常委會在建構社會主義市場經濟法律體系時，官方所列七大法律部門（門類），包括憲法及相關法、行政法、民商法、刑事法、經濟法、社會法、程序法，此七大門類法律中所指之社會法，包括勞動法與社會保障法，形成了大陸特色的社會法語境。儘管筆者不認同勞動法與社會保障法合併而成社會法，堅守社會法即社會保障法的制度與理念，但官方的導引作用所產生的作用自然無法低估。也就是說社會保障立法與勞動立法之聯動存在官方導引，更為直接的是，人力資源和社會保障部成立後秉承前勞動和社會保障部之相關職能與業務，因而。兩法之聯動之先天條件比較充分。

其三，學者隊伍之一體化。至今，大陸法學界，尤其是其他學科門類基本上不分勞動法與社會保障法之界限，至於大陸勞動法學和社會保障法學學者更是沒有嚴格界限，只不過有所側重而已。正如王全興教授所言，大家皆半路出家，都是現學現賣，沒有像傳統法學學科那樣的學科情結，即大家原本既非專學勞動法學，亦非出自社會保障法學那一門派。自然而言，兩個不同門類學科之關聯性及聯動性強於其他產業先進國家和地區。自 2002 年以來的學術年會幾乎都會同時探討兩法律門類之學術問題。

其次，勞動法制建構已經積累了一定基礎，社會保障法更為孱弱，其發展空間和想像空間更為寬闊。無論如何，從客觀上講，大陸勞動立法成果、勞動法律制度實施狀況總體好於社會保障法，如果勞動法制建構中許多法律制度需要建構、許多制度需要完善的話，對於社會保障體系發展、社會保障法制形成可謂任重而道遠。兩類法律制度之間彼此實現銜接與互補仍是相當長時間大陸社會立法的必然選擇。

三、中國大陸社會保障法制建構之未來展望

大陸社會保障立法剛剛起步，頒布了一些社會保險、社會救助類法律法規，以《社會保險法》、《軍人保險法》之頒布為代表，後續立法展開既是期待，也是必然。[508] 大陸今後社會保障法制建構將逐步細化、效力層次升級，值得展望與觀察，也值得參與與奉獻。

大陸養老年金制度仍未立法。大陸不論是公教人員，還是勞工，就年金保險（也就是養老保險）仍未展開立法，立法工作亦不見動靜。筆者認為，借助於近年來勞動立法的經驗，推動大陸養老保險立法進程，尤其是已成規模、社會實踐相當活躍、社會心理已經成熟的大陸勞工養老保險，已經具備了立法的條件。

醫療保險（健康保險）制度改革一直在進行當中，制度未定型之前，社會實踐的基礎，也就是眾多地方已經展開的醫療保險業務，會增加未來立法的自信。畢竟，大陸的醫保實踐中，定點醫院、藥品目錄、診療目錄、報銷範圍、醫保繳費等都已存在，只不過，不存在的法律關係建構、不存在的是爭議的救濟程序。相信，未來大陸醫療保險一定會啟動立法。大陸的新型農村合作醫療制度非常具有特色，因專門針對農民群體建構之制度，目前同樣沒有立法，但社會實踐的反饋表明，農民看病已經可以報銷部分醫療費。

大陸的社會救助立法，以《城市居民最低生活保障條例》為典型，其工作展開起步於九十年代末期，如今，全國所有縣市級以上的城市居民，只要符合了相關條件，都可以申領「低保」，儘管其中存在該領的領不到，不該領的冒領等現象，但總體上制度建構在向前推進。唯一欠缺的是，立法層次較低，法理塑造尚有相當空間。例如，城市低保人群，如何實現當事人的權

利得到救濟，又能保障公平公開，同時保障當事人個人訊息就是一個待解難題。

大陸的社會補償立法沒有起步。這一領域更是存在著無限想像的空間，犯罪受害人補償、接種受害補償、藥害補償、見義勇為補償等皆可按照社會補償原則，展開立法，以彌補「飛來橫禍」之不測，以及彌補救濟窮盡之尷尬。

海峽兩岸同根同源，同文同種，自本世紀以來，兩岸勞動法與社會保障法學界溝通脈絡，交流通暢，彼此不僅建立起穩定的學術交流通道（管道），而且，兩岸學者亦建立起深厚情感。對於兩岸勞動法與社會保障法之建構與完善，學人自當承擔一份責任。希望兩岸繼續深化學術交流，有機會的情形下，臺灣地區學界可以在大陸立法需要時施以援手。勞動法制建構與社會保障體系完善既是社會所需，亦為學人期待，相信該領域制度能為社會和諧與安定、能夠為蒼生造福。

# 海滄法院臺胞陪審員參審的制度設計及成效分析

曹發貴 陳淑芳 [509]

## 前言

陪審制度古已有之，古希臘著名哲學家蘇格拉底就是被雅典 500 人組成的陪審法庭判處死刑的。近代，陪審制度分化為陪審團制和參審制。一定數量的普通公民組成的陪審團參與案件審判並決定事實問題，而由法官決定法律適用的制度，就是陪審團制。現代陪審團制度源於英國，並隨著大英帝國在世界範圍的殖民擴張而廣為傳播。但英國本土已沒有大陪審團了，小陪審團的適用範圍也越來越窄，現今完整保留大陪審團和小陪審團制度的國家是美國。德國曾試圖移植英國模式的陪審制度，但最終運行的是參審制度，即由陪審員與法官共同組成合議庭共同審理案件、既確定事實又決定法律適用的制度。各國在陪審制度的改革方面都有所創新，日本創設的裁判員制度就是前述兩種陪審模式的混合體。而臺灣地區試行觀審制度，觀審團的評議意見僅供法庭參考。中國大陸的人民陪審員制度，是具有中國特色的司法制度，

傳承自蘇聯，與歐陸的參審制度類似，雖名為陪審制實為參審制，下文稱其為人民陪審制。

中國大陸的人民陪審制度幾經興廢，2004年重新獲得高度重視。近些年，很多法院在執行人民陪審制度方面進行了多種嘗試。有的法院在二審中適用陪審制，有的邀請人大代表、政協委員等組成「陪審團」參審並就案件的定罪量刑問題發表意見，有的將陪審員名額分配到每個村，有的組成農民工陪審團，有的聘請專家陪審員。福建漳州法院率先選任臺商為人民陪審員。廈門市海滄法院在集中管轄全市涉臺案件後，也選任了10位臺商精英為人民陪審員（以下簡稱為臺胞陪審員）。在二十一個月內，海滄法院共受理了各類涉臺案件1508件，月均受理約70件。對於獨任法官審理的涉臺案件，海滄法院常常採用委託調解的方式讓臺胞陪審員參與；有約8.6%的涉臺案件適用普通程序並安排臺胞陪審員參審。他們積極參審，熱心調解，幹得風生水起，工作成效可圈可點。

從實踐成效進行分析，臺胞陪審員履職令各屆滿意，涉臺案件處理的法律效果和社會效果均佳，解決了司法透明度和公信度問題，在臺商中實現了司法民主，提升涉臺審判工作的綜合水平。然而，法律人不禁要問在中國大陸任命臺灣地區居民為人民陪審員是否有法律依據。本文介紹中國人民陪審員制度的概況與司法創新、海滄法院對臺商參審的制度設計、創新之舉、成效及不足等內容，以期解答臺胞陪審員制度的法律或法理依據，並期待對完善人民陪審制度有所稗益。

## 一、中國大陸人民陪審員制度的發展、現狀

中國大陸人民陪審員制度源於前蘇聯，誕生於戰火紛飛的年代，這樣的歷史背景決定該制度的政治功能較司法功能更適應時代的需求，也預示中國大陸的人民陪審員制度是兼具政治色彩與司法色彩。[510]中國人民陪審員制度是人民法院弘揚司法民主、促進司法公開、保障司法公正、增強司法公信的重要司法制度；是人民群眾當家做主、依法參與國家事務管理的重要形式。

（一）人民陪審制的法律依據

1954年《中華人民共和國憲法》第75條規定：「人民法院審判案件依照法律實行人民陪審員制度。」把陪審制納入根本大法，反映出國家對人民參與司法，人民當家做主這一民主形式的高度重視。1954年的《中華人民共和國人民法院組織法》第八條亦規定了人民陪審制度。然而，1960年代起人民陪審制名存實亡，並歷經1975、1978、1982年三部憲法興廢，至今未能恢復在憲法中的地位。1979年重新制定的《人民法院組織法》第九條保留了人民陪審員與法官組成合議庭審理案件的制度。實踐中，法院有靈活選擇適用該制度的權力。2004年8月28日，十屆全國人大常委會第十一次會議透過了《關於完善人民陪審員制度的決定》（下稱《決定》），規定人民陪審員由基層法院院長提請同級人大任命，除不能擔任審判長外，享有與法官同等權利，任期五年等內容。這是中國第一部關於人民陪審員制度的單行法律，對豐富和發展中國司法制度，推進司法民主，促進司法公正，具有十分重要的意義。

（二）人民陪審制度運行現狀

1. 人民陪審制度本質屬性日益顯現。《決定》實施後，最高人民法院強力推行人民陪審制，基層法院全面實施這一制度，人民群眾積極報名自薦或由所在單位推薦擔任人民陪審員，參審量大幅度提升。人民群眾依法行使公民民主權利的意識抬升，依法參與司法民主的熱忱很高，既支持也是監督人民法院審判工作。這個制度充分體現了審判權來源於人民、服務於人民、受人民監督的根本屬性。2012年統計資料顯示，《決定》實施8年來，全國人民陪審員參加審理案件共計803.4萬人次，其中2012年參加審理案件人次是2006年的3.8倍。全國人民陪審員參審案件總數共計628.9萬件，其中刑事案件176.4萬件、民事案件429.8萬件、行政案件22.7萬件。全國人民陪審員參加審理的案件比例逐年提高，今年上半年全國法院審理的一審普通程序案件陪審率已達71.7%，比2006年提高52%。[511] 海滄法院的普通程序案件實現了約98%的陪審率。

2. 人民陪審員人員來源更加廣泛。《決定》實施後，人民群眾自薦和單位推薦結合，選任渠道不斷拓寬，各階層不同行業具有廣泛代表性的人員越來越多地被吸納為人民陪審員。全國現有人民陪審員8.7萬人，比2006年

增加 3.1 萬人，增長幅度為 55%，人民陪審員總數已超過基層人民法院法官的二分之一。[512]

3. 人民陪審制不斷完善。為了使人民陪審員適應陪審工作，最高人民法院與司法部聯合制定了《關於人民陪審員選任、培訓、考核工作的實施意見》，組織編寫《人民陪審員培訓教材》，積極指導各地法院開展人民陪審員選任、培訓工作，建立人民陪審員培訓、參審、管理機制。為了保障人民陪審員履職，最高人民法院與財政部聯合制定了《關於人民陪審員經費管理有關問題的通知》，對人民陪審員參審工作進行費用補貼。各地法院積極推進人民陪審員制度的全面實施，普遍實行「分類隨機抽取」陪審員參審等做法，細化陪審案件合議規則，完善管理訊息系統，保證人民陪審員全部接受任職培訓，具備依法履職能力，在陪審工作中充分發揮作用。[513] 海滄法院出臺了《臺胞陪審員工作規範》，規定臺胞陪審員一年至少陪審五個涉臺案件，還應當參加培訓會議，參加典型案例的討論會。

4. 人民陪審制運行效果好。人民陪審員具有社會閱歷豐富、瞭解基層工作情況、熟知社情民意的特點，能夠有效促成當事人訴訟和解、服判息訴及自願履行。在審理知識產權、海商海事和未成年人犯罪等特殊類型案件中，很多法院安排具有相關領域專業知識的人民陪審員參審，積極發揮專業人民陪審員的作用。對於社會關注度高、社會反響大、案情複雜的案件，一般都安排人民陪審員參審，以此提高審判工作的司法公信力，注重增強司法透明度，取得了良好的法律效果和社會效果。[514]

（三）存在問題

人民陪審制運行中存在不容忽視問題：如人民陪審員選任範圍的限定性與民主廣泛性之間的制度兩難；人民陪審員判斷能力的欠缺導致的「陪而不審」與「審而不議」；人民陪審員「本職」工作與陪審工作如何協調，「專職陪審」該不該存在；實踐中有些法官或書記員只在開庭前通知陪審員參加開庭活動，對審前準備、調解、宣判等均不通知其參加，人民陪審員參與度不深，陪審只能流於形式；對於陪審員的遴選法院有審查權和提名權易導致法院控制人民陪審員；有些地方對人民陪審員的培訓尤其是法律方面的培訓有點過頭導致人民陪審員本身反映民意指向、監督法律實施的功能弱化；人

民陪審員的任期過長,可能異化為「職業法官」或人民大調解環境下的專職調解員……這些制度和實踐中的難題仍然存在。

2013年前10個月,海滄法院人民陪審員參審情況:適用普通程序(即採用合議制)審結案件333件,陪審員參審325件(包括臺胞陪審員參審的約130件涉臺案件),陪審率約98%。經過瞭解,該院存在陪審員數量較少、有一個臺胞陪審員總是以工作太忙或出差為由拒絕陪審等情況,大陸居民人民陪審員存在遲到、著裝不規範、陪而不審、審而不議、不太樂意陪審繁雜案件等問題。

(四)各地的改革舉措

針對這些問題,中國不少法院在實踐中積極探索應對之策。在2010年1月12日上午,陝西省隴縣法院邀請機關團體、企事業單位、基層組織、案發地人大代表、政協委員等組成11人的「陪審團」坐上審判臺,坐在合議庭後面一排。庭後,11名「陪審團」成員就案件事實認定、法律適用、裁判尺度等涉案問題充分發表了意見。[515]這是一種民意引入審判的方式,這個陪審團恰如美國著名的「法庭之友」、類似臺灣地區的觀審團。2010年5月,河南省鶴壁市中級法院首次在刑事二審開庭適用人民陪審制,在隨後的六個月審理了七個二審案件。[516]二審採用陪審制度頗具爭議。2013年9月24日,陝西省清澗法院邀請由社會各界公民代表共七人組成的人民陪審團,公開審理一起保險合約糾紛一案,並指定一名主持人負責組織陪審團成員參加庭審、主持評議、歸納意見。[517]這是借鑑英美的陪審團制度。推進人民陪審員選任的廣泛性,各地法院在具體實踐中出現了一些具有特色的選任「樣本」,如以分類「隨機抽取」人民陪審員參加案件審理為基礎,由懂得專業技術的專家擔任陪審員進行案件審理,更有助於正確認定事實、適用法律、作出公正判決,有利於增強司法權威、增加裁判的可接受性。許多法院在人民陪審員選任中透過電視臺、報紙等媒體號召符合條件的公民自薦或透過所在單位推薦參與選任。河南孟州法院推出「一村一陪審員」的做法。[518]河南開封法院曾選任13名農民工擔任陪審員,希望利用他們在民間的影響力,將訴訟消除在萌芽狀態,減輕法院的壓力。農民工陪審員不僅參與審判活動,

還要做調解員、宣傳員。[519] 福建有關法院在選任臺胞陪審員工作方面進行嘗試並取得了成功。

## 二、廈門市海滄法院的臺胞陪審員制度

### （一）創設臺胞陪審員制度的依據

為深入貫徹落實，進一步加強和推進人民陪審工作，不斷完善人民陪審員制度，充分發揮人民法院在深入推進社會矛盾化解、社會管理創新、公正廉潔執法三項重點工作中的重要作用，最高人民法院於 2010 年 6 月 29 日製定《關於進一步加強和推進人民陪審工作的若干意見》（法發 [2010] 24 號）。其第四條規定：「各基層人民法院根據本轄區案件的數量及特點、人口數量、地域面積、民族狀況，以及滿足上級人民法院從本院隨機抽取人民陪審員的需要等因素，按照人民陪審員選任名額不低於本院現任法官人數的二分之一的比例，……適當擴大人民陪審員的選任數量……」第七條規定：「在選任人民陪審員工作中，應當注意兼顧社會各階層人員的結構比例，注意吸收社會不同行業、不同職業、不同年齡、不同民族、不同性別的人員，以體現其來源的廣泛性和代表性。」

根據上述兩條規定，在臺商密集投資或居住的地區，根據涉臺案件較多的特點，可以根據臺胞在當地人口占比情況，選任不同行業、不同職業臺胞為陪審員，這樣的陪審員群體才具有廣泛性和代表性。2009 年 8 月，福建漳州法院首創選任臺胞為人民陪審員的制度，首批選任 8 位臺胞陪審員；截至 2012 年 12 月 4 日，漳州地區已任命 40 位臺胞陪審員，三年來先後參審 810 件涉臺案件。[520] 經過漳州地區兩年的試點後，福建高級法院於 2011 年 11 月決定在全省範圍內全面推行臺胞陪審制度。[521]

人民陪審員制度蘊含的促進司法民主、保障司法公正、公開的價值功能與這種時代需求不謀而合。臺胞人民陪審員可透過充分履職，充當好審判員、調解員、宣傳員、監督員的角色，在涉臺案件的調處和大陸法律政策的宣傳上造成舉足輕重的作用。因此，對於涉臺案件透過選任臺胞參與司法審判，可謂是為相互衝突的利益主體提供表達利益主張、平等解決糾紛的合適平臺，

舒緩不滿、疑慮和對抗，在弘揚司法民主，保證司法公開、公正、廉潔的同時，也增強了裁判結果的權威性和社會大眾的認同感。

（二）海滄法院選任臺胞陪審員的必要性

廈門與臺灣具有「地緣近、血緣親、文緣深、商緣廣、法緣久」等「五緣」優勢，廈門處在對臺交流的重要位置，能夠造成內引外聯的重要作用。廈門已有三個臺商投資區，其中，海滄臺商投資區是大陸最早設立、最大的臺商投資區。隨著海峽兩岸經濟合作框架協議的簽訂、國務院對福建「兩岸人民交流合作先行先試區域」戰略地位的明確，以及國務院對《廈門市深化兩岸交流合作綜合配套改革試驗總體方案》的正式批準，國家賦予廈門在兩岸交流合作中大膽創新、先行先試、充當「試驗田」的重任。海滄法院獲得集中管轄全市涉臺案件之權限，就是在司法領域響應綜合改革的配套措施之一。海滄法院的重要改革舉措就是根據廈門臺資企業多臺胞多的區域特點，在臺商參與司法方面採取改革舉措。

據不完全統計，廈門轄區內累計有 4000 多家臺企和大量的臺資個體工商戶和十幾萬常住臺胞，成為臺商在祖國大陸的主要聚集區之一。隨著兩岸交流的不斷深入，大量臺胞來廈，也導致了各類涉臺訴訟案件隨之猛增。廈門中級法院在 2011 年 7 月份對本轄區的涉臺訴訟進行調研，估測一年的民商事案件量在 500 件左右。實際上，海滄法院從 2012 年 2 月開始集中管轄涉臺案件，當年即受理民商事案件 454 件。而 2013 年前十個月，海滄法院受理各類涉臺案件為 1054 件，且仍有大幅增長之趨勢，案件總數遠超預期。這麼多臺企，這麼多臺胞，這麼多案件，在臺胞當中選任人民陪審員完全有必要，以吸納他們參與到涉臺案件的司法民主之中，監督涉臺案件的公平公正審理，增強涉臺案件審理的透明度。

（三）海滄法院臺胞陪審員制度設計

1. 任免條件

海滄法院適時頒布《廈門市海滄區人民法院臺胞陪審員工作規範》（以下簡稱《工作規範》）。該《工作規範》規定了臺胞陪審員選任條件：（1）具有大學專科以上文化程度；（2）年齡 23 週歲以上 60 週歲以下；（3）身

體健康，公道正派，熱心參加工作；（4）在廈門投資三年或在廈門臺資企業工作五年；（5）在當地具有一定社會影響；（6）沒有犯罪前科。而中國大陸人民陪審員的選任條件為：（1）擁護中華人民共和國憲法；（2）年滿二十三週歲；（3）品行良好、公道正派；（4）身體健康。擔任人民陪審員，一般應當具有大學專科以上文化程度。從二者的比較不難看出，臺胞陪審員要求「在廈門投資三年或在廈門臺資企業工作五年」。這就包括了具有一定資歷的臺商和臺灣職員。對臺胞在廈門投資或工作年限進行硬性規定，既是出於對臺胞陪審員較高的要求和期待，也考慮到臺胞陪審員要充分發揮其應有的職能就必定要對廈門和臺灣都有較深入的瞭解且常住廈門，這樣才能為他們充分發揮職能效用奠定堅實基礎。人民陪審員來自於人民群眾中間，審理涉臺案件的法庭應當有臺胞的參與。將臺胞的智慧和職業技巧與廈門職業法官的專業法學技能相融合，互相取長補短。臺胞陪審員和普通人民陪審員一樣分享法官權力、參與審判全過程，兼顧了法律法規的硬性規定，又能在公序良俗的範圍內適當考慮，人民陪審員本著良知作出公正的判決，能夠預防法官囿於法律之成見，同樣的，也可減少法官偏私無端的裁決。[522]

依《工作規範》第十條規定「臺胞陪審員每年應至少參與 5 個涉臺案件的審理，包括參加合議庭、接受本院指派調解或協調涉臺案件」及第十四條規定「無正當理由，多次拒絕參加審判活動，影響審判工作正常進行的應當免除其臺胞陪審員職務」，這兩條對臺胞陪審員的參審作出了硬性規定，避免臺胞陪審員制度流於形式，在一定程度上保障了臺胞陪審員發揮其促進司法民主、積極推進案件調解和兩岸司法交流的作用。

根據上述選任條件，海滄法院提請任命了包括前後三任臺商協會會長在內的十位臺胞為人民陪審員，他們均是在商界或同行業中資歷深、威望高的成功人士，在臺胞中廣聚人緣、商緣的商業精英。在民商事案件中，法院可充分借助他們的「同鄉之情、同業之誼」，在案件審理或調解過程中，充分向臺胞當事人講明、分析利害關係，弱化當事人間糾紛的爭執點，促進「案結、事了、人和」，並充當好宣傳員，使廣大臺胞瞭解大陸法律、政策，增進理解與支持，消除部分臺胞由於兩岸司法制度、法律文化等不同而害怕在大陸訴訟及消極應對大陸司法裁判的心理。

2. 參審範圍

《工作規範》第二條規定：「本院涉臺法庭以及廈門市中級人民法院涉臺案件審判庭的下列第一審案件，由臺胞陪審員和法官組成合議庭進行審理，適用簡易程序審理的案件和法律另有規定的案件除外：1.社會影響較大的刑事、民商事、行政案件；2.雙方當事人都是臺胞或者臺資企業的民商事案件；3.刑事案件被告人、民事案件原告或者被告、行政案件原告申請由臺胞陪審員參加合議庭審判的案件。」上述規定中的刑事、行政案件，原指的是海滄轄區內的相應案件。後因涉臺法庭運行效果非常好，在幾位臺胞陪審員的積極倡議之下，上級法院又將全廈門市的涉臺刑事和行政案件指定海滄法院管轄。近期，在涉臺法庭日漸成為知名司法品牌，兩岸高度關注的情況下，臺胞陪審員還建議將涉臺法庭升格為臺商投資區法院，並跨區域管轄閩南地區的涉臺案件。此外，廈門海事法院沒有選任陪審員，故海滄法院選任的臺胞陪審員還有陪審海事案件的職責。對於參審方式，《工作規範》規定了參與普通程序案件的審判全過程以及接受法院委託對簡易程序案件進行調解等兩種方式。

雙方當事人都是臺胞或者臺資企業的民商事案件第一審案件，由臺胞陪審員和法官組成合議庭進行審理，該條對臺胞陪審員參與到雙方當事人具有涉臺因素的民商事案件做出了強制性規定。該條規定充分體現了對臺胞利益的充分考慮，且能在很大程度上消除由於兩岸在法律文化、法律傳統，司法制度中存在差別而使臺胞不敢、不願在大陸法院進行訴訟以解決糾紛的情形。正是由於臺胞陪審員具有先天的「同鄉、同業」的優勢，且在臺商之中享有較高的威望，因此在臺胞陪審員參審或參與調解的情況下，更易使臺胞產生信任感，進而願意敢於在大陸法院進行訴訟並認可裁判結果。

3. 履職保障

在參審費用支出上，依《工作規範》第十五條規定：「臺胞陪審員因參加審判活動而支出的交通、就餐等費用，由本院給予補助，按季度支付。臺胞陪審員參加審判活動期間，所在單位不得剋扣或者變相剋扣其工資、獎金及其他福利待遇。」在物質上給予了臺胞陪審員足夠的保障，為臺胞陪審員更好地履行其應有職責奠定基礎。值得一提的是，雖然臺胞陪審員依法可以

獲得一些微薄的經費補助，但他們均拒絕受領補助，一致表示將應得補助捐獻出來，在海滄法院設立一個基金資助家庭破裂中的婦女兒童。

在案件參審過程中，依《工作規範》第十一條規定：「涉臺法庭法官、書記員應當及時以電話、傳真、電子郵件等方式通知有關臺胞陪審員或者其指定的聯絡人有關組成合議庭訊息、案件基本訊息；通知臺胞陪審員閱卷、參加庭審或調解、評議案件、宣判等；根據臺胞陪審員的要求將起訴狀、答辯狀、證據清單及主要證據提交給臺胞陪審員。」這項規定使臺胞陪審員能夠在庭審前期瞭解熟悉案情，在庭審中充分發揮其職能，對案件的審理結果發表自己非專業但符合社情民意、公序良俗、普通民眾意願的意見，平衡精英化的法官對法律的壟斷。如此，透過普通民眾的自然理性與法官技藝理性的融合，彌補職業法官的偏頗，並為疑難案件的裁判引入民智，實現裁判的可接受性，使法律的滯後性與形式性弊端得以克服。[523]

此外，海滄法院還定期組織臺胞陪審員參與本院或者上級法院舉辦的業務培訓，兩名臺胞陪審員於 2013 年 11 月下旬到福州接受福建高院為期五天的業務培訓。陪審有助於提升臺胞陪審員的履職能力，明確履職內容，強化履職紀律，增強履職神聖感和使命感。

4. 業務會議制度

海滄法院涉臺法庭不定期組織召開業務會議，向臺胞陪審員通報涉臺案件審理概況及陪審員參審情況。臺胞陪審員對涉臺灣當事人、臺資企業且具有普遍影響力的典型案件的事實、法律問題進行集體討論，多數意見可作為法院辦理相關涉臺案件的重要參考。例如，海滄法院審理一起員工訴所在臺資企業侵權糾紛案，員工在尾牙宴上喝酒，之後醉駕並發生致人死亡的交通事故，員工賠償死者家屬 60 萬元後起訴企業，請求分擔 30% 的損失。海滄法院既詢問了三位法學專家意見，也召開業務會議集體討論。多數法學專家認為員工的損失與企業招待喝酒之間的因果關係太遙遠；臺胞陪審員一致認為企業的責任不能無限擴張。法院駁回原告訴訟請求，原告服從判決。對於雙方當事人都是臺灣人或臺資企業的，海滄法院還徵求臺胞陪審員關於臺灣地區處理類似案件的做法。為辦理好案件集思廣益，保證涉臺案件審判質量。

隨著眾多臺灣同胞跨越海峽到大陸探親定居、旅遊貿易及投資興業，臺灣同胞參與大陸經濟生活領域的廣度和深度都有較大發展，折射到司法領域，體現出涉臺糾紛的逐年增多。並且，從實踐情況上看，涉臺案件絕大部分是民商事案件，而民商事活動具有靈活性與多變性，民商事主體會跟隨社會的發展而不斷衍生出新的民商事模式，進而產生新形式糾紛。臺胞陪審員較熟悉兩岸政策法規和風俗民情，且作為商業中資歷較深的人士，對於社會民商事活動的發展衍變有自己獨到的見解，能較深入地瞭解到新形式民商事活動發展的本質，在這一點上可與法院審判人員形成優勢互補，以其實踐經驗和商事活動上較專業的角度來為法官的裁判提供合理合情合法的依據，促進涉臺訴訟糾紛妥善化解。

5. 多元調解機制

海滄法院還聘請了七位臺商調解員，加上 10 位當然具有調解權力的臺胞陪審員，以及臺辦、司法局、臺商協會的調解組織，共同構建起涉臺糾紛調解網絡，形成多方參與的涉臺矛盾糾紛解決機制。對涉案當事人均為臺胞或臺資企業的案件，適時委託臺商協會等調解機構進行調解，對調解不成的，及時依法裁判，實現涉臺案件的訴調無縫對接。對於簡易程序案件，可視具體情況，個案委託臺胞陪審員進行調解。甚至還有部分案件的當事人主動要求臺胞陪審員參與案件調處。海滄法院去年的涉臺案件調解撤訴率超過 80%，至今的涉臺案件調撤率也保持在普通案件的平均調撤水平之上。這是非常難能可貴的，與調解網絡的高效運行、臺胞陪審員的積極參與密不可分。

（四）海滄法院臺胞陪審員制度的運行效果

1. 群策群力完善司法新舉措

海滄法院定期舉行業務會議，臺胞陪審員在參加該會議的前期，會注重更多地與其他臺胞進行溝通，在向他們進行大陸司法宣傳的同時，充分聽取他們在實際經營中較易遇到的民商事紛爭和大陸司法實踐可能給他們帶來的一些不便，在對這些反饋的情況進行整理後於業務會議上提出，結合諸位臺胞陪審員和審判員的各自專業知識和實踐經驗，探討出解決之道。對於法院的裁判意見，臺胞陪審員也利用召開臺商協會理事會的會議的機會向全體會

員宣講。同時，我院透過與臺胞陪審員的配合，會透過發放問卷手冊，解答臺企法律困惑。透過發放調查問卷、主動走訪送法等方式，瞭解臺資企業管理制度、用工狀況等情況，瞭解臺企經營困難，提供詳細的法律諮詢和指導，並介紹集中管轄和涉臺法庭開展工作情況。接受臺胞陪審員的邀請，到臺資企業做法律風險防範的講座。近期，海滄法院應臺胞陪審員的要求和區人大常委會的指令，對典型涉臺案件進行經驗總結，並作為經驗教訓提供給臺企，以減少臺商經營風險。

透過在涉臺案件中的不斷司法實踐和臺胞及臺商的諸多反饋，我院在訴訟保全方面針對臺商進行了一定的靈活處理，完善和出臺司法便民利民新舉措。例如，對有的臺商申請訴訟保全但又無法提供財產擔保的，我們採取靈活措施，以證據保全的方式代替；對臺資企業是財產保全的被申請人的，我們在依法保護財產保全申請人合法權益的同時，儘量維護臺企的正常生產經營，如查封生產企業機器設備的，一般只製作查封清單、筆錄，不貼封條，以不影響其生產經營為宜。這些舉措，不僅讓臺資企業看到了大陸法院對臺商利益的重視，避免他們對可能出現「地方保護主義」的顧慮，增強了臺商對大陸司法的認同感，提升大陸司法公信力和權威性。例如，在臺灣某企業訴臺資企業廈門新日光能源公司買賣合約糾紛一案審理過程中，法院依原告申請凍結了被告的土地使用權。被告透過臺胞陪審員羅崇毅向法庭表達希望調解，提出將1348萬元的債務打三折處理並分期還款的建議，同時要求解除對土地的查封，使得被告可以向銀行申請貸款展期，並主動提供機器設備作為反擔保。經過多輪談判，陪審員與法官合力促成調解，債務以五折處理、分期還款，由法院解除對土地的查封、改為「活查封」機器設備。據悉，被告的股東借錢給被告履行了上述調解協議，法院亦解除了對機器設備的查封，被告獲得了重生機會。

2. 避免人民陪審員制度中易現的「陪而不審」等問題

在中國司法實踐中，來自普通群眾的人民陪審員經常陷入一種尷尬的境遇。面對具有專業法學知識的法官，人民陪審員在心理上出於對法律權威的畏懼和內心的不自信，在參審過程中似乎有藏拙之意，因而經常不敢表達自己的真實想法，在參審時容易將自己置於附從者的地位，惟法官的意見是從。

另外，部分法官因對人民陪審員的專業能力有所質疑，抱著走形式的心態，而對人民陪審員的參審價值未有充分認知。因此，正如許多專家學者對中國人民陪審員制度所詬病的，「陪而不審、審而不議」的狀態較常出現。

引入臺胞陪審員制度在一定程度上可以避免涉臺案件中該情況的出現。臺胞陪審員由於其人選的特殊性，必須在商界之中具有較深的資歷和較高的威望，因此其在社會地位上處於較高狀態，即便在大陸司法方面與審判人員相比較薄弱，但他們對於臺灣地區的司法制度、法律文化等方面卻是大陸法官裁判時的有力指導。所以，無論是在心理上還是在社會地位上，臺胞陪審員都可以與審判員相抗衡，不僅使臺胞陪審員發揮其彰顯司法民主、公正、公信力的應有價值，也在一定程度上對法官的自由裁量權和自由心證造成了很好的約束和監督作用。

3. 有力彰顯司法民主、司法為民理念

人民陪審員制度的價值理念之一即是透過公民參與審判程序對司法權進行有效制約，保障公民的司法民主和自由。陪審制度使普通民眾與職業階層分享司法權，使民意能夠流淌其中，並用人民的權力限制精英的權力，護佑著法的良性發展，體現出裁判的正當性。[524] 由於法律條文的粗疏、缺位、剛性，可能使法律與平等、自由等法律的基本價值之間存在衝突，並刻畫出司法權冷漠、刻板、缺乏人性的形象。人們擁護人民陪審員對司法裁決的介入，很大程度上是源於情感的需求，他們恐懼司法的封閉、專斷和高高在上，寄望於作為民意代表的人民陪審員能在司法權與人民意志之間造成緩衝作用。[525]

臺胞陪審員制度的設計理念可以說是既源於此又高於此。中國大陸的法律制度、法律文化對於臺胞而言可能是近乎陌生，甚至與他們的一些價值觀和實踐操作存在巨大的出入，因而他們對在大陸進行訴訟採取十分警惕和謹慎的態度，即便是選擇在大陸進行訴訟，但可能由於法官對兩岸之間文化差異的不知情而導致最終的裁判結果令臺胞在心理上、情感上、法理上均無法接受，嚴重降低對大陸司法裁判的認同感，減損大陸司法威信，在執行過程中臺胞也不會積極主動配合進而導致裁判文書沒有造成應有的法律宣判效果

和現實執行效果，大陸公民也可能因此對法院的作為不力而頗有微詞。如此，可能形成一個惡性循環的不利後果。

而臺胞陪審員的介入，無論在調解過程中還是在審判過程中，在心理上如給臺胞吃了一個定心丸，讓他們認識到，參審人員中有與他們在文化、心理、情感上一脈相承的同鄉人，有可以理解他們心情的同類人，有能夠表達並傳遞他們訴求的中間人，如此即在很大程度上消除了臺胞的種種顧慮，縮短了法院涉臺審判工作與臺胞當事人的心理距離，增強了涉臺審判工作在涉臺案件當事人心中的可信度和可接受度，為後期訴訟活動的開展奠定了良好的基礎。臺胞陪審員透過參審，不僅參與了民主自治的過程也成了臺胞合法利益訴求的有力代言。

4. 有效化解糾紛、促進兩岸司法互信與交流

如前所述，臺胞陪審員透過充分發揮其「同鄉、同業」的先天有利優勢，與海峽兩岸法院進行密切的溝通交流，出面邀請臺灣地區法官前來與海滄法院法官進行學術交流，使審理涉臺案件的法官也更易掌握臺灣地區法律規定以及最新法學研究成果，在審理案件時更接近案件之外的背景情況和知曉當事人的困難，從而使作出的裁判更貼近現狀、使法律釋明更深入人心、法律影響更權威、司法公信力更深遠、使訴訟調解更符合兩岸民眾不同的價值觀和利益判斷。[526] 透過臺胞陪審員參與審判，使判決在通達民情、反映民意、凝聚民智的條件下作出，實現裁判的正當性和可接受性。對涉臺案件的調處造成了巨大的推動作用，促進涉臺案件的「案結、事了、人和」，既維護了臺商、臺胞的合法利益，也促進了兩岸之間公民的司法交流與互動。在一定程度上，臺胞陪審員作為兩岸司法工作的見證者，既宣傳了大陸的司法制度與法律政策文化，又作為有效溝通橋樑，促進了兩岸的理解與支持，提升司法互信。

臺胞陪審員是消除臺灣地區民眾對大陸司法狀況誤解的最有效的解說員、宣講人。兩岸之間如有案情溝通不暢等問題，極易引起臺灣民眾的誤解。臺胞陪審員在臺灣的解釋，能夠最有效地化解誤解。對於正能量的宣傳也能造成推波助瀾的作用，在臺胞陪審員的引薦下，先後五批臺灣地區法院前來海滄法院參訪、進行學術交流。前後三任廈門臺商協會的會長都是陪審員，

他們均向海基會林中森董事長稱讚廈門的涉臺集中管轄制度、臺胞陪審員參審的積極意義以及涉臺法庭的便民舉措，使得林中森董事長有了到涉臺法庭看看的想法，並於 2013 年 12 月 20 日下午到涉臺法庭參訪，欣然題寫了「公正便民」四個大字，並對廈門法院讚許有加。

5. 臺胞陪審員制度存在的不足

（1）臺胞陪審員選任上範圍過窄

海滄法院在臺胞陪審員選任資格條件上，主要考慮到涉臺案件絕大部分為民商事案件，因此現階段所選任的臺胞陪審員均是在商界中具有較高威信的商業人士，且均為中年男士。但我們應當看到，隨著涉臺糾紛的增多、類型的多樣化、涉及法律關係的多變，若僅是選任臺商為臺胞陪審員難免又會犯了如中國人民陪審員制度中的「精英化陪審」的毛病。漳州地區的涉臺案件沒有廈門多，卻選任了 40 名臺胞陪審員，這值得海滄法院借鑑。人民陪審員的要義是成為普通民眾的發言人，而臺胞陪審員則應當是成為普通大眾臺胞的代言人，臺胞不僅僅是商界人士，還有可能是來自社會上各行業、各階層、各年齡段的不同性別的人員，因此，要使臺胞陪審員制度更加具有其應有的代表臺胞發言和表達訴權、促進司法民主的意義，在日後應當不斷探索擴大臺胞陪審員人選的選任範圍，爭取將更多不同行業、階層、年齡段等的臺胞納入其中。

（2）部分臺胞陪審員至今無參審履職

由於海滄區人民法院目前所選任的臺胞人民陪審員均是在廈臺商，這些人由於生意業務關係經常要在世界各地、兩岸之間、大陸各地奔波，因此對他們正常履行臺胞陪審員的職能提出了一些挑戰。雖然大部分臺胞陪審員積極參審，最多的兩位一年參審超過 50 件，但也有一位臺胞陪審員至今沒有參審記錄。因此，如前所述，應當進一步擴大臺胞陪審員的隊伍，將更多不同行業、不同階層的臺胞納入到臺胞人民陪審員的隊伍中。同時，可實行正常的臺胞陪審員退出機制或隨機選任機制，使臺胞人民陪審員的選任處於流動狀態，而非簡單地由法院主導選擇，這樣使涉臺案件的審理更符合普通臺胞民眾的心理認同感。

（3）對大陸地區當事人心理上產生影響

事實上，在一些涉臺案件的處理中，大陸地區當事人在情緒較激動時有時會對涉臺法庭選任臺胞擔任陪審員產生質疑，甚至有人認為選任臺胞為陪審員實際上是專門為保護臺胞利益而設立的。由於臺胞陪審員身份的特殊性，對於大陸地區當事人產生這種質疑我們應當理解，這也進一步提醒我們在處理涉臺案件時，不能僅僅考慮到臺胞的情感及心理需求，也需要顧及到大陸地區當事人的相應需求。海滄法院已採取了應對措施，在部分案件中採用雙陪審員制度，安排本地普通人民陪審員與臺胞陪審員與一名法官共同參審，甚至分工協作分別做當事人的調解工作。海滄法院的法官在涉臺案件的事前、事中要均能做好及時充分的告知和說明事項，保證當事人雙方在訴訟權利義務上的對等，及時瞭解當事人雙方的相應訴求與主張，建立積極有效暢通的溝通渠道，從程序上、實體上、情感上、心理上打消大陸地區當事人的該種質疑，也可以積極探索組成由普通人民陪審員和臺胞人民陪審員共同參加的合議庭，多種方式促進涉臺案件的圓滿解決。

## 結語

透過構建臺胞陪審員參審制度，臺胞陪審員成為了海滄法院與兩岸民眾溝通交流的橋樑。臺胞人民陪審員在涉臺案件的審理和調解上，充分發揮其「同鄉之情，同業之誼」的優勢，強化司法公開，保障司法中立，推進司法民主，宣傳普及海峽兩岸司法文化。海滄法院涉臺法庭將在現有的臺胞陪審員制度中所取得的成效的基礎上，更加完善臺胞人民陪審員制度，切實增加人民法院司法工作的民主性和透明度，確保司法公正，樹立涉臺審判的司法權威，促進臺灣民眾對人民法院司法裁判的認同，實現涉臺案件司法裁判取得良好的社會效果和法律效果。

# 臺灣地區地方自治監督及其爭議解決路徑

田芳[527]

## 一、自治監督

### （一）合法性監督

合法性監督又可分為預防性與矯正性的，或者說是事前監督與事後監督。地方自治團體如未能接受上級監督機關非正式建議，或預防性措施不足以達到監督目的時，監督機關則可採取正式的具有法律拘束力的手段，其效力之強度分別由最弱至最強，即自治監督機關的資訊取得與要求報告權、斥責糾正權、自我執行權與代為執行權。資訊取得與要求報告權是在對地方自治團體採取具有法律拘束力的處置措施前，獲取違法資訊與理由，以作為未來強制措施採取的理由依據。如果沒能達到其效果，自治監督機關則開始採取對地方自治團體強制干預行為，此時法治國原則下比例適當性原則是監督措施選擇所應遵守的基本準則。首先，可採取的是斥責糾正權，[528]即自治監督機關對違法的決議、措施與行為予以駁斥，並同時要求一定時間內修改或撤銷。此時如地方自治團體仍不遵守執行，自治監督機關則可以下令，地方自治團體在一定期間內為之。在上述手段採取後，如仍無法制止其違法行為時，則可自我下令，亦即自治事項的撤銷、變更、廢止或停止執行命令的下達。當然在此命令下達後，還自我執行自認合法的措施，此即為代執行。

1. 對地方立法權行使的合法性監督

就地方立法權的行使而言，臺灣地區「地方制度法」第三十條主要規定的是事前監督。即首先從自治法規的位階出發，明確規定自治條例與自治規則牴觸上位階規範為無效（第三十條第一、二項）。資訊權。「地方制度法」第二十六條第四項規定不具備罰則的自治條例送備查；第六十二條第二項規定縣（市）政府組織條例經縣（市）議會同意後，送「內政部」備查等。同時，「地方制度法」第二條第五項，還對備查作了立法定義，備查是指下級政府或機關間就其得全權處理的業務，依完成法定效力後，陳報上級政府或主管機關知悉。許可保留權。縣（市）議會的組織條例依「地方制度法」第

五十四條第二項規定必須報「內政部」核定。具備罰則的自治條例需要送核定。指責駁斥權。如「地方制度法」第三十條第四項「行政院」函告「直轄市」自治條例無效。

2. 對自治事項的執行所實施的合法性監督

對地方自治事項的執行所實施的監督規定於「地製法」第七十五至第七十七條之間，此是對地方自治團體的行政機關辦理自治事項時，違背「憲法」、法律或法律授權的法規，得經「中央主管機關」報「行政院」予以撤銷、變更廢止或停止其執行。如地方自治團體依法應作為而不作為，致嚴重危害公益或妨礙地方政務正常運作，如適於代行處理者，得分別由「行政院」、「中央各該主管機關」、縣政府命其於一定期限內為之；逾期仍不作為者，得代行處理。如情況急迫時，得直接代行處理。這即是傳統行政監督措施。當然，傳統行政監督措施也有一個由弱到強的漸進。「地製法」第七十五至第七十七條的規定，並不是否定傳統自治監督的預防性措施的採取，在實務中，行政監督措施的採取也有一個由弱到強的過程。

（二）「合憲性」監督

1. 對自治法規的「合憲性」監督

「地製法」第三十條第五項規定：「自治法規與憲法、法律、基於法律授權的法規、上級自治團體自治條例或該自治團體自治條例有無牴觸發生疑義時，得申請司法院解釋之。」依本條規定提起「釋憲」的申請主體，法條上並未明文規定，「大法官」在 527 號釋字中認為：「是指就相關業務有監督自治團體權限之各級主管機關對決議事項或自治法規是否牴觸憲法、法律或其他上位規範尚有疑義，而未依各該條第四項逕於函告無效，向本院大法官申請解釋而言。」為什麼將該條項的申請主體限於有監督權限的主管機關，而地方自治團體不但依此提起「釋憲」申請？解釋文與解釋理由書中均未詳細說明。學者認為，「大法官」對於本條立法意旨定位，乃是著眼於該條款作為自治監督行為整體措施的制度設計一環；在體繫上本條乃是承接先前各項監督行為而來的，[529] 即相對於先前的合法性監督設計，而作進一步的「合

憲」監督規定。所以，這從實質意義上說，該條款是對自治法規的「合憲性」監督。

2. 對自治事項議決的「合憲性」監督

「地製法」第四十三條第五項規定：「第一項至第三項議決自治事項與憲法、法律、中央法規、縣規章有無牴觸發生疑義時，得申請司法院解釋之。」即地方議會機關議決自治事項產生「合憲」與否的爭議，可申請「釋憲」。關於申請人，依「大法官」527號釋字中的見解，是指有監督權限的各主管機關。根據「大法官」的解釋，該條是針對地方議決機關的議決自治事項所實施的「合憲性」監督：即由監督主管機關向「司法院」申請「憲法性」解釋。

3. 對自治事項辦理的「合憲性」監督

「地製法」第七十五條規定自治團體行政機關辦理自治事項時的監督措施：「第二項、第四項及第六項之自治事項有無違背憲法、法律、中央法規、縣規章發生疑義時，得申請司法院解釋之；在司法院解釋前，不得予以撤銷、變更、廢止或停止其執行。」「大法官」在第527號解釋中認定其申請人為監督機關。

綜上所述，「地方制度法」第三十條第五項、第四十三條第五項、第七十五條第八項所規定的憲法解釋，經「大法官」解釋後，即明定為也是承接各條前項規定而來的一種監督措施，在此本文將之視為「合憲性」監督。

## 二、自治監督司法解決途徑之一：行政訴訟

臺灣「行政訴訟法」並沒有就地方自治團體如對監督機關採取的監督措施不滿是否可以提起行政訴訟作出規範，但學者們認為，這是立法的疏漏，可以透過解釋來填補此一漏洞。[530] 法學解釋認為，在上級機關的監督措施常常被視為「行政處分」的情形下，地方自治團體是可以依「行政訴訟法」提起行政訴訟的，

1999年制定的「地方制度法」第七十六條第五項規定：「直轄市、縣（市）、鄉（鎮、市）對於代行處理的處分，如認為有違法時，依行政救濟程序辦理之。」此一規定即說明了地方自治團體針對上級監督措施中的代行

處理行為是可以提起行政訴訟的,那麼,針對其他監督措施是否也可以提起行政訴訟呢?「司法院大法官」釋字第 527 號解釋對這一問題給出了明確的答案:如監督主管機關依地製法第七十五條對地方自治團體行政機關辦理自治事項認為違法「違憲」,而予以撤銷、變更、廢止或停止執行等處分行為,有損害地方自治團體的權利或法律上利益情形時,其行政機關得代表地方自治團體依法提起行政訴訟。

由上可知,根據「地方制度法」及司法解釋,在臺灣就上級機關所實施的監督行為,地方自治團體是可以透過行政訴訟途徑來得到救濟的。

## 三、自治監督司法解決途徑之二:「憲法訴訟」

在臺灣「地方制度法」及「大法官法」中,「合憲性」監督與「憲法」訴訟統稱為「釋憲申請」,但實際上是有區別的。如某「直轄市」制定某自治條例,上級監督機關認為其「違憲」,則申請依據主要是「地方制度法」第三十條第五項,而非「大法官法」第五條第一項第一款後段所規定的法令「違憲」類型。但若地方自治團體認為某「中央法律」侵害其自治權限而「違憲」,則應依「大法官法」第五條第一項第一款法令「違憲」類型提出「憲法訴訟」。再如「中央」認為某「直轄市」政府的自治行為為違法或「違憲」,則應依「地製法」第七十五條第八項申請「釋憲」,但若「直轄市」認為「中央」處分行為侵害其自治權限,則依「大法官法」第五條第一項第一款,提起機關爭議類型的「憲法訴訟」。即「地方制度法」中所規定的「釋憲」是監督機關所作的「合憲性」監督,而「大法官法」第五條與第七條所規定的「釋憲」是一種救濟途徑的「憲法訴訟」。

(一)行政訴訟與「憲法訴訟」的關係

1.地方自治團體就上級機關的監督處分行為是否可以提起「憲法訴訟」

那麼,地方自治團體針對上級監督行為是否可以提起「憲法訴訟」呢?對於問題,學者的見解不一。吳信華認為,從「憲法訴訟」的補充性原則來看,如透過一般的法律救濟途徑可將該爭議解決,則無需透過「憲法訴訟」的途徑為之,而且上級機關的監督行為在本質上多被界定為行政處分,所以針對上級機關的監督行為,首先應提起行政訴訟,並無疑問。但行政訴訟與

「憲法訴訟」的目的不同，行政訴訟審判權與「憲法訴訟」審判權各司其職，對於上級機關的監督行為，固首先可以行政救濟的途徑以解決爭議，但該行為若同時涉及「憲法」上的爭議，或其本質雖可能屬於行政處分，但也不是不可歸於「憲法」上權限爭議之行政行為時，則行政法院就此未必有專屬審判權，尤其在案件性質上若較偏重於「憲法」層次，依功能最適思考，則仍應由「憲法」審判的專屬機關——在臺灣即為「司法院大法官」審查，可能會更合適。所以判斷的標準應在於「在具體爭議中，該監督行為是否同時涉及憲法上的爭議，或該案件的本質較偏向憲法爭議或行政爭議，而以何機關審理本案為最合適」之觀點思考，而不應一概認為是行政處分即應以行政訴訟為唯一解決途徑。所以，因自治監督所產生的爭議，固然原則上是以行政訴訟為首先考量，但在法律明定或特殊情形下，仍有「憲法訴訟」存在的可能性。[531]

2. 地方自治團體就上級機關的監督處分行為，行政救濟途徑窮盡後是否還可提起「憲法救濟」

地方自治團體對上級機關依「地製法」第七十五條所為的各種監督處分行為，或依第七十六條所為的代行處分行為，如認為違法時，可依行政救濟途徑為之，但在此一途徑窮盡後，是否還可提起申請「憲法訴訟」？「司法院大法官」釋字第 527 號解釋中認為，如「地製法」第七十五條主管機關對地方自治團體行政機關辦理自治事項認為違法「違憲」，而予以撤銷、變更、廢止或停止執行等處分行為，「有損害地方自治團體的權利或法律上利益情事，其行政機關得代表地方自治團體依法提起行政訴訟，於窮盡訴訟之審級救濟後，若仍發生法律或其他上位規範違憲疑義，而合於大法官審查案件法第五條第一項第二款之要件，亦非不得申請本院解釋」。根據「大法官」的解釋，似乎認肯地方自治團體在窮盡行政救濟途徑後，是可以提起「憲法訴訟」的，但提起「憲法訴訟」的要件是，「盡窮救濟途徑後，人民申請釋憲」的一種類型。吳信華就此有不同意見。

「大法官法」第五條第一項第二款的申請「釋憲」，主要目的是為保障申請權人「憲法」上所保障的基本權利受侵害的一種特殊救濟途徑。地方自治團體作為公法人，原則上無法為基本權利之主體，其所享有的是「憲法」

上賦予「國家」任務的「權限」,而「基本權利」,所以是不能適用「大法官法」本款。即地方自治團體是不能在窮盡行政救濟途徑後,依「大法官法」第五條第一項第二款提起「憲法訴訟」的。

由此產生的一個問題是,上級機關的監督措施既然被視為公法上行為的一種,配合相關法規,而允許自治團體以行政訴訟的方式提請法律救濟,則在此一救濟途徑終結後,為何不得再依「大法官法」的規定再行提起「憲法救濟」?如此對地方自治團體地位的保障豈非不周?吳信華認為,「憲法訴訟」僅涉及「憲法」問題而非一般的審級救濟途徑,所以行政訴訟途徑與「憲法訴訟」途徑之間,在自治團體的監督救濟程序中是各自獨立而並無隸屬的關聯性,解釋上即不應將行政訴訟途徑視為申請「釋憲」的必然前提條件。「大法官法」及「地製法」有多種申請「釋憲」的程序規定,不致有保障不周,所以527號解釋在這一處上是多餘的。因為地方自治團體本身有多種申請「憲法訴訟」的途徑,不需要透過「大法官」第五條第一項第二款。

(二)「憲法訴訟」類型

1.「憲法訴訟」的第一種類型:「憲法解釋」

「司法院大法官審理案件法」第五條第一項第一款規定:「中央或地方機關,於其行使職權,適用憲法發生疑義,或因行使職權與其他機關之職權,發生適用憲法之爭議,或適用法律與命令發生有牴觸憲法之疑義者,得申請本院解釋之。」本款所規定的訴訟類型被稱為「憲法」解釋訴訟,其又可細分為三種:分別為「憲法」疑義(本款前段),機關爭議(本款中段)及法令「違憲」(本款後段)。第一種「憲法」疑義類型,是指各機關在行使職權時,對「憲法」條文的解釋與適用等問題,產生疑義;第二種機關爭議的類型,是各機關彼此間(「中央機關」與「中央機關」,「中央機關」與地方機關間,及地方機關相互間)對「憲法」上的職權,發生權限爭議;第三種法令「違憲」的類型,即為各機關認為(其職權上所適用,或與其職權有關所適用之)法令「違憲」而申請。

地方自治團體如認為監督機關所採取的監督措施損害了其法定權益,則可依據上述條款提起憲法訴訟,當然應視具體情況,而本款中所規定的三種

類型。如地方自治團體主張上級監督行為踰越其權限而侵害其自治權限,則屬於第二種機關權限爭議的情形;若是主張上級機關監督行為所依據法令「違憲」,則屬於第三種法令「違憲」的類型。而另外也有可能是地方自治團體與其上級機關間,就某事項之權限產生積極或消極的權限爭議時,也可依第二種機關爭議之情形而申請「釋憲」,以確保自治事項之不受侵害。

2.「憲法訴訟」的第二種類型:統一法令解釋

「大法官法」第七條第一項規範了第二種「憲法訴訟」類型:統一法令解釋,「中央」或地方機關可為申請人。地方自治團體機關如要依本款規定就監督機關的監督行為提起憲法訴訟,[532]則須主張其是因對某法令之見解與上級監督機關不同而致使其自治權限受侵害。同時還須注意的是,依本款申請統一法令解釋,法條上另有要件為「但該機關依法應受本機關或他機關見解之拘束,或得變更其見解者,不在此限」。本但書的意義在於,若二機關對同一法令之見解不合,而一機關可變更他機關見解或須受他機關見解之拘束,則表示該二機關間存有上下隸屬之關係,則此時該見解爭議並不真正存在,也就無理由申請「大法官」解釋。因此,地方自治團體機關如欲依本款規定而申請「釋憲」,則須證明其見解不受該上級機關拘束,方有可能。

在此產生一問題:在地方自治監督關係中,地方自治機關是否屬於「下級機關」的地位而須受「上級機關」見解之拘束?本問題答案如為肯定,則依本款地方自治團體就監督機關所為監督行為,申請統一解釋之情形就不會發生。臺灣學者認為,[533]此時應視基於該法令所執行的事務是自治事項還是委辦事項,如果在地方自治事項範圍內,則不存在行政法學意義上的存在上下隸屬關係的「上級機關」,因地方自治本是「憲法」所保障的在一定事務內享有自主權限的一種制度,所謂「上級機關」僅是居於監督之地位,並非真正可上命下從,否則自治精神將蕩然無存。反之,若是委辦事項,則地方自治所從事的是上級事務,此時即應服從上級見解。因此,在地方自治事務內,地方自治機關才有提起統一法令解釋的「憲法訴訟」的可能。[534]

(三)地方自治團體就監督行為申請「憲法訴訟」的依據及類型

1.監督機關就自治法規作出函告無效處分的「憲法訴訟」

就監督機關函告行為本身的合法性而言，地方自治團體如對之提出爭議，是屬於個案行為的合法性，並不涉及「憲法」層次問題，則非「大法官」管轄範圍，而屬於行政法院審判權的問題。但上級監督機關若依「地方制度法」第三十條第五項規定，認為自治法規違法「違憲」而予以函告無效，地方自治團體面對此一爭議是可以依「大法官法」相關規定而申請「釋憲」的。就此「大法官」第527號進一步解釋為：「地方自治團體對函告無效之內容持不同意見時，應視受函告者為自治條例還是自治規則，分別由該地方自治團體之立法機關或行政機關，就事件之性質申請本院解釋憲法或統一法令。」若函告無效之對像是「委辦規則」，「大法官」於解釋理由書中則認為「如受函告之法規為委辦規則，依地方制度法第二十九條之規定，原須經上級委辦機關核定後生效，受函告無效之地方行政機關應即接受，尚不得申請本院解釋」。那麼就函告無效而提起的「憲法訴訟」可以是哪一種訴訟類型呢？

「大法官」在第527號解釋中稱此種情形可「就事件之性質申請本院解釋憲法或統一解釋法令」，即「大法官」認為就函告無效而提起的「憲法訴訟」即可以是「憲法解釋」也可以是「統一解釋法令」。「大法官」法第五條第一項第一款規定的「憲法解釋」實際上包含三種類型：「憲法疑義」、機關爭議及「法令違憲」。那麼就函告無效而提起的「憲法解釋」，究是上述三種類型中的哪一種呢？這也應依事件的性質而定，不可一概而論。如自治機關對上級機關函告無效所依據法令的「合憲性」有疑義，則屬於第三種「法令違憲」的情形；如自治機關認為上級機關的函告行為侵害其自治權限，則屬於第二種「機關爭議」類型。[535]

「統一解釋法令」是指「大法官法」第七條第一項第一款「機關申請統一解釋法令」的類型，在此若稱可以申請統一法令解釋，應是指上級機關因依據某法規產生某種見解，致函告自治法規無效，然而下級自治機關對該函告無效所依據的「法規」產生不同之見解而申請，若是單純對「函告無效」本身產生不同意見，則不得申請統一解釋，因統一法令解釋適用要件為「中央或地方機關，就其職權上適用法律或命令所持見解，與本機關或他機關間適用同一法律或命令時所已表示之見解有異者」，方可申請統一法令，而就函告本身是不能申請統一法令解釋的，因為函告本身不是法令。[536]

2. 監督機關就自治事項的執行作出處分的「憲法訴訟」

（1）「憲法訴訟」的依據

由上可知，地方自治團體就監督機關對自治法規函告無效不服而提起「憲法救濟」的依據是「大法官法」第五條和第七條，而不是「地方制度法」第三十條，那麼，地方自治團體就監督機關對自治事項的執行作出處分不服而提起「憲法救濟」的依據是什麼呢？「地製法」第七十五條規定自治團體行政機關辦理自治事項時的監督措施，並於同條第八項規定：「第二項、第四項及第六項之自治事項有無違背憲法、法律、中央法規、縣規章發生疑義時，得申請司法院解釋之；在司法院解釋前，不得予以撤銷、變更、廢止或停止其執行。」「地方制度法」並沒有規定申請主體，「大法官法」第527號解釋中認定其申請人為監督機關。[537] 但同時認為，「地方自治團體之行政機關對上開主管機關所為處分行為，認為已涉及辦理自治事項所依據之自治法規因違反上位規範而生的效力問題，且該自治法規未經上級主管機關函告無效，無從依據同法第三十條第五項申請解釋，自治團體的行政機關亦得依同法第七十五條第八項逕向本院申請解釋」。即認定在一定要件下，受監督的地方自治團體之行政機關也可依本條直接申請「憲法救濟」。而該號解釋之理由書對此的說明是：「監督地方自治團體的各級主管機關，依地製法第七十五條對地方自治團體之行政機關（即直轄市、縣、市政府或鄉、鎮、市公所）辦理該條第二項、第四項及第六項之自治事項，認是否違背憲法、法律或其他上位規範尚有疑義，未依各該項規定予以撤銷、變更、廢止或停止其執行者，得依同條第八項規定申請本院解釋。其未經本院解釋而逕予撤銷、變更、廢止或停止執行之行為，受處分之地方自治團體仍持不同見解，可否申請本院解釋，同條第八項文義有欠明確。衡諸憲法設立釋憲制度之本意，是授予釋憲機關從事規範審查權限（憲法第七十八條），除由大法官組成之憲法法庭審查政黨違憲解散事項外，（憲法增修條文第五條），尚不及涉及具體處分行為違憲或違法之審查。從而地方自治團體依第七十五條第八項逕向本院申請解釋，應限於上級主管機關之處分行為已涉及辦理自治事項所依據之法規因違反上位規範而生之效力問題，且該自治法規未經上級主管機關函告無效，無從依同法第三十條第五項申請解釋之情形。」由此可知，地方

自治團體就上級監督機關的處分可以依「地方制度法」第七十五條提起「憲法救濟」，但僅限於對自治法規的「合憲性」爭議，而並不涉及處分行為本身的「憲法」問題。所以，嚴格說來，就監督機關的處分行為，地方自治團體行政機關並不能申請「憲法救濟」，即地方自治團體的執行行為並不能依「地方制度法」第七十五條獲得「憲法救濟」。

　　針對此一解釋，臺灣有學者表示了不同的意見。首先，將「地方制度法」第七十五條第八項界定為自治行政機關可依本項之規定申請「自治法規」的「合憲性」，是明顯忽略了本條的規範意旨。[538]本項在體繫上是就自治行政機關辦理自治事項，上級監督機關對之所作處理方式的規定。該上級監督機關依本項提起「合憲性」監督申請的，依法條規定是「自治事項」的「合憲性」，而非「自治事項所依據法規」的「合憲性」，而後者是第三十條第五項所規範的問題。因此稱自治行政機關（符合一定要件下）可依本款申請「自治法規」的「合憲性」，並不妥當。在這種情形下，若對自治行政機關辦理自治事項所依據法規的「合憲性」有疑義時，應依「大法官法」第五條第一項第一款第三種「法令違憲」解釋之類型而申請「釋憲」，或則——如前述本文之說明——直接允許自治行政機關依第三十條第五項之規定而申請。[539]其次，「大法官」在本號解釋中，之所以認為自治行政機關所能申請的是自治法規的「合憲性」，而非監督機關處分行為的「合憲性」，其理由在於「違憲」審查制度是法規範性審查，而（除組成「憲法法庭」審理政黨「違憲」外）不及於個案行為「合憲性」審查。但如果從「違憲」審查制度的本質觀察，其目的既然在於維護「憲法」之最高性，則所有「國家行為」——包括行政行為、立法行為、司法行為——的「合憲性」，理論上均應成為「違憲」審查機關所審查之對象。「大法官」不審查個案處分行為的「合憲性」，實際上是因「大法官法」等法規上未明白規定。[540]所以「大法官」前述解釋的相關說明，應有再予以補充說明的必要。[541]再次，同屬上級監督措施規範的「地方制度法」第三十條第五項及第四十三條第五項，法條中亦未見規定申請人，「大法官」就此二條文即認為僅是指有監督權限的上級機關而言。依法條間的體系考慮，本項應與第三十條第五項及第四十三條第

五項為一致解釋,即同屬上級監督機關提起「合憲性」解釋。否則體系無法實現均衡。

綜上所述,地方自治團體的行政機關是無法依「地製法」第七十五條第八項提起「憲法救濟」的。自治行政機關若對上級機關處分行為(撤銷、變更、廢止或停止執行)的合法性(「合憲性」)提出爭議,原則上並無法申請「憲法訴訟」,其理由即如前所述,此應屬於行政爭訟問題。就上級監督處分行為合法性之外的「憲法爭議」是可以依「大法官法」第五條及第七條提起「憲法訴訟」的。

(2)「憲法訴訟」的類型

機關爭議類型的「憲法訴訟」。地方自治團體對上級監督機關的監督處分行為如有不服,可依「大法官法」第五條第一項第一款的規定申請「憲法解釋」類型的「憲法訴訟」。「大法官」在釋字第 527 號解釋明確指出:「其因處分行為而構成司法院大法官審查案件法第五條第一項第一款之疑義或爭議時,則另得直接申請解釋憲法。」但如同前文所強調的,「大法官法」本款規定的「憲法解釋」又分有三種類型,如欲就該處分的「合憲性」提出爭議,則本款第三種「法令違憲」類型不可適用,因上級機關的監督處分是屬具體個案行為而不屬於「法令」;而第一種情形「憲法疑義」的解釋,是指「直接對憲法條文產生疑義」之情形,故原則上也不適用。現僅剩第二種「機關爭議」的類型,此即一機關行使權限,與其他機關發生權限爭議。若上級監督機關認為地方自治團體在辦理自治事項時有違反「憲法」、法律或法規的情形,而作出處分決定,而自治行政機關認此雖屬於「地方制度法」上所規定的監督手段,但其實質內容已侵害地方自治機關的自治權限,此時並非僅僅是監督手段的合法性問題,而是「憲法」上權限爭議之問題,此種情形則可適用「機關爭議」類型的「憲法訴訟」。

統一法令解釋類型的「憲法訴訟」。地方自治團體對上級監督機關的監督處分行為如有不服,在符合法律規定的要件下,也可依「大法官法」第七條第一項第一款申請統一法令解釋。其具體情形為,地方自治行政機關依據某法律或某自治法規辦理自治行政事項,而上級監督機關解釋該法律或該自

治法規而認為該自治事項辦理為違法，此即雙方對同一法令之見解不一而，此時則可以適用統一法令解釋類型的「憲法訴訟」。

3.「中央」與地方、地方與地方權限爭議的「憲法訴訟」

「地製法」第七十七條規定：「（第一項）中央與直轄市、縣（市）間，權限遇有爭議時，由立法院院會議決之；縣與鄉（鎮、市）間，自治事項遇有爭議時，由內政部會同中央各該主管機關解決之。（第二項）直轄市間、直轄市與縣（市）間，事權發生爭議時，由行政院解決之；縣（市）間，事權發生爭議時，由內政部解決之；縣（市）間，事權發生爭議時，由內政部解決之；鄉（鎮、市）間，事權發生爭議時，由縣政府解決之。」依此規範權限爭議可以獲得初步解決。

但問題是，如各該自治團體機關對解決結果仍有疑問，則是否可以依「大法官法」相關規定而申請「釋憲」。「地製法」中並未明文規定，就此，本號解釋中稱：「無關地方自治團體決議事項或自治法規效力問題，亦不屬前開得提起行政訴訟之事項，而純為中央與地方自治團體間或上下級地方自治團體間之權限爭議，則應循地方制度法第七十七條規定解決之，尚不得逕向本院申請解釋。」此即「大法官」謂「不得逕向本院申請解釋」，其意旨應是「第七十七條因並未規定可申請釋憲，故無法以本條為依據而申請，但並不排除在依本條規定處理後（於有爭議之情形下），仍可依大法官法第五條第一項第一款所定要件而申請釋憲」。此實質上為一種「憲法」上權限爭議事項，即為「大法官法」第五條第一項第一款第二種「機關爭議」之類型，所以在符合此種類型之要件下，應即可申請「釋憲」。

# ▍馬王之爭：法律與政治制度根源探析

嚴安林 童立群 [542]

2013年9月初，臺灣「立法院長」王金平因涉嫌為民進黨的大黨鞭柯建銘關說檢察官，引發了馬英九與王金平之爭乃至於國民黨內部的派系紛爭，民進黨進而提出罷免馬英九等政治動作，的確是引起了臺灣政壇的「九月風暴」。事件如何了結？何時能夠告一段落？目前誰都難以下結論。不過，如

果跳脫事件本身的視角來看，臺灣政治與司法發展中的一些特徵和發展趨勢倒是特別值得注意，「馬王之爭」為我們觀察臺灣社會提供了一個鮮活的案例。

## 一、「馬王之爭」事件始末

2013年9月6日，臺灣「法務部」前「部長」曾勇夫涉嫌接受關說介入弊案審理的醜聞掀起政壇風暴。根據臺「特偵組」所公佈的電話監聽譯文，「立法院長」在王金平向「法務部長」曾勇夫和「高檢署」檢察長陳守煌「關說」柯建銘司法案。9月6日，曾勇夫請辭後，社會與媒體關注焦點指向進行關說的王金平。9月8日，馬英九召開記者會，痛批王金平對司法個案關說，認為「這是侵犯司法獨立最嚴重的一件事，也是臺灣民主法治發展最恥辱的一天」。對此，國民黨榮譽主席連戰拋出重話，認為馬英九的做法欠周，不利國民黨團結，不該公開「羞辱」王金平。9月10日，王金平發表聲明表示，臺灣檢察機關濫權上訴造成民眾痛苦。他與關說風暴相關當事人的電話通訊並非關說；臺特偵組未審先判、濫權監督，違法「違憲」。他本人明辨大是大非，捍衛民主法治的決心與馬英九一樣強烈；他與中國國民黨同舟共濟，不離不棄，希望考紀會勿重蹈特偵組覆轍，等等。對此，馬英九一方迅速回應稱，不是他不尊重王金平，而是王金平不尊重司法，並反詰連戰：「難道是要團結在縱容司法關說的風氣裡？」9月11日，馬英九以國民黨黨主席身份，在國民黨中央黨部一樓中山廳召開記者會，表示對於「立法院長」王金平涉入「司法」關說相當失望，王金平已不適任「立法院長」，黨員同志必須站在大是大非這一邊。同日，國民黨中央考紀會作出對王金平撤銷黨籍處分的決議。王金平方面隨即立即向臺北地方法院提出「確認國民黨黨員資格存在」的訴訟，並聲請裁定暫時狀態「假處分」。[543] 12日臺北地方法院受理案件，13日裁定在訴訟判決確定前保有黨員權利。9月16日，針對臺北地方法院的裁定，國民黨方面委託律師向臺灣高等法院提出抗告，30日臺灣高等法院裁定駁回該抗告。10月5日，國民黨主席馬英九在與各界人士研商後，決定針對王金平黨籍案不提出再抗告，讓事件本質回歸「本訴」，以盡速釐清是非。12月4日，臺北地方法院首度開庭審理王金平方面提起的「確認國民黨黨員資格存在」的訴訟。在馬、王拉鋸戰的同時，臺北地檢署開始

分案偵辦檢察總長黃世銘「洩密案」，以被告身份傳喚向馬英九報告的黃世銘，並以證人身份傳喚馬英九及他的幕僚「總統府」秘書長羅智強、「行政院長」江宜樺到庭訊問；11月1日，檢察總長黃世銘被臺北地檢署檢察官以涉嫌「洩密罪」起訴，成為第一個在任期內因職務行為被起訴的「檢察總長」。

## 二、「馬王之爭」的法律與政治焦點

雖然馬英九方面一直強調此次事件是「司法事件」，認為事件的核心癥結是司法關說，並指出馬英九所有的決定都是為了阻止司法尊嚴被繼續踐踏。但許多評論則認為，這是一場「政爭」，是「權力爭奪」，也有學者提出這是價值觀的衝突，是「價值之爭」。相關的質疑聲表現在：第一，關說的性質問題。王金平涉嫌的關說，是一般性的關照還是馬英九所言干涉司法的關說，並沒有嚴格的法律條文的規定，給王金平拒絕承認「關說」留下空間。第二，檢察總長直接向「總統」報告本案的適法性即馬英九的「違法」和干涉司法問題。臺灣多數媒體報導認為，特偵組將監聽內容直接向「總統」報告，存在違法洩密的嫌疑。第三，政黨與司法的關係問題。相關的爭議包括：國民黨黨籍存在爭執，並不適用「民事訴訟法」的標的，提起本訴有違法嫌疑；國民黨考紀會處分的動機不當，違反黨章；國民黨考紀會是否違反「民法」公序良俗原則，恣意認定事實，並濫用制裁權；國民黨考紀會的組成、決議方式和過程，是否符合「人民團體法」的民主原則等等。正因為該事件涉及的面向如此之多，牽涉「總統」、行政、立法、司法等方面運作，導致各種聲音和爭議此起彼伏，也是仁者見仁、智者見智。從法律角度看，有關的程序正義、罪刑法定主義等原則被討論最多；從政治角度看，有關「三權」的關係和操作被關注最多。

筆者認為，不能以簡單地是或否的標準來劃分「馬王之爭」的領域。客觀上說，「馬王之爭」絕非是一場「有預謀的政治鬥爭」，「馬王之爭」涉及的因素確實很多，實質上是司法與政治相互交織，既有政治干預司法，也有司法干預政治。如果進一步挖掘背後的根源，必須從臺灣政治文化、臺灣的社會民情、國民黨的政黨文化以及馬、王二人個性等方面深入分析。

## 三、「馬王之爭」凸顯當前臺灣社會法律與政治制度的困境

（一）政治制度設計及運行現狀中的結構性問題

1. 政治上「選舉民主」有餘，但制度約束不足

20年來，臺灣「民主」畸形發展及其所培養的政治土壤和氛圍使得任何政黨執政都會「深陷泥沼」。臺灣「中央研究院」院士金耀基認為：「臺灣對民主理念的擁抱是很堅執的，但臺灣民主作為一種治理制度卻粗糙而欠缺效能，民粹常常淹沒了民主。」[544] 蘇起認為，臺灣這二十幾年「民主化」實際上只完成了一半，也就是「自由化」；還沒有完成另一半即「制度化」。因為沒有「制度化」，所以臺灣的頭腦被「自由化」沖得「發燒」的同時，軀殼仍陷在「半民主半戒嚴」、「半法治半人治」的制度中。臺灣的制度很像一輛「民主」與「戒嚴」法規雜陳、法治與人治習慣並存，另外添加臺灣獨有的設計的「拼裝車」。如臺灣政治中心——「立法院」，其制度設計就不能因應當前臺灣內外大環境的需要，表現在：一是效率低下、封閉保守。目前平均一年透過法案僅為210個，遠低於同類地區的立法系統。二是大多數透過法案是個別「立委」提案（多為單條或少數條文），不是行政部門提案，執政黨團無力推出重大法案。三是政黨協商制的破壞性。具有臺灣特色的「朝野協商」（黨團協商）制度。參與「朝野協商」的「立法院長」及政黨代表一直掌握著大部分法案「生殺大權」，而每個政黨不論多少席次只有兩名「立委」參加，不僅「徹底閹割了多數黨的權力」，而且提供不為人知的黑箱操作空間，讓「民主」選舉失去意義。另一方面，「朝野協商」可以將委員會審查中根本未交付委員會審查法案徑付二、三讀，如此一來專業性常設委員會被架空，「朝野協商」成了密室政治。四是由來已久的「立法院」肢體衝突傷害「臺灣民主」尊嚴和政黨形象，甚至嚴重妨礙民主制度運行。五是「立法院」成為藍綠政黨「敵我關係」拚搏沙場，也是各自利益團體巧取豪奪的利益交易平臺。臺灣的「民主」政治存在利益團體「集體分贓」的特質。

2. 公務機關和公職人員缺乏創新動力

一是公務機關以「管理」為使命，缺乏創新意識和機制，大多數機關沒有獨立研究部門或相應智庫儲備。二是「民主化」後公務人員奉行「多做多

錯、少做少錯、不做不錯」原則，尤其是公務人員在「立法院」、「監察員」、檢、警、媒體和在野黨隨時可能「找麻煩」情況下，做事原則就是「尋求自保」。三是政務官人數過少，動員及激勵部屬手段有限，加之文官制度「分官設職」，缺少彈性等，讓政務官或執政黨很難依照新的執政理念推動政務。四是政務官來源問題，公佈財產、待遇偏低、在兩岸交往上受限等對政務官的限制和監督，讓社會精英不願意「跳火坑」進入公務員隊伍。

3. 執政監督體系混亂

「立法院」與新聞媒體在執政狀態、執政過程及執政結果等方面的非理性監督問題比較嚴重。包括：一是大眾媒體是導致當下臺灣「官不聊生」最重要原因。臺灣電子媒體的新聞報導策略顯露出一個清晰路向：批評當局與監督官員。蘇起認為媒體甚至已是臺灣政壇「第一權」，各級首長高度重視媒體，花在回應媒體的時間多得「超乎想像」，任何政壇人士都要小心拿捏與媒體的相處分寸，導致媒體不再只是「觀察者」，而是「參與者」。臺灣媒體已走到「極端化、民粹化和弱智化」的地步。二是「立法院」與新聞媒體缺乏客觀標準的非理性監督，把執政團隊和推進臺灣社會發展力量置於「能量耗散系統」中。能有助於執政或推進臺灣發展的各種機構或個人，要麼學會「隱形」，要麼學會「借力使力」，最終導致「立法院」與新聞媒體每天「關注」對象未必是對臺灣發展有助益的，反而對各種社會頑疾都裝作「看不見」或「爭吵不休」。

（二）政治文化整合功能的失靈或失效

1. 藍綠對立嚴重化

藍綠兩大陣營間不是一般性的政治立場對立，而是對立到使整個臺灣社會分裂成藍的與綠的、南部與北部，對立到社會生活中，特別是在民進黨當政期間，藍綠對立中沒有人可以不選邊站。正如蘇貞昌所言：每次選完，總有一半民眾認為要過著四年「失去政權」生活。

2. 政黨關係敵我化

由於政黨間的敵我意識十分強烈，臺灣政壇中出現「純粹競爭」、「只有破沒有立」的政黨關係，遇到問題非要拚個「你死我活」不可，政黨政治

不再是「內部矛盾」，而是「敵我關係」，這樣，讓臺灣任何政黨執政，都永遠有將近一半的人在扯後腿，特別是民進黨不會做「忠誠反對黨」，堅持「為反對而反對」，如「逢馬必反」，「拒絕對話、溝通，採行對抗政策」。[545]

### 3. 選舉政治民粹化

選舉政治提出的挑戰之一是如前臺灣大學校長孫震所言：「民選政府傾向滿足短期需求卻忽視長期努力，造成經濟成長潛力衰退。」[546]因為選舉因素，臺灣由西方式的自由民主主義異化為「民粹主義」，選舉政治不是真正地進入「民主鞏固」階段，而是步入「民主衰退」階段。政治人物為了選票討好選民，政策短期化，追求短期利益，不做長遠規劃和思考。

### 4. 臺灣社會多元化

所謂「廟小妖風大」，所以，蘇起說：「放眼今天臺灣的政壇，幾乎人人吵、事事吵、時時吵，吵得渾然不知臺灣的大環境已經悄悄的變了天。」[547]

### 5. 多數媒體「反政府化」

臺灣媒體在全面開放後如雨後春筍，由此帶來問題是多數媒體基本上站在當局的對立面進行報導，尤其是「三（三立電視臺）、民（民視）治（《自由時報》）」對馬英九當局採取全盤負面報導方式進行「毀滅性批評」。

正是存在上述嚴重的結構性問題，使臺灣在當前政治與社會結構下，任何人做領導人，都難以滿足民眾多元化的期待，何況讓「政治潔癖者」馬英九來面對如此多元化的臺灣社會，難免不陷入「父子騎驢」的困境！

### 6. 政治文化人情化

在此次的「馬王之爭」中，也是人情文化盛行，沒有對錯與是非觀念。人們與媒體的關注點既不在王金平是否關說，關說是否是對的上，而是在馬英九處理王金平的做法、程序及是否顧及了人情等細節上，包括在王金平去馬來西亞參加女兒的婚禮，馬英九在這樣的時刻做處理也被人所詬病。真的不知道是媒體等故意強調細節而忽視核心問題，還是這就是臺灣政治社會的人情文化。因為在臺灣政壇，「馬英九沒有朋友，王金平沒有敵人」是普遍的共識，所以，「馬王之爭」，不再是「是」與「非」的爭議，而變成是人

脈之爭、人情之爭。王金平平日的廣結善緣，在短期內得到情義相挺及輿論支持而暫時居於優勢，民進黨桃園縣黨部主委鄭文燦就認為：「從一個角度看，他（王金平）是和稀泥的代表，但從另一個角度來看，他是一個政治協商藝術的代表」，理由在「因為臺灣的制度還不成熟，現處於轉型期」，「立法院能夠在衝突中完成這些法案或政策，王金平扮演了很重要的角色」。[548]「王金平也算是臺灣政治協商文化的代表。」[549]

(三) 馬英九個人與執政團隊問題

1. 馬英九領導風格「重細節無方向」

馬英九重視細節，凡事親歷親為，動輒打電話給「部長」、局長甚至科長，提醒應該做什麼。其結果是行政團隊人員凡事等候馬英九指示再做事。對此，蘇起就暗喻馬英九應是「最被期待替臺灣建立外部宏觀的穩定環境」，但馬英九「卻長期深陷國內微觀事務的泥淖中」。[550] 目前因為罵馬英九成為當前臺灣「顯學」，而馬英九則是忙於挨罵和辯解。

2. 同構性高的「少數人決策模式」

馬英九團隊決策有兩個鮮明特點，一是決策者人數少；二是決策者同構性高。縱觀馬英九和國民黨執政所遭遇危機，幾乎都遵循同一個模式：在醞釀政策和出臺政策時，都是由馬英九本人或馬決策團隊少數幾人處理和決定，事先並未知會黨、政、軍、情系統高層。待起爭議，馬指示低階官員對外說明，內容完全圍著技術性問題打轉，至於高層必須承擔的政治責任，馬又噤聲不語，導致事件如野火燎原，最後則往往是馬英九親上火線說明決策過程。類似場景，從「八八水災」到「牛肉進口」、商簽 ECFA、「核四」議題不斷地被覆制，往往是一波未平一波又起。這種決策模式存在弊端在：一是其出發點隱含著對其他決策參與人和普通民眾不信任；二是基於馬英九或少數精英「有限理性」做出的政策判斷，出臺政策往往不具備良好社會效應，效益較低；三是與「立法院」決策模式形成巨大反差，「立法院」決策模式都是反覆磋商，要求最大限度滿足多元利益方。所以，有人批評：「主要是決策和施政過程錯估形勢、低估民意、高估黨意所致。馬英九個人或專斷或反覆的決策風格，應負主要責任。」[551]

3. 馬英九是「機械式法治主義」

馬英九被稱作「法匠」,他具備法律人性格,學法、知法、守法,一貫是個守法好官員,馬英九「溫、良、恭、儉、讓」的好人性格,講究正派經營,不會以邪對邪,包括對所掌握政權機器不會運用,也包括對司法體繫上喪失主導權。所以,國民黨空有執政權力和資源,而背負執政包袱,難以發揮執政優勢,其因在「在合法、合理的範圍內馬英九不能充分盤活手中資源,不得不說是一個固執於清廉的『機械的法治主義』者」。[552] 最根本的還是馬英九政治性格——瞻前顧後,導致馬英九團隊當前政治困境。此外,馬英九在人情世故上缺乏「人情味」,這是與馬英九熟識者的普遍認知,被稱作「馬無情」。所以,臺灣媒體評論認為:在各種「主客觀因素交互作用下,馬英九對於新時代的脈動缺乏洞見,對新議題的挑戰拙於面對,對於基層小民的心聲感情難以體察,無法呼應。這樣的政治領袖,或許在個人操守與作為上能夠達到『清廉、勤政、愛鄉土』的標準,或許也可以成為盛世守成的明君,但卻斷難成為亂世中開拓新局、振衰起敝的中興英主」。[553]

4. 馬英九出身的「歷史原罪性」

由於出生於「外省人」家庭,馬英九背負有「出身不正確」的「歷史原罪感」。遇到民進黨「愛臺灣」訴求,馬英九就害怕;碰見民進黨談出身,馬英九就低人一等;對反對黨,馬英九的抗壓性明顯不足,鬥爭性不強,往往遇到反對就改變,不敢堅持正確的政策。

5. 馬英九的改革過於理想化

馬英九的改革不僅過於理想化,與現實脫節,引不起社會共鳴,而且遠離群眾,包括公務員年金制度改革,是出力不討好的「蜂窩」,所傷害的是國民黨鐵票支持力量——軍公教人員利益,包括選舉中基於提升國民黨政黨形象「刺客牌」,[554] 往往忽視了地方派系與在地利益而被抵制。

(四)黨政運作長期不暢的後遺症

長久以來存在的立法與行政的關係不暢問題,是「馬王之爭」的重要導火索。作為黨主席的馬英九不能有效領導「立法院」黨團,雙方矛盾尖銳。馬英九曾提出「黨優政強」口號,堅持連任黨主席也體現了馬英九對黨政關

係重要性有認識，2013 年 6 月 10 日，馬英九接受採訪時提出：「當了總統後發現，黨政一定要合一」，「一定要以黨輔政，施政才會順利」，[555] 黨政應該合一，因為「黨政同步有利於政治穩定，也是國民黨權力結構的常態與特色」。[556] 但黨政關係不暢依然是影響國民黨執政的最大困擾。行政團隊每一項重大施政舉措，在國民黨內部鮮少獲得一致支持，例如「美牛」在「立法院」意見相左，證所稅、油電雙漲，黨內意見也不統一；軍公教福利待遇改革，就遭到黨內強烈反彈。其中癥結：

1.黨主席無領導權威

馬英九不善於運用黨組織資源，也不會發揮黨組織作用，既導致行政、立法關係失衡，也進一步削弱馬英九作為黨主席駕馭全黨的能力與權威。其實，李登輝能在 12 年中高度集中權力，靠的就是國民黨主席職位。

2.黨政缺少事前溝通機制

「政」不尊重「黨」，「黨」不理睬「政」。馬英九所強調黨政關係——「以黨輔政」，其實是「政優黨弱」，甚至「政府」替代「政黨」。所以，國民黨有「立委」認為，馬英九及行政團隊在推出政策時，往往缺少事先溝通，決策不透明，「只有告知，沒有協商」，決策過程太粗糙。馬英九極少出席黨團會議，而卻只在「美牛」過關受挫、意識到問題嚴重後，才會「親臨督軍」。因為對「立法院」掌控力道變弱，黨主席不得不多次在重大決策時「御駕親征」。作為基層實力派「立委」甚至認為與黨中央的互動不是「從屬關係」，要尋求更多獨立性和自主性，加之民意壓力和「監督行政」角色，導致無法或不願「輔政」。

3.黨的紀律不彰

國民黨嚴格的黨團制度對「以黨輔政」做了充分的制度保證，國民黨出臺「黨團組織暨運作規格」及懲罰條款，規定投票時「跑票」現象一旦發生，國民黨中央考紀會以「停權」、「申誡」處理黨籍「立委」。但由於黨中央權威不足，黨紀防線不能奏效。如 NCC（臺灣「通訊傳播委員會」）人事案等法案是無記名投票，無法得知投票人，黨紀已非控制黨籍「立委」萬靈丹。

4.利益博奕不順

這是深層次的機制性原因，由於將國民黨定位為「選舉機器」，實質是取消黨的領導核心地位，「黨」、「政」的權力結構已出現微妙變化，雖有理念結合，但更多的是利益關係，並非單純黨員對黨中央的權力與義務關係。包括在「立法院」中，由於不少「立委」都是利益團體代表，從而行政團隊推出的「證所稅」方案就被藍委改得「四不像」，其結果是「既傷股市，又失改革民心」，「最後是兩頭落空」，「解決貧富差距、實現公平正義」的「改革大夢」成為笑談，成為「煙花一夢」。[557] 王金平利用「立法院」的政治生態，透過利益交換廣結善緣，左右議案的進度，不完全配合馬英九施政的需求，更是凸顯了深層次的利益博奕。

5. 上（中央）下（地方）權責不明

在中央層面，國民黨表面上是執政黨，控制「中央政府」，而國民黨地方黨部對地方政府則沒有這種權力。正是由於這種權力與責任的不匹配，馬英九團隊與國民黨組織始終無法形成合力。

## 四、「馬王之爭」的影響深刻而長遠

首先，從政治層面來看，馬英九最初希望透過對司法和「民主」的價值表達，解決王金平的「關說」問題。然而由於處理過程中確實存在手法粗糙問題，加之民進黨的介入和利用、國民黨大佬們近乎「選邊」的表態，使得原本的所謂「價值堅持之爭」逐漸轉變為馬、王的權力之爭、「行政院」與「立法院」的對抗、程序是否合法的法律考量、過程是否過於粗糙的情義考量，等等。隨著事件發展方向的轉移，「王金平關說案」幾乎被「馬王之爭」所代替，在愈演愈烈的複雜態勢中，原本的關於司法公信力等問題被掩蓋起來，演變為一場國民黨的分裂危機。據《聯合報》的調查顯示：67% 民眾認為國民黨撤銷王金平黨籍的處分過重，僅 19% 認為該處分恰當。此外，還有 48% 的人認為民進黨應該黨紀處分柯建銘；雖有 33% 民眾認為王金平意在「關說」，但認為他只是「關心」的卻有 41%；調查還發現，馬英九雖然一再強調「揮淚斬王」是為了「捍衛司法正義」，不過，高達 66% 的民眾認為此事是國民黨內的政治鬥爭，僅 19% 認為馬英九是為了司法而戰。馬英九自己身

陷在野黨罷免及彈劾的風暴，全民指責的焦點，民調屢創新低，這是馬英九始料未及的。

　　長遠來說，曠日持久的政治爭議將會進一步造成政治效率的低落，甚至對 2014 年「七合一」選舉和 2016 年「大選」產生影響，對兩岸關係的影響也不可小覷。事件恰好發生在「兩岸人民關係條例」修訂、「兩岸服務貿易協議」以及「大陸地區處理兩岸人民往來事務機構在臺灣地區設立分支機構條例草案」這三大與兩岸關係和平發展相關性極高的法案正在「立法院」審議之計，因此，「馬王之爭」對兩岸關係的影響可能具有比一般政爭更直接、更深遠的影響。「馬王之爭」後續的發展，不同的結果對兩岸關係也會有不同的影響。另一方面，從樂觀的角度，如果這次爭議能夠帶來臺灣政黨政治與「立法院」政治改革的契機，則不失為臺灣政壇的一次重大轉折。

　　其次，從司法層面來看，「馬王之爭」進入新一回合的法律戰。根據臺灣地區法律，民事庭三審判決可耗時 4 年，一旦進入這個司法程序，將會淪為一場訴訟遊戲，而其過程中的人情、特權、利益交換盤根錯節，將可能再次成為政治的潛規則。此外，司法與憲政的關係到底如何劃分是臺灣司法界未來將要面對的重要議題，批評者認為，臺北司法機關判決王金平「假處分」，實際上是以「民事利益」的視野處理「憲政」層次的爭議，顯然存在適用性的問題，司法裁判的聚焦重點，應在檢視雙方提出的法律論述是否完整，是否有充分的判例、解釋、學說支持。而民進黨「立委」的相關言論，攻擊行政體制的違「憲」、毀「憲」、違法亂政，但至於違了哪條法、毀了什麼「憲」卻沒有實質性的法律依據，這也反映了司法與「憲政」的微妙關係，也無怪乎人民憂心未來臺灣會出現「政治勝、法律敗」的倒置現象。

　　第三，從社會層面看，此案發展至政治、法律和「憲政」交相糾纏的地步，經由此次政爭所帶給臺灣民眾的觀感，將會更加複雜和多元。支持馬英九者認為馬英九掌握到了道德和法理上的優勢，作為最後一道防線的司法，沒有和稀泥的空間；而「反對者則批評操作的手法不夠細膩，程序正當性有瑕疵，不可能迴避法律執行中人的因素」等等。在社會的評判標準上，堅持「清廉政治」還是承認政治上存在某種「灰色地帶」，兩種不同的價值觀和道德判斷將會加劇臺灣社會的裂痕。

簡而言之，無論在哪一層面，都不應小視此次「馬王之爭」。「馬王之爭」只是一個符號，其背後反映了各種本質的問題。政爭的熱度雖然只會是短期的、一時的，在冗長的司法環節之後，馬、王二人的勝負已經不再重要，而是就臺灣地區長遠影響去思辨其中分寸，才是根本。如果此次爭議僅僅是一場權力鬥爭，沒有帶來任何制度的變革，那麼即使事件落幕，一切又回歸原點，對臺灣的政治制度與政治生態沒有根本上的改變，那麼未來必然再次發生類似的「某某之爭」也將是制度的必然。

# 馬王「九月政爭」相關法律問題探析

顧永忠[558] 楊劍煒[559]

臺灣國民黨內「馬王之爭」由來已久，至2013年九月因王金平涉嫌司法關說而達到高峰，被稱為馬王「九月政爭」。在這場鬥爭中，馬王之間你來我往，各種招數此起彼伏，其中尤以馬英九借黨籍處分先發制人卻被王金平以民事訴訟扭轉危機而引人注目，發人深思。本文無意對「九月政爭」本身孰是孰非進行評論，則主要對「九月政爭」衍生的相關法律問題及其走向加以探析，從而加深大陸人士對臺灣政黨制度、政治制度、法律制度及其相互關係的瞭解和認識。

## 一、馬王「九月政爭」始末

馬王「九月政爭」源於特偵組因懷疑柯建銘介入吳健保關說假釋案而對其本人及相關電話採取的一系列監聽措施中。[560] 8月31日，檢察官林秀濤因被懷疑在「最高法院」更一審全民電通背信案[561]中涉嫌收受賄賂、不正利益的貪瀆犯罪，而被特偵組透過監聽取得其通話譯文，並交給「檢察總長」黃世銘。當晚黃世銘提出並獲準向馬英九報告有關監聽情況，其中涉及柯建銘與王金平就有關案件的通話內容。9月1日，黃世銘再次面見馬英九，除再次向馬英九報告有關案情外，還將有關監聽內容與資料交給了馬英九。

9月2日，王金平在馬英九召開的府院黨五人小組例行會議向馬英九請假前往馬來西亞參加二女兒的婚禮。同日，特偵組先是三次以簡訊方式通知

各大媒體及記者勿錯過將召開的記者會,接著在其舉行的「司法風紀事件」記者會上公佈了部分對王金平實施監聽所獲得的內容。

9月8日馬英九由吳敦義與江宜樺陪同召開記者會,公開表達了對王金平司法關說行為的譴責。9月10日晚八點,王金平返臺在桃園機場舉行記者會,說明其打電話給「法務部長」曾勇夫及「高檢署檢察長」陳守煌,目的是提醒「法務部」及「高檢署」依法不要有濫權上訴,並沒有要求不要上訴,並非司法關說。同時,他還抨擊特偵組未審先判、濫權,提供監聽資料之行為違法又「違憲」。[562]

9月11日,馬英九在國民黨召開考紀會之前,在國民黨黨部召開記者會,要求撤銷王金平的黨籍,並聲稱王金平已經不適合再繼續擔任「立法院長」。其後,考紀會作出決議撤銷王金平黨籍。至此,馬英九先勝一籌。

王金平被撤銷黨籍後,採取了積極的反制措施,一方面放棄按照黨紀向國民黨提出申訴的權利,以防被拖延時機,另一方面委託律師依據臺灣地區「民事訴訟法」第七篇保全程序第532至537條規定以國民黨黨員身份向臺北地方法院提出「在判決確定前,阻止中國國民黨將他的黨籍喪失證明書送交中選會,並讓他繼續行使黨員權利的假處分」,並同步提出「確認黨籍存在」的民事訴訟。但是由於9月11日國民黨已經將撤銷王金平黨籍的決定送達臺灣「中央選舉委員會」(簡稱「中選會」),並且「中選會」也在當日將王金平「立法委員」資格喪失的證明送到了「立法院」,所以9月13日,臺北地方法院裁準王金平以其擔任院長職務餘下任期的薪金總額938萬元為擔保,繼續保留其行使國民黨黨員職權的權利。對此,國民黨不服,於9月16日向臺灣高等法院提出抗告。9月30日臺灣高等法院合議庭裁定駁回國民黨提出的抗告案。至此,王金平反擊告捷。不僅暫時保住了國民黨黨員資格,進而也使其「立法院長」職務危機化險為夷。

馬王「九月政爭」一波三折,出人意料。對馬英九來講,顯然始料不及。對王金平而言,則可謂柳暗花明。馬王之爭實質為「黨紀」與「國法」之爭。因此,關注和研究其中涉及的法律問題頗具價值。

## 二、「司法關說」的發現、揭露與公務員泄密、違反偵查不公開原則

王金平涉嫌「司法關說」是「九月政爭」的直接導火索。司法關說本身是否能夠成立尚待定論，但其首先引發了一個值得關注的法律問題，即特偵組發現、揭露這一事件是否涉嫌公務員泄密，違反偵查不公開原則。

如前所述，所謂王金平「司法關說」是由特偵組在對有關人員實施監聽過程中獲得包括王金平與柯建銘通話內容等相關證據後，由「檢察總長」黃世銘兩次面見並報告馬英九，以及 9 月 6 日特偵組將部分監聽內容公佈後而引發的。特偵組及黃世銘的上述行為是否屬於泄密行為，是否違反了偵查不公開原則，在島內法學、法律界存在不同的認識。

據臺灣有關法律，特偵組設置於「最高法院檢察署」，由「檢察總長」指揮，配置 6 名以上 15 名以下的檢察官，並由「檢察總長」指定其中一名檢察官為主任。[563] 據此，有人認為由於特偵組是由「檢察總長」負責指揮，因此 2013 年 8 月 1 日特偵組透過監聽獲得有關人員的通話譯文後，交給黃世銘並無不妥。但是，黃在取得這些資料後報告並交付馬英九以及 9 月 6 日特偵組公開部分監聽內容的做法則屬泄密行為且違背了偵查不公開原則。其理由是：

第一，臺灣「刑事訴訟法」第 245 條第 3 項規定：「檢察官、檢察事務官、司法警官、司法警察、辯護人、告訴代理人或其他於偵查程序依法執行職務之人員，除依法令或為維護公共利益或保護合法權益有必要者外，不得公開揭露偵查中因執行職務知悉之事項。」而「最高法院檢察署特偵組」按照臺灣「法院組織法」的規定，區別於此前的查黑中心特偵組，不再是任務性編組，而屬於「最高法院檢察署」的常設機構。[564] 故特偵組的偵辦人員屬於檢察官，正是「刑訴法」中明確列舉的依法執行職務人員之一。而 9 月 6 日黃世銘將部分監聽內容在記者會上予以公佈，也正是以「依法執行職務人員」的身份，在公共場合公開揭露因執行偵查職務而知悉的事項。這一行為明顯違反了「刑訴法」的相關規定。

第二，「檢察總長」黃世銘在上述行為過程中，兩次涉嫌公務員洩密：其一，黃世銘於8月31日和9月1日將偵查獲得的有關資料交付馬英九，並與馬秘密聯繫多次。該行為違反了臺「法院組織法」關於特偵組職責權限的有關規定，即特偵組偵辦的第一、第二種案件，在偵查終結後，「立法院」可以決議要求「檢察總長」到「立法院」報告並接受質詢，並沒有規定「檢察總長」需要接受「總統」的質詢。[565]因此黃將該案偵查監聽所獲內容面見並報告馬英九的行為違反了上述規定。其二，黃世銘9月6日將特偵組監聽的部分內容以記者會的形式進行了披露，違反了「通訊保障及監察法」第18條的規定「監察通訊所得資料，不得提供與其他機關（構）、團體或個人」。特偵組透過監聽所獲得的相關訊息屬於執行職務而知悉的事項，屬於「不得提供與其他機關（構）、團體或個人」的範圍，黃的行為顯然違反了這一規定，涉嫌洩密。臺灣「刑法」第132條第1項規定「公務員洩漏或交付關於中華民國國防以外應秘密之文書、圖畫、消息或物品者，處三年以下有期徒刑」。黃的前述兩種行為已經涉嫌公務員洩密並有觸犯「刑法」之虞。

		第三，臺灣「通訊保障及監察法」第17條規定：「通訊監察所得資料全部與檢察目的無關者，執行機關應即報請檢察官、依職權核發通訊監察書之法官或綜理國家情報工作機關首長許可後銷毀之。」可見，因實施偵查監聽所獲訊息資料如何使用受到嚴密控制。由此表明特偵組透過監聽獲得的有關訊息資料，如果與檢察目的無關應當經有關程序確認後予以銷毀。以此觀之，黃世銘9月6日公佈的有關監聽內容是否與檢察目的相關直接關涉對其是否應當銷毀的問題。而根據「通訊保障及監察法」第5條對能夠進行監聽活動所作的規定，王金平與柯建銘之間的通話內容似乎並不能歸入該條所羅列的重罪之中，而應屬於非偵查目的的其他內容，非但不能公佈，相反應當銷毀。不僅如此，該法第18條也明確規定監聽獲得的訊息資料不能提供給其他人，並且第24條、[566]第27條[567]中還對違法監聽、交付洩漏作出了刑責規定。顯然，黃的披露行為違反了上述有關規定。

		第四，臺灣「法院組織法」第111條[568]規定「檢察總長」直屬於「法務部」而不是「總統」，黃世銘越過「法務部長」與「行政院長」而直接面見、報告馬英九的行為，有觸犯公務員洩密罪的嫌疑。

面對外界的指責，黃世銘對其 8 月 31 日與 9 月 1 日兩次面見馬英九及其後數次與馬通話，並將有關監聽通話譯文與證詞交付給馬的行為進行了辯解。黃認為其與馬的接觸並沒有違反有關規定，也沒有違背偵查不公開原則。他的依據有：

第一，臺灣「憲法」第二章第 44 條規定：「總統對於院與院間之爭執，除本憲法有規定者外，得召集有關各院院長會商解決之。」他認為「總統」馬英九不是事件的當事人，有權利協調爭執，他的行為根本不涉及違法洩密。第二，他認為，臺灣「刑事訴訟法」第 245 條第 3 項關於「不得公開揭露偵查中因執行職務知悉之事項」的規定具有例外情形，即「除依法令或為維護公共利益或保護合法權益有必要者外」，因此，其向馬英九報告偵查監聽所獲情況，正是出於「維護公共利益」之需要，符合該條對例外情形的規定。而且該案在 8 月 31 日時就已經偵查終結，所以其報告馬英九的行為並不違反偵查不公開的原則。其還對 9 月 6 日透過記者會公佈部分監聽內容的行為進行解釋。他認為特偵組透過監聽所獲得的監聽譯文，並不屬於刑事不法的證據，而是行政調查的證據，對行政調查的證據進行公佈，並不違背偵查不公開原則。

但是，對於黃世銘的辯解與解釋，學界和基層檢察界似乎都不認可。他們認為「憲法」第 44 條的「院際糾紛」是指院與院間制度上的衝突爭執，而本案只是涉及王金平、柯建銘等個人之間相互通話的問題，不適用此法條。黃以院際爭執為由報告「總統」，顯屬「不倫不類」。本案與第 44 條所述之「院際調解權」明顯無關。[569]

儘管黃世銘等人極力辯解，但圍繞他們所實施的行為，有關司法部門已展開偵訊並作出相關決定。11 月 1 日，臺北地檢署依洩密等罪對「檢察總長」黃世銘提出起訴，認定他在有關案件尚未偵結前，於 8 月 31 日夜密告「總統」馬英九，涉嫌洩密及通保法罪。12 月 14 日，臺灣「檢察官評鑑委員會」認定，「立法院長」王金平確實向臺灣「高檢署檢察長」陳守煌關說，要求對「立委」柯建銘案件不上訴，陳並向承辦檢察官林秀濤轉述，林也接受，但因陳、林均已坦白，建議「法務部」作內部懲處，各記警告；衍生的「檢察總長」

黃世銘、特偵組長楊榮宗及檢察官鄭深元，涉濫權監聽、泄密等七大違失，三人送「監察院」審查，建議將黃撤職、楊與鄭各記申誡。

綜上可見，在臺灣這樣一個法治社會，「政府」公職人員的一舉一動，執政黨領導人的一言一行，都可能觸動與社會生活有著千絲萬縷聯繫的層層「法網」。因此，有關人員包括政黨領袖和地區領導人無論何事都要從法律上充分考量，慎思慎行才是。

### 三、黨大還是法大：王金平不服撤銷黨籍處分訴諸法律維權

在傳統觀念上，黨紀與國法無涉。黨員應遵守黨紀，違者應受黨紀處分。公民應遵守國法，違者應受法律懲罰。在馬英九及國民黨看來也是如此。因此，當他們掌握王金平涉嫌司法關說之「證據」後即「義無反顧」毫不遲延地作出撤銷王金平黨籍的決定。不僅如此，還將撤銷王金平黨籍的決定立即送達「中選會」，而「中選會」也於同日把王金平「立法委員」資格喪失證明送達「立法院」，以達到使王去職「立法院長」的目的。也許馬英九及國民黨認為，這樣「快刀斬亂麻」不僅理所當然，後顧無憂，而且大局已定，勝券在握。但是，事實並非如此簡單。他們沒料到王金平居然訴諸法律，峰迴路轉。

在國民黨撤銷王金平黨籍的同日，王金平隨即委託律師向臺北地方法院呈遞訴狀提出了假處分及「確認黨籍存在」的民事訴訟，顯然這是有備而來的。更有甚者，9月13日臺北地方法院裁定支持王提出的假處分要求，即在王金平關說案有定論之前，以其提供擔保為條件，支持其繼續保留行使國民黨黨員職權的權利。此結果大出馬英九及國民黨意料之外，9月16日國民黨對此提出抗告。半個月後，9月30日臺灣高等法院裁定駁回國民黨提出的抗告。兩個回合下來，馬英九及國民黨大受挫折。

為何國民黨對王金平的黨籍處分會牽扯法律訴訟並且王金平獲得勝訴，這是大陸方面關注臺灣政局及臺灣法律制度的人士普遍感興趣的問題。其實這與臺灣的政黨政治與法律制度的特殊關係密切相關。

臺灣地區實行的是單一選區兩票制，「立法委員」被分為區域「立委」與不分區「立委」。不分區「立委」是由得票率在百分之五以上的政黨推薦，

最後透過得票數計算出席次，在自己政黨席次內當選而產生。不分區「立委」正是得票率在百分之五以上政黨的代表，如果此類「立委」喪失該黨的黨員身份，也就失去了成為不分區「立委」的基礎。歷史上曾有多名不分區「立委」因失去黨員身份而喪失「立委」席次，如蘇南成、邱彰、林世嘉等。王金平正是由國民黨產生出的不分區「立委」，其一旦被撤銷黨籍，也將喪失不分區「立委」身份。不僅如此，王金平與普通不分區「立委」不同，他還是「立法院長」，而「立法院長」又是在「立委」的基礎上選出的。因此，當王喪失不分區「立委」的身份之後，勢必喪失擔任「立法院長」的資格。馬英九及國民黨正是按照這一正統邏輯確定並實施先撤銷王金平黨籍爾後去除其「立法院長」行動計劃的。不料，王金平劍走偏鋒，出奇制勝，使馬英九及國民黨陷入尷尬和被動。

在這場較量中，起初馬英九及國民黨是有備而來，占有先機的，卻讓王金平後來居上，轉敗為勝，原因何在？除了政治上馬、王力量的暗中交鋒及馬英九執政能力低下、執政效果不彰的諸多因素外，與王金平靈活多變，人脈廣泛，善於運用法律手段維護自身權益有很大的關係。這說明學習數學出身的王金平較之法律專業出身的馬英九在運用法律上更具智慧和自信。

王金平何以贏得這場訴訟？在法言法，原因有三：首先，其充分利用了臺灣司法獨立的法律制度。雖然國民黨是執政黨，馬英九既是國民黨領導人又是臺灣地區領導人，但是，司法獨立在臺灣已深入人心，無論國民黨還是馬英九都不能動搖它。更何況國民黨、馬英九對王金平發難就是以其「司法關說」為由頭的，故不可能「以毒攻毒」干預司法。這是王金平敢於運用訴訟手段維護自身權益的思想基礎。

其次，其善於抓住並利用對自己有利的法律依據。在程序法上，一是臺灣「民事訴訟法」第 532 條的規定「債權人就金錢請求以外之請求，欲保全強制執行者，得聲請假處分。假處分，非因請求標的之現狀變更，有日後不能強制執行，或甚難強制執行之虞者，不得為之」。這使他能夠在「關說案」尚無定論的情形下提出定暫時狀態假處分的請求，進而避免因被撤銷黨籍而喪失「立法院長」職務無法回覆後果的程序法依據之一。二是臺灣「人民團體法」的有關規定。依據「人民團體法」的規定，政黨屬於人民團體，當然

是「人民團體法」規範調整的對象。而根據「人民團體法」的有關規定，黨員的權利屬於私權，其與所在政黨發生爭議當然可以向法院提起民事訴訟，尋求法律保障。[570]這是王金平提起訴訟的程序法依據之二。至於實體法方面，則主要是臺灣「民法」第56條的規定：「總會之召集程序或決議方法，違反法令或章程時，社員得於決議或三個月內請求法院撤銷其決議。但出席社員，對召集程序或決議方法，未當場表示異議者，不在此限。總會決議之內容違反法令或章程者，無效。」這是王金平提出「確認黨籍存在」訴訟請求的實體法依據。

最後，以往發生並取得勝訴的許舒博案司法判例為其提供了現實依據和心理支持。許舒博亦屬國民黨不分區「立委」，因涉嫌中藥行賄弊案在二審中被從原審無罪改判為有罪。於是，國民黨對其作出撤銷黨籍處分。許因此向臺北地院提出1千萬新臺幣擔保聲請假處分，之後又以「確認黨籍存在」為訴訟標的向法院提起訴訟，希望保留其不分區「立委」的資格。許一審勝訴，國民黨不服上訴二審，二審判決仍是許勝訴。[571]在該判例中法官解釋：「《人民團體法》中對於政黨黨員受不當懲戒處分時之救濟途徑未設明文，於此應可類推適用民法第56條關於社團總會決議瑕疵如何救濟之規定以濟之。」[572]

儘管在假處分下王金平行使國民黨黨員職權的權利被保住不是永久的，其永久保住的訴求還需「確認黨籍存在」的民事訴訟最終獲得勝訴，但是，不論最終結果如何，僅就現在的結果而言，足以使我們對臺灣的政黨政治，特別是政黨與「政府」的關係有新的認識，更使我們對臺灣的黨紀與法律的關係，黨大還是法大的問題有深刻的認識。

## 四、「九月政爭」的未來走向及其對臺灣政治體制產生的挑戰

經過法院兩次裁定，王金平成功保住了「立法院長」的職務，這是國民黨始料不及的。經過一次抗告之後，國民黨意識到在假處分案上過分糾纏，完全是浪費時間，不但不能扭轉局勢，反而經過法院一次次的審理，反倒會強化王金平行使黨員權利的正當性。因此，9月30日臺灣高等法院第一次裁定駁回國民黨抗告後，10月5日國民黨文傳會副主委殷瑋向媒體轉述，主席

馬英九表示不再對假處分案提起抗告。於是，國民黨放棄了於 10 月 11 日再次提起抗告的機會。假處分案到此以王金平勝訴而告終。

王金平的假處分案雖然已經獲勝，但其「確認黨籍存在」的本訴才剛剛開始。國民黨在放棄與王金平在假處分案上的糾纏後，將鬥爭重點轉向維護其撤銷王金平黨籍決定的正當性和合法性上。而王金平經過法院的兩次支持，勢必會乘勝追擊，在確認其黨籍存在的訴訟中據法力爭，以求從根本上保住自己國民黨黨員的身份，進而保住臺灣「立法院長」的寶座。

果然，在 12 月 4 日臺北地方法院開庭審理王金平提起的「確認黨籍存在」的訴訟案中，雙方委託的律師圍繞四大爭點展開激烈攻防：（1）黨籍存在爭執是否適用「民事訴訟法」的標的；（2）國民黨考紀會作出的撤銷黨籍處分，是否動機不當，違反國民黨黨章及處分規程；（3）撤銷黨籍處分有無違反「民法」公序良俗原則，恣意認定事實，濫用制裁權；（4）國民黨考紀會的組成、決議方式和過程，是否符合「人民團體法」的民主原則？在此過程中，國民黨方面試圖將訴訟重點引向王金平有無司法關說事實的調查上，審判長則強調法院重點審理黨籍撤銷是否違法等法律適用問題。

此次是法院首度開庭審理該案。據臺灣法律界有關人士分析預測，根據臺灣有關法律規定，民事訴訟結案時間，第一審為 1 年 4 個月，二審和三審都是 2 年。一件訴訟從一審打到三審定讞，如果不遲延，最長得花 5 年 4 個月。如果有任一審遲延結案，或者發回更審，時間就會拖得更長。由於王金平「立法院長」的任期到 2016 年 1 月底屆滿，很可能王金平任期屆滿，本訴訟案還沒定讞。這意味著如果外界所言馬英九、國民黨撤銷王金平黨籍的真實目的是為了使其從「立法院長」去職的話，那麼，對於馬英九、國民黨來說，這一官司打下去已沒有多少實質意義了。也許馬英九已經意識到這一點加上其他考慮，他已多次放話希望與王金平的這一訴訟能在黨內解決。國民黨內不少人對此表示關切和支持。王金平本人對此內心如何不得而知但至少沒有公開表示反對。儘管如此，事情並沒有任何鬆動或進展。其實，大家都很清楚，事已至此，找到一個能使雙方都能保全面子的臺階談何容易。

其實，王金平涉嫌司法關說及由此發生的訴訟案已遠遠超出國民黨或執政黨的範圍，它還引發法學界、法律界對臺灣政治體制的思考和討論。一些

學者認為馬英九撤銷王金平黨籍，進而影響其擔任「立法院長」的事件反映出現階段法律存在的漏洞，需要對「立法院長」因黨籍問題何以喪失資格的問題從法律上作出必要的解釋。如有律師認為，依「憲法」第66條意旨，「立法院設院長、副院長各一人，由立法委員互選之」。其表明「國會」自治之精神，不能由「總統」或政黨恣意將「立法院長」去職，或形同使「立法院長」去職之，並應補充解釋「司法院大法官」釋字第331號。他還認為若政黨以不合法手段恣意撤銷不分區「立法委員」之黨籍意旨，應在爭議結束前，保留其資格，故此「憲政」爭議應由三分之一以上的「立法委員」向「司法院大法官」聲請「釋憲」以求解決。[573] 又如臺大法律系教授顏厥安認為，臺灣政黨比例代表制源自德國。但在德國，政黨比例代表產生的國會議員即使喪失黨籍，議員資格也不受影響，因為選民投政黨票時，也會同時考量政黨不分區的提名名單，不分區「立委」與區域「立委」一樣，都是經過民意授權，必須被「憲法」保障。「大法官」在1993年做出的釋字331號違反制度原始設計精神，臺灣「大法官」應該進一步做出解釋。[574] 政治大學法學院副教授廖元豪指出，歐洲國家區域國會議員多無罷免機制，所以不分區議員以「自由委任」代表全國，不能由所推薦政黨撤回委任是平衡合理的。但在臺灣區域「立法委員」是可以由所屬選區選民罷免，所以由政黨推薦的不分區「立法委員」可以經由黨收回授權而撤職是平衡的機制，因除此之外不分區「立法委員」無去職的機制，也是「大法官」331號解釋的緣由。[575]

可見，國民黨撤銷王金平黨籍及王金平提起訴訟之案對臺灣的現實政治體制也提出了挑戰。政黨特別是執政黨與「政府」的關係如何確有反思、研究的空間。

## 注　釋

[1]. 李林，法學博士，研究員，中國社會科學院學部委員，中國社會科學院法學研究所所長，中國法學會副會長，中國法學會海峽兩岸關係法學研究會副會長。

[2]. 吳大英、劉瀚：《對人權要作歷史的具體的分析》，載《法學研究》1979年第4期；肖蔚雲、羅豪才、吳擷英：《馬克思主義怎樣看待「人權」問題》，載《紅旗》1979年第5期；余良：《「人權」是資產階級的口號》，載1979年4月8日《文匯報》；胡大楚：《「人權」是資產階級的口號》，載1979年4月19日《長江日報》；許崇德：《「爭取人權」絕不是無產階級的口號》，載1979年5月7日《廣

州日報》；藍瑛：《「人權」從來就是資產階級的口號嗎？——同肖蔚雲等同志商榷》，載《社會科學》1979年第3期；張光博：《資產階級人權的理論和實踐》，載《爭鳴》1981年第3期；徐炳：《論「人權」與「公民權」》，載1979年6月19日《光明日報》。

[3]. 劉楠來：《〈世界人權宣言〉的誕生及其意義》，載1988年12月8日《人民日報》；馬駿、趙理海：《〈世界人權宣言〉四十週年》，載1988年12月10日《人民日報》；邵津：《高舉人權旗幟》和朱奇武：《紀念〈世界人權宣言〉四十週年》，載《政法論壇》1989年第1期；鄭勇：《國際人權問題的起源和發展：兼論人權國際保護與不干涉內政的關係》，載《中國法學》1990年第4期；沈寶祥：《社會主義與人權》，載1988年12月8日《光明日報》；徐炳：《人權理論的產生和歷史發展》，載《法學研究》1989年第3期；胡義成：《認真研究馬克思主義人權理論：與〈社會主義與人權〉一文商榷》，載1989年5月22日《光明日報》。

[4]. 張恆山：《法的重心何在？——評「權利本位說」》，載《政治與法律》1989年第1期。

[5]. 林喆：《權利與義務關係之爭——當代中國法理學熱門話題評介》（上、下），載《法學》1991年第4期、第5期。

[6]. 王家福教授、劉海年教授在《中國人權百科全書》在「權利與自由」部分裡，開列了如下的人權的權利清單：1.生命權，生存權，財產權，安全權，平等權，名譽權，姓名權，榮譽權，隱私權，人格尊嚴權，不受任意逮捕監禁的權利，受庇護的權利，人身及住宅不受非法侵犯，公平審判權，尋求司法保護權，無罪推定，罪刑法定，不受雙重審判或處罰的權利，法律面前人人平等，受法律平等保護權，婦女與男子平等權，安樂死；2.參政權：選舉權，被選舉權，平等選舉，投票權，創製權，復決權，罷免權，批評權，控告權，檢舉權，建議權，抵抗權，監督權，請願權；3.公共事務參與權，選擇制度、國籍權；4.自由權：思想自由，良心自由，表達自由，新聞自由，言論自由，信仰自由，集會自由，更正權，學術自由，出版自由，創作自由，結社自由，通信自由，居住自由，遷徙自由，出入本國的自由，離返任何國家的自由，不受奴役的自由，人身自由，宗教自由，示威自由，遊行自由，婚姻自由；5.經濟、社會和文化權利：勞動權，勞動自由，安全而衛生的工作條件權，自由選擇職業權，僱傭機會平等權，享受適當工作條件權，組織和參加工會權，同工同酬，公平報酬權，休息權，罷工權，知識產權，文化遺產繼承權，社會保障權，社會保險權；6.人大代表的權利，工人代表受保護的權利，國家公務員的權利，殘疾人的權利——殘疾人職業訓練權，殘疾人康復權，殘疾人社會安置權，殘疾人的平等參與權，殘疾人受幫助權，殘疾人減稅免稅權——女工勞動保障權，婦女與男子同工同酬的權利，老人受贍養扶助權，孤寡老人獲得保障權，非婚生子女的權利，兒童受教育權，孕產婦的權利，人工流產，個體勞動者的權利，公共事業僱員的權利，

強制勞動者的權利，華僑、僑眷及歸僑的權利，同性戀者的權利，被捕人的權利——迅速獲悉所受指控的權利，在合理時間內受審或釋放的權利，免受酷刑和其他殘忍、不人道或有辱人格的待遇或處罰的權利，不受酷刑體罰的權利——受害者的權利，刑事被告人的權利，刑事被告人與罪犯隔離並受不同待遇的權利，罪刑不溯及既往的權利，不被強迫自證其罪的權利，保持沉默的權利，獲得律師幫助的權利，辯護權，出庭權，刑事查證權，刑事上訴權，刑事被告人的通信權，囚犯的權利——囚犯享受人道主義待遇權，囚犯免受即決處決權，囚犯免受任意處決權，囚犯不被遊街示眾權——特種囚犯的權利——少年囚犯的權利，未成年人和孕婦免受死刑權，死囚尋求赦免或減刑權——囚犯釋放後受幫助權，答辯權，錯案賠償權，戰時平民的權利，戰地傷病員的權利，戰俘的權利，外國人的權利，難民的權利，無國籍人的權利；7. 自決權，發展權，和平權，環境權，自然資源權，民族權利，人民的權利，克減權。《中國人權百科全書》，中國大百科全書出版社 1998 年版，目錄部分第 4—6 頁。

[7]. 李步雲：《論人權的三種存在形態》，載《當代人權》，中國社會科學出版社 1992 年版。《中國人權百科全書》也採取這種分類法，見該書第 646、116、535 頁。

[8].《憲法學》，群眾出版社 1983 年版，第 325 頁。

[9].《憲法詞典》，吉林人民出版社 1988 年版，第 5 頁。

[10]. 皮劍龍：《論資產階級人權的形成和實質》，《光明日報》1989 年 11 月 6 日。

[11]. 喬偉：《論人權》，《文史哲》1989 年第 6 期。

[12]. 劉俊智在《正確理解馬克思關於人權的一個觀點》一文中，對於「人的解放觀」提出了不同意見，認為馬克思所說的「任何一種解放都是把人的世界和人的關係還給人自己」，是馬克思早期的不成熟的觀點。這句話不是馬克思主義的，而是唯心主義的。見劉俊智《正確理解馬克思關於人權的一個觀點》，載《探索》1992 年第 4 期。

[13]. 王哲：《論西方自然法學派的人權觀》，載《北京社會科學》1992 年第 3 期；孫力：《西方人權觀的思想淵源及其性質嬗變》，載《社會科學研究》1992 年第 4 期；王長裡：《西方資產階級人權觀的歷史演變：從文藝復興到啟蒙運動》，載《江西師範大學學報·哲社版》1992 年第 4 期；王哲：《論西方資產階級人權理論的歷史發展》，載《中外法學》1992 年第 2 期；王哲：《西方近代人權觀剖析》，載《北京大學學報·哲社版》1992 年第 3 期。

[14]. 王哲教授將西方古代以來的人權觀歸納為：神學人權觀、法學人權觀、等級人權觀和倫理或道德人權觀。西方資產階級 17、18 世紀提出的是自然法的人權觀；到 19、20 世紀有了重大的發展變化，逐步增加了經濟、社會和文化權利的內容，後來又接受了發展權、民族自決權等權利。王哲：《論西方資產階級人權理論的歷史發展》，載《中外法學》1992 年第 2 期。

[15]. 例如，在起草 1948 年《世界人權宣言》、《經濟、社會和文化權利國際公約》以及《公民權利和政治權利國際公約》的過程中，各國的代表們對人權的根據（人權來自於何處）產生了爭論。西方國家代表主張「天賦人權」，認為人權是人生而有之的權利。這種觀點成為人權普遍性的主要理論依據。發展中國家代表，有的主張在上述國際人權文件中寫上「人權來自於上帝」，有的伊斯蘭國家代表則主張人權是「阿拉」賦予的權利。當時中國國民黨政府駐聯合國的成員張彭春是《國際人權憲章》起草委員會的副主席（負責該起草工作的是艾蓮娜·羅斯福，加拿大的國際法專家約翰·漢弗萊是執筆人），他主張「自然權利說」和「神賦權利說」的雙方各退一步，都放棄從哲學或者宗教上解釋人權根據的問題，而採用直接表述的方式。最後妥協的結果是，代表們「放棄了關於人權之宗教和哲學理由的任何條款」，刪掉了《世界人權宣言》草案中原有的「關於上帝和天然的措辭」，表述為現在正式文本第一條和第二條的內容。第一條規定：「人人生而自由，在尊嚴和權利上一律平等。他們賦有理性和良心，並應以兄弟關係的精神相待。」（這裡「增加『良心』」被公認是對儒家倫理觀中最重要思想所做的很西化的翻譯，這是由委員會中的中國委員張彭春提議加進去的」。）第二條規定：「人人有資格享受本宣言所載的一切權利和自由，不分種族、膚色、性別、語言、宗教、政治或其他見解、國籍或社會出身、財產、出生或其他身份等任何區別。」有的西方學者認為，《世界人權宣言》的起草者們「完全拒絕把人權建築在義務性的自然權利基礎之上，也沒有提強制性的自然法綱領。相反，他們創造出一種多元化論點。這種論點出自生而自由和尊嚴平等這一跨文化的、無可非議的普遍原則以及對世界範圍內有關人的自由和尊嚴所盛行的環境的調查分析」。以上參見［瑞典］格德門德爾·阿爾弗雷德松等編：《〈世界人權宣言〉：努力實現的共同標準》，中國人權研究會組織翻譯，四川人民出版社 1999 年版，第 16.17.43.44.75 頁。And also see：John P.Humphrey：Human Rights and the United Nations：A Great Adventure.Transnational Publishers, Inc.1984。

[16]. 有關文獻參見劉海年主編《〈經濟、社會和文化權利國際公約〉研究》，中國法製出版社 2000 年版；陳光中主編《〈公民權利和政治權利國際公約〉批准與實施問題研究》，中國法製出版社 2002 年版；楊宇冠《人權法——〈公民權利和政治權利國際公約〉研究》，中國人民公安大學出版社 2003 年版；周琪主編《人權與外交》，時事出版社 2002 年版；[挪威] 艾德等著，黃列譯《經濟、社會和文化的權利》，中國社會科學出版社 2003 年版；夏勇主編，[奧] 諾瓦克著、畢小青等譯《民權公約評註——聯合國〈公民權利和政治權利國際公約〉》上冊、下冊，三聯書店 2003 年版；朱曉青、柳華文《〈公民權利和政治權利國際公約〉及其實施機制》，中國社會科學出版社 2003 年版；葛明珍《〈經濟、社會和文化權利國際公約〉及其實施》，中國社會科學出版社 2003 年版。此外，還有大量論文發表，以及許多內部研究報告提交到國家有關機構或部門。

[17]. 筆者曾經建議對現行憲法第 5 條第一款進行修改，將原來的「中華人民共和國實行依法治國，建設社會主義法治國家」，修改為「中華人民共和國尊重和保障人權，實行依法治國，建設社會主義法治國家」。之所以這樣安排，主要的考慮：一是把尊重和保障人權放在憲法總綱部分，有利於強調人權原則的重要性，突顯人權在整個憲法中的統領地位和作用；二是表明尊重和保障人權主要是國家的責任和義務，國家（政府）對公民的某些人權和基本自由負有消極不作為的義務，對另一些人權承擔有提供條件等積極作為的責任；三是表明人權與法治密切的內在聯繫，人權是法治的精髓和價值取向，尊重和保障人權是依法治國、建設法治國家的邏輯起點和歸宿。參見拙著《法治與憲政的變遷》，中國社會科學出版社 2005 年出版。

[18]. 胡水君：《重構人權的道德基礎》，載《法學研究》2009 年第 4 期。

[19]. 劉波、尤國珍：《從權力到權利：解讀「尊重和保障人權」寫入刑訴法》，載《人權雜誌》2012 年第 3 期。

[20]. 余東明、王家梁：《行政訴訟法頒布 20 週年：「民告官」三大角色之變》，載《法制日報》2009 年 5 月 5 日。

[21]. 參見江必新《完善行政訴訟制度的若干思考》，載《中國法學》2013 年第 1 期。

[22]. 參見夏勇主編《走向權利的時代——中國公民權利發展研究》，社會科學文獻出版社 2007 年版，第 33—84 頁。

[23]. 鄭磊：《論農民的權利意識——從利益體驗角度的初步審視》，載《浙江社會科學》2003 年第 6 期。

[24]. 《調查顯示佛山逾 45% 外來工想透過群體性事件維權》，載《南方日報》2011 年 9 月 7 日。

[25]. 轉引自房寧主編《中國政治參與報告》（2011），社會科學文獻出版社 2011 年版，第 23—232 頁。

[26]. 國務院新聞辦公室：《2012 年中國人權事業的進展》（白皮書）。

[27]. 《輿情藍皮書：中國社會輿情與危機管理報告》（2012 年輿情藍皮書），社會科學文獻出版社 2012 年 3 月出版。

[28]. 劉煒：《公民上書 8 年變遷》，載《民主與法制時報》2011 年 8 月 19 日。

[29]. 作者為中國人民大學法學院教授，中國人民大學民商事法律科學研究中心研究人員。

[30]. See, David A.Hyman, Does Technology Spell Trouble with a Capital「T」?：Human Dignity and Public Policy, 27 Harv.J.L.&Pub.Pol'y 3, 3（2003）.

[31]. 也有學者認為該詞與人的尊嚴無關。See Robin Gotesky and Ervin Laszlo, ed.，Human Dignity——This Century and the Next：An Interdisciplinary Inquiry into Human Rights, Technology, War, and the Ideal, New York：Gorden and Breach, 1970, p.42.

[32].Lorraine E.Weinrib, Human Dignity as a Rights -Protecting Principle, 17 Nat'l J.Const. L.325, 325-26, 330（2005）.

[33].［古羅馬］西塞羅：《論共和國 論法律》，中國政法大學出版社2003年版，第113頁。

[34].參見［美］Irene Bloom：《基本直覺與普遍共識》，梁濤、朱璐譯，載《國學學刊》2013年第1期，第101頁。

[35].Izhak Englard, Human Dignity：From Antiquity to Modern Israel's Constitutional Framework, 21 Cardozo Law Review（2002），P.1907.

[36].汪太賢：《西方法治主義的源與流》，法律出版社2001年版，第165頁。

[37].參見曾祥敏：《論奧古斯丁〈上帝之城〉中的善惡觀》，載《時代文學（下半月）》2011年11期。

[38].參見孔亭：《〈論人的尊嚴〉一書評介》，載《國外社會科學》2011年第2期。

[39].［瑞士］雅各布·布克哈特：《義大利文藝復興時期的文化》，何新譯，商務印書館1979年版，第350—351頁。

[40].See Robin Gotesky and Ervin Laszlo, ed.，Human Dignity——This Century and the Next：An Interdisciplinary Inquiry into Human Rights, Technology, War, and the Ideal, New York：Gorden and Breach, 1970, p.42.

[41].［英］阿倫·布洛克：《西方人文主義傳統》，董樂山譯，三聯書店1997年版，第234頁。

[42].See Samuel B.Groner, Louisiana Law：its Development in the First Quarter -Century of American Rule, 8 La.L.Rev.350, 375（1948）.

[43].Peter Stein, Le droit romain et l'Europe, 2e d.，LGDJ，2004, p.134.

[44].Gert Br ggemeier, Aurelia Colombi Ciacchi and Patrick O'Callaghan Edited, Personality Rights in European Tort Law, Cambridge University Press 2010, p.7.

[45].［德］康德：《道德形而上學原理》，苗力田譯，上海人民出版社2002年版，第52頁。

[46].［美］約翰·羅爾斯：《道德哲學史講義》，張國清譯，上海三聯書店2003年版，第57頁。

[47].賀麟：《黑格爾哲學講演集》，上海人民出版社2011年版，第46頁。

[48].Lorraine E.Weinrib, Human Dignity as a Rights -Protecting Principle, 17 Nat'l J.Const. L.325, 325-26, 330（2005）.

[49]. 參見劉興桂：《略論人權問題》，載《中南政法學院學報》1991 年第 S1 期。

[50]. 張翔：《基本權利的體系思維》，《清華法學》2012 年第 4 期，第 15—16 頁。

[51]. 例如 1966 年《公民權利和政治權利國際公約》第 10 條第 1 款規定：「所有被剝奪自由的人應給予人道及尊重其固有的人格尊嚴的待遇。」1993 年世界人權大會透過的《維也納宣言和行動綱領》在序言中強調「承認並肯定一切人權都源於人與生俱來的尊嚴和價值」。

[52]. 其他國際和地區公約也反映了聯合國憲章和國際人權公約中規定的這一首要的理想，即保護人格尊嚴。《公民權利和政治權利國際公約》（International Covenant on Civil and Political Rights）、《經濟、社會及文化權利國際公約》（International Covenant on Economic, Social and Cultural Rights）、《消除一切形式種族歧視的國際公約》（International Convention on the Elimination of All Forms of Racial Discrimination）中，都有關於人格尊嚴的條款。

[53]. 張翔：《基本權利的體系思維》，《清華法學》2012 年第 4 期，第 15—16 頁。

[54].James Q.Whitman.The Two Western Cultures of Privacy：Dignity versus Liberty, 113 Yale L.J.1151（2004）.

[55].D rig, Der Grundrechtssatz von der Menschenw rde, AöR1956, 119 ff.

[56].Walter F.Murphy, An Ordering of Constitutional Values, 53 S.Cal.L.Rev.703, 758（1980）.

[57].Rex D.Glensy, The right to dignity, Columbia human rights law review, Volume 43.1, 2011, p.70.

[58]. 荀子曾說：「師術有四，而博習不與焉，尊嚴而憚，可以為師。」（《荀子·致士篇》）在此處，「尊嚴」實際上是威嚴的含義。

[59]. 參見「五四憲法」第 89 條規定。

[60]. 例如 1990 年《殘疾人保障法》第 3 條第 2、3 款規定：「殘疾人的公民權利和人格尊嚴受法律保護。」「禁止歧視、侮辱、侵害殘疾人。」1991 年《未成年人保護法》第 4 條規定：「保護未成年人的工作，應當遵循下列原則：……（二）尊重未成年人的人格尊嚴……」第 15 條規定：「學校、幼兒園的教職員應當尊重未成年人的人格尊嚴，不得對未成年學生和兒童實施體罰、變相體罰或者其他侮辱人格尊嚴的行為。」第 40 條第 2 款規定：「公安機關、人民檢察院、人民法院和少年犯管教所，應當尊重違法犯罪的未成年人的人格尊嚴，保障他們的合法權益。」1992 年《婦女權益保障法》第 39 條規定：「婦女的名譽權和人格尊嚴受法律保護。禁止用

侮辱、誹謗、宣揚隱私等方式損害婦女的名譽和人格。」1993年《消費者權益保護法》第 14 條規定：「消費者在購買、使用商品和接受服務時，享有其人格尊嚴、民族風俗習慣得到尊重的權利。」

[61].BVerfGE 54, 148 [153].

[62].see C.MCCRUDDEN，Human Dignity and Judicial Interpretation of Human Rights, in 19 Eur.J.Int.L.655, 667（2008）.

[63]. 參見尹田：《論人格權的本質——兼評我國民法草案關於人格權的規定》，《法學研究》2003 年第 4 期。

[64].BV 而非 GE，7, 198（198.）。

[65]. 參見張紅：《基本權利與私法》，法律出版社 2010 年版，第 52 頁。

[66].Dürig, Festschrift für Nawiasky, 1956, S.157 ff.；Schwabe, Die sog.Drittwirkung der Grundrechte, 1971；Canaris, AcP 184, 201 ff.；Medicus, AcP 192, 43 ff.；a.A.Hager, JZ 1994, 373；Canaris, Grundrechte und Privatrecht, Walter de Gruyter, 1999；Jörg Neuner（Hrsg.），Grundrechte und Privatrecht aus rechtsvergleichender Sicht, Mohr Siebeck, 2007., 373；Canaris, Grundrechte und Privatrecht, Walter de Gruyter, 1999.

[67].Günter Dürig, Der Grundrechtssatz von der Menschen Wuerde, AÖR，S.119. 參見張翔：《基本權利的體系思維》，《清華法學》2012 年第 4 期，第 15—16 頁。

[68]. 李震山：《人性尊嚴與人權保障》，元照出版公司 2002 年版，第 4 頁。

[69]. 嚴格地說，「憲法的私法化」也可以包含在民事司法中「基本權利第三人效力」學說的現象，但是，基本權利對第三人效力學說和憲法私法化是從兩個不同的角度來觀察憲法對於私法的影響。

[70].Franz Werro：Tort Law at the Beginning of the New Millennium.A Tribute to John G.Fleming's Legacy, 49 Am.J.Comp.L.154.

[71]. 參見［美］阿麗塔·L. 艾倫等著：《美國隱私法：學說、判例與立法》，馮建妹等編譯，中國民主法製出版社 2004 年版，第 49—59 頁。

[72]. 參見［美］阿麗塔·L. 艾倫等著：《美國隱私法：學說、判例與立法》，馮建妹等編譯，中國民主法製出版社 2004 年版，第 85 頁。

[73].Ernst-Wolfgang Böckenförde, Grundrechtstheorie und Grundrechtsinterpretation, NJW，35, 1529（1529）.

[74]. 江玉林：《人性尊嚴與人格尊嚴——大法官解釋中有關尊嚴論述的分析》，《月旦法學教室》2004 年第 20 期，第 118—121 頁。

[75].［德］卡爾·拉倫茨：《德國民法通論》，王曉曄、邵建東等譯，法律出版社 2003 年版，第 171 頁。

[76].［德］迪特爾・梅迪庫斯：《德國民法總論》，邵建東譯，法律出版社2000年版，第805頁。

[77].Schacht-Brief Decision, 13BGHZ334（1954）．有關本案的介紹，可參見［德］迪特爾・梅迪庫斯著，邵建東譯：《德國民法總論》，法律出版社2000年版，第805—806頁。

[78].BVerfGE 54, 148 [153]

[79].施啟揚：《從個別人格權到一般人格權》，載臺灣大學《法學論叢》（4-1），第145—147頁。

[80].26 BGHZ 349（1958）．

[81].Basil S.Marksinis：Protecting Privacy.Oxford University Press, 1999.pp.36 -37.

[82].［日］星野英一：《私法中的人》，王闖譯，梁慧星主編：《為權利而鬥爭》，中國法製出版社2000年版，第359頁。

[83].參見唐德華主編：《最高人民法院〈關於確定民事侵權精神損害賠償責任若干問題的解釋〉的理解與適用》，北京，人民法院出版社2001年版，第30頁。

[84].參見「錢緣訴上海屈臣氏日用品有限公司搜身侵犯名譽權案」，（1998）虹民初字第2681號，（1998）滬二中民終字第2300號。

[85].河南省濟源市人民法院民事判決書（2011）濟民一初字第238號。

[86].參見「陶莉萍訴吳曦道路交通事故人身損害賠償糾紛案」，（2001）廣漢民初字第832號。

[87].參見「崔妍訴崔淑芳侵犯祭奠權案」，北京市豐臺區人民法院（2007）豐民初字第08923號（2007年7月18日），載《人民法院案例選》2009年第1輯，人民法院出版社2009年版。

[88].這就是現在的Sect.VI.-2：203。 see K.VON BAR，Non -Contractual Liability Arising out of Damage Caused toAnother, Oxford, 2009, 418.

[89].楊立新主編：《民商法理論爭議問題——精神損害賠償》，中國人民大學出版社2004年版，第8頁。

[90].參見唐德華主編：《最高人民法院〈關於確定民事侵權精神損害賠償責任若干問題的解釋〉的理解與適用》，人民法院出版社2001版，第30頁。

[91].Vgl.Franz Bydlinski, System und Prinzipien des Privatrechts, Springer Verlag, Wien/New York, 1996, S.48ff.

[92].梁慧星：《民法總論》，法律出版社2001年版，第119頁。

[93].［日］真田芳憲：《人的尊嚴與人權》，鮑榮振譯，《外國法譯評》1993年第2期。

[94].James Q.Whitman, The Two Western Cultures of Privacy：Dignity Versus Liberty, Yale Law Journal, April, 2004.

[95].James Q.Whitman, The Two Western Cultures of Privacy：Dignity Versus Liberty, Yale Law Journal, April, 2004.

[96].Edward J.Bloustein, Privacy as an Aspect of Human Dignity：An Answer to Dean Prosser, 39 N.Y.U.L.Rev.962, 971, 974（1964）.

[97].Edward Bloustein, Privacy as an Aspect of Human Dignity：An Answer to Dean Prosser, 39 N.Y.U.L.Rev.34（1967）；Judith Thomson, The Right to Privacy, 4 Philosophy and Public Affairs 295-314（1975）.

[98].See Margaret C.Jasper, Privacy and the Internet：Your Expectations and Rights under the Law, New York：Oxford University Press, 2009, p.52.

[99].Michael Henry ed.，International Privacy, Publicity and Personality Laws, Reed Elsevier（UK），2001.p.164.

[100].Vgl.Franz Bydlinski, System und Prinzipien des Privatrechts, Springer Verlag, Wien/New York, 1996, S.48ff.

[101].see C.MCCRUDDEN，Human Dignity and Judicial Interpretation of Human Rights, in 19 Eur.J.Int.L.655, 667（2008）.

[102].James Q.Whitman, The Two Western Cultures of Privacy：Dignity Versus Liberty, Yale Law Journal, April, 2004.

[103].James Q.Whitman, The Two Western Cultures of Privacy：Dignity Versus Liberty, Yale Law Journal, April, 2004.

[104].Michael Henry ed.，International Privacy, Publicity and Personality Laws, Reed Elsevier（UK），2001.p.164.

[105].參見杜宴林：《法律的人文主義解釋》，人民法院出版社2005年版，第64頁。

[106].參見王家福主編：《人權與21世紀》，中國法製出版社2000年版，第7頁。

[107].參見石春玲：《財產權對人格權的積極索取與主動避讓》，《河北法學》2010年第9期。

[108].Dürig, Der Grundrechtssatz von der Menschenwürde, AöR1956, 119 ff.

[109].參見1997年關於人權和生命醫學的公約第1條，2005年關於生命倫理與人權的普遍性宣言第2條，法國民法典第16條。

[110].作者系清華大學法學院教授。

[111].汪習根，武漢大學法學院教授。

[112].［美］德沃金著：《法律帝國》，李常青譯，中國大百科全書出版社 1996 年版，第 361 頁。

[113].［日］司法制度改革審議會：《司法制度改革審議會意見書——21 世紀の日本を支える司法制度：Ⅳ 國民的基盤の確立》，平成十三年六月十二日。參見 http://www.kantei.go.jp/jp/sihouseido/report/ikensyo/index.html # mokuji。訪問日期：2013 年 4 月 1 日。

[114].［韓］韓國司法改革委員會：《與國民同在的司法改革——司法改革委員會白皮書》，韓國 2005 年發佈，第 11 頁。

[115].這五項改革是：1.大法院的機能與構成。 2.法曹一元化與法官任用方式之改善。 3.法曹（法官、檢察官、律師）之養成與選拔。4.國民的參與司法。5.司法服務與刑事司法制度等五項司法改革議案。參見［韓］韓國司法改革委員會：《與國民同在的司法改革—司法改革委員會白皮書》，韓國 2005 年發佈，第 23 頁。

[116].［韓］李東洽：《與大韓民國之國民參與審判制》，載《2012 司法民主及社會化》，臺灣司法官訓練所 2012 年印行，第 73 頁。

[117].（臺）李太正：《陪審與參審》，在《檢察新論》，第 2 期，第 207 頁。

[118].［韓］韓國司法改革委員會：《與國民同在的司法改革—司法改革委員會白皮書》，韓國 2005 年發佈，第 171 頁以下。

[119].［韓］李東恰：《與大韓民國之國民參與審判制》，載《2012 司法民主及社會化》，臺灣司法官訓練所 2012 年印行，第 72 頁。

[120].（臺）蘇永欽：《司法院參審試行條例研究資料彙編（一）》，1992 年 6 月印行，第 72 頁。

[121].（臺）蘇永欽：《司法院參審試行條例研究資料彙編（一）》，1992 年 6 月印行，第 55、56、62 頁。

[122].［日］井上正仁：《日本裁判員制度》，載臺灣「司法院」《司法民主化及社會化資料》2011 年 4 月 28 日，第 22 頁。

[123].［韓］李東恰：《與大韓民國之國民參與審判制》，載《2012 司法民主及社會化》，臺灣司法官訓練所 2012 年印行，第 72 頁。

[124].（臺）「司法院刑事廳」：《司法院構思中人民觀審制度》，2011 年 6 月印行，第 6 頁。

[125].（臺）林山田：《司法院參審試行條例研究資料彙編（一）》，1992 年 6 月印行，第 79 頁。

[126].（臺）陳運財：《國民參與刑事審判之研究》，載《月旦法學》2010 年第 180 期；《恣意審判之禁止與法官法定原則》，載《法官協會雜誌》2009 年第 11 卷。

[127].（臺）蔡墩銘：《司法院參審試行條例研究資料彙編（一）》，1992年6月印行，第74頁。

[128].（臺）蘇永欽：《參審是毒藥還是解藥？——從憲法及司法政策司法看參審及其試行》，載《司法改革的再改革》，元照出版公司1998年版，第74頁。

[129].[日] 太田茂：《日本之裁判員制度》，載《2012 司法民主及社會化》，臺灣司法官訓練所2012年印行，第21頁。

[130].[韓] 韓國司法改革委員會：《與國民同在的司法改革—司法改革委員會白皮書》，韓國2005年發佈，第179頁。

[131].韓國《國民參與刑事審判法》第5條第2款、第46條第5款。

[132].（臺）張永宏：《人民觀審制度的時代意義》，載《法律扶助》2011年第34期。

[133].（臺）王兆鵬、黃國昌、林裕順：《人民觀審一場空談？》，載《中時論壇》2011年7月6日。

[134].（臺）蘇素娥：《人民參與刑事審判制度之研究——以司法院〈人民觀審試行條例〉草案為中心》，載《2012 司法民主及社會化》，臺灣司法官訓練所2012年印行，第192頁。

[135].（臺）「司法院」：《司法院〈人民觀審試行條例〉草案，人民觀審：跨出臺灣人民參與審判穩健的第一步》，2012年6月14日，第4頁；轉引自[臺]蘇素娥：《人民參與刑事審判制度之研究——以司法院〈人民觀審試行條例〉草案為中心》，載《2012 司法民主及社會化》，臺灣司法官訓練所2012年印行，第188頁。

[136].鄉原信郎：《裁判員制度が刑事司法を崩壞させる》，日經ビジネス，2008年8月20日。

[137].參見 [日] 西野喜一：《裁判員制度的真面目》講談社當代新書2007年版，第161—162頁、164—165頁、167—168頁、179—180頁；西野喜一氏：《今あらためて問う、この裁判員制度で本當にいいのか》，マル激トーク・オン・デイマンド第398回，2008年11月15日。

[138].[日] 鈴木宗男：《關於裁判員制度問題點的再次質問書》，平成二十年十月二十四日提出質問，第一六一號。

[139].平成十六年（2004年）五月十一日，參議院法務委員會。

[140].韓國《國民刑事裁判參與法》規定陪審員之權限與義務為：陪審員對於國民參與裁判事件有就事實之認定、法令之適用及量刑有關之意見提示之權利（第12條第1項）。陪審員應遵守法律，獨立誠實地遂行職務（同條第2項）。陪審員不得泄漏職務上知悉之秘密及為有害裁判公正之行為（同條3項）。陪審員與預備陪審員不得為①審理途中離開法庭，及評議、評決或討論完結前未得審判長同意而離開評議、

評決或討論場所之行為；②於開始評議前表示該當事件之見解或議論之行為；③於審判程序外蒐集或調查案件情報之行為；④不得泄漏有關評議、評決或討議秘密之行為（第 41 條 2 項）。陪審員或預備陪審員不得參與法院有關證據能力之審理（第 44 條）。

[141]. 臺灣地區「人民觀審試行條例草案」規定了觀審員的一系列權利與義務，主要是出庭履職以及保密的義務和安全、經濟保障的權利。以保密為例，觀審員因執行職務知悉之秘密、涉及個人隱私之事項及其他依法應秘密之事項，應予保密，在第 9 條第 3 項進行明文規定，依第十條規定，並為預備觀審員所準用；又候選觀審員對於因他人接受訊問而知悉之秘密、涉及個人隱私之事項及其他依法應保密之事項，應予保密，第 26 條第 7 項亦有明文。對於無正當理由違反上述規定者，自應施以刑罰，這是參考臺灣地區「刑法」第 132 條第 3 項、日本裁判員法第 108 條及韓國國民刑事審判參與法第 58 條規定而設定的。

[142]. 汪習根：《法律移植方法新探》，載《武漢大學學報》2005 年第 2 期。

[143].「Jury」一詞在日本最早被翻譯為「立會」（福澤諭吉《西洋事情》1866 年）、「斷士」或「誓士」（津田真道《泰西國法論》1868 年）、「陪坐聽審」（柳河春三譯《知環啟蒙》1864 年）、「陪審（たちゃひ）」（中村正直《共和政治》1873 年）等。

[144]. 在大正民主運動的高潮時期，1918 年（大正 7 年），原敬內閣成立，開始主導引入陪審制度，並在司法省內設立陪審法調查委員會，起草相關法案。但是，日本樞密院認為沒有法官資格的人員參與訴訟的做法違反了明治憲法第 24 條，要求將草案修改為對於法官沒有約束力的陪審裁決制度。結果，繼任原內閣的高橋是清內閣接受了這一修改方案（參見吉田健：《國民の司法參加（下）》，《調研室報》1979-3, 朝日新聞社調查研究室，69 頁）。

[145]. 利谷信義：《日本の陪審法 - その內容と實施過程の問題點》，《自由と正義》35 卷 13 號、1984 年。

[146]. 岡原昌男：《『陪審法ノ停止二關スル法律』に就て》，《法曹會雜誌》21 卷 4 號、1943 年。

[147]. 昭和十八年四月一日法律第 88 號，陪審法ノ停止二關スル法律，總務省法令數據提供系統。

[148]. 司法制度改革審議會，司法制度改革審議會意見書 -21 世紀の日本を支える司法制度 -.2001-06-12。

[149]. 早在 1906 年，沈家本草擬《大清刑事民事訴訟法草案》時，就極力主張引入陪審制度。 辛亥革命成功後，康有為在 1913 年草擬的《中華民國憲法草案》中亦

主張實行陪審制度。隨後，各地紛紛試圖透過憲法確立該制度，如：1921年至1923年的《浙江省憲法草案》、《四川省憲法草案》等，但這些設想均未曾付諸實施。

[150]. 臺灣曾於1956年至1999年實施過長達43年的軍官參審制度，但這只不過「軍官」而非普通「公民」參與審判，這不僅沒有體現民主的思想，反而表現出強烈的軍人政治與專制統治傾向。

[151]. 參見臺灣「司法院刑事廳」：《司法院構思中人民觀審制度Q&A進階版》，2011年6月22日印行，第3—4頁。

[152]. （臺）張永宏：《人民觀審制度的時代意義》，載《法律扶助》2011年第34期。

[153]. [韓]申東雲：《韓國的國民參與裁判制度》，臺灣地區「司法院」2012年印行，第3頁。

[154]. （臺）張永宏：《人民觀審制度的時代意義》，載《法律扶助》2011年第34期。

[155]. 參見汪習根：《社會矛盾化解的法律原則》，載《法學評論》2011年第2期。

[156]. 何家弘主編：《中國的陪審制度向何處去》，中國政法大學出版社2006年版，第334頁。

[157]. 張仁善，南京大學法學院教授。

[158]. 參見[法]古斯塔夫·勒龐：《烏合之眾：大眾心理研究》，馮克利譯，廣西師範大學出版社2011年第2版，第108頁。

[159]. 參見[法]古斯塔夫·勒龐：《烏合之眾：大眾心理研究》，馮克利譯，廣西師範大學出版社2011年第2版，第109—110頁。

[160]. 《調查法權委員會報告書》，載《法律評論》1926第182期增刊；《法權會議報告書》第1編，載《東方雜誌》1927年第24卷第2號；吳祥麟（吳紱征）：《改進中國司法制度的具體方案》，載《中華法學雜誌》1937年新編第1卷第5、6號合刊。

[161]. 參見吳經熊：《超越東西方》，周偉弛譯，社會科學文獻出版社2002年版，第134—135頁。

[162]. 參見蔣介石：《中國之命運》第五章「不平等條約的內容與今後建國工作之重點」，前鋒出版社出版。

[163]. 參見吳孟雪：《美國在華領事裁判權百年史》，社會科學文獻出版社1992年版，第267—274頁。

[164]. 參見張仁善：《禮·法·社會——清代法律轉型與社會變遷》，天津古籍出版社2001年版，第278—279頁。

[165]. 張知本先生九秩嵩慶籌備會：《張知本先生言論選集》，海豐圖書印刷公司1969年版，第140頁。

[166].參見［法］古斯塔夫·勒龐著：《烏合之眾：大眾心理研究》，馮克利譯，廣西師範大學出版社 2011 年第 2 版，第 108 頁。

[167].參見國民政府司法院參事處編纂：《國民政府司法例規上》，1930 年出版，第 163—164 頁。

[168].參見王寵惠：《司法改良之方針》，載《法律評論》1929 年第 6 卷第 21 號、第 6 卷第 22 號（總第 281 號、282 號）。

[169].林廷柯：《整頓司法與復興民族》，載《法軌期刊》1935 年第 2 卷第 1 期。

[170].《全國司法會議提案摘要》，載《法學雜誌 1935 年》第 8 卷第 5 期。

[171].《司法行政檢討會議在京舉行》，載《法律評論》1947 年第 15 卷第 11 期（總第 248、249 期雙週合刊）。

[172].胡長清：《中國民法總論》，中國政法大學出版社 1997 年版，第 35—36 頁。

[173].黃源盛：《民初大理院：1912～1928》，載《政大法學評論》1998 年第 60 期。

[174].參見孫曉樓：《兩大法系法院組織之比較》，載《法學雜誌》第 8 卷第 6 期。

[175].居正：《十年來之司法建設》，載《中華法學雜誌新編》1937 年第 1 卷第 5、6 號合刊，第 246 頁。

[176].參見阮毅成：《所企望全國司法會議者》，載《東方雜誌》1935 年第 32 卷第 10 號；夏勤：《憲法中司法制度之研究》，載《中華法學雜誌》1947 年第 5 卷第 9、10 期合刊；陳鵬：《慰第三審法院推事》，載《法律評論》1948 年第 16 卷 10 期（總第 771、772 期雙週合刊）。

[177].參見胡長清：《論司法官之官俸》，載《法律評論》1929 年第 6 卷第 47 號（總第 307 期）。

[178].董康：《民國十三年司法之回顧》，載《法學季刊》1924 年第 2 卷第 3 期；劉世芳：《我理想中的最高法院》，載《法學雜誌》1936 年第 9 卷第 4 期。

[179].參見《法律時評·一二審法官簡任待遇之商榷》，載《法律評論》1947 年第 15 卷第 5 期、6 期。

[180].李建釗：《當前法律教育的危機》，載《法聲新聞》1948 年第 478 期。

[181].《晏子春秋·內篇雜下第六》。

[182].王寵惠：《今後司法改良之方針（1）》，載《法律評論》1929 年第 6 卷第 21 號（總第 281 期）；參見居正：《司法黨化問題》，載《東方雜誌》1935 年第 32 卷第 10 號；張知本：《中華民國法學會之使命》，載《中華法學雜誌》1936 年新編第 1 卷第 1 號。

[183].金沛仁：《國民黨法官的訓練、使用與司法黨化》，載《文史資料選輯》第 78 輯，文史資料出版社 1982 年版，第 102—104 頁。

[184]. 張仁善編：《王寵惠法學文集》，法律出版社 2008 年版，第 113 頁。

[185]. 吳經熊：《中華民國憲法草案初稿》，載《法學雜誌》1933 年第 6 卷第 5 期。

[186]. 張君勱：《中華民國民主憲法十講》，商務印書館 1947 年版，第 21—22 頁、第 90 頁。

[187]. 許紀霖：《無窮的困惑》，上海三聯書店 1998 年版，第 239 頁。

[188]. 張仁善：《司法行政權的無限擴大與司法權的相對縮小——論南京國民政府時期的司法行政部》，載《民國檔案》2002 年第 4 期。

[189]. 裘孟涵：《CC 滲透的國民黨司法界》，載《文史資料選輯》第 78 輯，文史資料出版社 1982 年版，第 93—94 頁。

[190]. 鄭永年：《中國模式：經驗與困局》，浙江出版聯合集團、浙江人民出版社 2010 年版，第 24—25 頁。

[191]. 鄭永年：《中國模式：經驗與困局》，浙江出版聯合集團、浙江人民出版社 2010 年版，第 18—19 頁。

[192]. 馬少華：《控訴書風波與合法性問題》，載《讀書》1999 年第 6 期。

[193]. 樓邦彥：《如何能粉飾得了太平？——由召開行憲國大想到種種》，載《觀察》1948 年第 4 卷第 5 期。

[194]. 參見許紀霖：《無窮的困惑：黃炎培、張君勱與現代中國》，上海三聯書店 1998 年版，第 282 頁。

[195]. 參見《民國真有我們想像的那麼美好嗎？》，載：http://cul.cn.yahoo.com/ypen/20120710/1169839.html。

[196]. 參見《民國真有我們想像的那麼美好嗎？》，載：http://cul.cn.yahoo.com/ypen/20120710/1169839.html。

[197]. [美] 埃爾曼：《比較法律文化》，賀衛方等譯，三聯書店 1990 年版，第 9 頁。

[198]. 參見孫曉樓：《法律教育》，中國政法大學出版社 1997 年版，第 13 頁。

[199]. [法] 孟德斯鳩：《論法的精神》，張雁深譯，商務印書館 1963 年版，第 317 頁。

[200]. [法] 古斯塔夫·勒龐：《烏合之眾：大眾心理研究》，馮克利譯，廣西師範大學出版社 2011 年第 2 版，第 105 頁。

[201]. 參見費孝通：《鄉土中國》「禮治秩序」、「無訟」。

[202]. 吳經熊：《超越東西方》，周偉弛譯，社會科學文獻出版社 2002 年版，第 130 頁。

[203]. [美] 小奧利弗·溫德爾·霍姆斯：《法律的道路》，張芝梅、陳緒剛譯，法律出版社 2005 年版，第 418 頁。

[204]. 參見［德］蒂堡、薩維尼：《論統一民法對於德意志的必要性——蒂堡與薩維尼論戰文選》，朱虎譯，中國法製出版社 2009 年版，第 105、108 頁。

[205]. 參見［法］古斯塔夫·勒龐：《烏合之眾：大眾心理研究》，馮克利譯，廣西師範大學出版社 2011 年第 2 版，第 107—108 頁、第 110 頁。

[206].Jean Escarra（Adviser to the Chinese Government），The Extraterritoriality Problem：A Memorandum Presented to the Commission on Extra-territoriality, The China Law Review, Vol 2, 1924, No.1/2.（《領事裁判權問題——致中國法權調查委員會備忘錄》，載《法學季刊》1924 年第 2 卷第 1 期、2 期）

[207]. 董康：《民國十三年司法之回顧》，載《法學季刊》1924 年第 2 卷第 3 期。

[208]. 董康：《前清司法制度》，載《法學雜誌》1935 年第 8 卷第 4 期。

[209]. 王寵惠：《婚姻財產制》，載 1930 年《中華法學雜誌》第 1 卷第 1 號。

[210].［法］古斯塔夫·勒龐：《烏合之眾：大眾心理研究》，馮克利譯，廣西師範大學出版社 2011 年版，第 104 頁。

[211]. 唐德剛：《書緣與人緣》，遼寧教育出版社 1998 年版，第 164 頁。

[212]. 參見展耀：《變動中的中國社會與法律》，載《東吳法聲》1939 年春季號。

[213]. 許章潤：《蔡樞衡與〈中國法律之批判〉》，載《比較法研究》1999 年第 2 期。

[214]. 林語堂：《中國人》，學林出版社 2000 年第 2 版，第 416 頁。

[215]. 本文系海峽兩岸關係法學會 2012 年委託課題「兩岸四地間區際刑事法制衝突與協調研究」[項目編號 CLS（2012）WT07] 的階段性成果。

[216]. 趙秉志，北京師範大學刑事法律科學研究院暨法學院院長、教授、博士生導師，法學博士，兼任中國刑法學研究會會長，國際刑法學協會副主席暨中國分會主席，海峽兩岸關係法學研究會常務理事。

[217]. 黃曉亮，北京師範大學刑事法律科學研究院中國刑法研究所副所長、副教授，中國刑法學研究會副秘書長。

[218]. 參見王建民：《「兩岸人民關係條例」大幅修訂可能性有多大》，載《海峽導報》2012 年 9 月 10 日；《臺兩岸人民關係條例已落後於兩岸關係》，載《人民日報》2012 年 11 月 16 日；楊開煌：《翻修兩岸人民關係條例是王郁琦使命》，載臺灣地區《旺報》2012 年 10 月 9 日。

[219]. 參見柯葛壯：《臺灣「兩岸關係條例」中的刑事法律問題》，載《政治與法律》1993 年第 5 期。

[220]. 參見《臺將對「兩岸關係條例」大修》，載《法制日報》2013 年 5 月 7 日。

[221]. 參見遠洋：《港澳事務不容臺灣當局插手》，載《瞭望新聞週刊》1995 年第 22 期。

[222]. 筆者曾有論述，認為「一國兩制」是解決區際刑事管轄權衝突和進行區際刑事司法互助需要遵循的政治原則。參見趙秉志、時延安：《正確解決中國區際刑事管轄權衝突之制度構想》，載《刑法論叢》第 8 卷，法律出版社 2004 年版，第 478 頁。

[223]. 根據後一個公告，對於去臺灣以外的其他地區和國家的人員在中華人民共和國成立前，或者在中華人民共和國成立後、犯罪地地方人民政權建立前所犯的罪行，也按照前後兩個公告處理。

[224]. 民政部、司法部於 1988 年 4 月 16 日發佈的《關於去臺人員與其留在大陸的配偶之間婚姻關係問題處理意見的通知》第 5 條規定：「雙方分離後，一方或者雙方再婚後的配偶健在，現雙方自願恢復與原配偶的婚姻關係，應按照一夫一妻制的原則，先與再婚配偶解除婚姻關係，再按結婚的有關規定辦理。」據此規定，去臺人員與在大陸的配偶，在分離後，一方或者雙方均與他人再婚者，不被認為是違反婚姻法的重婚行為。

[225]. 參見趙秉志、黃曉亮編著：《中國區際刑法專題整理》，中國人民公安大學出版社 2008 年版，第 48 頁。

[226]. 參見趙秉志：《評析臺灣〈兩岸人民關係條例〉中的刑事規範》（上、下），載《政法論壇》1994 年第 3、4 期。

[227]. 參見趙秉志：《評析臺灣〈兩岸人民關係條例〉中的刑事規範》（上、下），載《政法論壇》1994 年第 3、4 期。

[228].《海峽兩岸共同打擊犯罪及司法互助協議》第 11 條「罪犯接返（移管）」規定，雙方同意基於人道、互惠原則，在請求方、受請求方及受刑事裁判確定人（被判刑人）均同意移交之情形下，接返（移管）收刑事裁判確定人（被判刑人）。

[229]. 參見黃曉亮、劉志高：《論海峽兩岸被判刑人移管制度的構建》，載趙秉志主編：《京師法律評論》（第 4 卷），法律出版社 2010 年版，第 186 頁。

[230]. 參見《兩岸共同打擊犯罪及司法互助協議實施 4 年成效顯著》，載新華網 http://news.xinhuanet.com/legal/2013-06/09/c 116102386.htm，登錄時間 2013 年 12 月 20 日 16：22。

[231]. 參見戴世瑛：《談「喜羊羊」著作權遭侵在臺不起訴案》，載華夏經緯網 http://www.huaxia.com/tslj/jjsp/2012/06/2872616.html #，2013 年 12 月 20 日訪問。

[232]. 大陸於 2001 年 11 月 10 日以「中華人民共和國」名義被接納為 WTO 成員，而臺灣地區於 2002 年 1 月 1 日以「中華臺北」被接納為 WTO 成員。

[233]. 參見齊鵬飛、張曉京：《兩岸關係的特殊組成部分——「九七」後的港臺關係綜述》，載《臺灣研究》1995 年第 5 期。

[234]. 參見宋錫祥：《臺灣〈香港澳門關係條例〉特點評析》，載《政治與法律》1998年第2期。

[235]. 參見焦洪昌、唐彤：《澳門對臺關係的法律思考——兼評臺灣〈香港澳門關係條例〉》，載《比較法研究》1999年第1期。

[236]. 該規定的完整表述是：「凡符合《中華人民共和國刑法》第七十六條規定的，不再追訴。其中法定最高刑為無期徒刑、死刑的，經過二十年，不再追訴。如果認為必須追訴的，由最高人民檢察院核準。」這裡的《中華人民共和國刑法》第76條是指1979年刑法典的第76條，在目前則應是1997年刑法典的第87條。延伸此處的分析，筆者還認為，臺灣地區立法當局也應該對其「兩岸條例」第77條、「港澳條例」第45條作出調整，不再以內亂罪、外患罪的標準來衡量兩岸四地居民就國家統一所實施的某些行為。參見趙秉志：《評析臺灣〈兩岸人民關係條例〉中的刑事規範》（上、下），載《政法論壇》1994年第3、4期。

[237]. 該條文的完整表述是：「雙方同意依循人道、安全、迅速、便利原則，在原有基礎上，增加海運或空運直航方式，遣返刑事犯、刑事嫌疑犯，並於交接時移交有關證據（卷證）、簽署交接書。受請求方已對遣返對象進行司法程序者，得於程序終結後遣返。受請求方認為有重大關切利益等特殊情形者，得視情決定遣返。非經受請求方同意，請求方不得對遣返對象追訴遣返請求以外的行為。」

[238]. 參見趙秉志主編：《國際區際刑法問題探索》，法律出版社2003年版，第228頁。

[239]. 參見時延安：《中國區際刑法概念及基本體系》，《南都學壇》2006年第2期。

[240]. 參見黃曉亮：《中國區際刑法範疇論》，載《社會科學》2010年第4期。

[241]. 甄貞，北京市人民檢察院副檢察長；申文寬，北京市東城區人民檢察院未檢處檢察官。

[242]. 臺灣地區「少年事件處理法」稱少年者，為十二歲以上十八歲未滿之人。大陸刑事領域的未成年人，主要是指十四週歲以上不滿十八週歲的人。兩者在年齡期間上的認識基本是一致的，為避免表述上的混亂，本文統一使用「少年」的稱謂。

[243]. 1954年7月，臺灣「行政院」的「司法行政部」（現在的「法務部」）委託以臺灣大學林紀東教授為首的「少年法項目小組」研擬符合時代要求的少年司法制度，1955年12法律研擬小組向「行政院」提交少年法草案，然未獲「立法院」透過；1967年，臺灣地區制訂「少年輔育院條例」，設置收容保安處分少年的閉鎖式設施；1971年臺灣地區最初的少年事件處理法被付諸實施；1997年5月透過「少年矯正學校設置及教育實施通則」，並於1999年正式付諸實踐；1997年底「新少年事件處理法」付諸實施。參見李茂生：《臺灣地區新少年司法與矯治制度實施十年的經驗與展望》，載《青少年犯罪問題》2010年第2期。

[244]. 劉作揖：《少年事件處理法》，臺灣三民書局 2011 年版，第 3 頁。

[245]. 姚建龍：《長大成人：少年司法制度的建構》，中國人民公安大學出版社 2003 年版，第 304 頁。

[246]. 陳依農：《論少年司法之定位與功能》，臺北大學法律學系 2011 年碩士論文。

[247]. 林端：《法律與青少年：從法律社會學看新版少年事件處理法》，載《月旦法學雜誌》第 40 期，第 74 頁。

[248]. 李茂生：《臺灣地區新少年司法與矯治制度實施十年的經驗與展望》，載《青少年犯罪問題》2010 年第 2 期。

[249]. 許福生：《刑事政策學》，中國民主法製出版社 2006 年版，第 265 頁。

[250]. 姚建龍：《犯罪後的第三種法律後果：保護處分》，載《法學論壇》2006 年第 1 期。

[251]. 姚建龍：《犯罪後的第三種法律後果：保護處分》，載《法學論壇》2006 年第 1 期。

[252]. 關於表內數據來源，參見《少年兒童犯罪概況及其分析》，「法務部」編印，2012 年版，第 47 頁。

[253]. 劉作揖：《少年事件處理法》，臺灣三民書局 2011 年版，第 173—176 頁。

[254]. 劉作揖：《少年事件處理法》，臺灣三民書局 2011 年版，第 179 頁。

[255]. 陳慈幸、蔡孟凌：《少年事件處理法學理與實務》，元照出版公司 2009 年版，第 201 頁。

[256]. 劉世恩：《試論我國少年收容教養制度建設》，載《青少年犯罪問題》2003 年第 4 期。

[257]. 張鴻巍、盧賽環：《未成年人收容教養的調查與思考》，載《山東警察學院學報》2012 年第 4 期。

[258]. 參見陳慈幸、蔡孟凌：《少年事件處理法學理與實務》，元照出版公司 2009 年版，第 78 頁。

[259]. 劉作揖：《少年事件處理法》，臺灣三民書局 2011 年版，第 266 頁。

[260]. 姚建龍：《長大成人：少年司法制度的建構》，中國人民公安大學出版社 2003 年版，第 157 頁。

[261]. 王尚新：《關於刑事訴訟法修改有關情況的介紹》，載《預防青少年犯罪研究》2012 年第 5 期。

[262]. 劉作揖：《少年事件處理法》，臺灣三民書局 2011 年版，第 266 頁。

[263]. 例如，1996 年《刑事訴訟法》規定證人應當出庭作證卻無懲罰機制，結果就是證人基本上都不出庭，「應當」式的義務性表述幾乎淪為具文。

[264]. 劉作揖：《少年事件處理法》，臺灣三民書局 2011 年版，第 51 頁。

[265]. 參見吳海航、黃鳳蘭：《日本虞犯少年矯正教育制度對我國少年司法制度的啟示》，載《青少年犯罪問題》2008 年第 2 期。

[266]. 少年的 9 類嚴重不良行為：（1）糾集他人結夥滋事，擾亂治安；（2）攜帶管制刀具，屢教不改；（3）多次攔截毆打他人或者強行索要他人錢財；（4）傳播淫穢的讀物或者音像製品等；（5）進行淫亂或者色情、賣淫活動；（6）多次偷竊；（7）參與賭博，屢教不改；（8）吸食、注射毒品；（9）其他嚴重危害社會的行為。

[267]. 朱磊：《全國有專門（工讀）學校 76 所》，載《法制日報》2010 年 6 月 1 日第 007 版。

[268]. 鄭褚：《工讀學校興衰尷尬》，載《中國新聞週刊》2006 年 10 月 16 日。

[269]. 參見《少年兒童犯罪概況及其分析》，「法務部」編印，2012 年版，第 28 頁。

[270]. 李茂生：《臺灣地區新少年司法與矯治制度實施十年的經驗與展望》，載《青少年犯罪問題》2010 年第 2 期。

[271]. 陳慈幸、蔡孟凌：《少年事件處理法學理與實務》，元照出版公司 2009 年版，第 301 頁。

[272]. 李茂生：《臺灣地區新少年司法與矯治制度實施十年的經驗與展望》，載《青少年犯罪問題》2010 年第 2 期。

[273]. 顧永忠，中國政法大學訴訟法學研究院副院長、教授。

[274]. 關於廢除免予起訴的理論之爭參見崔敏：《中國刑事訴訟法的新發展——刑事訴訟法修改研討的全面回顧》，中國人民公安大學出版社 1996 年版，第 114 頁。

[275]. 顧永忠：《刑事案件程序分流的新視角》，《中外法學》2007 年第 6 期，第 714 頁。

[276]. 參見崔敏：《中國刑事訴訟法的新發展——刑事訴訟法修改研討的全面回顧》，中國人民公安大學出版社 1996 年版，第 142 頁。

[277]. 參見陳瑞華：《刑事訴訟的前沿問題》，中國人民大學出版社 2000 年版，第 347 頁。

[278]. 林鈺雄主編：《新學林分科六法——刑事訴訟法（2011—2012 年）》，新學林出版股份有限公司 2011 年版，A-585 頁。

[279]. 在大陸理論界將交互詰問制度稱為交叉詢問制度。

[280]. 林鈺雄主編：《新學林分科六法——刑事訴訟法（2011—2012 年）》，新學林出版股份有限公司 2011 年版，A-944 頁。

[281]. 董坤，最高人民檢察院檢察理論研究所副研究員，中國人民大學和國家檢察官學院聯合培養博士後流動站研究人員，臺灣高雄大學訪問學者、《中國刑事法雜誌》編輯，訴訟法學博士，研究方向：刑事訴訟法學、檢察理論、偵查學。

[282]. 蔡碧玉、周懷廉、施慶堂等著：《檢察官倫理規範釋論》，元照出版公司2013年版，第131頁。

[283]. 參見汪文豪，《檢察官治國》，天下雜誌，378期，2007年8月15日；紀淑芳，《另一種歷史共業——檢察官治國？！》，財訊雜誌，308期，2007年11月1日。

[284]. 陳運財：《檢察獨立與檢察一體分際》，載《月旦法學雜誌》，124期，2005年9月，第22頁。

[285]. 按照「三權分立」學說，檢察官是除立法權、行政權之外的隸屬於司法權的第三權之司法機關。

[286]. 「法務部」：《檢察改革白皮書》，1999年3月編印，第8頁。

[287]. 澄社、民間司法改革基金會主編：《權力與規範 民間司法改革研討會論文集（二）》，桂冠圖書股份有限公司2000年版，第135頁。

[288]. 黃東熊、吳景芳：《刑事訴訟法論（上）》，三民書局，2005年9月第6版，第89頁。

[289]. 黃東熊、吳景芳：《刑事訴訟法論（上）》，三民書局，2005年9月第6版，第89頁。

[290]. 陳運財：《檢察獨立與檢察一體分際》，載《月旦法學雜誌》，124期，2005年9月，第22頁。

[291]. 林鈺雄：《檢察官論》，法律出版社2008年版，第77頁。

[292]. 依臺灣「憲法」第78條、「憲法」增修條文第5條規定，「司法院大法官」負責解釋「憲法」、統一解釋法律及命令。「司法院大法官」所做的解釋是臺灣「司法院」的「釋憲」機關——「司法院大法官」針對「憲法」之解釋、統一解釋法律及命令之案件所做出的釋文審判，有拘束各機關及人民之效力。

[293]. 筆者在高雄大學訪問之際，適逢臺灣地區爆發了檢察機關「特偵組」監聽「立委」柯建銘的「關說案」，該案一直擴線監聽到「立法院」，院長王金平也牽涉其中。由於「特偵組」申請監聽核準的程序、監聽過程中多次的擴線監聽以及監聽「立法院」總機電話等等涉嫌濫權偵查的問題，「馬英九政府」被民眾認為是在利用特偵組來打壓政治異己（各方認為王金平與「臺灣總統」馬英九有「隙」，馬英九想利用「關說案」打壓王金平）。臺灣「立法院司法及法制委員會」9月30日透過臨時提案，特偵組目前偵辦及監聽案件應全停止，交一般檢察機關偵辦，並停止分案辦理新案。「檢察總長」黃世銘也因涉嫌違規向馬英九匯報案件，涉嫌偵查泄密被臺北地檢署

約談。此案正在持續發酵中，但指揮「特偵組」的臺灣檢察系統已被推到風口浪尖，被譏諷為政治鷹犬、工具。臺灣地區檢察官在實務中的行政官屬性又再次引起了人們的思考和爭論。

[294]. 梁景明，北京市人民檢察院助理檢察員。

[295]. 參見甄貞等著：《檢察制度比較研究》，法律出版社 2010 年版，第 460 頁。

[296]. 如臺北地方法院檢察署，除檢察長、襄閱主任檢察官外，設有忠、孝、仁、愛、信、義、和、平、禮、樂、射、御、書等十三個偵查組，溫、良、恭、儉等四個公訴組。

[297]. 特別偵查組查辦涉及「總統」、「副總統」、「五院院長」、「部會」首長或上將階級軍職人員的貪瀆案件；選務機關、政黨或候選人在「總統」、「副總統」或「立法委員」選舉時，涉嫌全臺性舞弊事件或妨害選舉的案件；特殊重大貪瀆、經濟犯罪、危害社會秩序，經「最高法院檢察署」檢察總長指定得到案件。特別偵查組是在性質上接近「獨立檢察官」的組織，其成立使得偵辦高官、特權重大職務犯罪的組織法定化，體現了臺灣地區有效打擊高官權貴的貪腐行為的決心，陳水扁貪瀆弊案的查辦即可見一斑。

[298]. 通常在檢察署辦理執行工作的檢察官，大部分採取輪調方式，每位擔任執行工作的檢察官以半年、一年或二年為原則，視該檢察署的業務考慮及檢察官的能力、意願等，再由檢察長或授權主任檢察官決定。

[299]. 所稱六人以上，是連本數計算的，凡有六人即可分組辦事；所謂分組，是指一分為二或二個以上，六人分為二組，每組應為三人。所以，檢察官三人中即可有一位主任檢察官，與法院合議庭的法官三人中即可有一庭長相同，在職位上也與同級法院庭長相同，至於任命資格、職務行使等方面也極為相似。在大陸的改革試點調研中，曾經有過一個說法，可將三分之一的檢察官選任為主任檢察官，這個估算沒啥理論依據，吸引人，但實操可能性幾乎沒有，這個想法可能與對分組辦案的理解有關。三人組在主訴、主辦檢察官辦案責任制的改革中也確實有基礎實驗，不過與二人組或四人組相比，優劣參半，有其優勢，也有問題。

[300]. 另外，80 名檢察事務官；150 名書記官。其餘 220 名為書記（書記官助理）、法警、司機、工勤人員。

[301]. 另外，檢察事務官 2 人（不可能有 4 種專業），書記官 8 人，其他為書記（書記官助理），法警，司機和工勤人員。

[302]. 參見甄貞等著：《檢察制度比較研究》，法律出版社 2010 年版，第 451 頁。

[303]. 檢察署的主任檢察官在二人以上，其中有因事故不能執行職務的，由其他主任檢察官代理。如果全檢察署只有一名主任檢察官，可由檢察總長指定檢察官代理處理相關事務。

[304]. 除派任「法務部」司法行政官、調「行政院」、「法務部」暨所屬行政機關或其他行政機關辦事及因其他特殊事由未依一般辦案考核規定計列辦案成績的外。

[305]. 除派任「法務部」司法行政官或調「行政院」、「法務部」及所屬行政機關、其他行政機關辦事或曾任地方法院檢察署檢察長及因其他特殊事由未依一般辦案考核規定計列辦案成績的外。

[306]. 檢察官改革協會曾建議實行票選推薦主任檢察官制度,由於社會各界及民意機關均有不同聲音,沒有達成全面共識,沒有獲得「法務部」的支持。

[307]. 關於地方法院檢察署主任檢察官的推薦:現任「最高法院檢察署」檢察總長、高等法院及其分院檢察署、地方法院檢察署檢察長,可就名冊內現為或曾為其隸屬的檢察署檢察官推薦,檢察官員額四十人以上的檢察長,每人推薦不得超過五人;檢察官員額二十人以上四十人未滿的檢察署檢察長,每人推薦不得超過四人;檢察官員額未滿二十人的檢察署檢察長,每人推薦不得超過三人。現任高等法院及其分院檢察署檢察官(含主任檢察官),可就名冊內現為或曾為所轄地方法院檢察署檢察官推薦,每人推薦不得超過二人。現任地方法院檢察署檢察官(含主任檢察官),可就名冊內現在或曾在同一檢察署或調辦事機關共事的檢察官推薦,每人推薦不得超過二人。關於高等法院及其分院檢察署主任檢察官的推薦:現任「最高法院檢察署」檢察總長、高等法院及其分院檢察署檢察長,可就名冊內現為或曾為其隸屬的二審檢察署檢察官推薦,檢察官員額四十人以上的檢察署檢察長,每人推薦不得超過五人,檢察官員額二十人以上四十人未滿的檢察署檢察長,每人推薦不得超過四人;檢察官員額未滿二十人的檢察署檢察長,每人推薦不得超過三人。現任「最高法院檢察署」檢察官(含主任檢察官),可就名冊內曾經在同一檢察署或調辦事機關共事的二審檢察官推薦,每人推薦不得超過二人。現任「最高法院」及其分院檢察署檢察官(含主任檢察官),可就名冊內現在或曾在同一檢察署或調辦事機關共事的二審檢察官推薦,每人推薦不得超過二人。

[308]. 主任檢察官的職期計算,是從實際到職日起算。 但是現任高等法院或其分院檢察署主任檢察官職期至司法官訓練所司法官班第四十八期結業分發之日,已達四年的,自司法官訓練所司法官班第四十八期結業分發之日起重新計算其職期為四年,職期屆滿後,不得連任。在職期調任辦法施行時,現任主任檢察官的,在辦法施行前、後的職期,合併計算。如果職期屆滿,在當年度司法官訓練所司法官班結業分發時調任。

[309]. 審查會委員由「法務部政務次長」、「常務次長」、「檢察司司長」、「最高法院檢察署」檢察總長與高等法院及其分院檢察署檢察長組成,並由部長指定具有法官或檢察官身份的政務次長一人為主席。

[310]. 這裡的具體事證,是指綜合考評該主任檢察官的上級法院檢察署檢察總長、檢察長、所屬檢察長、同署檢察官的意見及其他不適任的情況。

[311]. 高等法院以下各級法院及其分院檢察署主任檢察官職期中與職期屆滿所作出的調任，是由檢審會審議。

[312].「法務部」是「行政院」的一個部門，由檢察機關、矯正機關、調查機關、政風機關、行政執行機關、司法官訓練所、法醫研究所、矯正人員訓練所組成，是主管臺灣地區檢察、矯正、司法保護的行政事務及「行政院」的法律事務的機關。「法務部」內設有「檢察司」，主管關於檢察的行政事項、檢察官調度司法警察的監督事項、刑罰指揮執行的監督事項、保安處分指揮執行的監督事項和檢察官參與民事、非訟事件及犯罪被害人補償事項，以及其他有關檢察事項。

[313]. 例如，提示檢察官辦案應嚴守實體法或程序法的規定，對某類案件（侵害智慧財產權、兒童及少年性交易、槍械案件等）應縝密收證，從嚴追訴。對於某一案件是否發動偵查，檢察官偵查中的個案應否聲請羈押人犯或交保，起訴或不起訴等，「法務部」均不得作出具體指示。

[314]. 例如，對於檢察官的處分行為是否妥當，或當事人反映檢察官起訴或不起訴有違誤時，須等該案件判決確定後，由「最高法院檢察署」或臺灣高等法院檢察署調卷審查研擬意見，「法務部」再予以核處。

[315]. 比如檢察官做好起訴書之後，必須經主任檢察官與檢察長的審查，並在其上蓋章後，退回原檢察官辦理結案，才能提起公訴。主任檢察官與檢察長主要是審查起訴書是否有任何要件的遺漏，以及所附證據是否足以證明犯罪事實等事項。

[316]. 值得注意的是，為了防止檢察首長借檢察一體原則行干預檢察官獨立辦案之實，對檢察一體原則予以制度化及透明化，明確了檢察獨立與檢察一體之間的界限，如檢察首長指揮監督應書面進行、指定分案應具備一定條件且以書面附理由進行、檢察長指定檢察官協同辦案的，應徵詢主辦檢察官對協同人選的意見等。這些規定都確保檢察官在規範化與制度化的範疇內獨立辦案。臺灣花蓮曾經出現檢察官不同意主任檢察官、檢察長的意見，仍然書寫起訴狀寄送法院，號稱逕直起訴事件，很有名。檢察署向法院反映主任、檢察長不同意起訴狀的意見。法院研究後認為該起訴依法有效，但最後認為嫌疑人無罪，作了無罪判決。該檢察官因違背檢察一體原則受到處分。

[317]. 這項改革不僅涉及檢察業務工作流程、檢察權內部配置和監督制約等工作機制方面的問題，更涉及檢察幹部管理制度、財政保障制度等深層次的體制問題，是牽一髮動全身的，具有深化檢察改革切入點和排頭兵的特質。

[318]. 本文完成特別感謝臺灣「高等法院檢察署」張熙懷檢察官、臺灣「中央研究院」簡士淳提供寶貴的資料。

[319]. 作者系清華大學法學院 2011 級博士生。

[320].「主訴檢察官」的稱謂僅適用於公訴部門，檢察系統其他部門稱為「主辦檢察官」。參見張建偉：《刑事訴訟法通義》，清華大學出版社 2007 年版，第 146 頁。

[321].早期臺灣地區司法與行政合一，審判與檢察共同隸屬於「行政院」下屬的「司法行政部」。1980 年「法院組織法」修改，採行審檢分隸的制度：各級法院為「司法部」所屬機構，而各級檢察機關隸屬於「行政院」下的「法務部」（舊稱為「司法行政部」），二者互不隸屬。

[322].庭長與審判長不同。審判長是實行訴訟行為的裁判機關，沒有訴訟之審判，就沒有審判長可言；庭長是常設機關，監督各該庭事務，是一種司法行政機關，即使全然不參與裁判，也不影響庭長地位。參見姜世明：《法院組織法》，新學林出版社 2012 年版，第 203 頁。

[323].臺灣地區 1980 年修改「法院組織法」，增設主任檢察官之時，尚無「檢察長」的概念，而是稱為「首席檢察官」。1989 年 12 月 22 日「法院組織法」再次修正，「法院檢察處」改為「法院檢察署」，機關首長由「首席檢察官」改為「檢察長」。本文中「檢察長」包括「最高法院檢察署」的檢察總長。

[324].轉引自何克昌：《廢主任檢察官，改資深檢察官》，《自由時報》，2007 年 6 月 10 日。

[325].《人民檢察院刑事訴訟規則（試行）》第 4 條：「人民檢察院辦理刑事案件，由檢察人員承辦，辦案部門負責人審核，檢察長或者檢察委員會決定。」

[326].《陳旭代表：設主任檢察官辦案去行政化》，《新華每日電訊》，2013 年 3 月 15 日。

[327].吳祥義等：《主訴檢察官辦案責任制的困境與出路》，載《中國檢察官》2010 年第 12 期，第 60 頁。

[328].李紅琳：《論檢察一體制下如何完善主訴檢察官制》，第七屆國家高級檢察官論壇會議論文集，第 595 頁。

[329].根據「地方法院及其分院檢察署處務規程」（以下簡稱「地檢署處務規程」）第 20 條、「高等法院及其分院檢察署處務規程」（以下簡稱「高檢署處務規程」）第 21 條以及「最高法院檢察署處務規程」第 13 條的規定，主任檢察官應擔負以下職責：1.本組事務之監督。2.本組檢察官辦案書類之審核。3.本組檢察官承辦案件行政文稿之審核（或決行）。4.本組檢察官及其他職員之工作、操作、學識、才能之考核與獎懲之擬議。5.人民陳訴案件之調查及擬議。6.法律問題之研究。7.檢察（總）長交辦事項及其他有關事務之處理。

[330].參見臺灣地區「地檢署處務規程」第 27 條、「高檢署處務規程」第 28 條以及「最高法院檢察署處務規程」第 19 條。

[331]. 管歐：《法院組織法論》，三民書局股份有限公司1990年版，第175—180頁。主任檢察官審查的具體事項可參見臺灣地區「高等法院以下各級法院及其分院檢察署辦案書類及文件審查注意要點」第2條，檢察首長、主任檢察官審閱檢察官辦案書類時需特別注意的事項包括：1.書類內容與卷內資料是否相符。2.有無調查之事證尚未調查。3.事實之認定是否適當。4.法律見解有無錯誤，引用條文有無疏漏。5.類似案件，法律上見解或處理是否一致。6.格式及文字用語是否妥適，有無遺漏或筆誤。7.有無其他錯誤或不當情形。

[332]. 所謂指令權，是指上級長官對下級屬官針對職務上事項進行一般或個別指示的權能。對於檢察事務的指令權包括指揮監督權以及職務收取、移轉權。參見林鈺雄：《檢察官論》，法律出版社2008年版，第29—32頁。

[333]. 參見臺灣地區「地檢署處務規程」第24條第4項以及「高檢署處務規程」第25條第4項的規定。

[334]. 參見臺灣地區「地檢署處務規程」第26條第2項、「高檢署處務規程」第27條第2項以及「最高法院檢察署處務規程」第21條第2項的規定。具體操作標準可參見「高等法院以下各級法院及其分院檢察署辦案書類及文件審查注意要點」第3條。

[335]. 例如，根據「檢察機關辦案期限及防止稽延實施要點」第44條的規定，檢察官辦案如有發生違規遲延之狀況，除承辦檢察官應予處罰外，對於有監督責任的主任檢察官及檢察長亦有行政責任。

[336]. 參見《陳旭代表：設主任檢察官辦案去行政化》，《新華每日電訊》，2013年3月15日；陳寶富：《探索主任檢察官辦案組織制度》，《檢察日報》，2013年4月2日；潘祖全：《主任檢察官制度的實踐與思考》，載《上海檢察調研》，2013年第4期，第3頁。

[337]. 以上海市閔行區檢察院為例，此類案件約占審結案件數的80%，參見潘祖全：《主任檢察官制度的實踐與思考》，載《上海檢察調研》，2013年第4期，第3頁。

[338]. 周曉燕、莊偉：《主任檢察官的理論與實踐可行性研究報告》，載「北京檢察網」，網址：http://www.bjjc.gov.cn/bjoweb/minfo/view.jsp？DMKID=218&XXBH=14687，訪問日期：2013年9月11日。

[339]. 龍宗旨教授認為，檢察機關辦案方式司法化改革的要求之一是壓縮指令權。這要求部門負責人對於骨幹檢察官只有建議權而無指令權，如發生分歧，除有檢察長的特別授權，應報請檢察長決定，參見龍宗智：《檢察機關辦案方式的適度司法化改革》，載《法學研究》2013年第1期，第183—184頁。筆者認為壓縮指令權的要求同樣適用於主任檢察官。

[340]. 周曉燕、莊偉：《主任檢察官的理論與實踐可行性研究報告》，載「北京檢察網」，網址：http://www.bjjc.gov.cn/bjoweb/minfo/view.jsp？DMKID =218&XXBH =14687，訪問日期：2013 年 9 月 11 日。

[341]. 參見潘祖全：《主任檢察官制度的實踐與思考》，載《上海檢察調研》，2013 年第 4 期，第 3 頁。

[342]. 臺灣地區檢察官的工作集中於偵查與起訴，檢察系統內並不會根據業務不同劃分為若干業務部門，故無部門負責人一說。討論主任檢察官與部門負責人之間的關係，是一個具有大陸特色的問題。

[343]. 參見潘祖全：《主任檢察官制度的實踐與思考》，載《上海檢察調研》，2013 年第 4 期，第 3—4 頁。

[344]. 根據臺灣地區「司法院大法官」第 539 號釋字，庭長並不因其庭長身份而受到職業保障，只是因為庭長是由法官兼任，因其法官資格而受到身份保障。

[345]. 該「辦法」自 2012 年 7 月 6 日起施行。

[346]. 參見《關於在審查起訴部門全面推行主訴檢察官辦案責任制的工作方案》第 4 條。

[347]. 參見郭興蓮：《試析主訴檢察官辦案責任制主體間的關係》，載《人民檢察》2000 年第 9 期，第 20 頁。

[348]. 參見《關於在審查起訴部門全面推行主訴檢察官辦案責任制的工作方案》第 6 條。

[349]. 這是龍宗智教授總結檢察實踐得出的結論。 龍宗智：《檢察機關辦案方式的適度司法化改革》，載《法學研究》2013 年第 1 期，第 185—186 頁。

[350]. 周曉燕、莊偉：《主任檢察官的理論與實踐可行性研究報告》，載「北京檢察網」，網址：http://www.bjjc.gov.cn/bjoweb/minfo/view.jsp？DMKID =218&XXBH =14687，訪問日期：2013 年 9 月 11 日。

[351]. 蘭躍軍，上海大學法學院教授，法學博士、博士後，主要從事訴訟法、證據法研究。

[352]. 參見《中國臺灣地區「刑事訴訟法」》，載樊崇義主編：《訴訟法學研究》（第 5 卷），中國檢察出版社 2003 年版，第 519—611 頁。

[353]. 根據臺灣地區「刑事訴訟法」規定，被告包括犯罪嫌疑人、起訴後的被告，以及在執行中的受刑人在內。

[354]. 刁容華：《刑事訴訟法釋論（上冊）》，臺灣漢苑出版社 1984 年版，第 1—2 頁。

[355]. 刁容華：《刑事訴訟法釋論（上冊）》，臺灣漢苑出版社 1984 年版，第 145 頁。

[356]. 刁容華：《刑事訴訟法釋論（上冊）》，臺灣漢苑出版社 1984 年版，第 145 頁。

[357]. 參見刁榮華：《刑事訴訟法釋論（上冊）》，臺灣漢苑出版社 1984 年版，第 146 頁。

[358]. 參見林鈺雄：《刑事訴訟法》（上冊），中國人民大學出版社 2005 年版，第 146 頁。

[359]. 參見刁榮華：《刑事訴訟法釋論（上冊）》，臺灣漢苑出版社 1984 年版，第 301 頁。

[360]. 參見林鈺雄：《刑事訴訟法》（上冊），中國人民大學出版社 2005 年版，第 137 頁。

[361]. 參見蔡墩銘：《兩岸比較刑事訴訟法》，臺灣五南圖書出版公司 1984 年版，第 104 頁。

[362]. 美國哈佛大學肯尼迪學院斯通教授在 2006 年 3 月中國政法大學偵查訊問程序改革國際研討會上介紹的美國訊問制度。載樊崇義、顧永忠主編：《偵查訊問程序改革實證研究》，中國人民公安大學出版社 2007 年版，第 228—229 頁。

[363]. 對該規定的理解，學界有不同觀點。 參見樊崇義、蘭躍軍、潘少華：《刑事證據制度發展與適用》，人民法院出版社 2012 年版，第 173—179 頁。

[364]. 參見蘭躍軍：《刑事訊問制度研究》，中國方正出版社 2008 年版，第 104—108 頁。

[365]. 參見樊崇義：《偵查訊問錄音錄像若干問題的理性思考》，載孫謙主編：《檢察論叢》（第 16 卷），法律出版社 2011 年版，第 33—35 頁。

[366]. 夏吟蘭，中國政法大學教授、博士生導師；劉征峰，中國政法大學民商法學博士生。

[367]. 瞿同祖：《中國法律與中國社會》，中華書局 1981 年版，第 327 頁。

[368]. 此處存在爭議，戴東雄、戴炎輝考證古代妻子嫁資歸於夫家財產，而林秀雄依據日本學者之考證認為，妻子之嫁資不歸於夫家財產，只有在丈夫分家後才與丈夫之財產合一，並為丈夫財產所吸收。

[369]. 參見陶希聖：《婚姻與家族》，上海商務印書館民國二十三年版，第 3—4 頁。

[370]. 邱遠猷：《孫中山、辛亥革命與中國法律近代化》，載中南財經大學法律史研究所編：《中西法律傳統》，中國政法大學出版社 2001 年版，第 1 頁。

[371]. 林秀雄：《夫妻財產制之研究》，三民書局有限公司 1986 年版，第 239 頁。

[372]. 梅仲協：《民法要義》之「初版序言」，中國政法大學出版社 1998 年版。

[373]. 史尚寬：《親屬法論》，中國政法大學出版社 2000 年版，第 335 頁。

[374]. 戴東雄：《民法親屬編七十年之回顧與前瞻：從男女平等之原則談起》，載《民法七十年之回顧與展望紀念論文集（三）：物權·親屬編》，中國政法大學出版社2002年版，第147頁。

[375]. 根據臺灣地區「民法」親屬編修訂前的有關規定，妻之「特有財產」是指：（1）專供妻個人使用之物；（2）妻職業上必需之物；（3）妻所受之贈物經贈與人聲明為其特有財產者；（4）妻因勞力所得之報酬。妻之「原有財產」是指：（1）妻於結婚時所有之財產（如嫁妝等）；（2）婚姻關係存續中因繼承或其他無償取得之財產。

[376]. 許莉：《〈中華民國民法·親屬〉研究》，法律出版社2009年版，第202頁。

[377]. 中央人民政法法制委員會《關於中華人民共和國婚姻法起草經過和起草理由的報告》指出：「對一切種類的財產問題，都可以用夫妻雙方平等的自由自願為約定方法來解決，這也正是夫妻雙方對於家庭財產有平等的所有權與處理權的另一具體表現。」

[378]. 劉素萍主編：《婚姻法學參考資料》，中國人民大學出版社1989年版，第64—65頁。

[379].《最高人民法院關於適用〈中華人民共和國婚姻法〉若干問題的解釋（一）》第17、18、19條。

[380].《最高人民法院關於適用〈中華人民共和國婚姻法〉若干問題的解釋（二）》第11—26條。

[381].《最高人民法院關於適用〈中華人民共和國婚姻法〉若干問題的解釋（三）》第4、5、6、7、10、11、13、14、15、16條。

[382]. 參見梁慧星：《從近代民法到現代民法》，載梁慧星（主編）：《民商法論叢》，法律出版社1997年版，第238頁。

[383]. 陳明俠、黃列主編：《性別與法律研究概論》，中國社會科學出版社2009年版，第52頁。

[384]. 梅迪庫斯：《德國民法總論》，邵建東譯，法律出版社2000年版，第20—21頁。

[385]. 戴東雄：《親屬法論文集》，臺灣東大圖書公司1988年版，第106頁。

[386]. 許莉：《〈中華民國民法·親屬〉研究》，法律出版社2009年版，第227頁。

[387].《最高人民法院婚姻法司法解釋（三）》第11條規定：一方未經另一方同意出售夫妻共同共有的房屋，第三人善意購買，支付合理對價並辦理產權登記手續，另一方主張追回該房屋的，人民法院不予支持。

[388]. 臺灣地區「民法典」第1020條之一、第1030條之三。

[389]. 臺灣地區「民法典」第1018、1023條。

[390].《最高人民法院婚姻法司法解釋（一）》第 17 條，《最高人民法院婚姻法司法解釋（三）》第 11 條。

[391].齊樹潔，男，河北武安人，廈門大學法學院教授，博士生導師，司法改革研究中心主任。 本文系齊樹潔主持的 2011 年度國家社會科學基金項目臺港澳民事訴訟制度改革研究的階段性成果。

[392].汪閩燕：《兩岸互認調解書是互利雙贏》，載《法制日報》2013 年 6 月 18 日第 11 版。

[393].史長青：《臺灣地區鄉鎮市調解制度之考察》，載齊樹潔主編：《東南司法評論》（2012 年卷），廈門大學出版社 2012 年版。

[394].臺灣地區「刑法」上的告訴乃論之罪包括準強姦罪，輪姦罪，強制猥褻罪，乘機姦淫猥褻罪，妨害風化罪之加重結果犯，姦淫幼女罪，對未滿 16 歲男女為猥褻罪，利用權勢姦淫罪，詐術姦淫罪，血親相姦罪，詐術結婚罪，通姦罪，和誘有配偶之人脫離家庭罪，普通傷害罪，傷害直系血親尊親屬罪，加暴行於直系血親尊親屬罪，過失傷害罪，傳染花柳病，痲瘋罪，略誘婦女結婚罪及加重略誘罪、侵入住居罪、公然侮辱罪、誹謗罪等。「專利法」上的告訴乃論之罪：偽造發明品罪，仿造發明品或竊用方法罪，故意販賣陳列輸入偽造、仿造之發明品罪，偽造新型罪，仿造新型罪，故意販賣陳列輸入偽造、仿造新型罪等。「著作權法」上的告訴乃論之罪包括翻印著作物罪，侵害著作權罪、常業侵害著作權罪、擅改原著作物罪等。

[395].臺灣地區「民事訴訟法」第 403 條（強制調解之事件）規定：「下列事件，除有第四百零六條第一項各款所定情形之一者外，於起訴前，應經法院調解：一、不動產所有人或地上權人或其他利用不動產之人相互間因相鄰關係發生爭執者。二、因定不動產之界線或設置界標發生爭執者。三、不動產共有人間因共有物之管理、處分或分割發生爭執者。四、建築物區分所有人或利用人相互間因建築物或其共同部分之管理髮生爭執者。五、因增加或減免不動產之租金或地租發生爭執者。六、因定地上權之期間、範圍、地租發生爭執者。七、因道路交通事故或醫療糾紛發生爭執者。八、僱用人與受僱人間因僱傭契約發生爭執者。九、合夥人間或隱名合夥人與出名營業人間因合夥發生爭執者。十、配偶、直系親屬、四親等內之旁系血親、三親等內之旁系姻親、家長或家屬相互間因財產權發生爭執者。十一、其他因財產權發生爭執，其標的之金額或價額在新臺幣五十萬元以下者。前項第十一款所定數額，司法院得因情勢需要，以命令減至新臺幣二十五萬元或增至七十五萬元。」

[396].齊樹潔：《臺灣地區法院調解制度的最新發展》，載《臺灣研究集刊》2001 年第 1 期。

[397].範愉：《人民調解與臺灣鄉鎮市調解的比較研究》，載《清華法學》2011 年第 1 期。

[398]. 史長青：《臺灣地區鄉鎮市調解制度之考察》，載齊樹潔主編：《東南司法評論》（2012年卷），廈門大學出版社2012年版。

[399]. 汪閩燕：《兩岸互認調解書是互利雙贏》，載《法制日報》2013年6月18日第11版。

[400]. 何德超：《臺灣鄉鎮市調解制度之研究》，載張勤、彭文浩主編：《比較視野下的多元糾紛解決理論與實踐》，中國政法大學出版社2013年版。

[401]. 林毅堅，廈門大學博士、講師。

[402]. 齊樹潔主編：《英國司法制度》，廈門大學出版社2007年第2版，第281頁。

[403]. 張迺良：《民事訴訟法上當事人適格問題之研究》，載楊建華主編：《民事訴訟法論文選輯》（上），臺灣五南圖書出版公司1984年版。

[404]. 王甲乙：《當事人適格之擴張與界限》，載民事訴訟法研究基金會編：《民事訴訟法之研討（六）》，臺灣三民書局1997年版。

[405]. 陳計男：《民事訴訟法論》（上），臺灣三民書局2007年版，第103頁。

[406]. 於海生：《民事訴訟當事人適格問題研究》，載《北方論叢》2004年第4期。

[407]. 黃國昌：《程序法學的實證研究》，臺灣元照出版有限公司2012年版，第67頁。

[408]. 齊樹潔、謝嵐：《臺灣地區民事訴訟當事人制度述評》，載《臺灣研究集刊》2000年第3期。

[409]. 這些機關主要包括政府機關、公營事業、學校、軍隊等。參見林家祺、劉俊麟：《民事訴訟法》，臺灣書泉出版社2009年版，第61頁。

[410]. 齊樹潔主編：《臺港澳民事訴訟制度》，廈門大學出版社2010年版，第38頁。

[411]. 滿7歲未滿20歲的限制行為能力人，經過法定代理人的允許為獨立營業，僅關於他營業上之行為有行為能力，所以在營業上相關之行為部分，其具有訴訟能力。

[412]. 沒有訴訟行為能力的人包括：未滿7歲的未成年人、受監護宣告之人、胎兒。

[413]. 陳洪杰：《司法改革與訴權保障》，載張衛平、齊樹潔主編：《司法改革論評》（第5輯），廈門大學出版社2007年版。

[414]. 齊樹潔、蘇婷婷：《公益訴訟與當事人適格之擴張》，載《現代法學》2005年第5期。

[415]. 江偉：《探索與構建——民事訴訟法學研究》，中國人民大學出版社2008年版，第65頁。

[416]. 陳計男：《民事訴訟法論》（上），臺灣三民書局2007年版，第109頁。

[417]. 肖建華：《民事訴訟當事人研究》，中國政法大學出版社2002年版，第81—82頁。

[418]. 李麒：《論日本公益信託制度》，載《法令月刊》2013 年第 4 期。

[419]. 關於 2003 年臺灣「民訴法」修改中增設的第 44 條之一的規定，有學者持相反看法，指出其並不是選定當事人制度。因為選定當事人，「系共同訴訟簡化之方法，……必須『由其中選定一人或數人，為……全體起訴或被訴』，不得、亦不可能選定非共同訴訟人之『外人』為當事人。……2003 年修正時增設第 44—1 條規定『社團之社員……得選定該法人為選定人起訴』，顯非選定『其中』之人為當事人，而系選定非共同訴訟人之『外人』為當事人，根本不應稱為選定當事人……」。參見姚瑞光：《近年修正民事訴訟法總評》，臺灣海宇文化事業有限公司 2006 年版，第 7—8 頁。

[420]. 劉學在：《臺灣地區消費者團體訴訟制度評析》，載《法學評論》2012 年第 6 期。

[421]. 與此相配套，為防止不作為之訴被濫用，2003 年 9 月 29 日，臺灣「司法院」會同「行政院」制定「公益社團法人提起不作為訴訟許可及監督辦法」（以下簡稱「許可及監督辦法」）。根據「許可及監督辦法」第 2 條規定，許可提起不作為之訴的公益法人，除必須以公益為目的且許可設立 3 年以上，還必須符合以下條件：一是社團法人的社員人數必須達到 500 人以上或者財團法人登記財產總額達到新臺幣 1000 萬以上；二是提起不作為訴訟必須與章程所規定的目的範圍相符，並經董事會決議透過；三是主張加害行為侵害多數人利益達 20 人以上。此外，「許可及監督辦法」第 6 條還規定，公益社團法人或財團法人提起不作為之訴後，未經目的事業主管機關同意，不得為捨棄、撤回、和解、提起上訴或再審之訴。目的事業主管機關在作出同意前，應當賦予受害人有陳述意見的機會。參見陳賢貴：《臺灣團體訴訟制度比較研究——以消費者訴訟為中心》，載《西北工業大學學報》2012 年第 2 期。

[422]. 郭星華等：《社會轉型中的糾紛解決》，中國人民大學出版社 2013 年版，第 292、298 頁。

[423]. 臺灣民事訴訟制度的改革歷時 20 年，工程浩大，目標明確，尤為可貴的是注重滿足人民接近、利用法院之機會平等的要求，保障當事人的訴權。參見齊樹潔：《臺灣地區民事訴訟制度改革述評》，載《法治研究》2011 年第 1 期。

[424]. 臺灣政治大學法學院楊淑文教授 2012 年 12 月 16 日在廈門大學作《消費爭議與消費訴訟》的學術講座。她說：此類當事人或因損害不大，或因考量遂行訴訟不符費用相當性原則，而往往欠缺主動、個別提起訴訟之意願，須藉由特定集體訴訟之方式提起，始能透過法定訴訟程序之審理與判決而解決紛爭。

[425]. 劉學在：《臺灣地區公益團體提起不作為之訴制度研究》，載《國家檢察官學院學報》2012 年第 6 期。

[426]. 張芝梅：《美國的法律實用主義》，法律出版社 2008 年版，第 13 頁。

[427].［法］托克維爾：《論美國的民主》，董果良譯，商務印書館1988年版，第518頁。

[428].James V.Calvi, Susan Coleman, American Law and Legal Systems, 高等教育出版社2002年英文影印版，第79頁。

[429].齊樹潔：《我國公益訴訟主體之界定——兼論公益訴訟當事人適格之擴張》，載《河南財經政法大學學報》2013年第1期。

[430].正是基於這樣的理念，英美法系國家才敢於從判例法方面首先突破對公益訴訟原告資格的立法限制，以此彌補成文法滯後而帶來的公益保護之確失。參見張式軍：《環境公益訴訟原告資格研究》，山東文藝出版社2012年版，第109頁。

[431].陳亮：《美國關於原告資格功能之爭及其對我國的啟示》，http://www.procedurallaw.cn，下載日期：2011年11月8日。

[432].李勁：《國外環境公益訴訟主體資格的確定及其借鑑》，載《法學雜誌》2011年第10期。

[433].宋漢林：《謙抑與能動：民事審判權運行之相對限度》，載《河北法學》2013年第2期。

[434].張榕：《事實認定中的法官自由裁量權——以民事訴訟為中心》，法律出版社2010年版，第2頁。

[435].例如，2008年9月間發生的「三鹿」毒奶粉事件，受害人數就多達29萬人，而類似的事件不斷爆發。我們目前現有的司法救濟途徑根本無力承載類似的集團消費紛爭。

[436].謝紹芬：《我國臺灣地區消費集團訴訟制度及其啟示》，載《北京工業大學學報》（社會科學版）2012年第4期。

[437].安麗娜，中國政法大學2012級博士研究生，研究方向：憲法學與行政法學；胡洪玉，北京市房山區衛生局幹部。

[438].參見趙銀翠、楊建順：《行政過程中的民事糾紛解決機制研究》，載《法學家》2009年第3期，第148頁。

[439].參見範愉：《行政調解問題芻議》，載《廣東社會科學》2008年第6期，第175頁。

[440].參見肖偉：《論行政調解應然價值的實體性保障路徑》，載《四川行政學院學報》2012年第5期，第48頁。

[441].此處的民事糾紛並非所有的民事案件，主要包括債權、債務之清償、房地產之構建、租賃、占用、家庭糾紛、公害賠償、商事買賣以及其他有關民事事件，而告訴才處理的刑事糾紛主要包括妨害風化、婚姻、家庭，妨害自由、名譽、信用及秘密，

傷害、毀棄、損害，親屬間財產犯罪，交通事故及其他告訴才處理的刑事事件。參見陳賢忠：《新制鄉鎮市調解法制研究》，臺灣地區中正大學法律學研究所 2008 年碩士學位論文，第 14—15 頁。

[442]. 參見陳琪瑜：《我國鄉鎮市調解制度之研究》，暨南國際大學 2010 年碩士學位論文，第 57 頁。

[443]. 臺灣地區「鄉鎮市調解條例」第 1 條：「鄉、鎮、市公所應設調解委員會，辦理下列調解事件：一、民事事件；二、告訴乃論之刑事事件。」

[444]. 2009 年中央發的三個文件：《關於領導幹部定期接待群眾來訪的意見》、《關於中央和國家機關定期組織幹部下訪的意見》以及《關於把矛盾糾紛排查化解工作制度化的意見》中從信訪的角度，提出把問題化解在基層。參見人民網：http://politics.people.com.cn/GB/1026/9131419.html，最後訪問時間：2011 年 9 月 18 日；2011 年 9 月 13 日至 16 日，國務委員兼國務院秘書長馬凱在浙江考察調研信訪工作中提到「努力把矛盾化解在基層」。參見《推進領導幹部接訪下訪，深入基層化解矛盾》，http://news.ifeng.com/gundong/detail 2011 09/17/9258784 0.shtml，最後訪問時間：2011 年 9 月 18 日。

[445]. 臺灣地區「鄉鎮市調解條例」規定具有如下情形之一者不得擔任鄉鎮市調解委員：曾因貪汙罪被判刑的、曾犯組織犯罪防制條例規定的罪名而被起訴的、曾犯前述兩罪之外其他罪名並被判處有期徒刑以上刑罰的（過失犯罪或被判處緩刑除外）、曾受保安處分、受破產宣告並仍沒有恢復的、受監護或輔助宣告並尚未撤銷的。

[446]. 臺灣地區「鄉鎮市調解績優人員獎勵要點」第 3 條規定，調解委員獨任調解之獎勵，規定如下：（一）「行政院長獎」：全年調解成立二百五十件以上者，由「內政部」專案報請「行政院」獎勵。（二）「法務部長獎」：全年調解成立二百件至二百四十九件者，由「內政部」轉請「法務部」獎勵。（三）未達前二款規定獎勵者，其獎勵由縣政府本權責訂定。

[447]. 臺灣地區「鄉鎮市調解績優人員獎勵要點」第 5 條規定，調解委員服務年資之獎勵，其規定如下：（一）「行政院長獎」：服務年資滿二十年者，由「內政部」專案報請「行政院」獎勵。（二）「內政部長獎」：服務年資滿十六年者，由「內政部」獎勵。（三）未達前兩款規定獎勵者：其獎勵由縣政府本權責訂定。

[448]. 臺灣地區「鄉鎮市調解條例」第 12 條規定：「第一審法院得將下列事件，裁定移付調解委員會調解：一、民事訴訟法第 403 條第一項規定之事件。二、適宜調解之刑事附帶民事訴訟事件。三、其他適宜調解之民事事件。」臺灣地區「民事訴訟法」第 403 條規定：「下列事件，除有第 406 條第一項各款所定情形之一者外，於起訴前，應經法院調解：一、不動產所有人或地上權人或其他利用不動產之人相互間因相鄰關係發生爭執者。二、因定不動產之界線或設置界標發生爭執者。三、

不動產共有人間因共有物之管理、處分或分割發生爭執者。四、建築物區分所有人或利用人相互間因建築物或其共同部分之管理發生爭執者。五、因增加或減免不動產之租金或地租發生爭執者。六、因定地上權之期間、範圍、地租發生爭執者。七、因道路交通事故或醫療糾紛發生爭執者。八、僱用人與受僱人間因僱傭契約發生爭執者。九、合夥人間或隱名合夥人與出名營業人間因合夥發生爭執者。十、配偶、直系親屬、四親等內之旁系血親、三親等內之旁系姻親、家長或家屬相互間因財產權發生爭執者。十一、其他財產權發生爭執，其標的之金額或價額在新臺幣五十萬元以下者。」

[449]. 參見陳琪瑜：《我國鄉鎮市調解制度之研究》，暨南國際大學 2010 年碩士學位論文，第 87 頁。

[450]. 臺灣地區「消費者保護法」第 45 條：「直轄市、縣（市）政府應設消費爭議調解委員會，置委員七至十五名。前項委員以直轄市、縣（市）政府代表、消費者保護官、消費者保護團體代表、企業經營者所屬或相關職業團體代表充任之，以消費者保護官為主席，其組織另定之。」「耕地三七五減租條例」第 3 條：「直轄市或縣（市）政府及鄉（鎮、市、區）公所，應分別設立耕地租佃委員會。但鄉（鎮、市、區）公所轄區內地主、佃農數過少時，得不設立，或由數鄉（鎮、市、區）合併設立耕地租佃委員會。」「勞資爭議處理法」第 4 條：「本法所稱主管機關：在中央為行政院勞工委員會；在直轄市為直轄市政府；在縣（市）為縣（市）政府。」「著作權爭議調解辦法」第 3 條：「前條所定爭議之調解，由經濟部智慧財產局著作權審議及調解委員會（以下簡稱『委員會』）依事件之性質或著作之類別指定委員一人至三人調解之。」

[451]. 臺灣地區「消費者保護法」第 43 條：「消費者與企業經營者因商品或服務發生消費爭議時，消費者得向企業經營者、消費者保護團體或消費者服務中心或其分中心申訴。企業經營者對於消費者之申訴，應於申訴之日起十五日內妥當處理之。消費者依第一項申訴，未獲妥當處理時，得向直轄市、縣（市）政府消費者保護官申訴。」第 44 條：「消費者依前條申訴未能獲得妥當處理時，得向直轄市或縣（市）消費爭議調解委員會申請調解。」

[452]. 臺灣地區「耕地三七五減租條例」第 26 條：「出租人與承租人間因耕地租佃發生爭議時，應當由當地鄉（鎮、市、區）公所耕地租佃委員會調解；調解不成立者，應由直轄市或縣（市）政府耕地租佃委員會調處；不服調處者，由直轄市或縣（市）政府耕地租佃委員會移送該管司法機關，司法機關應即迅予處理，並免收裁判費用。前項爭議案件非經調解、調處，不得起訴；經調解、調處成立者，由直轄市或縣（市）政府耕地租佃委員會給予書面證明。」

[453]. 參見何兵主編：《和諧社會與糾紛解決機制》，北京大學出版社 2007 年版，第 222 頁。

[454]. 參見汪國華、胡玉桃：《論行政調解——以社會糾紛解決方式的多元化為視角》，載《江漢大學學報》2011年6月第3期，第76頁。

[455]. 由於我大陸關於行政調解的規定分佈在大量的規範性文件中，既包括法律，又包括行政法規、部門規章等，筆者沒能查閱所有的規範性文件，僅對《商標法》、《民間糾紛處理辦法》、《勞動爭議調解仲裁法》、《消費者權益保護法》等代表性規範性文件進行了查閱，其中尚沒有關於行政調解前置的規定，《民間糾紛處理辦法》第6條：「基層人民政府處理民間糾紛，不得限制當事人行使訴訟權利。」《商標法》第53條：「有本法第52條所列侵犯注冊商標專用權行為之一，引起糾紛的，由當事人協商解決；不願協商或者協商不成的，商標註冊人或者利害關係人可以向人民法院起訴，也可以請求工商行政管理部門處理。」此處的「處理」，筆者理解為包括調解。《消費者權益保護法》第34條：「消費者和經營者發生消費者權益爭議的，可以透過下列途徑解決：（一）與經營者協商和解；（二）請求消費者協會調解；（三）向有關行政部門申訴；（四）根據與經營者達成的仲裁協議提請仲裁機構仲裁；（五）向人民法院提起訴訟。」

[456]. 參見陳廣才：《勞資爭議處理機制研究——以訊息化工罷工事件為例》，臺灣地區中正大學勞工研究所2009年碩士學位論文，第67頁。

[457]. 參見臺灣地區「行政院勞工委員會」統計資料，網站資料，http://statdb.cla.gov.tw/statis/webproxy.aspx?sys=220&ym =7800&ymt =9700&kind =21&type =1&funid =q05031&cycle =4&outmode=0&&compmode=0&outkind=3&fld0 =1&fld1 =1&fld2 =1&fld3 =1&fld4 =1&cod00=1&rdm=lioJavew, 最後訪問時間，2009年4月22日。轉引自蘇淑婷：《我國個別勞資爭議處理程序之研究》，臺灣地區銘傳大學2009年碩士學位論文，第145頁。

[458]. 臺灣地區「勞資爭議處理法」第5條：本法用詞，定義如下：一、勞資爭議：指權利事項及調整事項之勞資爭議。二、權利事項之勞資爭議：指勞資雙方當事人基於法令、團體協約、勞動契約之規定所為權利義務之爭議。三、調整事項之勞資爭議：指勞資雙方當事人對於勞動條件主張繼續維持或變更之爭議。……

[459]. 此處說明一點，勞資爭議的主管機關在「中央」為「行政院勞工委員會」，在「直轄市」為「直轄市政府」；在縣（市）為縣（市）政府，無論是勞資爭議的調解、仲裁還是裁決，均由以上主管機關予以受理以及解決。臺灣地區「勞資爭議處理法」第4條：本法所稱主管機關：在「中央」為「行政院勞工委員會」；在「直轄市」為「直轄市政府」；在縣（市）為縣（市）政府。

[460]. 此處需要說明，根據臺灣地區「勞資爭議處理法」的規定，對於前者而言，若調整事項之一方當事人為公營事業機構、「國防部」所屬機關（構）、學校以及其他具有上級主管機關的政府機關（構）、公立學校，必須經主管機關核可才得申請仲裁。

[461]. 臺灣地區「勞資爭議處理法」第 25 條：「……但調整事項之勞資爭議，當事人一方為團體協約法第 10 條第二項規定之機關（構）、學校時，非經同條項所定機關之核可，不得申請仲裁。勞資爭議當事人之一方為第 54 條第二項之勞工者，其調整事項之勞資爭議，任一方得向直轄市或縣（市）申請交付仲裁；其屬同條第三項事業調整事項之勞資爭議，而雙方未能約定必要服務條款者，任一方得向中央主管機關申請交付仲裁……調整事項之勞資爭議經調解不成立者，直轄市或縣（市）主管機關認為有影響公眾生活及利益情節重大，或應目的事業主管機關之請求，得依職權交付仲裁，並通知雙方當事人。」「主管機關辦理勞資爭議依職權交付仲裁注意事項」第 3 條：「地方主管機關依職權交付仲裁之勞資爭議應先經本法調解不成立；調解成立與否以調解記錄為依據。」「主管機關辦理勞資任一方申請交付仲裁注意事項。」第 9 條：「申請交付仲裁，應先經本法調解不成立；調解成立與否以調解記錄為依據。」

[462]. 參見鄭津津：《我國勞資爭議處理制度之現狀與檢討》，載《國立中正大學法學集刊》2002 年第 6 期，第 82—85 頁。

[463]. 臺灣地區「勞資爭議處理法」第 30 條規定：「……仲裁委員由直轄市、縣（市）主管機關遴聘具一定資格之公正並富學識經驗者任之。直轄市、縣（市）主管機關遴聘後，應報請中央主管機關備查……」此外，「勞資爭議仲裁辦法」對仲裁員的任職資格作了詳細的規定，第 8 條：「具備下列資格之一且熟悉勞資關係事務者，主管機關得遴聘為仲裁委員：一、曾任或現任國內、外仲裁機構仲裁事件之仲裁人。二、曾任或現任法官、監察官三年以上。三、律師及其他依法具有專門執業及技術執業資格人員三年以上。四、曾任或現任教育部認可之大專校院助理教授以上之教師三年以上。五、曾任政府機關九職等以上之行政職務三年以上。六、曾任或現任下列職務之一，五年以上：（一）僱用勞工五十人以上之事業單位，代表僱主處理勞工事務之經理級以上相當職務。（二）直轄市、縣（市）以上勞、雇團體或民間中介團體之理事、監事或相當職務者。」第 10 條：「有下列情形之一者，不得擔任仲裁委員：一、經褫奪公權宣告尚未復權。二、受破產宣告尚未復權。三、依消費者債務清理條例開始清算程序尚未復權。四、受監護或輔助宣告尚未撤銷。五、未成年人。」

[464]. 參見蘭榮杰、王囡囡：《勞動爭議仲裁製度研究》，載左衛民等著：《變革時代的糾紛解決——法學與社會學的初步考察》，北京大學出版社 2007 年版，第 99 頁。

[465]. 參見《中國勞動統計年鑒——2005》，http://www.mohrss.gov.cn/page.do？pa=4028802024 05002801240882b84702d7&guid =56fc13ca3c5443d2983d88324a5d34ba&og =8a81f0842d0d556d 012d1115c5ad004e，最後訪問時間：2011 年 9 月 23 日。

[466]. 參見《中華人民共和國勞動爭議仲裁法》第 2 條。

[467].《中華人民共和國企業勞動爭議處理條例》（已失效）第 2 條規定：「本條例適用於中華人民共和國境內的企業與職工之間的下列勞動爭議：（一）因企業開除、除名、辭退職工和職工辭職、自動離職發生的爭議；（二）因執行國家有關工資、保險、福利、培訓、勞動保護的規定發生的爭議；（三）因履行勞動合約發生的爭議；（四）法律、法規規定應當依照本條例處理的其他勞動爭議。」

[468].《勞動爭議調解仲裁法》第 5 條規定：「發生勞動爭議，當事人不願協商、協商不成或者達成和解協議後不履行的，可以向調解組織申請調解；不願調解、調解不成或者達成調解協議後不履行的，可以向勞動爭議仲裁委員會申請仲裁，對仲裁裁決不服的，除本法另有規定的外，可以向人民法院提起訴訟。」

[469].參見趙寶華：《多元化勞動爭議解決機制研究》，載《前沿》2011 年第 3 期，第 95 頁。

[470].參見《中華人民共和國勞動爭議仲裁法》第 19 條。

[471].《中華人民共和國勞動爭議調解仲裁法》第 20 條規定：「仲裁員應當公道正派並符合下列條件之一：（一）曾任審判員的；（二）從事法律研究、教學工作並具有中級以上職稱的；（三）具有法律知識、從事人力資源管理或者工會等專業工作滿五年；（四）律師執業滿三年的。」

[472].參見張偉杰：《勞動爭議處理法如何才能快捷高效》，http://news.xinhuanet.com/legal/2007 02/05/content 5709160.htm，最後訪問時間：2011 年 9 月 18 日。

[473].《勞動爭議調解仲裁法》第 49 條規定：「用人單位有證據證明本法第 47 條規定的仲裁裁決有下列情形之一，可以自收到仲裁裁決書之日起三十日內向勞動爭議仲裁委員會所在地的中級人民法院申請撤銷裁決：（一）適用法律、法規確有錯誤的；（二）勞動爭議仲裁委員會無管轄權的；（三）違反法定程序的；（四）裁決所根據的證據是偽造的；（五）對方當事人隱瞞了足以影響公正裁決的證據的；（六）仲裁員在仲裁該案時有索賄受賄、徇私舞弊、枉法裁決行為的。人民法院經組成合議庭審查核實裁決有前款規定情形之一的，應當裁定撤銷。仲裁裁決被人民法院裁定撤銷的，當事人可以自收到裁定書之日起十五日內就該勞動爭議事項向人民法院提起訴訟。」

[474].參見《中華人民共和國勞動爭議仲裁法》第 49 條。

[475].若勞動爭議遵循第一種途徑解決，根據現行《勞動爭議調解仲裁法》的規定，勞動爭議仲裁應在 45 日內結束，若案情複雜還需延長 15 日，如當事人不服仲裁裁決則必須在收到仲裁裁決書 15 日內提起訴訟。提起訴訟後，一審若為簡易程序，則需 3 個月結案，若一審為普通程序，則需在 6 個月內結案，如不服一審提起二審程序，則二審需在 3 個月內結案，以上各程序均有可能因情況特殊而延長時限。如此計算下來，一個勞動爭議案件的解決大概需要一年時間左右。

[476]. 參見臺灣地區「行政院研究發展考核委員會」編：《行政機關介入私權爭議之研究》，2000年8月版，第129頁。

[477]. 臺灣地區「公害糾紛處理法」第4條：「直轄市、縣（市）政府各設公害糾紛調處委員會（以下簡稱調處委員會）調處公害糾紛。」

[478]. 臺灣地區「耕地三七五減租條例」第3條規定：「直轄市或縣（市）政府及鄉（鎮、市、區）公所，應分別設立耕地租佃委員會。但鄉（鎮、市、區）公所轄區內地主、佃農戶數過少時，得不設立，或由數鄉（鎮、市、區）合併設立耕地租佃委員會。」

[479]. 臺灣地區「醫療法」第99條規定：「直轄市、縣（市）主管機關應設置醫事審議委員會，任務如下：一、醫療機構設立或擴充之審議……三、醫療爭議之調處……」

[480]. 臺灣地區「建築法」第45條規定：「前條基地所有權人與鄰接土地所有權人於不能達成協議時，得申請調處，直轄市、縣（市）（局）政府應於收到申請之日起一個月內予以調處……」

[481]. 臺灣地區「民用航空乘客與航空運送人運送糾紛調處辦法」第2條規定：「為維持機場運作並維護國家形象，交通部民用航空局（以下簡稱航空局）對民用航空乘客（以下簡稱乘客）與航空器運送人（以下簡稱運送人）間之運送糾紛，應協助調處之。前項運送糾紛之調處，民航局得委託航空站經營人辦理。」

[482]. 臺灣地區「公害糾紛處理法」第5條：「直轄市調處委員會主任委員，由直轄市長或其指定之適當人員兼任之；縣（市）調處委員會主任委員，由縣（市）長兼任之。其他委員，由直轄市長、縣（市）長遴聘有關機構代表、環境保護、法律、醫學等相關學者專家及社會公正人士共同組成；學者專家及社會公正人士之人數，不得少於全體委員之三分之二。」

[483]. 臺灣地區「醫療法」第100條：「前二條之醫事審議委員會，應就不具民意代表、醫療法人代表身份之醫事、法學專家、學者及社會人士遴聘之，其中法學專家及社會人士之比例，不得少於三分之一。」

[484]. 臺灣地區「公害糾紛處理法」第7條：「調處委員會委員，依法獨立行使職權，於在職期間，非有下列各款情形之一，不得於任滿前予以解聘：一、受有期徒刑以上刑之判決確定者。二、受破產、監護或輔助宣告者。三、任公務員而受撤職或休職之處分者。四、因身心障礙疑致不能執行職務者。」

[485]. 臺灣地區「漁業法」第37條：「有左列各款情形之一者，主管機關得對各特定漁業之漁船總船數、總噸數、作業海域、經營期間及其他事項予以限制：一、水產資源之保育。二、漁業結構之調整。三、國際漁業協定或對外漁業合作條件之限制。」

[486]. 參見臺灣地區「行政院研究發展考核委員會」編：《行政機關介入私權爭議之研究》，2000 年 8 月版，第 33 頁。

[487]. 臺灣地區「新市鎮開發條例」第 5 條：「中央主管機關於可行性規劃報告書（圖）核定後，應公告三十日，公告期滿，應即進行或指定省（市）主管機關進行新市鎮之規劃與設計，擬定新市鎮特定區計劃書，作為新市鎮開發之依據。前項公告期間內應舉辦公聽會，特定區內私有土地所有權人半數以上，而其所有土地面積超過特定區私有土地面積半數者，表示反對時，中央主管機關應予調處，並參酌反對理由及公聽會之結論，修訂或廢止可行性規劃報告，重行報核，並依其核定結果辦理之。」

[488]. 參見［法］孟德斯鳩：《論法的精神（下冊）》，張雁深譯，商務印書館 1963 年版，第 297 頁。

[489]. 參見楊健燕、王小紅：《完善防範化解社會矛盾的行政裁決機制》，載《河南省政法管理幹部學院學報》，2010 年第 3 期，第 12 頁。

[490]. 《中華人民共和國土地管理法》第 16 條：「土地所有權和使用權爭議，由當事人協商解決；協商不成的，由人民政府處理。單位之間的爭議，由縣級以上人民政府處理；個人之間、個人與單位之間的爭議，由鄉級人民政府或者縣級以上人民政府處理……」

[491]. 《森林法》第 17 條：「單位之間發生的林木、林地所有權和使用權爭議，由縣級以上人民政府依法處理。個人之間、個人與單位之間發生的林木所有權和林地使用權爭議，由當地縣級或者鄉級人民政府依法處理。……」《草原法》第 16 條：「草原所有權、使用權的爭議，由當事人協商解決；協商不成的，由有關人民政府處理。單位之間的爭議，由縣級以上人民政府處理；個人之間、個人與單位之間的爭議，由鄉（鎮）人民政府或者以上人民政府處理。」

[492]. 《專利法》第 57 條：「取得實施強制許可的單位或者個人應當給付專利權人合理的使用費，或者依照中華人民共和國參加的有關國際條約的規定處理使用費問題。付給使用費的，其數額由雙方協商；雙方不能達成協議的，由國務院專利行政部門裁決。」

[493]. 《環境保護法》第 41 條：「造成環境汙染危害的，有責任排除危害，並對直接受到損害的單位或者個人賠償損失。賠償責任或者賠償金額的糾紛，可以根據當事人的請求，由環境保護行政主管部門或者其他依照法律規定行使環境監督管理權的部門處理；……」

[494]. 參見王小紅：《行政裁決制度研究》，知識產權出版社 2011 年版，第 67 頁。

[495]. 參見王小紅：《行政裁決制度研究》，知識產權出版社 2011 年版，第 68 頁。

[496]. 參見呂艷濱：《論民事糾紛處理的行政介入機制》，載周漢華主編：《行政法的新發展》，中國社會科學出版社2008年版，第251頁。

[497]. 就房屋拆遷補償糾紛而言，1993年《最高人民法院關於適用〈城市房屋拆遷管理條例〉第14條有關問題的覆函》中規定，房屋拆遷主管部門或同級人民政府對拆遷人與被拆遷人對房屋拆遷的補償形式、補償金額、安置用房面積、安置地點、搬遷過渡方式和過渡期限的糾紛裁決後，當事人不服向人民法院起訴的，人民法院應以民事案件受理。而隨後1996年發佈的《最高人民法院關於受理房屋拆遷、補償、安置等案件問題的批覆》中規定，對人民政府或者城市房屋主管行政機關依職權作出的有關房屋拆遷、補償、安置等問題的裁決不服，依法向人民法院提起訴訟的，人民法院應當作為行政案件受理。可見，兩規定中對同類案件行政裁決的訴訟路徑卻作出不同規定。

[498]. 鄭尚元，清華大學法學院教授。

[499]. 所謂政策，釋文解字地理解應當是施政策略或施政方針，任何國家和地區執政黨或準備執政的反對黨皆有政策，沒有政策便是無頭蒼蠅，任何黨派皆有其政策導向。存在什麼樣的政策便會具體體現在法律制度之建構上，但是，政策不能等同於法律，政策可以隨時變化和調整，而法律需要穩定和執行；政策的形式可以多元，也不一定規範，口頭講演亦為政策，法律則需要符合規範，需要法定語言之公佈。大陸在計劃經濟時期，長期部分以政策代替法律，各級文件、命令、領導講話、指示便是實踐操作的指南，甚至在該時期作為法院、檢察院辦案的藍本，至於政府執行政策更是天經地義，當時政府還不知「依法行政「為何物。

[500]. 數據來源：2013年《政府工作報告》；中華人民共和國人力資源與社會保障部2013年1月30日關於《2012年人力資源社會保障工作情況和2013年主要工作安排》新聞發佈會實錄；中華人民共和國衛生部2013年1月10日例行新聞發佈會實錄。

[501]. 數據來源：中華人民共和國民政部《2012年四季度全國社會服務統計數據》。

[502]. 數據來源：2013年《政府工作報告》。

[503]. 郭明政：《社會安全制度與社會法》，翰蘆圖書出版有限公司1997年版，第43頁。

[504]. 黃越欽：《勞動法新論》，中國政法大學出版社2003年版，第358頁。

[505]. 孫迺翊：《社會給付權利之憲法保障與社會政策之形成空間：以德國聯邦憲法法院關於年金財產權保障及最低生存權保障之判決為中心》，載《臺大法學論叢》第41卷第2期，第452頁。

[506]. 參見鄭尚元：《不當派遣及其管制》，載《法學家》2008年第2期。

[507]. 大陸「事業」專指科教文衛體等領域就業的科教人員和專技人員。

[508]. 參見鄭尚元、李海明：《社會保險法制之開啟——評〈中華人民共和國社會保險法〉》，載《月旦民商法雜誌》第 34 期（2011.12），第 99—116 頁。

[509]. 曹發貴，廈門市海滄區人民法院副院長；陳淑芳，廈門市海滄區人民法院書記員。

[510]. 施鵬：《陪審制研究》，中國人民大學出版社 2008 年版，第 162 頁。

[511]. 最高人民法院院長周強於 2013 年 10 月 22 日在第十二屆全國人民代表大會常務委員會第五次會議上所作的《最高人民法院關於人民陪審員決定執行和人民陪審員工作情況的報告》。

[512]. 最高人民法院院長周強於 2013 年 10 月 22 日在第十二屆全國人民代表大會常務委員會第五次會議上所作的《最高人民法院關於人民陪審員決定執行和人民陪審員工作情況的報告》。

[513]. 最高人民法院院長周強於 2013 年 10 月 22 日在第十二屆全國人民代表大會常務委員會第五次會議上所作的《最高人民法院關於人民陪審員決定執行和人民陪審員工作情況的報告》。

[514]. 最高人民法院院長周強於 2013 年 10 月 22 日在第十二屆全國人民代表大會常務委員會第五次會議上所作的《最高人民法院關於人民陪審員決定執行和人民陪審員工作情況的報告》。

[515]. 魏文武：《隴縣法院：「陪審團」坐上了審判臺》，2010 年 1 月 13 日發表於《中國法院網》，訪問於 2013 年 11 月 17 日。

[516]. 李瑜、楊柳：《鶴壁中院刑事二審開庭引入人民陪審團機制》，2010 年 11 月 17 日發表於中國法院網，訪問於 2013 年 11 月 17 日。

[517]. 白秀萍、白洧賓：《清澗法院：人民陪審團參與案件審理 推進司法民主化進程》，2013 年 9 月 25 日載於中國法院網，訪問於 2013 年 11 月 17 日。

[518]. 《孟州法院推行「一村一陪審員」機制的調查》，2012 年 4 月 19 日載於孟州網，訪問於 2013 年 11 月 17 日。

[519]. 《河南開封法院聘任 13 名農民工為陪審員引發爭議》，載 http://news.sina.com.c川c/Zoo7 0601/011613124668.shtml，訪問日期：2013 年 11 月 1 日。

[520]. 鄭良：《福建漳州：臺胞擔任人民陪審員化解涉臺糾紛案件》，載於 2013 年 7 月 21 日新華網，訪問於 2013 年 11 月 17 日。

[521]. 羅欽文：《福建法院擬全面試行選任臺胞陪審員》，2011 年 11 月 11 日載於中國新聞網，2013 年 11 月 17 日訪問。

[522]. 劉樹德：《司法改革的科學觀：與德賽勒先生的法政漫談》，法律出版社 2010 年版，第 137 頁。

[523]. 喻貴英：《走進美國的陪審制度》，載於《法學評論》2004 年版，第 16 頁。

[524]. 鄧正來：《中國法學向何處去》，商務印書館 2007 年版，第 264 頁。

[525]. 歐岩峰、樂芳：《試論人民陪審制度運行的現實困境與功能強化》，載於 2013 年《海峽兩岸司法實務研討會（上）》，第 180 頁。

[526]. 吳鐘夏：《臺胞人民陪審員履職保障機制的構建及成效》，載於 2013 年《海峽兩岸司法實務研討會（上）》，第 125 頁。

[527]. 作者為南京大學法學院副教授，主要研究方向為憲法與行政法學。

[528]. 指責駁斥權的類型眾多。如「地方制度法」第三十條第四項「行政院」函告「直轄市」自治條例無效。如「地方制度法」七十五條第四項，縣（市）政府辦理自治事項違背「憲法」、法律或基於法律授權之法規者，由「中央各該主管機關」報「行政院」予以撤銷、廢止或停止其執行。當然，依「地方制度法」第七十五條第四項規定字面上意義來看，似乎賦予「行政院」直接撤銷、變更或廢止縣（市）政府的決定之權，但基於保障地方自治的意旨，若縣（市）政府經「行政院」指責後，自行撤銷、變更或廢止本身決定，則應屬優先選擇的方法。蕭文生：《地方自治之監督》，《行政法爭議問題研究》（下），五南圖書出版公司 2000 年版。

[529]. 吳信華：《論地方自治團體的申請釋憲》，《政大法學評論》第八十七期，第 159 頁。

[530]. 法治斌、董保誠：《憲法新論》，第 469 頁。

[531]. 吳信華：《論地方自治團體的申請釋憲》，《政大法學評論》第八十七期，第 147 頁。

[532]. 地方自治團體可一般性地主張與其他機關就同一法令的見解不同，而依本款規定申請「釋憲」。當然，此時的「釋憲」不具有權利救濟的性質，所以也不是本文中所稱的「憲法訴訟」類型。

[533]. 吳信華：《論地方自治團體的申請釋憲》，《政大法學評論》第八十七期，第 156 頁。

[534]. 地方機關申請統一法令解釋，在實務上有釋字第 184、212、232、239、279、293 等。

[535]. 吳信華：《論地方自治團體的申請釋憲》，《政大法學評論》第八十七期，第 164 頁。

[536]. 吳信華：《論地方自治團體的申請釋憲》，《政大法學評論》第八十七期，第 163 頁。

[537]. 也即對地方自治團體執行自治事項而進行的「合憲性」監督，見前文第一部分。

[538]. 吳信華：《論地方自治團體的申請釋憲》，《政大法學評論》第八十七期，第164頁。

[539]. 即「地方制度法」第三十條第五項的申請主體，「大法官」第527號解釋，行政機關也可以就自治法規的「合憲性」而直接提起「釋憲」申請的。

[540]. 即「憲法訴訟」的「列舉原則」：「釋憲」機關審理案件須有法律明文規定其權限及程序。「憲法訴訟」遵守列舉原則的原因在於：「憲法救濟」乃是一般法律救濟途徑之外的一種特別的救濟途徑，不能如一般的民事或行政訴訟那樣概括性受理案件，以避免「憲法訴訟」因任意受理案件而淪為民事、刑事或行政訴訟之外超級審，反而有礙一般法律救濟途徑的運作。

[541]. 吳信華：《論地方自治團體的申請釋憲》，《政大法學評論》第八十七期，第167頁。

[542]. 嚴安林，上海國際問題研究院院長助理兼臺港澳研究所所長、研究員；童立群，上海國際問題研究院臺港澳研究所助理研究員。

[543]. 依據臺灣地區法律，「假處分」是訴訟程序完成前的一種保全程序，用來保護請求法院判命被告做出一定行為（或「不行為」）的原告，在法院做出終局判決前，不會因為被告的行為（或「不行為」）造成其權利難以實現的狀態。

[544]. 金耀基：《臺灣在「文明轉型」中的新文化思考》，臺灣《中國時報》，2013年6月26日，A10。

[545]. 楊力宇：《臺灣亂局與馬英九困境》，臺灣《中國時報》，2013年7月3日，A16。

[546]. 戎撫天、張芷雁：《孫震：中國是世界經濟唯一希望》，臺灣《旺報》，2013年5月14日，A1。

[547]. 蘇起：《臺灣就像一條船》，臺灣《聯合報》，2011年5月11日，A4。

[548]. 《思想者論壇：馬王博弈對臺灣政局和兩岸關係的影響》，香港《中國評論》月刊，2013年11月號，第76頁。

[549]. 《思想者論壇：馬王博弈對臺灣政局和兩岸關係的影響》，香港《中國評論》月刊，2013年11月號，第76頁。

[550]. 蘇起：《臺灣民主的反思》。

[551]. 耿榮水：《以黨輔政？以黨亂政？》，臺灣《中國時報》，2013年6月11日，A15。

[552]. 高天賜：《選舉觀察：藍綠皆出，橘聰明投票定勝負》，http://www.chinareviewnews.com 2011 11-13。

[553]. 社評：《當選會是更大失敗的開始》，臺灣《旺報》，2013年7月23日，C5。

[554].《刺客牌》是指馬英九為了去除國民黨地方選舉中存在的「黑金」色彩，刻意在選舉中提名形象清新、學歷高、與地方沒有淵源的青年人為候選人。

[555]. 王光慈：《七月內閣改組？馬：沒考慮》，臺灣《聯合報》，2013年6月11日，A4。

[556]. 耿榮水：《以黨輔政？以黨亂政》，臺灣《中國時報》，2013年6月11日，A15。

[557]. 吳典蓉：《馬英九的改革大夢》，臺灣《中國時報》，2013年5月31日，A25。

[558]. 顧永忠，中國政法大學訴訟法學研究院副院長，教授。

[559]. 楊劍煒，山西財經大學法學院講師，中國政法大學在讀博士後。

[560]. 引自網絡 http://zh.wikipedia.org/wiki/% E4% B9%9D% E6%9C%88% E6%94% BF% E7%88%AD # cite note-183。

[561]. 2013年6月，「最高法院」更一審對全民電通背信案一事判決無罪後，柯建銘與王金平之間的通話內容被特偵組錄下。在通話中，柯建銘表示希望檢方不要繼續上訴，而王金平則回應，曾勇夫會去處理，最終檢察官林秀濤沒有對該案提起上訴。

[562]. 分析：《國民黨九月政爭馬、王正面對決》，BBC中文網.2013-9-10 [2013-10-4]。

[563]. 張自合：《揭秘神秘的臺灣特偵組》，載《法制日報》2013年10月15日。

[564]. 萬毅：《臺灣地區特別偵察組制度初探——以陳水扁弊案的偵辦為線索》，載《東方法學》2010年第5期，第68頁。

[565]. 張自合：《揭秘神秘的臺灣特偵組》，載《法制日報》2013年10月15日。

[566].「通訊保障及監察法」第24條：「違法監察他人通訊者，處五年以下有期徒刑。執行或協助執行通訊監察之公務員或從業人員，假借職務或業務上之權力、機會或方法，犯前項之罪者，處六月以上五年以下有期徒刑。意圖營利而犯前二項之罪者，處一年以上七年以下有期徒刑。」

[567].「通訊保障及監察法」第27條：「公務員或曾任公務員之人因職務知悉或持有依本法或其他法律之規定監察通訊所得應秘密之資料，而無故洩漏或交付之者，處三年以下有期徒刑。」

[568].「法院組織法」第111條規定：「各級法院檢察署行政之監督，依左列之規定：一、法務部部長監督各級法院及分院檢察署。二、最高法院檢察署檢察總長監督該

檢察署。三、高等法院檢察署檢察長監督該檢察署及其分院檢察署與所屬地方法院及其分院檢察署。四、高等法院分院檢察署檢察長監督該檢察署與轄區內地方法院及其分院檢察署。五、地方法院檢察署檢察長監督該檢察署及其分院檢察署。六、地方法院分院檢察署檢察長監督該檢察署。」

[569].黃丞儀：《總統先生，請停止創造憲政惡例》，《獨立評論》，《天下雜誌》，2013年9月9日。

[570].《王金平律師團駁抗告理由：黨員屬私權 受法律保障》，中國新聞網，2013年9月27日。

[571].引自李帥：《循許舒博模式 臺當局立法機構負責人暫保官位》，中國臺灣網，2013年9月12日。

[572].引自網絡：http://bbs.tianya.cn/post-worldlook -879032 -1.shtml，《王金平黨籍訴訟案的前景分析及可能引發的臺灣政壇風暴》，2013年9月14日。

[573].蔡瑞麟：《用釋憲釐清王金平院長資格》，蘋果日報，2013年9月12日。

[574].陳慧萍、顏厥安：《國會議長 不因黨籍消失而解職》，《自由時報》，2013年9月13日。

[575].廖元豪：《開除國會議長是違憲？》，《聯合報》，2013年9月19日。

# 臺灣部分

## ▍臺灣刑法的改革動向

余振華[1]

### 壹、前言

　　臺灣刑法自 1935 年公佈施行以來，隨著時空環境變遷，雖經過多次的部分條文修正，但在此段期間中，由於許多內容無法確實地反應當前的社會現實狀況，因此在 1974 年時由司法行政部（即現在的法務部）延聘國內專家學者組成「刑法研究修正委員會」，積極展開刑法的全面修訂工作。在經過多次的研討會議後，於 1978 年提出「刑法總則修正草案」與「刑分則修正草案」。其後再經過十數年，至 1990 年始經行政院會透過，送請立法院審議，但立法院又將該修正草案延宕擱置，致使該修正草案成為冰凍法案。

　　1996 年立法院作成決議，請行政院提出「刑法修正草案再修正案」後，再進行審議。於是由法務部再度研議，提出刑法部分條文修正草案（行政院版），同時由臺灣刑事法學會邀集國內刑法學者研議提出刑法部分條文修正草案（臺灣刑事法學會版），此二案併同立法院各委員所提修正案（立法委員版），在立法院綜合研議之下，終於 2005 年 1 月 7 日經立法院三讀透過刑法部分條文修正案（2005 年 2 月 2 月總統令公佈），而於 2006 年 7 月 1 日開始施行。

　　在新修正的刑法中，主要係針對總則部分，計修正 61 條、刪除 4 條及增訂 2 條，修正幅度可謂係歷年最大，堪稱 70 年以來刑法史上的最大變革。有關「新法」的內容，最主要在於廢止連續犯、牽連犯與刑法分則的常業犯，並修正公務員的定義、重傷害的定義、心神喪失與精神耗弱的定義、原因自由行為的處罰、違法性錯誤的不罰、共犯的從屬性關係、不能犯的不罰、準中止犯的立法化、正犯與共犯準中止犯的立法、追訴權時效的起算及期限、褫奪公權的範圍；在刑事制裁方面（刑罰與保安處分），提高數罪併罰的執行刑上限、提高無期徒刑的假釋門檻、明定強制性交罪的強制治療制度並提

高重罪累犯三次及強制性交罪治療無效者的假釋門檻等等。此等修文的修正，均屬於刑法原理原則的重大改變，對刑法理論與刑事司法實務均產生衝擊性的影響。

本次刑法修正有幾項具體的方向與考量重點，具體而言，分別整合刑法理論與實務的歧異、調和刑事法中刑法與刑事訴訟法上的一致性、吸收外國法治現況與經驗以及順應刑事政策的變遷。以下針對本次修法的重要內容，作一重點式的介紹，並將最近刑法分則修正修文及修法理由臚列於後，提供大陸地區立法與研究之參考。

## 貳、公務員的新定義（§ 10 Ⅱ）

臺灣刑法原本在第 10 條第 2 項規定公務員係指「依法令從事公務之人員」，但此一規定極為抽象、模糊與廣泛，在實務具體適用上，雖有司法解釋為依據，但經常造成不合理現象，例如，依司法院釋字第 8 號、第 73 號解釋（參照司法院大法官釋字第 8 號），政府股權佔百分之五十以上的股份有限公司（如銀行），即屬公營事業機構，其從事於該公司職務的人員，應認為係刑法上的公務員。然而，同樣服務於股份有限公司的人員，卻因政府股權佔百分之五十以上或未滿的不同，致有刑法上公務員與非刑法上公務員的區別，此點著實令人難以理解。

2005 年 2 月刑法總則大幅度修正，在第 10 條第 2 項將公務員的定義修正為「稱公務員者，謂下列人員：一、依法令服務於國家、地方自治團體所屬機關而具有法定職務權限，以及其他依法令從事於公共事務，而具有法定職務權限者。二、受國家、地方自治團體所屬機關依法委託，從事與委託機關權限有關之公共事務者。」；至貪汙治罪條例第 2 條則於 2006 年 5 月 5 日配合刑法公務員定義的修正，將原本所稱「依據法令從事公務之人員，犯本條例之罪者，依本條例處斷。其受公務機關委託承辦公務之人，犯本條例之罪者，亦同。」修正為「公務員犯本條例之罪者，依本條例處斷。」，因此該條例所稱公務員亦適用刑法所規定公務員的定義。

依據現行刑法有關公務員的定義，其範圍較舊法更為限縮，但就公務員所具有的特別保護義務與服從義務而言，應更具有適法性與合理性。基於該

項公務員定義的內涵,公務員可歸納為下列三種類型:(1)身份公務員、(2)授權公務員、(3)委託公務員。

一、身份公務員

所謂身份公務員,係指依法令服務於國家或地方自治團體所屬機關,而具有法定職務權限的人員而言。就國家或地方自治團體組織成員而論,國家或地方自治團體所屬機關組織內,具有法定職務權限且有法令上任用資格的人員,因係代表或代理國家或地方機關處理公共事務,自當負有特別的保護義務或服從義務,認其為刑法上的公務員,應無疑義。

二、授權公務員

所謂授權公務員,係指依法令授權而從事於公共事務且具有法定職務權限的人員而言。雖非服務於國家或地方行政機關的人員,惟法令上特別規定將公共事務處理的權限,直接交由特定團體的成員為之,而使其享有法定的職務權限者,既然係依法令負有一定公共事務的處理權限,當然應負有特別的保護義務或服從義務,亦應認其為刑法上的公務員。

三、委託公務員

所謂委託公務員,係指受國家或地方自治團體所屬機關依法委託,從事與委託機關權限有關公共事務的人員而言。此類型之公務員,係參酌行政程序法第 16 條第 1 項「行政機關得依法規將其權限之一部分,委託民間團體或個人辦理。」、同法第 2 條第 3 項「受託行使公權力之個人或團體,於受託範圍內,視為行政機關。」;國家賠償法第 4 條第 1 項「受委託行使公權力之團體,其執行職務之人於行使公權力時,視同委託機關之公務員。受委託行使公權力之個人,於執行職務行使公權力時,亦同。」等規定。因此,依此等法令受委託行使行政機關的權限或公權力的人,亦應視為刑法上的公務員。

## 參、重傷的新定義(§ 10 Ⅳ)

刑法上的傷害罪可分為輕傷罪(§ 277 Ⅰ)與重傷罪(§ 278 Ⅰ)兩種類型。所謂輕傷,係指重傷以外的傷害;所謂重傷,係指刑法第 10 條第 4

項所規定的傷害行為,亦即,毀敗或嚴重減損五官、肢體、生殖機能或其他於身體或健康有重大不治或難治的傷害行為。

依據刑法對重傷所做的立法解釋,可分為以下六種類型:(1)毀敗或嚴重減損一目或二目的視能;(2)毀敗或嚴重減損一耳或二耳的聽能;(3)毀敗或嚴重減損語能、味能或嗅能;(4)毀敗或嚴重減損一肢以上的肢體機能(參照最高法院62年臺上字第3454號判例);(5)毀敗或嚴重減損生殖的機能(參照南投地方法院95訴字第258號判決);(6)其他於身體或健康,有重大不治或難治的傷害(參照最高法院54年臺上字第1697號判例)。其中(1)至(5)係有關生理機能重傷的列舉規定;而(6)則為關於機能以外身體與健康重傷的概括規定。

就罪刑法定主義的明確性原則而言,列舉規定可避免適用上的疑慮,應係最具妥適性的規定,但實務上出現諸多重大傷害而卻不涵蓋在(1)至(5)的各項機能者,例如屬於容貌上鼻或耳的部分被切割,已經造成被害人嚴重身體與心理的創傷,但卻不屬於列舉規定的範圍,故本項重傷定義附加概括規定,主要係補充列舉規定的不完整性。

所謂毀敗,係指完全而永遠喪失五官、肢體或生殖機能。至於所謂嚴重減損,則係指雖未完全而永遠喪失五官、肢體或生殖機能,但已經導致上述機能嚴重地減損。

有關嚴重減損的規定,基於修法前實務上的主張,關於視能、聽能等機能,須完全喪失機能,始符合各該款要件,如僅減損甚或嚴重減損效能並未完全喪失機能者,縱有不治或難治情形,亦不能適用同修項第6款規定,仍屬普通傷害,既與一般社會觀念有所出入,而機能以外身體或健康倘有重大不治或難治情形的傷害,卻又認係第6款的重傷,兩者寬嚴不一,且兩罪法定刑度輕重甚為懸殊,故嚴重減損機能仍屬普通傷害,實嫌寬縱。

於2005年2月刑法總則修正時,立法機關特別就刑法對人體的保護機能與法律的平衡合理精神觀點,認為宜將嚴重減損生理機能納入重傷定義,而於第4項第1款至第5款增列「嚴重減損」字樣,期能達到法律的公平性與合理性。

重傷的認定標準，最高法院最早係採身體組織完好說，以器官機能完全毀壞來認定；其後則採機能說，以器官的效用作為判斷標準。例如，甲將乙打傷至一顆腎臟破裂必須摘除，若從身體組織完好說的觀點，甲應成立重傷罪，惟若從機能說的觀點，則腎臟機能在醫學上一顆腎臟並未影響腎臟機能，故甲並不成立重傷罪。

## 肆、心神喪失與精神耗弱的新定義（§ 19 I II）

臺灣刑法原將精神障礙分為心神喪失與精神耗弱，而規定「心神喪失人之行為，不罰。」（舊法 § 19 I），「精神耗弱人之行為，得減輕其刑。」（舊法 § 19 II）。然而，心神喪失與精神耗弱的語意極不明確，究竟如何判斷，在刑法實務上確實造成相當大的困擾，一般仍然係委由精神醫學專家鑑定，因此為符合精神醫學用語，且使精神醫學專家在判斷上能有明確的標準，乃於 2005 年 2 月將心神喪失與精神耗弱用語加以修正。

依據新法的規定，當行為人在實施違法行為時，倘若其精神異常已經嚴重至不能辨別事理及無法控制自己行為的程度，此時非難其違法行為而施以刑罰，亦無實際效用。因此，刑法針對此種情形，依其精神狀態程度，區分為「完全不能辨識事理程度」的無責任能力、「辨識事理而為行為能力顯著減輕」的限制責任能力與「完全可辨識事理」的完全責任能力，而依此三種精神狀態來決定其責任能力。

一、無責任能力

無責任能力之人，係指「行為時因精神障礙或其他心智缺陷，致不能辨識其行為違法或欠缺依其辨識而行為之能力者，不罰。」（§ 19 I）

二、限制責任能力

限制責任能力之人，係指「行為人在行為當時由於前項的原因，致其辨識行為違法或依其辨識能力而行為之能力，顯著減低者，得減輕其刑。」（§ 19 II）。

三、完全責任能力

上述二種情況以外之人，應負完全責任，屬於具有完全責任能力之人。關於精神是否有障礙或心智缺陷的判斷，主要係以行為當時為標準，若行為人在行為當時屬於正常狀態，而後行為轉為異常，則行為人的責任並不受影響。反之，若行為人在行為當時屬於異常狀態，但行為後回覆正常，亦不得以行為後正常精神狀態而歸責行為當時所為的行為。

至於如何回溯判斷行為當時的精神狀況，自然要仰賴專業的精神科醫生的鑑定意見，惟醫生的鑑定意見係屬於證據的一種，其最後的證據價值，仍然應由法官來做判斷。行為人於行為當時必須具有正常人的精神狀態，始具有完全責任能力，如其精神狀態與常人有異，有精神障礙或其他心智缺陷，則其辨別合法與非法的能力，可能完全喪失，或雖未完全喪失，但露較常人為低，前者屬無責任能力人，而後者則為限制責任能力人。

## 伍、原因自由行為的處罰（§ 19 Ⅲ）

刑法規定行為人實施犯罪行為時，若屬精神障礙或其他心智缺陷，則無責任能力，阻卻責任，不成立犯罪。然而，其精神障礙或其他心智缺陷的原因，若係行為人基於故意或過失，放任自己在精神障礙或其他心智缺陷狀態下實行違法行為，則行為人的責任不能依法免除。此種情形，學說上稱為原因自由行為（actio libera in causa）。

臺灣新修正的刑法在第 19 條第 3 項規定「前二項規定，於因故意或過失自行招致者，不適用之。」，此即關於精神障礙或其他心智缺陷，排除減免罪責的規定。依據此條文的規定，原因自由行為可能為故意犯，亦可能為過失犯。故意的原因自由行為係指行為人故意自陷於精神障礙或其他心智缺陷（例如飲酒或使用麻醉藥物），並決意利用無責任狀態，實施違法行為，例如借酒壯膽而向仇人挑戰等。至於過失的原因自由行為係指行為人故意或過失自陷於精神障礙或其他心智缺陷狀態，預見自己可能在無責任能力狀態下實施違法行為，卻樂觀地相信不致如此，而未採取預防措施，例如爛醉開車而撞死路人等。

## 陸、違法性錯誤的不罰（§16）

一、違法性錯誤的法源依據

所謂違法性錯誤（Rechtswidrigkeitirrtum），係指行為人對於行為的違法性認識錯誤而言。亦即，行為人對於法律規定加以處罰的行為（禁止的行為），誤認其係法律所容許的行為，故亦稱為禁止錯誤（Verbotsirrtum）或法律錯誤（Rechtsirrtum）。

臺灣刑法有關違法性錯誤的法源依據，在2005月2月前，係依舊刑法第16修「不得因不知法律而免除刑事責任。但按其情節，得減輕其刑；如自信其行為為法律所許可而有正當理由者，得免除其刑。」的規定。目前係依現行刑法第16修「除有正當理由而無法避免者外，不得因不知法律而免除刑事責任。但按其情節，得減輕其刑。」的規定。此修文的修正，主要係因應刑法施行七十年期間的社會環境變化，在刑法理論的新超勢下，擷取最符合刑法法理的觀點，而在違法性錯誤的內涵及法律效果作了重大的調整。

二、違法性錯誤的態樣

在違法性錯誤的情形，包含行為人主觀上欠缺違法性認識以及客觀上發生錯誤的結果。有關違法性錯誤，可分為不知法律與包攝錯誤兩種類型。分述如下：

（一）不知法律

所謂不知法律（Ignorantia juris），係指行為人對其行為有關的刑罰法規無所認識，誤解其行為係法律所不加禁止而屬於合法的行為。不知法律的情形，有下列四種類型：

1. 行為人不知有刑罰法規的存在：例如大學生將具有版權的教科書影印成冊，廉價賣給同學，不知已觸犯著作權法。

2. 行為人誤認刑罰法規已經失效：例如已婚男女發生婚外情，誤認刑法通姦罪已經除罪化，事實上通姦罪僅在研議廢止，仍然係屬於刑法上的犯罪行為。

3.行為人誤認刑罰法規不適用其行為：例如同性戀甲女以強制手段強迫乙女發生性行為，自認無刑法上強制性交罪的問題，事實上女對女的強制性交亦成立強制性交罪。

4.行為人誤認有阻卻違法事由：例如書店老闆對偷竊漫畫書的小孩，誤認對行竊者毆打教訓可阻卻違法，事實上該行為仍然構成妨害自由罪與傷害罪；下級公務員明知上級公務員的命令違法，誤認只要依命令行事，即可阻卻違法，事實上明知上級公務員的命令違法，係屬於阻卻違法事由的排除適用。

(二) 包攝錯誤

所謂包攝錯誤（Subsumtionsirrtum），亦稱為適用的錯誤，係指行為人認識刑罰法規的存在，但對該刑罰法規所涵蓋的內容有所誤解，致誤解自己出於故意所實行的構成要件該當行為，並非該法規所涵蓋的行為，而係屬於法律上所容許的行為。例如某知名人士在國寶書畫上題詩落款，誤解自己的落款可使該書畫更具價值，事實上該行為已經毀損該書畫，喪失其原有的價值性，應成立刑法上的毀損罪。

包攝錯誤的情形，行為人對於構成要件的事實並無錯誤，故並非構成要件事實的錯誤，不能阻卻故意的存在。然而，包攝錯誤的情形，依據行為人產生誤解的原因，應可在違法性錯誤上肯認係屬無法避免的錯誤，阻卻其責任。此種情形，有以下三種態樣：

1.行為人信賴刑罰法規的效力：例如行為人信賴刑罰法規係屬有效而實行行為，但在行為後該法規被認為違憲而宣告無效。由於法規被宣告無效並非一般人所可理解，故行為人的行為係屬無法迴避的錯誤。

2.行為人信賴最高法院的判例：例如行為人認為自己行為與具有權威性的判例係屬同一性質，由於信賴判例而誤解刑罰法規的涵蓋內容，其所實行的行為雖構成犯罪，但可認為係無違法性認識的可能性，故可阻卻其責任。

3.行為人信賴專業人員的意見：例如行為人信賴政府機關或律師、會計師等的見解，誤解自己所實行的行為並非刑罰法規所涵蓋的內容。此種情形，若行為人係諮詢各專業的私人意見，不能認為係無法避免的錯誤，但若係來

自於政府機關或律師、會計師公會的見解,應肯認係屬無法避免的錯誤,可阻卻其責任。

三、第 16 條「有正當理由而無法避免」的詮釋

針對刑法第 16 條關於違法性錯誤的規定,除依學者所提出的批評而為修正外,更依目前通說見解,以責任說的論點為依歸,將違法性認識視為獨立的責任要素加以定位,並將舊刑法第 16 條「不得因不知法律而免除刑事責任。」的規定修正為「除有正當理由而無法避免者外,不得因不知法律而免除刑事責任。但按其情節,得減輕其刑。」。現行修文的規定係明示對於有「正當理由」而「無法避免」的違法性錯誤不具有責性,但若非無法避免的錯誤,仍不能免除刑事責任,僅得按其情節減輕其刑。因此,違法性錯誤的法律效果依責任說的觀點,應區分以下兩種情形:

1.屬於「無法避免」的違法性錯誤者,亦即有正當理由而無法避免的違法性錯誤者,其法律效果係阻卻責任,其行為屬於不罰的「不成立犯罪」行為。

2.屬於「可避免」的違法性錯誤者,其法律效果係不能阻卻責任,其行為係成立犯罪,僅得予以減輕其刑而已。

# 柒、不能犯的不罰(§ 26)

一、不能犯的成立要件

臺灣刑法針對不能犯規定「行為不能發生犯罪之結果,又無危險者,不罰。」(§ 26)。依據此一規定,不能犯的成立要件必須具有以下四個要件:(1)有實現構成要件的故意、(2)已經著手實行構成要件的行為、(3)欠缺構成要件的完全實現、(4)須無危險。由於不能犯係屬廣義的未遂犯,故(1)至(3)的成立要件係與普通未遂相同,而(4)無危險係不能犯成立的最主要條件。

有關「無危險」的詮釋,除行為人的行為發生結果的可能性極其輕微之外,其行為所採的手段與方法,又必須不具危險性,始可肯認其成立不能犯。

至於無危險的判斷標準，應係所採手段與方法在社會上一般人的心理上不具有危險感為標準。

某些行為，即使行為人著手實行，根本無法達成其犯罪目的，但仍然具有危險性，故不成立不能犯。舉例而言，行為人在認知上發生錯誤，誤以為自己手段可以實現構成要件，例如誤將砂糖當做砒霜殺人的情形；或誤認為被害的對象存在（實際上不存在），例如誤以為懷孕而實施墮胎行為的情形。針對該等手段或客體不能的情形，雖不能發生犯罪的結果，但仍有危險性存在，仍應認為成立普通未遂犯。

二、不能犯的法律效果

針對不能犯「法律效果」的理解，首先必須從 2005 年 2 月修正刑法第 26 條時，將不能犯修正為不具刑罰性的背景來觀察。有論者批評將不能犯的法律效果修正為「不罰」，係仿做日本刑法而有此修正修文，惟實際上日本刑法並無不能犯的規定，只是其學說及實務上皆肯認不能犯的概念，並且採不罰的法律效果。

再者，德國刑法係於第 23 條第 3 項明文規定「行為人由於重大無知而誤認犯罪對象和手段之性質上絕對不能達到既遂者，法院得減輕或免除其刑。」，依據此種規定可知，德國刑法針對不能犯的意義，雖與臺灣舊刑法第 26 條的「行為不能發生犯罪之結果，又無危險者，減輕或免除其刑。」規定不同，但兩者皆規定不能犯的可罰性，所不同者僅在於「得減輕或免除其刑」與「減輕或免除其刑」而已。

臺灣刑法係從暫行新刑律時代開始，即肯定不能犯的可罰性，並將其與普通未遂犯同視，1928 年舊刑法亦加以沿用。然而，在實務上卻因學說有「不罰」的絕對不能與「可罰」的相對不能，而從危險的觀點認為，不能發生結果的行為，若基於實際上並無危險者，並不成立未遂罪。

其後，1935 年舊刑法認為不能犯不具危險性，應科處較普通未遂犯更輕的刑罰，故將不能犯規定為「行為不能發生犯罪之結果，又無危險者，減輕或免除其刑。」（舊 § 26 但書規定）。2005 年 2 月修正第 26 條時，更基

於刑法謙抑主義、法益保護的機能及未遂犯的整體理論，由折衷印象理論而改採客觀未遂理論，將不能犯的處罰效果修正為「不罰」。

## 捌、正犯與共犯的修正

一、共同正犯的修正（§28）

（一）「實施」修改為「實行」

現行修文「實施」一語，實務多持31年院字2404號解釋的意旨，認其係涵蓋陰謀、預備、著手、實行概念在內。因此，共同正犯的類型，即得分為陰謀共同正犯、預備共同正犯、實行共同正犯及共謀共同正犯。而實務之所以採取此種見解，主要在為共謀共同正犯尋求法源的依據。

然而，將「實施」修改為「實行」後，其義轉狹，陰謀與預備，已無法涵蓋於實行的概念內，在解釋上不再有陰謀共同正犯及預備共同正犯的概念。因此，共同正犯的類型，僅有實行共同正犯及共謀共同正犯二種。雖然。倘將預備犯之規定，視為構成要件的修正形式時，則[因預備行為性質上屬於修正構成要件的實行行為，亦可能承認有預備共同正犯的概念。

（二）修改為「實行」後的詮釋

1. 共同正犯為正犯的一種，正犯所須要具備的成立要素，共同正犯亦須具備。而正犯一定要有實行行為，始能成立，所以共同正犯亦須要有實行行為的存在。

2. 共同正犯的實行行為，並非指各共同行為人個人各別的實行行為，而係指共同正犯整體共同的實行行為。

3. 法文上所謂二人以上共同實行犯罪的行為，已將「二人以上」整體作為一個行為的主體，此「二人以上」的行為主體，並非一加一等於二等等算數的總和，換言之，此「二人以上」的行為主體，並非物理地存在，而是具有法律上意義之人的結合，此種結合已超越自然人的概念，而屬於超個人之社會存在的現象。至於此「二人以上」的內部關係，無論係任務的分配或行為的分擔等，均不影響共同正犯的成立，所謂皆為正犯，即指此種意義而言。因此，甲、乙、丙三人共謀殺丁，無論係甲之電話邀約、乙之自後抱住或係

丙之持刀刺殺，均屬於甲、乙、丙三人整體的一個行為主體所實施的共同實行行為，自應負擔其因共同的實行行為所發生的全部責任。

二、教唆犯的修正（§ 29）

（一）教唆犯的立法原則

1. 關於教唆犯的立法原則為何，實務及學說的見解至為混亂，惟依現行教唆犯的立法理由「教唆犯惡性甚大，宜採獨立處罰主義。惟被教唆人未至犯罪，或雖犯罪而未遂，即處教唆犯既遂犯之刑，未免過嚴，故本案規定此種情形，以未遂犯論。」似可得知係採共犯獨立性說立場。

2. 教唆犯如採共犯獨立性說的立場，實側重於處罰行為人的惡性，此與現行刑法以處罰犯罪行為為基本原則的立場有違，更不符合現代刑法思潮的共犯從屬性思想，故改採德國刑法及日本多數見解的共犯從屬性說中的「限制從屬形式」。

依限制從屬形式的之立場，共犯之成立係以正犯行為（主行為）之存在為必要，而此正犯行為則須正犯者（被教唆者）著手於犯罪之實行行為，且具備違法性（即須正犯行為具備構成要件該當性、違法性），始足當之，至於有責性之判斷，則依個別正犯或共犯判斷之。

（二）限縮教唆犯的成立範圍

教唆犯之立法原則，既改採共犯從屬性說的立場，則被教唆者須已著手實行，且具備違法性後，教唆者始成立教唆犯。現行修文第三項失敗教唆及無效教唆之規定，係依共犯獨立性說所制定，實與限制從屬形式的立場相齟齬，自應刪除。因此，被教唆者未產生犯罪決意，或雖生決意卻未實行者，教唆者皆不成立教唆犯。

三、幫助犯的修正（§ 30）

（一）幫助犯的立法原則

幫助犯的立法原則，實務及學說多數見解，認係採共犯從屬性說的立場，惟原採極端從屬形式，現則改採限制從屬形式。惟「從犯」一語，常有不同

解讀,且易造成紛擾。教唆犯的理論,既改採從屬性說中「限制從屬形式」,亦得認其為從犯,故將從犯的用語改為幫助犯。

(二)擴大幫助犯的成立範圍

幫助犯既改採限制從屬形式,則幫助犯的成立,亦以被幫助者著手犯罪的實行,且具備違法性為必要。至於被幫助者是否具有「有責性(罪責)」,皆不影響幫助犯的成立。因此,如被幫助之人未滿14歲,或有第19修第1項之情形而不罰,依幫助犯的限制從屬形式,仍得依其所幫助的罪來處罰。

在這次的刑法修正上,有關刑罰論的部分主要有幾項重要的方針與思想如下:順應刑事政策變遷-引用寬嚴併進的刑罰論、整合理論與實務的歧異,使實定法與刑法理論更為契合、考慮刑事法本身的協調-調和刑法與刑事訴訟法的一致性、吸收參考外來法治現況與經驗。

## 玖、主刑及相關部分的變動

一、自首由絕對減輕改為相對減輕(§62)

原本刑法對於自首的規定,係採絕對減輕原則,亦即凡自首者便可以獲得減輕其刑。鑒於部分犯罪人將自首作為其犯罪的護身符,為免其以自首來作為減輕犯重罪刑責的計畫,因此改由法院視其具體犯罪行為的不法情形,來作為決定自首是否作為減輕的依據。

二、確定追訴時效停止時點,延長追訴權及行刑權時效(§§80,83,84)

追訴權係公訴機關或被害人向國家提起確定刑罰權及其範圍的權利,因此追訴權消滅的要件應該以公訴機關或被害人未在期限內起訴為要件。因此,在未起訴前法院基於不告不理原則無從確認刑罰權,才有所謂追訴權時效進行的問題。一旦起訴後,追訴權即無時效進行的理由。基於此種考量,將原本刑法第80修第1項中「不行使」的文字改為「未起訴」,來落實上述的論述。此種修正可以變更以往實務上以開始偵查即作為追訴權時效進行的時點的立場,避免偵查程序的冗長進行而不當地妨礙行為人的時效利益。

另一方面，為避免追訴權時效停止進行後所造成的時點延後效果而導致追訴權期限過短，妨礙國家對犯罪的追訴權，因此同時須提高追訴權時效的時期，將原本區分為五等級（一、三、五、十及二十年）的追訴權時效改為四等級（五、十、二十及三十年）。並修改刑法第84條的規定以延長行刑權的時效期間，將原本的五等級（三、五、七、十五及三十年），改為四等級並各自延長時效期限為七、十五、三十及四十年。

三、罰金單位之更新（§33）～由「銀元」改為「新臺幣」

修訂前的刑法的罰金是以「銀元」為單位，這單位當時是以大陸時期的通用貨幣為罰金的單位，而銀元現今已經不是臺灣的通用貨幣。為符合現今的經濟狀況，所以把銀元改為新臺幣作為罰金的單位，並將其額度提高到新臺幣一千元以上，以反映目前臺灣的社會經濟狀況及水準。

四、放寬易科罰金之要件（§41）

對於易科罰金方面的修正主要有下列兩項：（一）為了要放寬短期自由行可得易科罰金之條件，因此刪除刑法第41條第1項條文中「因身體、教育、職業、家庭之關係或其他正當事由，執行露有困難者」的規定；（二）修正刑法第41條第2項為「前項規定於數罪併罰，其應執行之刑未逾六月者，亦適用之」。

在第一項的修正中，明白確定只要被告符合了所犯最重本刑為五年以下有期徒刑以下之罪，而受六個月以下有期徒刑或拘役之宣告者，同時沒有同項但書中所規定的「但卻因不執行所宣告之刑，難收矯正之效，或難以維持法秩序者，不在此限」的情形時，即可不再受限於被告是不是有因身體、教育、職業、家庭的關係或其他正當事由，而在刑的執行上露有困難的條件。如此一來將使得被告在易科罰金上較先前更為容易。

第二項的修正則與原本司法院大法官釋字第366號解釋內容有所牴觸，亦即大法官解釋原本認為，在數罪併罰的情形中，雖然各罪之宣告均符合第一項之要件（所犯最重本刑為五年以下有期徒刑以下之罪，而受六個月以下有期徒刑或拘役之宣告者），但是各罪併罰後其最終應執行之行的宣告，業已超過六個月，其所應執行之自由刑已經不是所謂的短期自由刑，所以無採

用易科罰金轉向處分的餘地。然而立法機關則認為大法官的解釋是因為先前本修的規定對此部分並未有明文規定，才會針對此一問題做出如此的解釋，但是一旦透過立法規定的話，便必須以法律規定為準，因而不應再受到大法官解釋見解的拘束。

五、提高罰金及易服勞役之換算關係（§ 42 Ⅲ，Ⅳ）

第42修第3項的新修訂是將罰金易服勞役的換算由六個月提高為一年。由於特種刑法的存在，尤其是金融法規部分，對於罰金的法定額度經常高達數百、數千萬，甚至上億的數額，如果依照原本刑法的規定最多僅能易服勞役六個月，恐有不盡合理處，因為儘管宣告再高額的罰金刑，最多也只能折算六個月之勞役，這會與高額罰金刑的處罰意旨有所違迕，因此必須提高罰金易服勞役的期限。再者也能較為配合金融法規的易服勞役的特殊折算期限規定。

## 拾、從刑相關部分的變動（§ 36）

原刑法對於刑罰的從刑之一的褫奪公權（§ 36）係採取「齊頭式」的剝奪公權，亦即不區分犯罪情節或犯罪種類，而統一剝奪被告下列的權利：

（一）為公務員之資格

（二）公職候選人之資格

（三）行使選舉、罷免、創製及復決之資格

對於褫奪公權的批判主要在於，其實施妨礙了受刑人社會復歸的的目的以及無法產生預防犯罪的作用。依此廢除上述第三項的規定，計畫將其改為依據具體情形改列在「公職人員選舉罷免法」或「總統副總統選舉罷免法」中規定，以符合憲法第23修法律保留及比例原則的精神。

## 拾壹、刑的執行方面

一、提高數罪併罰的執行刑上限-尤其是與廢除連續犯後的互動關係（§§ 55，56）

原本刑法上對於數罪併罰的上限限定在二十年,但是部分單一犯罪的法定刑的上限原則上雖為十五年,但是一旦有加重事由則加重至二十年,造成數罪併罰的上限與單一犯罪的加重刑期同樣都是二十年。這種情形恐有牴觸衡平原則,所以為能兼顧數罪併罰與單純一罪之區別及刑法的衡平原則,將有期徒刑合併定應執行刑之上限調高至三十年,以資衡平。

二、修正緩刑效力限於主刑(§§74V)

臺灣刑法中所規定的刑罰從刑包括上述的「褫奪公權」與「沒收」,而原本實務上有關緩刑對這兩項從刑的影響的認定各有不同,亦即實務見解對於緩刑對從刑的影響效力範圍的認定各有所不同。由於緩刑對於沒收的影響認定之前已有司法院大法官釋字第 45 號解釋的依據,認為緩刑的效力不及於沒收之從刑。但是對於褫奪公權部分卻未有明確的認定,因此實務上承認緩刑效力也該及於褫奪公權部分。為避免因犯罪被宣告緩刑時,受刑人仍可以參與公職人員之選舉的不當現象,因此新修訂刑法第 74 修第 5 項明定,緩刑效力不及於從刑-包括沒收與褫奪公權與保安處分之宣告。明確規範緩刑的效力所及範圍僅限於主刑,而不及於從刑與保安處分。

三、增設社區處遇性質的緩刑制度-呼應緩起訴的轉向政策(§§74 II,III,IV)

在刑事訴訟法第 253 修之 2 有關緩起訴處分的規定影響之下,刑法第 74 修第 2 項增列了法院於宣告緩刑時,得命被告為「社區處遇」等事項的規定,以配合刑罰的「轉向」政策,使得被告在緩起訴之外,仍可以在審判期間獲得機構外的社區處遇的機會。

按現行刑事訴訟法中設計有起訴猶豫制度,其性質類似於審判中的執行猶豫制度,但是在起訴猶豫制度中規定對受處分人有加以特定的負擔及作為義務,如果在執行猶豫方面無法作配合措施的話,有可能讓接受執行猶豫的受刑人所接受的處置輕於接受起訴猶豫的處分者,也會讓審判者降低使用緩刑的意願,故為了配合這一轉向制度,在本次修法中增列了附修件的緩刑制度。除了在同修項第四款「向公庫支付一定之金額」與刑事訴訟法第 253 修

之 2 第 1 項第 4 款的規定不同外，其餘各款都與刑事訴訟法上的起訴猶豫制度的規定相同。

四、提高無期徒刑之假釋聲請門檻為 25 年（§ 77 I）

提高無期徒刑的假釋門檻有兩種考慮基準：（一）明露區分出一般長期有期徒刑與無期徒刑的假釋門檻；（二）配合廢除死刑之政策。原本一般性的長期有期徒刑的執行刑最長為二十年，而最快在服刑十年後即可提出假釋聲請。而在聲請假釋方面，無期徒刑初犯者原本規定為十五年，累犯為二十年。但這樣的區隔難免遭受批評認為，原來本可處死刑的犯罪人卻在刑罰執行十數年後，就可以出獄重返自由，幾乎與所犯為長期有期徒刑者並無太大的區別，所以此次修正將無期徒刑假釋的聲請期限，不論初犯或累犯一律提高為二十五年。

這樣的延長無期徒刑聲請假釋的年限設計，同時也是為配合廢除死刑的政策。因為上述原本的假釋規定會使得法院產生無期徒刑之執行已變質為一般的長期的有期徒刑之虞，而降低法院以宣告無期徒刑的刑罰來取代死刑的意願。再者如果採行無假釋的無期徒刑，以終身監禁取代死刑的作法，又可能將會造成人道上的質疑以及監所管理的困難。因此此次的修訂採取提高無期徒刑的假釋門檻期限，雖然被判處無期徒刑者仍能保有假釋的機會，但實際上已經形同接近實質的終身監禁，同時也能與一般長期的有期徒刑的執行情形作出區分，故未來就有可能成為死刑的替代方法。

五、取消針對重罪累犯及強制性交再犯之虞者的假釋（§ 77 II）

新修法採取美國法制上所謂的「三振法案」的處遇方式來處理「重罪累犯」，以及擴及到「無露著降低再犯風險的強制性侵害受刑人」。新刑法第77 修第 2 項第 2 款規定，曾犯最輕本刑為五年以上有期徒刑的累犯，於假釋期間、受徒刑之執行完畢，或一部之執行而赦免後，五年內故意再犯最輕本刑為五年以上有期徒刑之罪者，以及同修項第 3 款規定，性侵害犯罪受刑人於執行有期徒刑期間，接受治療後，經評估其再犯危險未露著降低者，皆不得假釋。立法機關希望透過引進降低或剝奪對於重複違犯重罪或近時社會上所深惡痛絕的性犯罪者的假釋機會，來達到對此二類型的受刑人的加重處遇。

然而，這種的修法卻遭遇到刑法學者強烈的質疑。首先有學者主張對累犯的刑罰目的並非在於長時期的隔絕社會，而是相反地應該採取社會治療措施，使其接受精神分析與治療，以擴大「特別預防」的作用才是對這類犯罪人處遇的正確方向。所以除了不應該增訂第77條第2項第2款的規定，甚至應該連現行刑法第47條有關處罰累犯的規定也要進一步刪除。主張刪除累犯處罰及本條款者的學者所引用的論點係來自於德國1986年的刑罰修正案中對累犯的處遇觀點。然而主張引用日本法制的學者則認為，累犯制度現仍存在於同屬大陸法系的日本與法國的刑法當中，日本於1974年的刑法改正案中不但維持了累犯處罰的制度，甚至還擴張了累犯的加重要件及其法律效果，以強化對累犯的處罰。這一引用日本法制的主張受到司法實務及立法機關的重視，因此還是維持了現行的累犯處罰制度，並加入了三振法案的精神，新增訂本條款對重罪累犯取消假釋的設計。

　　另外考慮到配合刑法中的保安處分方面，對強制性交犯罪人的強制治療制度的新增修訂，強調避免其再犯而危害到社會安全，須降低其威脅，因此對這類的受刑人必須確定其已經達到「再犯危險露著降低」的程度，才可以使其回覆社會生活，因此除了刑期尚未屆滿者，不得假釋外；刑期屆滿者，仍須接受強制治療至再犯危險露著降低為止，才可以使其返回社會。於返回社會後仍須依照「性侵害犯罪防治法」的規定接受身心治療或輔導教育，並應向警察機關登記其身份及住居所等資料，定期向警察機關報到。如果還是無成效者，仍可由檢察官向法院聲請加以強制治療（性侵害犯罪防治法第20、22及23條）。

## 拾貳、最近刑法各罪的重要修正

一、保護責任者遺棄罪的修正（2010年1月27日修正）

第294條之1

對於無自救力之人，依民法親屬編應扶助、養育或保護，因有下列情形之一，而不為無自救力之人生存所必要之扶助、養育或保護者，不罰：

一、無自救力之人前為最輕本刑六月以上有期徒刑之罪之行為，而侵害其生命、身體或自由者。

二、無自救力之人前對其為第二百二十七條第三項、第二百二十八條第二項、第二百三十一條第一項、第二百八十六條之行為或人口販運防制法第三十二條、第三十三條之行為者。

三、無自救力之人前侵害其生命、身體、自由,而故意犯前二款以外之罪,經判處逾六月有期徒刑確定者。

四、無自救力之人前對其無正當理由未盡扶養義務持續逾二年,且情節重大者。

【第 294 條之 1 立法理由】

一、本條新增。

二、按民法扶養義務乃發生於有扶養必要及有扶養能力之一定親屬間。惟徵諸社會實例,行為人依民法規定,對於無自救力人雖負有扶養義務,然因無自救力人先前實施侵害行為人生命、身體、自由之犯罪行為,例如殺人未遂、性侵害、虐待,或是未對行為人盡扶養義務,行為人因而不為無自救力人生存所必要之扶助、養育或保護,應認不具可非難性。若仍課負行為人遺棄罪責,有失衡平,亦與國民法律感情不符。爰增訂本條,明定阻卻遺棄罪成立之事由。

三、刑法第二百九十四條所謂之「依法令」應扶助、養育或保護,不以民法親屬規定之扶養、保護及教養義務為限,尚包含其他法令在內,例如海商法之海難救助義務、道路交通管理處罰條例第六十二條之肇事救護義務。爰明定本條之適用,以依民法親屬編規定應負扶助、養育或保護者為限。

四、刑法第二百九十四條遺棄罪之遺棄行為,包含積極遺棄無自救力人之行為,以及消極不為無自救力人生存所必要之扶助、養育或保護之行為。爰明定僅限於「不為無自救力人生存所必要之扶助、養育或保護」之消極遺棄行為,始有本條之適用。若行為人積極遺棄無自救力人,即便有本條所定之事由,仍不能阻卻遺棄罪之成立。

五、法定最輕本刑六月以上有期徒刑之罪,已非屬輕罪。無自救力人侵害行為人之生命、身體、自由而為是類犯罪行為,實難苛求行為人仍對之為

生存所必要之扶助、養育或保護，爰訂立第一款。所謂為侵害生命、身體、自由之犯罪行為，不以侵害個人法益之犯罪行為為限，凡侵害國家法益或社會法益之犯罪行為，致個人之生命、身體、自由間接或直接被害者，亦包括在內。

六、無自救力人對行為人為第二百二十七條第三項、第二百二十八條第二項、第二百三十一條第一項、第二百八十六條之行為或人口販運防製法第三十二條、第三十三條之行為者，雖非法定最輕本刑六月以上有期徒刑之罪，惟亦難期待行為人仍對之為生存所必要之扶助、養育或保護，爰訂立第二款。

七、無自救力人對行為人故意犯本條第一款、第二款以外之罪，而侵害行為人之生命、身體、自由者，考量可能成立之罪名不一、個案之侵害結果輕重有別，覆審酌是類犯罪多為輕罪，為避免因無自救力人之輕微犯罪，即阻卻行為人遺棄罪之成立，造成輕重失衡，爰於第三款明定是類犯罪，必須經判處逾六月有期徒刑確定，始得阻卻遺棄罪之成立。又併受緩刑之宣告者，於緩刑期滿而緩刑之宣告未經撤銷者，依刑法第七十六條之規定，刑之宣告失其效力。刑既已消滅，即不符合本款之規定，從而不能阻卻遺棄罪之成立。

八、無自救力人對行為人負法定扶養義務，竟無正當理由而未盡扶養義務，雖因行為人另有人扶養，致其生命未陷於危險狀態，無自救力人方未成立遺棄罪。所謂正當理由，例如身心障礙、身患重病。若不論無自救力人未盡扶養義務之原因、期間長短、程度輕重，皆可阻卻行為人遺棄罪之成立，造成阻卻遺棄罪成立之範圍過大，影響無自救力人的法益保護，有失衡平，爰訂立第四款。又民法第一千一百十九條規定，扶養之程度，應按受扶養權利者之需要與負扶養義務者之經濟能力及身份定之。所謂「未盡扶養義務」包含未扶養及未依民法第一千一百十九條規定之扶養程度扶養。所謂「持續逾二年」係指未盡扶養義務之期間必須持續至逾二年。若係斷斷續續未盡扶養義務，且每次未盡扶養義務之期間持續皆未逾二年，即便多次未盡扶養義務之期間加總合計已逾二年，仍非此處所謂之「未盡扶養義務持續逾二年」。所謂「情節重大」係用以衡量未盡扶養義務之程度輕重。

九、無自救力人對行為人若有本條阻卻遺棄罪成立事由以外之事由，行為人因而不為無自救力人生存所必要之扶助、養育或保護者，例如無自救力

人傷害行為人，經判處有期徒刑四月確定，則仍成立遺棄罪，惟依個案之情節輕重、影響，檢察官可依刑事訴訟法之規定裁量給予緩起訴處分，起訴後法院可依刑法第五十七條之規定，作為量刑之因素，甚或依刑法第五十九條之規定，予以減輕其刑。

十、依「民法」第一千一百十八條之一修正草案之規定，扶養義務之減輕或免除，須請求法院為之。法院減輕或免除扶養義務之確定裁判，僅向後發生效力，並無溯及既往之效力。因而於請求法院裁判減輕或免除扶養義務之前，依民法規定仍負扶養義務。本條所定阻卻遺棄罪成立之事由，與「民法」第一千一百十八條之一修正草案扶養義務之減輕免除事由相同者，事由是否存在，民刑事案件各自認定，彼此不受拘束，併此敘明。

二、公共危險罪（酒醉駕車）的修正（2013 年 6 月 11 日修正）

第 185 條之 3

駕駛動力交通工具而有下列情形之一者，處二年以下有期徒刑，得併科二十萬元以下罰金：

一、吐氣所含酒精濃度達每公升零點二五毫克或血液中酒精濃度達百分之零點零五以上。

二、有前款以外之其他情事足認服用酒類或其他相類之物，致不能安全駕駛。

三、服用毒品、麻醉藥品或其他相類之物，致不能安全駕駛。

因而致人於死者，處三年以上十年以下有期徒刑；致重傷者，處一年以上七年以下有期徒刑。

【第 185 條之 3 立法理由】

一、不能安全駕駛罪係屬抽象危險犯，不以發生具體危險為必要。爰修正原條文第一項，增訂酒精濃度標準值，以此作為認定「不能安全駕駛」之判斷標準，以有效遏阻酒醉駕車事件發生。

二、至於行為人未接受酒精濃度測試或測試後酒精濃度未達前揭標準，唯有其他客觀情事認為確實不能安全駕駛動力交通工具時，仍構成本罪，爰增訂第二款。

三、修正原條文第二項就加重結果犯之處罰，提高刑度，以保障合法用路人之生命身體安全。

三、公共危險罪（肇事逃逸）的修正（2013年6月11日修正）

第185條之4

駕駛動力交通工具肇事，致人死傷而逃逸者，處一年以上七年以下有期徒刑。

【第185條之4立法理由】

第一百八十五條之三已提高酒駕與酒駕致死之刑度，肇事逃逸者同基於僥倖心態，延誤受害者就醫存活的機會，錯失治療的寶貴時間。爰修正原條文第二項，提高肇事逃逸刑度。

## 拾參、結論

以上將2005年臺灣刑法修正中主要部份以及最近修正條文做了簡要的說明。雖然本文宥於篇幅，未能再將刑法制裁中的保安處分的修訂部分詳細列入，例如將保安處分納入刑法第1條的罪刑法定主義的規定當中，或將強制性交犯罪的保安處分的強制治療由刑前治療改為刑後治療，並取消三年的期限限度。然而，由其中可以看到臺灣的刑法逐漸在國際法制影響下的走向，兼採多元的務實作法。再者，此次的修正雖然因為所採的不同學說或國外的法制觀點，其主要是受到日本、德國及美國的影響，對不同法制的觀察與擷取是一種挑戰，儘管在近七十年來臺灣並沒有重大修正刑法的經驗下，此次修正可謂是一次挑戰與進步，畢竟刑法的修正必須是依據學說理論、社會狀況、司法實務等隨時加以修正。

最後，鑒於臺灣與大陸的相互影響，臺灣的修正將會成為大陸的刑法學者注目的對象之一，法制的修正甚至將會造成兩岸刑法彼此相互在民主法治思想上的認同，當然基於對等的交流是有必要的，因此儘管此次修正並未將

大陸的議題做為討論的對象，但將來有必要持續地交互探索研究。並且對於鄰近民主法治國家，主要是日本，由於臺灣本身自制定中華民國刑法典以來即持續不斷地接受到日本刑法學說的深刻影響，在刑法理論與實務方面，無一不可說日本的刑法學說理論與實務見解是極為重要的參考依據，因此未來仍須持續地對日本刑法學理的發展以及刑事立法的修正作法做更加深入研究，以作為未來臺灣制訂刑法繼受補充以及修正的參考基礎。

# 臺灣醫療刑事責任認定與相關醫療法修正之探討

張麗卿[2]

## 壹、前言

醫療行為以救治病患為核心，但醫療行為具有不可預測的風險，可能因為病人特殊體質或其他條件而出現無法預期的後果，進而衍生醫療糾紛。倘若醫療糾紛的責任歸屬，均走入刑事追訴，將造成醫療人員的壓力，形成「防衡性醫療」的困境。防禦性醫療將導致醫師在醫療行為前，不得不採取更多不必要的檢查，浪費醫藥資源至鉅；更嚴重者，是醫師可能為求自保，而抗拒嚴重病患，此將造成病患求診困難，實非醫療體系所樂見。

刑事醫療糾紛，絕大多數來自於醫療過失。為了避免醫師過度受到刑事追訴，醫界人士紛紛呼籲醫療糾紛除罪化，企圖將醫療糾紛與刑事審判脫鉤處理。但是，醫療糾紛實在難以全面的推卸刑事責任。例如，產婦準備開刀生產，應該注射麻醉劑，卻誤打肌肉鬆弛劑，產婦因而死亡。此時，醫師行為具有輕率的特徵，如果排除刑事責任，更會造成輿論的極力反對。

醫療糾紛的除罪化或去刑化，均非合理的主張；妥適的作法，應該是設法調整刑事過失責任的認定，合理化醫療行為的刑事責任。此外，為了配合刑事過失責任的合理認定，相關醫療法，主要如：「醫療法第 82 修之一」及「醫療糾紛處理及醫療事故補償法」的修正，形成不可或缺的配套措施。

## 貳、醫療刑事過失責任的認定

在醫療刑事案件中，醫師若有意而為犯罪行為，論以故意犯罪，並無疑義。然而，故意傷害病患的事例極其罕見，絕大多數的醫療刑事責任，其實在於過失。醫療行為本質上具有一定的風險，只要醫療行為有疏失，不論程度高低，皆可能被論以過失，而處以刑罰。一切過失的判斷，向來都是刑事司法上的難題；醫療過失案件，涉及高度專業，更增添判斷的難度。由於法官欠缺醫療專業知識，所以通常需要藉由專業人士的鑑定，方能斷定醫療過失的有無。因此醫療過失的認定，與鑑定製度有相當大的關係。[3] 本文並不討論程序法上的問題，而將焦點放在實體法，也就是過失的判斷。

一、刑事過失的類型

關於過失的規定，刑法第 14 條區分為無認識的過失（第 1 項）、有認識的過失（第 2 項）。前者是行為人並未認識損害發生的可能，僅在行為當下，行為人應注意，能注意但卻未注意。針對行為人是否能注意，實務判斷「依客觀情狀，負有注意之義務」，審查行為人是否有注意義務，行為人違反客觀必要的注意義務（應注意而不注意）。至於有認識過失，是指行為人雖預見結果可能會發生，但不相信結果會實現，根據行為人的個人能力為準，有無符合注意義務的個人能力（能注意而不注意）。

更具體的說，有認識的過失，係指行為人主觀上已預見將來可能發生損害的結果，但卻自信該結果不會發生。例如，超速開車的人，知道車速過快可能發生事故，但總認為自己駕駛技術優異，不至於發生車禍。簡單說，有認識過失的行為人沒有實現犯罪結果的「意欲」。有認識過失與未必故意，兩者的區別僅在一線之間，學理上以「行為人主觀上是否有容忍結果的發生」來加以區別。[4] 有認識過失的行為人雖然預見結果可能發生，但並不希望發生，不具備「容認結果發生」的要件。

在刑法分則中，另外規定了普通過失與業務過失。主要是過失傷害與業務過失傷害；過失致死與業務過失致死。兩者在刑度上有明顯的差異。無論是普通過失或業務過失，都可能是有認識過失或無認識過失而形成。計程車

司機肇事的過失致死,一定成立業務過失致死罪,至於致人於死的原因,可能是無認識過失,也可能是有認識過失。

業務過失的所謂「業務」,乃指行為人基於其社會生活的地位,反覆執行的事務。[5] 實務對於業務的解釋,多援引最高法院 89 年臺上字 8075 號判例的看法,認為除主要業務外,附隨的準備工作與輔助事項,皆屬業務執行的範圍。只要工作內容與行為人「反覆執行」的工作有密切相關,即屬業務的範圍。通常,醫師的醫療過失,都會被認定屬於業務過失。

二、刑事醫療過失的檢驗

(一) 醫療過失行為的檢驗

與故意犯罪不同,過失犯主觀上欠缺犯意,因此需從客觀上判斷行為人是否違反應盡的注意義務,再反推其對該結果具過失責任。因此,判斷是否過失,首要檢驗行為人有無違反應盡的義務。這即是「客觀的注意義務」,是一般社會活動中,由各種規範賦予社會成員的行為義務。具體而言,客觀注意義務就是,行為人與理性且處事謹慎之人,在同一情況下,所應具備的注意義務。行為人如違反該注意義務,等於違反一般人的處事標準,即為違反客觀的注意義務。[6]

當行為人違反客觀注意義務後,尚需檢驗行為人對「結果的發生」,在「客觀上是否可預見」,以及「客觀上有無避免的可能性」。行為人縱然違反客觀注意義務,但是,損害的結果倘若無法預見,或結果無法避免,仍不能將損害歸責予行為人。因此,除了客觀注意義務違反外,在過失犯的構成要件檢驗中,仍要依序檢驗結果是否可預見、結果是否可避免,釐清行為人是否具過失的可歸責性。

醫師關於醫療行為之「客觀注意義務」,應依據醫療常規(慣例)判斷。亦即,有關醫療行為是否涉有過失時,通常以醫師的醫療行為有否符合醫療常規作為判斷的重要標準。醫師依據一般醫療常規診治,若該醫療常規為該特定專業、負責的醫療人員認為適當時,醫師即無過失責任。醫療常規是指在臨床醫療上,由醫療習慣、修理或經驗等所形成的常見成規。換言之,醫療常規之注意標準,法院判斷者,並非規範的判斷,而是實證的判斷。法院

只決定何者為醫學實務常規,而非決定醫療常規應該如何。法院決定醫師行為是否符合醫療常規,而非決定醫師在規範上,應為如何之行為。醫療常規的慣例,僅作為醫療行為規範判斷的一種參考材料。因此,符合醫療常規的醫療行為,可推定為已經符合注意義務,[7]而無過失。

此外,醫師的醫療行為是否符合醫療常規,最主要的判斷因素為醫療的適正性;亦即,以診療當時當地臨床醫療實踐上的醫療水準作為判斷標準。有關於此,95年臺上字第3884號刑事判決指出:「醫療過失,係指醫療人員違反客觀上必要之注意義務而言。惟因醫療行為有其特殊性,自容許相當程度之風險,應以醫療當時臨床醫療實踐之醫療水準判斷是否違反注意義務。原則上醫學中心之醫療水準高於區域醫院,區域醫院又高於地區醫院,一般診所最後;專科醫師高於非專科醫師。尚不得一律以醫學中心之醫療水準資為判斷標準。」

詳言之,醫療水準乃醫師注意義務之基準,與平均醫師現行從事的醫療常規未必一致。醫師依據醫療常規所進行之醫療行為,無法直接認為業已盡到醫療水準的注意義務。亦即,醫療水準之認定,是以「診療當時臨床醫學實踐上之醫療水準」,既非醫療常規(慣例),亦非固定不變的一致標準,而應相應於個案,探討醫師之診療、檢查是否符合診療當時,可合理期待之醫療方法,因此「醫療水準之標準」,應等同於「理性醫師之標準」。

醫療水準的具體評量依據,係以診療當時當地醫療機構醫療設備的完善與否、專業知識的高低、臨床經驗的多寡以及各科會診的可能等等,加以綜合考量。因此,醫學中心之醫療水準高於區域醫院,區域醫院之醫療水準高於地區醫院,地區醫院之醫療水準高於診所。專科醫師之醫療水準高於非專科醫師;主治醫師之醫療水準高於住院醫師。因為診所之醫療水準,無法等同於醫學中心之醫療水準;非專科醫師之醫療水準,亦無法與專科醫師之醫療水準,相同看待。否則,專科醫師與非專科醫師,即無分類之實益;醫療實務上,亦無實施轉診制度之必要。

(二)醫療疏失行為與結果發生的檢驗

判斷醫療行為是否符合上述過失注意義務的違反後,需再檢驗醫師的「疏失行為與結果發生間,是否有因果關係」。亦即,因果關係的判斷,分為「經驗上的因果」、「規範上的因果」兩個層次。質言之,就是因果關係與客觀歸責。[8]

「經驗上的因果」,顧名思義就是經驗判斷上的因果。此因果關係的判斷相當單純,僅就行為與結果間,判斷兩者有無條件上的關係。因此,可以將「經驗上的因果」稱為條件上的因果關係。例如:農藥店老闆賣巴拉刈給客人,客人服藥自盡而死。這個條件上的因果很清楚。至於農藥店老闆是否可以被歸責,被論以過失致死罪,需要另外檢驗。

透過經驗上的因果檢驗後,還必須具備「規範上的因果」,方具有刑法歸責上的因果關係。規範上的因果,就是在判斷結果與行為是否有密切的關聯性,而得以將結果歸責於行為人。規範上的因果,先要檢驗行為是否製造法律所不允許的風險,且該風險業經實現。其次,判斷該風險與結果間,是否具常態關聯性,此為規範上因果關係的判斷重點。所謂常態關聯性,是指在一般情形下,一個條件有很高的機率會發生某一結果。在具體個案中,判斷行為與結果是否具常態關聯性,此為歸責過失行為的重要環節。

首先,關於主觀歸責之審查,必須審查行為人主觀有無預見與認識。無預見或無認識,即不用負刑事責任,例如新生兒一出生就出現胎便腹膜炎,乃醫師無法預見也無從預防。如前述的例子,農藥店老闆的賣藥舉動是業務上的中性行為,無法預見危險,也沒有製造法所不許的危險,其販售農藥的行為更沒有導致他人飲藥自殺的普遍關連性,所以不能被歸責,因此無罪。

其次,有關客觀歸責之審查,就是結果有無迴避可能之審查,是判斷是否成立過失的關鍵。由於醫療過失的判斷,經驗上或條件上的因果,很可能已經出現問題,但病人的病情加重甚至死亡的結果,卻有很多難以估計的條件,可能是藥物造成,可能是手術失敗,也可能是病人的特殊體質或不尊醫囑等。例如,目前醫學指出,羊水栓塞係一種類似過敏的反應,與催產素（Oxytocin）之使用是否過當無關。使用催產素雖有不當之處,但與產婦之發生羊水栓塞導致死亡間無因果關係。[9]因此醫師行為雖涉有疏失,但與病人死傷無因果關係,因疏失為事實概念,過失則為法律概念,有疏失未必即有

過失。醫療行為雖有疏失，但如在臨床醫療上如屬難以避免的併發症或後遺症者，即難謂有過失。

詳言之，即便醫師違反客觀注意義務，失敗的醫療結果也可能不是醫師的行為所致。醫師是否違反客觀注意義務，也許檢驗相關的醫療常規，即可大略推知，但醫師仍未必有刑事責任。在醫療過失中，要審查的步驟，除了具備「修件因果關係」，「醫師違反注意義務」之外，尚須檢驗，如果醫師當時作了合乎注意義務的行為，則病人受傷或死亡的結果是否就「確定」或「幾近確定」得以避免而不發生。如果假設醫師當時採取必要的注意義務，病人仍會出現死亡結果，則結果與違反注意義務之間，欠缺「義務違反關連性」，應認為死亡乃無法避免的不幸結果，而非醫師行為所造成。[10]

實務上有時僅因醫師背離醫療常規，即論以違反客觀注意義務，認為有過失，但卻忽視了，過失的成立，除了客觀注意義務的檢驗外，還需具備義務違反行為與結果發生的「常態關聯性」。例如，臺灣高等法院 93 年度醫上訴字第 4 號。[11]病人 A 因毒癮造成全身無力，醫師 X 告知 A，全身無力是因為毒癮戒斷症狀。A 不希望住院，故 X 開立處方提供藥物給 A 服用。之後，A 又因毒癮戒斷症狀發作，經友人陪同急診，仍由 X 醫生看診，並且住院接受毒癮治療。住院後，A 出現嚴重呼吸困難、嘔吐等症狀，X 發覺病情有異而進行急救，並於轉送林口長庚醫院急救。但轉送途中，X 研判 A 病情危急，故於途中折返，隨後死亡。

本案一審法院認為 X 醫師應負過失罪責。一審法院認為 X 醫師在 A 住院期間，並未進行必要評估與治療，使 A 喪失轉院治療的機會，導致死亡的結果，X 負過失不作為致死的責任。然而，二審法院則認為 X 醫師無罪。二審法院根據鑑定報告，認為 A 死亡的原因，主要為「吸入性肺炎及肺水腫」。同時，「吸入性肺炎及肺水腫」與 A 之前施用海洛因有相當高的關連性；也就是說，在因果關係的判斷上，無法證明 X 的醫療行為與死因有必然關連性。據此，在無法證明 X 的醫療行為與 A 的死因有必然關連性下，無法命 X 負擔過失罪責。對此，二審法院較為可採，其未忽略檢驗行為與結果是否具因果關係，尤其是規範上因果的常態關聯性。[12]

三、刑法過失階層化的可能性

刑法的過失概念，與民法不同。民法以其欠缺注意之程度為標準，可分為抽象的過失、具體的過失，及重大過失三種。[13] 刑法的過失，並無程度上的區分。然而，醫療行為具高度的風險，病人的狀況往往難以全盤掌握，醫師僅能依靠手邊的資源與病人露示的病徵盡力搶救，無法擔保零損害的完美結果。

然而，刑法判斷上，只要醫師違反客觀注意義務，可預見結果發生並可避免發生，又具常態關聯性的因果關係，即可命醫師負擔過失刑責。在醫療行為中，各種細節與注意事項多如牛毛，若僅因醫師未注意全部的細節，而論以違反客觀注意義務，將使醫師輕易地成立刑法的過失犯罪。

要避免前述的苛責現象，比較合理的作法，應該是排除醫療上的一般過失，僅令負重大過失責任。重大過失的立法例，在德美等國已經存在，或可供我國參酌。若採取重大過失的立法，本文認為較理想的作法，應在醫療法中增訂，而非在普通刑法中修訂。此外，醫療上僅承擔重大過失責任，可能面臨一些質疑，下文將加以說明。

## 參、醫療刑事責任的合理認定

如何合理設計醫療刑事責任，是相當重要的事情。本文建議醫療刑事責任應採取「重大過失」。重大過失的立法例，在德美等國都可以看見。衛生署醫療法第82修之1草案也採取重大過失的立法。對此，本文說明如下。

一、醫療刑事責任採取重大過失

概念上，依照過失的輕重程度，可以大略分為一般過失與重大過失。

一般過失，是指行為人因違反注意義務而形成的過失。在醫療事故上，如醫師知道病人對於特定藥物過敏，但卻未經進一步檢查，就予以施用該藥物，以致於病人過敏休剋死亡。在刑法上，行為人只要有一般過失而引起他人的死亡或傷害，即足以成立過失致死罪或過失傷害罪。

至於重大過失則是指，行為人重大的違反注意義務，忽略損害發生的高度可能性。或者說，違反特別重要的注意義務。這類過失，接近於故意，但又不能證明有故意，因此只能論以過失。在醫療事故的重大過失，應當是指

醫師執行高度風險的醫療行為，而發生病患死傷的結果。哪些醫療行為具有高度風險，必須依照臨床的資料去做判斷，例如醫師拿錯藥或打錯針，使病人的病情加重，或者發生手術部位錯誤（如應該手術右腳卻錯為左腳），都可以認為是重大過失。

德國刑法上創用重大過失的概念，是為了防堵行為人主張缺乏故意而免受處罰。因為有些犯罪只處罰故意，不罰過失，例如：洗錢。金融機構的經辦人對於來路不明的資金，依照其專業上的敏感，應該可以稍加過問，如果毫不過問而讓黑錢存入，即是幫助隱匿黑錢。司法機關比較難以證明經辦人有故意，但至少可以推斷有重大過失。所以，重大過失的立法設計，是為了防堵行為人的抗辯。

對於醫療事故，使用重大過失的概念，[14]則是為了縮小過失的刑法責任。關於重大過失更加具體化與更細緻化的判斷，有待臨床資訊的補充。一個過失行為究竟屬於一般過失或重大過失，如果事實狀況有懷疑，應當往醫事人員有利的方向去推斷。

重大過失不僅有利於醫療人員，也合乎醫療現場的實際情形，畢竟醫療行為充滿不確定性。例如，醫師知道注射露影劑，會造成體質過敏的病人休剋死亡，但機率很低；施打露影劑當時，即使知道病人有特殊體質，並且造成病人休剋死亡。按普透過失的觀點，應當成立過失；然而，按照重大過失的觀點，則不成立，因為醫師並未忽略死亡結果的高度可能性，行為人對於死亡結果的發生，只有低度可能性的懷疑，並非高度風險。

二、重大過失的立法例

（一）德國刑法中之重大過失

德國刑法在分則中，有「輕率」（Leichtfertigkeit）的概念，此一概念即為重大過失。在特殊犯罪行為中，由於具有較高的風險，造成的損害的可能性也相應提高，行為人勢必負擔特殊的注意義務。[15]當行為人有「忽略損害發生的高度可能性」、「從事高度危險的行為類型」、「違反特別重要的注意義務」等情形，刑法必須適時介入，滿足某些犯罪的特殊性，以保護法益的安全。[16]

關於「輕率」（Leichtfertigkeit）的概念，德國學說認為，這是一種注意義務違反的態樣。與一般過失相比，具備更高的不法性，而有加以制裁的必要。[17]例如，德國刑法第264條第4項的詐領補助金罪，通常適用於申請經濟補助的案件，倘若認定審核財務報表之人（如會計師），未查核該內容不實，造成政府或相關部門補助金的溢放，對於國家財政將有重大損害。因此，該條明定，除故意外，行為人若具輕率過失，亦處罰之。換言之，行為人若稍加注意，即可避免不實憑證的濫行，而行為人卻未遵守，即屬「輕率」過失。[18]

另外，德國刑法亦將輕率過失的概念，運用在加重結果犯上。關於加重結果犯，其基本的犯罪型態為，行為人出於特定犯罪的故意，並進而實行，但卻出現額外的損害結果，而且該行為與結果間具因果關係。[19]加重結果犯的判斷重點，就是行為人必須預見加重結果的發生，否則無法成立加重結果犯。然而，該預見的程度高低如何，在我國在立法與實務審判上，似乎未加區分。[20]對此，德國刑法第251條的強盜致死罪，作出明確劃分，即死亡的加重結果，必須是行為人的輕率過失為之，方有成立的可能。德國刑法的思考，主要在於行為人實行強盜行為時，對被害人的人身安全已升高度風險（例如被害人可能因緊張而休克），倘若連基本的注意義務（例如維持被害人的安全性），都加以違背，等同於嚴重違反注意義務，而屬輕率過失，構成強盜致死罪。[21]

除了上述類型，德國刑法也透過輕率過失的概念，防堵行為人因不具故意而免受處罰的漏洞。以德國刑法第261條的洗錢罪為例，係以處罰故意為原則，而不處罰過失。然而，同條第5項規定，若行為人對於「來源」、「前行為」以及「洗錢行為的適用」的認識具備輕率過失，仍應處罰之。換言之，金融業者對於資金的來源，應有其專業，而可透過查核程序，對於該資金做基本上的檢核。倘若金融機構未為合理的資金來源查核程序，已彰露其未盡基本的注意義務，已屬輕率過失，應加以制裁。故在刑事程序中，即便無法證明金融機構故意洗錢，仍能以輕率過失的方式，認定其有重大過失，而補足故意處罰的不足。[22]

至於醫療過失犯罪之成立，依照德國刑法規定，要件為醫療行為導致或加重病患死亡，或是受到傷害，以及醫生對此有違反注意義務情事。更精確地說，「行為是不被容許的」，[23] 非容許行為是成立過失犯之必要修件，通常被理解為違反義務的行為，[24] 也就是檢驗是否一個不適當的治療確實加速了死亡結果之發生，或是加劇身體的傷害。因而就算醫師有為合乎注意義務之行為，結果仍然會發生的話，不成立過失犯。[25] 結果發生只有在過失犯的構成要件保護目的範圍內，才會成立過失犯，亦即過失傷害或過失致人於死。[26]

當然處罰的前提必須是沒有阻卻違法事由。且在罪責領域中，非容許行為對醫師來說，必須是在具體個案是可以認識的，亦即，他必須具備能力實施容許的行為，以及結果發生必須是他主觀上可預見的。[27] 而且決定醫療行為是否非容許，[28] 是從醫師執行醫療的行為時觀點出發，要求醫師具有一定的知識，而這個知識在執行醫療之時是正確的。[29] 本文認為，從上述德國對醫療刑事過失成立的嚴格認定過程，德國雖無使用重大過失定義醫療過失犯，但得以確定的是，在德國凡經嚴格檢驗的過失行為，大致也符合英美法對醫療重大過失的認定與描述。

（二）英美法上之重大過失

英美法侵權上有「一般過失」或「普透過失」（ordinary negligence）與「重大過失」（gross negligence）之分，此項分類正好可對應於德國民法上之「輕過失」（leichte order einfache Fahrlässigkeit）與「重大過失」（grobe Fahrlässigkeit）。英美刑法上的過失，源於侵權行為法，而侵權行為法中所存有之「普透過失」、「重過失」的區分，因此英美刑法中亦存有重大過失的概念。由於英美刑法傳統上是以侵權責任為基礎，另外再加入刑法考量，因此，在建構「刑事過失」（criminal negligence）時，將過失責任限於具備侵權法上之重大過失，因而英美法上重大過失可以對應到刑事過失。

當然，在英美刑法上，犯罪亦需同時滿足主觀犯罪構成要件（mens rea）以及客觀犯罪構成要件（actus reus），方能成立犯罪，而在主觀犯罪構成要件方面，共包含三大類型，分別是：意圖（intention or intentionality）、輕率、

魯莽或冷漠（reckless）及刑事過失（criminal negligence）。以上三種類型，都必須滿足不同的「意欲」與「預見」的程度，方可構成，而受刑法評價。[30]

首先，所謂意圖，即指行為人明確預見自己的行為會導致該結果的發生，同時也期待結果照其計畫發生。此時，行為人主觀上的惡意已達到「意圖」的程度，而屬刑法評價的對象。其實，此種類型就是大陸法繫上的「故意」，包含直接與間接故意。其次，所謂輕率（或稱魯莽或冷漠），係指行為人已預見自己的行為會導致這樣的結果，但卻不在乎結果的發生。對此，行為人對於結果的發生，具輕率性，而忽略其應盡的注意義務，已達刑法評價的標準。最後，關於刑事過失，主要是指行為人未預見行為會導致結果，唯一般理性之人，在相同情況下，會預見結果的發生。因此，行為人未預見的心理狀態，即屬刑事過失的狀態，而需加以處罰。

在此，關於重大過失的立法例，以美國法而言，可從輕率、魯莽或冷漠（reckless）的方面為之。從美國模範刑法典第2.02（C）「輕率地（Recklessly）」的判斷，其指行為人事實上創造不合理之結果並發生風險，同時有不被容許的高危險性事項。對此，行為人居然有意識的忽略，而未為任何防堵行為，就犯罪的基礎要件而言，即屬輕率的行為，而需加以處罰。美國刑法透過「輕率地」要件，作為重大過失處罰的前提，也讓重大過失的處罰，有明確的基準，同時完整化犯罪審查的基準，避免過失犯罪過度泛濫，或故意犯罪處罰不足的缺失。[31]因此，英美法上的「Medical manslaughter」罪名，乃manslaughter是指所有非故意致人於死之犯罪；若再加上醫療，是因非故意的重大過失在醫療行為上所造成死亡結果。對此類犯罪所要求的主觀就是刑事過失之標準，那就是「重大過失」（gross negligence）。因此，在英美法上醫療過失責任的成立，必須以具有重大過失為要件，是源自於刑事責任要求，並沒有針對醫療行為有特別考量。

（三）大陸的醫療事故罪

除了前述的德國與美國之外，中國大陸的刑法，同樣有重大過失的概念。1997年大陸刑法修正時，增訂第335條醫療事故罪，該條規定，「醫務人員由於嚴重不負責任，造成就診人員死亡，或者嚴重損害就診人員身體健康的行為。」這樣立法，頗值得我國借鏡。所謂的「嚴重不負責任」，也就是

重大過失。學理上認為,醫療行為的嚴重不負責任是,違反醫療規章制度和醫療護理常規,又或不履行,或不切實履行。[32]

更進一步言,大陸醫療事故罪的過失,可再細分為二種:其一,「疏忽大意的過失」,指醫療人員應當預見到自己違反醫療規章制度或醫療護理常規的行為,可能造成病患死亡或嚴重損害病患身體健康的下場,但由於醫療人員的疏忽大意而沒有預見,以致這種結果發生的心理態度;[33]第二,「過於自信的過失」,則是指醫務人員已經預見到自己違反規章制度或診療護理常規的行為,可能發生就診人死亡或嚴重損害就診人身體健康的後果,但輕信能夠避免,以致這種結果發生的心理狀態。[34]

從大陸醫療事故罪的立法得知,重大過失的立法精神,是合理化醫事責任的重要工具。該法不使用重大過失的字眼,改採「嚴重不負責任」、「嚴重損害」作為篩選醫事人員刑事責任的濾網。此立法模式可減低採用過失對刑事過失體系的衝擊,卻帶來其他困擾。例如「嚴重」的程度該如何認定,尤其在「嚴重不負責任」時,如何判斷行為人屬於嚴重不負責任,進而導致就診人員死傷,是實務必需面對的課題。

本文認為,無論是德國或美國明文採取重大過失,或大陸以「嚴重不負責任」取代重大過失的立法例,皆須認定行為人的主觀心態。由於過失犯罪的前提是行為人違反應盡的注意義務,普透過失如此,重大過失亦然,只不過因特定行為具有高度風險,降低其注意義務,於嚴重的過失時(此即德國法所謂的輕率),方以刑法處罰。如此,不但可減輕高風險職業行為人的責任,更能合理化刑事責任的認定,避免從業人員因懼於被訴,產生的執業危機,避免產生防衛性醫療的現象。

三、醫療過失的立法政策

對於重大過失的刑事立法,有論者認為,為何獨厚醫療過失行為,可能違反憲法平等原則的疑慮。對此,本文認為,針對醫療過失的認定採取重大過失,並無違反憲法平等原則,反而更能切合平等的真諦,合乎醫療現實,並且避免防衛性醫療的發生。

所謂平等原則，係指相通事件應為相同之處理，不同事件應為不同之處理，除有正當理由外，不得為差別待遇。並非不得為差別的對待，而是要求不得恣意地差別對待，亦即「恣意的禁止」。[35] 司法院釋字第 485 號解釋：「憲法第七修規定，中華民國人民在法律上一律平等，其內涵並非指絕對、機械之形式上平等，而係保障人民在法律上地位之實質平等；立法機關基於憲法之價值體系及立法目的，自得斟酌規範事物性質之差異而為合理之差別對待。」[36]

大法官解釋憲法襲用已久的「形式平等」與「實質平等」，係以是否容許差別待遇的存在而作區分。實質平等應指，容許合理的差別待遇，亦即「容許法律基於人民之年齡、職業、經濟狀況及彼此間之特別關係等情事，而為合理之不同規定」（司法院釋字第 179 號解釋理由書參照）。換言之，大法官以往所稱的實質平等即是主張「等者等之，不等者不等之」。

是故，犯罪種類的不同，立法者進行合理的差別規定，並無不妥。醫療行為與其他日常行為不同，無論是行為本身或行為後果都存有相當的不確定性，是高度風險的活動，也因為如此，醫療行為的過失致死或致傷害責任，也應與一般過失致死或致傷害有別。以「重大過失」作為認定醫療過失的標準，應當屬於與其他過失認定標準的合理差別。

再者，重大過失的立法例，在其他國家，如德美等國的刑法上，也可以看見，更加表示，刑法的重大過失並非不能存在。特別是，醫療實務確實存在不少的風險，該風險有時可被預測，有時卻難以預測。若依普透過失的判準，即依客觀情狀，負有注意義務的標準，將賦予醫事人員過大的義務，使醫事人員面對醫療行為時，多存猶豫的心理。為確定自己是否已盡「客觀注意義務」，將進行更多瑣碎的檢查程序，而增加病人就診時間同時耗費過多的醫療資源，此即防衡性醫療的現象。

過多的負擔，以及無差別的認定標準，將使醫事人員懼於從業，尤其是具有高風險的科別，如內科、外科、婦產科、小兒科及急診科，都有可能陷入無人執業的困境，對於醫療環境的發展產生重大危害。[37] 另一方面，越高難度的醫療行為，風險更高，若醫事人員雖已認知損害結果可能會發生，

但其相信自己的技術可克服,惟仍不幸發生損害,此時若以過失論處醫事人員,將使醫事人員過於小心,不敢嘗試,此無益醫療技術與環境的發展。

是故,在醫療過失的立法政策上,「重大過失」是值得採行的方法,應當可以緩解當前醫療現場不正常緊張氣氛所營造的防衡性醫療環境。最新的「醫療法修正草案」,行政院衛生署已經注意到這個問題,並且已經開始藉由立法加以改進。此外,僅調整醫療過失的認定,難以完全舒緩緊繃的醫病關係,為全面改善醫病關係及醫療環境,「醫療糾紛處理及醫療事故補償法草案」也獲得行政院、立法院的關注,並於醫療事故補償上,設計「疑似過失」制度,此與醫療法第82條之1修正相互呼應,希望可以改善我國當前的醫療糾紛問題。

## 肆、醫療過失認定與相關醫療法之修正

重大過失已經呈現在我國醫療法第82條之1草案。不過,僅是刑事醫療過失的認定改採重大過失,並無法完全解決當前醫療糾紛所造成醫病關係窘迫的狀況。醫療糾紛處理及醫療事故補償法草案,此可作為解決醫療糾紛現況的配套。

一、採取「重大過失」的醫療法修正草案

早期受到醫界主張醫療糾紛除罪化的影響,有認為,醫療行為的刑事責任應以故意為限,主張醫療法第82條增訂第2項「醫事人員因執行業務非故意致生損害於病人,犯刑法之罪者,不罰。」然而,將醫療糾紛與司法審判脫鉤處理,固然可以解決醫事人員責任過重的困擾,但卻忽視醫事人員輕率疏失的問題。換言之,並非所有醫療案件皆與刑事責任無涉,有些醫療案件,醫師本身的處理具有高度的輕率性,若一概將醫療行為排除在刑事責任外,將無法對應醫師的輕率行為。

醫療行為的究責不能單以故意為限,具有輕率過失的過失行為,其本質上已接近故意,仍應加以處罰,否則將無法保障病患就醫的權利。是故,2012年版本的草案,在醫療法第82之1條增訂醫療行為刑事責任的歸責依據,以故意與重大過失作為究責的基礎。雖然多數草案皆認為輕率過失的行為應加以處罰,但是否使用「重大過失」的字眼,卻有歧異。

將重大過失新增於醫療法,較早的立法提議之一,應該是 2009 年中華民國醫師全國聯合會「研討如何推動醫療爭議法律責任明確化會議」的結論,[38] 當時就提議以「附屬刑法」的立法方式,比照德國刑法「重大過失」的立法旨趣,在醫療法第 82 條第 2 項後段增加:「醫事人員執行業務,致病人死傷者,以故意或重大過失為限,負刑事上責任。」用以節制醫療糾紛所負擔的刑事責任。

2012 年 10 月 25 日的行政院衛生署草案版本,提出增訂醫療法第 82 條之 1,「醫事人員因執行醫療業務致病人死傷者,以故意或重大過失為限,負刑事上之責任。(第 1 項);前項所稱重大過失,指嚴重違反注意義務且偏離醫療常規之行為。(第 2 項)。」特別說明的是,此版本雖為行政院較舊的草案版本,卻為多數草案版本所採。亦即,多數認為,在醫事法中採行重大過失的概念,再輔以具體的規範,與重大過失相連結,穩定構成要件的明確性,符合罪刑法定主義的要求,降低適用上的疑慮。[39]

行政院較新的草案,也就是 2012 年 12 月 14 日的草案,則立足於重大過失的概念上,避開使用「重大過失」的字樣。醫療法第 82 條之 1 的草案是「醫事人員執行醫療業務致病人死傷者,以故意或違反必要之專業注意義務且偏離醫療常規之行為為限,負刑事上之責任。但屬於醫療上可容許之風險,不罰。(第 1 項)前項注意義務之違反,應以各該醫療領域當時當地之醫療水準及醫療設施為斷。[40](第 2 項)」不過,如此立法對現今實務認定醫療刑事過失責任並無差異。

首先,在法修文句上,立法者雖避開過失的用語,以違反注意義務取代。然而,犯罪成立仍應以行為人具故意或過失為限,此觀刑法第 12 條甚明。而在判斷是否具過失時,本應考量行為人是否善盡注意義務,且符合相當社會常規。在醫療案件中,過失與否的判斷本即透過醫療常規,作出是否違反注意義務的認定。草案雖明文化過失的判斷依據,但該標準已為實務所用,並未影響實務的認定標準。

其次,關於容許風險的醫療行為,草案在但書中創設例外,免除容許風險中醫療行為的刑事責任。此種立法亦屬突兀,因為刑法理論本有容許風險

的概念，實務判決早有相關論述，例如，最高法院 83 年度臺上字第 6023 號、92 年度臺上字第 4251 號判決，均有相關論述，故草案的設置似乎成效不大。

最後，在注意義務的標準，草案認為應依個案中的醫療水準及環境，給予合宜的注意標準。惟現行審判實務，多已透過個案中的醫療水平做出具體的評估標準。例如：最高法院 98 年度臺上字第 610 號判決稱：「醫方是否應負刑責，自當就醫方本身所具之專業素養、設備情形……治療當時之一般醫療水準等主、客觀條件，予以綜合判斷」。[41]

由於醫療行為的風險，興其他行業相較，仍高於其他行業。此外，醫療行為因具有專業性興獨占性，整體社會不得缺少醫療體系的支撐，否則國家勢必危機重重。唯有完善的醫療環境、充足的醫療資源，方能降低疾病的危害，對國家發展甚為重要。因此，妥適解決日超增多的醫療案件，調整醫事人員的刑事責任勢在必行。刑事醫療責任的調整，並非將醫療行為完全除罪化，而是增設重大過失規定。透過重大過失責任的增訂，將能合理化醫療從業人員刑事責任的評價，對於醫療人員壓力的緩解，將產生具體的效果。

雖然普通刑法並無重大過失責任的概念，但醫事法並非普通刑法，而是附屬刑法，在附屬刑法中增訂重大過失，可明確區別附屬刑法的特性。本文認為，在修文中，應直接使用重大過失，而不用刻意迴避。當然，應在法文中明確定義何謂重大過失，將能明確連結重大過失的概念，增加法律明確的程度。此外，為求法律明確性，應於醫療法第 82 修之 1 明文醫師的醫療行為重大過失的處罰，此不僅完善醫療過失行為處罰的依據，更能使受規範者有所預見，較能符合刑法規範的基本原理。

綜上，本文認為醫療法第 82 修之 1 的增訂應為：「醫事人員執行業務致病人死傷者，以故意或重大過失為限，負刑事責任。（第 1 項）醫事人員執行業務，因重大過失致病人死傷者，處五年以下有期徒刑或拘役，得併科五十萬元以下罰金。（第 2 項）前二項所稱重大過失，係指嚴重違反注意義務且偏離醫療常規之行為。（第 3 項）」至於注意義務有無違反的判斷，自然應以各該醫療領域當時當地的醫療水準及醫療設施為基準，實務上亦已採取相同的看法。倘若採用行政院 2012 年 12 月的草案雖在法修上明訂「容許風險」及「注意義務的評斷標準」。然而，容許風險早已存於刑法理論中，

在個案實務亦已考量各地不同的醫療水平，賦予醫師不同的注意義務。故為展現重大過失的立法過程，至少應將本修修正為「《嚴重》違反必要之注意義務且偏離醫療常規之行為」，也就是將醫療重大過失定義為，「嚴重違反注意義務且偏離醫療常規之行為」，如此才具有實質意義。

二、設計「疑似過失」的醫糾法立法草案

刑事醫療過失以有重大過失為限，固然可以緊縮被告醫師的過失責任，但要全面減緩醫療糾紛，仍待努力。醫療糾紛涉訟，除了刑事訴訟，還包括與侵權行為與債務不履行有關的醫療民事訴訟，[42] 單純以重大過失認定醫療刑事過失責任，尚不足以緩和醫病關係的對立。

對此，行政院衛生署設計配套制度，也就是「醫療糾紛處理及醫療事故補償法草案」（以下簡稱醫糾法草案），其中的「醫療事故補償制度」，希望藉由事故補償-「即時補償」-避免醫療糾紛進入訴訟，以達到緩和醫病對立，避免防衡性醫療發生。[43] 補償制度目的在於紓解訟源，尊重民眾程序選擇權，且補償及賠償目的不同，選擇訴訟者則不宜給予補償，選擇補償者也不宜再興訟，因補償目的在於使家屬或病人迅速得到應有補償，達到定紛止爭功效；與訴訟中尋求可歸責之人負損害賠償不同。醫療事故的合理補償，已經是許多國家紓解醫療糾紛訴訟的方法之一。[44] 醫療事故補償制度的關鍵問題在於，是否採行無過失責任補償。

部分國家對於醫療事故補償，採取「無過失責任」，如瑞典、紐西蘭。他們利用集體保險基金的方式以取代目前的民事請求賠償，這是國家公共保險計畫的一部分。[45] 在無過失責任補償的機制下，病人只要證明是醫療事故即可，是否過失所致並不重要。[46] 也就是說，醫療事故的受害者，不再對加害者求償，只要病人證明有醫療事故損害，經醫療事故委員會鑑定，即可向該國的醫療保險局主張補償。不過，瑞典和紐西蘭有些許不同在於，最主要的差別是，補償之後紐西蘭禁止病患再為民事求償，但瑞典允許。[47]

事實上，臺灣就藥害救濟已經採取無過失補償制度，目的是維護藥物使用者的權益，故藥害救濟法第 1 修明示：「為使正當使用合法藥物而受害者，獲得及時救濟，特製定本法。」另第 4 修第 1 項規定：「因正當使用合法藥

物所生藥害，得依本法規定請求救濟」惟受損程度須達可補償的標準，也就是第 4 條第 2 項之「死亡」「障礙」或「嚴重疾病」，另也規定不得申請救濟的除外條款於同法第 13 條；德國對於病患依法用藥而受損害者，藥物法（Arzneimittelgesetz-AMG）第 84 條也是採無過失責任，製藥公司有義務對於消費者因用藥出現死亡、身體或健康的重大損害，負賠償責任。[48]

但即便德國對上述無過失責任的醫療事故補償相當有興趣，但是除藥害救濟外，目前仍然以私法的債務不履行角度進行思考。[49] 德國關注無過失責任醫療事故補償的關鍵是「沙利竇邁案（Thalidomide）」。[50] 這是發生在當時的醫師用藥醜聞，當時德國醫師利用含有沙利竇邁的鎮定藥物 Contergan，抑制孕婦的妊娠反應；1960 年時發現該藥物會導致胎兒畸形，如器官的不正常發展，或四肢不健全；估計約有五千個以上的新生兒受到傷害，死胎的數目則沒有被估計。為了賠償沙利竇邁案的受害者，1970 年的 Contergangesetz 計畫，採取無過失賠償責任，讓政府與德國 Grünenthal 藥廠支付 1.1 億馬克，進行一次性賠償。

Contergangesetz 計畫，引發了可否以無過失責任取代私法求償的激烈討論。[51] 經過德國長期的發展，學者也普遍同意，即便現有的私法系統對於醫療事故求償，並非是最好的方法，尤其是醫病關係將因過失責任而受到破壞；可是也認為，無過失責任的全面落實存有難度，而且成本也難以估算，故目前德國的走向，還是以取代或補充既存醫療求償體系為目標，尚未採用無過失補償制。[52]

我國行政院版本的醫糾法草案第 31 條：「醫療事故之補償，以中央主管機關做成審議決定時，有相當理由可懷疑醫療事故之發生非因醫療人員之故意或過失時，亦非依事人員無過失為限；有下列各款情事之一時，不予補償：……。」不採取過失補償，但也不採取無過失補償，而是「非因醫療人員之故意或過失時，亦非依事人員無過失」的「疑似過失」補償。

疑似過失，是醫糾法草案的獨創概念。草案第 31 條的立法理由第二點謂，「損害發生如可歸責醫事人員，病人或家屬可依相關法律究責與求償，如醫事人員並無故意或過失，或係因病人或家屬所致者，亦不應由醫事人員負擔，爰規定有相當理由可懷疑醫療事故之發生非因醫事人員之故意或過失，

亦非醫事人員無過失之情形,始給予補償。」大略的意義,是一件醫療事故的發生,假如醫師沒有故意或過失,不用補償;但有相當理由懷疑醫護人員可能涉有過失時,為求平息醫療糾紛爭端,若案件未進入司法訴訟,則擴大醫療補償範圍,無庸證明醫師有過失,仍然補償。

此外,依照草案第31條規定,如有下述情形將不予補償:一、應依藥害、疫苗預防接種或依其他法律所定申請救濟。二、屬於病人原有疾病之病程進展致生意料中之死傷。三、非以治療疾病目的之美容醫學醫療行為。四、同一醫療事故已提起民事訴訟或刑事案件之自訴或告訴;但下列情形,不在此限:(一)民事訴訟前於第一審辯論終結前撤回起訴、(二)告訴乃論案件於偵查終結前撤回告訴或於第一審辯論終結前撤回自訴、(三)非告訴乃論案件於偵查終結前以書面陳報不追究之意,並獲檢察官處分不起訴確定。五、申請補償資料虛偽或不實。六、本法施行前已發生之醫療事故。

本文以為,無過失補償應該是較好的制度,一方面省去認定「疑似過失」可能產生的爭議,另一方面也能夠更加全面保障醫病雙方,促使醫病關係走向良善。但是,無過失補償需要建立在強大的社會福利制度上,以我國現況,確實難以達成。現階段,採取疑似過失的補償機制,或許是可行的方式,但應該注意的是,第一,應有專責專業的機關團體,認定醫療事故是否「疑似過失」。前開草案第38條第1項即有規定,「中央主管機關為辦理醫療事故補償行政業務,得委託財團法人、其他機關(構)或團體辦理下列事項:一、補償申請之審定、給付等庶務工作。二、……。」第二,如果辦理醫療事故補償機關團體,審定醫療事故並非疑似過失,本於保障人民訴訟權,仍應許病患提起醫療訴訟。這個也是不採取無過失責任補償,可能產生的制度風險,也就是對於「疑似過失」的認定相當模糊,一旦發生爭執,仍然會將醫療糾紛導入司法程序。

三、小結

總而言之,為了緩解醫療糾紛,節制醫療過失犯罪成立的範圍。配合醫療法第82條之1的修正,以及醫療糾紛處理及醫療事故補償法的立法,若將來立法順利透過後,對醫於療傷害的行為的故意或過失間,將呈現如下的幾種情形:

1. 故意的醫療傷害行為：如果醫師的醫療傷害行為出於故意，當然依法追究醫師的民、刑事責任。在民法上，是侵權行為；刑法上，視情況構成故意殺人或傷害罪。醫師可能假醫療行為的外衣，實際上進行傷害或殺人行為。許多人以為醫師以救人為志業，不可能故意傷害人，實則不然，畢竟每個群體中多少都有害群之馬存在。2012年就曾經發生，有醫師診斷髮現病患並沒有罹患癌症，卻故意切除病患乳房及進行化療，藉此謀奪健保費用。[53]

2. 過失的醫療傷害行為：過失的醫療傷害行為，是醫療糾紛的大宗。現行法下，過失醫療傷害的被告醫師，分別負擔民、刑事責任。按本文前述，未來醫療法第82修之1草案立法透過，若確實採取以重大過失認定刑事醫療過失責任時，則過失的醫療傷害行為便可進一步區分為「重大過失的醫療傷害行為」、「一般過失的醫療傷害行為」。屆時，重大過失的醫療傷害行為，行為人將負擔民、刑事責任；一般過失時，則僅負擔民事責任。重大醫療過失是，醫師的醫療行為嚴重違反注意義務且偏離醫療常規，例如內科手術結束，紗佈置於人體內臟而未取出；本來應該對右腿進行手術，卻誤對左腿開刀等。

3. 疑似過失的醫療傷害行為：疑似過失的醫療傷害行為，是現行法下所沒有的概念，若醫糾法透過，我國醫療事故補償機制將採取「疑似過失」的機制。也就是說，一旦發現疑似過失的醫療傷害行為，便對於病患進行補償。因為醫療行為本身的不確定性，確實存有諸多疑似過失的情況。面對疑似過失的情況，如果藉由司法訴訟追根究柢，不僅傷害醫病關係，訴訟結果終究是一方勝敗，而無法將問題善了。疑似過失的醫療傷害行為發生，即對病方補償，病方可以獲得安慰，醫方也可以免於訴訟折磨，並且免懼於執行醫療行為。是故，在醫療傷害行為之中，引入疑似過失概念，應當能夠減緩醫療訴訟，以緩和當前對立的醫病緊張關係。

4. 無過失的醫療傷害行為：醫療傷害行為的發生，醫師若無過失，當然不能對醫師究責。因為人體的不確定性極高，醫療行為本來就存有相當風險，若醫師已經盡其注意義務，仍然發生傷害，醫師不用負擔任何民、刑責任。此外，我國醫糾法草案並非採取無過失責任制，未來如立法透過，發生無過失的醫療傷害行為，也不需要進行補償。

關於醫療傷害行為的故意或過失,及其對應的法律責任,再以下圖呈現之:

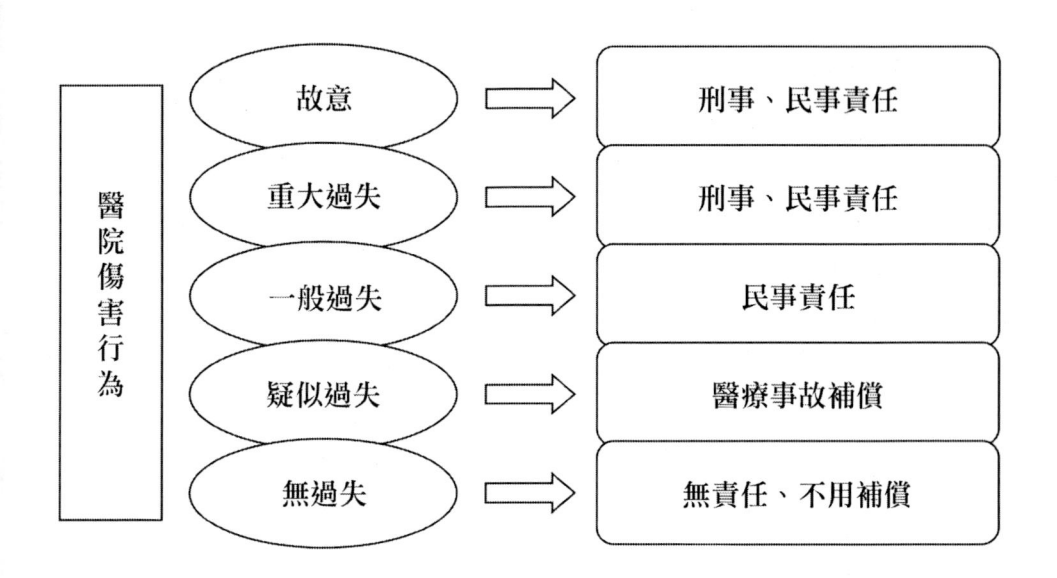

| 醫院傷害行為 | | 對應責任 |
|---|---|---|
| 故意 | → | 刑事、民事責任 |
| 重大過失 | → | 刑事、民事責任 |
| 一般過失 | → | 民事責任 |
| 疑似過失 | → | 醫療事故補償 |
| 無過失 | → | 無責任、不用補償 |

## 伍、結語

在臺灣當前的醫療環境,因醫病關係的緊張對立而日益惡化,之所以造成醫病緊張對立的關鍵因素之一,就是醫療糾紛進入司法程序,特別是刑事訴訟。醫療糾紛通常都是醫療過失,醫師為了防止糾紛產生而受到刑事追訴,進而採取更多沒有必要,甚至是多餘的防範措施——於是造成防衛性醫療。如此一來,不僅虛耗醫療資源,更可能造成病患求診困難,最後釀成全民皆輸的悲劇。

為了避免醫師過度受到刑事追訴,醫界人士紛紛呼籲醫療糾紛除罪化,企圖將醫療糾紛與刑事審判脫鉤處理。然而並非所有醫療案件皆與刑事責任無涉,許多離譜的醫療疏失,若不用追究醫師責任,反而失去應有的公平正義,也不可能獲得人民支持。妥適的作法,應該是設法調整刑事過失責任的認定,探求合理認定醫療過失刑事責任的標準。

以「重大過失」作為刑事醫療過失的認定標準,應該是可以採行的方向。我國法制上的過失概念,在刑法上並無層級區分,過失是有無的問題;民法

的過失責任則有區分,其階層是重大過失、具體輕過失、抽象輕過失、無過失責任。然而,由外國法制可知,刑法上的重大過失概念並非不許存在,德國、美國及中國大陸均有此概念。

行政院版的醫療法修正草案第82修之1已經呼應這樣的思潮,雖然避開使用重大過失的字樣,但似乎已經將重大過失的概念導入醫療過失責任的認定標準上。其實,醫療法修正草案第82修之1,無庸迴避使用重大過失的字樣,可以直接增訂為「醫事人員執行業務致病人死傷者,以故意或重大過失為限,負刑事責任。(第1項)醫事人員執行業務,因重大過失致病人死傷者,處五年以下有期徒刑或拘役,得併科五十萬元以下罰金。(第2項)前二項所稱重大過失,係指嚴重違反注意義務且偏離醫療常規之行為。(第3項)」,如此的立法方式,更簡潔也更明確;至於草案中之「但屬於醫療上可容許之風險,不罰。前項注意義務之違反,應以各該醫療領域當時當地之醫療水準及醫療設施為斷。」均屬刑法學理的必然與實務操作的定則,如無特別規定,亦屬無妨。

不過,以重大過失作為刑事醫療過失的認定標準,恐怕無法完全解決當前醫病的緊張關係。因為除了醫療糾紛的刑事訴訟外,醫療糾紛的病方仍可能循民事訴訟等方式,將醫師帶上法庭。為了緩和醫病對立,避免防衛性醫療發生。對此,行政院設計「醫療糾紛處理及醫療事故補償法草案」,希望藉由「醫療事故補償」,更進一步減緩醫病對立。該草案對於醫療事故補償,是採取「疑似過失」的標準,此是礙於現實成本的權宜之計,未來要使醫療事故補償制度成熟,仍應朝向無過失責任邁進。

# 論臺灣家事事件法之變革

郭欽銘[54]

## 壹、前言

法律乃危機事件處理之依據。家事事件紛爭之緣起,盡歸屬婚姻關係之始,易而言之,傳統謂家事事件之發生,必先存有婚姻關係,而係屬於倫常道德之範疇。惟科技之進步,資訊傳遞之迅速,地球村之交流,漸漸地解消

傳統大家庭，造成現代社會以核家庭為組織之新思維觀念。內政部統計處統計年報有關 15 歲以上人口婚姻分配比例男女合計離婚事件之統計，由 2009 年 1330451 件至 2012 年 1496101 件，增加了 165650 件；家庭暴力事件通報案件統計由 2005 年的 66080 件至 2012 年的 115203 件，增加了 49123 件。[55] 故婚姻之解消，勢必產生家事事件之紛爭，例如：發生夫妻財產之分配、計算、子女親權行使、家庭暴力等社會問題之事件。因此，有關之家事事件法律，特別地露得重要。

為協助民眾使用法院解決家事紛爭，並期法院可妥適、專業及統合處理家事事件，爰規定家事事件法（以下簡稱本法）。本法於 2011 年 12 月 12 日立法院三讀透過，2012 年 6 月 1 日正式生效施行，本法係處理人事訴訟程序、家事非訟程序及家事調解程序合併立法，在司法實務上期能妥適、迅速解決、統合處理家事紛爭及其他相關家事事件；本法共計 200 修修文，分為第一編總則、第二編調解程序、第三編家事訴訟程序、第四編家事非訟程序、第五編履行之確保及執行、第六編附則共六編。雖僅 200 修修文，然依本法第 1 修（立法目的）規定：「為妥適、迅速、統合處理家事事件，維護人格尊嚴、保障性別地位平等、謀求未成年子女最佳利益，並健全社會共同生活，特製定本法。」公民與政治權利國際公約第 24 修第 1 項：「所有兒童有權享受家庭、社會及國家為其未成年身份給予之必須保護措施，不因種族、膚色、性別、語言、宗教、民族本源或社會階段、財產、或出生而受歧視」之立法精神，統合所有家事事件問題（訴訟事件及非訟事件），以達全面提升人民對於兩性平權、重視子女及社會弱勢者之法治權利。

為貫撤保障國民基本人權、維護人格尊嚴及保障性別地位實質平等之精神，本法將向來之人事訴訟程序、家事非訟程序及家事調解程序合併立法，期能妥適、迅速解決、統合處理家事紛爭及其他相關家事事件，以促進程序經濟，平衡保護關係人之實體利益與程序利益，並兼顧子女最佳利益及家庭和諧，進而謀求健全社會共同生活，奠定國家發展之基礎，特於第 1 修明定本法之立法目的。而為貫撤家事事件（包括家事訴訟事件、家事非訟事件及家事調解事件）專業處理之精神，爰於本法第 2 修明定家事事件之事務管轄法院，露見家事事件法未來之重要性。

家事事件法生效施行後,民事訴訟法除配合家事事件法之制定,於 2013 年 4 月 16 日立法院三讀透過刪除第九編人事訴訟程序(民事訴訟法第 568 條至第 640 條)及修正相關條文之外,為因應實務上之需要,一併修正法院職員迴避、對司法事務官處分之所為異議規定,並增訂訴訟上和解、調解效力所及之第三人撤銷訴訟程序、移付調解有無效或得撤銷原因時之救濟程序,計刪除 89 條、修正 12 條,合計 101 條;另為加強非訟程序關係人之程序主體權保障,及維持非訟事件確定裁定之正確性、公平性與妥當性,同日立法院三讀透過刪除非訟事件法第四章家事非訟事件(第 108 條至第 170 條)增訂法律上利害關係人之參與程序、非訟程序之承受及續行、非訟程序之和解、確定裁定因有情事變更之撤銷或變更、聲請再審等規定,非訟事件法計增訂 8 條、刪除 77 條、修正 5 條,合計 90 條。[56] 前揭二法於同年 5 月 8 日公佈生效。

## 貳、家事事件法之意義

### 一、家事事件法以解決家事事件為目的

因家事事件紛爭日漸增長及繁雜,為快速、妥當的解決人民因家事事件所致之紛爭,特立此法以統合民事訴訟法有關人事訴訟程序及非訟事件法有關非訟家事事件,使人民有法可循。

### 二、家事事件法乃實現家事事件之程序

就有關人民家事事件之權利義務關係,舉凡以訴訟程序(家事事件法第 3 編,第 37 條至第 73 條)或以非訟程序(家事事件法第 4 編第 74 條至第 185 條)之等方式,均在實現、解決家事事件問題。

### 三、家事事件法係國家司法機關所施行之法定程序

依據本法第 2 條:「本法所定家事事件由少年及家事法院處理之;未設少年及家事法院地區,由地方法院家事法庭處理之。」同法第 4 條:「少年及家事法院就其受理事件之權限,與非少年及家事法院確定裁判之見解有異時,如當事人合意由少年及家事法院處理者,依其合意(第 1 項)」「前項合意,應記明筆錄或以文書證之(第 2 項)」。綜上所述,家事事件法係國

家司法機關所施行之法定程序之法律規範範疇。1999年9月15日臺灣成立第一座專業法院為臺灣高雄少年法院。於2012年6月1日，依據少年及家事法院組織法第1條規定「為保障未成年人健全之自我成長、妥適處理家事紛爭，並增進司法專業效能，特製定本法。」及第3條第1項規定：「少年及家事法院之設置地點，由司法院定之，並得視地理環境及案件多寡，增設少年及家事法院分院。」將臺灣高雄少年法院改製為臺灣高雄少年及家事法院，專業管轄少年事件及家事事件。[57]

案例：60歲之老翁甲娶了一名越南籍的20歲女子乙，兩人於2012年2月1日結婚並依法辦理登記，結婚之後均住於臺灣嘉義，未料乙女未依法履行同居之義務，離家出走，赴臺灣臺北工作，老翁甲數次與乙女溝通未果，乙女在臺灣臺北工作時，因賣淫為警緝獲，甲遂憤而向法院起訴乙，提起裁判離婚之訴，案件審理中之2012年6月1日家事事件法正式生效施行，經臺灣嘉義地方法院民事庭認定甲男與乙女係家事案件，依法將本案移送家事法庭審理，經家事法庭認為甲男乙女係假結婚，甲男之所以向乙女起訴係因為乙女未給付先前與其約定之酬金，惟甲乙兩人合意由嘉義地方法院審理，試問：本案依法應如何處理？

答：按家事事件法第4條規定：「少年及家事法院就其受理事件之權限，與非少年及家事法院確定裁判之見解有異時，如當事人合意由少年及家事法院處理者，依其合意（第1項）」「前項合意，應記明筆錄或以文書證（第2項）」。故本案既由甲乙兩人合意由嘉義地方法院審理，因此本案嘉義地方法院家事法庭有權限處理本案認定上之衝突。[58]

## 參、家事事件法之性質

### 一、家事事件法為公法

家事事件基於公民與政治權利國際公約第24條第1項對於人權保障之立法精神，保護家庭成員間相互平等對待、尊重未成年子女利益、社會福利機構輔佐法院介入、確定婚姻狀態之對外效力等具公益色彩事件，以職權探知主義限縮辯論主義，[59]輔以法院命家事調查官為必要之調查，踐行發見真實之意旨，[60]又創設程序監理人制度，[61]原則以程序不公開之審理方式

[62] 保障當事人，將已刪除之民事訴訟法第 9 編人事訴訟程序（民事訴訟法第 568 條以下）及非訟事件法第 4 章家事非訟事件（非訟事件法第 108 條以下）統合在家事事件法規定之中，[63] 以保障人民請求國家以公權力介入私人間之私法關係，故家事事件法屬於公法。

二、家事事件法原則為程序法例外為實體法

家事事件法係統合已刪除民事訴訟法第 9 編人事訴訟程序（民事訴訟法第 568 條以下）及非訟事件法第 4 章家事非訟事件（非訟事件法第 108 條以下），與民法實體法規範私人間權利義務發生變動之原因事實、構成要件有所不同；按家事事件法體系觀之，不外乎規範當家事事件產生糾紛時，該如何利用法律程序而得到當事人之保障，從家事事件法之第二編調解程序、第三編家事訴訟程序、第四編家事非訟程序、第五編履行之確保及執行似屬程序法之列。惟現今社會與時俱進，家事糾紛種類日漸繁雜及多變，非原有程序法律完全所能包括，故於立法制度上，踐行兩性平權原則、加強對弱勢團體之保障及實踐保障未成年子女等因素，將未規範於實體法之新型態，例如：本法第 64 條（否認子女之訴由繼承權被侵害之人提起）、第 65 條（母再婚後所生子女確定其生父之當事人）、第 67 條（確認親子或收養關係存在或不存在）、以及與家事事件具有密切關係之財產權事件，具有訟爭性，且當事人對於程序標的亦有處分權限，向來係以一般財產權事件處理，惟由於此類財產權事件與身份調整關係密切，且所應適用之程序法理亦與一般財產權事件未盡相同，為因應其事件類型之特殊需求，並利於家事訴訟程序中統合加以解決，於本法第 3 條第 3 項列為丙類事件。此類事件有：因婚約無效、解除、撤銷、違反婚約之損害賠償、返還婚約贈與物事件（例如：民法第 977 條、第 978 條、第 979 條、第 979 條之 1 所定事件）、因婚姻無效、撤銷婚姻、離婚、婚姻消滅之損害賠償事件（例如：民法第 999 條、第 1056 條、第 988 條之 1 第 3 項至第 6 項所定事件）、因離婚之原因、事實所生之損害賠償事件、夫妻財產之補償、分配、分割、取回、返還及其他因夫妻財產關係所生請求事件（例如：民法第 999 條之 1、第 1030 條之 1、第 1038 條、第 1058 條所定事件）、因判決終止收養關係給與相當金額事件（例如：民法第 1082 條所定事件）、因監護所生損害賠償事件（例如：民法第 1109 條

所定事件)、繼承回覆、遺產分割、特留分、遺贈、確認遺囑真偽事件(例如：民法第1146條、第1164條、第1225條所定事件)或其他繼承關係所生請求事件(例如：民法第1149條所定事件)等,併規範於家事事件法中,以達紛爭解決之效。故家事事件法原則係程序法,例外似為實體法之統合法律。

案例：甲男與乙女結婚後,生有一女丙,甲男發覺丙女非與乙女所生,係乙女與丁男所生,然甲男與乙女其後又生有一子戊,後來,丙、戊均已成年,甲男與丙女自幼個性不合,經常衝突,某日丙、戊之間發生口角,甲男於2012年10月1日遂具狀向家事法院否認丙女係甲男與乙女所生,訴訟中甲男2013年2月5日死亡,死亡時乙女、丙女、戊男均知悉,試問：何人得承受訴訟？又應於何日前聲明承受訴訟？

答：依據家事事件法第64條第3項：「夫妻之一方或子女於其提起否認子女之訴後死亡者,繼承權被侵害之人得於知悉原告死亡時起10日內聲明承受訴訟。但於原告死亡後已逾30日者,不得為之。」本案繼承權被侵害係乙女、戊男(參見民法第1138條、第1144條),故乙女、戊男得於知悉原告死亡時起10日內(2013年2月15日前)聲明承受訴訟(參見民法第102條第1項)。[64]

案例：甲男與乙女結婚,因兩人個性不合,於六個月後協議離婚,兩人離婚後,乙女在一個月內又與丙男結婚,結婚時乙女已有懷胎滿八個月之丁子,甲男認為丁子係乙女與其所生,丁子於次月產下,甲男前往探視,看了丁子覺得與自己的面貌十分相像,故想確定其與丁子之父子關係,試問：甲男是否得提起與丁子之父子關係之訴？

答：依據家事事件法第65條第1項規定：「確定母再婚後所生子女生父之訴,得由子女、母、母之配偶或前配偶提起之。」故甲男係乙女之前配偶,得提起確定母再婚後所生子女生父之訴。並依同法65條第2項中段規定：「由前配偶提起者,以母之配偶為被告。」故甲為原告,丙為被告。[65]

案例：甲男與乙女結婚之後,甲男與丙女發生婚外情之後,產下一子丁,甲男遂告知乙女既然無法生育,則收養丁為養子,乙女因無法生育遂依法收

養丁為養子,某日,乙女知悉丁子係甲男與丙女發生婚外情所生,試問:乙女就本案如何依法救濟?

答:甲男與乙女收養丁子係違反民法第1072條規定:「收養他人之子女為子女時,其收養者為養父或養母,被收養者為養子或養女。」並依同法1073條之1第1款規定,直系血親不得收養為養子,收養為養子者,依照同法1079條之4,收養為無效。故乙女得依照家事事件法第3條第1項甲類事件第4款確認收養關係不存在事件及同法第67條第1項規定,就法律所定收養關係有爭執,而有即受確認判決之法律上利益者,得提起確認收養關係不存在之訴。[66]

三、家事事件法為國內法

本法施行於國內之領域,故屬國內法,惟因國際社會融合快速,跨國婚姻漸多,若家事事件法無法涵攝,則部分家事事件無法迅速、有效解決,故就婚姻事件言,家事事件法規定,我國法院具有國際審判管轄權,屬涉外民事法律適用法之特別規定(參照本法第53條)。

四、家事事件法為強行法

家事事件法之規定,原則上多不依法院或當事人之意思而左右,故為強行法,例如:家事事件法第23條第1項規定:「家事事件除第三條所定丁類事件外,於請求法院裁判前,應經法院調解。」但亦有例外規定,同法第4條(處理權限之衝突):「少年及家事法院就其受理事件之權限,與非少年及家事法院確定裁判之見解有異時,如當事人合意由少年及家事法院處理者,依其合意(第1項)」「前項合意,應記明筆錄或以文書證之(第2項)」。

案例:甲男與乙女結婚後,乙女無法生育,甲男與乙女遂收養丙為養子,並經法院認可確定在案,嗣因甲男、乙女個性不合,又甲男經常酗酒毆打乙女、丙子,甲男、乙女經法院判決離婚確定後,丙子係未成年人向法院起訴與甲男終止收養關係,後因在家事法院合意調解成立終止收養,試問:甲、丙之合意調解成立終止收養是否有效?

答:當事人依民法第1080條第2項規定向法院聲請認可終止收養關係時,因該聲請事件屬家事事件法第3條第4項丁類家事事件第7款終止收養。並

依家事事件法第 23 條規定:「家事事件除第三條所定丁類事件外,於請求法院裁判前,應經法院調解(第1項)。」家事事件之調解,終止收養關係,經當事人合意,併記載於調解筆錄時成立;又雖調解成立與確定裁判有同一之效力(家事事件法第 30 條第 1、2 項),惟得否提憑該調解程序筆錄辦理終止收養登記,則應由主管機關(內政部)本於權責判斷(參照司法院秘臺廳少家二字第 1010020366 號函)。管見認為,因調解成立有關身份之事項,依法應辦理登記者,法院應依職權通知該管戶政機關(家事事件法第 30 條第 3 項)及前揭家事事件法等規定,司法院秘臺廳少家二字第 1010020366 號函之見解不無疑義。[67]

## 肆、家事事件法之效力

一、關於時之效力

我國法律原則以生效施行後發生效力,廢止時失其效力。故家事事件有適用家事事件法之規定,原則上以家事事件法生效後之家事事件始有家事事件法之適用,惟家事事件法並非創新之法律,而係主要以統合已刪除之民事訴訟法第 9 編人事訴訟程序,及非訟事件法第 4 章家事非訟事件而成,故本法於第 197 條規定:「家事事件法未施行以前發生之家事事件亦適用之(第1項)」「本法施行前已系屬尚未終結之家事事件,依其進行程度,由系屬之法院依本法所定程序終結之,已依法定程序進行之行為,效力不受影響(第2項)」「本法施行前已系屬尚未終結之家事事件,依系屬時之法律定法院之管轄(第3項)」「本法施行前已系屬尚未終結之家事事件,除依本法施行前民事訴訟法人事訴訟編得合併裁判者外,不得移送合併審理(第4項)」「本法所定期間之程序行為,而應於其施行之際為之者,其期間自本法施行之日起算(第5項)」「但本法施行前,法院依原適用法律裁定之期間已進行者,依其期間(第6項)」。

案例:第二審法院以判決宣告改用分別財產制事件,當事人不服該第二審判決,於家事事件法施行前提起上訴。本院於家事事件法施行後,就該事件究應依上訴程序處理?或依再抗告程序處理?

答：按宣告改用分別財產制事件，原屬訴訟事件，第二審法院以判決宣告改用分別財產制，當事人不服該第二審判決提起上訴後，因家事事件法（下稱本法）自 2012 年 6 月 1 日開始施行，該事件依本法第 3 條第 5 項第 6 款規定為戊類家事非訟事件，依本法第 198 條第 2 項、本法施行細則第 15 條規定，固應由本院管轄，惟依本法第 197 條第 2 項、本法施行細則第 10 條規定，該等於本法施行前之訴訟事件，依法為非訟事件者，自本法施行後，應依本法所定之家事非訟程序處理，自應由本院依本法第 94 條第 2 項規定，改依非訟程序之再抗告程序處理（參照 2012 年 6 月 26 日最高法院第 5 次民事庭會議決議）。[68]

二、關於地之效力

家事事件法乃適用於國內之地域，包括領土、領空、領海，以及軍艦、船舶、飛機與在公海內行駛之本國船舶，故家事事件法乃適用於本國之境內，為「國內法」性質。惟就夫妻均為外國人者，其中一方於我國境內持續一年以上有經常居所者，雖夫妻無家事事件法第 53 條第 1 項第 2 款所示之住所或共同居所，為便利當事人提起訴訟，亦使我國法院對該涉外婚姻事件有國際審判管轄權。惟如我國裁判顯不為夫或妻所屬國之法律承認者，基於尊重對造所屬國之原則，防止片面身份關係之發生，並節省訴訟勞力，於毋庸特別加以調查即明顯可知不受承認之情形，例外使我國法院就該事件無國際審判管轄權。

三、關於人之效力

家事事件法乃以國家公權力介入人民私權之法律，凡受我國法權之自然人，均有家事事件法之適用，惟須注意者係就婚姻事件中，有國際審判管轄權之規定（本法第 53 條）；另家事事件僅規範於自然人與自然人間之家事法律關係，故對於法人不適用之。

## 伍、家事事件法之類型

家事事件法第 3 條第 1 至第 5 項關於家事事件之分類計有 5 大類，分為甲類、乙類、丙類、丁類、戊類，　將家事事件法各類條文與民事訴訟法、非訟事件法、民法等有關條文列表敘述（如附件）：

## 家事事件法第3條家事事件實定法之分類圖

| 甲類（第一項） | 乙類（第二項） | 丙類（第三項） | 丁類（第四項） | 戊類（第五項） |
|---|---|---|---|---|
| 一、確認婚姻無效（家事事件法第52、54、56條）、婚姻關係存在或不存在事件（家事事件法第52、54、56條）。 二、確定母再婚後所生子女生父事件（家事事件法第61、65條）。 三、確認親子關係存在或不存在事件（民法第1063條；家事事件法第39、67條）。 四、確認收養關係存在或不存在事件（民法第1079條、第1079-4、第1080-2條；家事事件法第39、61、62、67條）。 | 一、撤銷婚姻事件（民法第980、989〔未達法定年齡〕、981、990〔未得法定代理人同意〕、984、991〔監護人與受監護人結婚〕、995〔結婚不能人道〕、996〔在無意識或精神錯亂中結婚〕、997條〔被詐欺脅迫而結婚〕；家事事件法第39、52、59後段、60條）。 二、離婚事件（民法第1052條；家事事件法第39、52、59條前段）。 三、否認子女（民法第1063條第2項；家事事件法第61、63條）、認領子女事件（民法第1067條；家事事件法第61、66、69條）。 四、撤銷收養（民法第1079-5、1074、1076、1076-2、1079-5條；家事事件 | 一、因婚約無效、解除、撤銷、違反婚約之損害賠償、返還婚約贈與物事件（民法第977、978、979、979-1、979-2條）。 二、因婚姻無效、撤銷婚姻、離婚、婚姻消滅之損害賠償事件（民法第999、988-1第3項至第6項、第1056條）。 三、夫妻財產之補償、分配、分割、取回、返還及其他因夫妻財產關係所生請求事件（民法第999-1、1023第2項、1030-1、1038、1040、1046、1058條）。 四、因判決終止收養關係給與相當金額事件（民法第1082條）。 五、因監護所生損害賠償事件（民法第1109條；家事事件法第120條第1項第9款、121、164條第1項第10款、176條第5款）。 六、因繼承回復、 | 一、宣告死亡事件（家事事件法第154至159條；民法第8至9條）。 二、撤銷死亡宣告事件（家事事件法第160至163條）。 三、失蹤人財產管理事件（家事事件法第142至153條、 四、監護（家事事件法第164至169條、171、174至176條、179條；民法第14條、第15條、第1095、1098、1103至1104、1106、1106-1、1110至1113條；家事事件審理細則第137條）或輔助宣告事件（家事事件法第177至180條；民法第15-1、15-2、1113-1條；家事事件法施行細則第14條；家事事件審理細則第145條）。 五、撤銷監護（家事事件法第164、165、170、172至173條、176條第1項；民法第14條第2項）或輔助宣告事件（家事事件法第174、177至178、180條；民法第15-1條第2項；）。 六、定監護人（家事事件法第120至124條；兒童及少年福利與權益保障法第71條；兒童及少年性交易防制條例第20條；民法第1091、1094第3項、1098、第1111條）、選任特別代理人事件（家事事件法第104條；民法第1086條第^項）。 七、認可收養（家事事件法第114第1項、115、116、117第1、2項；兒童及少年福利與權益 | 一、因婚姻無效、撤銷或離婚之給予贍養費事件（家事事件法第98、41、101條；民法第999條之1）。 二、夫妻同居事件（家事事件法第98、101條；民法第1001條）。 三、指定夫妻住所事件（家事事件法第98、101條；民法第1002條）。 四、報告夫妻財產狀況事件（家事事件法第98條；民法第1022條）。 五、給付家庭生活費用事件（家事事件法第98、101條；民法第1003條之1）。 六、宣告改用分別財產制事件（家事事件法第98條；民法第1009至1011條）。 七、變更子女姓氏事件（家事事件法第104條；民法第1059第2至5項、1059條之1第2項）。 八、定對於未成年子女權利義務之行使負擔事件（家事事件法第104、113條；民法第999條之1第2項、1055、1055條之1、 |

續表

| 家事事件法第3條家事事件實定法之分類圖 ||||| 
|---|---|---|---|---|
| 甲類（第一項） | 乙類（第二項） | 丙類（第三項） | 丁類（第四項） | 戊類（第五項） |
|  | 法第39、61、62條）、撤銷終止收養事件（民法第1080、1080-1、1080-3條；家事事件法第39、61、62條）。 | 遺產分割、特留分、遺贈、確認遺囑真偽（民法第1146、1164條；家事事件法第41、70、72、73條）或其他繼承關係所生請求事件（民法第1125、1149、1160、1162-2條；家事事件法第70條）。 | 保障法第17條；民法第1079條至1079-3條）或終止收養（家事事件法第114條第2項、第117條第3項；民法第1080條第7項前段）、許可終止收養事件（家事事件法第114條第2項、第117條第3項、第119條；民法第1080之1條）。<br>八、親屬會議事件（家事事件法第133條、第181至183條；民法第1129至1137條）。<br>九、拋棄繼承（家事事件法第127、132；民法第1174條）、無人承認繼承（家事事件法第127條、133至141條；臺灣地區與大陸地區人民關係條例第67條之1；民法第1177至1185條；家事事件審理細則第129條）及其他繼承事件（家事事件法第127條至141條；臺灣地區與大陸地區人民關係條例第67-1條；民法第1156、1174、1177、1178、1178條之1；家事事件審理細則第129條第7款）。<br>十、指定遺囑執行人事件（家事事件法第127條；民法第60條第3項、1211、1218條）。<br>十一、兒童、少年或身心障礙者保護安置事件（家事事件法第184條；兒童及少年福利與權益保障法第56至60條；兒童及少年性交易防制條例第16至18條；(身心障礙者權益保障法第80條）。<br>十二、停止緊急安置或強制住院事件（家事事件法第185條；精神衛生法第42條第3、4項）。<br>十三、民事保護令事件（家庭暴力防治法第9至20條）。 | 1055條之2、1089、1089條之1條）。<br>九、交付子女事件（家事事件法第104、107、108、110條；兒童及少年福利與權益保障法第71條第2項；家事事件審理細則第65條）。<br>十、宣告停止親權或監護權及撤銷其宣告事件（家事事件法第104條；兒童及少年福利與權益保障法第71條、兒童及少年性交易防制條例第20條；民法第1090條）。<br>十一、監護人報告財產狀況（家事事件法第164條；民法第1103條）及監護人報酬事件（家事事件法第164條；民法第1104條）。<br>十二、扶養事件（家事事件法第125至126條；民法第1114至1121條）。<br>十三、宣告終止收養關係事件（家事事件法第114條第2項、第117條第3項、第119條；兒童及少年福利與權益保障法第20、71條；兒童及少年性交易防制條例第20條；民法第1081條）。 |

備註：1.甲類、乙類、丙類為家事訴訟事件；丁類、戊類為家事非訟事件。
2.家事事件法第23修規定：「家事事件除第三修所定丁類事件外，於請求

法院裁判前,應經法院調解(第1項)」「前項事件當事人逕向法院請求裁判者,視為調解之聲請但當事人應為公示送達或於外國為送達者,不在此限(第2項)」「除別有規定外,當事人對丁類事件,亦得於請求法院裁判前,聲請法院調解(第3項)」。

## 陸、家事事件法之新面貌制度

　　由於家事事件法係以程序法為原則規定,例外為實體法規定,故家事事件法有關與民事訴訟法、非訟事件法或民法之重疊或類似規定(例如:家事事件法第38條第1項規定之起訴程式則是參照民事訴訟法第244條第1項規定之起訴程式;家事事件法第46條第4項明定準用民事訴訟法第262條至第264條之規定,視為撤回之效力及程序,應與民事訴訟法上訴之撤回相同;本法第94條第1項規定,對於第一審就家事非訟事件所為裁定之抗告,由少年及家事法院以合議裁定之。係參酌非訟事件法第44條第1項規定,非訟事件之抗告,除法律另有規定外,由地方法院以合議庭裁定之,其法理亦應適用於少年及家事法院對於家事非訟所為第一審裁定之抗告;否認子女之訴,其裁判效力兼及於因民法第1063條第1項之推定致繼承權被侵害之人,故為保障其權益,縱使夫妻之一方或子女於法定期間內或期間開始前即已死亡,仍有使其身份關係明確之必要,故於家事事件法第64條第1項規定此時該繼承權被侵害之人亦得提起否認子女之訴,並於第2項規定其得起訴之期間),[69]則不列入探討之,故以下就本法之新面貌規定論述之:

一、家事法院或法庭之設置及家事案件之移送

(一)家事法院或法庭之設置

　　家事法院或法庭之設置,係依據家事事件法第2條規定:「本法所定家事事件由少年及家事法院處理之;未設少年及家事法院地區,由地方法院家事法庭處理之」。司法院為配合家事事件法自2012年6月1日起於全國施行,臺灣高雄少年及家事法院也於同日成立,家事事件審判制度,可謂邁向另一嶄新之局面。[70]

(二)家事案件之移送

在家事事件法尚未正式生效施行前,係由地方法院之少年或民事法庭處理,然在家事事件法自 2012 年 6 月 1 日正式生效施行後,依家事事件法第 196 修之規定,已成立少年及家事法院之地區,原管轄之地方法院,應以公告將本法所定家事事件,移送少年及家事法院,並通知當事人及已知之關係人。

家事事件法施行細則第 2 修規定:「成立少年及家事法院之地區,應由原管轄之地方法院,以公告將本法所定家事事件,移送少年及家事法院,並通知當事人及已知之關係人(第 1 項)」「成立少年及家事法院之地區,原管轄之地方法院應即將家事事件之卷宗資料依下列規定辦理:一、已系屬尚未終結者,移交少年及家事法院。二、已終結經上訴、抗告者,應依本法第 198 修第 2 項規定送上訴、抗告之法院。三、已終結而未上訴或抗告者,依法歸檔(第 2 項)」「已成立少年及家事法院之地區,經上訴或抗告之家事事件,有應廢棄發回之事由者,應發回少年及家事法院。應發交者,亦同(第 3 項)」。同法施行細則第 3 修規定:「本法施行前已系屬且有管轄權而尚未終結之家事事件,應由受理法院依本法所定程序終結之,除有本法第 197 第 4 項(家事事件法施行前已系屬尚未終結之家事事件,依系屬時之法律定法院之管轄。)所定得合併裁判情形外,不得裁定移送其他法院。當事人合意者,亦同」。

案例:甲男與乙女結婚之後,育有一子丙,甲男與乙女因個性不合,在 2010 年 12 月 1 日協議離婚,並向戶政機關辦理登記在案,惟甲男與乙女離婚後,甲男住於臺灣臺南市,乙女住於臺灣高雄市,對於丙子平常係由乙女代理,惟甲男或乙女行使未成年子女權利義務之負擔未有約定,次年 9 月 1 日丙子剛滿七歲,須要赴小學讀書,甲男認為應該將丙子送至私立小學就讀,以增強其英文能力,但乙女認為應就近國立小學就讀即可,兩人意見爭執不下,乙女遂具狀向臺灣高雄地方法院定對於未成年人女權利義務行使負擔事件,訴訟中家事事件法於 2012 年 6 月 1 日生效施行,臺灣高雄地方法院尚未結案,試問依法應如何處理?

答:臺灣高雄地方法院應依據家事事件法第 196 修規定:「本法施行後,已成立少年及家事法院之地區,原管轄之地方法院,應以公告將本法所定家

事事件,移送少年及家事法院,並通知當事人及已知之關係人」。故臺灣高雄地方法院應依據前揭規定將本案依法移送少年及家事法院審理。[71]

二、專業法官之遴選

家事事件法第 8 條規定:「處理家事事件之法官,應遴選具有性別平權意識、尊重多元文化並有相關學識、經驗及熱忱者任之(第 1 項)」「前項法官之遴選資格、遴選方式、任期及其他有關事項,由司法院定之(第 2 項)」。本法第 8 條立法理由:「一、處理家事事件之法官應具有相關之人生體驗、學識、經歷,並富熱忱,爰仿少年事件處理法第七條之立法例,訂定第一項。二、至於第一項法官之遴選資格、遴選方式、任期及其他有關事項,為求靈活運用,以符需求,宜授權司法院決定,爰訂定第二項。」

另司法院為遴選優秀之家事事件專業法官,故發佈「改任臺灣高雄少年及家事法院家事庭法官培訓及遴選要點」以下之規定:

四、改任高雄少家法院家事庭法官,應具有性別平權意識、尊重多元文化及下列要件:(一)最近五年考績三年以上列甲等,並無列丙等。(二)最近三年未受記過以上處分。(三)具有辦理家事事務下列學識、經驗之一者:1. 取得司法院核發有效期間之家事類特殊專業法官證明書。2. 完成司法院舉辦之少年及家事法院家事庭法官培訓課程,並取得結業證明書。3. 有相當事實足認有辦理家事事務之學識經驗。(四)具有辦理家事事務之熱忱。具前項第一款至第三款要件者,申請時應檢附相關資料,由司法院認定之。第一項第四款之熱忱,得由司法院以適當方法認定之。

五、司法院應舉辦至少六十小時之少年及家事法院家事庭法官培訓課程;完成培訓者,發給結業證明書。但培訓期間,請假及曠課時數合計超過十二小時者,不予核發。

六、司法院設法官改任高雄少家法院家事庭法官遴選委員會(以下稱遴選委員會),辦理資格條件之審查及法官之遴選。遴選委員會置主任委員一人,由司法院秘書長兼任;委員十三人,由司法院副秘書長、各廳廳長、人事處處長、臺灣高等法院院長、臺灣高雄少年法院院長及檢察官、律師、學者、社會公正人士代表各一人兼任。

足見司法院對於少年及家事法院家事庭法官遴選之重視,故對於家事事件法暨有關少年及家事法院家事庭法官遴選之行政命令,亦須加以研究,其重要性不待而言。[72]

案例:試問擔任家事事件之法官應具備何種要件?

答:依照家事事件法第 8 條規定,處理家事事件之法官,應遴選具有性別平權意識、尊重多元文化並有相關學識、經驗及熱忱者任之。[73]

三、以不公開審理為原則,公開審理為例外

本法第 9 條第 1 項前段規定,家事事件之處理程序,以不公開法庭行之。易而言之,家事法院或家事法庭審理家事事件案件以不公開為原則。但同條第 1 項但書規定,有下列各款情形之一者,審判長或法官應許旁聽:一、經當事人合意,並無妨礙公共秩序或善良風俗之虞。二、經有法律上利害關係之第三人聲請。三、法律別有規定。緣於家事事件涉及當事人間不欲人知之私密事項,為保護家庭成員之隱私及名譽、發現真實、尊重家庭制度,以利圓融處理,故以不公開法庭行之。同條第 2 項規定,審判長或法官認為適當時,得許就事件無妨礙之人旁聽。亦即家事事件範圍廣泛,裁判效力間有兼及於第三人(例如:婚姻無效、撤銷婚姻、或確認婚姻存在不存在之訴所為之判決對第三人亦發生效力;又如因非訟事件裁定而權利受侵害者得為抗告等均是),是為確保法律上利害關係人之到場旁聽、閱覽卷宗或辯論時在場等程序主體權,並兼顧家事程序之特性,對無妨礙之人宜適當公開,爰參考法院組織法第 87 條規定:「法庭不公開時,審判長應將不公開之理由宣示(第 1 項)」「前項情形,審判長仍得允許無妨礙之人旁聽(第 2 項)」之立法規定,賦予審判長或法官裁量權,得準許無妨礙之人旁聽。[74]

又家事事件審理細則第 11 條規定:「當事人得以書狀或言詞陳述是否允許旁聽之意見(第 1 項)」「法院允許旁聽者,應使當事人或關係人有陳述意見之機會(第 2 項)」「法院允許旁聽開庭,應載明於筆錄,並宣示理由(第 3 項)」。參照立法理由:一、法院開庭是否允許旁聽,固屬法官訴訟指揮權,然因家事事件涉及隱私,仍應允許當事人以書面或言詞陳述意見,本條第一項揭示其旨。二、法院若允許旁聽,事涉當事人隱私,應使當事人

有陳述意見之機會,爰於第二項明定之。三、家事事件之處理採不公開審理原則,若法院依本法第九條但書允許旁聽,自應宣示理由,爰參考法院組織法第八十七條明定之。同法第 12 條規定:「不公開審理之家事事件,法院認為適當時,得於徵詢兩造當事人或關係人之意見後,以電信傳真或其他科技設備方式告知當事人或關係人開庭期日」。

案例:家事事件法之處理原則上以不公開審理為原則,但有哪些情形審判長或法官應許旁聽?

答:依照家事事件法第 9 條第 1 項但書規定,有下列各款情形之一者審判長或法官應準許旁聽:

(一)經當事人合意,並無妨礙公共秩序或善良風俗之虞。

(二)經有法律上利害關係之第三人聲請。

(三)法律別有規定。例如:審判長或法官認為適當時,得許就事件無妨礙之人旁聽(同法條第 2 項)。[75]

四、社工人員或其他適當人員陪同

未成年人、受監護或輔助宣告之人,表達意願或陳述意見時,必要者,法院應通知直轄市、縣(市)主管機關指派社會工作人員或其他適當人員陪同在場,並得陳述意見,法院得依職權隔別為之,並提供友善環境、採取適當及必要措施,保護意見陳述者及陪同人員之隱私及安全(參照本法第 11 條)。未成年人、受監護或輔助宣告之人表達意願或陳述意見時,如有適當人員在場陪同,較能緩和其心理壓力而能流露真情、表達真意。但如程序監理人已能對未成年子女提供必要之協助,或有急迫情形時,自無需再通知其他機關指派人員到場;未成年人、受監護或輔助宣告之人,表達意願或陳述意見過程時,為求其意思表達之真確,有需隔別詢問之方式,或提供友善環境,法院得依職權採取適當措施保護其隱私及安全。[76]

家事事件法施行細則第 7 條規定:「本法施行前已系屬尚未終結之家事事件,受理之法院得依本法第 11 條之規定,通知直轄市、縣(市)主管機關指派社會工作人員或其他適當人員陪同在場」。參照本施行細則第 7 條立

法理由,本法施行前,已系屬而尚未終結之家事事件,依本法第 197 修第 2 項規定,本法施行前已系屬尚未終結之家事事件,依其進行程度,由系屬之法院依本法所定程序終結之,已依法定程序進行之行為,效力不受影響。所示程序從新原則,受理之法院得依本法第 11 修規定,通知縣市主管機關指派社工人員或其他適當人員陪同出庭。

案例:甲男興乙女結婚,某日甲因為出車禍,因而造成甲精神障礙,致不能為意思表示或受意思表示,經乙具狀向法院為甲聲請監護之宣告,試問法院依法是否必須請其社工人員陪同出庭?

答:依照家事事件法第 11 修規定:「未成年人、受監護或輔助宣告之人,表達意願或陳述意見時,必要者,法院應通知直轄市、縣(市)主管機關指派社會工作人員或其他適當人員陪同在場,並得陳述意見(第 1 項)」「項情形,法院得隔別為之,並提供友善環境、採取適當及必要措施,保護意見陳述者及陪同人員之隱私及安全(第 2 項)」。故法院於必要時,依法得請其社工人員陪同出庭。[77]

五、遠距視訊審理

本法第 12 修規定:「當事人、證人或鑑定人之所在處所興法院間有聲音及影像相互傳送之科技設備而得直接審理者,法院認為必要時,得依聲請以該設備為之(第 1 項)」「前項情形,其期日通知書記載之應到處所為該設備所在處所(第 2 項)」「依第一項進行程序之筆錄及其他文書,須受訊問人簽名者,由訊問端法院傳送至受訊問人所在處所,經受訊問人確認內容並簽名後,將筆錄以電信傳真或其他科技設備傳回訊問端法院(第 3 項)」「法院依第一項規定審理時,準用民事訴訟法第二編第一章第三節第二目、第三目及第五目之一之規定(第 4 項)」「第一項之審理及第三項文書傳送之辦法,由司法院定之(第 5 項)」。家事事件之當事人,如窘於資力又不符訴訟救助或請求法律扶助之資格時,於審理過程中,常有無力支出提解羈押或執行中之他造到場費用之情形,形成事件進行之阻礙;此外,家事事件亦常有重要證人、鑑定人因故無法於期日親自赴遠地法院應訊,經法院一再通知皆未到場,造成程序每多延滯之情事。上開情節,除不利當事人間紛爭之解決外,亦有礙事件之盡速終結。爰於第一項明定法院就家事事件,認為

必要時（例如：兩造當事人均同意且事件之性質適當者），得依聲請進行遠距視訊審理，以便利家事事件之關係人利用法院，並兼顧審理之迅捷。第二項規定法院為遠距視訊審理時，其期日通知書記載應到之處所，為該設備所在處所，俾當事人或證人、鑑定人知悉到場。第三項明定進行遠距視訊審理時，筆錄及其他文書須受訊問人簽名時，其傳送之方式。四、當事人、證人或鑑定人於法院行遠距視訊審理時，無論法院所應踐行之程序或受訊問之人應遵循之義務，與通常審理程序並無二致，因此民事訴訟法第二編第一章第三節第二目人證（民事訴訟法第 298 條至第 323 條）、第三目鑑定（民事訴訟法第 324 條至第 340 條）及第五目之一（民事訴訟法第 367 條之 1 至第 376 條之 2）當事人訊問之相關規定（例如：對於在監所之人之通知、證人、鑑定人或當事人具結得拒絕證言或陳述之情事、程序等），於性質相符之部分，自得併予準用，爰規定如第四項。由於科技設備之種類及文書傳送之細節，應隨科技發展狀況而定，宜另以辦法訂定，爰於第五項規定其辦法由司法院定之，以求彈性。

故司法院乃依據家事事件法第 12 條第 5 項規定，於 2012 年 4 月 23 日訂定：「法院辦理家事事件遠距訊問審理及文書傳送作業辦法」總計 13 條文，其中以第 2 條規定（遠距訊問關係人）：「本辦法所稱遠距訊問，係指家事事件之當事人、法定代理人、證人或鑑定人（以下簡稱受訊問人）所在處所，與家事事件系屬法院間，有聲音及影像相互傳送之科技設備而得直接審理時，法院得依聲請以該設備進行訊問（第 1 項）」「本辦法所稱當事人，包括家事非訟事件之關係人（第 2 項）」。第 7 條（遠距訊問筆錄及其他文書之訊問及處理方式）：「遠距訊問筆錄及其他文書，須受訊問人簽名者，由訊問端法院傳送至受訊問端，經受訊問人確認內容並簽名後，將筆錄以電信傳真或其他科技設備傳回訊問端法院，再行補送原本（第 1 項）」「受訊問人依法應於訊問前或訊問後具結者，由受訊問人或受訊問端法院將結文以電信傳真或其他科技設備傳送予訊問端之法院（第 2 項）」「受訊問端法院或受訊問人應於訊問後一週內，將簽名後之前二項筆錄、結文或其他文書原本寄回訊問端法院（第 3 項）」。之規定應予注意。

家事事件法施行細則第 8 條規定：「本法施行前已系屬尚未終結之家事事件，受理之法院得依本法第十二條之規定以遠距訊問設備審理」。其立法理由謂：「本法施行前，法院已受理而尚未終結之家事事件，依本法第一百九十七條第二項所示程序從新原則，受理之法院得依本法第十二條之規定，以遠距訊問設備審理之」。

案例：臺灣高雄家事法院審理某家事離婚案件，有一證人甲家住在臺灣基隆市，因經商繁忙，經向法院陳報，近期內因商務繁忙，難以親赴臺灣高雄接受法院訊問，試問臺灣高雄家事法院得採何方式訊問審理？

答：依照家事事件法第 12 條規定：「當事人、證人或鑑定人之所在處所與法院間有聲音及影像相互傳送之科技設備而得直接審理者，法院認為必要時，得依聲請以該設備為之（第 1 項）」「前項情形，其期日通知書記載之應到處所為該設備所在處所（第 2 項）」「依第一項進行程序之筆錄及其他文書，須受訊問人簽名者，由訊問端法院傳送至受訊問人所在處所，經受訊問人確認內容並簽名後，將筆錄以電信傳真或其他科技設備傳回訊問端法院（第 3 項）」。故綜上規定，法院得執此規定採遠距訊問審理方式為之。[78]

六、程序監理人

在統合處理家事事件之程序中，為促進程序經濟、平衡保護關係人之實體利益及程序利益，乃參酌德國非訟事件法與新家事及非訟事件法中程序監理人（Verfahrenspfleger 及 Verfahrensbeistand）及美國馬里蘭州家事法之子女代表人等制度，設計符合我國家事事件特性之程序監理人制度，為當事人或關係人進行程序，保護其利益，並作為當事人或關係人與法院間溝通之橋樑，協助法院妥適、迅速處理家事事件。[79]

（一）選任程序監理人之情形

依據家事事件法第 15 條規定，處理家事事件有下列情形之一者，法院得依利害關係人聲請或依職權選任程序監理人：

1. 無程序能力人與其法定代理人有利益衝突之虞（本法第 15 條第 1 項第 1 款）。

無程序能力人（例如：本法第14條第3項規定，不能獨立以法律行為負義務，而能證明其有意思能力者以外之無行為能力之未成年人「亦即該行為人係無意思能力及未滿七歲以上之無行為能力人」及受監護宣告之人）與其法定代理人有利益衝突或有利益衝突之虞。

2.無程序能力人之法定代理人不能行使代理權，或行使代理權有困難（本法第15條第1項第2款）。

所謂無程序能力人雖有法定代理人，但其法定代理人無法行使代理權或行使代理權有困難者。例如：無程序能力人之法定代理人本身即為無程序能力人（如法定代理人本身受監護宣告），無法行使其代理權或行使代理權有困難；或例如：無程序能力人之法定代理人依民法第1094條第5項規定，由當地社會福利主管機關任之，而該主管機關未及時指定代理人時之情形。

3.為保護有程序能力人之利益認有必要（第1項第3款）。

為保護有程序能力人之利益認有必要者，如未成年人或受監護宣告之人在收養無效（民法第1080條之2）、撤銷收養（民法1074、1076、1076條之2、第1079條之5；家事事件法第39、61、62條；否認（民法第1063條第2項；家事事件法第61、63條；民事訴訟法第64、589-1條）或認領子女（民法第1067條；家事事件法第61、66、69條）、撤銷認領（民法第1070條）、撤銷監護宣告（民法第1112條之2、家事事件法第3條第4項第5款、第164條第1項第11款、第165條）、聲請監護宣告（民法第14條第1項、第1098條第1項、第1110條、第1111條、第1111條之1；家事事件法第55條、第164條至第176條）、未成年子女權利義務之行使或負擔之酌定、改定或變更等就有關其身份之事件（民法第1055條、第1069條之1、第1089條之1；家事事件法第3條第5項第8款、第107條），雖有程序能力而能獨立行使其權利，但因受年齡、教育、心理及精神狀態等影響，事實上無法在程序上行使權利或行使有困難，應為其選任程序監理人。

4.滿七歲以上之未成年人，除法律別有規定外，就有關其身份及人身自由之事件，有程序能力，法院得依職權選任程序監理人（本法第14條第2項、第15條第2項）。

5.不能獨立以法律行為負義務,而能證明其有意思能力者,除法律別有規定外,就有關其身份及人身自由之事件,亦有程序能力,法院得依職權選任程序監理人(本法第14條第3項、第15條第2項)。

家事事件審理細則第22條補充家事事件法第15條第1、2項規定,下列家事事件,法院認為有必要時,宜依本法第15條第1項、第2項之規定選任程序監理人:(1)涉及未成年子女權利義務之行使或負擔時。(2)涉及受監護或輔助宣告人之事件時。(3)涉及受安置人或嚴重病人之事件時。

案例:處理家事件在那些情形下,法院得依利害關係人之聲請或依職權選任程序監理人?

答:依照家事事記法第15條第1項規定,處理家事事件有下列各款情形之一者,法院得依利害關係人聲請或依職權選任程序監理人:

一、無程序能力人與其法定代理人有利益衝突之虞。

二、無程序能力人之法定代理人不能行使代理權,或行使代理權有困難。

三、為保護有程序能力人之利益認有必要。[80]

(二)法院選任程序監理人之法定條件

程序監理人代受監理人為程序行為,具有相當程度之公益性及專業性,宜由社會福利主管機關、社會福利機構所屬人員,或由律師公會、社會工作師公會或其他相類似公會所推薦具有處理家事事件相關專業知識適當之人擔任,方符合立法本旨並保障受監理人之權益。因此,法院在選任程序監理人上必須依法為之:

1.積極資格

(1)法院得就社會福利主管機關、社會福利機構所屬人員,或律師公會、社會工作師公會或其他相類似公會所推薦具有性別平權意識、尊重多元文化,並有處理家事事件相關知識之適當人員,選任為程序監理人(家事事件法第16條第1項)。

（2）法院選任程序監理人時，應優先選任下列之人：1. 願提供義務服務，且具有擔任程序監理人之經驗與熱忱者。2. 曾為受監理人之程序監理人，而無不適任情形者。（程序監理人選任及酬金支給辦法第5條）。

2. 消極資格

依據程序監理人選任及酬金支給辦法第6條規定，有下列各款情形之一者，不得選任為程序監理人；已選任者，應即予撤銷：

（1）受有期徒刑以上刑之宣告。但過失犯不在此限。

（2）曾受保安處分或感訓處分之裁判確定。

（3）受破產宣告確定或裁定開始清算程序尚未復權。

（4）褫奪公權尚未復權。

（5）受監護宣告或輔助宣告尚未撤銷。

（6）律師受除名之處分。

（7）社會工作師受撤銷或廢止執業執照或社會工作師證書之處分。

（8）其他專門職業人員受除名或撤銷、廢止執業執照、證書之處分。

（9）身心障礙致不能執行職務。

（10）有違反職務或其他不適於擔任程序監理人之行為或情事。

案例：試問程序監理人之職權？

答：依照家事事件法第16條第2項規定，程序監理人有為受監理人之利益為一切程序行為之權，並得獨立上訴、抗告或為其他聲明不服。程序監理人之行為與有程序能力人之行為不一致者，以法院認為適當者為準。[81]

（三）法院選任程序監理人後得裁定撤銷或變更之

法院於程序進行中，認為當事人有適合之代理人（其他法定代理人或程序代理人）、有程序能力人自己已能保護其實體及程序利益，或程序監理人不適任，且有必要時，自得隨時以裁定撤銷程序監理人之選任，或變更選任更適當之程序監理人（本法第15條第3項）。家事事件審理細則第31條規

定:「法院選任程序監理人後,受監理人另行委任代理人者,法院認為適當時,得撤銷或變更程序監理人(第1項)」「程序監理人自受撤銷或變更裁定生效時起,喪失為受監理人為一切程序行為之權(第2項)」。家事事件審理細則第32條規定:「程序監理人有下列情形之一者,法院得撤銷或變更之:一、未維護受監理人之最佳利益。二、與受監理人利益衝突。三、與受監理人或其家屬會談,有不當行為,足以影響事件之進行或受監理人之利益。四、受監理人已有適合之代理人。五、違反其職業倫理規範或程序監理人倫理規範。六、有其他不適任之情事或已無選任程序監理人之必要(第1項)」「法院為前項裁定前,應使受監理人及程序監理人有陳述意見之機會。前條第二項於第一項之撤銷或變更準用之(第2項)」。

程序監理人之選任、變更或撤銷影響當事人及其法定代理人等程序上之權益,是法院於裁定前,應聽取當事人或關係人、法定代理人、被選任人及法院依職權已知之其他利害關係人陳述意見。惟如親自聽取其意見存在有礙難情形或有害其身心健康或露有延滯程序之虞時,法院自宜以其他適當方法調查(本法第15條第4項)。法院選任、撤銷或變更程序監理人前,除有礙難情形或恐有害其健康或露有延滯程序者外,應使當事人、法定代理人、被選任人及法院職務上已知之其他利害關係人有陳述意見之機會(程序監理人選任及酬金支給辦法第5條);程序監理人選任及酬金支給辦法第12條規定:「法院選任程序監理人後,應隨時注意有無裁定撤銷或變更之必要(第1項)」「如受監理人於法院選任程序監理人後自行委任代理人者,法院認有必要時,得隨時撤銷或變更程序監理人(第2項)」。

(四)法院選任程序監理人之人數

法院於處理家事訴訟事件或家事非訟事件,認有本法第15條第1項所列之情形,宜依聲請或依職權選任一人或一人以上為程序監理人(家事事件審理細則第20條第1項規定),程序監理人選任及酬金支給辦法第7條第1項規定,家事法院選任程序監理人亦不以一人為限。

(五)程序監理人之職務

1.程序監理人有為受監理人之一切程序行為

程序監理人有為受監理人之利益為一切程序行為之權,並得獨立上訴、抗告或為其他聲明不服(家事事件法第16條第2項前段)。家事事件審理細則第24條規定:「程序監理人得向法院書記官聲請閱覽、抄錄或攝影卷內文書,或聲請付與繕本、影本或節本。其程序準用民事訴訟法第242條、第243條之規定(第1項)」「程序行為限由受監理人本人為之者,程序監理人不得為之(第2項)」「除法律別有規定外,受監理人依法不得為之程序行為,程序監理人不得為之(第3項)」「家事事件之裁判應送達程序監理人(第4項)」「程序監理人之上訴、抗告及聲明不服之期間,自程序監理人受送達時起算(第5項)」。

2. 程序監理人執行職務應維護受監理人之最佳利益

程序監理人執行職務,應維護受監理人之最佳利益,注意受監理人與其他親屬之家庭關係、生活狀況、感情狀況等一切情狀(家事事件審理細則第25條第1項);家事事件審理細則第27條規定:「程序監理人得於必要時,與受監理人會談(第1項)」「前項會談,應審酌受監理人之最佳利益、避免使受監理人重複陳述,並於必要且最少限度內為之(第2項)」。

3. 程序監理人向法院陳明或報告等之義務

程序監理人發現其與受監理人有利益衝突之情形者,應即向法院陳明之(家事事件審理細則第25條第2項),例如:程序監理人若發現與受監理人有利益衝突之情形,應即陳明法院,供法院決定是否應撤銷或變更選任現任之程序監理人。

又法院得令程序監理人就下列事項提出報告或建議:(1)受監理人對於法院裁定之理解能力。(2)受監理人之意願。(3)受監理人是否適合或願意出庭陳述。(4)程序進行之適當場所、環境或方式。(5)程序進行之適當時間。(6)其他有利於受監理人之本案請求方案。(7)其他法院認為適當或程序監理人認為應使法院瞭解之事項(家事事件審理細則第29條第1項)前項報告或建議,經法院同意以言詞提出者,應載明於筆錄(家事事件審理細則第29條第2項)。

4. 程序監理人告知受監理人事件進行

程序監理人應以適當之方法，依受監理人之年齡及所能理解之程度，告知受監理人事件進行之標的、程序及結果（家事事件審理細則第26條）。受監理人程序能力既有欠缺，程序監理人自應以受監理人能理解之方式告知事件進行之標的等事項。

5. 保守秘密之義務

程序監理人因執行職務所知事項，亦應保守秘密，以維護當事人及關係人之隱私（參照家事事件審理細則第39條後段）。

唯有力學者認為，我國家事事件法第15條規定程序監理人之功能，頗有疑慮，此一功能設定看似周全，但難道「為當事人或關係人進行程序」可解為程序監理人應以未成年人之名義作訴訟行為乎？恐非如此。又所謂「做當事人或關係人與法院間之溝通橋樑」，難道僅能做傳聲筒，不能維護該兒童之客觀利益乎？亦應非如此。而又以「協助法院妥適及迅速處理家事事件」，難道其有成為法院之官吏乎？此類模糊性見解，均應回歸未成年人及受監護人之利益與福祉保護之本位思考，方屬妥當。[82]

（六）酌給程序監理人之報酬金

法院得依程序監理人聲請，按其職務內容、事件繁簡等一切情況，以裁定酌給酬金，其報酬為程序費用之一部（家事事件法第16條第3項），程序監理人之酬金，法院於必要時得定期命當事人或利害關係人預納之。但其預納露有困難者，得由國庫墊付全部或一部。其由法院依職權選任者，亦得由國庫墊付之（同法第16條第4項）。程序監理人酬金為程序費用之一部，程序監理人自得聲請法院裁定酌給。又程序監理人之權責繁重，允宜依其職務內容（含各專業行業酬金之一般標準在內）、事件繁簡等一切情況，以裁定酌給一定酬金，以鼓勵符合資格之人擔任程序監理人。[83]

家事事件審理細則第23條規定：「有下列情形之一者，程序監理人之報酬得由國庫墊付全部或一部：一、受監理人為未成年人，其本人無支付能力。二、受監理人為應受監護或輔助宣告人、被安置人而無支付能力（第1項）」「受監理人為未成年人，其法定代理人為當事人或關係人且有支付能力者，法院得命法定代理人預納之（第2項）」「前二項所定無支付能力之

認定，得參酌法律扶助法第 3 條之規定認定之（第 3 項）」。法律扶助法第 3 條規定：「本法所稱無資力者，係指符合社會救助法之低收入戶或其每月可處分之收入及可處分之資產低於一定標準者（第 1 項）」「前項所稱一定標準之認定辦法，由基金會定之（第 2 項）」。

財團法人法律扶助基金會受法律扶助者無資力認定標準第 2 條規定：「本法第三條所稱無資力者，係指符合下列資格之一者：一、符合社會救助法之低收入戶。二、其每月可處分之收入及可處分之資產低於一定標準者。」；同標準第 3 條規定：「本法第三條所稱每月可處分之收入及可處分之資產低於一定標準者，係指符合下列標準之一者：

一、申請人為單身戶，其可處分之資產未逾新臺幣（下同）五十萬元，且其每月可處分之收入，住所地在臺北市未逾二萬八千元；住所地在新北市、臺中市、臺南市或高雄市未逾二萬三千元；住所地在臺灣省或其他地區未逾二萬二千元。

二、申請人非單身戶，其可處分之資產未逾五十萬元，且其家庭人口自第三人起，每增加一人，可處分資產增加十五萬元。其每月可處分之收入，未逾其住所地直轄市、縣（市）主管機關審核認定社會救助法中低收入戶之收入標準。但金門縣及連江縣依臺灣省標準為其計算標準。

三、全戶所得未達申報所得稅之標準。但因軍公教及獎勵投資侵惠或逃漏稅，致未申報者，不在此限（第 1 項）」「持有社會救助法之中低收入戶證明者，推定其符合前項標準，得不審查其資力（第 2 項）」。

程序監理人選任及酬金支給辦法第 13 條規定：「法院裁定程序監理人酬金，應斟酌職務內容、事件繁簡、勤勉程度、程序監理人執行律師、社會工作師或相關業務收費標準，每人每一審級於新臺幣五千元至三萬八千元額度內為之（第 1 項）」「前項酬金，包括程序監理人為該事件支出之必要費用在內（第 2 項）」「法院於為前二項裁定前，應予程序監理人及當事人陳述意見之機會（第 3 項）」「程序監理人應就第一項之事由釋明之（第 4 項）」；同辦法第 14 條規定：「前條第一項酬金，法院認有必要時，得斟酌情形，命當事人或利害關係人預納一部或全部（第 1 項）」「前項預納顯有困難者，

法院認有必要時，得由國庫墊付全部或一部。其由法院依職權選任者，亦同（第2項）」。

七、家事調查官

家事紛爭常因家庭成員或親屬間感情之糾葛而產生，故鬚髮掘、瞭解家事紛爭背後隱藏之真正問題，方能通權達變、圓融解決。法院為處理家事事件，故實有必要借助家事調查官調查事實，故在家事事件法第18條、少年及家事法院組織法第27條、家事事件法施行細則第6條、家事事件審理細則第33條至第35條、第37條至第40條中規定家事調查官之職權等事宜，以協助家事法官瞭解事實，適用法律，進而妥適、迅速處理家事事件。

案例：甲男與乙女結婚之後，育有一子丙，兩人因為個性不合，經甲男向法院起訴，請求與乙女裁判離婚，並同時具狀聲請對丙子於離婚後，親權行使由甲男為之，法院是否得依法命家事調查官調查之？

答：依照家事事件法第18條：「審判長或法官得依聲請或依職權命家事調查官就特定事項調查事實（第1項）」「家事調查官為前項之調查，應提出報告（第2項）」。[84]

（一）家事調查官之任用資格法制化

家事調查官之任用資格已予法制化，故依據少年及家事法院組織法第22條規定，家事調查官，應就具有下列資格之一者任用之：

1.經公務人員高等考試或公務人員特種考試司法人員考試相當等級之家事調查官考試及格。

2.具有法官、檢察官任用資格。

3.曾任家事調查官、少年調查官、少年保護官、觀護人，經銓敘合格。

4.曾在公立或經立案之私立大學、獨立學院社會、社會工作、心理、教育、輔導、法律、犯罪防治、青少年兒童福利或其他與家事調查業務相關學系、研究所畢業，具有薦任職任用資格。

少年及家事法院設調查保護室,置家事調查官。少年調查官、少年保護官及家事調查官合計在二人以上者,置主任調查保護官一人;合計在六人以上者,得分組辦事,組長由少年調查官、少年保護官或家事調查官兼任,不另列等(參照少年及家事法院組織法第 13 條第 1 項);少年調查官、少年保護官及家事調查官,薦任第七職等至第九職等;主任調查保護官,薦任第九職等至簡任第十職等(參照同法第 13 條第 2 項)。

(二)家事調查官之職責

1.服從法官監督就特定事項調查事實

審判長或法官得依聲請或依職權命家事調查官就特定事項調查事實(家事事件法第 18 條第 1 項);家事事件法施行前已系屬尚未終結之家事事件,受理之法院得依家事事件法第 18 條之規定,依聲請或依職權命家事調查官就特定事項調查事實(家事事件法施行細則第 6 條);審判長或法官得指定特定事項之範圍,定期命家事調查官為調查,於調查前並應使當事人或關係人以言詞或書面陳述意見。並視事件處理之進度,分別指明應調查之特定事項。於必要時,得命家事調查官於管轄區域外為調查(家事事件審理細則第 35 條第 1 項);家事調查官於所定調查事項範圍內,應實地訪視,並就事件當事人、關係人之身心狀況、家庭關係、生活、經濟狀況、經歷、居住環境、親職及監護能力、有無犯罪紀錄、有無涉及性侵害或兒少保護通報事件、資源網絡等事項為必要之調查(家事事件審理細則第 37 條第 1 項);家事調查官為調查前,應先由程序監理人或相關之社會福利機關、團體取得資料,以避免使當事人或關係人重複陳述(家事事件審理細則第 37 條第 2 項)。

少年及家事法院組織法第 27 條規定,家事調查官應服從法官之監督,執行下列職務:

(1)調查、蒐集關於少年及家事法院組織法第 2 條第 1 項第 2 款至第 9 款事件之資料範圍如下:

①民事訴訟法之人事訴訟事件。

②非訟事件法之家事非訟事件。

③家庭暴力防治法之民事保護令事件。

④兒童及少年福利法、兒童及少年性交易防制條例之兒童及少年保護安置、定監護人事件。

⑤臺灣地區與大陸地區人民關係條例之遺產繼承事件。

⑥精神衛生法之停止緊急安置或強制住院事件。

⑦身心障礙者權益保障法之保護安置事件。

⑧其他因婚姻、親屬關係、繼承或遺囑所發生之民事事件。

（2）其他法令所定之事務。置家事調查官之目的在於協助法官辦理家事事件，故其執行職務時，自應服從法官之監督，爰參考少年及家事法院組織法第25、26條少年調查官及少年保護官執行職務時服從法官監督之規定。例如：家事事件審理細則第33條中規定，協調聯繫社會主管機關、社會福利機關或其他必要之協調措施。

2.向法院提出報告

家事調查官經審判長或法官命為家事事件特定事項調查後，應提出報告（參照本法第18條第2項、家事事件審理細則第33條、第38條第1項）；調查報告未定期限者，應於接獲命令後二個月內完成。但經審判長或法官允許者，至多延長一個月，並以一次為限（家事事件審理細則第38條第2項）。

審判長或法官除依家事事件審理細則第33條所定特定事項外，並得命家事調查官就下列事項提出報告：

（1）未成年子女、受監護或輔助宣告人、被安置人之意願、心理、情感狀態、學習狀態、生活狀況、溝通能力及其他必要事項。

（2）評估當事人或關係人會談之可能性。

（3）進行親職教育或親子關係輔導之必要性。

（4）進行心理諮商、輔導或其他醫療行為之必要性。

（5）其他可連結或轉介協助之社會主管機關、福利機關或團體（家事事件審理細則第 34 條）。

家事調查官之調查報告書依照家事事件審理細則第 38 條第 3 項規定應記載下列事項：

（1）當事人及關係人姓名、出生年月日、住所、現居所、可辨別身份之證件號碼及電話號碼。

（2）指定調查之特定事項。

（3）調查之方法。

（4）與調查事項有關當事人、關係人之身心狀況、家庭關係、生活、經濟狀況、經歷、居住環境、親職及監護能力、資源網絡等事項。

（5）涉及未成年子女、受監護或輔助宣告或被安置人，其意願或意見。

（6）與本案有關之評估、建議或其他與調查事項有關之必要事項。

（7）總結報告。

（8）年、月、日。

調查報告之內容有涉及隱私或有不適宜提示當事人或關係人為辯論或令陳述意見者，應於報告中載明。未成年子女陳述意願，經表示不願公開者，亦同（家事事件審理細則第 38 條第 4 項）；家事調查官應於調查報告書簽名，並記載報告日期（家事事件審理細則第 38 條第 5 項）。

3. 到場陳述意見

審判長或法官認為必要時，得命家事調查官於期日到場或出庭陳述意見（參照本法第 18 條第 5 項、家事事件審理細則第 33 條）；審判長或法官得命家事調查官於當事人或關係人陳述意見時到場（家事事件審理細則第 35 條第 2 項）；審判長或法官認有必要時，得命家事調查官於期日到場，就調查報告書所涉事項陳述意見（家事事件審理細則第 40 條第 1 項）；家事調查官於期日到場陳述意見者，其姓名應載明於筆錄（家事事件審理細則第 40 條第 2 項）。

### 4. 保守秘密之義務

家事調查官就調查所知事項，應保守秘密（參照家事事件審理細則第 39 條前段）。緣於家事調查官就調查所知之事實，應保守秘密，以維護當事人及關係人之隱私權利。

### 5. 協調聯繫社會主管機關、社會福利機關或其他必要之協調措施

家事調查官秉承審判長或法官之命，就家事事件之特定事項為調查，蒐集資料、履行勸告，並提出調查報告、出庭陳述意見，或協調聯繫社會主管機關、社會福利機關或其他必要之協調措施（參照家事事件審理細則第 33 條）。

## 八、專業調解委員

關於家事調解委員之資格、聘任、考核、訓練、解任及報酬等事項，由司法院定之（本法第 32 條第 1 項）。家事事件審理細則第 44 條規定：「法院應依實際需要之人數，聘任符合家事調解委員資格之人為調解委員，並造冊送司法院備查（第 1 項）」「司法院得將志願協助調解機構團體所送符合家事調解委員資格名冊，轉送各法院，供各法院選任（第 2 項）」。

案例：法院聘任家事調解委員依法應具備哪些資格？

答：依家事事件法第 32 條第 2 項規定，家事調解，應聘任具有性別平權意識、尊重多元文化者為調解委員。及家事事件審理細則第 44 條第 1 項規定，法院應依實際需要之人數，聘任符合家事調解委員資格之人為調解委員，並造冊送司法院備查。[85]

### （一）法院聘任專業調解委員之法定要件

家事調解，應聘任具有性別平權意識、尊重多元文化者為調解委員（參照本法第 32 條第 2 項）。家事事件審理細則第 52 條規定：「調解時應本和平懇切之態度，對當事人兩造為適當之勸導，就調解事件酌擬平允方案，力謀雙方之和諧（第 1 項）」「參與調解程序之人員，應以具性別平權意識、尊重多元文化之語氣進行調解（第 2 項）」。調解委員之選任及解任，應依法院設置家事調解委員辦法行之（家事事件審理細則第 45 條第 2 項）。

1. 積極資格

法院設置家事調解委員辦法第 4 修規定，家事調解委員應具有性別平權意識、尊重多元文化及下列資格之一：

（1）品行端正，著有信譽。

（2）對調解工作富有熱忱。

（3）生活安定且有充裕時間。

（4）身心健康有說服能力。

（5）具有豐富社會知識經驗。

（6）曾任法官。

（7）心理師。

（8）社會工作師。

（9）醫師。

（10）律師。

（11）具有心理諮詢或心理諮商之學經歷。

（12）具有家事調解專業經驗。

家事調解委員受聘任前，應接受司法院所舉辦之專業訓練課程至少三十小時；任期內，應接受司法院或各法院每年定期舉辦之專業講習課程至少十二小時，並依法院通知參加座談會（法院設置家事調解委員辦法第 5 修第 1 項）；前項聘任前之專業訓練課程，應包括關於家事相關法令、家庭動力與衝突處理、社會正義與弱勢保護（含兒童少年保護、性別平權、新移民與多元文化等）、家庭暴力處理、家事調解倫理及案例演練等核心能力專業訓練課程（同法第 5 修第 2 項）。

家事調解委員由各法院院長聘任，任期一年，期滿得續聘之；其人數依各法院實際需要決定之（法院設置家事調解委員辦法第 6 修第 1 項）；家事

調解委員於任期內接受前修第一項之專業講習課程未滿十二小時者，不得續聘；無正當理由不依法院通知參加座談會時，得解任之（同法第6修第2項）。

2. 消極資格

法院設置家事調解委員辦法第7修規定，有下列各款情形之一者，不得聘任為家事調解委員；已聘任者，應即予解任：

（1）受有期徒刑以上刑之宣告。但過失犯不在此限。

（2）曾受保安處分或感訓處分之裁判確定。

（3）受破產宣告確定或裁定開始清算程序尚未復權。

（4）褫奪公權尚未復權。

（5）受監護宣告或輔助宣告尚未撤銷。

（6）心理師受撤銷或廢止執業執照或心理師證書之處分。

（7）社會工作師受撤銷或廢止執業執照或社會工作師證書之處分。

（8）律師受除名之處分。

（9）醫師受廢止執業執照或醫師證書之處分。

（10）會計師受除名之處分。

（11）建築師受撤銷或廢止開業證書之處分。

（12）身心障礙致不能執行職務。

（13）有違反職務或其他不適於擔任家事調解委員之行為、情事。

法院設置家事調解委員辦法第29修規定，法院認家事調解委員有下列各款情事之一者，得於徵詢庭長、法官及相關人員意見，並通知受評核之調解委員陳述意見後，依情節輕重分別施予口頭告誡、限期改善或停止分案一定期間等措施；其情節重大者，院長或其指定人員並得召開評鑑會議，決定是否即予解任：

一、有事實足認因故意或過失，致處理家事調解事件有明顯違誤，而侵害人民權益。

二、違反家事調解程序或職務規定。

三、無正當理由遲延家事調解程序進行，致影響當事人權益。

四、違反家事調解委員倫理規範。

五、有其他不適於擔任家事調解委員之行為或情事。

（二）調解前置

家事事件除第 3 條所定丁類較無訟爭性事件外，其他甲類、乙類、丙類、戊類較具有訟爭性事件，於請求法院裁判前，應經法院調解（參照家事事件法第 23 條第 1 項）；為貫徹調解前置主義，使家事紛爭儘量以替代性解決訟爭方式圓融處理，故當事人逕向法院請求裁判者，視為調解之聲請，但當事人應為公示送達或於外國送達者，顯然無法進行調解程序，則不在此限（參照本法第 23 條第 2 項）。

家事事件法第 3 條第 4 項所定丁類事件，除經當事人聲請調解外，不得行調解程序（參照家事事件審理細則第 43 條第 1 項）；除別有規定外，當事人對丁類事件，亦得於請求法院裁判前，聲請法院調解（參照本法第 23 條第 3 項）。所謂「除別有規定外」，例如：家庭暴力防治法第 13 條第 7 項明定，保護令事件不得進行調解外（參照家事事件審理細則第 43 條第 2 項）。然為彰顯家事事件調解替代解決紛爭之功能，當事人亦得於請求法院裁判前聲請法院調解。

案例：甲男與乙女結婚後，乙女無法生育，甲男與乙女遂收養丙為養子，並經法院認可確定在案，嗣因甲男、乙女個性不合，又甲男經常酗酒毆打乙女、丙子，甲男、乙女經法院判決離婚確定後，丙子係未成年人向法院起訴與甲男終止收養關係，後因在家事法院合意調解成立終止收養，試問：甲、丙之合意調解成立終止收養是否有效？

答：當事人依民法第 1080 條第 2 項規定向法院聲請認可終止收養關係時，因該聲請事件屬家事事件法第 3 條第 4 項丁類家事事件第 7 款終止收養。並

依家事事件法第 23 條規定：「家事事件除第三條所定丁類事件外，於請求法院裁判前，應經法院調解（第 1 項）」。家事事件之調解，終止收養關係，經當事人合意，併記載於調解筆錄時成立；又雖調解成立與確定裁判有同一之效力（家事事件法第 30 條第 1、2 項），惟得否提憑該調解程序筆錄辦理終止收養登記，則應由主管機關（內政部）本於權責判斷（參照司法院秘臺廳少家二字第 1010020366 號函）。管見認為，因調解成立有關身份之事項，依法應辦理登記者，法院應依職權通知該管戶政機關（家事事件法第 30 條第 3 項）及前揭家事事件法等規定，司法院秘臺廳少家二字第 1010020366 號函之見解不無疑義。[86]

（三）調解程序

家事事件之調解程序，由法官行之，並得商請其他機構或團體志願協助之（本法第 27 條）。易而言之，家事調解事件，無論是強制調解事件或移付調解事件，均由法官辦理之；另為擴大調解機制，法官於必要時，並得商請具有調解服務之非營利民間機構或團體志願提供專業之協助，以促進資源整合，減省法院及當事人之勞費，並提高調解成效。調解程序，除本法另有規定者外，準用民事訴訟法第二編第二章調解程序之規定（本法第 32 條第 3 項），家事調解除本法另有特別規定外，準用民事訴訟法有關調解程序之規定，例如：民事訴訟法第 405 條第 1 項（依當事人聲請）及第 2 項（表明調解標的及證據之提出）、第 406 條之 1 第 2 項（法官選任調解委員）及第 3 項（法官另行選任或依其合意選任調解委員）、第 406 條之 2（適為調解委員之人選列冊）、第 407 條（調解期日及續行調解期日之指定）、第 407 條之 1（調解程序之指揮）、第 410 條第 1 項（調解處所）、第 411 條（調解委員得支領日費、旅費）、第 412 條（第三人之參加調解）、第 413 條（審究事件關係及兩造爭議之所在及調查證據）、第 414 條（調解之態度）、第 415 條之 1（調解條款之酌定）、第 416 條第 2 項至第 5 項（調解無效或撤銷）、第 417 條（依職權提出解決事件之方案）、第 418 條（對解決事件方案之異議與調解成立、不成立之擬制）、第 420 條（兩造或一造不到場之處置）、第 421 條（調解程序筆錄之製作、內容即送達）、第 423 條（調解不成立後起訴其費用作為訴訟費用一部）、第 425 條（調解經撤回其費用之計算）、

第 426 修（保密義務）等。此外，法官亦得視具體個案之類似性準用該程序其他相關規定」。

案例：家事事件法第 27 修中規定，家事事件之調解程序，由法官行之，並得商請其他機構或團體志願協助之。所謂「並得商請其他機構或團體志願協助之」，其有關法令規定為何？

答：除家事事件法第 27 修中有規定外，家事事件審理細則第 44 修規定：「法院應依實際需要之人數，聘任符合家事調解委員資格之人為調解委員，並造冊送司法院備查（第 1 項）」「司法院得將志願協助調解機構團體所送符合家事調解委員資格名冊，轉送各法院，供各法院選任（第 2 項）」。[87]

（四）調解委員人數、處所及期限

調解由法官選任符合家事調解委員資格者一人至三人先行為之（家事事件審理細則第 45 修第 2 項）。家事事件審理細則第 47 修規定：「調解程序於法院行之。但因未成年子女、受監護或輔助宣告人、被安置人之利益，於必要時，亦得於其他適當處所行之（第 1 項）」「調解委員於其他適當處所行調解者，應經法官之許可（第 2 項）」。法院設置家事調解委員辦法第 28 修規定：「法院應注意家事調解事件自事件系屬後不得逾四個月；調解逾四個月仍未能成立調解者，除經兩造書面同意續行調解外，應即終結調解程序（第 1 項）」「當事人陳明無調解意願、有事實足認當事人無調解之意願或調解無成立之望者，法院應即終結調解程序（第 2 項）」。

（五）保密義務

家事調解委員因行調解知悉他人職務上、業務上之秘密或其他涉及個人隱私之事項，應保守秘密（法院設置家事調解委員辦法第 19 修）；其他人員（如調解委員），因執行職務所知事項，亦應保守秘密（家事事件審理細則第 39 修第 2 項）。

（六）請求日費、旅費及報酬

家事調解委員於調解期日到場之日費，每次依新臺幣五百元支給（法院設置家事調解委員辦法第 21 修）；家事調解委員在途及滯留日期內之食宿

等旅費，每日不得超過國內出差旅費報支要點所定薦任人員每日膳雜費及住宿費給與之標準，依實支數計算（法院設置家事調解委員辦法第 23 條）；家事調解委員請求報酬之數額，依調解事件之性質，原應適用訴訟程序者，每人每件以新臺幣八百元為限；其他調解事件，每人每件以新臺幣五百元為限。但法院得視事件之繁簡、次數等，於新臺幣八百元、五百元至五千元範圍內增減之（法院設置家事調解委員辦法第 24 條）。

（七）調解之效力

本法第 30 條規定：「家事事件之調解，就離婚、終止收養關係、分割遺產或其他得處分之事項，經當事人合意，並記載於調解筆錄時成立。但離婚及終止收養關係之調解，須經當事人本人表明合意，始得成立（第 1 項）」「前項調解成立者，與確定裁判有同一之效力（第 2 項）」。

案例：甲男與乙女是夫妻，兩人因感情不睦，且未生小孩，遂由乙女具狀向法院請求裁判離婚，在訴訟中兩人均願意以調解方式為之，後來兩人經法院調解離婚，試問：法院是否應通知戶政機關？

答：離婚經法院調解、和解成立後，依家事事件法第 30 條第 3 項、第 45 條第 3 項、家事事件審理細則第 90 條等規定，法院依職權通知該管戶政機關（參照司法院秘書長秘臺廳少家二字第 1010023805 號函）。[88]

九、合併審理

為維持家庭之平和安寧，避免當事人間因家事紛爭迭次興訟，並符合程序經濟原則，免生裁判之牴觸，就數家事訴訟事件或請求之基礎事實相牽連之家事訴訟事件與家事非訟事件，得選擇向就其中一家事訴訟事件有管轄權之少年及家事法院合併請求，不受民事訴訟法第 53 條及第 248 條所定有關提起共同訴訟或客觀合併訴訟要件之限制，故本法第 41 條第 1 項規定，數家事訴訟事件，或家事訴訟事件及家事非訟事件請求之基礎事實相牽連者，得向就其中一家事訴訟事件有管轄權之少年及家事法院合併請求，不受民事訴訟法第 53 條及第 248 條規定之限制。例如：數家事訴訟事件，得為合併請求，甲男與乙女夫妻之離婚（家事事件法第 3 條第 2 項乙類事件第 2 款離婚事件）之請求，與甲男及乙女之養子丙撤銷收養（家事事件法第 3 條第 2

項乙類事件第4款撤銷收養事件）之請求。又如丁男因生前曾立遺囑於自己死亡後，將房屋一棟遺贈予戊妻，故丁男因出遊遭遇特別災難臺風滿一年，由其妻向法院聲請宣告死亡事件（家事事件法第3條第4項丁類事件第1款宣告死亡事件），並可依據遺贈事件（家事事件法第3條第3項丙類事件第6款遺贈事件），故可謂家事訴訟事件及家事非訟事件請求之基礎事實相牽連者，得向家事法院請求合併。

家事事件雖未合併請求，但為統合處理家事紛爭，於第一審或第二審言詞辯論終結前，得為請求之變更、追加或反請求。若得為請求之變更、追加或反請求者，當事人卻另行請求時，法院依個案情形斟酌，認為有統合處理的必要，或當事人合意由該法院管轄，本件受理法院得依聲請或依職權移由或以裁定移送家事訴訟事件最先系屬之第一審或第二審法院合併審理。[89] 並參照家事事件審理細則第61條、第63條、第96條規定辦理。[90]

十、暫時處分

法院就受理之家事非訟事件，於本案裁定確定前，認有必要時，得依聲請或依職權命為適當之暫時處分，須符合下列要件，使得為之（參照本法第85條）：

案例：甲男與乙女結婚之後，育有一子丙，甲男與乙女為了置房子的事情經常爭吵，乙女憤而離家出走，甲男具狀以乙女有民法第1052條第1項第5款「夫妻之一方以惡意遺棄他方在繼續狀態中」。並對民法第1055條第1項丙子之未成年子女權利義務之行使或負擔，由甲男行使親權均判決甲勝訴在案。某日，乙女趁甲男不在家，遂擅自將丙子攜走離開，經甲男遍尋數月始知丙子與乙女同住一起，甲男遂依據家事事件法第3條第5項戊類事件第9款具狀向家事法院聲請乙女交付子女事件，同時依法向家事法院聲請為適當之暫時處分，試問：甲男之聲請是否有理由？又家事法院暫時處分之裁定，甲男是否應提供擔保？

答：家事事件法第85條第1項前段規定，法院就已受理之家事非訟事件，於本案裁定確定前，認有必要時，得依聲請或依職權命為適當之暫時處分。關係人為前項聲請時，應表明本案請求、應受暫時處分之事項及其事由，並

就得處分之事項釋明暫時處分之事由（參照同條第 2 項、家事事件審理細則第 91 條第 1、2 項）。本案為交付子女事件，故不宜命供擔保（參照同條第 4 項前段）。[91]

（一）法院就已受理之家事非訟事件

所謂法院係指家事法院或家事法庭而言，而所謂「家事非訟事件」係分佈在本法第 3 條第 4 項（丁類）及同法第 3 條第 5 項（戊類）之中。惟「家事訴訟事件」則無法適用家事事件法第 85 條「暫時處分」之規定，僅得依據家事事件法第 51 條規定：「家事訴訟事件，除本法別有規定者外，準用民事訴訟法之規定」。亦即準用民事訴訟法第 392 條（假執行）：「法院得宣告非經原告預供擔保，不得為假執行（第 1 項）」「法院得依聲請或依職權，宣告被告預供擔保，或將請求標的物提存而免為假執行（第 2 項）」「依前項規定預供擔保或提存而免為假執行，應於執行標的物拍定、變賣或物之交付前為之（第 3 項）」；民事訴訟法第 522 條（假扣押）：「債權人就金錢請求或得易為金錢請求之請求，欲保全強制執行者，得聲請假扣押（第 1 項）」「前項聲請，就附條件或期限之請求，亦得為之（第 2 項）」；民事訴訟法第 532 條（假處分）：「債權人就金錢請求以外之請求，欲保全強制執行者，得聲請假處分（第 1 項）」「假處分，非因請求標的之現狀變更，有日後不能強制執行，或甚難執行之虞者，不得為之（第 2 項）」。

資舉例說明以證，不宜僅限於非訟事件，而宜由家事法院依職權認定之，例如：甲男與乙女結婚四十年，甲男死亡後，其子女趁母親乙年邁七十歲以上，侵奪其剩餘財產（家事事件法第 3 條第 3 項丙類第 3 款），難道乙不能向家事法院請求暫時處分，以防止不孝子女將其剩餘財產任意處分嗎？故建請有必要將暫時處分在甲類、乙類、丙類訴訟類型中增訂或將其家事事件法第 85 條暫時處分修正並在立法上宜置本法第一編總則內，訂為：「法院就已受理之家事訴訟或非訟事件，除法律別有規定外，於本案裁定確定前，認有必要時，得依聲請或依職權命為適當之暫時處分。但關係人得處分之事項，非依其聲請，不得為之」。

管見以為，家事事件法中並未明文規定「家事訴訟事件」亦可適用家事事件法第 85 條至第 91 條「暫時處分」之規定，實屬立法上之闕漏，將來在

立法上宜將「暫時處分」移至家事事件法之總則編內,使其不論家事訴訟案件或家事非訟案件,法官得依職權或依聲請為暫時處分。

(二)除法律別有規定外

所謂「除法律別有規定外」,係指家事事件法第85條第2項規定,關係人為暫時處分之聲請時,應表明本案請求、應受暫時處分之事項及其事由,並就得處分之事項釋明暫時處分之事由。緣於關係人為暫時處分之請求時應表明之事項,以利法院審酌,惟此時仍可適用同法第78條第1項規定:「法院應依職權調查事實及必要之證據」。其中關係人如欲就僅其得處分之事項為請求時,應另釋明暫時處分之事由,避免浮濫請求,以節省司法資源及保護其他關係人利益。

案例:甲男與乙女結婚後,某日甲男因發生車禍導致因精神障礙不能為意思表示,配偶乙遂依家事事件法第3條4項第4款監護宣告事件,具狀請求家事法院依法宣告甲男為受監護宣告之人,試問:家事法院受理本案後應如何審理?

答:依據民法第14條第1項規定,對於因精神障礙或其他心智缺陷,致不能為意思表示或受意思表示,或不能辨識其意思表示之效果者,法院得因本人、配偶、四親等內之親屬、最近一年有同居事實之其他親屬、檢察官、主管機關或社會福利機構之聲請,為監護之宣告。民法第1111條規定:「法院為監護之宣告時,應依職權就配偶、四親等內之親屬、最近一年有同居事實之其他親屬、主管機關、社會福利機構或其他適當之人選定一人或數人為監護人,並同時指定會同開具財產清冊之人(第1項)」「法院為前項選定及指定前,得命主管機關或社會福利機構進行訪視,提出調查報告及建議。監護之聲請人或利害關係人亦得提出相關資料或證據,供法院斟酌(第2項)」。

另須依據家事事件法第78條規定,法院應依職權調查事實及必要之證據(第1項)。法院認為關係人之聲明(例如:受監護宣告之人之債權人)或陳述不完足者,得命其敘明或補充之,並得命就特定事項詳為陳述(第2項)。復依照家事事件法第123條後段規定另行選定或改定監護人事件準用

同法第 106 條（審前報告及意見陳述）、第 107 條（交付子女、給付扶養費或其他財產，或為相當之處分）、第 108 條（聽取未成年子女意見）、第 111 條第 1 項（法院為未成年子女選任特別代理人）、第 2 項（法院選任之裁定前，徵詢被選任人之意見）。[92]

（三）於本案裁定確定前

所謂「於本案裁定確定前」係指本法第 3 條第 4 項（丁類）及同法第 3 條第 5 項（戊類）之家事非訟事件，尚未裁定確定前而言。故對於家事事件法第 85 條第 1 項暫時處分，得依照同法第 3 項規定，命令或禁止關係人為一定行為、定暫時狀態或為其他適當之處置。

（四）法院認有必要時得依聲請或依職權命為適當之暫時處分

法院受理家事非訟事件，於必要時命為適當之暫時處分，其方法由法院酌量定之，不受當事人聲明之拘束。但以具體、明確、可執行並以可達本案聲請之目的者為限，不得悖離本案聲請或踰越必要之範圍（家事事件審理細則第 92 條）。又依家事事件審理細則第 93 條規定：「法院依聲請或依職權酌定適當之暫時處分前，為審酌未成年人、受監護或輔助宣告人、被安置人之最佳利益，得先命家事調查官為調查、徵詢主管機關或社會福利機構之意見，選任程序監理人，並應使未成年人、受監護或輔助宣告之人、被安置人表達意願或陳述意見（第 1 項）」「前項情形，應使關係人有陳述意見之機會。但有急迫或不適當情形者，不在此限（第 2 項）」。而法院之暫時處分，非有立即核發，不足以確保本案聲請之急迫情形者，不得核發（參照家事非訟事件暫時處分類型及方法辦法第 4 條）。

法院依聲請或依職權命為適當之暫時處分係屬法院之權責認定、而暫時處分係以裁定為之；本案裁定業經抗告，且於聲請時，卷宗已送交抗告法院者，由抗告法院裁定。但本案系屬後有急迫情形，不及由本案法院或抗告法院裁定時，得由財產、標的或其相關人所在地之法院裁定，並立即移交本案法院或抗告法院。（參照本法第 86 條）。例如：法院就請求扶養費事件，得暫時命為一定之給付；就選定未成年子女監護人事件，得命暫時對子女為適當處置；於交付未成年子女事件，得命暫時禁止攜未成年子女出國；於改

定遺產管理人事件，得禁止遺產管理人為特定之行為等。法院並應將暫時處分之方法及內容具體載明於裁定書，以利執行。

案例：甲男與越南籍乙女結婚之後，育有一子丙，均住於臺灣臺北市，甲男與乙女為了金錢問題的事情經常爭吵，乙女憤而離家出走，甲男具狀以乙女有民法第1052條第1項第5款「夫妻之一方以惡意遺棄他方在繼續狀態中」。並對民法第1055條第1項丙子之未成年子女權利義務之行使或負擔，由甲男行使親權均判決甲勝訴在案。某日，乙女趁甲男不在家，遂擅自將丙子攜走離開，並準備由臺灣桃園國際機場搭飛機攜子出境帶回越南，故甲男依家事事件法第3條第5項戊類事件第9款具狀向臺灣臺北地方法院家事法庭聲請乙女交付子女事件，同時依法向該家事法庭聲請為適當之暫時處分，試問：甲男知悉上情之後，在法律上有何救濟管道？

答：依據家事事件法第86條但書規定，本案系屬後有急迫情形，不及由本案法院裁定時，得由其相關人所在地之法院裁定，並立即移交本案法院。因此，本案暫時處分，得由其相關人所在地之臺灣桃園地方法院家事法庭裁定，並立即移交本案系屬之臺北地方法院家事法庭審理。[93]

（五）暫時處分發生效力及得為執行名義

暫時處分於裁定送達或告知受裁定人時，對其發生效力。但告知顯有困難者，於公告時發生效力；暫時處分之裁定得為執行名義（本法第87條第1、2項）。暫時處分之執行，除法律別有規定外，得由暫時處分裁定之法院依職權為之（本法第87條第3項）。

案例：甲男與越南籍乙女結婚之後，育有一子丙，均住於臺灣臺北市，甲男與乙女為了金錢問題的事情經常爭吵，乙女憤而離家出走，甲男具狀以乙女有民法第1052條第1項第5款「夫妻之一方以惡意遺棄他方在繼續狀態中」。並對民法第1055條第1項丙子之未成年子女權利義務之行使或負擔，由甲男行使親權均判決甲勝訴在案。某日，乙女趁甲男不在家，遂擅自將丙子攜走離開，並準備由臺灣桃園國際機場搭飛機攜子出境帶回越南，故甲男依家事事件法第3條第5項戊類事件第9款具狀向臺灣臺北地方法院家事法庭聲請乙女交付子女事件，同時依法向該家事法庭聲請為適當之暫時處分，

試問：臺灣臺北地方法院家事法庭裁定核發暫時處分予甲男，並限制乙女將丙子攜離臺灣，該裁定於何時生效？又臺灣臺北地方法院家事法庭依職權應通知何機關？

答：依據家事事件法第87條第1項前段規定：「暫時處分於裁定送達或告知受裁定人時，對其發生效力」。同條第2項規定：「暫時處分之裁定得為執行名義」。又臺灣臺北地方法院家事法庭應依同條第3項規定，暫時處分之執行，得由暫時處分裁定之法院依職權為之。同條第4項前段規定，暫時處分之裁定就依法應登記事項為之者，法院應依職權通知該管機關。[94]

（六）法院應依職權通知該管機關登記

暫時處分之裁定就依法應登記事項為之者，法院應依職權通知該管機關；裁定失其效力時亦同（本法第87條第4項）。

十一、法院聽取未成年子女之意見

法院審理親子之非訟事件時，應以子女之最佳利益為最高指導原則，而兒童及少年主管機關及福利機構，對未成年人之保護有專業之知識及經驗，法院如於程序中徵詢上開機關或機構之意見或囑託進行訪視或調查，並提出報告或建議供法院參考，當可收事半功倍之效，故本法第106條第1項規定，法院為審酌子女之最佳利益，得徵詢主管機關或社會福利機構之意見、請其進行訪視或調查，並提出報告及建議。

親子非訟事件既對於未成年子女之權益影響重大，法院除應依本法第106條之規定保障其聽審請求權外，於裁定前（本法第107條交付子女、給付扶養費或其他財產、或為相當之處分）更應依未成年子女年齡及識別能力等不同狀況，於法庭內、外，親自聽取其意見、或藉其他適當方式，曉諭裁判結果對於未成年子女可能發生之影響，藉以充分保障其意願表達及意見陳述權。又未成年人陳述意見或表達意願，時而必須仰賴兒童及少年心理專家或其他專業人士之協助，因此於本法第108條第1項後段規定：「必要時，得請兒童及少年心理或其他專業人士協助」。

另本法第119條規定，第106條（審前報告及意見陳述）及第108條（聽取未成年子女意見）之規定，於收養事件準用之。家事事件審理細則第

65 條第 3 項亦規定，就合併審理之親子非訟事件為合意時，應符合未成年子女最佳利益，並應依本法第 108 條之規定徵詢未成年子女之意願。

案例：甲男與乙女同居，生了一非婚生子丙，丙經甲男依法認領在案並三人同住在一起，甲男與乙女個性不合，經常爭吵，某日乙女憤而帶走丙子，甲男具狀向家事法院要求爭取對丙子之親權行使，試問：家事法院受理本案之後依法應如何處理，始符合子女之最佳利益？

答：依據家事事件法第 106 條規定：「法院為審酌子女之最佳利益，得徵詢主管機關或社會福利機構之意見、請其進行訪視或調查，並提出報告及建議（第 1 項）」「法院斟酌前項調查報告為裁判前，應使關係人有陳述意見之機會。但其內容涉及隱私或有不適當之情形者，不在此限（第 2 項）」「法院認為必要時，得通知主管機關或社會福利機構相關人員於期日到場陳述意見（第 3 項）」「前項情形，法院得採取適當及必要措施，保護主管機關或社會福利機構相關人員之隱私及安全（第 4 項）」。[95]

家事事件法第 107 條案例：A 男與 B 女結婚，婚後育有一女 C，A 男與 B 女因個性不合，協議離婚，並辦妥離婚登記在案，離婚協議書中具名 C 女由 A 男行使親權，惟 A 男好賭成性，每當輸錢即痛毆 C 女出氣，其母 B 女見之不忍，具狀向家事法院請求改定 C 女之親權由 B 女行使，試問：家事法院受理本案之後，得斟酌哪些情形？

答：家事法院依照民法第 1055 條規定：「夫妻離婚者，對於未成年子女權利義務之行使或負擔，依協議由一方或雙方共同任之。未為協議或協議不成者，法院得依夫妻之一方、主管機關、社會福利機構或其他利害關係人之請求或依職權酌定之（第 1 項）」「前項協議不利於子女者，法院得依主管機關、社會福利機構或其他利害關係人之請求或依職權為子女之利益改定之（第 2 項）」。及家事事件法第 107 條第 1 項規定，法院改定父母對於未成年子女權利義務之行使或負擔時，得命交付子女、容忍自行帶回子女、未行使或負擔權利義務之一方與未成年子女會面交往之方式及期間、給付扶養費、交付身份證明文件或其他財物，或命為相當之處分，並得訂定必要事項。

[96]

家事事件法第 108 條案例：甲男與乙女結婚，婚後育有一子丙十歲、一女丁八歲，然甲男與乙女兩人個性不合，故雙方具狀請求法院裁判離婚，並爭求丙子及丁子之親權行使等權利，試問：家事法院受理本案之後，是否應該聽取未成年子女丙丁之意見？

答：家事法院應依照家事事件法第 107 條第 1 項規定，法院酌定父母對於未成年子女權利義務之行使或負擔時（家事事件法第 3 條第 5 項戊類事件第 8 款），得命交付子女（家事事件法第 3 條第 5 項戊類事件第 9 款）、容忍自行帶回子女（家事事件法第 3 條第 6 項）、未行使或負擔權利義務之一方與未成年子女會面交往之方式及期間（家事事件法第 3 條第 6 項）、給付扶養費（家事事件法第 3 條第 6 項）、交付身份證明文件或其他財物（家事事件法第 3 條第 6 項），或命為相當之處分，並得訂定必要事項。及依同法第 108 條第 1 項規定，法院就前條事件及其他親子非訟事件為裁定前，應依子女之年齡及識別能力等身心狀況，於法庭內、外，以適當方式，曉諭裁判結果之影響，使其有表達意願或陳述意見之機會；必要時，得請兒童及少年心理或其他專業人士協助。[97]

案例：X 男與 Y 女欲收養 C 男與 D 女所生之八歲 E 為養女，C 男與 D 女未成年且未結婚，當 X 男與 Y 女得到 C 男與 D 女之同意收養書面，且當日簽定收養契約為 2013 年 2 月 5 日，並於同年 2 月 27 日向家事法院聲請收養，試問：法院認可收養前應當注意家事事件法哪些規定？

答：家事事件法第 119 條規定：「第 106 條及第 108 條之規定，於收養事件準用之」。收養非訟事件既於未成年子女之權益影響重大，法院於裁定前除應徵詢對於未成年人之保護有專業知識及經驗之主管機關或社會福利機構之意見或囑託進行訪視或調查，並提出報告以供法院參考外，並應保障未成年子女之意願表達及陳述意見權。[98]

十二、交付子女與子女會面交往之執行

執行名義係命交付子女或會面交往者，執行法院應綜合審酌下列因素，決定符合子女最佳利益之執行方法，並得擇一或併用直接或間接強制方法：一、未成年子女之年齡及有無意思能力。二、未成年子女之意願。三、執行

之急迫性。四、執行方法之實效性。五、債務人、債權人與未成年子女間之互動狀況及可能受執行影響之程度。蓋直接強制與間接強制各有侵缺點，為因應交付子女或會面交往事件之多樣需求，謀求子女之最佳利益，並避免執行者之恣意，特明列法院選擇執行方法時，應審酌考量之相關因素，俾其針對個別案件及執行階段之不同，彈性擇一或合併使用直接強制或間接強制方法（本法第 194 條）。執行名義，係命債務人交出子女或被誘人者，得用直接強制方式，將該子女或被誘人取交債權人（參照強制執行法第 128 條第 3 項）。本法第 195 條規定：「以直接強制方式將子女交付債權人時，宜先擬定執行計畫；必要時，得不先通知債務人執行日期，並請求警察機關、社工人員、醫療救護單位、學校老師、外交單位或其他有關機關協助（第 1 項）」「前項執行過程，宜妥為說明勸導，儘量採取平和手段，並注意未成年子女之身體、生命安全、人身自由及尊嚴，安撫其情緒（第 2 項）」。唯有力學者認為，由強制執行法第 128 條第 3 項中有「命債務人交出子女」或非訟事件法第 127 條第 1 項中有法院「得命交付子女」等字，亦可得知行親權之父母有交還子女請求權，應屬無疑。惟，與其藉由學說或實務見解加以肯定，不如參考外國立法例（例如：德國民法 1632 條）[99] 予以明定較為明確。[100]

　　父母之一方被停止親權時，由他方行使親權（民法第 1089 條第 1 項），雙方均被停止親權時，則應置監護人（民法第 1091 條）。父母被停止親權後，與其未成年子女間之直系血親關係，並不受任何影響，其對未成年子女之扶養義務，仍繼續存在（民法第 1114 條第 1 款）。又父母被停止親權之全部時，仍有與其子女會面交往之權利，因此得類推民法第 1055 條第 5 項規定，法院得依請求或依職權，為被停止親權之一方，酌定其與未成年子女會面交往之方式及期間；以往停止親權之判決後，宣告停止親權之原因消滅時，得撤銷其宣告，前民事訴訟法就撤銷停止親權宣告之訴之管轄及被告有明文規定（前民事訴訟法第 592、593 條），惟何人得為原告則無明文規定。解釋上，受停止親權之人、未成年子女或其他利害關係人得為原告，而以現行親權之人或監護人為被告。惟家事事件法將宣告停止親權及撤銷其宣告事件，列為家事事件中之戊類事件，而為非訟事件（家事事件法第 3 條第 5 項第 10 款、104 條第 1 項、108 條第 1 項），不以判決為之。於宣告停止親權之原因消

滅時，亦得聲請法院撤銷所為停止親權之宣告。解釋上，受停止親權之人、未成年子女或其他利害關係人得為聲請人，而以現行親權之人或監護人為相對人。[101]

案例：甲夫、乙妻經法院判決離婚確定，並指定未成年子女丙之權利義務行使或負擔由甲任之（甲、丙同住臺北市士林區），惟乙（居住於臺南）得於每個月第1、3個週日由其與丙（須由甲夫陪同）於臺中會面3小時。嗣甲拒絕使乙、丙會面，乙向士林地方法院家事法庭聲請執行與丙會面交往，該院家事法庭應如何決定直接或間接強制方法？

答：依據2012年11月12日臺灣高等法院暨所屬法院法律座談會民執類提案第7號見解認為，家事事件法施行後第194條規定，有關子女之會面交往可直接或間接強制方法，仍應由債務人之住所地之臺灣士林地方法院管轄。士林地方法院家事法庭依據家事事件法第194條規定：「執行名義係命交付子女或會面交往者，執行法院應綜合審酌下列因素，決定符合子女最佳利益之執行方法，並得擇一或併用直接或間接強制方法：一、未成年子女之年齡及有無意思能力。二、未成年子女之意願。三、執行之急迫性。四、執行方法之實效性。五、債務人、債權人與未成年子女間之互動狀況及可能受執行影響之程度。」[102]

案例：甲夫、乙妻經法院判決離婚確定，並指定未成年子女丙之權利義務行使或負擔由甲任之（甲、丙同住臺灣臺北市士林區），惟乙（居住於臺灣臺南）得於每個月第1、3個週日由其與丙（須由甲夫陪同）於臺灣臺中會面3小時。嗣甲將丙子交付乙會面，乙逕將丙子攜回臺灣臺南居住，經甲向臺灣臺南地方法院家事法庭申請乙女應將丙子交付甲男，臺灣臺南地方法院家事法庭指派家事調查官勸導乙能使丙返回甲男處所，惟遭乙拒絕，經家事調查官回報之後，該院家事法庭擬以直接強制方式將丙子交付債權人甲時，臺灣臺南地方法院依法應如何處理？

答：臺灣臺南地方法院依據家事事件法第195條規定：「以直接強制方式將子女交付債權人時，宜先擬定執行計畫；必要時，得不先通知債務人執行日期，並請求警察機關、社工人員、醫療救護單位、學校老師、外交單位或其他有關機關協助（第1項）」「前項執行過程，宜妥為說明勸導，儘量

採取平和手段,並注意未成年子女之身體、生命安全、人身自由及尊嚴,安撫其情緒(第2項)」。辦理以直接強制方式將丙子交付債權人甲。[103]

## 柒、結論

家事事件法第32條第3項規定,調解程序,除本法另有規定者外,準用民事訴訟法第二編第二章調解程序之規定,家事調解除本法另有特別規定外,準用民事訴訟法有關調解程序之規定。惟在法律修文中未定有名文,僅在立法理由中說明,家事事件法第32條第3項規定家事調解除本法另有特別規定外,準用民事訴訟法有關調解程序之規定,例如:民事訴訟法第405條第1項(依當事人聲請)及第二項(表明調解標的及證據之提出)、第406條之1第2項(法官選任調解委員)及第3項(法官另行選任或依其合意選任調解委員)、第406條之2(適為調解委員之人選列冊)、第407條(調解期日及續行調解期日之指定)、第407條之1(調解程序之指揮)、第410條第1項(調解處所)、第411條(調解委員得支領日費、旅費)、第412條(第三人之參加調解)、第413條(審究事件關係及兩造爭議之所在及調查證據)、第414條(調解之態度)、第415條之1(調解調款之酌定)、第416條第2項至第5項(調解無效或撤銷)、第417條(依職權提出解決事件之方案)、第418條(對解決事件方案之異議與調解成立、不成立之擬制)、第420條(兩造或一造不到場之處置)、第421條(調解程序筆錄之製作、內容即送達)、第423條(調解不成立後起訴其費用作為訴訟費用一部)、第425條(調解經撤回其費用之計算)、第426條(保密義務)等。此外,法官亦得視具體個案之類似性準用該程序其他相關規定。因此,將來在家事事件法準用民事訴訟法或其他法律修文,宜立法列舉明確,以避免孳生法準用或不準用之法解釋及適用上之困擾。

家事事件法第85條第1項暫時處分,得依照同法第3項規定,命令或禁止關係人為一定行為、定暫時狀態或為其他適當之處置。故在家事事件法之甲類、乙類、丙類訴訟類型中增訂或將其家事事件法第85條暫時處分修正並在立法上宜置本法第一編總則內,訂為:「法院就已受理之家事訴訟或非訟事件,除法律別有規定外,於本案裁定確定前,認有必要時,得依聲請

或依職權命為適當之暫時處分。但關係人得處分之事項,非依其聲請,不得為之」。

# 公私社三分論與社會安全

鄧學良 [104]

## 一、前言

法學領域之區分,僅以公法與私法二分,露已不濟,宜增為公法私法社會法之三領域,方屬正確 [105] 乙節,已不待贅言。

問題是,為何須增加「社會法」此一領域?社會法之內涵應為何?社會法是一新價值領域,抑或僅是公私法交錯下之新生體?社會法對「國家法益」、「社會法益」及「個人法益」之保護上,其彼此間之關係又為何?再者,社會法整體之理論架構,該為何?進而,兩岸政府在兩岸交流法制上,應融進之社會法觀念,更該為何?

亦即,綜合法治及其周邊相關資料可知法律所指定建構之秩序,係起自於「統治者與人民」與「人民與人民」間,以道德為原點上之各該時代構想。準此,法律之定義,似易實難,惟法律必須符合各該時代需要,則屬同一。

本文發現,過去法律的傳統,就當事人主體而言,乃偏重於明確之個體,即便是「統治者與人民」間之法律制度,亦仍以明確之個體為基礎。

問題是,法律關係之當事人主體,除明確之個體之外,有無可能是不明確之不特定個體,乃至於眾人之集合體亦即社會?亦即,統治者或人民有無可能是以社會為對象,而為一定之行為?

有鑑於上開諸問題,其應有之法制思維,仍難一見明白。本文謹以「法政策論」與「行程過程論」[106] 為申論基礎,將社會法中應有之「原理思辨」、「組織設計」、「權限設計運用」、「救濟與善後」及「績效評核」等五大架構,[107] 予以鋪陳之。

又，行政法學迄今似已定著於「由《警察國家》,[108] 已提升為《福利國家》[109]之見解。問題是，國家對人民的責任，僅以「福利國家」來理解，是否便為已足？

一國之統治權，其在責任層面，對人民而言，迄今雖已有非「反射利益」[110]之論，惟國家責任存在的原意為何？又應及於何種層面？於今日之法哲學[111]中，則又未必已有一方向與指標呈現！

再者，有鑑於識者對於「公私社三分論」中之社會法，常僅於「勞動法學」、「社福法學」等層次談論之。[112]本文認為，此等作法，已不無窄化社會法理論之原義，並且不足以提醒統治者對於「人民在秩序行政上之受益權」以及「福利行政中所應有之秩序建構責任」等在「社會安全」[113]中之認知。因此，本文嘗試對「社會法學派」之昔日主張，[114]擬給予在當前應有之新思維。

## 二、社會法之原理－公平與正義

如眾周知，行政等公法學之原理，在體繫上乃不脫「社經政之背景省思」、「國際面向之分析借鑑」、「法治主義之執著」乃至於「公私之協作」等之討論。[115]問題是，此等行政法學之原理，對社會法學而言，果真單純套用便可？亦即，社會法學介於公私與法治體系之間，社會法所應為公法與私法共同考量的綜合原理或新生原理應為何？識者於力倡社會法學之際，認為就根本上，有必要完成一理論根據！

查公法學既著重於統治者之所當為，而私法學既著重於特定自然人（含法人，以下同。）之所當為時，則社會法學似應著重於統治者與特定自然人對社會乃至於不特定第三人（含自然環境）之所當為。問題是，只因此一領域之存在，並非統治高權以及個人私權所必然顧及。理由無他，只因有利於統治者或特定個人者，其並不必然有利於不特定第三人乃至於社會。以例言之，統治者於勞動法中規定僱主之所當為，統治者固可強制僱主為其應為，進而特定勞工於該法制中，固可得一定法益，惟統治者對於勞動事務中，哪些應施予強制，僅以統治者在秩序行政上之便宜考量，而無社會正義乃至於國民主權觀時，則該勞動法制便僅及於行政上之考量而已，甚至該等作為，

當統治者不認為在秩序行政上應有所作為,而改交由私法自治時,則該社會便將呈現勞動法制欠缺社會法思維,而僅以私權來論究權義關係之一面。以例言之,如「勞動派遣之常態化」、[116]「公務勞動之非典型化」、[117]「責任制之歧異勞動化」、[118]「工會事務處理之非保障化」、[119]「勞資爭議上舉證責任非均等化」、[120]「工資體制在初次分配之長期不合理化」、[121]「團協之積弱化」、[122]「各項社保間之差異化」、[123]「安衡責任之非刑責化」[124]等「勞動三權」[125]與「經營三權」[126]之衝突化現象,可謂無一不是產生自勞動法制中,欠缺社會正義、不追求社會公平的扭曲源頭。

由此可知,社會正義、社會公平並不當然於國家有完整之公法與私法體制後,便必然出現。以上事例所舉之勞動異象,如為人民的社會生活中、社會的公平正義中所不應出現,而且露然不利於現有公法、私法秩序之維系時,[127]本文認為,社會法之新型法理,便應於焉產生。亦即,當前社會於公私法體制之餘,對於不必然被正視的社會公平、正義,已有必要新立法理,並將其融為在現行公私法之執行體制中,所應新增之價值與責任。

由於傳統之公私法,其考量之利益,乃聚焦於國家法益與個人法益,而其立論基礎,無不在於國家體制與個人人權之神聖不可侵犯。一種國家主義與個人主義鋪陳出了世人周知之公私法體制。

問題是,誠如在自然人之餘,社會因社會生活與組織活動之需要,乃創設有「法人」之制,易言之,自然人與法人之集合體,方為社會之全貌。其次,上述所謂社會公平與社會正義,乃為人與人之間在相互對待上之比較結果,以及統治體與特定自然人對於不特定第三人所為之善惡分析。果如此,在國家法益與個人法益間,應當還有社會法益之層面;在國家法權與個人人權之外,應當還有社會主權必須考量;一種在國家主義與個人主義之外,理應還有一「團體」主義之存在。進而,為維持社會價值(公平與正義)所建立之法制,便屬社會法。準此觀之,社會法相對於公私法體系,確實有其之存在,只是在強勢之現行法學之現行公私法理論之外,迄今未獲完全清楚整理。

## 三、社會法之執行主體－應增複合式之調整角色

　　當上述社會法原理為公私法體制所容認時，由於社會法係於公私法二分論後許久方始產生，社會法之執行主體，除仍應由掌握公權之統治者與管理私權之自然人執行之外，誠如前述，社會法之觀念，並無法由公私法體制自然產生。進而即便採「法治主義」，[128]由於「法律保留」、「法律侵先」及「法律之法規創造力」等「依法行政三原則」，[129]在實務上，已常出現行政上之懈怠與疏忽，[130]進而「法律拘束原則」、「內容明確原則」、「禁止差別待遇原則」、「比例原則」、「誠實信用原則」、「兩面俱呈原則」、「裁量合目的原則」等程序正義七原則，[131]在實務上，常有「本位主義」與「徒法不足以自行」之一面。進而於私法層面亦常出現「所有權仍皇絕對化」、[132]「公法遁入私法」、[133]「私權匿身國際」[134]等現象，社會法之執行主體，如全交由現有之公私法執行主體，露有疑慮。本文現為，在社會法之執行主體，應有另一設計，以防杜上開弊端。尤其，當社會主張與社會權益，呈現「無主化」，或由不特定第三人個人出面處理時，將產生個人過大的不利益時。

　　問題是，何種之執行主體設計，方能避開乃至於處理上述種種問題？本文認為，應使該社會逐步建構有能力、有專業之NGO（非政府組織）、NPO（非營利組織），來擔任執行主體。NGO、NPO做為社會法之執行主體時，其角色並非取代統治者或特定自然人，而是由NGO、NPO與統治者及特定自然人間，形成三面關係，有如下列情形：

1. （當事人替代）NGO、NPO→督促政府（→督促特定自然人）[135]
2. （當事人替代）NGO、NPO→督促特定自然人[136]
3. 特定自然人→回應NGO、NPO（當事人保護）之請求[137]
4. 政府→尋求NGO、NPO輔助→調整特定自然人與當事人之關係[138]
5. 特定自然人→尋求NGO、NPO輔助→向政府提出相關意見[139]

　　準此，社會法之執行主體，不宜僅以統治者、特定自然人為限，應增加不特定第三人之「準主體」地位，進而容許NGO、NPO，作為必要分身，以

使現有之公私法執行主體,在未必會隨時記憶與採行之社會公平、社會正義之層面,獲得在催促上之輔助力量。

或謂工會等人民團體,亦可充任上述 NGO、NPO 之角色乙節,本文不持反對意見,惟必要提醒者是,工會等人民團體在特定問題上,一則專業、一則角色,仍有其擔任執行主體將有困難之一面。[140] 故此時,非當事人型之 NGO、NPO,宜獲善用,方屬正辦。

社會法雖特需有 NGO、NPO 之協助,惟對政府機關自始之角色,則不宜有漠視與閒置之情形。亦即,社會法所呈現當事人間之關係,並非公私法中所常呈現:國家或特定自然人 ⇌ 相對人(民)之「二面關係」,[141] 而係:國家或特定自然人、相對人與不特定第三人之「三面關係」。誠如前述,「反射利益」說既為現代行政所棄,[142] 政府公權之行使,除以依法行政,應對於相對人(行為人或申請人)外,該特定行為之結果,既依然與不特定第三人有不可免之利害關係時,政府公權在行為與不行為上,特需採綜合性考量手法,以協調行為人(民)與相對人(民)間之利益。[143]

本文認為,上述之三面關係,特為掌握社會法核心概念之一。亦即,由於社會法之理念,乃立基於維護社會安全,並非只以特定個體之利益為訴求,故當於各種法律制度綜合形成的法治秩序,乃為國民居不特定第三人地位時所期待、所應享有時,則政府公權本於社會大眾之需求,對行為人之行為內容,便應有所管理。進而,政府其實與行為人在特定之事務上,對於不特定第三人,應負起共同行為責任。

本文認為,時下社會所出現之亂象,其與一般社會大眾之期待落差,無一不是針對政府應有相關作為。以例言之,(1)「勞動派遣之亂象」;[144](2)「沒有收入分配改革何來同工同酬」;[145](3)「制止強拆該拆,政府也要自我反思」;[146](4)「文林苑與大埔農地紛爭與公權角色」;[147](5)「城管制度之迷思」;[148](6)「鎘米汙染之不絕」;[149](7)「毒奶粉的長期危害」[150] 等,均起固自社會法式思想之不足。

本文強調,對於上開行為,由於加害人與被害人之衝突,乃為外在表象,致有執政者,主張該紛爭乃與政府公權之施行無涉雲雲,查上開所舉事例,

乃無一屬人民有能力可阻止或改變，公權部門實無卸責之空間。亦即，上開事件所應有之社會安全與法治秩序，乃建構於專業、專責行政人員之承擔，政府錯將「三面關係」棄置於「私法爭執」之境，恐已生有國家賠補償之餘地。[151]

## 四、社會法之權限統計運用－應立危險預防與管理之責任

由於社會法所需實現之社會公平與社會正義，乃不如現行之公私法體制之明確。因為現行公私法在權利義務責任之歸屬，常可清楚確認相對人、相對事等三要件之所在，進而現代法治在理性效率之考量下，係以「性善說」[152]做為公私法設計之理論基礎。故公私法對相關責任之追究，常皇事後處理乃至於有賴於當事人之請求後方行發動，並常以故意過失為必要。[153]

問題是，公私法之此一權限設計運用分際，果真可照用於社會法？

有鑑於上開所述，社會法常皇「無主化（或主體不特定化）」、「特定主體不適化」之狀態，尤其，社會法之所以是以社會為主，而非全體或個人為考量時，當個別事件未全體化或整體化之際，傳統的公私法體系，只會以個案，即不會普遍發生，來處理之。由此便容易使社會公平與社會正義遭到漠視。[154]

因此，本文認為，社會法上應有之權限設計運用，宜著力於「事前之預防」與「事中之即時處理」。析言之，社會法體系在權限設計與運用上，應重視「行政調查」、「行政計畫」、「行政立法」、「行政上之即時原則」等環節之掌握，[155]俾使統治者或特定自然人，於現行責任追究體制之外，能增加「危險預防與管理之責任」[156]之設計與運用。亦即，統治者及特定自然人宜以更積極之手法，解讀社會現象、社會需求。而且，前述目的之達成，特需有一定步驟與必要計畫，並於必要時應完成法制之整備，進而對於屬於社會型事務，宜於一般處理之外，採取必要之即時處理乃至即時強制。

或謂「行政上之危險預防責任」於學界早有相關主張，[157]本主張不應專屬於社會法之權限設計運用。關於此點，本文固無異議，惟就實務言之，行政上之危險之預防與管理責任實難稱已獲完整之尊重與執行。[158]何況，本文強調此點之用意，僅在於提醒社會法之危險預防與管理設計，方為社會

法與公私法（特指私法）之權限啟動重點，存有重要差異，欠缺此一觀念之公私法部門，要執行社會法事務，恐難免有自始不能之處！

再者，有關目前公私法體系，對於刑事責任之追究，常有「去刑責化」，乃至於「刑期無刑」之論調。[159] 亦即，在公私法體系，除去刑法典之外，特別刑法之設計，常被要求能免則免，當前雖已有不少之特別刑罰規定，惟未來似仍以不存在為宜。[160] 凡此在私法關係上，則更無討論空間。亦即，民事上之不法行為（侵權行為、不當得利等），只需完成填補之責任便可，凡屬可以金錢進行賠償或補償，進而輔以回覆原狀乃至於道歉聲明等，便已為足，無需再入人於刑。

問題是，如此之公私法責任設計方法，果真亦可完全適用於社會法體系？

本文認為，社會化之有別於傳統之民刑法，其重點之一，乃在於其「加害」對象乃為不特定，且其發生絕非單一次數便終止，進而社會法所應管束之行為，若論以「加害」之動機，則同樣有其不以特定為必要。其次，在民事責任之「認知」要件上，社會法所擬規範之對象，常是對社會期待難稱會無認知，且其違反，常可推定為有過失。

準此觀之，社會法之法律責任，在追究原因與責任認定等方面，實與傳統公私法截然不同。而且，社會法之違反行為，在外形上，似可以民事賠補償了結之，惟其侵害對象等之不特定，且其動機，又屬可議時，社會法之法律責任建構，似有必要建立「反社會行為罪」之上位概念。亦即，在國家法益與個人法益之餘，應以社會法益之維護為標的，以特別刑罰之理論，對於對社會有「惡意」之行為，不再以民事填補為已足，並由其間要求特定自然人對社會體制，應進行擁護，以支持一國社會秩序之穩定，進而實現對社會應有之道德分際。臺灣地區在新制之施行之職業安全衛生法、大陸地區在刑法第 276 條之 1 之修正中，其有無課處刑事責任者，可謂為對「反社會行為罪」認知有無之表現。[161]

謹舉一例，以證明不知「社會法」與「社會責任」時，公私二分論對國事之傷害為何？

高雄市政府於 2013 年 7 月 16 日以高市交停管字第 10233807200 號函覆財團法人中華勞資事務基金會，認為「高市府交通局停車管理中心」與「定期契約服務員」之工作權益間，其法律關係應作如下瞭解：

亦即，依臺灣地區勞動基準法第 9 條第 1 項規定：「勞動契約，分為定期契約及不定期契約。臨時性、短期性、季節性及特定性工作得為定期契約；有繼續工作應為不定期契約。」。另，行政院勞工委員會 2000 年 3 月 11 日臺勞資二字第 0011362 號函釋略以：「非繼續性工作」係指僱主非有意持續維持之經濟活動，而欲達成此經濟活動所衍生之相關職務工作而言。至於實務上認定工作是否為非繼續性當視該事業單位之職務（工作）說明書等相關文件載明之職務……。「特定行業」工作是謂某工作標的係屬於進度中之一部分，當完成後其所需之額外勞工或特殊技能之勞工，因無工作標的而不需要者，合先敘明。

如前述，勞動契約書係已載明此案人員為特定期間之定期契約之定期契約路邊服務員；又路邊停車收費雖為維持停車秩序所衍生之經濟活動，然停車收費業務委外乃為全國性政策趨勢，本局（高雄市政府交通局）自 2004 年起業務持續推動多項停車業務委外工作，並積極推動路邊停車收費掣單委外，爰是項工作係屬非繼續性工作（僱主非有意持續維持之經濟活動）。為避免增加未來業務委外之困難度，於掣單業務推動委外期間，旨案人員仍以定期契約為之。

本文認為，上開事例之主要爭點，便在於高雄市政府之路邊（收費）服務員之從業關係，應以何種法律關係來辦理，依上開高雄市政府交通局之見解，則是在上開「路邊服務」之公行政，其人力來源，將「政策性」以委外之定期契約人力來充任。查本案之契約關係，係屬「行政契約」，[162] 而行政契約既為公行政手法之一種。本案行政契約之權利義務責任之設計，便不可以「私法」關係定位之。亦即，本案路邊掣單服務員實屬「契約型」公務員，應負有臺灣地區憲法第 24 條所規定之責任。由於公務員之法律責任，相較於普通人民的民刑責任，露不相當，一份公務員之薪酬，卻需面對無數相對人下之可能風險，一般國家體制，方有國賠法之設計，而且無論採「代位責任說」或「自己責任說」，其不變者均在國家應出面扛起責任。[163] 亦即，

以「私法」之便宜性，要求本案公務員，負無定量職責，凡此已非國家使用公務人力所應有之分際。更何況，本案公務部門對執行公務之人力，假設可不期待「長期忠誠」人力，便可成事，其在行政原理、組織、權限、救濟、監督上，便已帶來風暴，而置行政於不安定狀態上。

其次，臺灣地區勞基法第9條除前述規定外，其第2項乃規定「定期契約視為不定期契約」之情形。查本案掣單服務工作，既非特定性或季節性之定期工作時，本案公務機關實無法定職權，可在勞基法之外，對常態性公務，創設「異型」之定期契約。質言之，本案路邊服務員在公務上之從業權益，係受制於「推動委外」之政策，本政策其背於公務體制與勞動法之二面，必將生公務之阻礙與勞資爭議。

本文認為，本案如能由社會法角度，對其在公法與私法二層面皆應兼顧，而予以社會法式理解時，本案從業人員在公務員體制與勞動法制之兼顧下，斷無使用定期契約之空間，更無呼之則來、揮之則去之仰人鼻息與無勞動尊嚴之餘地。亦即，本案政府部門，欠缺社會法手法，實已有其公務不忠誠之一面。

此外，社會法關係之當事人既然包含「公權機關」，公權機關之違法行為（含不作為），便應同樣有行為責任（即：罰則）之設計。

遍查臺灣地區有關社會事務之相關立法，其所設計之罰則，亦僅針對應行為或不行為之人民乃至於法人而已。至於公權機關有無法律責任，則全歸行政救濟體制（即：請願、訴願、行政訴訟、國家賠償等），並以此為滿足。

本文認為，「行政權限」體制與「行政救濟」體制之功能既有不同，彼此間便難有替代關係。何況，如能以罰則，來「明示」公權機關之作為義務時，則人民便不待權利受傷害後，便可以公權機關之違法（特指不作為），而尋求行政救濟。果不如此，在公權機關之依法行政，如依然認為可由其自由裁量時，則人民之法治受益權，依然深陷「反射利害」之狀態，社會法之法治體制，仍依然無法出現。

本文認為，中國大陸勞動合約法第5條明定勞動關係協調之三方（公權、工會、企業）機制，進而於同法第95條，追究公權部門之法律責任之作法，

實為社會法式修款設計之首見,中國大陸勞動合約法所擬實現之社會秩序與法益,將於焉實現。

## 五、社會法之救濟手法－紛爭處理責任之公平負擔

在傳統公私法之救濟理論,常態性地要求行為者的人民,負責舉證,而如眾周知:「舉證之所在,乃敗訴之所在。」亦即,在現行社會之所以有「民不與官鬥」、「貧鬥不過富」之印象,實係由此所生。公私法現行之舉證責任理論,其於疏減訟源,雖符「效率」要求,惟於真實救濟,不無欠缺「理性」之一面。

雖然,誠如前述,已不無「舉證責任轉換」(即:舉證責任倒置)之規定,惟行政救濟中最主要之「訴願」(即:行政復議)與「行政訴訟」,其舉證責任仍歸於「原告」之人民。準此觀之,現行之公私法常用舉證責任之原理,果真可適合於社會法紛爭之救濟?

誠如前述,由於社會法行為之相對人,常呈不特定,且其行政重點應在於事前防範。凡此,如由傳統之私法理論觀之,不特定第三人可謂自始不可能有主張救濟之空間。易言之,現行之公私法救濟體制,露然無濟於社會法紛爭之處理。

或謂,社會法紛爭可採請願(即:上訴、訴訟)乃至於集會遊行,來尋求救濟。問題是,當社會法已獲統治者及特定自然人之容認而成為制度,社會法上之相關主張,既應以權利時,依「有權利便有救濟」之鐵則,社會法紛爭之解決,不宜缺乏「理性」與「效率」兼顧之特性,實宜同樣應有訴願、行政訴訟等之空間!

為此,本文認為,在處理社會法之新制度完成前,就救濟法原理之根本,似可先行建立「舉證責任轉換」之作法。亦即,當人民對於社會法事務,有所不平不滿時,統治者及特定自然人,首應負起說明與辨正之法律責任。或謂行政部門於現行制度中,已依代議式民主,向立法部門充分答詢。惟本文所擬強調者是,統治者及特定自然人在具體事務之施為,其範圍及個別性,實非立法答詢所能涵蓋,即便於行政法制或已確立之今日,於行政上之救濟

仍並存於立法行為。準此,給予社會法紛爭之必要回應,並追究法律責任,實不宜減省。

再者,由於社會法事務之紛爭,其發生並不限於「行政處分」乃至於「侵害私權之行為」,故未來之社會法救濟法制,宜使「行政處分」以外之所有「行政行為」,[164]均在舉證責任轉換之原理,獲得統治者與特定自然人必然之正面處理,並究以法律責任。而社會法之訴訟審理核心理論,更應立基於「課以義務」,[165]如此將符社會法在危險之預防與管理上對統治者之期待。

## 六、社會法之執行評核－應有內外控機制之建立

在傳統之公私法執行評核上,由於立基於行為人之特定行為上,故迄今仍以「不告不理」、「不行為便無責任」為論究公私法成效之前提。就實務而言,傳統公私法執行結果之良窳,果真亦可為社會法所採用?

本文認為,誠如前述,社會事務之無主化、社會問題之不特定對象化、反社會行為之連續化等,既為社會法之特徵時,則社會法在實務上,對於上開反社會現像有無充分掌握?統治者與特定自然人有無善盡職責?等等之管控,便特有必要。亦即,未來之社會法制,亦應有其之監察體制。

本文認為,反社會行為既為當前社會之最大憂慮,既如前述,而反社會行為其挑戰之對象,又為社會之不特定第三人時,讓社會大眾擁有一項富含「效率」及「理性」之監督統治者及特定自然人之方法,便有必要。亦即,在社會法之體制下,宜使社會人對於反社會行為,有一便捷之提問管道,且自然可獲有妥適處理之回應,此即為外控。[166]簡言之,符合社會法之體制與概念時,便須重視來自社會的聲音,並以此建構「外控」體制。又,有鑑於行政內部之指揮管理,在實務上,常呈管理不能、包庇護短,乃至於同流合汙(即:「窩案」等[167]),社會法體系之建立,亦應包括非指揮管理型、非上述外控型之內控制度。[168]亦即,為使反社會行為於醞釀期便獲管理、為使問題防犯於機先、為使社會衡突減少,社會法制中宜採定期、不定期、由非該體制內人員,進行內部稽核,並完成必要責任,此即為內控。

有鑑於現行行政法體制乃至於論著,常缺「行政監察」之一環,[169]加上監察體系在實務上所出現之問題,[170]在臺灣地區常不以行政監察為必要。

本文認為，行政監察之失能，已使臺灣地區各項行政缺失，無人予以警醒與管控。此一現象，特不能發生在時時、事事、處處均需有人關切之社會法體系中。否則，再多的社會法制度，仍然無法實現其立法初衷。

再者，大陸地區亦已有「行政監察」理論[171]，而其具體內容，亦類近於本文所指之監察。然而，大陸地區在勞動法層次之「勞動監察」[172]制度，似非「行政監察」中所稱之「監察」，而其所謂之「勞動監察」，實即為臺灣地區之「勞動檢查」，[173] 係為前述行政權限設計與運用之方式之一，對勞動行政本身並無發生監督之效果。

其次，在大陸地區之行政組織體制中，亦有「監察部」[174]部門，下屬於國務院。惟查其功能較像在指揮管理體系下，進行人員行政責任之追究，亦缺對行政本身之監察效果，亦不宜以行政監察制度視之。再者，在大陸地區之黨政體制中復有「紀檢」[175]部門。由於「紀檢」係「以黨領政」下之制度，紀檢部門在實務上，仍難收上述行政監察所予追求制衡之效果。亦即，「紀檢」在設計上，亦僅及於內部之「指揮管理」權之展現而已，不宜誤解有上開之內控效果。簡言之，大陸地區目前在行政監察層面，僅有來自人民與媒體等之外控，[176] 至於應像「檢察部門」或未來新設之法律監督部門的內控，則尚有待努力。[177] 也許是因為行政監察制度之不興，其對於大陸地區目前在社會法制度之不行，致使人民曝露於社會的不安全中，當有以致之。

## 七、總結－「公私法之限縮化」與「社會法之最大化」，實現「個體鮮明的團體主義」

綜合上所述可知，社會法理論之新立，雖遠遠落後於公私法體制，但可確認者是，當前社會於公私法之餘，統治者及特定自然人行為，均需新增社會法概念，以充實公私法理論在現代社會行為無力詮釋之現象。

其次，準上述分析可知，所謂社會法，似亦可理解為供不特定第三人群體使用之法，或進而可稱為應以社會角度（即非國家、非個人）來定位與操作之法。是故，社會法因不限於「勞動法」、「社福法」，舉凡須融入社會觀之法制，均須以社會法定位之，操作之。以例言之，「土地、環境法」、「教育法」、「商法」、「經濟法」、「智財法」等等法律，其與人民日常生活有關，

進而於制度操作上,須以社會公平與社會正義之所有法制,未來均需由「社會法」來增強其功能。甚而,傳統的公私法領域,未來在其國家利益與個人利益之堅持中,亦有必要考量對社會法亦兼顧之可能性。

簡言之,對所有法律制度,本於團體主義,給予「國家」與「個人」之外的「社會」層面考量,已成必要。此一「法政策」有必要確立,未來政府之「行政過程」,必得有社會形式檢視方法。果如此,「公私法領域之限縮化」乃至於「社會法領域之最大化」,似為社會安全達成上之必要路徑。蓋,由此將出現「個體鮮明的團體主義下」之新法治境界。

## 參考文獻(依年代順序排列)

1. 室井力.「現代行政法入門(1)」.東京.法律文化社,1981年5月30日初版印刷。
2. 中華百科全書(1983年),http://ap6.pccu.edu.tw/Encyclopedia/data.asp?id=1818,2013年7月18日造訪。
3. 阿部泰隆.「行政法システム(上)」、東京、有雙關,1992年10月30日出版第1刷。
4. 鄧學良.「勞資事務研究」・臺北、五南圖書公司,1997年初版第2刷。
5. 蘇力譯.Richard A.Posner 著.「正義/司法的經濟學」,臺北・元照出版有限公司,2002年11月。
6. 應松年主編.「當代中國行政法上卷」2004年1月.北京、中國方正出版社。
7. 鄧學良.「勞動行政法論」.高雄.財團法人中華勞資事務基金會,2005年8月。
8. 吳庚.「行政法之討論與實用」(著第9版),臺北.三民書局,2006年8月。
9. 鄧學良.「兩岸行政法研究」.高雄.財團法人中華勞資事務基金會,2006年9月初版。
10.「民生六行業,訂30天罷工冷卻期」(2006年7月15日),http://fclma.org/showpost/1968.aspx。
11.「反貪腐公投,國民黨展開連署」(2006年9月19日),http://fclma.org/hsowpost/2709.aspx。
12.「女牙醫罰工讀生,沾血針筒舔又吞」(2008年12月29日)請祥:http://fclma.org/hsowpost/8116.aspx。

13. 郭明政．「社會法安全法 - 社會安全法規彙編」．臺北．元照出版公司．2009 年 3 月第 1 版，http://www.angle.com.tw/book01.asp?bcode=5A015PA，2013 年 5 月 18 日造訪。

14. 鄧學良．論勞務採購與勞動法制之關係，國立中山大學．勞資關係論叢（第 11 卷第 2 期），2010 年 3 月。

15. 鍾秉正．「社會法與基本權」．臺北．元照出版公司，2010 年 6 月第 1 版，http://www.angle.com.tw/book01.asp?b code=5D184PA，2013 年 5 月 20 日造訪。

16. 中國大陸地區於 2011 年 2 月 15 日，由全人代常會透過之刑法修正案（八），增定刑法第 276 修之 1，對於「惡意欠薪」，將依其情節，分別處以不同程度之刑責，http://big5.china.com.cn/policy/txt2012-1/14/content 24405284 5htm, 2013 年 7 月 19 造訪。

17. 「鼓勵生育，如何減稅？」（2011 年 6 月 28 日），http://fclma.org/hsowpost/20315.aspx

18. 「派遣不幸福，中華電信被吐槽」（2011 年 8 月 8 日）請祥：http://fclma.org/showpost/20776.aspx。

19. 「政府約聘僱員；退休金不如工友」（2011 年 9 月 26 日），http://fclma.org/hsowpost/21217.aspx。

20. 「學校提供教師（教育）產業工會辦理會務場所法律意見書」，2012 年 5 月 24 日，http://fclma.org/shoepose/24265.aspx, 2013 年 7 月 16 日造訪。

21. 「民營電廠，《暴利》迷思」（2012 年 7 月 19 日），http://fclma.org/showpost/24439.aspx

22. 「壽險業務員抗議政府征才歧視」（2012 年 11 月 26 日），http://fclma.org/hsowpost/25848.aspx。

23. 菅野和夫．「勞動法」（弟 10 版），東京，弘文堂，2012 年 12 月 15 日。

24. 老人安養院機構因菲律賓勞工使用上之爭議，請求 NGP、NPO 處理，財團法人中華勞資事務基金會，2013 年 2 月 1 日，中勞（102）良字年 00018 號函。

25. 最高檢今年將加強借助網絡力量反腐」（2013 年 2 月 20 日），http://fclma.org/Show Post/26760.aspx, 2013 年 7 月 19 日造訪。

26. 鄧學良、王德儼．「勞動契約履行之事實終（中）法制論」，載於「社科法政論叢」，2013 年 3 月。

27. 「談年金／制度非改不可，臺灣不能希臘化」（2013 年 5 月 2 日）請祥；http://fclma.org/showpost/27550.aspx。

28.「超時工作、8 越籍看戶控半年沒有休假」（2013 年 5 月 12 日）請祥：http://fclma.org/showpost/27713.aspx。

29.「高雄市教育施政興應團體協商事項」案，財團法人中華勞資事務基金會，2013 年 5 月 15 日，中勞（102）良字第 00124 號函。

30. 法哲學，請祥：http://ap6.pccu.edu.tw/encyclopedia/data.asp?id=371&nowpage=1。2013 年 5 月 17 日造訪。

31. 郭明政．「社會法講義 2005」，臺北．政治大學法學院，http://www3.nccu.edu.tw/～mjguo/socialsecurity.doc, 2013 年 5 月 17 日造訪。

32. 勞資論壇＞國際勞資政策中心＞中華勞資論文集＞研究方法（一），載於：http://fclma.org/，2013 年 7 月 12 日造訪。

33. 鄧學良．「勞基法講義」（2013 年 7 月 15 日），http://tclma.org/Show Poss/28124.aspx。

34.「勞團要求廢責任制」，http://flma.org/showpost/27515.aspx.2013 年 7 月 15 日造訪。

35.「勞動派遣」，勞資論壇（fclma.org）＞勞資法務＞勞資派遣，2013 年 7 月 15 日造訪。

36.「職業病促發腦血管及心臟病（外傷導致者除外）之認定參考指引」，http://fclma.org/showpost/23457.aspx, 2013 年 7 月 16 日造訪。

37. 高雄市政府交通局 2013 年 7 月 16 日高市交停管字第 10233807200 號函。

38. 迄 2013 年第 1 季底止，全臺灣地區簽訂團體協約者，共有 82 家，行政院勞工委員會「勞動統計月報」（2013 年 6 月）頁 40, http://statidb.cla.gav.tw/html/men/23040.htm, 2013 年 7 月 16 日造訪。

39.「大陸分配改革難以施行，臺灣也有類似經驗」，http://www.wretch.cc/blog/watetree999/10670770, 2013 年 7 月 17 日造訪。

40.「印刷業者興膽管癌問題」之政府回應，http://fclma.org/Show Post/27682.aspx, 2013 年 7 月 17 日造訪。

41.「潛能式薪資設計」，http://fclma.org/ShowPost/13005.aspx, 2013 年 7 月 17 日造訪。

42. 莊靜宜（行政法勞工委員會勞資關係處）．「勞動契約法修法芻議」，請祥：http://book.cla.gov.tw/image/no 13/05.pdf, 2013 年 7 月 19 日造訪。

43.「溫州應國權等 16 人腐敗窩案開庭，涉案公款達 4 億」等，http//fclma.org/Show Post/22192.aspx, 2013 年 7 月 19 日造訪。

44.「王健壯 / 這個監察院不好，要打！」等，http://fclma.org/Show Post/27408.aspx, 2013 年 7 月 19 日造訪。

45. 臺灣地區於 2013 年 6 月 18 日新修正尚未施行之「職業安全衛生法」不盡理想，對於「勞工過勞致死」未課予僱主刑責，行政院勞工委員會只強調會視其情節，依刑法第 276 條，以業務「過失」為由，移送司法偵辦。http://www.coolloud.org.tw/node/74711，2013 年 7 月 19 日造訪。

## 注　釋

[1]. 日本明治大學法學博士，現任中央警察大學法律學系暨法律學研究所教授兼系主任、所長，法務部刑法修正委員、刑法問題審查委員。

[2]. 臺灣高雄大學法學院院長、臺灣大學法學博士、德國慕尼黑大學法學博士。

[3]. 張麗卿，刑事醫療糾紛之課題與展望，檢察新論，8 期，2010 年 7 月，頁 145。

[4]. 林山田，刑法通論（下），自版，2008 年 1 月，頁 169；張麗卿，刑法總則理論與運用，五南，臺北，2012 年 9 月，頁 413；林東茂，刑法綜覽，2012 年 8 月，七版，頁 200；陳子平，刑法總論，元照，2008 年 9 月，頁 214；許澤天，刑總要論，元照，2009 年 2 月，頁 278；林書楷，刑法總則，五南，2010 年 3 月，頁 369。

[5]. 甘添貴、謝庭晃，捷徑刑法總論，瑞典，臺北，2006 年 6 月，頁 110；林山田，前注 2，頁 171；黃榮堅，基礎刑法學下冊，元照，臺北，2012 年 3 月，四版，頁 406；靳宗立，刑法總論，自版，2010 年 9 月，頁 478；林書楷，前注 2，頁 370；陳子平，前注 2，頁 214。

[6]. 林山田，前注 2，頁 177；張麗卿，前注 2，頁 399；陳子平，前注 2，頁 207。

[7]. 不過，「醫療常規」是否確實存在，常遭到質疑。因為醫療常規注意標準的前提假設是，醫學專業人員團體對於特定醫療行為，具有約定成俗、共同依循的慣例，但是，由於病人個別化特性、醫學技術種類繁多、病人自主權意識、醫師的自我防衛心態或醫療事業為醫療機構所控制等因素，讓醫療常規的不確定性，更加受到譴責。

[8]. 張麗卿，前注 2，頁 401 以下；林鈺雄，新刑法總則，元照，2009 年 9 月，頁 501。

[9]. 參照 http://www.enfamama.com.tw/main/newtec/newtec13.htm 指出，「羊水栓塞」就是大量羊水進入孕婦的血液中，因而造成栓塞現象，並大量消耗掉凝血因子，造成凝血能力消失，使產婦發生休克及大量出血後死亡。由於這種情形無法事先預防或事先得知，使產婦死亡率高達 90% 以上，其中有 25～50% 在 1 小時內死亡。（最後造訪日期：2013 年 8 月 6 日）

[10]. 參照，臺灣高等法院高雄分院 98 年醫上訴字第 10 號判決指出：「病人之死因為術中併發急性心肌梗塞，導致心因性休克及肺臟出血，則為急診手術中偶爾可見之併發症。尤其此位病人為 84 歲之老人，有糖尿病史，且腸道阻塞造成之體液電解

質流失情況，手術風險更高，術前麻醉評估為 ASA 第三級，顯示《有嚴重之全身性疾病及功能缺陷》，在此情況下，手術風險相當高，及早手術亦不一定能避免病人之手術併發症，被告二人縱有延遲手術之疏失，與被害人因手術併發症死亡之結果，兩者間是否具有相當因果關係，已非無疑。」換言之，就算及時治療沒有延遲，生命亦無法挽回。

[11]. 該案呈現出所有刑事醫療訴訟的難題，包括刑事醫療糾紛的流程、醫事鑑定意見不一致，導致多次鑑定、醫療過失刑事責任的程度及因果關係的問題，可見 張麗卿，醫療糾紛鑑定與刑事責任認定 - 以戒毒致死案為例，月旦法學雜誌，157 期，2008 年 6 月，頁 71 以下。

[12]. 有關於此，最高法院 89 年度臺上字第 5241 號判決就注意到「結果無法避免」的問題，堪稱甚為妥適之判決。該判決指出，「一般而言，病毒性重度瀰漫性心肌炎併發急性心肺循環衰竭時，病情重篤，即使立即轉院醫治，死亡率仍然極高」，因為瀰漫性心肌炎案，屬難以診斷且結果無法避免的情形，故被告縱有未予死者施以身體檢查，致未發現死者之有《急性心肺衰竭》併發症之情事，但即使予以檢查發現，並予適當之處置，仍難免死亡結果之發生，二者間並無相當之因果關係。

[13]. 參照最高法院 42 年臺上字第 865 號民事判例；德國學說亦為如此判斷：Vgl.Harm Peter Westermann/Peter Bydlinski/Ralph Weber, BGB -Schuldrecht Allgemeiner Teil, 7.Aufl., 2010, S.99, Rn.6/10；Ralph Kramer/Frank K.Peter, Arbeitsrecht, 2.Aufl., 2012 S.37；Peter Mssig, Wirtschaftsprivatrecht, Rechtliche Grundlagen wirtschaftlichen Handelns, 16.Aufl., 2013, S.196。

[14]. 張麗卿，前注 1, 頁 154；張麗卿，前注 9, 頁 90；王皇玉，論醫療刑責合理化，月旦法學雜誌 213 期，頁 86。

[15]. Rudolf Rengier, Strafrecht Allgemeiner Teil, 2 Aufl., 2010, S.479, Rn.9.

[16]. 林東茂，刑事醫療過失探微－從一個案例說起，月旦法學雜誌，176 期，2010 年 1 月，頁 272—273。

[17]. Helmut Frister, Strafrecht Allgemeiner Teil, 2006, S.138, Rn.19.

[18]. Thomas Fischer/Otto Schwarz/Eduard Dreher/Herbert Tröndle, Strafgesetzbuch und Nebengesetze, 56.Aufl., 2009, § 264, Rn.36.

[19]. Vgl.Helmut Frister, a.a.O., S.76, Rn.24.

[20]. 對此，刑法第 17 條規定：「因犯罪致發生一定之結果，而有加重其刑之規定者，如行為人不能預見其發生時，不適用之。」換言之，行為人需「預見加重結果發生」，才能適用加重結果犯。至於何謂「預見加重結果發生」，實務判決通常援引最高法院 47 年臺上字第 920 號判例，其稱：「加重結果犯，以行為人能預見其結果之發生為要件，所謂能預見乃指客觀情形而言，與主觀上有無預見之情形不同，若主觀上

有預見，而結果之發生又不違背其本意時，則屬故意範圍。」如此可知，實務對於加重結果犯的規定，主要認為行為人對於加重結果的發生必須非故意（包含直接與間接故意）。因此，對於加重結果犯，行為人需有過失，方能處罰之。

[21].Vgl.Urs Kindhäuser, Strafgesetzbuch, Lehr-und Praxiskommentar, 3.Aufl., 2006, §251, Rn.10.

[22].Thomas Fischer/Otto Schwarz/Eduard Dreher/Herbert Tröndle, a.a.O., § 261, Rn.43；auch ähnliche Meinung vgl.Kristian K hl/Karl Lachner, 27.Aufl., 2011, § 261, Rn.13.

[23].Klaus Ulsenheimer, Arztstrafrecht in der Praxis, 4.Aufl., 2008, Teil I，§ 139 Rn.18.

[24]. 依照德國學說見解認為，非容許行為是指違反了健康照護系統所發展的標準。這些標準本身是集合眾多的醫療實務經驗而作成，這些經驗再經由醫學作出修正、補充與持續發展。而這正是「實證醫學」的精義。參照張麗卿，實證醫學在醫療過失審判實務上的意義 - 從胃線癌存活率談起，東吳法律學報 21 卷 2 期，頁 23。

[25].Klaus Ulsenheimer, a.a.O., § 1 Rn.12.

[26].Klaus Ulsenheimer, a.a.O., § 1 Rn.13.

[27].Claus Roxin, § 24 Rn.8 ff.；Fischer, StGB，57.Aufl., 2010, § 15 Rn.14 ff.

[28].Klaus Ulsenheimer, a.a.O., § 139 Rn.24.

[29]. 祥細的說明，Klaus Ulsenheimer, a.a.O., § 1 Rn.19a.

[30]. 張明偉，刑事過失責任之探討：以美國刑事醫療案例為例，臺大法學論叢，39 卷 1 期，2010 年 3 月，頁 380。

[31]. 張明偉，同前注，頁 372、381—382。

[32]. 黎宏，刑法學，法律，2012 年 4 月，頁 859。

[33]. 例如，身為嬰兒室的護理人員，應當預見將嬰兒翻至伏臥姿式，可能造成嬰兒窒息而死的後果，因疏忽大意沒有預見到，以致造成嬰兒窒息死亡的後果，此實即為疏忽大意的過失。

[34]. 例如：某外科主任在給一位患腹腔晚期腫瘤病員的一次手術中，病員曾兩次出現心力衰竭，均經及時搶救好轉。助手們勸其暫停手術以改期進行，但該主任固執己見，繼續進行，以致心臟第三次衰竭時，未及搶救死亡。

[35]. 李惠宗，憲法要義，元照，2006 年，頁 123—124。

[36]. 司法院釋字第第 596 號、第 649 號及第 666 號解釋亦採相同意旨。 其他如，司法院釋字第 412 號解釋：「憲法第七修所定之平等原則，係為保障人民在法律上地位之實質平等，亦即法律得依事物之性質，就事實情況之差異及立法之目的，而為不同之規範。法律就其所定事實上之差異，亦得授權行政機關發佈施行細則為合理必要之規定。」司法院釋字第 211 號解釋：「憲法第七修所定之平等權，係為保

障人民在法律上地位之實質平等,並不限製法律授權主管機關,斟酌具體案件事實上之差異及立法之目的,而為合理之不同處置。」揭示了實質平等乃平等原則之根本內涵。

[37]. 丁予安,黃佩清,號角響起,推動醫療疏失除罪化之進程,臺灣醫界,55 卷 12 期,2012 年,頁 50。

[38]. 這是 2009 年 12 月 12 日,中華民國醫師全國聯合會「研討如何推動醫療爭議法律責任明確化會議」的結論,興會的刑法學教授有甘添貴教授、陳子平教授及筆者。也可以參見:張麗卿,前注 1,頁 154—156。

[39]. 張孟源、盧言佩,醫療責任明確化-從醫療法第八十二修第三項修法芻議談起,臺灣醫界 54 卷 7 期,2011 年,頁 40—41。

[40]. 有關於此,在德國學說也認為,關於確定或否定醫療疏失,必須顧及到一般醫院並無同等於大學附設醫院與專門疾病醫院的醫療可能性,Klaus Ulsenheimer, a.a.O., § 1 Rn.20a。

[41]. 相同判決,可以參考最高法院 97 年度臺上字第 4739 號判決、最高法院 97 年度臺上字第 2346 號判決。

[42]. 以德國為例,因醫療行為本為契約行為,故病患及家屬多主張債務不履行之損害賠償;例外則依民法 823 修第 1 項主張侵權行為的損害賠償。主張侵權行為或債務不履行最大的不同,在於舉證責任的分配,由於醫師的行為本身即是損害行為,構成要件直接該當民法 823 修第 1 項,除非醫師證明有病人的有效承諾;簡言之,舉證責任在醫師身上,醫師要證明其傷害(醫療行為),是獲得病人承諾後實施,Vgl.Susanne Kurz-Schmidt, Einf hrung in die rechtlichen Grundlagen der Arzthaftung, NJ 2009, S.486;ebenso Bianca B chner/Alexander Stöhr, Arbeitszeit in Krankenhäusern-Ein haftungsrechtliches Risiko?NJW 2012, S.490;此一舉證責任分配的規定,已正式規定於 BGB § 630h Abs.2 S.1:「治療行為人必須證明,他已經依據 BGB § 630d 取得了承諾,並且已為合於 BGB § 630e 要求之告知。」

[43]. 病人團體多謂,病患及家屬只欲知道真相與道歉,對補償其實沒這麼重視,但有學者表示,其實病人或家屬「請求賠償」的動機,幾乎與要求「道歉與真相」一樣強烈,故強調只要真相,是不切實際的看法,參見 王皇玉,前注 8, 頁 85—86。

[44]. 例如北歐國家設立的「不責難補償」制度,也就是無關過失之補償,其重點不在討論行為人是否有過失,而是在不必證明行為人是否有過失的情形,即予以受害人基本保障範圍內之理賠。參見 張嘉訓、吳佳琳,簡述「醫療糾紛處理及醫療事故補償法」(草案),臺灣醫界 56 卷 3 期,頁 8。

[45]. 不過,對於醫糾法第 26 修草案的規定,到底醫療事故補償究竟屬於行政補償或保險,看法也有不同。學者有謂,本修規定,政府預算不超過醫療事故補償基金總

額 30%，補償金的主要來源仍是醫療機構與醫療人員所繳納的風險分擔金，所以應非行政補償，而是保險（政策性保險）。祥參：卓俊雄，論醫療救濟與保險－從道德風險與制度變遷觀點出發，東海大學醫事法學術研討會（六）社會變遷與醫療法制發展國際學術研討會，東海大學法律學院主辦，2013 年 5 月 11 日，頁 51—55。

[46].Marc Stauch, The law of medical negligence in England and Germany 2008, p.133.

[47].Marc Stauch, op.cit.n.30, pp.133—135.

[48]. 德國藥物法第 84 條第 1 項規定，由於一個給予人類的確定藥物的使用，它在本法的適用範圍內給予消費者，並因具有許可義務或為法規免除許可義務，導致人死亡或造成身體或健康非輕微的傷害，在本法適用範圍內將該藥物置於市場的製藥公司，有義務補償受害人因此導致的損害，但賠償義務只在兩種情形下存在，（1）當該藥物在合於確定的使用下造成損害結果，而該結果超出醫學知識認可的程度或（2）損害是由於與醫學知識不符的標示、專業資訊或使用資訊所產生。參照德國聯邦司法部網站（Bundesministerium der Justiz），Gesetz ber den Verkehr mit Arzneimitteln, Paragraph 84, http://www.gesetze-im-internet.de /amg 1976/84.html（最後造訪日期：2012 年 5 月 12 日）。

[49]. 但在德國就私法上從事醫療事故訴訟，被批評會損害醫病關係的信賴，並且要病人舉證醫師的過失有其困難。Vgl.Christian Katzenmeier, Arzthaftung, 2002, S.217. 根據德國 2013 年 2 月 26 日正式生效的新規定，醫療契約及相關修文，已規定於 BGB § 630a -630h，按 BGB § 630a 之規定，透過醫療契約，答應提供病患醫事治療行為人，需給付約定的治療；而只要沒有第三人對給付報酬有義務，相對人（病患）有給付約定報酬的義務；而醫療契約所形成的債務關係，並不僅限於病人與醫師之間，更包含了病人與其他有關健康職業的治療行為人間，例如對治療有實際經驗之人（Heilpraktikern）、助產士、心理醫師及物理治療師等。Vgl.BT-Druck, 17/10488, 15.08.2012, S.11.。另德國私法就債務人損害債務關係上的義務時，債權人可主張 BGB § 280，要求因此而出現的損害，但義務的違反債務人不可歸責，不在此限；債務人是否可歸責，則依 BGB § 276 條之定義，也就是故意與過失；另按同條第二項，行為人忽略了交易中必要的注意，即為過失的行為；就醫療行為注意標準的評價，則規定於 BGB § 630a Abs.2：「除非另有約定，治療必須按照治療時間點存在，且普遍所承認的專業標準實施。」所以一個有過失的義務違反，即是治療行為人忽略了一可為期待，源於認真且專心的醫師，就他專長領域的職業觀點可為的措施，並實施行為。Vgl.BGH，Urteil vom 16.05.2000-VI ZR 321/98。

[50]. 關於沙利竇邁案的始末及處理，包括受害人心聲，可見 Bundesverband Contergangeschädigtere.V.http://www.contergan.de/inhalt.php?id =7623&menu level =1&id mnu =7623&idkunden=671（最後造訪日期，2013 年 5 月 10 日）。

[51]. 可否以無過失責任取代私法的求償之討論，在德國於 1978 年達到討論高峰。該年，德國有一場德國法學家會議（Deutscher Juristentag-DJT）所舉辦的辯論，題為「醫療事故立法的展望」；該會議的建議對於醫療改革產生巨大影響力，且對後來的醫事鑑定委員會（Gutachterkommission）有推動之功。該會議由法蘭克福大學的教授 Hans-LeoWeyers 主導，並報告了好幾種轉向建議，包括嚴格責任及採取無過失責任。但他也瞭解，由於缺乏經驗數據，如果在德國貿然採行的話，預測有其難度，成本多少也不確定。Marc Stauch,op.cit.n.30,p.145。

[52]. Marc Stauch,op.cit.n.30,pp.148 -149.

[53]. 轟動一時的「假乳癌真開刀事件」，多位涉案醫師自九十二年起，竟然對未罹癌的病人開刀，以醫療行為侵害其身體，為向保險公司詐領保險金，竟以假人頭病患投保鉅額商業保險後，由涉案醫師為未罹癌的涉案假病人真開刀，切除乳房、子宮、卵巢，更安排病患化療，再開立乳癌、直腸癌、子宮頸癌、卵巢癌等假診斷證明書，這些就是非常典型的「故意的醫療傷害行為」。參照，自由電子報 http://www.libertytimes.com.tw/2009/new/dec/30/today fo3.htm（最後造訪日期：2012 年 5 月 12 日母親節）。

[54]. 郭欽銘：中國文化大學法學院法律系專任副教授。

[55]. 內政部統計處內政統計年報，http://sowf.moi.gov.tw/stat/year/list.htm, 2013 年 8 月 7 日。

[56]. 立法院公報，第 102 卷第 18 期，第 160—161、170—171 頁，2013 年 4 月。

[57]. 郭欽銘，家事事件法逐修解析，元照出版有限公司，2013 年 7 月，第 12 頁。

[58]. 立法院公報，第 102 卷第 18 期，第 160—161、170—171 頁，2013 年 4 月。第 28—29 頁。

[59]. 家事事件法第 10 修（辯論主義之限制）：「法院審理家事事件認有必要時，得斟酌當事人所未提出之事實，並依職權調查證據。但法律別有規定者，不在此限（第 1 項）」「離婚、終止收養關係、分割遺產或其他當事人得處分之事項，準用民事訴訟法第二編第一章第二節有關爭點簡化協議、第三節有關事實證據之規定。但有下列各款情形之一者，適用前項之規定：一、涉及家庭暴力或有危害未成年子女利益之虞。二、有害當事人或關係人人格權之虞。三、當事人自認及不爭執之事實顯與事實不符。四、依其他情形顯失公平（第 2 項）」「第一項情形，法院應使當事人或關係人有辯論或陳述意見之機會（第 3 項）」。

[60]. 家事事件法第 18 修第 1、2 項（發見真實）：「審判長或法官得依聲請或依職權命家事調查官就特定事項調查事實」「家事調查官為前項之調查，應提出報告」。

[61]. 家事事件法第 15 修（程序監理人）：「處理家事事件有下列各款情形之一者，法院得依利害關係人聲請或依職權選任程序監理人：一、無程序能力人與其法定代

理人有利益衝突之虞。二、無程序能力人之法定代理人不能行使代理權，或行使代理權有困難。三、為保護有程序能力人之利益認有必要（第1項）」「前條第二項及第三項情形，法院得依職權選任程序監理人（第2項）」「法院依前二項選任程序監理人後，認有必要時，得隨時以裁定撤銷或變更之（第3項）」「法院為前三項裁定前，應使當事人、法定代理人、被選任人及法院職務上已知之其他利害關係人有陳述意見之機會。但有礙難之情形或恐有害其健康或顯有延滯程序者，不在此限（第4項）。」家事事件法第16條（程序監理人資格、職權、酬金）：「法院得就社會福利主管機關、社會福利機構所屬人員，或律師公會、社會工作師公會或其他相類似公會所推薦具有性別平權意識、尊重多元文化，並有處理家事事件相關知識之適當人員，選任為程序監理人（第1項）」「程序監理人有為受監理人之利益為一切程序行為之權，並得獨立上訴、抗告或為其他聲明不服。程序監理人之行為與有程序能力人之行為不一致者，以法院認為適當者為準（第2項）」「選任之程序監理人不受審級限制（第3項）」「法院得依程序監理人聲請，按其職務內容、事件繁簡等一切情況，以裁定酌給酬金，其報酬為程序費用之一部（第4項）」「前項酬金，法院於必要時得定期命當事人或利害關係人預納之。但其預納顯有困難者，得由國庫墊付全部或一部。其由法院依職權選任者，亦得由國庫墊付之（第5項）」「有關程序監理人之選任、酌給酬金、預納費用及國庫墊付辦法，由司法院定之（第6項）。」家事事件法第109條（選任未成年人之程序監理人）：「就有關未成年子女權利義務之行使或負擔事件，未成年子女雖非當事人，法院為未成年子女之最佳利益，於必要時，亦得依父母、未成年子女、主管機關、社會福利機構或其他利害關係人之聲請或依職權為未成年子女選任程序監理人」。

[62]. 家事事件法第9條（程序之不公開）：「家事事件之處理程序，以不公開法庭行之。但有下列各款情形之一者，審判長或法官應許旁聽：一、經當事人合意，並無妨礙公共秩序或善良風俗之虞。二、經有法律上利害關係之第三人聲請。三、法律別有規定（第1項）」「審判長或法官認為適當時，得許就事件無妨礙之人旁聽（第2項）」。家事事件審理細則第10條（程序之不公開）：「法官於法院內、外開庭時，除有本法第9條第1項但書或第2項之情形外，以不公開法庭行之」。

[63]. 家事事件法第1條立法目的之立法理由：為貫徹憲法保障國民基本人權、維護人格尊嚴及保障性別地位實質平等之精神，本法將向來之人事訴訟程序、家事非訟程序及家事調解程序合併立法，期能妥適、迅速解決、統合處理家事紛爭及其他相關家事事件，以促進程序經濟，平衡保護關係人之實體利益與程序利益，並兼顧子女最佳利益及家庭和諧，進而謀求健全社會共同生活，奠定國家發展之基礎。司法院網站法學資料檢索系統：http://jirs.judicial.gov.tw/Index.htm，2013年8月5日。

[64]. 立法院公報，第102卷第18期，第160—161、170—171頁，2013年4月。第212頁。

[65]. 立法院公報，第 102 卷第 18 期，第 160—161、170—171 頁，2013 年 4 月。第 215 頁。

[66]. 立法院公報，第 102 卷第 18 期，第 160—161、170—171 頁，2013 年 4 月。第 221 頁。

[67]. 立法院公報，第 102 卷第 18 期，第 160—161、170—171 頁，2013 年 4 月。第 93 頁。

[68]. 立法院公報，第 102 卷第 18 期，第 160—161、170—171 頁，2013 年 4 月。第 551 頁。

[69]. 司法院網站法學資料檢索系統：http://jirs.judicial.gov.tw/Index.htm, 2013 年 8 月 4 日。

[70]. 立法委員潘維剛：「……家事事件法三讀透過了，家事事件法是家是司法制度的一個改革，它建構了一個柔性、親民、完整的家事裁判制度，方才也提到經過 10 年的時問，歷經兩個階段，……」「本法最大特色就是合併審理，這裡面已經包含家事訴訟程序、非訟程序以及家事調解程序，讓我們能夠更妥適、迅速來解決統合處理家事紛爭及其他相關的家事事件，並且它也是一個非常進步的立法，我們也知道，2009 年在德國以及今年（2011 年）在日本都做了重大家事法的修正，但是他們都沒辦法做到合併審理的地步，我們這一次合併審理，可以節省當是人的勞力、時間、費用以及達到紛爭一次解決，所以這是一個進步的立法」「再者，我們新創設了一些制度，包括社工的陪同、程序的監理、家事調查官等，對將來家事法院我們有很高的期許，希望選任最優秀、有同理心、專業、久任的法官來擔任，並非由一般的，而是要更好的法官來擔任，他們要接受 60 小時的專業訓練，我們期待其他相關子法能夠順利完成，讓明年 6 月 1 日高雄的家事法院能夠順利來使用」。立法院公報，第 100 卷，第 88 期，第 295—296 頁，2011 年 12 月。

[71]. 立法院公報，第 102 卷第 18 期，第 160—161、170—171 頁，2013 年 4 月。第 544 頁。

[72]. 司法院網站法學資料檢索系統：http://jirs.judicial.gov.tw/Index.htm, 2013 年 8 月 4 日。

[73]. 立法院公報，第 102 卷第 18 期，第 160—161、170—171 頁，2013 年 4 月。第 42 頁。

[74]. 立法院公報，前揭注 16, 第 87 頁。 註：參照家事事件法立法理由二：……爰參考……非訟事件法第十八修但書之立法例，賦予審判長或法官裁量權，得準許無妨礙之人旁聽。前揭其立法理由，引用非訟事件法第十八修規定：「聲請付興法人登記簿、補發法人登記證書、夫妻財產制契約登記簿或管理財產報告及有關計算文件之謄本、繕本、影本或節本、法人及代表法人董事之印鑑證明書者，每份徵收費

用新臺幣二百元。」似有錯誤。管見以為應引用非訟事件法第三十四條但書規定：「訊問關係人、證人或鑑定人，不公開之。但法院認為適當時得許旁聽。」較為妥適。

[75]. 立法院公報，第 102 卷第 18 期，第 160—161、170—171 頁，2013 年 4 月。第 46 頁。

[76]. 賴淳良，「家事司法制度革新之回顧與展望」，法律扶助，第 37 期，第 5 頁，2012 年 8 月。

[77]. 立法院公報，第 102 卷第 18 期，第 160—161、170—171 頁，2013 年 4 月。第 50—51 頁。

[78]. 立法院公報，第 102 卷第 18 期，第 160—161、170—171 頁，2013 年 4 月。第 53 頁。

[79]. 司法院網站法學資料檢索系統：http://jirs.judicial.gov.tw/Index.htm, 2013 年 8 月 5 日。

[80]. 立法院公報，第 102 卷第 18 期，第 160—161、170—171 頁，2013 年 4 月。第 68 頁。

[81]. 立法院公報，第 102 卷第 18 期，第 160—161、170—171 頁，2013 年 4 月。第 72 頁。

[82]. 姜世明，家事事件法論，第 107 頁，元照出版有限公司，2012 年 10 月。

[83]. 司法院網站法學資料檢索系統：http://jirs.judicial.gov.tw/Index.htm, 2013 年 8 月 5 日。

[84]. 立法院公報，第 102 卷第 18 期，第 160—161、170—171 頁，2013 年 4 月。第 78 頁。

[85]. 立法院公報，第 102 卷第 18 期，第 160—161、170—171 頁，2013 年 4 月。第 116 頁。

[86]. 立法院公報，第 102 卷第 18 期，第 160—161、170—171 頁，2013 年 4 月。第 93 頁。

[87]. 立法院公報，第 102 卷第 18 期，第 160—161、170—171 頁，2013 年 4 月。第 102 頁。

[88]. 立法院公報，第 102 卷第 18 期，第 160—161、170—171 頁，2013 年 4 月。第 111 頁。

[89]. 賴淳良，「家事司法制度革新之回顧與展望」，前揭注 22, 第 7—8 頁。

[90]. 家事事件審理細則第 61 條規定：「得合併審理之家事事件，當事人向有管轄權之不同法院請求者，後繫屬之法院認有統合處理之必要或經當事人合意者，得依聲請或依職權，以裁定移送於繫屬最先之家事訴訟事件第一審或第二審法院（第 1 項）」

「前項情形，先繫屬者為家事非訟事件，該繫屬法院得依聲請或依職權，以裁定移送於繫屬最先之家事訴訟事件第一審或第二審法院（第2項）」「得合併審理之家事事件，經當事人先後向同一法院請求者，得依職權或依聲請，移由最先受理家事訴訟之法官處理（第3項）」「經合併審理之家事事件而法院分別裁判者，不得將未裁判之其他家事事件移送他法院審理（第4項）」「已受理家事事件之第二審法院，不得將家事事件移送第一審法院處理（第5項）」。家事事件審理細則第63條規定：「經合併審理之家事事件，應分別依照各該家事訴訟事件或家事非訟合併審理前應適用之法律為審理（第1項）」「經合併審理之家事非訟事件，除別有規定外，經以判決為之者，該部分判決之效力仍應依該家事非訟事件合併審理前應適用之法律定之（第2項）」。家事事件審理細則第96條規定：「請求履行夫妻同居事件，聲請人應於聲請狀載明應為同居之處所（第1項）」「夫妻就住所未為協議或協議不成者，法院得曉諭合併聲請或反聲請指定住所（第2項）」。

[91]. 立法院公報，第102卷第18期，第160—161、170—171頁，2013年4月。第275頁。

[92]. 立法院公報，第102卷第18期，第160—161、170—171頁，2013年4月。第255—256頁。

[93]. 立法院公報，第102卷第18期，第160—161、170—171頁，2013年4月。第278頁。

[94]. 立法院公報，第102卷第18期，第160—161、170—171頁，2013年4月。第279—280頁。

[95]. 立法院公報，第102卷第18期，第160—161、170—171頁，2013年4月。第326—327頁。

[96]. 立法院公報，第102卷第18期，第160—161、170—171頁，2013年4月。第328頁。

[97]. 立法院公報，第102卷第18期，第160—161、170—171頁，2013年4月。第331頁。

[98]. 立法院公報，第102卷第18期，第160—161、170—171頁，2013年4月。第361頁。

[99]. 德國民法第1632條：「人身照顧包括向一切不法地對父母雙方或父母一方扣留子女的人請求交出子女的權利（第1項）」「另外，人身照顧包括甚至以對第三人有利和不利的效力確定子女的交往的權利（第2項）」「就興第1項或第2項所規定的事務有關之爭執，家事法院根據父母一方之申請而作出裁判（第3項）」「子女長期以來在第三人家庭照料中生活，父母欲將子女從照料人之處所取走，因而危

害其子女之最佳利益者,家事法院得依職權或依照料人之聲請,命令子女繼續停留在照料人之處所(第4項)」。

[100]. 林秀雄,親屬法講義,第325頁,元照出版有限公司,2012年7月。

[101]. 同前注48,第340—341頁。

[102]. 立法院公報,第102卷第18期,第160—161、170—171頁,2013年4月。第538頁。

[103]. 立法院公報,第102卷第18期,第160—161、170—171頁,2013年4月。第540頁。

[104]. 鄧學良,中山大學中國與亞太區域研究所,財團法人中華勞資事務基金會理事長。

[105]. (1)吳庚,「行政法之理論與實用」(增訂第9版),臺北,三民書局,2006年8月,頁28,吳庚提及「三分法」,惟所謂三分法,係指於公私法二分外,另創「行政私法」,用以強調公私二分論非屬絕對價值。(2)室井力,「現代行政法入門(1)」,東京,法律文化社,1981年5月30日初版,頁34—37。室井力早已提出較吳庚上開指陳更仔細的說明,並指出在勞動法、教育法、社會保險法、醫學法、租稅法、環境法等法領域,均已「結合」了公私法之相關原理。(3)阿部泰隆,「行政法システム(上)」,東京,有斐閣,1992年10月30日出版第1刷,頁88—92。阿部泰隆以「行政需否能介入私行為」為題,強調公私混合之必要性。(4)應松年主編,「當代中國行政法上卷」,北京、中國方正出版社,2004年1月,頁9—10。本書並未提及「三分論」之相關說法,但對行政法之主要內容,則指出在用以調整行政權力的授與、行使,以及監督過程及發生的各類社會關係,尤其是行政權與國家權力和個人權利間發生的「社會關係」。本文認為,在非純然公法與私法二領域,為實現個人間之實質平等,乃至於保護社會弱勢,以「所有權社會化」、「契約自由限制化」以及「權利行政之社會差異化」等為原則,形成公私綜合法領域,即為社會法。另,根據「世界百科全書」(第2版)之解說,社會法系第一次世界大戰後,以德國為中心,漸次普遍化之概念,特指將近代市民法中之「絕對所有權」、「契約自由」、「過失責任主義」等進行修正後之法律體系。雖然在眾多主張中尚無定論,但Otto Friedrich von Gierke(著有「德國團體法論」)等、Gustav Radbruch(著有「法哲學」等強調價值相對主義)等之主張,則屬有力。彼等尤其提醒在自由競爭與資本主義發展結果,已擴大貧富差距,形成階級不平等與對立等種種社會問題。

[106]. 請祥:勞資論壇>國際勞資政策中心>中華勞資論文集>研究方法(一),載於:http://fclma.org/,2013年7月12日造訪。

[107]. 請祥:鄧學良,「兩岸行政法研究」,高雄,財團法人中華勞資事務基金會,2006年9月初版,頁1—885。

[108]. 警察國家又稱夜警國家，乃指 19 世紀型態之自由國家。亦即，國家對市民經濟等生活，僅提供國防、外交、消防、公安等必要最小限度之活動便可，請詳：室井力，前揭書，頁 3—4。

[109]. 福利國家或稱福祉國家，乃指 20 世紀後半以來，由國家積極地、全面地介入人民生活，以維持經濟秩序，並解決各種社會矛盾。請詳：室井力，前揭書，頁 4。

[110]. 反射利益是指，為實現行政目的上所採取之命令、禁止、許可下所生之利益，僅屬事實上之利益而已，並非法律所保護之權利。請詳：室井力，前揭書，頁 53。另，吳庚，前揭書，頁 156, 亦持相同說明。

[111]. 法哲學即法律哲學，又名法理學。是探討法律的論理結構或存在基礎的學問。亞里斯多德（Aristotle）將其分為自然法與制定法。到了近代，由於知識論與方法學的崛起，不再能安於由形上學而保證法律妥當性的說法，而要求認真理性去經驗實證與邏輯分析。是以法學轉由研究方法而分支發展。此有四大學派：一是分析法學派、二是哲學法學派、三是歷史法學派、四是社會法學派。請詳：http://ap6.pccu.edu.tw/encyclopedia/data.asp?id =371&nowpage =1。2013 年 5 月 17 日造訪。

[112]. 以例言之，郭明政，「社會法講義 2005」，臺北，政治大學法學院。郭明政便以「勞動促進」（含職業訓練、就業服務、失業保障）、「社會保險」（含全民健康保險法、勞工保險條例等），以及「社會補償」（含犯罪被害人保護、交通事故被害人保護等）內容，作為「社會法」之內容。請詳：http://www3.nccu.edu.tw/-mjguo/socialsecurity.doc, 2013 年 5 月 17 日造訪。另亦可參：郭明政，「社會法安全法—社會安全法規彙編」，臺北，元照出版公司，2009 年 3 月第 1 版，郭明政於本書更明指「社會保險各項法制」乃為「社會法」之內容。請詳：http://www.angle.com.tw/book01.asp?b code =5A015PA，2013 年 5 月 18 日造訪。相較於上開論點，鍾秉正，「社會法與基本權」，臺北，元照出版公司，2010 年 6 月第 1 版。對於社會安全之論述，則稍廣於「社會保險法」層次，論及由基本人權角度如何看待社會法。請詳：http://www.angle.com.tw/book01.asp?b code=5D184PA，2013 年 5 月 20 日造訪。

[113]. 所謂社會安全，在 1935 年美國製定社會安全法之後，已成為國際上所通行之用語。美國社會安全法之內容主要為年金保險、勞災保險與失業保險。此與德國 1883 年以降所實施的社會保險相較，實質上非但少有突破，甚至也不及德國當時已實施的健康、勞災、年金及失業四大保險。在德國社會法法典，舉凡教育促進、勞動促進（包含失業保險）、健康保險、勞災保險、長期照護保險、社會補償、子女津貼、養育津貼、兒童與青少年扶助、住屋津貼、身心障礙者保護及社會扶助等，概屬社會安全法之範疇。後依 1952 年國際勞工組織 102 號公約，社會安全應包括醫療照護、傷病給付、老年給付、勞災給付、家庭給付、生育給付、殘廢給付、遺屬給付。若以中華民國憲法為基準，則社會安全不只前述的風險與給付，甚至還及於

農民與勞工保護及公醫制度等。其中，農民及勞工的一般照顧，與國際所通行社會安全的概念與範疇，不盡相同。

[114]. 社會法學派產生的原因不外乎：（1）為了適應政治上加強議會民主和法制的需要。（2）法律的社會化。亦即，憲法領域出現了加強行政權、完善選舉制度等趨勢；民法領域出現了無限私有變為有限私有、無過失不負損害賠償責任改為無過失損害賠償責任、契約自由改為契約自由的限制等趨勢；刑法領域出現了社會防衛主義和保安處分等趨勢；立法領域出現了應有之社會觀點與趨勢。社會法學派的主要觀點在於：（1）從法學研究方法言之，系注重用社會的觀點和方法研究法律，主張研究法律與其他社會因素的相互作用，特別是法律在社會生活中之作用，法律的目的和社會效果。（2）好的法律就是能充分為社會服務的法律，法律的實際作用比抽象的法定內容更重要。法律必須依靠社會，適應社會的需求，並根據滿足這種需要的程度來判斷法律的好壞。社會法學派強調法律既關心個人利益，更要關心集體和社會的利益。對於個人自由，除非是作為更大的社會安全和社會自由的一部分，否則，法律不能予以保護。請祥：http://tw.knowledge.yahoo.com/question/question?qid=1105042201654，2013年5月20日造訪。

[115]. 請祥：鄧學良，「勞動行政法論」，高雄，財團法人中華勞資事務基金會，2005年8月，頁3—176。

[116]. 「勞動派遣」自從在社會上出現以來，在日本及海峽兩岸均呈無能力處理之狀態。 請祥：勞資論壇（fclma.org）＞勞資法務＞勞資派遣，2013年7月15日造訪。

[117]. 公務勞動之非典型化，係指公務從業上從傳統的僱傭關係，衍生出之其他契約型態。 有關「工作外包」、「長期型之臨時工」、「點工制度」及「承攬代替僱傭」，請祥「勞資事務研究」，臺北五南圖書公司，1997年初版第2刷，頁109—125。有關「勞動派遣與政府採購」及「臨時人力」，請祥：鄧學良，論勞務採購與勞動法制之關係」，國立中山大學，勞資關係論叢（第11卷第2期），2010年3月，頁41—82。另非典型勞動型態，有分為「定期型的勞動」、「部份工時勞動」及「承攬或勞派」之區分方法，此一區分實與非典勞動之分類，有相當大的出入。請祥：菅野和夫，勞動法，第10版，東京，弘文堂，2012年12月15日，頁203—275。

[118]. 臺灣地區勞動基準法第84條之1，「創造」了責任制工作型態，將勞動保護之法制全盤否定，並已滋生無數問題，相關資料請祥：「勞團要求廢責任制」，http://flma.org/showpost/27515.aspx.2013年7月15日造訪。

[119]. 高雄市教育產業工會連辦理會務之會所，都發生問題，請祥：「學校提供教師（教育）產業工會辦理會務場所法律意見書」，2012年5月24日，http://fclma.org/shoepose/24265.aspx，2013年7月16日造訪。

[120]. 臺灣地區於 2010.12.22 第二次修正之「職業病促發腦血管及心臟病（外傷導致者除外）之認定參考指引」明列「僱主舉證原則」，此為重要「舉證責任轉換」（舉證倒置）之變革。請祥 http://fclma.org/showpost/23457.aspx, 2013 年 7 月 16 日造訪。臺灣地區勞動基準法第 7 條規定僱主保留勞工資料等之義務修款，其實際形成「僱主未依法履行義務時將形成自己不利益」，此亦產生「舉證責任轉換」之效果。臺灣地區的「財產來源不明罪」亦採舉證責任轉換之手法，使犯罪嫌疑人，應擔負財產來源上之說明，否則便屬有罪，勞資爭議上之相關資料等，常是由資方保管資料，理應由資方一定程度負擔舉證責任。

[121]. 兩岸在工資收入分配上均同樣有問題，可參：「大陸分配改革難以施行，臺灣也有類似經驗」，請祥：http://www.wretch.cc/blog/watetree999/10670770, 2013 年 7 月 17 日造訪。

[122]. 迄 2013 年第 1 季底止，全臺灣地區簽訂團體協約者，共有 82 家，請祥：行政院勞工委員會「勞動統計月報」（2013 年 6 月）頁 40，請祥：http://statidb.cla.gav.tw/html/men/23040.htm, 2013 年 7 月 16 日造訪。

[123]. 臺灣地區勞工保險修例第 15 條、全民健康保險法第 27 條、農民健康保險修例第 11 條、公教人員保險法第 8 條間有關保費費率，便不一致。此一差異之合理性為何，尚未有一全面性的探討。

[124]. 2013 年 7 月 3 日臺灣地區將「勞工安全衛生法」修正為「職業安全衛生法」，修正後之罰則規定仍是「行政上之秩序罰」與「行政刑罰」並存。側觀「行政上之秩序罰」的行為對象，如在日本體制，則依日本之「勞動安全衛生法」，則至少在「石化業之安全預防措施」上，日本同法（第 31 條之 2），在罰則（同法第 119 條）乃規定為「刑責」，然在臺灣地區（同法第 15 條），在罰則（同法第 42 條）上，則僅規定為「行政責任」！

[125]. 勞動三權概指勞工之「組織權」、「交涉權」及「爭議權」，祥日本國憲法第 28 條。

[126]. 經營三權，係指資方之「決策權」、「人事權」、「分配權」。 此為筆者在講學上用以相對於「勞動三權」之權宜整理，至於祥細內容，可參：菅野和夫，前揭書，頁 489、頁 655—569。

[127]. 當前臺灣地區以下的社會問題，均已授亂了臺灣的公私法秩序，無一是可以公私法手段解決的問題（示例）（2013 年 7 月 18 造訪）。（1）「超時工作、8 越籍看戶控半年沒有休假」（2013 年 5 月 12 日）請祥：http://fclma.org/showpost/27713.aspx。（2）「派遣不幸福，中華電信被吐槽」（2011 年 8 月 8 日）請祥：http://fclma.org/showpost/20776.aspx。（3）「談年金／制度非改不可，臺灣不能希臘化」（2013 年 5 月 2 日）請祥；http://fclma.org/showpost/27550.aspx。（4）「民生六行業，

訂 30 天罷工冷卻期」（2006 年 7 月 15 日）請祥；http://fclma.org/showpost/1968.aspx。（5）「政府約聘僱員；退休金不如工友」（2011 年 9 月 26 日）請祥；http://fclma.org/hsowpost/21217.aspx。（6）「鼓勵生育，如何減稅？」（2011 年 6 月 28 日）請祥：http://fclma.org/hsowpost/20315.aspx。（7）「女牙醫罰工讀生，沾血針筒舔又吞」（2008 年 12 月 29 日）請祥：http://fclma.org/hsowpost/8116.aspx。（8）「民營電廠，《暴利》迷思」（2012 年 7 月 19 日）請祥：http://fclma.org/showpost/24439.aspx。（9）「壽險業務員抗議政府征才歧視」（2012 年 11 月 26 日）請祥：http://fclma.org/hsowpost/25848.aspx。（10）「反貪腐公投，國民黨展開連署」（2006 年 9 月 19 日）請祥：http://fclma.org/hsowpost/2709.aspx。

[128]. 所謂法治主義是指行政上之一切活動必須依循法律規範之原理與制度。請祥：室井力，前揭書，頁 18, 頁 163, 頁 258, 頁 268, 頁 278。

[129]. 請祥室井力，前揭書，頁 18, 頁 19；吳庚，前揭書，頁 81—91。

[130]. 以例言之，臺灣地區對於勞動基準法之適用範圍，並非所有行職業等工作者均適用，就實質的法治主義而言，實比不上日本之勞動基準法與中國大陸之勞動法及勞動合約法等全面適用。可參：鄧學良，「勞基法講義」（2013 年 7 月 15 日），請祥：http://tclma.org/Show Poss/28124.aspx。

[131]. 請祥臺灣地區行政程序法第 4 修至第 10 修。

[132]. 所有權不宜絕對化，似已為通論，可參：中華百科全書（1983 年），請祥：http://ap6.pccu.edu.tw/Encyclopedia/data.asp?id=1818, 2013 年 7 月 18 日造訪。

[133]. 所謂「公法進入私法」，即指「公法傾向私法」，或「行政私法」，亦有人稱之為「共通法」，特指高權行政轉自非高權行政的依賴，例如國民住宅之使用關係，便具公私法二面，公法上之管理權，必須依賴私法上之租貨關係。進而，當行政機關有選擇行為方式之自由，常時應以公法型態出現之作為，改以私法型態為主。以上可參：吳庚，前揭書，頁 33—34；室井力，前揭書，頁 37—38。

[134]. 此為本文於學術界首次提出的概念。由於目前行政公權雖然有國際公法之輔助，在國際問各國行政主體尚可得彼此之支援，進而在國際私法雖產生自對外貿易與異國之問交流，然而私有財產權之管理，則不盡然為現行國際私法與國際公法體制所能周延治理，世問上之國際熱錢、避稅天堂等，應為其著例。

[135]. 依臺灣地區行政程序法第 168 修等規定之善用結果，不僅陳情之人民，透由 NGO、NPO，便可順利於 1 個月獲取政府之因應，進而獲知對人民所提問題之處理情形。實例可參：有關「印刷業者與膽管癌問題」之政府回應。請祥：http://fclma.org/Show Post/27682.aspx, 2013 年 7 月 17 日造訪。

[136]. 由於當事人與相對人（如僱主或上司）問有其不便表達之一面，但當事人如能擅用 NGO、NPO 之平臺，統由 NGO、NPO 進行理性與專業陳述時，相對人常會有相

關的回應，有利問題之解決。實例可參：「高雄市教育施政興應團體協商事項」案，財團法人中華勞資事務基金會，2013年5月15日，中勞（102）良字第00124號函。

[137]. 如僱主因應NGO、NPO之建議。 以例言之，僱主因應同意辦理「潛能式薪資設計」，請祥：http://fclma.org/ShowPost/13005.aspx, 2013年7月17日造訪。

[138]. 如2013年3月8日，臺灣地區勞工行政主管機關便曾尋求財團法人中華勞資事務基金會之協助，以解決中華電信工會兩派人馬之爭執。本案無書面文件。

[139]. 特定自然人因恐「人微言輕」，或憂慮「被吃案」，而尋求NGP、NPO等協助。以例言之，老人安養機構因菲律賓勞工使用上之爭議，請求NGP、NPO處理。請祥：財團法人中華勞資事務基金會，2013年2月1日，中勞（102）良字第00018號函。

[140]. 由於角色與定位，工會對於不同身份權益之勞工，會有不便出面，乃至於輕重權衡之考量不同，未必能符合上開員工要求，而展開與資方對談。以例言之，高雄市交通局產業工會對於定期契約工之權益，在考量上便有不同，定期契約身份之會員，改向財團法人中華勞資事務基金會尋求協助，已取得交通局之正式回覆，請祥：高雄市政府交通局2013年7月16日高市交停管字第10233807200號函。

[141]. 有關傳統行政之防禦型模式，只求公行政對待特定個體予以行政管理之討論，可祥：阿部泰隆，前揭書，頁37—38。

[142]. 祥前揭注6。

[143]. 以上有關行政上之「三面關係」，祥參：阿部泰隆，前揭書，頁35、38、39、554、555。

[144]. 可參：「新勞動合約法今起實施，同工同酬任重道遠」，請祥：http://theory.people.com、cn/n/2013/0701/c49154-22026689.html.2013年7月1日造訪。

[145]. 有關：「沒有收入分配改革何來同工同酬」（2013年7月1日），請祥：http://fnamce.people.com.cn/n/2013/0701/c1004-22026103.html.2013年7月1日造訪。

[146]. 有關：「制止強拆誤拆，政府也要自我反思」（2013年6月18日），請祥：http://hovse.people.cn/n/2013/0618/c164220-21881604.html.2013年6月19日造訪。

[147]. 可參：「文林苑與大埔抗爭事件慘烈落幕」（2013年7月22日），請祥：http://fclma.org/show post/28190.aspx.2013年7月22日造訪。

[148]. 可參「城管的前世今生，城市管理制度從何而來？」（2011年10月19日），請祥：http//fclma.org/show post/24235.aspx, 2013年7月21日造訪。

[149]. 請參「中國受重金屬汙染耕地達2000萬公頃」，請祥：http://e-info.org.tw/taxonomylitem/2005, 2013年7月23日造訪。

[150]. 請參:「毒奶粉中三聚氰胺（melamine）傷害」,請祥:http://www.grsencross.org.tw/environment/melamine.htm, 2013 年 7 月 23 日造訪。

[151]. 國家在社會體制中之法律責任,早為本人所主張。 請祥:鄧學良「勞資事務研究」（第五篇第二章勞動修件興檢查責任 - 論退休準備金提撥監督興國賠責任）,臺北,五南圖書公司,1993 年 9 月第 2 刷,頁 465—470。

[152].「性善說」,（孟子）核心在人有「道德之性」,亦即仁義,性善說用於法治時,通常會產生「寧可錯放一百,不可錯殺一個」。其興「性惡說」（荀子）在法治上之不同,便在於性惡說採用之結果,「寧可錯殺一百,不可錯放一個」。

[153]. 現代法制在侵權上的嚴格責任制度,請祥:蘇力譯,Richard A.Posner 著,「正義/司法的經濟學」,臺北,元照出版有限公司,2002 年 11 月,頁 193—204。

[154]. 姑不論「社會法」之領域興概念為何,現代行政中,除去「政府興人民」及「人民興人民」之兩面關係外,尚有將人民區分為「行為人」與「第三人（受益人）」,進而有「政府、行為人與第三人（受益人）」之三面關係。有關此部份之論述,可祥:阿部泰隆,前揭書,頁 38—39。

[155]. 有關「行政計劃」等行政權限（行政作用或行政行為）之類型及意義,可參:鄧學良,「兩岸行政法研究」,高雄,財團法人中華勞資事務基金會,2006 年 9 月,頁 235—441。

[156]. 相關論述,可祥:阿部泰隆,前揭書,頁 39。

[157]. 同前揭注。

[158]. 以例言之,臺灣地區在 2008 年金融風暴以來,結構性解僱到大量解僱,其間雖定有「大量解僱勞工保護法」,然如今又「變形」為採用「無薪假」,甚而可預見者,最近將以契約自由之方式,自始要求勞工與僱主簽訂「無薪假修款」,雖然政府刻已努力以「勞動契約法」的復活,來作因應,勞資間之報酬給付,可謂時時陷於風雨飄搖。以上請祥:鄧學良、王德儼,「勞動契約履行之事實終（中）法制論」,載於「社科法政論叢」,2013 年 3 月,頁 39—71。再請參:莊靜宜（行政法勞工委員會勞資關係處）,「勞動契約法修法芻議」,請祥:http://book.cla.gov.tw/image/no 13/05.pdf, 2013 年 7 月 19 日造訪。

[159]. 所謂「非刑責化」（除罪化）,係指特定行為人行為可免於國家所施以之刑罰,但仍須面對民事上之損害賠償責任,或採用行政上之秩序罰,再輔以懲罰性賠償便可!至於「刑期於無刑」,意指即便採用刑罰,仍應重在教育人民恪遵法律,以達不用刑之目的。

[160]. 臺灣地區目前已有「通姦除罪化」、「醫療除罪化」、「毒品除罪化」、「排謗除罪化」、「專利除罪化」等之議。

[161]. 臺灣地區於 2013 年 6 月 18 日新修正尚未施行之「職業安全衛生法」不盡理想，對於「勞工過勞致死」未課予僱主刑責，行政院勞工委員會只強調會視其情節，依刑法第 276 條，以業務「過失」為由，移送司法偵辦。請祥 http://www.coolloud.org.tw/node/74711，2013 年 7 月 19 日造訪。反觀大陸地區於 2011 年 2 月 15 日，由全人代常會透過之刑法修正案（八），增定刑法第 276 條之 1，對於「惡意欠薪」，將依其情節，分別處以不同程度之刑責，請祥 http://big5.china.com.cn/policy/txt2012-1/14/content 24405284 5htm，2013 年 7 月 19 造訪。由兩岸制度變革可知，純就勞動上之犯罪而言，臺灣地區仍以舊思維，僅會在現行刑法典中找一相關刑名科處，大陸地區則不然，而是採取「新立」刑名來進行保護勞工。大陸地區之作法，就其保障之實益，實與日本勞基法對工作之保障（第 24 條至第 28 條）科以刑責（第 120 條、第 121 條），具有相同之效果，同為對「反社會行為罪」，以新刑責追究之。

[162]. 請祥：吳庚，前揭書，頁 419—453。

[163]. 有關「代位求償」、「自己責任」之說明，請參：吳庚，前揭書，頁 723—733。

[164]. 請祥：鄧學良，前揭「兩岸行政法研究」書，頁 235—368。

[165]. 有關「課以義務訴訟」，請祥：（1）阿部泰隆，前揭書，頁 39。（2）吳庚，前揭書，頁 620、頁 621。又依臺灣地區現行行政訴訟法第 8 條（給付之訴）之規定，如能善用，不無可產生「課以義務」予行政機關之效果。

[166]. 所謂行政監察，可祥：鄧學良，前揭「兩岸行政法研究」書，頁 443—494。

[167]. 以例言之，如「溫州應國權等 16 人腐敗窩案開庭，涉案公款達 4 億」等，請祥：http//fclma.org/Show Post/22192.aspx，2013 年 7 月 19 日造訪。

[168]. 所謂內控，係指由於行政之結果取決行政內部之原因，行政機關之行為、組織氣候、專業能力等，是行政結果之決定因素，為使此一內在狀態獲得一正確檢核，由第三者（學者專家）所進行之行政監察，稱之。

[169]. 即以吳庚前揭書為例，「行政監察」便為該書所言及之課題。

[170]. 以例言之，臺灣地區對監察院之定位，便有不同意見。 如：「王健壯／這個監察院不好，要打！」等，請祥：http://fclma.org/Show Post/27408.aspx，2013 年 7 月 19 日造訪。

[171]. 大陸地區之「行政監察」理論，可參應松年，前揭書，頁 1647—1694。

[172]. 請祥大陸地區勞動法第十一章（監督監查），本章所述各級人民政府在勞動事務上之監督，實非行政法上行政監察中之「監察」，只因不是由第三人（或機關）來執行。

[173]. 請祥臺灣地區之「勞動檢查法」，本法規之勞工行政主管機關應對勞動法上之行為義務人，進行「安全」、「衛生」與「勞動修件」之檢查。

[174]. 大陸地區於 1997 年 5 月 10 日由全人代常會制定了「行政監察法」，大陸地區依本將監察機關改為監察部，置於國務院之下。此等之設置方法，如參應松年前揭書頁 1647—1674 可知。監察部在國務院之下，與其他部會居同位階、同體系時，自始便無法實現「監察」功能，至多僅能善盡「指揮管理」之職能而已。

[175]. 請祥「中國共產黨章程」第八章（黨的紀律檢查機關）。

[176]. 大陸地區來自人民與媒體之外控，可參「最高檢今年將加強借助網絡力量反腐」（2013 年 2 月 20 日），請祥：http://fclma.org/Show Post/26760.aspx, 2013 年 7 月 19 日造訪。

[177]. 查《中華人民共和國憲法》第 129 修規定最高人民檢察院方為國家的最高檢察機關，大陸地區宜善用本修文，以發展對其他「國家機構」之內控。

國家圖書館出版品預行編目(CIP)資料

海峽兩岸法學研究：兩岸法治發展與社會進步 / 海峽兩岸關係法學研究會編. -- 第一版. -- 臺北市：崧燁文化, 2019.01
　　面；　公分
POD版
ISBN 978-957-681-794-6(平裝)

1.法學 2.兩岸關係 3.文集

580.7　108000556

書　名：海峽兩岸法學研究：兩岸法治發展與社會進步

作　者：海峽兩岸關係法學研究會 編

發行人：黃振庭

出版者：崧燁文化事業有限公司

發行者：崧燁文化事業有限公司

E-mail：sonbookservice@gmail.com

粉絲頁　　　　　　網　址：

地　址：台北市中正區重慶南路一段六十一號八樓815室
8F.-815, No.61, Sec. 1, Chongqing S. Rd., Zhongzheng Dist., Taipei City 100, Taiwan (R.O.C.)

電　話：(02)2370-3310　傳　真：(02) 2370-3210

總經銷：紅螞蟻圖書有限公司

地　址：台北市內湖區舊宗路二段 121 巷 19 號

電　話：02-2795-3656　傳真：02-2795-4100　網址：

印　刷：京峯彩色印刷有限公司（京峰數位）

　　本書版權為九州出版社所有授權崧博出版事業股份有限公司獨家發行電子書繁體字版。若有其他相關權利及授權需求請與本公司聯繫。

定價：750 元

發行日期：2019 年 01 月第一版

◎ 本書以POD印製發行